国家社科基金一般项目"《民法典》时代我国国际私法典编纂国际民事程序研究"(批准号:21BFX157)阶段性成果

外国单行国际私法立法选译

Translation of Selected Foreign Freestanding Statutes on Private International Law

邹国勇　译注

WUHAN UNIVERSITY PRESS

武汉大学出版社

图书在版编目(CIP)数据

外国单行国际私法立法选译/邹国勇译注.—武汉：武汉大学出版
社,2022.11

ISBN 978-7-307-23344-7

Ⅰ.外…　Ⅱ.邹…　Ⅲ.国际私法—立法—研究—国外　Ⅳ.D997

中国版本图书馆 CIP 数据核字(2022)第 184419 号

责任编辑:陈　帆　　　责任校对:汪欣怡　　　版式设计:马　佳

出版发行：**武汉大学出版社**　　(430072　武昌　珞珈山)

（电子邮箱：cbs22@ whu.edu.cn　网址：www.wdp.com.cn)

印刷:武汉中远印务有限公司

开本:720×1000　1/16　印张:37　字数:684 千字　插页:2

版次:2022 年 11 月第 1 版　　2022 年 11 月第 1 次印刷

ISBN 978-7-307-23344-7　　定价:130.00 元

序

随着我国《民法典》的制定与施行，我国国际私法典的编纂再次提上议事日程。制定一部统一、先进、务实的国际私法典，既是实施我国《民法典》的重要举措，也是域外适用和全球传播我国《民法典》的有效途径。2020 年 5 月 29 日，习近平总书记主持十九届中央政治局第二十次集体学习时特别指出，"要适应改革开放和社会主义现代化建设要求，加强同民法典相关联、相配套的法律法规制度建设"；在 2020 年 11 月召开的中央全面依法治国工作会议上，习近平总书记强调要"坚持统筹推进国内法治和涉外法治"，"加快涉外法治工作战略布局，协调推进国内治理和国际治理"，"加快形成系统完备的涉外法律法规体系"。因此，围绕"建设中国特色社会主义法治体系、建设社会主义法治国家"的全面依法治国总目标，如何编纂我国国际私法典，因应民事立法系统化和集成化的需求，"加快推进我国法域外适用的法律体系建设"，是我国法学界和立法机关共同的使命。

早在 20 世纪 80 年代，韩德培先生就指出，法典化是国际私法晚近发展的趋势之一。自 20 世纪 60 年代以来，世界上先后有 70 多个国家和地区，或制定系统化的国际私法规范，或对原有的国际私法立法进行大刀阔斧的改革，掀起了国际私法的立法浪潮。尤其是瑞士、意大利、比利时、乌克兰、波兰、日本、韩国等 40 余个国家和地区，以单行法的形式完成了国际私法立法，代表了当今世界国际私法编纂的发展潮流。"他山之石，可以攻玉。"翻译、研究外国新近国际私法立法，考察域外国际私法典编纂实践，对于我国国际私法典编纂工作的开展、体系结构的安排、具体条款的设计，无疑具有重大的借鉴意义。

获悉邹国勇博士继推出《外国国际私法立法精选》（中国政法大学出版社 2011 年版）、《外国国际私法立法选译》（武汉大学出版社 2017 年版）之后，再次将其近年来潜心翻译的外国国际私法立法资料结集成《外国单行国际私法立法选译》一书交由武汉大学出版社出版，作为他在武汉大学攻读硕士学位和博士学位期间的导师，我甚感欣慰。

邹国勇博士具有良好的外语翻译功底。自 1999 年研习国际私法以来，他先后翻译了委内瑞拉、白俄罗斯、斯洛文尼亚、立陶宛、阿塞拜疆、德国、奥地利、瑞士、俄罗斯、保加利亚、土耳其、阿尔及利亚、乌兹别克斯坦、格鲁吉亚、波兰、卡塔尔、捷克、斯洛伐克、吉尔吉斯斯坦、亚美尼亚、摩尔多瓦、黑山、匈牙利、巴拉圭、克罗地亚、爱沙尼亚、阿尔巴尼亚、摩纳哥、北马其顿、韩国等 30 多个国家的国际私法立法文件，共计 80 余万字。本书所收录的奥地利、爱沙尼亚、阿塞拜疆、波兰、巴拉圭、新西兰、瑞士、斯洛伐克、格鲁吉亚、委内瑞拉、斯洛文尼亚、保加利亚、土耳其、阿尔巴尼亚、捷克、黑山、匈牙利、克罗地亚、摩纳哥、北马其顿等 20 个国家以及欧盟的国际私法立法译文，既是他主持的 2021 年国家社科基金项目"《民法典》时代我国国际私法典编纂国际民事程序研究"的阶段性成果，也是他多年来持之以恒地翻译、研究外国国际私法的心血凝聚。本书既可作为我国国际私法教学、理论研究及实务工作的参考资料，也对我国《涉外民事关系法律适用法》的完善和国际私法典的起草具有借鉴意义。

综观全书，它主要有以下三个特点。

一是紧跟前沿，资料新颖。例如，波兰、奥地利、匈牙利、土耳其、瑞士等国先后于 1965 年、1978 年、1979 年、1982 年和 1987 年制定了单行的国际私法，但随着时代变迁和社会发展，这些国家均多次修订甚至重新制定其国际私法。多年来，邹国勇博士密切关注外国国际私法立法动态，根据欧洲、亚洲、美洲、大洋洲 20 个国家和地区的单行国际私法的最新修订文本，悉心翻译并结集成书，这无疑有助于读者了解和掌握外国国际私法立法的最新发展。

二是精心注解，深入全面。邹国勇博士不仅悉心翻译了外国国际私法立法文件，而且根据所掌握的资料对有关法律条文做了较为详细的注解。例如，他在书中对奥地利 1978 年 6 月 15 日《关于国际私法的联邦法》、瑞士 1987 年 12 月 18 日《关于国际私法的联邦法》以及爱沙尼亚 2002 年 3 月 27 日《国际私法法令》中诸多章节、条款的修订背景、时间、原因等进行了说明、解释。本书收录的外国单行国际私法立法范围较广，又辅之以精心的注解，有利于读者较为深入全面地了解、把握外国国际私法立法的发展态势。

三是忠于原文，通顺畅达。国外立法文件中存在大量的长句和专有词汇，无时不在考验翻译者的语言驾驭水平、专业学术功底和逻辑思维能力。为使本书的翻译忠于原文，防止误译、漏译和曲译，邹国勇博士谨慎细微，利用各种参考文献再三核校译文，并在注释中标明文件资料的来源、合译者和所参考的他人译文。为了便利读者阅读，他努力使译文符合现代汉语的表达文法，做到字通句顺、文畅意达。

国际私法已历经数百年的激荡岁月。在这漫漫的历史长河中，各国专家学者纷抒己见、著书立说，力图为国际私法的发展奉献自己的才智。近40年来，我国几代国际私法专家学者以满腔热情和执着精神致力于推进我国国际私法的法典化。如何透过研究外国国际私法的立法来探寻适合当前我国国际私法发展的路径，为我国国际私法典的编纂提供理论支撑，是我国国际私法学者义不容辞的责任。邹国勇博士以其精益求精的工匠精神，踔厉奋发，砥砺前行，作出了他独有的贡献。

"博观而约取，厚积而薄发。"作为一名国际私法学者，广泛阅读、翻译、研究世界各国国际私法立法文献是十分必要的。只有广见博识者，才能择其精要为己用；唯有日积月累者，方能做到积之于厚、发之于薄。古人陶渊明有诗云："盛年不重来，一日难再晨。及时当勉励，岁月不待人。"在邹国勇博士译作《外国单行国际私法立法选译》即将出版之际，谨以此诗句与读者诸君共勉。

2022 年 10 月 18 日于北京蓟门关南

目　录

第一篇

单行法规式国际私法立法

奥地利共和国 1978 年 6 月 15 日
《关于国际私法的联邦法》*

(2019 年修订文本)

第一章 总 则

第 1 条 ［最强联系原则］

1. 与外国有连结的事实，在私法上，依照与该事实有最强联系的法律体系判定。

2. 本联邦法所包含的关于适用法律的特别规定（"指引规范"①），应被视为该原则的体现。

第 2 条 ［据以确定联系因素的各种要件的查明］

除非在允许选择法律的领域（本法第 19 条、第 35 条第 1 款），依照程序法的规定当事人的实际意愿被认定为真实，否则，据以确定与特定法律体系的联系的事实要件与法律要件，（法院）应依职权查明。

第 3 条 ［外国法的适用］

如果作准的是外国法律，则应依职权并如同在该法律的原始适用范围内一样予以适用。

---

* 奥地利共和国 1978 年 6 月 15 日通过的《关于国际私法的联邦法》（Bundesgesetz vom 15. Juni 1978 über das internationale Privatrecht），自 1979 年 1 月 1 日起施行。此后，该法先后于 1998 年、1999 年、2000 年、2003 年、2004 年、2009 年、2011 年、2013 年、2015 年、2018 年和 2019 年进行修正。本法 2015 年 8 月 17 日文本的译文载于《中国国际私法与比较法年刊》第十九卷（2016），法律出版社 2017 年版，第 439~450 页。本法修订文本系根据其 2019 年官方德语文本（http://www.ris.bka.gv.at/GeltendeFassung.wxe? Abfrage = Bundesnormen& Gesetzesnummer = 10002426）翻译。——译者注

① "指引规范"（Verweisungsnormen）是德语国家国际私法学者使用的一个法律术语，是指当一个案件具有涉外因素，从而需要确定应适用哪一国家的法律来判案时，据以确定准据法的一种法律规范，即通常所称的"冲突规范"。——译者注

第4条 [外国法的查明]

1. 外国法应依职权予以查明。允许采用的辅助手段包括当事人协助、联邦司法部的咨询答复以及专家的鉴定意见。

2. 如经充分努力，在适当期限内仍无法查明外国法时，适用奥地利法律。

第5条 [反致与转致]

1. 所指引的外国法律体系，亦包括该国的指引规范。

2. 如果外国法律体系反致奥地利法律，应适用奥地利的实体规范（除指引规范以外的法律规范）；在发生转致时，对该转致应予以尊重，并适用不再继续向其他国家指引或者被其他国家法律首次反致的那一国家法律体系中的实体规范。

3. 如果外国法律体系由多个区域性法律体系组成，则适用该外国法律体系中的现行规则所指引的那一区域的法律体系。如无此种规则，则适用与案件有最强联系的那一区域的法律体系。

第6条 [保留条款(公共秩序)]

外国法的规定，如果其适用的结果将违背奥地利法律制度的基本价值，则不予适用。如有必要，应代之以适用奥地利法律中的相应规定。

第7条 [准据法的变更]

据以确定与特定法律制度的联系的各种要件在事后发生变化的，对已完成的事实不产生任何影响。

第8条 [形式]

法律行为的形式，依照调整该法律行为本身的同一法律判定；但符合该法律行为实施地国所规定的形式要件者亦可。

第9条 [自然人的属人法]

1. 自然人的属人法，为该人的国籍所属国法律。如一人除具有外国国籍外，又具有奥地利国籍的，则以奥地利国籍为准。其他具有多重国籍者，以与之有最强联系的国家的国籍为准。

2. 无国籍人或者无法查明其国籍的人，其属人法即为其经常居所地国法律。

3. 对奥地利有效的国际公约所指的难民，或因类似重大原因而断绝与其国籍所属国关系的人，其属人法即为其住所地国法律；无住所时，则为其经常居所地国法律；如果该法律指引其国籍所属国法律(第5条)，则不予遵守。

第10条 [法人的属人法]

法人或者其他能够享受权利并承担义务的社团或者财团，其属人法为该权利义务承担者的主要管理中心实际所在地国法律。

第 11 条　［法律选择］

1. 在有疑义时，当事人的法律选择（第 19 条、第 35 条第 1 款），不包括所选择的法律体系中的指引规范。

2. 在未决诉讼中所做的纯默示的法律选择无效。

3. 第三人的法律地位，不得因事后的法律选择而受影响。

第二章　人法

第 12 条　［权利能力与行为能力］

人的权利能力与行为能力，依照其属人法判定。

第 13 条　［姓名］

1. 一个人姓名的使用，无论其获得姓名的依据为何，均依照其当时的属人法判定。

2. 对姓名的保护，依照侵害行为发生地国法律判定。

第 14 条　［死亡宣告与死亡证明］

死亡宣告或者死亡证明的条件、效力及撤销，依照失踪者最后为人所知的属人法判定。

第 15 条　［保护成年人的措施］①

1. 为了保护那些因为个人能力受到损害或因个人能力不足从而无法保护自己利益的成年人的人身或财产而采取的措施，其条件、效力及撤销，依照其属人法判定。

2. 第 1 款所指措施的实施条件，依照实施地国法律判定。

第三章　家庭法

第一节　婚姻法

第 16 条　［结婚的形式］

1. 在国内结婚的形式，依照国内的形式规定。

---

①　本条系由 2013 年 7 月 31 日公布的第 158 号联邦法即《成年人保护法》（Erwachsenenschutz-Gesetz, BGBl. I Nr. 158/2013）第 3 条修正，自 2013 年 11 月 1 日起施行。——译者注

2. 在国外结婚的形式，依照许婚者各自的属人法判定；但符合婚姻缔结地的形式规定者亦属有效。

第 17 条 ［结婚的要件］

1. 结婚、婚姻无效以及解除婚姻的条件，均依照许婚者各自的属人法判定。

1a. 如果根据许婚者一方或者双方的属人法所援引的法律，由于许婚者一方或双方的性别而对结婚未作规定的，则第 1 款所指的结婚条件依照婚姻成立地国法律判定。①

2. 如果某一婚姻经一项在奥地利法律管辖范围内的有效判决宣告为无效或者被认定为已经解除、离婚或者不存在，则不得仅因为该项判决依照许婚者的一方或双方或者夫妻一方或双方的属人法不被承认而禁止再婚或者宣告再婚无效。本规定参照适用于死亡宣告或者死亡证明之情形。

第 18 条 ［婚姻的人身效力］

1. 婚姻的人身效力：

（1）依照夫妻双方共同的属人法判定，如果没有共同属人法，则依照其最后的共同属人法判定，前提是夫妻一方仍然保留该属人法；

（2）否则，依照夫妻双方的经常居所地国法律判定，如果没有经常居所，则依照夫妻双方最后的经常居所地国法律判定，前提是夫妻一方仍然保留该居所。

2. 如果某一婚姻依照第 1 款所指的法律不成立，而依照奥地利法律却已有效成立，则其人身效力依照奥地利法律判定。但是，如果婚姻双方当事人与第三国有更强的联系，而依照该第三国法律婚姻同样有效，则以该第三国法律为准并取代奥地利法律。

第 19 条 ［婚姻财产制］

婚姻财产制，依照当事人明示选择的法律判定，如果没有此种法律选择，则依照结婚时调整婚姻的人身法律效力的法律判定。

第 20 条 ［离婚］

1. 离婚的条件及效力，依照离婚时调整婚姻人身效力的法律判定。

2. 如果依照该法律，由于当事人所主张的事实而无法离婚，或者第 18 条所规定的连结点均不存在，则离婚依照离婚时提出离婚请求的夫妻一方的属人法判定。

---

① 本款规定系由 2019 年 7 月 2 日通过的《修正〈关于国际私法的联邦法〉的法律》（Änderung des IPR-Gesetzes，BGBl. I Nr. 72/2019）增补。——译者注

第二节　亲子关系法

第 21 条　[婚生]

子女婚生的条件及其争议，依照该子女出生时夫妻双方的属人法判定，或者当婚姻在此之前已解除的，则依照婚姻解除时夫妻双方的属人法判定。夫妻双方的属人法不同的，则以该子女在其出生时的属人法为准。①

第 22 条　(已废除)②

第 23 条　[非婚生子女的准正]

非婚生子女通过婚生宣告而准正的条件，依照父亲的属人法判定；如果在父亲死后才提出婚生宣告的申请，则依照该父亲死亡时的属人法判定。如果依照子女的属人法需要征得子女本人或者与子女具有家庭亲属关系的第三人的同意，就此而言，则亦应以该法律为准。

第 24 条　[婚生与准正的效力]

子女婚生与准正的效力，依照子女的属人法判定。

第 25 条　[非婚生及其效力]

1. 确定及承认非婚生子女的父亲身份的条件，依照子女出生时该子女的属人法判定。但是，依照子女出生时的属人法不能确定及承认该父亲身份，而依照子女出生后的属人法得以确定及承认，则可依照子女出生后的属人法判定。据以确定或者承认父亲身份的法律，亦同样适用于有关父亲身份争议的解决。

2. 子女为非婚生的效力，依照该子女的属人法判定。

3. 母亲对非婚生子女的生父提出的与其怀孕、分娩相关的诉讼请求，依照该母亲的属人法判定。

第 26 条　[收养子女]

1. 收养及终止收养关系的条件，依照收养人各自的属人法及被收养子女的属人法判定。如果子女没有决定能力，则仅就收养是否应征得子女本人或者

---

① 本条第 2 句规定系根据 2000 年 12 月 29 日公布的《亲子关系法修订法》(KindRÄG 2001, BGBl. I Nr. 135/2000) 第 10 条第 1 项修订后的文本，自 2001 年 6 月 30 日起施行。此前，第 21 条第 2 句规定为："夫妻双方的属人法不同的，依照其中更有利于认定子女为婚生的法律。"

② 该条规定经 2000 年《亲子关系法修订法》第 10 条第 2 项废除，自 2001 年 6 月 30 日起施行。该条原规定为："非婚生子女因事后婚姻而准正的条件，依照其父母的属人法判定。父母的属人法不同的，适用其中更有利于准正的法律。"——译者注

与该子女具有家庭亲属关系的第三人的同意而言，应以该子女的属人法为准。①

2. 收养的效力，依照收养人的属人法判定；如果是夫妻双方共同收养，则依照调整其婚姻人身效力的法律判定，夫妻一方死亡的，则依照另一方的属人法判定。

第三节　照料与监护②

第 27 条

1. 除非第 24 条和第 25 条另有规定，否则设立、终止照料或者监护的条件及其效力，依照有权获得保护者的属人法判定。

2. 与第 1 款所指事项有关的其他问题，只要涉及对照料与监护的监管，则依照履行监管程序的机关所属国法律判定。

第四节　同性伴侣关系法③

第 27a 条　[注册同性伴侣关系④的条件及效力]

注册同性伴侣关系的条件、无效以及这种关系因其成立时存在瑕疵而引起的解除，依照其成立地国法律判定。

第 27b 条　[注册同性伴侣关系的人身效力]

注册同性伴侣关系的人身效力：

(1)依照注册同性伴侣的共同经常居所地国法律判定，如果没有共同的经常居所，则依照双方最后的(共同)经常居所地国法律判定，前提是其中一方仍然保留该居所；

---

① 本款规定先后经 2004 年《修订家庭法及继承法的联邦法》(FamErbRÄG 2004, BGBl. I Nr. 58/2004, S. 710)第 2 条和 2018 年 7 月 4 日《成年人保护调适法》(Erwachsenenschutz-Anpassungsgesetz, BGBl. I Nr. 58/2018)第 11 条第 1 项修订。——译者注

② 本节第 27 条规定系根据 2018 年 7 月 4 日的《成年人保护调适法》第 11 条第 2 项修订，自 2018 年 8 月 1 日起施行。——译者注

③ 本节及第 27a ~ 27d 条系由 2009 年 12 月 30 日公布的《注册同性伴侣法》(Eingetragene Partnerschaft-Gesetz, BGBl. I Nr. 135/2009, S. 1-74)第 5 条第 1 项增订，自 2010 年 1 月 1 日起施行。——译者注

④ 德语中的"eingetragene Partnerschaft"从字面上意为"注册的伴侣关系"，但根据 2009 年《同性伴侣法》第 1 条和第 2 条规定，"eingetragene Partnerschaft"是"eingetragene Partnerschaft der gleichgeschlechtlicher Paare"("注册同性伴侣关系")的简称，因此，在译文中采用该概念的原意。——译者注

（2）如果不具备适用第1项所指法律的条件，或者该法律不调整注册同性伴侣的人身效力，则依照注册同性伴侣的共同属人法判定，如果没有共同的属人法，则依照双方最后的共同属人法判定，前提是其中一方仍然保留该属人法；

（3）否则依照奥地利法律判定；假如依照第2项规定应适用的法律不调整注册同性伴侣的人身效力，也适用奥地利法律。

第27c条　［注册同性伴侣的财产制］

注册同性伴侣的财产制，依照当事人双方明示选择的法律判定，如果未进行法律选择，则依照注册同性伴侣关系成立地国法律判定。

第27d条　［注册同性伴侣关系的解除］

由于第27a条所指原因以外的其他事由而解除注册同性伴侣关系的条件及效力：

（1）依照注册同性伴侣在解除其关系时的共同经常居所地国法律判定，如果没有共同的经常居所，则依照双方在解除此种关系前最后的（共同）经常居所地国法律判定，前提是其中一方仍然保留该居所；

（2）如果不具备适用第1项所指法律的条件，或者依照该法律不能根据所主张的事实而解除注册同性伴侣关系，则依照注册同性伴侣在解除其关系时的共同属人法判定，如果没有共同的属人法，则依照双方在解除此种关系前最后的共同属人法判定，前提是其中一方仍然保留该属人法；

（3）否则依照奥地利法律判定；假如依照第2项规定应适用的法律不能根据所主张的事实而解除注册同性伴侣关系，则也适用奥地利法律。

第四章　继承法①

第28条②　（已废除）

第29条③　（已废除）

---

①　本章第28～30条规定根据2015年7月30日公布《继承法修订法》（Erbrechts-Änderungsgesetz 2015, BGBl. I Nr. 87/2015）第8条予以废除，自2015年8月17日起施行。

②　第28条原规定为："1. 基于死亡的权利继承，依照被继承人死亡时的属人法判定。2. 如果遗嘱查验程序系在奥地利进行，则遗产继承权的取得及遗产债务责任，依照奥地利法律判定。"

③　第29条原规定为："如果依照第28条第1款所指的法律，遗产无人继承或者将归于作为法定继承人的领土当局，则在各该情况下，应以被继承人死亡时其财产所在地国法律为准并取代上述法律。"

第30条①　（已废除）

第五章　物权法

第31条　［一般规则］

1. 有形物的物权（包括占有）的取得与丧失，依照据以取得或者丧失该物权的事实完成时该物之所在地国法律判定。

2. 物的法律分类以及第1款所指权利的内容，依照该物之所在地国法律判定。

第32条　［与其他指引规范的关系］

不动产物权，即使其在内国其他指引规范的适用范围之列，亦应以第31条的规定为准。

第33条　［交通工具］

1. 在登记机关注册的水上或者空中运输工具的物权，除第2款另有规定外，依照注册地国的法律判定；铁路运输工具，依照该运输工具所属的铁路运输企业的主要管理机构实际所在地国法律判定。

2. 为担保因为运输工具造成损害或者使用该运输工具引起的赔偿请求权而依法设立或者强制设立的抵押权或者法定留置权，均适用第31条的规定。

第33a条　［可经证券结算系统转让的有价证券］②

1. 可经证券结算系统转让的有价证券（《金融安全法》第3条第1款第7项）的物权，包括该物权的法律性质、内容及其取得和占有，依照作准账户（《金融安全法》第3条第1款第8项）被监管地国的实体规范判定。

2. 第1款所指的法律特别决定下列事项：

（1）可在证券结算系统转让的有价证券的所有权或者其他物权是否会受到第三人的所有权或者其他物权的排斥，或者是否从属于前述权利，或者是否存在善意取得；

---

①　第30条［遗嘱的效力］原规定为："1. 设立遗嘱的能力以及遗嘱、继承合同或者放弃继承的合同的其他有效要件，依照被继承人实施该法律行为时的属人法判定。如果依照该法为无效，而依照被继承人死亡时的属人法为有效时，以后者为准。2. 对上述法律行为的撤销或者取消，类推适用第1款规定。"

②　该标题及第33a条系由2003年12月16日公布的《金融安全法》（Finanzsicherheiten-Gesetz, BGBl. I Nr. 117/2003, S. 1645）第2条增订，自2003年12月1日起施行。——译者注

（2）假如出现变现或者终止的情况(《金融安全法》第 3 条第 1 款第 12 项)，为了变现可在证券结算系统转让的有价证券是否需要以及应当采取哪些步骤。

第六章　无形财产权

第 34 条

1. 无形财产权的产生、内容及消灭，依照使用行为或者侵害行为发生地国法律判定。

2. 对于与受雇者在其劳务关系范围内的作业有关的无形财产权，以适用于雇主与受雇者之间的劳务关系的指引规范为准。

第七章　债法

第 35 条①　［合同之债］

1. 不在《关于合同之债法律适用的第 593/2008 号条例》("罗马 I")适用范围内的合同之债，依照当事人明示或者默示选择的法律判定(第 11 条)。

2. 如果当事人对于此种债务关系未进行有效的法律选择，则依照应进行特征性履行的一方合同当事人的经常居所地国法律判定。如果该方当事人系以经营者的身份订立合同，则以与订立该合同有关的营业所为准，并取代经常居所。

3. 如果案件所有情况表明，合同之债与第 2 款所指国家以外的另一国家明显具有更密切联系，则适用该另一国法律。

第 35a 条　［扩大特定保险合同的法律选择］②

1.《第 593/2008 号条例》第 7 条第 3 款为之规定了各种法律选择机会的保险合同，其各方当事人可在该条例第 7 条第 3 款(a)、(b)和(e)项所指情况下明示或者默示地选择另一国的法律。

2. 如果保险人在投保人的经常居所地国从事营业活动，或者以某种方式

① 本条款经 1998 年《修订〈关于国际私法的联邦法〉及〈消费者保护法〉的联邦法》第 1 条第 1 项修订后，又于 2009 年经《修订〈关于国际私法的联邦法〉〈保险监管法〉以及〈交通事故遇难者赔偿法〉及废除〈关于欧洲经济区国际保险合同法的联邦法〉的联邦法》第 1 条第 2 项修订。——译者注

② 本标题及第 35a 条规定系由 2009 年《修订〈关于国际私法的联邦法〉〈保险监管法〉以及〈交通事故遇难者赔偿法〉及废除〈关于欧洲经济区国际保险合同法的联邦法〉的联邦法》第 1 条第 3 项增订。——译者注

在该国或者包括该国在内的多个国家从事营业活动，则根据第 1 款所进行的法律选择的后果，不得致使在未进行法律选择时根据本应适用的法律中那些不得通过协议加以减损的规定给投保人所提供的保护被剥夺。

第 36 条① （已废除）

第 37 条② （已废除）

第 38 条③ （已废除）

第 39 条④ （已废除）

第 40 条⑤ （已废除）

第 41 条⑥ （已废除）

第 42 条⑦ （已废除）

第 43 条⑧ （已废除）

---

① 根据 1998 年《修订〈关于国际私法的联邦法〉及〈消费者保护法〉的联邦法》第 1 条第 2 项，奥地利共和国《关于国际私法的联邦法》第 36~45 条自 1998 年 12 月 1 日起被废止。第 36 条原规定为："主要由一方当事人向另一方承担金钱给付的双务合同，依照该另一方当事人的经常居所地国法律判定。如果该另一方当事人系以企业主身份订立合同，则以与订立该合同有关的营业所为准，并取代经常居所。"

② 第 37 条原规定为："单务合同以及据以产生债务的单方法律行为，依照债务人的经常居所（或第 36 条第 2 句所指的营业所）所在地国法律判定。"

③ 第 38 条［银行业务与保险合同］原规定为："1. 银行业务，依照该金融机构的（第 36 条第 2 句所指的）营业所所在地国法律判定；金融机构之间的银行业务，则以受委托的金融机构的营业所为准。2. 保险合同，依照保险人（第 36 条第 2 句所指的）的营业所所在地国法律判定。"

④ 第 39 条［证券交易及类似合同］原规定为："证券交易以及在市场或者交易会上订立的合同，依照交易所或者市场（交易会）所在地国法律判定。"

⑤ 第 40 条［拍卖］原规定为："拍卖，依照拍卖举行地国法律判定。"

⑥ 第 41 条［消费者合同］原规定为："1. 对于消费者合同，如果合同一方当事人的经常居所地国法律将其作为消费者而给予私法上的保护，而该合同系由该当事人与在该国从业、并有意订立此种合同的经营者或者该经营者的代理人订立，则依照该国的法律判定。2. 在涉及该国法律中的强制性规定的范围内，不利于消费者的法律选择无效。"

⑦ 第 42 条［不动产合同］原规定为："1. 有关使用不动产或者其附属设施的合同，依照该财产所在地国法律判定。2. 在涉及该国法律中有关租赁的强制性规定的范围内，不利于承租人的法律选择无效。"

⑧ 第 43 条［无形财产权合同］原规定为："1. 有关无形财产权的合同，依照此种权利被移转或者被让与地国法律判定。如果该合同涉及多个国家，则以受让人（许可证受让人）的经常居所（或第 36 条第 2 句所指的营业所）所在地国法律为准。2. 与雇员在其劳务关系范围内的作业有关的无形财产权合同，以适用于该劳务关系的指引规范（第 44 条）为准。"

第 44 条① 　（已废除）

第 45 条② 　（已废除）

第 46 条③ 　（已废除）

第 47 条④ 　（已废除）

第 48 条　［非合同性损害赔偿请求权］⑤

1. 不在《关于非合同之债法律适用的第 864/2007 号条例》（"罗马Ⅱ"）适用范围内的非合同性损害赔偿请求权，依照当事人明示或者默示选择的法律判定（第 11 条）。

2. 如果当事人对于此种债务关系未进行有效的法律选择，则依照造成损害的行为实施地国法律判定。但是，如果所涉各方均与另一国家的法律存在更强联系，则以该另一国法律为准。

第 49 条　［委托代理］

1. 委托代理的条件与效力，就委托人和代理人与第三人之间的关系而言，依照该委托人以第三人所知的方式指定的法律判定。

2. 如果未指定应适用的法律，则以代理人按委托人能为第三人所知的意愿而行事的地点所在国法律为准；如果代理人被授权实施多种行为，则以代理

----

① 第 44 条［劳务合同］原规定为："1. 劳务合同，依照雇员通常作业所在地国法律判定。雇员如果被派往他国作业，仍以该法为准。2. 如果雇员通常在一个以上的国家作业或者无通常作业地点，则以雇主的经常居所（或者第 36 条第 2 句所指的营业所）所在地国法律为准。3. 只有明示的法律选择才有效。但在涉及第 1 款及第 2 款所指法律中的强制性规定的范围内，不利于雇员的明示法律选择亦属无效。"

② 第 45 条［从属法律行为］原规定为："凡其效力在概念上从属于某既存义务的法律行为，依照适用于该义务的准据法所属国的实体规范判定。这一规定特别适用于旨在给义务提供担保或者变更该义务的法律行为。第 38 条第 1 款规定不受影响。"

③ 根据 2009 年《修订〈关于国际私法的联邦法〉〈保险监管法〉以及〈交通事故遇难者赔偿法〉及废除〈关于欧洲经济区国际保险合同法的联邦法〉的联邦法》第 1 条第 4 项规定，奥地利共和国《关于国际私法的联邦法》第 46~47 条被废止，并不再适用于 2009 年 1 月 11 日之后发生的合同之债案件。第 46 条［不当得利］原规定为："不当得利的请求权，依照不当得利发生地国法律判定。但在履行法律义务过程中产生的不当得利，以该法律关系准据法所属国的实体规范为准；本规定类推适用于替他人进行支付而产生的补偿请求权。"

④ 第 47 条［无因管理］原规定为："无因管理，依照此种管理行为实施地国法律判定；但是，如果无因管理与另一法律关系具有内在联系，则类推适用第 45 条的规定。"

⑤ 本条规定为经 2009 年《修订〈关于国际私法的联邦法〉〈保险监管法〉以及〈交通事故遇难者赔偿法〉及废除〈关于欧洲经济区国际保险合同法的联邦法〉的联邦法》第 1 条第 5 项修订后的文本。

人依照委托人通常能为第三人所知的意愿行事的地点所在国法律为准。

3. 如果依照第 2 款所规定的连结点不能确定应适用的法律，则以代理人行为地国法律为准。

第八章　最后条款

第 50 条

1. 本法自 1979 年 1 月 1 日起施行。

2. 1998 年《奥地利共和国联邦法律公报》第一部分所公布的第 119 号联邦法的第 35 条、第 53 条第 2 款以及通过该联邦法对第 36～45 条的废除，自 1998 年 12 月 1 日起施行，并适用于 1998 年 11 月 30 日之后产生的债务关系。

3. 经 2003 年《奥地利共和国联邦法律公报》第一部分所公布的第 117 号联邦法增订的第 33a 条自 2003 年 12 月 1 日起施行。

4. 因 2009 年 1 月 11 日之后发生的事件所引起的非合同性损害赔偿请求权，适用 2009 年《奥地利共和国联邦法律公报》第一部分所公布的第 109 号联邦法所修订文本的第 48 条规定；1978 年《奥地利共和国联邦法律公报》第一部分公布的第 109 号联邦法文本的第 48 条第 2 款不再适用于此种损害赔偿请求权。据以产生非合同之债的事件，如果发生于 2009 年 1 月 11 日之后，则不适用原第 46 条和第 47 条的规定。2009 年 12 月 17 日之后订立的合同，适用 2009 年《奥地利共和国联邦法律公报》第一部分所公布的第 109 号联邦法所修订文本的第 35 条规定；此类合同不再适用第 53 条第 2 款规定。

5. 2009 年《奥地利共和国联邦法律公报》第一部分所公布的第 135 号联邦法文本的第 27a～27d 条，自 2010 年 1 月 1 日起施行。

6. 2013 年《奥地利共和国联邦法律公报》第一部分所公布的第 158 号联邦法文本的第 15 条自 2013 年 11 月 1 日起施行。

7. 对第 28～30 条的废除，自 2015 年 8 月 17 日施行。但是，如果被继承人在 2015 年 8 月 17 日之前死亡，并且依照《欧盟继承条例》不能确定准据法时，这些条款仍予以适用。

8. 2018 年《奥地利共和国联邦法律公报》第一部分所公布的第 58 号联邦法文本的第 26 条和第 27 条自 2018 年 8 月 1 日起施行。

第 51 条

1. 自本联邦法生效后，除第 52 条和第 53 条之外，凡是与本联邦法调整对象有关的规定均失去效力，包括：

(1)1785年9月16日专利(JGS468)(a)目;

(2)《普通民法典》第4条、第34~37条及第300条;

(3)《非讼事项法院程序法》第22条第2句;

(4)《民事诉讼法》第271条第2款涉及外国法查明的规定;

(5)《禁治产法》第14条;

(6)《演员法》第49条;

(7)1940年11月15日《关于已登记船舶及在建船舶权利的法律》第1条第2款;

(8)《婚姻法第四实施条例》第6~13条和第15~18条;

(9)1950年《死亡宣告法》第12条。

2. 同时废止:

(1)《非讼事项法院程序法》第23条第3款第1句"依照内国法律"字句;

(2)《非讼事项法院程序法》第24条第1款的"依照奥地利法律"字句;

(3)《非讼事项法院程序法》第25条的"并依照奥地利法律"字句;

(4)《非讼事项法院程序法》第40条第1款第2句的"依照内国法律"字句。

第52条 下列法律规定不受本联邦法的影响:

(1)《著作权法》第94~100条;

(2)1955年《汇票法》第91~98条;

(3)1955年《支票法》第60~66条;

(4)1958年10月30日《关于依照1956年10月24日〈关于子女抚养义务法律适用公约〉第2条适用奥地利法律的联邦法》;

(5)《卡特尔法》第4条、第5条第1款第2项和第2款;

(6)《航运设施法》第34条。

第53条

1. 国际条约的规定不受本联邦法的影响。

2. 在1996年10月19日《关于父母责任和保护儿童措施的管辖权、法律适用、承认、执行和合作公约》生效后,此前已依照当时法律分配给某人的父母责任仍继续存在;某人在该公约生效前尚无父母责任的,依法对此人进行此种责任的分配,根据依照该公约第16条第1款应适用的法律确定。

第54条 本联邦法由联邦司法部负责实施。

阿塞拜疆共和国 2000 年 6 月 6 日《关于国际私法的法律》*

第一章 总则

第 1 条 [本法的适用范围与准据法的确定]

1. 涉外民事法律关系，适用本法之规定。

2. 适用于涉外民事法律关系的法律，除依照本法规定外，可依照相应的其他法律、阿塞拜疆共和国缔结的国际条约、国际习惯法或者当事人的协议确定。

3. 当事人确定准据法的协议必须明示做出，或者能直接从合同条款或法律行为的总体情况中推断出来。

4. 外国法的适用，仅受一般限制。

5. 本法关于法院适用法律的规定亦适用于有相应管辖权的其他国家机关。

第 2 条 [外国法规范的查明]

1. 在适用外国法时，法院应采取一切措施，并根据该外国法的官方解释及该国的适用实践查明法律规范的内容。

2. 如果依照本条第 1 款所指的措施无法达到目的或者所需费用高昂，并且诉讼当事人各方均不能提供证实其所依据的法律规范内容的证明的，适用阿塞拜疆共和国法律。

第 3 条 [反致以及对第三国法律的转致]

1. 本条无另外规定的，本法对外国法的指引，均为指引相应国家的实体法。

2. 适用外国法处理本法第 9 条和第 10 条所指的法律关系以及继承法律关

---

* 阿塞拜疆共和国 2000 年 6 月 6 日《关于国际私法的法律》系根据德文译本（资料来源：IPRax 2003, Heft 4, S. 386-389）翻译，本译文原载于《中国国际私法与比较法年刊》第七卷（2004），法律出版社 2004 年版，第 633~640 页。此处略有修订。——译者注

系时，可接受反致或转致，适用阿塞拜疆共和国法律或第三国法律。

第 4 条　[对适用外国法的限制]

与阿塞拜疆共和国宪法或者其他由全民公决通过的法律文件相抵触的外国法律规范，不得在阿塞拜疆共和国境内适用。

第 5 条　[强制性法律规范的适用]

1. 不论依照本法规定应适用何种法律，阿塞拜疆共和国的强制性法律规范必须适用于相应的法律关系。

2. 如果对一国法律的适用导致与案情有密切联系的第三国的强制性法律规范得以适用，在不涉及协议选择的法律时，可优先适用该第三国的法律规范。在决定准予优先适用该法律规范时，须考虑该法律规范的性质、目的以及适用结果。

第 6 条　[多法域国家法律的适用]

如果要适用多法域国家的法律，则依照该国法律确定应适用何法域的法律。如果无此种规定，则适用与案件有最密切联系的法域的法律。

第 7 条　[报复、特别限制]

他国对阿塞拜疆共和国公民或法人施加限制的，阿塞拜疆共和国主管机关可采取对等措施，对该国公民或法人施加相应的限制。

第 8 条　[禁止法律规避]

当事人不得通过协议或者其他旨在适用另一国法律的行为来规避本法有关确定准据法的规定。此时，依照本法规定确定应适用的法律。

第二章　人

第 9 条　[自然人的属人法]

1. 属人法是指自然人的国籍国法律。具有多个国籍者，以与其有最密切联系的国家的法律为属人法。

2. 无国籍人，以其固定住所地国法律为属人法。

3. 难民，以接受其避难的国家的法律为属人法。

第 10 条　[自然人的权利能力与行为能力]

1. 自然人的权利能力与行为能力，依照其属人法。

2. 自然人的行为能力，涉及法律行为和侵权行为的，依照法律行为实施地国法律或者侵权行为发生地国法律。

3. 宣告自然人无行为能力，依照受理案件的法院所在地国法律。

第 11 条　[失踪和死亡宣告]

宣告某人失踪或死亡,依照受理案件的法院所属国法律。

第 12 条　[法人的属人法]

法人的属人法,是指法人的设立地国法律。

第 13 条　[法人的权利能力]

1. 法人的权利能力,依照其属人法。该规定亦适用于法人的代表处或分支机构。

2. 如果外国法人、外国法人的代表处或分支机构所实施的法律行为被行为地国法律所禁止,因而对其权利施加限制的,则外国法人不得对这种限制采取对抗措施。

第 14 条　[姓氏、名称]

1. 自然人的姓氏、姓氏的使用和保护,依照其属人法。

2. 法人、法人的分支机构及代表处的名称以及名称的保护,依照法人的属人法。

第 15 条　[国民待遇]

外国法人、外国公民以及无国籍人,同阿塞拜疆共和国法人和公民一样具有民事权利能力和民事行为能力。但是,采取报复措施的情况除外。

第 16 条　[国家参与的涉外民事法律关系]

1. 国家参与的涉外民事法律关系,适用本法规定,但法律另有规定的除外。

2. 国家实施的法律行为,只要该法律行为不属于行使主权,则适用本法规定。

3. 由国家实施的法律行为的性质,根据该法律行为的法律属性与依据予以认定。

第三章　法律行为

第 17 条　[法律行为的形式]

1. 法律行为的形式,依照行为实施地国法律。依照阿塞拜疆共和国法律在国外实施的法律行为,如果违反了行为实施地国法律的形式规定,则可归于无效。

2. 实施法律行为的当事人居住在不同国家的,只要该法律行为满足其中一个国家法律的规定,即为有效。

3. 涉及土地的所有权或使用权的法律行为的形式,如果不论法律行为在何处实施以及由哪一国法律调整，均须适用土地所在地国强制性规定的，则依照该强制性规定。

第 18 条　[代理]

代理的形式及其有效期，依照权利授予地国法律确定。代理，只要其符合阿塞拜疆共和国法律所规定的形式要件，则不得被宣告为无效。

第 19 条　[时效期限]

1. 时效期限，依照适用于相应法律关系的法律所属国法律确定。

2. 参与法律关系的当事人一方为阿塞拜疆共和国公民或法人时，依照阿塞拜疆共和国法律确定哪些请求权不受时效约束。

第四章　物权

第 20 条　[适用于物权法律关系的外国法的一般规定]

1. 动产和不动产的所有权及其他绝对权，由该财产所在地国法律调整，但法律另有规定的除外。

2. 动产或不动产的认定以及对物的其他识别，依照物之所在地国法律。

第 21 条　[绝对权的产生和消灭]

绝对权的产生和消灭，依照物之所在地国法律确定，但阿塞拜疆共和国法律另有规定的除外。

第 22 条　[运输工具以及处于运输途中的动产的绝对权]

1. 运输工具的绝对权，依照运输工具的注册地国法律确定。

2. 处于运输途中的动产的所有权及其他绝对权，依照该物之运输目的地国法律确定，但当事人另有约定的除外。

第 23 条　[人身非财产权利]

人身非财产权利及其保护，适用该权利的行使地国法律。

第五章　合同法

第 24 条　[合同当事人的法律选择]

1. 当事人因合同产生的权利和义务之确定，合同的解释、履行、不履行、终止以及不当履行的后果、无效性，依照合同当事人所选择的国家的法律。

2. 当事人可选择将准据法适用于整个合同或者合同的某些部分。

3. 当事人可随时尤其是在缔结合同时和缔结合同后协议选择法律。当事人亦可随时协议变更准据法。

4. 选择法律不得违背强制性规定，否则无效。

第 25 条 [当事人未协议选择法律时准据法的确定]

1. 当事人未协议选择法律的，合同适用下列当事人的设立地、居住地或主要工作所在地国法律：

（a）买卖合同中的买受人；

（b）赠与合同中的赠与人；

（c）租赁合同中的出租人；

（d）用益合同中的用益提供方；

（e）信贷合同中的出贷方；

（f）加工承揽合同中的加工承揽方；

（g）委托合同中的委托人；

（h）代销合同中的代理商；

（i）保管合同中的保管方；

（j）运输合同中的承运人；

（k）保险合同中的保险人；

（l）质押合同中的出质人；

（m）担保合同中的担保人；

（n）保证合同中的保证人。

2. 合同当事人未协议选择法律时，不论本条第 1 款规定如何：

（a）有关不动产的合同，适用物之所在地国法律；

（b）有关共同作业和建筑施工的合同，适用作业地或合同约定的结果产生地国法律；

（c）在拍卖、破产程序中或在交易所缔结的合同，适用拍卖、破产程序或交易行为发生地国法律。

3. 对于本条第 1 款和第 2 款未提及的合同，当事人未协议选择法律的，适用与该合同有最密切联系的国家的法律。

4. 在履行合同以及因不当履行合同而采取措施时，应考虑合同履行地国法律。

第六章　非合同之债

第 26 条 [损害赔偿责任的准据法]

1. 因损害赔偿责任而产生的债权债务关系，适用据以提出损害赔偿请求的行为或其他事件的发生地国法律。

2. 因在国外造成损害产生责任而引起的债权债务关系，如果双方当事人均为同一国家的公民或法人，则适用该国的法律。

第 27 条　[因损害消费者而产生的责任的准据法]

消费者因购买商品或所接受的服务受到损害而提出的损害赔偿请求，依照消费者的选择，适用：

(a)消费者的住所地国法律或者主要居住地国法律；

(b)商品制造者或服务提供者的所在地国法律或者住所地国法律；

(c)消费者购买商品或者被提供服务地国法律。

第 28 条　[不当得利]

1. 因不当得利产生的请求权，适用不当得利发生地国法律。

2. 因侵害他人财产而产生的不当得利之诉，适用侵害行为实施地国法律。不当得利的界定，适用阿塞拜疆共和国法律。

第七章　继承法

第 29 条　[继承权]

1. 继承权，只要遗嘱人未在其遗嘱中明确要求适用其国籍国法律，则依照遗嘱人的最后固定居住地国法律。

2. 如果被继承人为无国籍人，依照其最后固定居住地国法律确定继承权。如果其最后的固定居住地无法查明，则适用阿塞拜疆共和国法律。

第 30 条　[遗嘱]

1. 除本法第 17 条规定的要求外，遗嘱只有在其满足下列任一国家的法律规定时方为有效：

(a)遗嘱设立地国；

(b)遗嘱人在设立遗嘱时或死亡时的居住地国；

(c)遗嘱所处分的不动产所在地国。

2. 在设立遗嘱的形式有效性方面，必须考虑遗嘱人的立遗嘱能力、国籍以及其他个人特性或者证明个人特性的必需证据。

爱沙尼亚共和国 2002 年 3 月 27 日
《国际私法法令》*
（2017 年修订文本）

第一编　总则

第 1 条　[本法的适用范围]

1. 本法适用于法律关系与一个以上国家的法律有关联的情形。

2. 本法的规定，仅适用于国际协定或者欧盟下列条例未作规定的情形：

（1）欧盟议会及理事会《关于非合同之债法律适用的第 864/2007 号条例》（"罗马Ⅱ"）①；

（2）欧盟议会及理事会《关于合同之债法律适用的第 593/2008 号条例》（"罗马Ⅰ"）②；

（3）欧盟理事会《关于扶养义务事项的管辖权、法律适用、判决的承认与执行及合作的第 4/2009 号条例》③；

---

* 爱沙尼亚共和国《国际私法法令》于 2002 年 3 月 27 日通过，并公布于 2002 年第 35 号《爱沙尼亚共和国官方公报》第一部分第 217 页，自 2002 年 7 月 1 日起施行。此后，该法先后经 2004 年 4 月 22 日、2009 年 11 月 18 日、2016 年 2 月 16 日、2017 年 6 月 7 日的四次立法修订。本法令由邹国勇和王鑫（武汉大学国际法硕士）根据其官方公布的英文译本翻译（资料来源：https://www.riigiteataja.ee/en/eli/ee/526062017004/consolide#），译文原载于《中国国际私法与比较法年刊》第二十六卷（2020），法律出版社 2021 年版，第 364~379 页。此处略有修订。——译者注

① Regulation (EC) No. 864/2007 of the European Parliament and of the Council of 11 July 2007 on the Law Applicable to Non-contractual Obligations (Rome Ⅱ), OJ L 199, 31. 7, 2007, pp. 40-49.

② Regulation (EC) No. 593/2008 of the European Parliament and of the Council of 17 June 2008 on the Law Applicable to Contractual Obligations (Rome I), OJ L 177, 4. 7. 2008, pp. 6-16.

③ Council Regulation (EC) No. 4/2009 of 18 December 2008 on Jurisdiction, Applicable Law and the Enforcement of Decisions and Cooperation in Matters Relating to Maintenance Obligations, OJ L 007, 10. 1. 2009, pp. 1-79.

　　（4）欧盟议会及理事会《关于继承事项的管辖权、法律适用、判决的承认与执行以及公证书的接受与执行并创设欧洲继承证书的第 650/2012 号条例》①；

　　（5）欧盟理事会《关于在离婚和依法别居法律适用方面实施强化合作的第 1259/2010 号条例》②。

　　第 2 条　［外国法的适用］③

　　1. 如果根据某一法律、国际协定以及本法第 1 条第 2 款所指欧盟条例的规定或者交易（当事人的约定），应适用外国法的，则无论是否请求适用该外国法，法院均应予以适用。

　　2. 如果根据某一法律、国际协定以及本法第 1 条第 2 款所指欧盟条例的规定或者交易（当事人的约定），一个人可以选择应适用的法律的，则在初审程序终结前或者书面程序的申请截止期限届满前，该人均可行使此项权利。

　　3. 外国法的适用，应遵从该国对应适用的法律的解释和适用实践。

　　第 3 条　［多法域国家］

　　如果本法的规定指向某国法律，而该国是一个法律体系不统一的国家时，则依照该国法律确定应适用的法律体系。当该国法律没有相应规定时，适用与该法律关系的情势有最密切联系的法律体系。

　　第 4 条　［外国法的查明］

　　1. 应适用的外国法的内容由受诉法院查明。为此目的，该法院有权要求双方当事人予以协助。

　　2. 双方当事人有权向法院提交有关查明外国法内容的文件。法院没有义务遵从当事人各方提交的文件。

---

　　① Regulation（EU）of the European Parliament and of the Council of 4 July 2012 on Jurisdiction, Applicable Law, Recognition and Enforcement of Decisions and Acceptance and Enforcement of Authentic Instruments in Matters of Succession and on the Creation of a European Certificate of Succession, OJ L 201, 27. 7. 2012, pp. 107-134. 本项规定经 2016 年 2 月 16 日立法（公布于 2016 年 3 月 10 日《官方公报》第一部分第 2 页）增补，自 2016 年 3 月 20 日起施行。——译者注

　　② Council Regulation（EU）No. 1259/2010 of 20 December 2010 Implementing Enhanced Cooperation in the Area of the Law Applicable to Divorce and Legal Separation, OJ L 343, 29. 12. 2010, pp. 10-16. 本项规定经 2016 年 2 月 16 日立法（公布于 2016 年 3 月 10 日《官方公报》第一部分第 2 页）增补，自 2016 年 7 月 1 日起施行。——译者注

　　③ 本条规定经 2016 年 2 月 16 日立法（公布于 2016 年 3 月 10 日《官方公报》第一部分第 2 页）修订，自 2016 年 7 月 1 日起施行。——译者注

3. 法院有权请求爱沙尼亚共和国司法部或者外交部予以协助和聘用专家咨询。

4. 如果在合理期限内，尽一切努力仍无法查明外国法的内容，则适用爱沙尼亚法律。

第5条 ［行政机关及公证机构适用外国法的权利］①

本法适用于法院的规定，同样适用于行政机关和公证机构。

第6条 ［反致和转致］②

1. 如果本法指定适用外国法律（指引），则该国的国际私法规则应予适用。如果这些规则指定适用爱沙尼亚法律（反致），则适用爱沙尼亚的实体法规则。

2. 如果外国法指定适用第三国的法律，则这种指定不予考虑。

3. 如果本法第23(1)条或者第六编第一章第一节指定适用外国法，则适用该国的实体法规则。

第7条 ［公共秩序］

如果适用外国法的结果显然与爱沙尼亚法律的基本原则相抵触（公共秩序），则不予适用该外国法。此时，适用爱沙尼亚法律。

第8条 ［交易的形式要求］

一项交易，如果符合调整该项交易的法律或者交易达成地国法律所规定的形式要求，则在形式上有效。

第9条 ［代理］

1. 代理人据以达成交易使得被代理人对第三人享有权利或负有义务的前提条件，由代理关系人的行为实施地国法律调整。

2. 本条第1款所规定的法律，也适用于无权代理人与第三人之间的关系。

3. 处分不动产物权的授权，应遵守不动产所在地国法律所规定的形式要求。

第二编　自然人

第10条 ［自然人的住所］

---

① 本条规定经2016年2月16日立法（公布于2016年3月10日《官方公报》第一部分第2页）修订，自2016年7月1日起施行。——译者注

② 本条规定经2004年4月22日立法（公布于2004年第37号《官方公报》第一部分第255页）修订，自2004年5月1日起施行。——译者注

自然人住所地的确定，适用爱沙尼亚法律。

第 11 条　[自然人的国籍]

1. 自然人的国籍，应当依照其国籍所属国法律确定。

2. 一个自然人具有数个国家国籍的，除非本法另有规定，否则以与该人有最密切联系的国家的国籍为准。

3. 本法适用于无国籍人、国籍不明者或者难民时，应考虑该人的住所地而非其国籍。

第 12 条　[自然人的权利能力和行为能力]

1. 自然人的权利能力和行为能力，适用其住所地国法律。

2. 住所地的变更，不应限制已经取得的权利能力。

3. 进行交易的当事人，即使根据其住所地国法律为无行为能力人或者限制行为能力人，如果其根据交易地国法律具有行为能力，则不得主张自己无行为能力。但是，如果另一方当事人曾知晓或应当知晓该人无行为能力，则不适用该规定。

4. 本条第 3 款的规定，不适用于因家庭法或继承法产生的交易，也不适用于与其他国家领域内的不动产有关的交易。

第 13 条　[宣告死亡]

1. 宣告死亡的前提条件和后果，由失踪者最后为人所知时的住所地国法律调整。

2. 如果本条第 1 款所指定的法律是外国法，在利害关系人具有正当利益时，也可根据爱沙尼亚法律宣告该失踪者死亡。

第三编　法人

第 14 条　[调整法人的法律]

1. 法人由其成立地国的法律调整。

2. 如果法人实际在爱沙尼亚受到管辖或者其主要活动在爱沙尼亚开展，则该法人应由爱沙尼亚法律调整。

第 15 条　[准据法的适用范围]①

调整法人的法律，特别确定下列事项：

---

① 本条规定经 2017 年 6 月 7 日立法(公布于 2017 年 6 月 26 日《官方公报》第一部分第 1 页)修订，自 2017 年 7 月 6 日起施行。——译者注

(1)法人的法律性质;

(2)法人的成立与终止;

(3)法人的法律人格;

(4)法人的名称或商号;

(5)法人的内设机构;

(6)法人的内部关系;

(7)法人债务的承担;

(8)法人的法定代表人;

(9)法人股权或类似权利的法律性质,以及创设和行使股权或类似权利的原则。

第16条 [对代表权的限制]

在进行交易的另一方当事人住所地法律或者营业地法律没有对法人机构的代表权或者法人自身的行为能力进行限制时,法人不得援引此类限制。另一方当事人知道有此类限制的,则不适用本规定。

第17条 [其他的人合团体和财合团体]

1. 本编的规定,也适用于其他有组织的人合团体和财合团体。

2. 没有组织结构的合同型联营(contractual associations),应适用本法有关合同的规定。

第四编 物权

第18条 [调整物权的法律]

1. 物权的设立与消灭,依照设立或消灭物权时该物之所在地国法律确定;

2. 物权的行使,不得违背物之所在地国法律的基本原则;

3. 如果动产已进入爱沙尼亚领域内,并且物权的设立或消灭尚未在国外完成,则在国外发生的事件应视为发生在爱沙尼亚;

4. 因不动产的有害侵扰而引起的赔偿请求,由本法第50条调整。

第19条 [法定继承事件中物之所在地国法律的适用]

如果物权是以概括继承的方式,特别是依照家庭法或继承法设立或消灭时,则调整法定继承的法律通常适用于该物权整体,除非物之所在地国法律对此规定,在概括继承的情形下也适用物之所在地国法律。

第20条 [运输中的货物]

1. 因交易而处于运输中的货物的物权,其设立和消灭由货物运输的目的地国法律调整。

2．当事人也可以约定适用货物的发送地国法律或者调整该项交易的法律。

3．法律适用协议不得影响第三人对货物享有的权利。

第 21 条　〔随货单据〕

1．随货单据，由该单据所载明的法律调整。如果随货单据上未指定应适用的法律，则由单据签发人的营业地国法律调整。运输中货物附随的单据，由货物运输目的地国的法律调整。

2．基于取得货物所有权之目的，由调整随货单据的法律确定单据的交付是否等同于货物的交付。如果以取得货物所有权为目的，随货单据的交付等同于货物的交付，则调整单据的法律也适用于该货物。

3．如果一人援引调整随货单据的法律所规定的物权效力，而另一人援引没有签发随货单据时本应适用的法律所规定的物权效力，则适用没有签发随货单据时本应适用的法律。

第 22 条　〔运输工具〕

1．航空器、船舶和轨道运输车辆，由其来源国法律调整。来源国分别是：

（1）航空器的国籍国；

（2）船舶注册地国；没有注册地的，则为母港国；

（3）轨道运输车辆营运许可证的签发国。

2．为保证因为运输工具造成损害或者使用该运输工具引起的赔偿请求权而依法规定的担保权和留置权，由支配所担保的债权的法律调整。在根据不同国家的法律设立担保权的情形下，先设立的担保权应具有优先权。

第 23 条　〔知识产权〕

知识产权及其设立、内容、消灭和保护，由被请求保护地国的法律调整。

第 23(1) 条　〔记名证券〕①

1．股权、债务和其他在登记簿上载明的权利（记名证券），由保存相关登记簿的国家法律调整。

2．如果一人（中间人）为另一人或者为除本条第 1 款所指账户以外的其他账户而在登记簿或者账户上持有记名证券（以下简称"中间证券"），则在该登

---

① 本条规定系根据 2004 年立法（公布于 2004 年第 37 号《官方公报》第一部分第 255 页）增补，自 2004 年 5 月 1 日起施行。此后，2017 年 6 月 7 日立法（公布于 2016 年 6 月 26 日《官方公报》第一部分第 1 页）又对本条第 2 款、第 3 款进行了修订，并增补了第 4 款，自 2017 年 7 月 6 日起施行。——译者注

记簿或账户上所载明的权利，应由中间证券的登记簿或账户的保存国法律调整。

3. 调整证券的法律，应特别确定下列事项：

(1)证券持有人所持权利的法律性质；

(2)证券持有人所持权利的内容、设立和终止；

(3)处分证券对证券权利产生的法律后果；

(4)行使证券权利的条件；

(5)将证券作为担保物，包括出售权的设立与行使；

(6)抵押权的顺位；

(7)中间人对中间证券的权利和义务。

4. 可转换债券或其他类似权利(与法人持股有关)的性质，以及该项权利产生和行使的原则，适用本法第 14 条的规定。

第五编　继承法

第 24 条　[调整继承的法律]

继承，由被继承人最后住所地国法律调整。

第 25 条　[法律选择]

任何人可以通过遗嘱或者继承协议决定其遗产继承适用其国籍国法律。如果该人在其死亡时已丧失了有关国家的国籍，则该项决定无效。

第 26 条　[准据法的适用范围]

调整继承的法律，应特别确定下列事项：

(1)遗嘱处分的类型和效力；

(2)继承权和继承权的丧失；

(3)继承的范围；

(4)继承人及其相互间关系；

(5)被继承人债务的承担；

第 27 条　[调整遗嘱形式的法律]

1. 遗嘱的形式，适用 1961 年《关于遗嘱处分方式法律冲突的海牙公约》(公布于 1998 年第 16/17 号《官方公报》第二部分第 28 页)；

2. 本条第 1 款所指的公约也适用于继承协议的形式。

第 28 条　[订立遗嘱的能力]

1. 任何人可以订立、变更或者撤回其遗嘱，前提是根据其订立、变更或撤回遗嘱时的住所地国法律其具有这种能力。如果根据该国法律，遗嘱人不具有订立遗嘱的能力，但根据其订立、变更或撤回遗嘱时的国籍国法律有权订立遗嘱时，则其可以订立、变更或撤回其遗嘱。

2. 住所地或国籍的变更，并不限制已经取得的订立遗嘱的能力。

3. 本条的规定，相应地适用于一个人订立、变更或终止继承协议的能力。

第 29 条　[继承协议与相互遗嘱]

1. 继承协议，由被继承人订立协议时的住所地国法律调整，但在本法第 25 条规定的情形下，由其国籍国法律调整。继承协议的可接受性、效力、内容和约束力以及法律后果，依照应适用的法律确定。

2. 在订立相互遗嘱时，遗嘱应当符合遗嘱人双方的共同住所地国法律或者遗嘱人双方共同选定的夫妻一方的住所地国的法律。

第六编　债法

第一章　债法、合同法的一般规定

第一节　一般规定与合同

第 30 条　[适用范围]

本节的规定，不适用于成立法人的备忘录，也不适用于法人的内设机构、股东或成员对法人因法律产生的债务所承担的个人责任。

第 31 条　[有关爱沙尼亚法律一般适用的规定]

本章的任何规定，不得影响爱沙尼亚法律中那些无论调整合同的法律为何，都应予以适用的条款的适用。

第 32 条　[准据法的选择]

1. 合同，由双方当事人协议选择的国家的法律调整。

2. 双方当事人可以选择调整整个合同的法律；在合同可以分割时，也可以选择调整合同某部分的法律。

3. 当事人选择合同由外国法律调整的事实，无论是否附带选择外国法院管辖，如果在选择法律时与合同相关的所有要素仅与一国有关联，则不应影响该国法律中那些不得通过合同减损的规则(强行规则)的适用。

4. 合同订立后，对应予适用的法律所作的任何变更，不得影响本法第37

条所规定的合同的形式效力，也不得影响第三人的权利。

5. 本法第 36 条和第 37 条的规定适用于法律选择协议的实质效力和形式效力。

第 33 条 ［未选择法律时应适用的法律］

1. 如果未依照本法第 32 条选择合同应适用的法律，则合同由与其有最密切联系的国家的法律调整。如果合同是可分割的，且合同的一部分单独地与另一国有更密切联系，则合同该部分由该另一国的法律调整。

2. 推定合同与订立合同时负有履行特征性义务的一方当事人的住所地国或管理机构所在地国有最密切联系。如果合同是在负有履行特征性义务的一方当事人开展经济或职业活动中订立的，则推定合同与该当事人的主要营业地国有最密切联系。如果根据合同条款，合同的特征性义务应在主要营业地以外的其他营业地履行，则推定合同与该其他营业地国有最密切联系。

3. 如果不能确定合同的特征性义务，则不适用本条第 2 款规定。

4. 与不动产的物权或者使用权有关的合同，推定其与该不动产所在地国有最密切联系。

5. 对于运输合同，推定合同与订立合同时承运人的主要营业地国有最密切联系，但以发运地或者目的地也在该国为条件；对于货物运输合同，则以托运人的主要营业地、装货地或者卸货地也在该国为条件。有关货物运输合同的条款，适用于所有以货物运输为主的合同。

6. 如果从整体情况来看，合同显然与另一国有更密切联系，则不适用本条第 2 款至第 5 款的规定。

第 34 条 ［消费者合同］

1. 对于消费者合同，在下列情形下，因法律选择所产生的后果不得剥夺消费者根据其住所地国的强制性法律规则赋予消费者的保护：

(1)在订立合同之前，经营者已在消费者的住所地国向消费者发出了一项具体的要约邀请或者广告，并且该消费者为订立合同已在该国实施了所必需的所有行为；

(2)另一方当事人或其代理人已在消费者住所地国收到了该消费者的订单；

(3)本合同是货物销售合同，并且消费者已经从其住所地国到达另一国并在那里提交了订单，前提是消费者的行程是由卖方基于诱导消费者订立合同的目的而安排的。

2. 如果没有根据本法第 32 条选择应适用的法律，则在本条第 1 款所述情形下订立的消费者合同，适用消费者的住所地国法律。

3. 本条第 1 款和第 2 款的规定不适用于运输合同和仅向消费者住所地国以外的国家提供服务的服务合同。本条第 1 款和第 2 款的规定适用于一揽子旅游合同。

4. 本条第 1 款所述情形下订立的消费者合同的形式，适用消费者的住所地国法律。

第 35 条　[雇佣合同]

1. 对于雇佣合同，因法律选择所产生的后果，不得剥夺在未选择法律时根据本条第 2 款规定本应适用的国家的强制性法律规则赋予雇员的保护。

2. 未选择法律时，雇佣合同应由下列国家的法律调整：

(1) 雇员为履行合同而通常开展工作地国，即使该雇员暂时性地在另一国受雇佣也是如此；

(2) 雇员工作的营业地所在国，但以该雇员不是经常性地在任何一国开展工作为前提。

3. 如果从整体情况来看，雇佣合同显然与另一国有更密切联系，则不适用本条第 2 款的规定。此时，适用该另一国的法律。

第 36 条　[合同的实质效力]

1. 合同或其任何条款的效力，应当根据假设该合同或该条款有效时本应适用的国家的法律确定。

2. 如果情况表明，将本条第 1 款所指的法律适用于一方当事人的行为会显失公平，则该方当事人可以援引其住所地国法律主张当事人之间并未订立合同。

第 37 条　[合同的形式效力]

1. 订立合同的当事人位于不同国家的，如果订立该合同符合这些国家中任一国法律所规定的形式要求，或者符合调整该合同的法律所规定的形式要求，则该合同在形式上有效。

2. 如果合同系通过代理人订立，为适用本条第 1 款之目的，代理人实施代理行为的国家应视为相关国家。

3. 有关不动产的物权或使用权的合同，如果其订立符合不动产所在地国法律所规定的形式要求，则在形式上有效。

第 38 条　[债权转让]

1. 对于债权转让，让与人与受让人之间的关系由适用于让与人与受让人之间合同的国家的法律调整。

2. 调整受转让债权的法律应确定债权的可转让性、受让人与债务人之间的关系、受让人可要求债务人履行债务的前提条件以及债务人是否已履行义务的问题。

3. 本条规定也适用于债权的质押。

第 39 条　［法定代位权］

1. 如果第三人应向债权人清偿债务，则调整第三人义务的法律应确定该第三人是否有权向债务人行使原本由债权人根据调整债权人与债务人之间关系的法律而对债务人享有的权利。

2. 如果数人对同一债权负有连带责任且其中一人已清偿了该债权，也同样适用本条第 1 款规定。

第二节　保险合同

第 40 条　［适用范围］

本节规定适用于承保发生于爱沙尼亚或者欧盟成员国领域内的风险的保险合同。本节规定不适用于再保险合同。

第 41 条　［保险风险所在地］

1. 对于非人寿保险合同，承保的风险所在地国是指：

（1）如果保险涉及与不动产尤其是与建筑物和构筑物有关的风险，以及与同一合同所涵盖的家具有关的风险，则是财产所在地国；

（2）如果保险涉及与应在爱沙尼亚或欧盟成员国的登记簿登记的车辆有关的风险，则是车辆登记地国；

（3）如果保险涉及保险合同项下为期不超过四个月的旅游或者度假风险，则是投保人为订立合同实施所必需行为的国家。

2. 对于人寿保险合同以及本条第 1 款未述及的非人寿保险合同，承保的风险所在地国是指：

（1）投保人为自然人时的投保人的住所地国；

（2）投保人不是自然人时，则为投保人与合同有关的营业地国。

第 42 条　［准据法的自由选择］

在下列情形下，合同由双方当事人选择的法律调整：

（1）承保的风险和投保人的住所地或者管理机构总部位于欧盟同一成员国领域内，且该国允许自由选择法律的；

（2）订立保险合同的保险公司，不仅自己没有从事也没有通过中介从事本

法第 40 条所述保险活动的;

(3)对于非人寿保险合同,该合同是《合同与非合同之债法》(公布于 2001 年第 81 号《官方公报》第 487 页)第 427 条第 2 款至第 4 款所指保险合同的;

(4)对于非人寿保险合同,该保险涉及的风险与投保人的经济或职业活动有关,并位于本法第 40 条所规定的不同国家领域内,且其中一项被承保的风险位于一个允许自由选择法律的欧盟成员国领域内的。

第 43 条 [对非人寿保险合同准据法选择的限制]

1. 如果订立的非人寿保险合同不符合本法第 42 条所规定的要求,则当事人仍可选择下列法律作为适用于合同的法律:

(1)本法第 40 条所指的被承保的风险所在地国法律;

(2)投保人的住所地国或者管理机构所在地国法律;

2. 如果本条第 1 款所指的国家允许选择任一其他法律,则当事人可以行使该项法律选择权;

3. 如果保险合同所涵盖的保险事故可能发生于承保的风险所在地国以及本法第 40 条所指的某个国家,则当事人可以选择后一国家的法律。

第 44 条 [对人寿保险合同准据法选择的限制]

1. 如果订立的人寿保险合同不符合本法第 42 条第 1 项所规定的要求,则当事人仍可选择合同由承保的风险所在地国法律所允许的国家的法律调整。

2. 如果投保人是自然人,且其住所地并不在本法第 40 条所指的国家领域内,而该国又是该自然人的国籍国时,双方当事人可选择合同由该自然人的国籍国法律调整。

第 45 条 [未选择法律时应适用的法律]

1. 如果一保险合同的双方当事人未就调整合同的法律达成一致,且投保人住所地或管理机构与所承保的风险位于同一国家的,则适用该国的法律。

2. 如果一保险合同的双方当事人未就调整合同的法律达成一致,且案件情势不符合本条第 1 款所规定的要求,合同应由根据本法第 42 条和第 43 条选择的、与合同有最密切联系的国家的法律调整。在本法第 40 条所指的国家中,推定合同与承保的风险所在地国有最密切联系。合同的某一独立部分与另一国有更密切联系,并且根据本法第 42 条和第 43 条可以选择该另一国法律时,则可由该另一国的法律调整。

3. 人寿保险合同,应由订立合同时承保的风险所在地国法律调整。如果承保的风险位于数个不同的国家,则分别适用本条第 2 款第 3 句的规定。

第 46 条　[强制性保险]

1. 强制性保险合同，由规定签订这种保险合同义务的国家的法律调整。

2. 如果保险合同承保的风险位于本法第 40 条所指的一个以上国家，并且那些国家中至少有一国规定了强制性保险时，则该合同应视为由多份合同构成且每份合同仅适用于一个国家。

3. 如果保险合同符合规定有强制性保险的国家有关此类保险的规定，则该合同符合强制性保险的要求。

4. 如果根据规定有强制性保险的国家的法律，保险人必须通知主管当局保险期限届满，该保险人只能依据该国法律主张保险范围未涵盖第三人。

第 47 条　[一般规定的适用]

保险合同的其他方面，应遵守调整该合同的法律的一般规定。

第二章　非合同之债

第 48 条　[适用范围]①(废止)

第 48(1)条　[不当得利]②

1. 因履行义务而产生的不当得利请求权，由据以履行该义务的国家法律调整。

2. 因侵害他人权利而产生的不当得利请求权，由侵权行为发生地国法律调整。

3. 其他情形下的不当得利请求权，由不当得利发生地国法律调整。

第 49 条　[无因管理]

1. 因无因管理产生的请求权，由无因管理发生地国法律调整。

2. 因履行他人义务而产生的请求权，适用调整该项义务的法律。

第 50 条　[不法损害]

1. 因不法行为造成损害而产生的赔偿请求权，由引起损害的行为实施地国或者事件发生地国法律调整。

2. 如果损害结果并没有发生在造成损害的行为实施地国或事件发生地国，

———————————

①　本条规定经 2016 年 2 月 16 日立法(公布于 2016 年 3 月 10 日《官方公报》第一部分第 2 页)废止，自 2016 年 3 月 20 日起施行。——译者注

②　本条规定系根据 2009 年 11 月 18 日立法(公布于 2009 年第 59 号《官方公报》第一部分第 385 页)增补，自 2010 年 1 月 1 日起施行。——译者注

应根据受害人的请求，适用该行为或事件的结果发生地国法律。

第 51 条 ［直接向保险人请求赔偿的权利］

如果调整损害赔偿或保险合同的法律有规定，受害人可以直接向损害赔偿责任人的保险人提出赔偿请求。

第 52 条 ［对外国法适用的限制］

如果因不法行为造成损害而产生的赔偿请求适用外国法律，则责令在爱沙尼亚进行的赔偿额不得远远超出爱沙尼亚法律对类似损害所规定的数额。

第 53 条 ［更密切联系］

1. 如果非合同之债与依照本章规定本应适用的法律所属国以外的另一国法律具有更密切联系，则适用该另一国的法律。

2. 更密切联系尤其可产生于：

（1）当事人之间的法律关系或事实关系；

（2）在本法第 48(1) 条第 2 款或第 3 款、第 49 条和第 50 条所述情形下，双方当事人在具有法律效力的事件发生时或行为实施时在同一国家有住所的事实。对于法人，应当考虑该法人与行为或事件有关的总部或其替代机构所在地或者营业地，而不是其住所地。①

第 54 条 ［准据法的选择］

在引起非合同之债的事件发生或行为实施以后，双方当事人可协商适用爱沙尼亚法律。法律的选择不得影响第三人权利。

第七编 家庭法

第一章 婚姻

第 55 条 ［调整结婚程序的法律］

1. 在爱沙尼亚缔结婚姻的，结婚的程序适用爱沙尼亚法律。

2. 在国外缔结的婚姻，如果其符合婚姻缔结地国法律所规定的结婚程序，且符合夫妻双方住所地国法律所规定的婚姻实质要件，则在爱沙尼亚应视为有效。

---

① 本款规定经 2016 年 2 月 16 日立法(公布于 2016 年 3 月 10 日《官方公报》第一部分第 2 页)修订，自 2016 年 3 月 20 日起施行。——译者注

第 56 条　[调整结婚前提条件的法律]

1. 结婚的前提条件、障碍以及因此产生的后果，由准夫妻双方的(共同)住所地国法律调整。

2. 如果根据准夫妻双方的住所地国法律，一个爱沙尼亚公民不具备结婚的前提条件，而根据爱沙尼亚法律却具备结婚的前提条件的，适用爱沙尼亚法律。

3. 如果准夫妻一方的前一段婚姻已根据爱沙尼亚法院作出的或者承认的判决予以解除，即使该判决不符合准夫妻双方住所地国法律，该前一段婚姻也不构成缔结新婚姻的障碍。

第 57 条　[婚姻的一般法律后果]

1. 婚姻的一般法律后果，应由夫妻双方的共同住所地国法律确定。

2. 夫妻双方居住于不同国家但有共同国籍时，婚姻的一般法律后果应由其共同国籍国法律确定。

3. 夫妻双方居住于不同国家且国籍不同时，如果夫妻一方仍居住于他们的最后共同住所地国，则婚姻的一般法律后果应根据其最后的共同住所地国法律确定。

4. 如果根据本条第 1 款至第 3 款无法确定调整婚姻的一般法律后果的法律，则适用与夫妻双方有最密切联系的国家的法律。

第 58 条　[调整夫妻财产制的法律]

1. 夫妻财产制，由夫妻双方所选择的法律调整。无论本法第 11 条第 2 款有何规定，夫妻双方可以选择其中一方的住所地国或者国籍国法律作为调整其财产制的法律。

2. 选择应适用的法律必须经过公证。未在爱沙尼亚选择应适用的法律时，如果该项法律选择符合所选择的法律有关夫妻财产制合同的形式要求，则在形式上有效。

3. 如果夫妻双方没有选择应适用的法律，则夫妻财产制由结婚时适用于婚姻的一般法律后果(本法第 57 条)的法律调整。

第 59 条　[对第三人的保护]

如果夫妻至少有一方的住所地位于爱沙尼亚或者夫妻至少有一方在爱沙尼亚从事经济或职业活动，则只有当第三人在法律关系产生时知晓或者应当知晓爱沙尼亚法律规定以外的财产权时，夫妻双方才能向该第三人主张这种权利。

第 60 条　〔调整离婚和婚姻无效的法律〕

1. 离婚，由本法第 57 条所规定的离婚程序开始时应适用的法律调整。

2. 根据本法第 57 条规定不允许离婚或者只允许在极其苛刻的条件下离婚时，如果夫妻一方居住于爱沙尼亚或者有爱沙尼亚国籍或者在结婚时居住于爱沙尼亚或具有爱沙尼亚国籍，则适用爱沙尼亚法律。

3. 婚姻的无效，由本法第 56 条所规定的法律调整。

第 61 条　〔调整扶养义务的法律〕

因家庭关系产生的扶养义务，适用 1973 年 10 月 2 日《关于扶养义务法律适用的海牙公约》（公布于 1999 年第 24 号《爱沙尼亚共和国官方公报》第二部分第 140 页）。

第二章　父母子女关系

第 62 条　〔出身〕

1. 出身的确认与否认，由子女出生时的住所地国法律调整。

2. 对父母而言，出身也可根据父母一方住所地国法律进行确认和否认。父母一方可根据其住所地国法律认领子女。

3. 子女可根据质疑时的住所地国法律对其出身进行否认。

第 63 条　〔收养〕

1. 收养，由养父（母）的住所地国法律调整。由夫妻双方共同收养的，由收养时支配婚姻的一般法律后果的法律调整。

2. 如果根据子女的住所地国法律，收养需要取得子女或者与该子女有家庭关系的另一人的同意，则该项同意应适用子女的住所地国的法律。

3. 除了本条第 1 款和第 2 款规定的要求外，被收养的子女居住在爱沙尼亚时，应遵守爱沙尼亚法律有关收养的所有其他要求。

第 64 条　〔外国收养〕

如果收养由外国法调整，或者根据外国法院判决进行收养的，则这种收养与在爱沙尼亚根据收养法进行的收养具有同等效力。

第 65 条　〔父母与子女间的关系〕

父母一方与子女间的家庭关系，由子女的住所地国法律调整。

第 66 条　〔监护与照管〕

监护与照管，适用监护关系和照管关系设立地国的法律。

第八编　本法的施行

第 67 条　[本法的生效]

本法在其施行法所规定的时间生效。①

---

① 根据 2002 年 6 月 5 日《〈债法法令〉〈民法典总则法令〉〈国际私法法令〉施行法》第
124 条第 1 款规定，爱沙尼亚《国际私法法令》自 2002 年 7 月 1 日起施行。——译者注

波兰共和国 2011 年 2 月 4 日 《关于国际私法的法律》*

第一章 总则

第 1 条 本法调整的是与一个以上国家有联系的私法关系的法律适用。

第 2 条

1. 法律规定适用本国法时，波兰国民即使有其他国家法律承认的国籍，亦适用波兰法律。

2. 具有两个或者两个以上国籍的外国人，以与其有最密切联系的国家的法律为其本国法并适用之。

3. 如果法律规定法律适用应以当事人具有同一国家的国籍为条件，则只要该国法律承认这些人为其国民即可。

第 3 条

1. 法律规定适用本国法，而当事人的国籍无法确定或者无任何国籍，或者其本国法的内容无法查明时，则适用其住所地国法律；没有住所的，适用其经常居所地国法律。

2. 由于在本国被侵犯基本人权而长期与本国中断联系，并因此在其本国以外的其他国家受到保护者，亦适用第 1 款规定。

第 4 条

1. 在法律有规定时，当事人可以选择应适用的法律。

2. 法律选择必须是明示的或者能从案情中明确推断出来，除非允许法律

---

* 波兰共和国《关于国际私法的法律》于 2011 年 2 月 4 日通过，公布于 2011 年 4 月 15 日波兰第 80 号《法律公报》第 432 项，并于 2011 年 5 月 26 日生效。本法系根据波兰格但斯克(Gdańsk)大学 Arkadiusz Wowwerka 博士提供的德语文本翻译(资料来源：IPRax 2011 Heft 6，S. 609-616)，官方文本为波兰语。本译文原载于《中国国际私法与比较法年刊》第十五卷(2012)，北京大学出版社 2013 年版，第 731~747 页。此处略有修订。——译者注

选择的条款对此另有规定。

3. 在法律关系产生后所进行的法律选择，不得影响第三人的权利。

4. 如果在法律选择之前，法律行为形式的准据法所规定的形式要求已在实施法律行为时得到满足，则不得基于因法律选择而调整该法律行为的法律对该法律行为的有效性提出抗辩。

5. 在查明是否已选择法律以及在判定法律选择的有效性时，适用本法第11条、第17条、第24条和第25条的规定。

6. 法律选择的变更以及撤销，适用本条第2款至第5款的规定。

第5条

1. 依照本法应适用的外国法指定所涉法律关系适用波兰法时，则适用波兰法律。

2. 本条第1款的规定不予适用，如果对准据法的指引：

(1)以法律选择的方式做出；

(2)涉及法律行为的形式；

(3)涉及合同之债、非合同之债或者那些因单方法律行为引起的债务关系，且本法对这些债务关系的法律适用已有规定。

第6条

1. 根据本法规定应适用的法律，也包括依照其规定应适用于所涉法律关系的公法条款。

2. 如果待判定的法律关系的准据法含有关于法律推定的规定或者与该法律关系有关的举证责任的其他规定，则此类规定应予以适用。

第7条   如果适用外国法的结果违反波兰共和国法律体系的根本原则，则不适用该外国法。

第8条

1. 在波兰法律中，凡是由于其有明文规定或者因其目的而不论待判定的法律关系受哪一法律调整，均应调整该法律关系的法律规范，不得因指引外国法而被排除适用。

2. 在适用准据法时，可考虑与待判定的法律关系有密切联系的另一国的现行强制性规范，前提是依照该另一国法律规定，不论该法律关系受哪一法律支配，此种强制性规范均应予以适用。在决定是否考虑此种强制性规范时，须顾及其性质、目的以及予以适用或者不予适用的后果。

第9条   准据法所属国有数个法律体系时，则由该国法规定应适用哪一法律体系的法律。无此种规定时，适用与所涉法律关系有最密切联系的法律体系的法律。

第 10 条

1. 据以确定准据法的情况无法查明时，适用与所涉法律关系有最密切联系的法律。

2. 在合理期限内无法查明应适用的外国法内容时，则适用波兰法律。

第二章　自然人

第 11 条

1. 自然人的权利能力与行为能力，依照其本国法。

2. 自然人在其营业范围内实施法律行为时，只要其根据营业地国法律具有实施该法律行为的能力即可。

3. 如果法律行为的准据法所属国法律对实施该法律行为的能力有特别要求，则本条第 1 款的规定不得排除对该国法律的适用。

第 12 条

1. 订立合同的各方当事人均在同一国家时，依照该国法律具有订立合同能力的自然人，只有在他方当事人于订立合同时已知晓或因疏忽而不知晓其无行为能力时，方可援引第 11 条第 1 款所指的法律主张自己无行为能力。

2. 实施单方法律行为的自然人，如果其依照行为实施地法律具有行为能力，只有在不会使那些谨慎从事并且信赖实施法律行为者具有此种行为能力的人蒙受不利时，方可援引第 11 条第 1 款所指的法律主张自己无行为能力。

3. 自然人通过代理人实施行为的，在确定是否具备适用第 1 款、第 2 款的条件时，应根据代理人的情况做出决定。

4. 第 1 款、第 2 款的规定不适用于家庭法、监护法、继承法方面的法律行为以及涉及法律行为实施地国以外的其他国家境内的不动产的处分行为。

第 13 条

1. 禁治产，依照禁治产人的本国法。

2. 波兰法院就外国人的禁治产作出裁决时，适用波兰法律。

第 14 条

1. 自然人的死亡宣告或者死亡认定，适用其本国法。

2. 波兰法院就外国人的死亡宣告或者死亡认定做出裁决时，适用波兰法律。

第 15 条

1. 自然人的名字和姓氏，依照其本国法。

2. 名字或者姓氏的取得、变更，适用据以判定引起名字或者姓氏取得、变更的事件的准据法。在结婚或者解除婚姻时，对姓氏的选择依照夫妻双方各自的本国法。

第 16 条

1. 自然人的人格法益，依照其本国法。

2. 自然人的人格法益受到侵害威胁或者受到损害时，可根据造成侵害或损害的事件发生地国法律或者该损害结果发生地国法律请求予以保护。

3. 对自然人人格法益的侵害发生于社会传播媒体时，则答复权、更正权或者其他类似保护措施由传播者或者发行者的所在地或者经常居所地国法律决定。

第三章　法人和其他组织单位

第 17 条

1. 法人，依照法人的营业所所在地国法律。

2. 本条第 1 款所指的法律规定适用法人的成立地国法律时，则适用该成立地国法律。

3. 第 1 款和第 2 款所指的法律特别调整：

(1)法人的成立、合并、分立、改组和终止；

(2)法人的法律性质；

(3)法人的名称和商号；

(4)法人的权利能力和行为能力；

(5)机构成员的权能、行事规则以及任命与辞退；

(6)代理；

(7)法人股东或成员资格的取得、丧失以及与此相关的权利与义务；

(8)股东或成员对法人债务的责任；

(9)法人代表违反法律、法规或章程的后果。

第 18 条

1. 法人在其营业范围内实施法律行为时，只要该法人依照企业经营地国法律具有实施该法律行为的能力即可。

2. 如果法律行为实施地国法律对法人的能力或其代理未做限制性规定，

只有在他方当事人已知晓或因疏忽而不知晓此种限制时，法人方可根据第 17 条第 1 款、第 2 款所指法律对该他方当事人援引此种限制。该规定不适用于涉及法律行为实施地国以外的其他国家境内的不动产的处分行为。

第 19 条

1. 法人自其营业所迁移至另一国境内之时起，适用该另一国法律。有关各国法律有规定时，在以前营业所所在地国取得的法律人格仍予保留。在欧洲经济区内进行的营业所迁移，并不导致法律人格的丧失。

2. 在不同国家均有住所的法人，其合并需满足这些国家法律所规定的要求。

第 20 条　法人人格法益的保护，亦适用第 16 条的规定。

第 21 条　第 17 条至第 20 条的规定，亦适用于无独立法律人格的组织单位。

第四章　代理

第 22 条　法定代理，适用据以产生代理权的法律关系的准据法。

第 23 条

1. 委托，适用委托人所选择的法律。只有在第三人已知晓或能轻易知晓该法律选择时，方能对该第三人援引所选择的法律。只有在受托人已知晓或能轻易知晓该法律选择时，委托人方能对受托人援引所选择的法律。

2. 未选择法律时，委托依次适用下列法律：

(1)受托人的固定从业所在地国法律；或者

(2)委托人的营业地国法律，前提是受托人的固定从业地也在该国境内；

(3)受托人已事实上作为委托人的代理人实施交易所在地国法律或者依照委托人的意愿本应实施交易所在地国法律。

第五章　法律行为的实施及其形式

第 24 条

1. 在认定是否已实施某法律行为时，适用该法律行为的准据法。

2. 声称未曾同意受有关法律行为约束的一方当事人，在有情况表明依照第 1 款所指法律来判定其行为的后果有失公平时，可以援引其经常居所地国法律。

第 25 条

1. 法律行为的形式，适用该法律行为本身的准据法。但只要遵从法律行为实施地国法律所规定的形式即可。订立合同者在做出接受约束的意思表示时位于不同国家的，只要遵从任意一国法律对该法律行为所规定的形式即可。

2. 第 1 款第 2 句和第 3 句的规定，不适用于涉及不动产的处分行为以及以法人或者无独立法律人格的组织单位的成立、合并、分立、改组或终止为标的之法律行为。

3. 通过代理人实施法律行为的，在适用第 1 款第 2 句和第 3 句规定时，应考虑与该代理人有关的情况。

第六章　权利的消灭时效以及与期间届满有关的其他制度

第 26 条　权利的消灭时效，适用调整该项权利的法律。

第 27 条　第 26 条的规定，亦适用于与期间届满有关的其他制度。

第七章　债务关系

第 28 条

1. 合同之债的准据法，依照欧盟议会及理事会 2008 年 6 月 17 日《关于合同之债法律适用的第 593/2008 号条例("罗马 I")》(2008 年 7 月 4 日《欧盟官方公报》第 L177 号，第 6 页)确定。

2. 根据第 1 款所指条例第 1 条第 2 款(J)项规定被排除在该条例适用范围之外的合同之债，适用该条例中适合所涉债务关系的条款。

第 29 条

1. 波兰法律规定有强制保险的，则有关此类保险的合同适用波兰法律。

2. 欧洲经济区成员国的法律规定有强制保险，并指定有关此类保险的合同以该国法为准据法时，则适用该法律。

第 30 条

1. 除了受第 28 条所指条例调整的情形外，选择将非欧洲经济区成员国的法律适用于与至少一个成员国领域有密切联系的合同，不得剥夺波兰法律中转化下列指令的条款赋予消费者的保护：

(1)欧洲经济共同体理事会 1993 年 4 月 5 日《关于消费者合同中的不公平条款的第 93/13 号指令》(1993 年 4 月 21 日《欧洲经济共同体官方公报》第 L95

号，第 29 页；《波兰官方公报》特刊第 15 章，第 2 卷，第 288 页）；

（2）欧盟议会及理事会 1997 年 5 月 20 日《关于在远程销售中订立合同时给予消费者保护的第 97/7 号指令》（1997 年 6 月 4 日《欧盟官方公报》第 L144 号，第 19 页；《波兰官方公报》特刊第 15 章，第 3 卷，第 319 页）；

（3）欧盟议会及理事会 1999 年 5 月 25 日《关于消费品销售与担保的某些方面的第 1999/44 号指令》（1999 年 7 月 7 日《欧盟官方公报》第 L171 号，第 12 页；《波兰官方公报》特刊第 15 章，第 4 卷，第 223 页）；

（4）欧盟议会及理事会 2002 年 9 月 23 日《关于向消费者提供远程融资服务并修订欧洲经济共同体理事会第 90/619 号指令、欧洲共同体第 97/7 号和第 98/27 号指令的第 2002/65 号指令》（2002 年 10 月 9 日《欧盟官方公报》第 L271 号，第 16 页；《波兰官方公报》特刊第 6 章，第 4 卷，第 321 页）；

（5）欧盟议会及理事会 2008 年 4 月 23 日《关于消费者信贷合同并废除欧洲经济共同体理事会第 87/102 号指令的第 2008/48 号指令》（2008 年 5 月 22 日《欧盟官方公报》第 L133 号，第 66 页，及以后的修订文本）。

2. 如果一份合同在 2009 年 1 月 14 日《关于在分时使用合同、长期度假产品合同以及转售合同和互换合同的某些方面保护消费者的第 2008/122 号指令》（2009 年 2 月 3 日《欧盟官方公报》第 L33 号，第 10 页）适用范围内，且其准据法为非欧洲经济区成员国的法律，在下列情形下，不得剥夺波兰法律中转化该指令的条款赋予消费者的保护：

（1）不动产位于其中一个成员国境内；或者

（2）当合同没有直接涉及不动产时，经营者在其中一个成员国境内从事营业或职业活动，或者以其他方式在其中一个成员国境内开展此类活动，并且在该活动范围内订立合同。

第 31 条 因汇票、支票以外的其他票据所产生的债务关系，适用该票据的出票地或发行地国法律。

第 32 条

1. 因单方法律行为引起的债务关系，适用实施该法律行为之人所选择的法律。自此种债务关系的双方当事人被确定之时起，法律选择及其变更或者废除，均须征得该法律关系双方当事人的同意。

2. 未选择法律时，因单方法律行为引起的债务关系，适用实施该法律行为之人的经常居所地国法律或者营业所所在地国法律。如果情况表明，债务关系与另一国家的法律有更密切联系，则适用该另一国的法律。

第 33 条 因事件而非因法律行为引起的债务关系，其准据法依照欧盟议会及理事会 2007 年 7 月 11 日《关于非合同之债法律适用的第 864/2007 号条例（"罗马Ⅱ"）》（2007 年 7 月 31 日《欧盟官方公报》第 L199 号，第 40 页）确定。

第 34 条 公路交通事故引起的非合同民事责任，其准据法依照 1971 年 5 月 4 日订于海牙的《关于公路交通事故法律适用的公约》（2003 年《法律公报》第 63 号，第 585 项）确定。

第 35 条 因当事国的公共权力机关的作为与不作为引起的民事责任，适用该国的法律。

第 36 条 适用于所转让的债权的国家的法律，也决定该项转让对第三人的效力。

第 37 条 债务承担，适用所承担的债务的准据法。

第 38 条 货币价值的变化对债务额的影响，适用该债务本身的准据法。

第八章　仲裁协议

第 39 条

1. 仲裁协议，适用各方当事人所选择的法律。

2. 未进行法律选择时，仲裁协议适用各方当事人协议选择的仲裁地国法律；未达成此种协议时，仲裁协议适用法律争议所涉的法律关系的准据法；但只要仲裁协议依照受理地国法律或者仲裁庭作出裁决地国法律有效即可。

第 40 条 仲裁协议的形式，适用仲裁地国法律。但只要仲裁协议遵从该协议的准据法所属国法律规定的形式即可。

第九章　所有权和其他物权、占有

第 41 条

1. 所有权和其他物权，适用该权利标的物之所在地国法律。

2. 所有权的取得与丧失，以及其他物权的取得、丧失及其内容或者优先顺序的变更，适用产生上述法律效力的事件发生时这些权利的标的物之所在地国法律。

第 42 条 航空器、船舶、有轨车辆上的物权，适用该航空器、船舶、有轨车辆的注册地国法律，无注册机关或未进行注册时，适用船籍港、车站或者其他类似场所的所在地国法律。

第 43 条 处于运输中的物品的物权，适用该物品的发运地国法律。如果情况表明，这些权利与另一国法律有更密切联系，则应适用该另一国法律。

第 44 条　因在证券结算系统内的证券账户上进行证券注册而产生的权利，适用该账户的保管地国法律。

第 45 条　第 41 条至第 44 条的规定，亦适用于占有。

第十章　知识产权

第 46 条

1. 知识产权的成立、内容和消灭，适用该权利的行使地国法律。

2. 第 1 款的规定亦适用于对知识产权的处分行为以及这些权利优先顺序的确定。

3. 知识产权的保护，适用据以提出保护请求的国家的法律。

第 47 条　雇员基于与其雇佣关系内的活动有关联的知识产权而向雇主提出的请求权，适用该雇佣关系的准据法。

第十一章　婚姻事项

第 48 条　结婚的能力，分别由结婚时各方当事人的本国法决定。

第 49 条

1. 结婚的形式，适用婚姻缔结地国法律。

2. 在波兰共和国境外结婚的，只要遵从结婚时夫妻双方的本国法、共同的住所地或者经常居所地国法律所规定的形式即可。

第 50 条　无结婚能力以及不遵从结婚形式的后果，分别由第 48 条和第 49 条所指的法律决定。

第 51 条

1. 夫妻之间的人身关系和财产关系，分别适用其当时的共同本国法。

2. 无共同本国法的，适用夫妻双方的共同住所地国法律；住所不在同一国家的，适用夫妻双方共同的经常居所地国法律。夫妻双方的经常居所不在同一国家的，适用以其他方式与夫妻双方均有最密切联系的国家的法律。

第 52 条

1. 夫妻双方可以约定其财产关系适用夫妻一方的本国法、住所地或者经常居所地国法律。该法律选择亦可在结婚前进行。

2. 婚约，适用双方当事人依照第 1 款规定所选择的法律。未选择法律时，婚约适用截至订约时调整夫妻之间的人身关系和财产关系的准据法。

3. 在选择财产关系或婚约的准据法时，只要遵从所选择的法律或者做出法律选择地国法律所规定的婚约形式即可。

第 53 条

1. 如果夫妻一方和作为债权人的第三人于债务产生时在同一国家有经常居所，则在判定婚姻财产制对第三人的效力时应适用该国法律，除非第三人在债务产生时已知晓或理应知晓该婚姻财产制的性质与内容，或者已遵从了婚姻财产制的准据法或者——就不动产物权而言——不动产所在地国法律所规定的公示与注册要求。

2. 夫妻一方对另一方在与满足日常家庭需要有关的事项中所负债务的责任，亦适用第 1 款规定。

第 54 条

1. 婚姻的解除，适用请求解除婚姻时夫妻双方的共同本国法。

2. 无共同本国法的，适用请求解除婚姻时夫妻双方的共同住所地国法律，如果夫妻双方在请求解除婚姻时没有共同的住所地，只要夫妻一方一如既往地在夫妻双方最后的共同居所地国有经常居所，则适用其最后的共同经常居所地国法律。

3. 如果情况表明，根据第 1 款和第 2 款规定无法决定应适用的法律，则婚姻的解除适用波兰法律。

4. 第 1 款至第 3 款的规定，亦适用于夫妻双方依法分居的情形。

第十二章　父母与子女之间的关系

第 55 条

1. 子女出身的确认或者否认，适用该子女出生时的本国法。

2. 如果子女出生时的本国法对生父的司法鉴定未做规定，就生父的司法鉴定而言，适用该子女在确认其出身时的本国法。

3. 对子女的认领，适用认领时该子女的本国法。如果该法律对认领制度未予规定，而子女出生时的本国法却规定了认领制度的，则适用该子女出生时的本国法。

4. 对胎儿的认领，适用认领时其母亲的本国法。

第 56 条

1. 与父母照顾及探视子女有关事项的准据法，依照 1996 年 10 月 19 日订于海牙的《关于父母责任和保护儿童措施的管辖权、法律适用、承认、执行和合作公约》(2008 年 6 月 11 日《欧盟官方公报》第 L151 号，第 39 页；2010 年第 172 号《法律公报》第 1158 项)确定。

2. 子女的经常居所迁移至非第 1 款所指公约缔约国的国家境内时，则自迁移之时起，采用该子女以前的经常居所地国曾采取的措施的条件，适用该非缔约国的法律。

第十三章　收养

第 57 条

1. 收养，适用收养人的本国法。

2. 夫妻双方共同收养的，适用其共同的本国法。无共同本国法的，适用夫妻双方共同的住所地国法律；夫妻双方的住所不在同一国家的，适用他们共同的经常居所地国法律。夫妻双方的经常居所不在同一国家境内的，适用以其他方式与夫妻双方均有最密切联系的国家的法律。

第 58 条　如果未遵从被收养人本国法有关收养应取得被收养人、其法定代理人的同意或者主管国家机关的许可以及因住所迁移至另一国而限制收养的规定，则不得进行收养。

第十四章　监护和照料

第 59 条

1. 对子女进行监护和照料的准据法，依照 1996 年 10 月 19 日订于海牙的《关于父母责任和保护儿童措施的管辖权、法律适用、承认、执行和合作公约》确定。

2. 当子女的经常居所迁移至非第 1 款所指公约缔约国的国家时，自该迁移之时起，采用该子女以前的经常居所地国曾采取的措施的条件，适用该非缔约国的法律。

第 60 条

1. 对成年人的监护、照料以及其他保护措施的安排，适用该人的本国法。

2. 波兰法院对在波兰共和国境内有住所或者经常居所的外国人采取第 1 款所指措施作出裁决时，适用波兰法律。

3. 第 1 款所指措施的执行，适用这些措施所涉之人的经常居所地国法律。

4. 在 1964 年 11 月 17 日《民事诉讼法典》(第 43 号《法律公报》第 296 项,及以后的修订文本)第 1107 条第 2 款和第 3 款所指情形下,适用波兰法律。该规定同样适用于对所指措施的执行。

第 61 条 法人事务的料理,适用调整该法人的国家的法律。

第 62 条 个别需要处理事项的料理,适用调整这些事项的国家的法律。

第十五章 扶养义务

第 63 条 扶养义务的准据法,依照欧盟理事会 2008 年 12 月 18 日《关于扶养义务事项的管辖权、法律适用、判决的承认与执行并进行合作的第 4/2009 号条例》(2009 年 1 月 10 日《欧盟官方公报》第 L7 号,第 1 页)确定。

第十六章 继承事项

第 64 条

1. 遗嘱人可在遗嘱或者其他死因处分行为中指定遗产事项适用其本国法、实施该项法律行为时或者死亡时的住所地或者经常居所地国法律。

2. 未选择法律时,遗产事项适用遗嘱人死亡时的本国法。

第 65 条 遗嘱或者其他死因处分行为的有效性,适用遗嘱人实施该项法律行为时的本国法,但第 66 条另有规定的除外。

第 66 条

1. 遗嘱的形式及其撤销的准据法,依照 1961 年 10 月 5 日订于海牙的《关于遗嘱处分方式法律冲突的公约》(1969 年第 34 号《法律公报》,第 284 项)确定。

2. 依照第 1 款所确定的法律亦适用于其他死因处分行为。

第十七章 其他法律关系

第 67 条 本法、其他法律、经批准在波兰共和国生效的国际条约以及欧洲联盟法律中对准据法的指引未作规定时,对属于本法适用范围内的关系,适用与该关系有最密切联系的国家的法律。

第 68 条 对属于本法适用范围内的关系,不适用 2002 年 7 月 3 日《航空法》(2006 年第 100 号《法律公报》第 696 项,及以后的修订文本)第 3 条第 1

款、第 6 条和第 7 条的规定。

第十八章　　对现行法律条款的修改

第 69 条　废除 1964 年 4 月 23 日《民法典》(第 16 号《法律公报》第 93 项，及以后修订文本)第 499 条。

第 70 条　废除 1974 年 6 月 26 日法律即《劳动法典》(1998 年第 21 号《法律公报》第 94 项，及以后修订文本)第 6 条。

第 71 条　废除 1991 年 5 月 23 日《海船劳工法》(第 61 号《法律公报》第258 项，及以后修订文本)第 2 条。

第 72 条　1997 年 8 月 29 日《旅游服务法》(2004 年第 223 号《法律公报》第 2268 项，及以后修订文本)第 11b 条第 1 款规定如下：

"第 11a 条所规定的责任，不得由合同加以排除或限制，但本条第 2 款和第 3 款另有规定的除外。"

第 73 条　2000 年 3 月 2 日《关于保护特定消费者权利以及因危险品致害责任的法律》(第 22 号《法律公报》第 271 项，及以后的修订文本)第 17 条规定如下：

"第 17 条　第 1～16e 条所规定的消费者权利，不得由合同加以剥夺或限制。"

第 74 条　2001 年 7 月 20 日《消费者信贷法》(第 100 号《法律公报》第1081 项，及以后修订文本)第 17 条规定如下：

"第 17 条　合同条款不得剥夺或限制本法所规定的消费者权利。在这种情况下，适用本法规定。"

第 75 条　对 2001 年 9 月 18 日《海事法典》(2009 年第 127 号《法律公报》第 857 项)进行下列修改：

1. 在第 355 条中：

(1)废除第 1 款和第 2 款；

(2)第 4 款规定如下：

"4. 船舶优先权和对运载货物的优先权，适用被优先权所担保债权的债权人向法院请求清偿地国法律。"

2. 第 356 条规定如下：

"第 356 条　如果法律适用以事件发生地为准，而且发生事件的船舶位于沿海国领域外，则以所悬挂的国旗所属国为事件发生地。"

3. 废除第 358 条和第 359 条。

第 76 条 对 2002 年 7 月 3 日《航空法》（2006 年第 100 号《法律公报》第 696 项及以后的修订文本）进行下列修改：

1. 第 1 条第 4 款规定如下：

"4.《航空法》的规定，除第 1 条第 6 款、第 2 条、第 3 条至第 9 条、第 14 条、第 33 条、第 35 条第 2 款、第 43 条、第 44 条、第 60 条、第 74 条、第 75 条、第 76 条第 2 款、第 89 条、第 92 条、第 119 条至第 125 条、第 128 条、第 130 条、第 133 条、第 140 条、第 149 条第 1 项、第 150 条之外，均不适用于国家航空，但本条第 5 款另有规定的除外。"

2. 废除第 10 条；

3. 废除第 11 条第 1 款；

4. 废除第 12 条和第 13 条；

5. 废除第 15 条第 2 款。

第 77 条 2002 年 6 月 27 日《关于消费者买卖特别条件及修订民法典的法律》（第 141 号《法律公报》第 1176 项；2004 年第 96 号《法律公报》第 959 项；2009 年第 115 号《法律公报》第 960 项；以及 2011 年第 34 号《法律公报》第 169 项）第 11 条规定如下：

"第 11 条 本法所调整的权利，不得因合同在卖方告知消费品违约之前所订立而被剥夺或限制，尤其不得由于买方声称已知晓消费品违约而被剥夺或限制。"

第 78 条 对 2003 年 5 月 22 日《保险法》（2010 年第 11 号《法律公报》第 66 项，及以后的修订文本）进行下列修改：

1. 废除第 129 条第 3 款至第 5 款；

2. 废除第 130 条。

第 79 条 废除《关于强制保险、保险保证基金、波兰交通保险办公署的法律》（第 124 号《法律公报》第 1152 项，及以后的修订文本）第 3 条第 2 款。

第十九章　最后规定

第 80 条 废除 1965 年 11 月 12 日《关于国际私法的法律》（第 46 号《法律公报》，第 290 项；1995 年第 83 号，第 417 项；1999 年第 52 号，第 532 项），但其有关扶养义务的条款例外地继续保持有效至 2011 年 6 月 17 日。

第 81 条 本法自其公布之日起满 30 日后生效，但第 63 条除外，该条款于 2011 年 6 月 18 日生效。

巴拉圭共和国 2015 年
《关于国际合同法律适用的第 5393 号法律》[*]

巴拉圭国民议会通过下列法律:

第 1 条　[适用范围]

一方当事人实施商业或职业行为的国际合同,其准据法的选择,依照本法确定。本法的规定不适用于消费者合同、雇佣合同、特许经营合同、代理合同和分销合同。

第 2 条　[合同的国际性]

本法对于国际合同的可适用性,应尽可能地予以广义解释,仅能排除那些所有相关要素都只与一国相关联的合同。

第 3 条　[本法未涉及的事项]

本法不涉及调整以下事项的法律:

(a)自然人权利能力;

(b)仲裁协议和选择法院协议;

(c)各类企业、组织和信托;

(d)各类破产程序;

(e)关于代理人对第三人所做的表示是否可以约束本人的问题。

第 4 条　[选择自由]

1. 合同由当事人所选择的法律调整;

2. 当事人双方可以选择:

(a)适用于整个合同或合同某部分的法律;以及

(b)对合同的不同部分适用不同法律,但以合同的这些部分能被明确区分为前提。

＊ 巴拉圭共和国《关于国际合同法律适用的第 5393 号法律》公布于 2015 年 1 月 20 日第 13 号《巴拉圭共和国官方公报》第 2~4 页。本法由邹国勇和白雪(武汉大学国际法研究所博士生)翻译,译文原载于《中国国际私法与比较法年刊》第二十二卷(2018),法律出版社 2019 年版,第 398~401 页。此处略有修订。——译者注

3. 法律选择可以随时做出或予以修改。法律选择系在合同订立后做出或者修改的，不得损抑合同的形式有效性或第三方当事人的权利。

4. 不要求被选择的法律和当事人或当事人的交易之间有关联。

第5条　[法律规则]

在本法中，所援引的法律包括在非国家渊源上被普遍接受的、作为中立和平衡的一套规则的法律规则。

第6条　[明示和默示选择]

法律选择，或对法律选择的任何修改，必须明示做出，或者能通过合同条款或各种情势明确地体现出来。当事人之间就合同项下的争议交由法院或仲裁庭管辖的协议本身并不等同于法律选择。

第7条　[法律选择的形式有效性]

法律选择不受任何形式要求的约束，但当事人双方另有约定的除外。

第8条　[法律选择协议]

1. 当事人是否达成了法律选择协议，由宣称已被协议选择的法律确定。

2. 如果当事人采用了指定不同法律的格式条款，并且这些法律均规定以相同的格式条款为优先，则适用这些格式条款所指定的法律；如果依照这些法律，优先适用不同的格式条款，或者没有优先适用的格式条款，则视为没有法律选择。

3. 如果情势表明，依照本条规定的法律作出上述决定不合理，则由一方当事人的营业所所在地国法律来决定该当事人是否同意法律选择。

第9条　[法律选择条款的可分离性]

法律选择，不能仅因为其所适用的合同无效而被质疑。

第10条　[排除反致]

法律选择，并不指引当事人所选法律中的法律冲突规则，但当事人另有明示约定的除外。

第11条　[选择的缺失或无效]

1. 如果当事人双方没有选择准据法，或他们的选择无效，则合同应适用与其有最密切联系的国家的法律。

2. 法院将考虑合同的所有主观和客观因素，以确定与其有最密切联系的国家的法律。

第12条　[利益的平衡协调]

为在特定情况下体现正义和公平，除前述条款外，国际商法的指南、习惯和原则以及被普遍接受的商事惯例和实践应予以适用。

第 13 条　[准据法的适用范围]

1. 依照本法所适用的法律，应调整双方当事人之间合同的所有方面，特别是：

(a)合同的解释；

(b)合同当事人的权利和义务；

(c)合同义务的履行和不履行合同义务的后果，包括损害评估；

(d)履行合同义务的不同方式和诉讼时效；

(e)合同失效或者无效的后果；

(f)各类法律推定证明的费用；以及

(g)订立合同前的义务。

2. 第 1 款(e)项并不排除适用任何其他确认合同形式有效性的法律。

第 14 条　[债权转让]

因债务人与债权人之间的合同引起的债权人对债务人的权利转让的，按照下列规定办理：

(a)如果转让合同的当事人已选择了调整该合同的法律，则由所选择的法律调整债权人与受让人因其合同所引起的相互权利和义务；

(b)如果债务人与债权人之间的合同的当事人已选择了调整该合同的法律，则所选择的法律决定：(1)是否可对债务人援引该债权转让；(2)受让人对债务人的权利；(3)债务人的义务是否已被免除。

第 15 条　[登记和公示]

如果特定合同在一个国家进行登记和公示是强制性的，则此类行为将由该国法律调整。

第 16 条　[内部有多个法律体系的国家]

当一个国家有两个或者两个以上适用于不同领土单位的法律体系时，应按照所选择的法律来确定适用哪一法律体系的法律。如果无法实现这一目标，则适用本法第 11 条的规定。

第 17 条　[公共政策和警察法]

1. 当事人对法律的选择并不妨碍法官适用巴拉圭法律的强制性规范；根据本法，即使选择了外国法律，也应以巴拉圭法律的强制性规范为准。

2. 法官可以考虑与案件密切相关的其他国家的强制性规范，同时考虑其适用与否的后果。

3. 法官可以排除适用当事人所选择的法律条款，但以适用此种法律条款的结果显然与公共政策的基本概念不符为限。

第 18 条 ［对法律的减损］

为本法之目的，《民法典》第 14 条、第 17 条、第 297 条、第 687 条、第 699 条，只要其指引国际合同，均受减损。在涉及国际合同准据法时，与本法相抵触的所有其他特别法律条款，也将予以减损。

新西兰《2017 年国际私法（侵权行为法律选择）法令》*

新西兰议会通过下列法律：

1.［标题］

本法令为《2017 年国际私法（侵权行为法律选择）法令》。

2.［实施］

本法令于收到皇家批准书 15 日之后施行。

第一部分　初步规定

3.［目的］

本法令旨在确立法律选择的规则，以决定与侵权行为有关的问题。

4.［过渡条款、保留条款和相关规定］

附表 1 所列的过渡条款、保留条款和相关规定，各依其规定具有相应的效力。

5.［解释］

在本法令中，除非上下文有其他要求，否则

——"准据法"是指被用来决定与侵权行为有关的问题的法律；

——"诉讼请求"是指一项因侵权行为而产生的请求权；

——"国家"是指国际私法意义上的某一国家。

6.［法令约束皇室］

（1）本法令约束皇室。

（2）本法令中的任何规定，均不限制或影响《1950 年皇室诉讼程序法》对

＊ 新西兰《2017 年国际私法（侵权行为法律选择）法令》于当年 12 月 4 日批准，并公布于 2017 年第 44 号《法律公报》。本法令由邹国勇和孙琪伟（武汉大学国际法学硕士，现为武汉大学法学院博士生）翻译，译文原载于《中国国际私法与比较法年刊》第二十二卷（2018），法律出版社 2019 年版，第 402~406 页。此处略有修订。——译者注

任何由皇室提起的或者对皇室提起的侵权请求之适用。

第二部分　实质性规定

7. ［一般原则］

（1）为了国际私法之目的，将产生于诉讼请求中的问题识别为与侵权有关的问题，乃属新西兰法院应解决之事项。

（2）准据法应用于解决已被识别的、与侵权有关的请求中所出现的问题，包括是否发生了可诉的侵权问题。

（3）准据法不包括构成所涉的一个或多个国家法律组成部分的任何法律选择规则。

（4）为了避免歧义，本法令适用于在新西兰以及任何其他国家发生的事件。

8. ［一般规则］

（1）一般规则是：准据法是指构成所涉侵权行为的事件的发生地国法。

（2）如此类事件的因素发生在不同国家，则根据一般规则，准据法应为：

（a）对导致个人人身伤害或因人身伤害造成死亡而提起的诉讼，乃该人受到实质伤害时其所在地国法；和

（b）因财产损害而提起的诉讼，乃该财产遭受损害时其所在地国法；和

（c）在任何其他情况下，此类事件最重要的一个或多个因素发生地国法。

（3）在本条中，人身伤害：

（a）是指身体上的伤害、精神上的伤害，或身体上与精神上都受到的伤害（即使伤害致死）；和

（b）包括疾病和感染。

9. ［一般规则被取代的情形］

（1）如果法院根据第（2）款的规定，认定在所有情势下另一国（B国）的法律在实体上更适合作为准据法，则一般规则应被取代。

（2）法院在进行认定时必须进行以下比较：

（a）把侵权行为和依照一般规则其法律将成为准据法的某一国家的法律联系起来的因素之重要性；

（b）把侵权行为和任何其他国家联系起来的其他因素之重要性。

（3）在本条意义上，可供考虑的把侵权行为和某一国家联系起来的因素，

包括但不限于下列有关因素：

（a）当事人；或

（b）构成争讼的侵权行为的事件；

（c）此类事件的任何情势或后果。

（4）如果根据本条规定，一般规则被取代，则为确定案件中产生的多个问题或某个问题之目的，适用 B 国法律（但不包括根据第 7 条第 3 款构成该国法律组成部分的任何法律选择规则）。

10. ［**对双重可诉规则以及有关普通法规则的废除**］

下列普通法规则，就其适用于侵权请求而言，予以废除：

（a）为了确定某一侵权行为是否具有可诉性，那些要求根据新西兰法律和另一国的法律都具有可诉性的普通法规则；

（b）为了确定争讼案件中出现的各种问题或者任何问题，那些允许适用某一单个国家的法律［作为（a）项规则的例外］的普通法规则。

11. ［**本法令和其他法律规则的关系**］

（1）本法令的规定不影响上述第 10 条所废止的法律规则以外的任何法律规则（包括国际私法规则）。

（2）在不限制第（1）款的一般原则的前提下，本法令的任何规定：

（a）不得授权适用新西兰以外的其他国家的法律作为准据法，但前提是这样做：

（i）将与公共政策原则相抵触；或者

（ii）使根据新西兰法律无法强制执行的刑法、税法或者其他公法性法律产生效力；或者

（b）不得影响任何有关证据、陈述的规则或者惯例，也不得授权让任何诉讼中的程序问题依照新西兰法律以外的其他法律确定；或者

（c）不得排除承认或制定赋予准据法协议以效力的法律选择规则。

（3）为避免产生疑义，第（2）款（b）项必须依照新西兰当时——即该项规定所指的规则被适用于一项诉讼请求或者所提问题的解决与该诉讼请求有关时——有效的国际私法规则予以适用。

（4）本法令的施行，不得妨碍新西兰下列法律规则的实施：

（a）尽管适用了国际私法规则，但在该特定情形下仍具有效力的法律规则；

（b）修改本应在该特定情形下应予适用的国际私法规则的法律规则。

第二篇

法典式国际私法立法

瑞士 1987 年 12 月 18 日
《关于国际私法的联邦法》*
（2022 年 7 月 1 日修订文本）

瑞士联邦议会，

基于联邦在对外关系方面的权限以及《联邦宪法》第 64 条的规定，

根据联邦委员会 1982 年 11 月 10 日的决议，

兹议决如下：

第一章　共同规定

第一节　适用范围

第 1 条

1. 在国际事项上，本法调整：

（a）瑞士法院或者行政机关的管辖权；

（b）法律适用；

（c）承认及执行外国判决的条件；

（d）破产及和解（le concordat）；

（e）仲裁。

2. 国际条约的规定予以保留。

＊　瑞士《关于国际私法的联邦法》于 1987 年 12 月 18 日通过，1988 年 1 月 12 日公布，自 1989 年 1 月 1 日起生效。自 20 世纪 90 年代以来，瑞士《关于国际私法的联邦法》先后经历了数十次修订。该法 2010 年和 2013 年文本译文分别刊载于《民商法论丛》第 48 卷（法律出版社 2011 年版）第 618~667 页和《中国国际私法与比较法年刊》第十六卷（法律出版社 2015 年版）第 501~539 页。部分条款的翻译，参考了陈卫佐博士所著的《瑞士国际私法法典研究》（法律出版社 1998 年版）第 263~322 页所附的译文。本法译文根据瑞士联邦当局网站（http://www.admin.ch/ch/d/sr/291/index.html#id-1）公布的 2022 年 7 月 1 日德语官方文本进行了修订。——译者注

第二节　管辖权

第 2 条　[I. 一般情形]

本法对管辖权未作特别规定的，由被告住所地的瑞士法院或者行政机关管辖。

第 3 条　[II. 必要管辖]

本法未规定在瑞士的任何地方的法院或者行政机关有管辖权，而诉讼不可能在外国进行或者在外国提起诉讼不合理时，由与案件有充分联系的地方的瑞士法院或者行政机关管辖。

第 4 条　[III. 财产扣押]

本法未规定瑞士的其他地方的法院或者行政机关有管辖权时，得在财产扣押地的瑞士法院提起有关扣押该财产的诉讼。

第 5 条　[IV. 管辖法院的协议]

1. 在有关因特定法律关系引起的财产请求权方面，当事人得为解决已经发生或者将要发生的争议约定管辖法院。该项约定得采用书面形式，通过电报、电传、传真或者任何其他能以文字证明该约定的通讯方式作出。该项约定无其他规定时，所约定的法院享有专属管辖权。

2. 如果因滥用约定管辖法院而剥夺了瑞士法律所规定的某管辖法院对一方当事人的保护，则对管辖法院的该项约定无效。

3. 在下述情形下，被约定的法院不得拒绝管辖：

(a)一方当事人在被约定的法院所在州内有住所、经常居所或者营业所；

(b)依照本法，该诉讼的争议事项应适用瑞士法律。

第 6 条　[V. 默示接受法院管辖]

对于财产争议，被告对受理案件的瑞士法院不提出管辖权异议而直接就案件的实质问题应诉答辩的，只要该法院依照第 5 条第 3 款不得拒绝管辖，该法院即有管辖权。

第 7 条　[VI. 仲裁协议]

当事人已就可仲裁的争议订立了仲裁协议的，受理案件的瑞士法院应拒绝管辖，除非：

(a)被告对法院不提出管辖权异议而直接就案件的实质问题应诉答辩；

(b)该法院认定仲裁协议失效、无效或者无法履行；

(c)仲裁庭显然由于仲裁程序被申请人的原因而无法组成。

第 8 条　[Ⅶ. 反诉]

如果本诉与反诉之间存在实质性关联，则受理本诉的法院也有权受理反诉。

第 8a 条① 　**[Ⅷ. 共同诉讼及诉的合并]**

1. 如果一项诉讼所针对的多个共同诉讼人根据本法可在瑞士被诉，则对其中被诉的一方当事人具有管辖权的瑞士法院对所有被诉当事人均可管辖。

2. 如果对被诉的一方当事人提起的多项诉讼请求之间存在实质性关联，且依照瑞士法律可在瑞士提起这些诉讼请求时，则对其中一项诉讼请求具有管辖权的各该瑞士法院均可管辖。

第 8b 条　[Ⅸ. 撤销之诉]

对于撤销之诉，如果瑞士法院照本法对诉讼当事人具有审判权，则由受理主诉讼（Hauptprozess）的瑞士法院管辖。

第 8c 条　[Ⅹ. 附带之诉]

在刑事诉讼中可附带提起民事诉讼的，如果瑞士法院依照本法对该民事诉讼也具有审判权，则受理刑事诉讼的瑞士法院亦有权受理该民事诉讼。

第 9 条　[Ⅺ. 未决诉讼]②

1. 相同当事人之间就同一诉讼标的已在国外提起的诉讼尚未审结的，如果可预见外国法院在合理的期限内将作出一项能在瑞士得到承认的判决，则瑞士法院应中止诉讼。

2. 就确定一项诉讼在瑞士提起的时间而言，以为了提起诉讼所必需的第一个诉讼行为的日期为准。启动调解程序即可视为该诉讼行为。

3. 能在瑞士得到承认的外国判决一旦呈递于瑞士法院，瑞士法院即应驳回该诉讼。

第 10 条③ 　**[Ⅻ. 临时措施]**④

有权责令采取临时措施的是：

---

① 第 8a~8c 条系根据 2009 年 12 月 11 日《关于批准并转化卢加诺公约的联邦法》第 3 条第 3 项增订，自 2011 年 1 月 1 日起生效（AS 2010 5601；BBl 2009 1777）。

② 根据 2009 年 12 月 11 日《关于批准并转化卢加诺公约的联邦法》第 3 条第 3 项修订后的文本，自 2011 年 1 月 1 日起生效（AS 2010 5601；BBl 2009 1777）。

③ 根据 2008 年 12 月 19 日《民事诉讼法》附件 1 第 Ⅱ 18 项修订后的文本，自 2011 年 1 月 1 日起生效（AS 2010 1739；BBl 2006 7221）。

④ 根据 2009 年 12 月 11 日《关于批准并转化卢加诺公约的联邦法》第 3 条第 3 项修订后的文本，自 2011 年 1 月 1 日起生效（AS 2010 5601；BBl 2009 1777）。

(a)对案件的实质问题具有管辖权的瑞士法院或者行政机关；或者

(b)措施执行地的瑞士法院与行政机关。

第 11 条① ［**XIII. 司法协助　1. 司法协助的传递**］②

瑞士和其他国家之间的司法协助，由联邦司法部传递。

第 11a 条③ ［**2. 应适用的法律**］

1. 在瑞士执行的司法协助行为，依照瑞士法律进行。

2. 应申请机关的请求，如果为执行一项在外国提出的请求所必须，且不存在与利害关系人有关的重大反对理由，亦可采用或者考虑该外国法律规定的程序。

3. 如果符合瑞士法律规定但不为外国所承认的方式可能使一项值得保护的请求在外国得不到执行，则瑞士法院或者行政机关可以依照外国法律规定的方式制作文书或者接受在申请人的宣誓下作出的声明。

4. 在向瑞士或者从瑞士提出送达或者取证的司法协助请求时，可适用1954 年 3 月 1 日《关于民事诉讼程序的海牙公约》。

第 11b 条 ［**3. 诉讼费用担保**］

诉讼费用担保，依照 2008 年 12 月 19 日《民事诉讼法》的规定。

第 11c 条 ［**4. 无偿法律援助**］

在同等条件下，住所在外国的人享有与住所在瑞士的人一样的无偿法律援助。

第 12 条 （已废除）④

第三节　应适用的法律

第 13 条 ［**I. 指引的范围**］

本法对外国法的指引，包括依照该外国法应适用于案件的所有规定。外国法律的规定，不得仅因其具有公法性质而被排除适用。

---

① 根据 2008 年 12 月 19 日《民事诉讼法》附件 1 第 II 18 项修订后的文本，自 2011 年1 月 1 日起生效(AS 2010 1739；BBl 2006 7221)。

② 根据 2009 年 12 月 11 日《关于批准并转化卢加诺公约的联邦法》第 3 条第 3 项修订后的文本，自 2011 年 1 月 1 日起生效(AS 2010 5601；BBl 2009 1777)。

③ 第 11a~11c 条系根据 2008 年 12 月 19 日《民事诉讼法》附件 1 第 II 18 项增订，自2011 年 1 月 1 日起生效(AS 2010 1739；BBl 2006 7221)。

④ 本条款根据 2008 年 12 月 19 日《民事诉讼法》附件 1 第 II 18 项废除，自 2011 年 1月 1 日起生效(AS 2010 1739；BBl 2006 7221)。

第 14 条　[II. 反致与转致]

1. 当应予适用的法律反致瑞士法律或者转致另一外国的法律时，只有当本法有规定时，方遵守该反致或者转致。

2. 在民事身份或者家庭状况问题上，接受对瑞士法律的反致。

第 15 条　[III. 例外条款]

1. 如果从全部情况来看，案件显然与本法所指引的法律仅有较松散的联系，而与另一法律却有密切得多的联系，则本法所指引的法律例外地不予适用。

2. 如果当事人进行了法律选择，则不适用前款规定。

第 16 条　[IV. 外国法的查明]

1. 应适用的外国法的内容，应依职权予以查明。为此，得要求当事人予以协助。涉及财产请求权的，得要求当事人负举证责任。

2. 如果应适用的外国法内容无法查明，则适用瑞士法律。

第 17 条　[V. 保留条款]

如果适用外国法律规定导致与瑞士的公共秩序不相容的结果，则排除其适用。

第 18 条　[VI. 瑞士法律的强制适用]

不论本法所指定的法律为何，因其特殊目的而应予强制适用的瑞士法律规定，应予以保留。

第 19 条　[VII. 对外国强制性法律规定的考虑]

1. 依照瑞士法律观念值得保护且明显占优势的一方当事人利益要求考虑本法所指定的法律以外的另一法律的强制性规定时，如果案件与该另一法律有密切联系，得考虑该另一法律的强制性规定。

2. 在决定是否考虑前款所指的另一法律的强制性规定时，应根据其所要达到的目的及其适用对于作出依照瑞士法律观念为适当的判决所可能产生的后果来判断。

第四节　住所、总部所在地和国籍

第 20 条　[I. 自然人的住所、经常居所和营业所]

1. 在本法意义上，自然人：

(a)其住所位于其以定居的意思所居留的国家内；

(b)其经常居所位于其生活了一段较长时间的国家内，即使这段时间在开始时是有限的；

（c）其营业所位于其业务活动中心所在的国家内。

2. 任何人不得同时在多个地方拥有住所。如果一人没有任何住所，则代之以经常居所。瑞士《民法典》有关住所和居所的规定不予适用。

第21条① [**II. 公司和信托的总部所在地、营业所**]

1. 公司及第149a条所指的信托以其总部所在地为住所。

2. 公司章程或者组建公司的合同所指定的地点为公司的总部所在地。如果无此种指定，则以公司的实际管理地为其总部所在地。

3. 信托条款中以书面形式或者其他能通过文字证明的方式所指定的信托财产管理地为信托的总部所在地。如果无此种指定，则以信托的实际管理地为其总部所在地。

4. 公司或者信托的营业所位于其总部所在地国或者其一个分支机构所在国境内。

第22条 [**III. 国籍**]

自然人的国籍，应根据有疑义的国籍所属国法律确定。

第23条 [**IV. 多重国籍**]

1. 一人除瑞士国籍外还具有其他国籍的，就确定原籍地法院的管辖权而言，仅以瑞士国籍为准。

2. 一人具有多个国籍时，除本法另有规定外，在确定应适用的法律方面，应以与该人有最密切联系的国家的国籍为准。

3. 如果在瑞士承认外国判决取决于一人的国籍，则只需要考虑其国籍之一即可。

第24条 [**V. 无国籍人和难民**]

1. 一人依照1954年9月28日《关于无国籍人地位的纽约公约》被确认为无国籍人，或者与其本国关系中断致使其相当于无国籍人时，即视为无国籍人。

2. 一人依照1979年10月5日《庇护法》被确认为难民的，即视为难民。

3. 本法适用于无国籍人或者难民时，应以住所取代国籍。

----

① 根据2006年12月20日联邦公报公布的《关于批准并转化〈关于信托的法律适用及其承认的海牙公约〉的联邦法》第2条修订后的文本，自2007年7月1日起生效（AS 2007 2849；BBl 2006 551）。

第五节 对外国判决的承认与执行

第 25 条 [I. 承认 1. 原则]

符合下述条件的外国判决, 在瑞士予以承认:

(a)作出判决的国家的法院或者行政机关具有管辖权;

(b)不能再对该判决提起普通的上诉或者该判决为终审判决;

(c)不存在本法第 27 条规定的拒绝承认的理由。

第 26 条 [2. 外国机关的管辖权]

在下述任一情形下, 外国机关具有管辖权:

(a)本法某一条款对此有规定, 或者在无此种规定时, 被告在作出判决的国家有住所的;

(b)在财产争议方面, 当事人各方通过达成一项依照本法为有效的协议自愿服从作出判决的机关管辖的;

(c)被告在财产争议中对作出判决的机关未提出管辖权异议而直接就争议事项应诉答辩的;

(d)在针对反诉作出判决的情形下, 作出判决的机关对本诉有管辖权, 且本诉与反诉之间互有实质性关联的。

第 27 条 [3. 拒绝的理由]

1. 一项在外国作出的判决, 如果承认该判决将显然与瑞士公共秩序不相容, 应在瑞士拒绝予以承认。

2. 一方当事人证明外国判决有下述情形之一的, 亦应拒绝予以承认:

(a)依照该当事人住所地法律或者经常居所地法律, 该当事人未被合法传唤, 但该当事人对法院未提出管辖权异议而直接就案件的实质问题应诉答辩的除外;

(b)判决的作出违反了瑞士程序法的基本原则, 特别是未给予前述当事人出庭辩护的机会;

(c)相同当事人之间已就同一标的首先在瑞士提起诉讼或者该诉讼已在瑞士作出判决, 或者该诉讼已由第三国先行判决且该判决能在瑞士得以承认。

3. 此外, 不得对外国判决进行实质性审查。

第 28 条 [II. 执行]

一项依照本法第 25 条至第 27 条规定获得承认的判决, 经利害关系人请求, 即宣告予以执行。

第 29 条 [III. 程序]

1. 请求承认或者执行外国判决的申请, 应向被请求的州的主管机关提出。

申请时应附加下述材料：

（a）一份完整且经认证无误的判决书副本；

（b）一份证明不能再对该判决提起普通上诉或者该判决是终局判决的证明书；

（c）在缺席判决的情形下，一份证明败诉的当事人已被合法传唤并曾有出庭辩护机会的文书。

2. 在承认与执行程序中，应当听取对申请承认与执行外国判决有异议的当事人的意见；该当事人有权提出其证据及理由。

3. 如果一项外国判决被作为先决问题予以援引，则受理案件的机关得对承认问题自行作出裁定。

第 30 条　[Ⅳ. 法院和解]

只要和解达成地国将法院和解视同司法判决，则本法第 25 条至第 29 条的规定亦适用于法院和解。

第 31 条　[Ⅴ. 非讼管辖]

非讼事件的管辖机关所作的决定或者文书的承认与执行，类推适用本法第 25 条至第 29 条的规定。

第 32 条　[Ⅵ. 在民事身份登记簿上登记]

1. 有关民事身份的外国判决或者文书，应按照州民事身份监督机关的决定在民事身份登记簿上登记。

2. 凡符合本法第 25 条至第 27 条所规定的条件者，准予登记。

3. 如果不能确证当事人的诉讼权利在作出判决的外国受到充分尊重，则在登记前应先听取利害关系人的陈述。

第二章　自然人

第 33 条　[Ⅰ. 原则]

1. 除本法另有规定外，在人法关系方面，由住所地的瑞士法院或者行政机关管辖；管辖机关应适用住所地法律。

2. 对于因侵害人格而提出的请求，适用本法有关侵权行为的规定（第 129 条及以下）。

第 34 条　[Ⅱ. 民事权利能力]

1. 民事权利能力，适用瑞士法律。

2. 人格的开始及终止，由适用于以民事权利能力为先决条件的法律关系的法律调整。

第 35 条　[III. 民事行为能力　1. 原则]

民事行为能力，适用住所地法律。民事行为能力一经取得，不受住所变更的影响。

第 36 条　[2. 对交易的保护]

1. 法律行为的实施者，依照其住所地法律无行为能力而依照法律行为实施地国家法律有行为能力的，不得主张自己无行为能力，但对方当事人已知晓或者应当知晓其无行为能力的除外。

2. 前款规定不适用于与家庭法、继承法以及不动产物权有关的法律行为。

第 37 条　[IV. 姓名　1. 原则]

1. 住所在瑞士者，其姓名适用瑞士法律；住所在外国者，其姓名适用其住所地国的冲突法所指引的法律。

2. 但是，当事人得要求对其姓名适用其本国法律。

第 38 条　[2. 更改姓名]

1. 更改姓名的请求，由申请人住所地的瑞士行政机关管辖。

2. 在瑞士境内无住所的瑞士国民，得向其原籍州的行政机关请求更改姓名。

3. 更改姓名的条件及效力，适用瑞士法律。

第 39 条　[3. 在外国更改姓名]

在外国进行的姓名更改，如果在申请人的住所地国或者本国为有效，则在瑞士予以承认。

第 40 条　[4. 在民事身份登记簿上登记]

在民事身份登记簿上进行姓名登记时，依照瑞士关于登记簿管理的原则办理。

第 40a 条①　[IVa. 性别]

一个人的性别，类推适用本法第 37 条至第 40 条的规定。

第 41 条　[V. 宣告失踪　1. 管辖权和应适用的法律]

1. 宣告失踪，由失踪者最后为人所知的住所地的瑞士法院或者行政机关管辖。

2. 此外，如果对于宣告失踪存在值得保护的利益，则瑞士法院或者行政

---

① 本条规定系根据 2020 年 12 月 18 日《关于在民事身份登记簿上更改性别的联邦法》第 II 项增补，自 2022 年 1 月 1 日起生效(AS 2021 668；BBl 2020 799)。

机关对宣告失踪也具有管辖权。

3. 宣告失踪的条件及效力,适用瑞士法律。

第 42 条 [在外国作出的失踪宣告和死亡宣告]

在外国作出的失踪宣告或者死亡宣告,如果是在失踪者最后为人所知的住所地国或者其本国作出,则在瑞士予以承认。

第三章 婚姻法

第一节 结婚

第 43 条 [I. 管辖权]

1. 如果已订婚的男女中有一方在瑞士有住所或者具有瑞士国籍,则瑞士行政机关对结婚具有管辖权。

2. 在瑞士无住所的外国已订婚者,如果其婚姻在男女双方的住所地国或者本国将得到承认,亦可由主管机关准许在瑞士结婚。

3. 不得仅以在瑞士宣告或者承认的离婚在外国不被承认为由而拒绝批准结婚。

第 44 条① [II. 应适用的法律]

在瑞士结婚,一概适用瑞士法律。

第 45 条 [III. 在外国结婚]

1. 在外国有效缔结的婚姻,在瑞士一概予以承认。

2. 如果已订婚的女方或者男方是瑞士国民或者双方在瑞士均有住所,则其在外国缔结的婚姻应予以承认,但其在外国结婚的意图显然在于规避瑞士法律有关婚姻无效的规定的除外。②

3. 在外国有效缔结的同性婚姻,作为注册同性伴侣关系在瑞士予以承认。③

---

① 根据 2012 年 6 月 15 日《关于打击强迫婚姻的措施的联邦法》第 I 5 项修订的文本,自 2013 年 7 月 1 日起生效(AS 2013 1035;BBl 2011 2185)。

② 根据 1998 年 6 月 26 日的联邦法附件 3 修订后的文本,自 2000 年 1 月 1 日起生效(AS 1999 1118;BBl 1996 I 1)。

③ 根据 2004 年 6 月 18 日的《同性伴侣法》附件 17 增补,自 2007 年 1 月 1 日起生效(SR 211. 231)。

第 45a 条①　［Ⅳ. 宣告婚姻无效］

1. 宣告婚姻无效之诉，由夫妻一方住所地的瑞士法院管辖；在瑞士无住所的，由结婚地或者夫妻一方原籍地的瑞士法院管辖。

2. 诉讼依照瑞士法律进行。

3. 临时措施和附带后果，类推适用本法第 62 条至第 64 条的规定。

4. 确认婚姻无效的外国判决，如果该判决系在婚姻缔结地国作出，则在瑞士予以承认。如果该诉讼系由夫妻一方提出，类推适用第 65 条的规定。

第二节　婚姻的一般效力

第 46 条　［Ⅰ. 管辖权　1. 原则］

对于有关婚姻效力的诉讼或者命令采取的措施，由夫妻一方住所地的瑞士法院或者行政机关管辖，如果夫妻双方在瑞士均无住所，则由其中任何一方的经常居所地的瑞士法院或者行政机关管辖。

第 47 条　［2. 原籍地管辖权］

夫妻双方在瑞士既无住所又无经常居所，并且其中一方是瑞士国民时，如果不能在夫妻一方的住所地或者经常居所地国家机关提起或者提出有关婚姻效力的诉讼或者申请，或者提起或提出该项诉讼或者申请不合理，则对于有关婚姻效力的诉讼或者命令采取的措施，由原籍地法院或者行政机关管辖。

第 48 条　［Ⅱ. 应适用的法律　1. 原则］

1. 婚姻的效力，适用夫妻双方的住所地国法律。

2. 夫妻双方的住所不在同一国家的，婚姻的效力，适用与案件联系更为密切的住所地国法律。

3. 原籍地的瑞士法院或者行政机关依照本法第 47 条规定具有管辖权时，则其应适用瑞士法律。

第 49 条　［2. 扶养义务］

夫妻之间的扶养义务，适用 1973 年 10 月 2 日《关于扶养义务法律适用的海牙公约》。

---

① 本条规定系根据 1994 年 10 月 7 日的联邦法附件 Ⅱ2 增补，自 1996 年 1 月 1 日起生效(AS 1995 1126；BBl 1993 Ⅰ 1169)；现行文本系根据 2012 年 6 月 15 日《关于打击强迫婚姻的措施的联邦法》第 Ⅰ 5 项修订，自 2013 年 7 月 1 日起生效(AS 2013 1035；BBl 2011 2185)。

第 50 条　[III. 外国判决或者措施]

有关婚姻效力的外国判决和措施，如果系在夫妻一方的住所地国或者经常居所地国作出或者采取，则在瑞士予以承认。

第三节　夫妻财产制

第 51 条　[I. 管辖权]

对于有关夫妻财产制的诉讼或者措施，其管辖权属于：

(a) 因夫妻一方死亡而引起夫妻财产制解体时，有权清理遗产的瑞士法院或者行政机关（第 86 条至第 89 条）；

(b) 因法院判决解除夫妻关系或者因分居而引起夫妻财产制的解体时，有权判决解除夫妻关系或者受理分居诉讼的瑞士法院（第 59 条、第 60 条、第 63 条、第 64 条）；

(c) 在其他情形下，有权就婚姻效力的诉讼或者措施作出决定的瑞士法院或者行政机关（第 46 条、第 47 条）。

第 52 条　[II. 应适用的法律　1. 法律选择　a. 原则]

1. 夫妻财产关系，适用夫妻双方所选择的法律。

2. 夫妻双方得以在双方住所所在的国家或者婚后将在其境内有住所的国家的法律和其中一方的本国法律中作出选择。本法第 23 条第 2 款的规定不予适用。

第 53 条　[b. 方式]

1. 法律选择必须以书面协议做出或者在婚约的具体条款中明确地体现出来。在其他情形下，法律选择由所选择的法律调整。

2. 法律选择得随时做出或者变更。如果法律选择系在结婚后做出，其效力追溯至结婚之时，但当事人另有约定的除外。

3. 在夫妻双方选择另一法律或者撤销该项法律选择之前，所选择的法律应予以适用。

第 54 条　[2. 未选择法律时　a. 原则]

1. 夫妻双方未进行法律选择时，夫妻财产关系适用：

(a) 夫妻双方同时有住所的国家的法律，或者，如果情形不是这样，

(b) 夫妻双方最后同时有住所的国家的法律。

2. 夫妻双方从未同时在同一国家有过住所的，适用其共同的本国法律。

3. 夫妻双方从未同时在同一国家有过住所，亦无共同国籍的，则适用瑞士法律中的夫妻财产分有制。

第 55 条　［b. 住所变更时的可变性和追溯力］

1. 夫妻双方将其住所从一国移至另一国时，应适用新住所地国的法律且其效力追溯至结婚之时。夫妻双方得通过书面形式约定排除该追溯力。

2. 如果当事人双方以书面形式约定仍然适用先前的法律或者在他们之间存在婚约时，则住所的变更对应适用的法律不具有任何效力。

第 56 条　［3. 婚约的形式］

婚约的形式，只要符合调整该婚约的法律或者婚约订立地法律所规定的条件，即为有效。

第 57 条　［4. 与第三人的法律关系］

1. 夫妻财产制对夫妻一方与第三人之间的法律关系的效力，适用该法律关系产生时该夫妻一方的住所地国法律。

2. 第三人在该法律关系产生时知晓或者应当知晓调整夫妻财产关系的法律的，则该法律应予适用。

第 58 条　［III. 外国判决］

1. 有关夫妻财产关系的外国判决，符合下述条件之一者，在瑞士予以承认：

（a）判决系由作为被告的夫妻一方的住所地国作出或者在该国得到承认；

（b）判决系由作为原告的夫妻一方的住所地国作出或者在该国得到承认，且作为被告的夫妻一方在瑞士无住所；

（c）判决系由依照本法规定应予适用的法律所属国作出或者在该国得到承认；

（d）涉及不动产的判决系由该不动产所在地作出或者在该地得到承认。

2. 有关夫妻财产关系的判决，如果其作出与婚姻关系的保护措施有关，或者因死亡、宣告婚姻无效、离婚或者分居而引起，则其承认依照本法关于婚姻的一般效力、离婚或者继承的规定（第 50 条、第 65 条及第 96 条）。

第四节　离婚与分居

第 59 条　［I. 管辖权 1. 原则］

离婚和分居之诉的管辖权属于：

（a）被告住所地的瑞士法院；

（b）原告住所地的瑞士法院，前提是该原告在瑞士居住满一年或者为瑞士国民。

第 60 条　[2. 原籍地管辖权]

夫妻双方在瑞士均无住所且其中一方为瑞士国民的，如果不能在夫妻一方的住所地提起离婚和分居之诉或者在夫妻一方的住所地提起该诉讼不合理，则离婚和分居之诉由原籍地法院管辖。

第 60a 条①　[3. 婚姻缔结地的管辖权]

夫妻双方在瑞士均无住所且任何一方均非瑞士国民的，如果不能在夫妻一方的住所地提起离婚和分居之诉或者在夫妻一方的住所地提起该诉讼不合理，则离婚和分居之诉由婚姻缔结地的瑞士法院管辖。

第 61 条②　[II. 应适用的法律]

离婚和分居，适用瑞士法律。

第 62 条　[III. 临时措施]

1. 受理离婚或者分居之诉的瑞士法院，只要其对裁判案件并非显然无管辖权或者不被具有既判力的判决确认为无管辖权，则得以采取临时措施。

2. 临时措施，适用瑞士法律。

3. 本法关于夫妻间扶养义务(第 49 条)、亲子关系的效力(第 82 条和第 83 条)以及未成年人保护(第 85 条)的规定予以保留。

第 63 条　[IV. 附带后果]

1. 有权受理离婚或者分居之诉的瑞士法院，亦有权就该诉讼的附带后果作出决定。本法关于未成年人保护的规定(第 85 条)予以保留。③

1a. 针对瑞士职业养老机构提出的养老金补偿请求，由瑞士法院专属管辖。④

2. 与离婚或者分居有关的附带后果，适用瑞士法律。⑤ 本法关于姓名(第 37 条至第 40 条)、夫妻间扶养义务(第 49 条)、婚姻财产制(第 52 条至第 57

----

① 本条规定系根据 2020 年 12 月 18 日的联邦法附件 2 增补，自 2022 年 7 月 1 日起生效(AS 2021 747；BBl 2019 8595；2020 1273)。

② 根据 2015 年 6 月 19 日的联邦法附件 3(离婚时的养老金补偿)修订后的文本，废除了该条原第 2~4 款规定，自 2017 年 1 月 1 日起生效(AS 2016 2313；BBl 2013 4887)。

③ 根据 2013 年 6 月 21 日的联邦法附件 3(父母照料)修订后的文本，自 2014 年 7 月 1 日起生效(AS 2014 357；BBl 2011 9077)。

④ 本款规定系根据 2015 年 6 月 19 日的联邦法附件 3(离婚时的养老金补偿)增补，自 2017 年 1 月 1 日起生效(AS 2016 2313；BBl 2013 4887)。

⑤ 本句规定系根据 2015 年 6 月 19 日的联邦法附件 3(离婚时的养老金补偿)修订，自 2017 年 1 月 1 日起生效(AS 2016 2313；BBl 2013 4887)。

条)、亲子关系的效力(第 82 条和第 83 条)以及未成年人保护(第 85 条)的规定予以保留。

第 64 条 ［V. 判决的补充或更改］

1. 如果瑞士法院作出了离婚或者分居判决,或者依照第 59 条、第 60 条或者第 60a 条规定具有管辖权,则对于补充或者更改离婚或者分居判决之诉亦有管辖权。① 本法关于未成年人保护的规定(第 85 条)予以保留。

1a. 针对瑞士职业养老机构提出的养老金补偿请求,由瑞士法院专属管辖。不存在第 1 款所述管辖权时,则由养老机构所在地的瑞士法院管辖。②

2. 离婚或者分居判决的补充或者更改,适用瑞士法律。③ 本法关于姓名(第 37 条至第 40 条)、夫妻间扶养义务(第 49 条)、婚姻财产制(第 52 条至第 57 条)、亲子关系的效力(第 82 条和第 83 条)以及未成年人保护(第 85 条)的规定予以保留。

第 65 条 ［VI. 外国判决］

1. 有关离婚或者分居的外国判决,有下列情形之一的,在瑞士予以承认:

(a)是在夫妻一方的住所地国、经常居所地国或者本国作出的;

(b)在(a)项所述任一国家受到承认的;

(c)在婚姻缔结地国作出,并且不能在(a)项所述任一国家提起诉讼或者提起该诉讼不合理。④

2. 但是,在夫妻双方都不具有其国籍或者只有作为原告的夫妻一方具有其国籍的国家作出的判决,只有在符合下述条件之一时,方能在瑞士予以承认:

(a)在提起诉讼时,夫妻中至少有一方曾在该国有住所或者经常居所,并且作为被告的夫妻一方未曾在瑞士有住所;

(b)作为被告的夫妻一方对外国法院不提出管辖权异议而服从该外国法院管辖;

(c)作为被告的夫妻一方明确同意在瑞士对该外国判决予以承认。

---

① 本句规定系根据 2020 年 12 月 18 日的联邦法附件 2 增补,自 2022 年 7 月 1 日起生效(AS 2021 747;BBl 2019 8595;2020 1273)。

② 本款规定系根据 2015 年 6 月 19 日的联邦法附件 3(离婚时的养老金补偿)增补,自 2017 年 1 月 1 日起生效(AS 2016 2313;BBl 2013 4887)。

③ 本句规定系根据 2015 年 6 月 19 日的联邦法附件 3(离婚时的养老金补偿)修订,自 2017 年 1 月 1 日起生效(AS 2016 2313;BBl 2013 4887)。

④ 本款规定系根据 2020 年 12 月 18 日的联邦法附件 2 修订,自 2022 年 7 月 1 日起生效(AS 2021 747;BBl 2019 8595;2020 1273)。

第三(一)章① 注册同性伴侣关系②

第 65a 条③ ［**I. 对第三章规定的适用**］

第三章的规定，类推适用于注册的同性伴侣关系。

第 65b 条④ （废除）

第 65c 条⑤ ［**II. 应适用的法律**］

依照第三章规定应予适用的法律对注册同性伴侣关系未作规定的，适用第三章有关婚姻法的规定。

第 65d 条⑥ （废除）

第四章 亲子关系

第一节 因出生而成立的亲子关系

第 66 条 ［**I. 管辖权 1. 原则**］

有关确认或者否认亲子关系的诉讼，由子女的经常居所地的瑞士法院或者

---

① 本章规定系根据 2004 年 6 月 18 日《同性伴侣关系法》附件 17 增订，自 2007 年 1 月 1 日起生效(AS 2005 5685；BBl 2003 1288)。

② 根据 2012 年 6 月 15 日《关于打击强迫婚姻的措施的联邦法》第 I 5 项修订的文本，自 2013 年 7 月 1 日起生效(AS 2013 1035；BBl 2011 2185)。

③ 本句规定系根据 2012 年 6 月 15 日《关于打击强迫婚姻的措施的联邦法》第 I 5 项修订，自 2013 年 7 月 1 日起生效(AS 2013 1035；BBl 2011 2185)；后来，2020 年 12 月 18 日的联邦法附件 2 对该条款进行了修订，自 2022 年 7 月 1 日起生效(AS 2021 747；BBl 2019 8595；2020 1273)。

④ 第 65b 条原为有关"解除同性伴侣关系时注册地的管辖权"的规定，即"同性伴侣双方在瑞士均无住所且任何一方均不是瑞士国民时，如果有关解除已注册的同性伴侣关系的诉讼或请求在其中一方的住所地不能提出或者在该地提出该项诉讼或请求不合理，则该项诉讼或者请求由注册地的瑞士法院管辖"。后经 2020 年 12 月 18 日的联邦法附件 2 废除，自 2022 年 7 月 1 日起生效(AS 2021 747；BBl 2019 8595；2020 1273)。——译者注

⑤ 经 2020 年 12 月 18 日的联邦法附件 2 修订后的文本，自 2022 年 7 月 1 日起生效(AS 2021 747；BBl 2019 8595；2020 1273)。

⑥ 第 65d 条原为有关"注册地的判决或措施"的规定，即"在下述条件下，外国的判决或者措施在瑞士予以承认：(a)该判决或者措施在该同性伴侣关系注册地国作出或者采取；并且(b)不能在其管辖权根据第 3 章规定在瑞士得以承认的国家提出诉讼或者请求，或者在其管辖权根据第 3 章规定在瑞士得以承认的国家提出诉讼或者请求不合理"。后经 2020 年 12 月 18 日的联邦法附件 2 废除，自 2022 年 7 月 1 日起生效(AS 2021 747；BBl 2019 8595；2020 1273)。——译者注

父母一方住所地的瑞士法院管辖。

第 67 条　[2. 原籍地管辖权]

父母双方在瑞士均无住所且子女在瑞士无经常居所时，如果有关确认或否认亲子关系的诉讼不能在父母一方住所地或者子女的经常居所地提起或者在该地提起该诉讼不合理，则此类诉讼由父母一方原籍地的瑞士法院管辖。

第 68 条　[II. 应适用的法律　1. 原则]

1. 亲子关系的成立、确认或者否认，适用子女的经常居所地法律。

2. 父母双方在子女的经常居所地国均无住所，但父母与子女具有相同国籍的，适用其共同本国法律。

第 69 条　[2. 作准的时间]

1. 就确定亲子关系的成立、确认或者否认所应适用的法律而言，以(子女的)出生日期为准。

2. 但是，在法院就亲子关系的确认或者否认作出判决时，如果子女占优势的利益要求以提起诉讼的日期为准，则以提起诉讼的日期为准。

第 70 条　[III. 外国判决]

有关亲子关系的确认或者否认的外国判决，如果该判决是在子女的经常居所地国、本国或者在父母一方的住所地国或者本国作出，则在瑞士予以承认。

第二节　认领

第 71 条　[I. 管辖权]

1. 对认领子女事件的受理，由子女出生地或者经常居所地的瑞士行政机关以及父母一方的住所地或者原籍地的瑞士行政机关管辖。

2. 如果认领事件发生于审判程序期间，且子女的出身问题在该审判程序中具有法律意义时，则受理诉讼的法院亦得受理该认领事件。

3. 有权受理有关亲子关系的确认或者否认之诉的法院，亦有权审理对认领提出的异议(第 66 条、第 67 条)。

第 72 条　[II. 应适用的法律]

1. 在瑞士境内认领子女的，依照子女的经常居所地法律、本国法律或者其父母一方的住所地法律或者本国法律进行，并以认领的日期为准。

2. 在瑞士认领子女的形式，适用瑞士法律。

3. 对认领提出的异议，适用瑞士法律。

第 73 条 [III. 在外国发生的认领和对认领的异议]

1. 在外国进行的子女认领，如果该认领行为依照子女经常居所地法律、本国法律或者其父母一方住所地法律或者本国法律为有效，则在瑞士予以承认。

2. 有关对认领之异议的外国判决，如果是在本条第 1 款所述的任何一国作出，则在瑞士予以承认。

第 74 条 [IV. 准正]

对在外国发生的准正的承认，类推适用本法第 73 条的规定。

第三节 收养

第 75 条 [I. 管辖权 1. 原则]

1. 收养宣告，由收养人或者进行收养的夫妻双方的住所地的瑞士法院或者行政机关管辖。

2. 对于收养之异议，由有权受理有关亲子关系的确认或者否认之诉的法院管辖（第 66 条、第 67 条）。

第 76 条 [2. 原籍地管辖权]

收养人或者进行收养的夫妻双方在瑞士均无住所，且其中任何一方为瑞士国民时，如果不能在收养人的外国住所地进行收养或者在该地进行收养不合理，则收养事件由原籍地的法院或者行政机关管辖。

第 77 条 [II. 应适用的法律]

1. 在瑞士进行收养的要件，适用瑞士法律。

2. 如果情况表明，收养在收养人或者进行收养的夫妻双方的住所地国或者本国得不到承认，并因此对被收养人严重不利时，则（对于收养事件有管辖权的）行政机关还应考虑有关国家的法律所规定的要件。尽管如此，仍不能确保收养得以承认时，则不得对该收养予以宣告。

3. 对在瑞士宣告的收养所提出的异议，适用瑞士法律。在外国宣告的收养，只有在依照瑞士法律存在提出异议的理由时，才能在瑞士被认定为无效。

第 78 条 [III. 外国的收养及类似行为]

1. 在外国进行的收养，如果是在收养人或者进行收养的夫妻双方的住所地国或者本国宣告的，则在瑞士予以承认。

2. 外国的收养或者类似行为，如果其本质上具有不同于瑞士法律所规定的亲子关系的效力，则在瑞士只承认其在收养成立地国所具有的效力。

第四节　亲子关系的效力

第 79 条　[I. 管辖权　1. 原则]

1. 有关父母与子女之间关系的诉讼，特别有关子女抚养的诉讼，由子女经常居所地的瑞士法院或者作为被告的父母一方住所地的瑞士法院管辖，或者在作为被告的父母一方在瑞士无住所时，由其经常居所地的瑞士法院管辖。

2. 本法关于姓名(第 33 条、第 37 条至第 40 条)、未成年人保护(第 85 条)以及继承(第 86 条至第 89 条)的规定予以保留。

第 80 条　[2. 原籍地管辖权]

子女与作为被告的父母一方均在瑞士既无住所又无经常居所，且其中任何一人为瑞士国民时，则原籍地法院具有管辖权。

第 81 条　[3. 第三人的请求]

根据第 79 条、第 80 条规定具有管辖权的瑞士法院，亦有权裁判：

(a)已预先支付了子女抚养费的行政机关所提出的返还抚养费的请求；

(b)由母亲提出的赡养请求以及偿还生育子女所需费用的请求。

第 82 条　[II. 应适用的法律　1. 原则]

1. 父母与子女之间的关系，适用子女的经常居所地法律。

2. 如果父母任何一方在子女的经常居所地国家均无住所，但父母与子女具有相同国籍的，则适用他们的共同国籍国法律。

3. 本法关于姓名(第 33 条、第 37 条至第 40 条)、未成年人保护(第 85 条)以及继承(第 90 条至第 95 条)的规定予以保留。

第 83 条　[2. 扶养义务]

1. 父母子女之间的扶养义务，适用 1973 年 10 月 2 日《关于扶养义务法律适用的海牙公约》。

2. 如果前述公约对母亲提出的赡养请求以及偿还生育子女所需费用的请求未做规定，则类推适用该公约的规定。

第 84 条　[III. 外国判决]

1. 有关父母与子女间关系的外国判决，如果该判决是在子女的经常居所地国或者作为被告的父母一方的住所地国或经常居所地国作出，则在瑞士予以承认。

2. 本法关于姓名(第 39 条)、未成年人保护(第 85 条)以及继承(第 96 条)的规定予以保留。

第五章　监护、成年人保护与其他保护措施①

第 85 条②

1. 在保护子女方面，有关瑞士法院或者行政机关的管辖权、法律适用以及外国判决或者措施的承认与执行等问题，均适用 1996 年 10 月 19 日《关于父母责任和保护儿童措施的管辖权、法律适用、承认、执行和合作公约》。

2. 在成年人保护方面，有关瑞士法院或者行政机关的管辖权、法律适用以及外国判决或者措施的承认与执行等问题，均适用 2000 年 1 月 13 日《关于成年人国际保护的海牙公约》。

3. 此外，出于保护一人或者其财产的需要，瑞士法院或者行政机关得行使管辖权。

4. 在不属于本条第 1 款及第 2 款所指公约的缔约国境内责令采取的措施，如果该措施是由子女或者成年人的经常居所地国采取或者在该国得到承认，则予以承认。

第六章　继承法

第 86 条　[**I. 管辖权　1. 原则**]

1. 遗产处理程序及遗产继承争议，由被继承人最后住所地的瑞士法院或行政机关管辖。

2. 不动产所在地国的法律规定了专属管辖权的，其管辖权予以保留。

第 87 条　[**2. 原籍地管辖权**]

1. 如果被继承人曾经是瑞士国民且其住所在外国，当该外国机关对被继承人的遗产不予处理时，由被继承人原籍地的瑞士法院或者行政机关管辖。

2. 最后住所地在外国的瑞士国民通过遗嘱或者继承协议使其位于瑞士的那部分遗产或者其全部遗产服从瑞士法院或者行政机关管辖或者由瑞士法律调整时，被继承人原籍地的瑞士法院或者行政机关即有权管辖。第 86 条第 2 款的规定予以保留。

---

① 本标题系根据 2008 年 12 月 19 日《关于成年人保护、人法和子女法的联邦法》附件 13 修订，自 2013 年 1 月 1 日起生效(AS 2011 725；BBl 2006 7001)。

② 根据 2007 年 12 月 21 日《关于儿童的国际诱拐以及保护儿童与成年人的海牙公约的联邦法》第 15 条修订后的文本，自 2009 年 7 月 1 日起生效(AS 2009 3078；BBl 2007 2595)。

第 88 条 ［3. 遗产所在地的管辖权］

1. 如果被继承人为外国人且其最后住所在外国，当外国机关对位于瑞士的遗产不予处理时，由遗产所在地的瑞士法院或者行政机关管辖。

2. 如果遗产位于多个地方，则由最先受理的瑞士法院或者行政机关管辖。

第 89 条 ［4. 保全措施］

如果被继承人最后住所在外国且在瑞士遗有财产，则该遗产所在地的瑞士行政机关应采取为临时保护该遗产所必需的措施。

第 90 条 ［II. 应适用的法律 1. 最后住所在瑞士］

1. 最后住所在瑞士的人，其遗产继承适用瑞士法律。

2. 但外国人得通过遗嘱或者继承协议使其遗产继承受其任何一个本国法调整。如果该人在死亡时已不再具有该国国籍或者已成为瑞士国民，则不适用前述规定。

第 91 条 ［2. 最后住所在外国］

1. 最后住所在外国的人，其遗产继承适用其最后住所地国的冲突法所指引的法律。

2. 在原籍地的瑞士法院或者行政机关根据本法第 87 条规定有管辖权的范围内，最后住所在外国的瑞士被继承人的遗产继承适用瑞士法律，但被继承人在遗嘱或者继承协议中明确表示保留适用其最后住所地法律的除外。

第 92 条 ［3. 遗产继承准据法的适用范围和遗产清理］

1. 适用于遗产继承的法律决定哪些财产属于遗产、谁有权继承及继承的份额、谁承担遗产债务、可援引的继承法上的制度、可采取的措施以及采取措施的条件等事项。

2. 具体措施的执行，适用有管辖权的机关所在地的法律。该法律特别适用于保全措施、遗产清理以及遗嘱的执行。

第 93 条 ［4. 方式］

1. 遗嘱的方式，适用 1961 年 10 月 5 日《关于遗嘱处分方式法律适用的海牙公约》。

2. 其他的死因处分方式，类推适用该公约的规定。

第 94 条 ［5. 处分能力］

如果一人在实施处分行为时根据其住所地法律、经常居所地法律或者其任何一个本国法律有处分能力，即可进行死因处分。

第 95 条 ［继承协议以及其他相互的死因处分行为］

1. 继承协议，适用被继承人在订立该协议时的住所地法律。

2. 如果被继承人在协议中指定其全部遗产受其本国法律调整，则该法律应取代其住所地法律而予以适用。

3. 相互的死因处分行为，必须符合每一处分人的住所地法律或者处分人双方所选择的共同本国法律。

4. 本法关于方式和处分能力的规定（第93条和第94条）予以保留。

第96条 ［外国的判决、措施、文书及权利］

1. 有关遗产继承的外国判决、措施及文书以及产生于在外国开始的遗产继承的权利，符合下述条件之一者，在瑞士予以承认：

（a）该判决、措施、文书或者权利在被继承人最后住所地国或者被继承人所选择的法律所属国作出、采取、制作或者确认，或者在上述任何一个国家得到承认的；

（b）该判决、措施、文书或者权利涉及不动产，并且在不动产所在地国作出、采取、制作或者确认，或者在该国得到承认的。

2. 如果一国对其境内的属于被继承人的不动产主张专属管辖权，则只有在该国作出、采取或者制作的判决、措施或者文书才予以承认。

3. 被继承人遗产所在地国采取的保全措施，在瑞士予以承认。

第七章 物权

第97条 ［I. 管辖权 1. 不动产］
涉及瑞士境内不动产的物权之诉，由不动产所在地法院专属管辖。

第98条 ［2. 动产］
1. 涉及动产物权之诉，由被告住所地的瑞士法院管辖，或者被告在瑞士无住所时，由其经常居所地的瑞士法院管辖。

2. 在其他情况下，由动产所在地的瑞士法院管辖。①

第98a条② ［3. 文化财产］
对于2003年6月20日《文化财产转让法》所指的文化财产返还之诉，由作为被告的当事人一方的住所地、总部所在地法院或者文化财产所在地法院管辖。

---

① 本款系根据2009年12月11日《关于批准并转化卢加诺公约的联邦法》第3条第3项修订，自2011年1月1日起生效（AS 2010 5601；BBl 2009 1777）。

② 本条规定系根据2003年6月20日《文化财产转让法》第32条第3项增订，自2005年6月1日起生效（AS 2005 1869；BBl 2002 535）。

第 99 条 [II. 应适用的法律 1. 不动产]

1. 不动产物权，适用不动产所在地法律。

2. 因不动产排放物致害而提起的请求，适用本法关于侵权行为的规定（第138 条）。

第 100 条 [2. 动产 a. 原则]

1. 动产物权的取得与丧失，适用据以取得或者丧失物权的事实发生时该动产的所在地国法律。

2. 动产物权的内容与行使，适用动产所在地法律。

第 101 条 [b. 运输中的货物]

因某法律行为而处于运输途中的货物，其物权的取得与丧失，适用目的地国法律。

第 102 条 [c. 运至瑞士的货物]

1. 当一项动产货物自外国运至瑞士，并且物权的取得与丧失尚未在外国发生，则已在外国发生的事实视为已在瑞士发生。

2. 当一项动产货物自外国运至瑞士，如果该货物的所有权保留已在外国有效地设立，即使其不符合瑞士法律的要求，但该项所有权保留应在瑞士保持三个月的效力。

3. 此种所有权保留的存在，不得用以对抗善意第三人。

第 103 条 [d. 出口货物的所有权保留]

就出口动产而设立的所有权保留，适用目的地国法律。

第 104 条 [e. 法律选择]

1. 对于动产物权的取得与丧失，当事人得以选择适用发送地国法律、目的地国法律或者据以取得与丧失物权的法律行为所适用的法律。

2. 此项法律选择不得用以对抗第三人。

第 105 条 [3. 特别规则 a. 债权、有价证券或者其他权利的质押]

1. 债权、有价证券或者其他权利的质押，适用当事人所选择的法律。此项法律选择不得用以对抗第三人。

2. 当事人未进行法律选择时，债权的质押适用质押权人的经常居所地法律。该规定同样适用于其他权利的质押，前提是这些权利表现为有价权利（Wertrecht）、有价证券或者同等证券；否则，由适用于该类权利的法律调整。①

———————————

① 根据 2020 年 9 月 25 日《关于使联邦法律适应分布式电子登记簿技术发展的联邦法》第 I 3 项修订后的文本，自 2021 年 2 月 1 日起生效（AS 2021 33；BBl 2020 233）。

3. 除调整受质押的权利的法律外，其他任何法律不得用以对抗债务人。

第 106 条① [**b. 代表货物的证券和同等证券**]

1. 证券是否代表货物，由第 145a 条第 1 款所指定的法律决定。

2. 实体证券代表货物时，与该证券或者货物有关的物权由该证券作为动产所适用的法律调整。

3. 如果有多个当事人直接地或者基于证券主张对货物享有物权，则由货物本身应适用的法律决定何种权利优先。

第 107 条 [**c. 运输工具**]

其他法律中关于船舶、航空器或者其他运输工具的物权的规定予以保留。

第 108 条 [**III. 外国判决**]

1. 有关不动产物权的外国判决，如果该判决是在不动产所在地国作出或者在该国得到承认，则在瑞士予以承认。

2. 有关动产物权的外国判决，符合下述条件之一者，在瑞士予以承认：②

(a)该判决是在被告住所地国作出的；或者

(b)该判决是在动产所在地国作出，并且被告曾在该国有经常居所的。

第七(一)章　由中间人持有的有价证券③

第 108a 条④ [**I. 定义**]

由中间人持有的有价证券，应理解为 2006 年 7 月 5 日《关于经由中间人持有证券的特定权利的法律适用的海牙公约》所指的中间人持有的证券。

---

① 根据 2020 年 9 月 25 日《关于使联邦法律适应分布式电子登记簿技术发展的联邦法》第 I 3 项修订后的文本，自 2021 年 2 月 1 日起生效(AS 2021 33；BBl 2020 233)。

② 本款原(c)项规定被 2008 年 10 月 3 日《关于批准并转化〈由中间人持有证券的特定权利的法律适用公约〉的联邦法》第 2 条废除，自 2010 年 1 月 1 日起生效(AS 2009 6579；BBl 2006 9315)。

③ 本章规定系根据 2008 年 10 月 3 日《关于批准并转化〈由中间人持有证券的特定权利的法律适用公约〉的联邦法》第 2 条增补，自 2010 年 1 月 1 日起生效(AS 2009 6579；BBl 2006 9315)。自本法第 108a~108d 条生效后，在 2006 年 7 月 5 日《关于由中间人持有证券的特定权利法律适用的海牙公约》生效之前，该公约作为瑞士的制定法予以适用(AS 2011 1771)。

④ 根据 2020 年 9 月 25 日《关于使联邦法律适应分布式电子登记簿技术发展的联邦法》第 I 3 项修订后的文本，自 2021 年 2 月 1 日起生效(AS 2021 33；BBl 2020 233)。

第 108b 条　[**II. 管辖权**]

1. 对于涉及由中间人持有证券的诉讼，由被告住所地的瑞士法院管辖，或者当被告无住所时，由被告经常居所地的瑞士法院管辖。

2. 此外，基于瑞士境内的营业所的活动而提起的涉及由中间人持有证券的诉讼，由营业所所在地的法院管辖。

第 108c 条　[**III. 应适用的法律**]

由中间人持有的证券，适用 2006 年 7 月 5 日《关于经由中间人持有证券的特定权利的法律适用的海牙公约》。

第 108d 条　[**IV. 外国判决**]

有关由中间人持有证券的外国判决，符合下述条件之一者，在瑞士予以承认：

（a）该判决是在被告的住所地国或者经常居所地国作出的；或者

（b）该判决在被告的营业所所在地国作出，并且涉及因经营该营业所而引起的请求。

第八章　知识产权

第 109 条①　[**I. 管辖权**]

1. 对于涉及知识产权在瑞士的有效性或者注册的诉讼，由被告住所地的瑞士法院管辖。被告在瑞士无住所时，由登记簿上登记的代理人的营业地所在的瑞士法院管辖，或者在无此种代理人时，由瑞士登记簿管理机关所在地的法院管辖。

2. 对于因侵犯知识产权而提起的诉讼，由被告住所地的瑞士法院管辖，或者当被告在瑞士无住所时，由其经常居所地的瑞士法院管辖。此外，侵权行为地和结果发生地的瑞士法院也有权管辖；因被告在瑞士的营业所的经营活动而提起的诉讼，由该营业所所在地法院管辖。

2a. 对于因合法使用知识产权而产生的依法索要报酬的诉讼，类推适用本

---

①　根据 2007 年 6 月 22 日联邦法附件 5 修订后的文本，自 2008 年 7 月 1 日起生效（AS 2008 2551；BBl 2006 1）。本条第 3 款由 2009 年 12 月 11 日《关于批准并转化卢加诺公约的联邦法》第 3 条第 3 项废除，自 2011 年 1 月 1 日起生效（AS 2010 5601；BBl 2009 1777）。

条第 2 款规定。①

第 110 条 [II. 应适用的法律]

1. 知识产权,适用被请求保护知识产权的国家的法律。

2. 对于因侵害知识产权而提出的请求,当事人得在损害事件发生后随时约定适用法院地法律。

3. 与知识产权有关的合同,适用本法关于债务合同法律适用的规定(第122条)。

第 111 条 [III. 外国判决]

1. 与知识产权有关的外国判决,符合下述条件之一者,在瑞士予以承认:

(a)该判决是在被告住所地国作出的;或者

(b)该判决是在侵权行为地或者结果发生地作出,且被告未曾在瑞士有住所的。②

2. 有关知识产权的有效性或者注册的外国判决,只有当该判决是在被请求保护的国家作出或者在该国得到承认时,才在瑞士予以承认。

第九章 债权

第一节 合同

第 112 条 [I. 管辖权 1. 住所和营业所]③

1. 因合同而提起的诉讼,由被告住所地的瑞士法院管辖,或者当被告在瑞士无住所时,由其经常居所地的瑞士法院管辖。

2. 其他情况下,基于瑞士境内的营业所的经营活动而提起的诉讼,由该营业所所在地法院管辖。

第 113 条④ [2. 履行地]

---

① 根据 2019 年 9 月 27 日联邦法附件 2 增补,自 2020 年 4 月 1 日起生效(AS 2020 1003;BBl 2018 591)。

② 根据 2007 年 6 月 22 日联邦法附件 5 修订后的文本,自 2008 年 7 月 1 日起生效(AS 2008 2551;BBl 2006 1)。

③ 根据 2009 年 12 月 11 日《关于批准并转化卢加诺公约的联邦法》第 3 条第 3 项修订后的文本,自 2011 年 1 月 1 日起生效(AS 2010 5601;BBl 2009 1777)。

④ 根据 2009 年 12 月 11 日《关于批准并转化卢加诺公约的联邦法》第 3 条第 3 项修订后的文本,自 2011 年 1 月 1 日起生效(AS 2010 5601;BBl 2009 1777)。

如果合同的特征性给付应在瑞士履行，则亦可在给付履行地的瑞士法院提起诉讼。

第 114 条　［3. 消费者合同］

1. 消费者以符合第 120 条第 1 款所规定条件的合同为依据而提起的诉讼，根据消费者的选择，由下列任何一个瑞士法院管辖：

（a）消费者住所地或者经常居所地的瑞士法院；

（b）供应商住所地的瑞士法院，或者当供应商在瑞士无住所时，其经常居所地的瑞士法院。

2. 消费者不得预先放弃其在住所地或者经常居所地法院起诉的权利。

第 115 条　［4. 劳动合同］

1. 因劳动合同而提起的诉讼，由被告住所地或者劳动者通常完成其工作所在地的瑞士法院管辖。

2. 此外，劳动者提起的诉讼，由其住所地或经常居所地的瑞士法院管辖。

3. 因与所从事劳动有关的劳动条件及报酬而提起的诉讼，如果劳动者是在有限的时间内为完成其部分工作而被自外国派遣至瑞士，则由派遣目的地的瑞士法院管辖。[①]

第 116 条　［II. 应适用的法律　1. 一般情形　a. 法律选择］

1. 合同适用当事人所选择的法律。

2. 法律选择必须是明示的，或者从合同条款或者具体情况中明确体现出来。此外，法律选择由所选择的法律调整。

3. 法律选择可以随时作出或者更改。在订立合同之后作出或者更改法律选择的，其效力追溯至合同订立之时。第三人的权利予以保留。

第 117 条　［b. 未进行法律选择］

1. 合同当事人未进行法律选择时，合同适用与之有最密切联系的国家的法律。

2. 最密切联系视为存在于应当履行特征性给付的一方当事人的经常居所地国，或者，如果合同是在该当事人从事职业或者商业活动的过程中订立，则视为存在于其营业所所在的国家。

3. 特别地，特征性给付是指：

---

① 本款规定系根据 1999 年 10 月 8 日《关于向瑞士派遣劳工的联邦法》（Bundesgesetz vom 8. Okt. 1999 über die in die Schweiz entsandten Arbeitnehmerinnen und Arbeitnehmer）附件 1 而增订，自 2004 年 6 月 1 日起生效（AS 2003 1370；BBl 1999 6128）。

（a）让与合同中让与人的给付；

（b）与某物或者某项权利的使用权有关的合同中授予使用权的一方当事人的给付；

（c）委托合同、承揽合同及其他服务合同中的服务提供；

（d）保管合同中保管人的给付；

（e）保证合同或者担保合同中保证人或者担保人的给付。

第 118 条　[2. 特别情形　a. 有体动产的买卖]

1. 有体动产的买卖，适用 1955 年 6 月 15 日《关于有体动产国际买卖法律适用的海牙公约》。

2. 本法第 120 条的规定予以保留。

第 119 条　[b. 不动产]

1. 与不动产或者其使用权有关的合同，适用不动产所在地国家的法律。

2. 当事人的法律选择应予允许。

3. 但是，合同的形式适用不动产所在地国家的法律，但该法律允许适用另一国法律的除外。就瑞士境内的不动产而言，合同的形式适用瑞士法律。

第 120 条　[c. 消费者合同]

1. 与专供消费者个人或者家庭使用的日常消费给付有关而与其职业或者商务活动无关的合同，符合下述条件者，适用消费者的经常居所地国法律：

（a）供应商在该国收到订单的；

（b）以订立合同为目的在该国发出要约或者广告，且消费者在该国完成了为订立合同所必需的法律行为的；或者

（c）消费者在供应商的安排下来到外国并在那里提交订单。

2. 当事人的法律选择应予排除。

第 121 条　[d. 劳动合同]

1. 劳动合同适用劳动者通常完成其工作所在地国法律。

2. 劳动者通常在多个国家完成其工作的，劳动合同适用雇主的营业所所在地国法律，或者，在雇主无营业所时，适用其住所地或者经常居所地国法律。

3. 当事人得使劳动合同受劳动者的经常居所地国法律或者雇主的营业所所在地、住所地或经常居所地国法律调整。

第 122 条　[e. 知识产权合同]

1. 知识产权合同适用知识产权转让人或者特许人的经常居所地国法律。

2. 当事人的法律选择应予允许。

3. 雇主与劳动者之间订立的、与劳动者在履行劳动合同的范围内所创作的知识产权有关的合同，适用调整该劳动合同的法律。

第 123 条　[3. 共同规定　a. 收到要约后的沉默]

对订立合同的要约表示沉默的一方当事人，得就其沉默的效果援引其经常居所地国家的法律。

第 124 条　[b. 形式]

1. 合同的形式，如果符合调整合同的法律或者合同订立地法律的规定，即为有效。

2. 位于不同国家的当事人之间订立的合同的形式，只要符合其中任何一个国家法律的规定，即为有效。

3. 如果合同本身的准据法为保护一方当事人而规定合同必须遵从某种形式时，则合同的形式有效性应排他地适用合同本身的准据法，但该法律允许适用另一国法律的除外。

第 125 条　[c. 履行和检验的方式]

履行和检验的方式，适用履行地或者检验地国法律。

第 126 条　[d. 代理合同]

1. 代理系基于合同而发生时，被代理人与代理人之间的关系由适用于其合同的法律调整。

2. 代理人的行为使被代理人向第三人产生义务的条件，适用代理人营业所所在地国法律，或者，如果此种营业所不存在或者无法为第三人所辨识，适用代理人在个案中的主要活动进行地国法律。

3. 如果代理人与被代理人存在劳动关系且无自己的商业营业所时，则其营业所视为位于被代理人的总部所在地。

4. 本条第 2 款所指定的法律同样适用于无权代理人与第三人之间的关系。

第二节　不当得利

第 127 条① 　[I. 管辖权]

因不当得利而提起的诉讼，由被告住所地的瑞士法院管辖，或者当被告在瑞士无住所时，由其经常居所地的瑞士法院管辖。此外，基于被告在瑞士的营业所的经营活动而提起的诉讼，由该营业所所在地法院管辖。

---

① 根据 2007 年 6 月 22 日联邦法附件 5 修订后的文本，自 2008 年 7 月 1 日起生效（AS 2008 2551；BBl 2006 1）。

第 128 条　[II. 应适用的法律]

1. 因不当得利而提出的请求，适用调整不当得利据以发生的现有的或者假设的法律关系的法律。

2. 无此种法律关系时，因不当得利而提出的请求适用不当得利发生地国法律；当事人得约定适用法院地法律。

第三节　侵权行为

第 129 条①　[I. 管辖权　1. 原则]

因侵权行为而提起的诉讼，由被告住所地的瑞士法院管辖，或者当被告在瑞士无住所时，由其经常居所地的瑞士法院管辖。此外，侵权行为地或者结果发生地的瑞士法院也有权管辖；因被告在瑞士的营业所的经营活动提起的诉讼，由该营业所所在地法院管辖。

第 130 条②　[2. 特别情形　a. 核事故]

1. 因核事故所产生的诉讼的管辖权，适用 1960 年 7 月 29 日《关于核能领域中第三方责任的公约》(简称《巴黎公约》)经 1964 年 1 月 28 日《附加议定书》、1982 年 11 月 16 日《议定书》和 2004 年 2 月 12 日《议定书》修订后的文本。

2. 瑞士法院依照该公约具有管辖权的，应在事故发生地所在州提起诉讼，或者当事故发生地在缔约方领土之外或者无法确定时，则应在赔偿责任人的核设施所在州提起诉讼。依照前述规则具有多个管辖法院的，则应在该公约第 13 条(f)项第(ii)目所指的与事件有最密切联系且受其影响最大的州提起诉讼。

3. 第 2 款的管辖权规则，类推适用于不受该公约调整的核事故所引起的诉讼。在此类诉讼中，事故发生地或者核设施均不在瑞士境内的，得向所主张的损害发生地所在州提起诉讼。损害发生于多个州的，由受该事件影响最大的州管辖。

---

① 根据 2007 年 6 月 22 日联邦法附件 5 修订后的文本，自 2008 年 7 月 1 日起生效(AS 2008 2551；BBl 2006 1)。本条第 2 款由 2009 年 12 月 11 日《关于批准并转化卢加诺公约的联邦法》第 3 条第 3 项废除，自 2011 年 1 月 1 日起生效(AS 2010 5601；BBl 2009 1777)。

② 根据 2008 年 6 月 13 日《核能责任法》附件 II 3 修订后的文本，自 2022 年 1 月 1 日起生效，公布于 2022 年 1 月 27 日(AS 2002 43；BBl 2007 5397)。

130a 条① ［**b. 与数据库相关的查询权**］

为行使查询权而针对数据库所有人的诉讼，得以向第 129 条所指法院或者数据库的监管地、使用地的瑞士法院提起。

第 131 条 ［**3. 直接索赔权**］

直接请求负有民事责任的保险人赔偿损害的诉讼，由保险人营业所所在地、侵权行为实施地或者损害结果发生地的瑞士法院管辖。

第 132 条 ［**II. 应适用的法律　1. 一般情形　a. 法律选择**］

当事人得在损害事件发生后随时约定适用法院地法律。

第 133 条 ［**b. 未进行法律选择**］

1. 加害人与受害人在同一国家有经常居所时，基于侵权行为而提出的请求适用该国的法律。

2. 加害人与受害人的经常居所不在同一国家时，适用侵权行为实施地国法律。侵权结果发生于侵权行为实施地国之外的另一国家，并且加害人应当预见结果将发生在该另一国的，适用损害结果发生地国法律。

3. 因侵权行为致使加害人与被害人之间业已存在的法律关系受到损害的，则不论本条第 1 款、第 2 款有何规定，基于该侵权行为而提出的请求，由适用于该法律关系的法律调整。

第 134 条 ［**2. 特别情形　a. 公路交通事故**］

因公路交通事故而提出的请求，适用 1971 年 5 月 4 日《关于公路交通事故法律适用的海牙公约》。

第 135 条 ［**b. 产品责任**］

1. 因产品瑕疵或者有瑕疵的产品说明而提出的请求，根据受害人的选择而适用：

（a）加害人营业所所在地国法律，或者，当加害人无营业所时，其经常居所地国法律；

（b）产品取得地国法律，但加害人证明该产品未经其同意而在该国上市的除外；

2. 因产品瑕疵或者有瑕疵的产品说明而提出的请求应适用外国法律时，则在瑞士判付给受害人的赔偿金，不得超出依照瑞士法律应对此种损害所判付的赔偿额度。

---

① 本条规定系根据 2008 年 6 月 13 日《核能责任法》附件 II 3 增订，自 2022 年 1 月 1 日起生效，公布于 2022 年 1 月 27 日（AS 2002 43；BBl 2007 5397）。

第 136 条　[c. 不正当竞争]

1. 因不正当竞争而提出的请求，适用不正当行为结果发生地的市场所属国法律。

2. 不正当竞争行为仅仅对受害人的企业利益造成损害的，适用相关营业所所在地国法律。

3. 本法第 133 条第 3 款的规定予以保留。

第 137 条　[d. 妨碍竞争的行为]

1. 因妨碍竞争的行为而提出的请求，适用该妨碍行为直接给受害人产生影响所涉及的市场所属国法律。

2. 因妨碍竞争的行为而提出的请求应适用外国法律时，则在瑞士判付给受害人的赔偿金，不得超出依照瑞士法律应对此种非法的妨碍竞争的行为所判付的赔偿额度。

第 138 条　[e. 排放物]

因不动产的致害排放物而提出的请求，根据受害人的选择适用不动产所在地国法律或者损害结果发生地国法律。

第 138a 条①　[e^{bis}. 核事故]

1. 因核事故而提出的请求，适用瑞士法律。

2. 赔偿责任人的核设施处于《巴黎公约》的某缔约国境内时，则依照该缔约国的法律确定：

(a)该责任人对核事故损害的赔偿义务是否扩展至该公约第 2 条(b)项所述的适用范围之外；

(b)是否、在多大程度上赔偿该公约第 9 条情形下的核事故损害。

3. 第 2 款规定类推适用于不在《巴黎公约》缔约国境内的核设施的所有人，但以该国规定了至少与瑞士同等的规则为前提。

第 139 条　[f. 侵犯人格权]

1. 因利用传播媒介，特别是通过报刊、广播、电视或者其他公共信息媒介侵犯人格权而提出的请求，根据受害人的选择而适用：

(a)受害人的经常居所地国法律，前提是加害人应当预见结果将发生在该国；

(b)侵权行为人的营业所或者经常居所所在地国法律；或者

---

① 本条规定系根据 2008 年 6 月 13 日《核能责任法》附件 II 3 增订，自 2022 年 1 月 1 日起生效，公布于 2022 年 1 月 27 日(AS 2002 43；BBl 2007 5397)。

（c）侵权行为的结果发生地国法律，前提是加害人应当预见结果将发生在该国。

2. 对定期传播媒介提出抗辩的权利，排他地适用印刷品发行地、广播或电视信号发射地国法律。

3. 本条第 1 款规定也适用于因处理个人资料侵犯人格权而提出的请求以及因影响个人资料的查询权而提出的请求。①

第 140 条　[3. 特别规定　a. 多个责任人]

如果有数人参与实施了侵权行为，不论其以何种方式参与，应对其中每一个人分别确定应适用的法律。

第 141 条　[b. 直接索赔权]

如果适用于侵权行为或者保险合同的法律规定受害人可直接向赔偿责任人的保险人提出损害赔偿请求，则受害人得从其规定而为之。

第 142 条　[4. 准据法的适用范围]

1. 适用于侵权行为的法律特别决定侵权行为能力、承担责任的条件和范围以及责任人等事项。

2. 在侵权行为地施行的安全规范与行为规范应予以考虑。

第四节　共同条款

第 143 条　[I. 多个债务人　1. 对多个债务人的债权]

债权人可对多个债务人同时主张债权时，其法律后果应适用调整债权人与被追偿的债务人之间的法律关系的法律。

第 144 条　[2. 共同债务人之间的追偿]

1. 债务人得直接或者通过代位债权人向另一债务人追偿，但只能在调整相应债务的法律所允许的范围内为之。

2. 追偿权的行使，适用被追偿人对债权人所负债务的准据法。唯独涉及债权人与追偿人之间的关系的问题，适用追偿人所负债务的准据法。

3. 执行公共职能的机构是否享有追偿权，依照该机构所适用的法律决定。是否允许追偿及追偿权的行使，适用本条第 1 款、第 2 款的规定。

第 145 条　[II. 债权的转移　1. 合同性让与]

1. 债权的合同性让与，适用当事人所选择的法律，或者，在当事人未选

---

① 本款规定系根据 1992 年 6 月 19 日《关于数据保护的联邦法》附件 3 增订，自 1993 年 7 月 1 日起生效（AS 1993 1945；BBl 1988 II 413）。——译者注

择法律时，适用调整被让与的债权的法律。未经债务人同意，让与人与受让人所作的法律选择不得用以对抗债务人。

2. 与劳动者的债权让与有关的法律选择，仅在本法第 121 条第 3 款所规定的当事人可以选择适用于劳动合同的法律允许范围内，方为有效。

3. 让与的方式，排他地适用调整让与合同的法律。

4. 只涉及让与合同当事人之间关系的问题，依照适用于该项让与所依据的法律关系的法律确定。

第 145a 条①　[1a. 通过证券进行转让]

1. 债权是否体现为纸质或者同等形式的证券，且是否通过该证券进行转让，应由其中所载明的法律确定。如果证券未载明应适用的法律，则适用发行人的总部所在国法律，或者在没有总部时，适用发行人的经常居所地国法律。

2. 涉及实体证券上的物权的，第七章的规定予以保留。

第 146 条　[2. 依法转让]

1. 依法转让债权的，适用调整新、旧债权人之间最初法律关系的法律，或者，无此种法律关系时，适用调整该债权的法律。

2. 调整债权的法律中旨在保护债务人的规定予以保留。

第 147 条　[III. 货币]

1. 货币的定义，依照所涉货币发行国的法律确定。

2. 货币对债务金额所产生的影响，由适用于债务的法律调整。

3. 应以何种货币进行支付，适用支付地国法律。

第 148 条　[IV. 债权的时效及消灭]

1. 债权的时效及消灭，由适用于债权的法律调整。

2. 通过补偿方式消灭债权的，适用调整该项补偿所对应的债权的法律。

3. 债务的更新、免除及补偿合同，适用本法关于合同法律适用的规定(第 116 条及以下)。

第五节　外国判决

第 149 条

1. 与债法上的请求权有关的外国判决，如果该判决是在下述任一国家作出，则在瑞士予以承认：

---

① 本条规定系根据 2020 年 9 月 25 日《关于使联邦法律适应分布式电子登记簿技术发展的联邦法》第 I 3 项增补，自 2021 年 2 月 1 日起生效(AS 2021 33；BBl 2020 233)。

（a）被告住所地国；或者

（b）被告的经常居所地国，且请求权与在该地点从事的活动有关。

2. 符合下述条件之一的外国判决亦予以承认：

（a）判决涉及合同之债并且是在债务的特征性履行地国作出，且被告未曾在瑞士有住所；①

（b）判决涉及与消费者合同有关的请求并且是在消费者的住所地或者经常居所地作出，且符合本法第 120 条第 1 款所规定的条件；

（c）判决涉及与劳动合同有关的请求并且是在工作地或者营业地作出，且劳动者未曾在瑞士有住所；

（d）判决涉及因经营某一营业所而产生的请求，并且是在该营业所所在地作出的；

（e）判决涉及因不当得利而产生的请求并且是在行为实施地或者结果发生地作出，且被告未曾在瑞士有住所的；或者

（f）判决涉及因侵权行为而产生的请求并且是在侵权行为实施地或者损害结果发生地作出，或者发生核事故时在赔偿责任人的核设施所在地作出，且被告未曾在瑞士有住所的。②

第九（一）章③　信托

第 149a 条　[I. 定义]

信托，即 1985 年 7 月 1 日《关于信托的法律适用及其承认的海牙公约》所指的依法设立的信托，而不论其是否具有该公约第 3 条所规定的书面证据。

第 149b 条　[II. 管辖权]

1. 信托事项，由当事人根据有关信托的规定所选择的法院管辖。所规定的对管辖法院的选择或者相关授权，只有在其以书面形式或者以其他能通过文字加以证明的形式作出时，方予以遵从。如果无其他规定，所选定的法院具有

---

①　本项规定系根据 2009 年 12 月 11 日《关于批准并转化卢加诺公约的联邦法》第 3 条第 3 项修订，自 2011 年 1 月 1 日起生效（AS 2010 5601；BBl 2009 1777）。

②　本项规定系根据 2008 年 6 月 13 日《核能责任法》附件 II 3 修订后的文本，自 2022 年 1 月 1 日起生效，公布于 2022 年 1 月 27 日（AS 2002 43；BBl 2007 5397）。

③　本章规定系根据 2006 年 12 月 20 日《关于批准并转化〈关于信托的法律适用及其承认的海牙公约〉的联邦决定》第 2 条增订，自 2007 年 7 月 1 日起生效（AS 2007 2849；BBl 2006 551）。

专属管辖权。本法第 5 条第 2 款的规定予以类推适用。

2. 在下述情形下，被选定的法院不得拒绝管辖：

(a)当事人一方、信托人、受托人在该法院所在州有住所、经常居所或者营业所；或者

(b)大部分信托财产在瑞士境内。

3. 法院选择无效或者被选定的法院没有专属管辖权时，则由下列地点所在的瑞士法院管辖：

(a)作为被告的当事人的住所地，或者，无住所时，其经常居所地；

(b)信托事务的所在地；或者

(c)对基于瑞士境内的营业所的活动而提起的诉讼，该营业所的所在地。

4. 此外，因公开发行股票和债券引起的责任纠纷，得在该股票和债券发行地的瑞士法院提起诉讼。此种管辖权不得通过选择管辖法院而予以排除。

第 149c 条 ［III. 应适用的法律］

1. 信托应适用的法律，依照 1985 年 7 月 1 日《关于信托的法律适用及其承认的海牙公约》确定。

2. 前述公约指定应予适用的法律，亦适用于依照该公约第 5 条规定不适用该公约的情形或者该公约第 13 条所规定的不存在承认信托的义务的情形。

第 149d 条 ［IV. 有关公示的特别条款］

1. 对于以受托人的名义在土地登记簿、船舶注册机关或者航空器登记簿上登记的信托财产，应在备注中注明信托关系。

2. 涉及在瑞士注册的知识产权的信托关系，应依照申请在该知识产权注册机关予以登记。

3. 未注明的或者未登记的信托关系不得用以对抗善意第三人。

第 149e 条 ［V. 外国判决］

1. 与信托事项有关的外国判决，符合下述条件之一者，在瑞士予以承认：

(a)判决是由根据本法第 149b 条第 1 款规定有效选定的法院作出的；

(b)判决是在被告的住所地、经常居所地或者营业所所在地国作出的；

(c)判决是在信托人的总部所在地国作出的；

(d)判决是在信托的准据法所属国作出的；

(e)判决在信托人的总部所在地国得到承认，并且被告未曾在瑞士有住所。

2. 与通过发起书、通函或者类似宣传方式公开发行股票和债券而产生的请求有关的外国判决，类推适用本法第 165 条第 2 款规定。

第十章　公司法

第 150 条　［I. 定义］

1. 本法所称之公司，是指一切有组织的人的联合和一切有组织的财产的组合。

2. 不具有任何组织形式的合伙，适用本法关于合同法律适用的规定（第116 条及以下）。

第 151 条　［II. 管辖权　1. 原则］

1. 发生公司法上的争议时，对公司、股东或者依公司法应负责任的人提起的诉讼，由公司总部所在地的瑞士法院管辖。

2. 对股东或者依公司法应负责任的人提起的诉讼，亦可由被告的住所地的瑞士法院管辖，或者，当被告在瑞士无住所时，由其经常居所地的瑞士法院管辖。

3. 此外，因公开发行股票和债券而引起的责任纠纷，由该股票和债券发行地的瑞士法院管辖。此种管辖权不得通过选择管辖法院而予以排除。

第 152 条　［2. 对外国公司的责任］

对根据本法第 159 条应负责任的人或者其所代理的外国公司提起的诉讼，由下列法院管辖：

（a）被告住所地的瑞士法院，或者，当被告在瑞士无住所时，其经常居所地的瑞士法院；

（b）公司事实上的管理机构所在地的瑞士法院。

第 153 条　［3. 保护措施］

总部在外国的公司在瑞士境内有财产时，为保护该财产而采取的措施，由应予以保护的财产所在地的瑞士法院或者行政机关管辖。

第 154 条　［III. 应适用的法律　1. 原则］

1. 如果公司符合其据以成立的国家的法律所规定的公示或者注册条件，或者，在无此种规定时，公司是依照该国法律成立的，则适用该国的法律。

2. 不符合前款规定条件的公司，适用其事实上的管理机构所在国法律。

第 155 条　［2. 准据法的适用范围］

除本法第 156 条至第 161 条另有规定外，适用于公司的法律特别决定下述事项：

（a）公司的法律性质；

（b）公司的成立与解散；

（c）公司的权利能力与行为能力；

（d）公司的名称或者商号；

（e）公司的组织机构；

（f）公司的内部关系，特别是公司与其成员的关系；

（g）违反公司法规定所应承担的责任；

（h）对公司债务所承担的责任；

（i）根据公司的安排以公司名义从事活动的人的代理权。

第 156 条　[IV. 特别联系因素　1. 因公开发行股票和债券而产生的请求]

因通过发起书、通函或者类似宣传方式公开发行股票和债券而产生的请求，由适用于公司的法律或者发行地国法律调整。

第 157 条　[2. 对名称或商号的保护]

1. 在瑞士商业登记簿上注册的公司的名称或者商号受到侵害时，对其名称或者商号的保护适用瑞士法律。

2. 对于未在瑞士商业登记簿上注册的公司，对其名称或者商号的保护，由适用于不正当竞争的法律（第 136 条）或者适用于侵犯人格权行为的法律（第 132 条、第 133 条和第 139 条）调整。

第 158 条　[3. 对代理权的限制]

公司不得援引在他方当事人经常居所或者营业所所在地国法律未予规定的对某机构或者某代理人的代理权所做的限制，但该他方当事人已知晓或者理应知晓此种限制的除外。

第 159 条　[4. 对外国公司的责任]

如果依照外国法律设立的公司在瑞士境内经营业务或者从瑞士开始经营业务，则以该公司名义进行活动的人的责任，适用瑞士法律。

第 160 条　[V. 外国公司在瑞士的分支机构]

1. 总部在外国的公司，得在瑞士设立分支机构。该分支机构适用瑞士法律。

2. 此种分支机构的代理权，适用瑞士法律。被授权代表此种分支机构的人中至少应有一人在瑞士有住所并在商业登记簿上注册。

3. 关于在商业登记簿上进行强制性注册的细则，由瑞士联邦委员会制定。

第 161 条 ［**VI. 迁移、合并、分立与财产转移 1. 公司从外国迁移至瑞士 a. 原则**］①

1. 如果调整外国公司的外国法律允许，该外国公司也符合外国法律所规定的条件，并且有能力使自己适合于瑞士法律所要求的组织形式之一，则该外国公司得以不经过清算和重组而受瑞士法律调整。

2. 联邦委员会亦得以不考虑外国法的规定而准许外国公司受瑞士法律调整，在涉及瑞士的重大利益时尤为如此。

第 162 条 ［**b. 作准的时间**］

1. 根据瑞士法律有义务在商业登记簿上注册的（外国）公司，一旦其证明已将业务中心迁移至瑞士且已使自己适合于瑞士法律所要求的组织形式之一，即受瑞士法律调整。

2. 根据瑞士法律没有义务在商业登记簿注册的（外国）公司，一旦表明其愿受瑞士法律约束的意图，与瑞士存在充分的联系且已使自己适合于瑞士法律所要求的组织形式之一，即受瑞士法律调整。

3. 资合公司在注册之前，必须提交一份依照 2005 年 12 月 16 日《审计监察法》规定由经认可的审计专家出具的审计报告，以证明根据瑞士法律其资本是有保障的。②

第 163 条 ［**2. 公司从瑞士迁移至外国**］

1. 符合瑞士法律所规定的条件并且依照外国法律继续存在的瑞士公司，得以不经清算和重组而受外国法律调整。

2. 债权人应被公开告知将要发生的公司法律地位变更情况，并应被催告登记其债权。2003 年 10 月 3 日《合并法》第 46 条的规定予以类推适用。

3. 1982 年 10 月 8 日《关于国家经济供给的联邦法》关于在发生该法第 61 条所指的国际冲突时采取预防性保护措施的规定，予以保留。

第 163a 条③ ［**3. 合并 a. 从外国合并到瑞士**］

1. 如果调整外国公司的法律允许并且符合该法律规定的条件，瑞士公司

---

① 第 161~164 条规定均系根据 2003 年 10 月 3 日《合并法》(Fusionsgesetz)附件 4 修订后的文本，自 2004 年 7 月 1 日起生效（AS 2004 2617；BBl 2000 4337）。

② 根据 2005 年 12 月 16 日的《关于有限责任公司法以及对股票法、合作社法、商业注册法与商行法进行调整的联邦法》附件 4 修订后的文本，自 2008 年 1 月 1 日起生效（AS 2007 4791；BBl 2002 3148，2004 3969）。

③ 第 163a~163d 条规定系根据 2003 年 10 月 3 日《合并法》附件 4 增订，自 2004 年 7 月 1 日起生效（AS 2004 2617；BBl 2000 4337）。

得以接管外国公司("移入吸收")或者与其联合组成一家新的瑞士公司(移入联合)。

2. 此外,公司的合并适用瑞士法律。

第163b条 [b. 从瑞士合并到外国]

1. 瑞士公司证明具备下述条件的,外国公司得以接管瑞士公司("移出吸收")或者与其联合组成一家新的外国公司("移出联合"):

(a)通过合并,瑞士公司的资产和负债一并转移给外国公司;并且

(b)股份权或者成员资格权利在外国公司中得到适当地保留。

2. 瑞士公司必须符合瑞士法律中有关公司转让的所有规定。

3. 债权人应被公开告知将要在瑞士发生的公司合并情形,并应被催告登记其债权。2003年10月3日《合并法》第46条的规定予以类推适用。

4. 此外,公司的合并由适用于接管的外国公司的法律调整。

第163c条 [c. 合并协议]

1. 合并协议,必须符合适用于参与合并的各公司的法律中包括形式规定在内的所有强制性规定。

2. 此外,合并协议适用当事人所选择的法律。当事人未进行法律选择时,合并协议适用与之有最密切联系的国家的法律。应推定该协议与适用于接管公司的法律所属国存在最密切联系。

第163d条 [4. 分立与财产转移]

1. 瑞士公司和外国公司参与的公司分立与财产转移,类推适用本法关于合并的规定。财产转移,不适用第163b条第3款的规定。

2. 此外,公司分立与财产转移,适用调整被分立公司的法律或者调整其财产被转移给其他权利人的公司的法律。

3. 分立协议,在满足第163c条第2款所规定的条件时,类推适用调整被分立公司的法律。本规定亦类推适用于财产转移协议。

第164条① [5. 共同规定 a. 在商业登记簿上注销]

1. 在瑞士商业登记簿上注册的公司,只有在经认可的审计专家出具的审计报告证实2003年10月3日《合并法》第46条所指债权人的债权已获担保或

① 根据2003年10月3日《合并法》附件4增订,自2004年7月1日起生效(AS 2004 2617;BBl 2000 4337)。

者已得到清偿，或者债权人同意注销时，方能予以注销。①

2. 此外，外国公司接管瑞士公司，外国公司与瑞士公司联合组成一家新的外国公司或者瑞士公司分立成为外国公司时，必须：

（a）证明该项合并或者分立是根据适用于外国公司的法律合法进行的；并且

（b）由经认可的审计专家证实外国公司已给予瑞士公司中享有请求权的股东以股份权或者成员资格，或者对可能发生的补偿金或者补偿费进行了支付或者担保。②

第 164a 条③　［b. 追索地和管辖法院］

1. 外国公司接管瑞士公司、外国公司与瑞士公司联合组成一家新的外国公司或者瑞士公司分立成为外国公司时，对根据 2003 年 10 月 3 日《合并法》第105 条要求审查股份权或者成员资格权利而提起的诉讼，也可由所转移的权利人总部所在地的瑞士法院受理。

2. 只要债权人或者股份持有人的债权尚未得到担保或者清偿，瑞士境内的原追索地和管辖法院即予以保留。

第 164b 条　［c. 在外国发生的迁移、合并、分立与财产转移］

外国公司由另一外国法律调整以及外国公司之间的合并、分立与财产转移，只要其根据有关国家的法律规定为有效，即在瑞士承认为有效。

第 165 条　［VII. 外国判决］④

1. 与公司法上的请求有关的外国判决，如果该判决是在下述任一国家作出，则在瑞士予以承认：

（a）公司的总部所在地国，或者该判决在该国得到承认且被告未曾在瑞士有住所；

（b）被告住所地国或者其经常居所地国。

2. 与通过发起书、通函或者类似宣传方式公开发行股票和债券而产生的

---

① 本款规定系根据 2005 年 12 月 16 日联邦法附件 4 修订后的文本，自 2008 年 1 月 1日起生效（AS 2007 4791；BBl 2002 3148，2004 3969）。

② 该项规定系根据 2005 年 12 月 16 日联邦法附件 4 修订后的文本，自 2008 年 1 月 1日起生效（AS 2007 4791；BBl 2002 3148，2004 3969）。

③ 第 146a 条、第 146b 条系根据 2003 年 10 月 3 日《合并法》附件 4 增订，自 2004 年7 月 1 日起生效（AS 2004 2617；BBl 2000 4337）。

④ 根据 2003 年 10 月 3 日《合并法》附件 4 修订后的文本，自 2004 年 7 月 1 日起生效（AS 2004 2617；BBl 2000 4337）。

请求有关的外国判决，如果是在股票或者债券发行地国作出并且被告未曾在瑞士有住所，则在瑞士予以承认。

第十一章　破产与和解

第 166 条① 　[Ⅰ. 承认]

1. 外国破产令，符合下述条件者，经外国破产管理人、债务人或者破产债权人申请，在瑞士予以承认：

(a) 该破产令在发布地国是可予执行的；

(b) 不存在本法第 27 条所规定的拒绝理由；并且

(c) 该破产令是在下列任一国家发布的：

(i) 债务人的住所地国；

(ii) 债务人的主要利益中心地国，条件是该债务人在外国破产程序启动时在瑞士没有住所。

2. 债务人在瑞士有分支机构时，直到发布本法第 169 条所指的承认公告之前，允许适用 1889 年 4 月 11 日《关于债务追索及破产的联邦法》第 50 条第 1 款所规定的程序。

3. 已经启动了《关于债务追索及破产的联邦法》第 50 条第 1 款所规定的程序，且《关于债务追索及破产的联邦法》第 250 条所规定的期限尚未届满的，该程序在外国破产令得到承认后中止。已经申报的债权依照本法第 172 条规定纳入辅助破产程序的债权人的受偿顺序表。应计算的程序性费用计入辅助破产程序。

第 167 条② 　[Ⅱ. 程序　1. 管辖权]

1. 债务人在瑞士具有在商业登记簿上注册的分支机构的，请求承认外国破产令的申请，应向该分支机构所在地有管辖权的法院递交。在其他情形下，应向财产所在地的瑞士法院递交此种申请。本法第 29 条的规定予以类推适用。

2. 如果债务人具有多个分支机构或者财产位于多个地方，则由最先受理的法院管辖。

---

① 根据 2018 年 3 月 16 日联邦法第 I 项修订后的文本，自 2019 年 1 月 1 日起生效（AS 2018 3263；BBl 2017 4125）。

② 本条第 1 款、第 2 款规定系根据 2018 年 3 月 16 日联邦法第 I 项修订后的文本，自 2019 年 1 月 1 日起生效（AS 2018 3263；BBl 2017 4125）。

3. 破产债务人的债权视为位于破产债务人的住所地。

第 168 条　[2. 保全措施]

承认外国破产令的申请一旦递交，法院即可应申请人的请求，责令采取《关于债务追索及破产的联邦法》第 162 条至第 165 条以及第 170 条所规定的保全措施。①

第 169 条　[3. 公告]

1. 承认外国破产令的裁定，应予以公告。

2. 该项裁定应通知财产所在地的债务追索局、破产管理机关、土地管理局以及商业登记簿管理处；必要时，亦应通知联邦知识产权研究院。② 本规定亦适用于辅助破产程序的终止、中止和破产的撤销以及放弃执行辅助破产程序。③

第 170 条　[III. 法律后果　1. 一般情形]

1. 承认外国的破产令，对债务人在瑞士的财产具有瑞士法律所规定的破产法后果，但本法另有规定的除外。

2. 瑞士法律所规定的期限，自承认外国破产令的裁定公布之日起算。

3. 除非外国破产管理机构或者债权人根据第 172 条第 1 款，要求在破产管理机关分配收益之前采用普通程序，并为可能无法支付的费用提供足够的担保，否则破产应按照简易程序进行。④

第 171 条　[2. 撤销之诉]

1. 撤销之诉，适用《关于债务追索及破产的联邦法》第 285 条至第 292 条的规定。外国破产管理人或者被授权提起此类诉讼的债权人之一亦得提起此种诉讼。

2.《关于债务追索及破产的联邦法》第 285 条至第 288a 条和第 292 条所指

---

① 根据 2018 年 3 月 16 日联邦法第 I 项修订后的文本，自 2019 年 1 月 1 日起生效（AS 2018 3263；BBl 2017 4125）。

② "联邦知识产权研究院"（Eidgenössisches Institut für geistiges Eigentum）系根据联邦委员会 1997 年 12 月 19 日的决议而得名，但该决议未公布。——译者注

③ 第 2 款第 2 句规定系根据 2018 年 3 月 16 日联邦法第 I 项修订后的文本，自 2019 年 1 月 1 日起生效（AS 2018 3263；BBl 2017 4125）。

④ 本款规定系根据 2018 年 3 月 16 日联邦法第 I 项修订后的文本，自 2019 年 1 月 1 日起生效（AS 2018 3263；BBl 2017 4125）。

期限的计算，以启动外国破产程序的时刻为准。①

第 172 条 ［3. 债权人受偿顺序表］

1. 列入债权人受偿顺序表的只有：

(a)《关于债务追索及破产的联邦法》第 219 条所指的被抵押担保的债权；

(b)住所在瑞士的债权人的那些未被抵押担保、但享有特权的债权；以及

(c)因计入债务人在商业登记簿上登记的分支机构所负债务而产生的债权。②

2. 只有第 1 款所指的债权人以及外国破产管理人，才有权对《关于债务追索及破产的联邦法》第 250 条所规定的债权人受偿顺序表提起异议之诉。③

3. 如果债权人已在与破产有关的外国程序中得到部分清偿，则该受清偿的部分在扣除其所花费用后，应计入该债权人在瑞士程序中应得份额之内。

第 173 条 ［4. 分配 a. 承认外国的债权人受偿顺序表］

1. 在依照本法第 172 条第 1 款对债权人进行清偿之后，所剩的余额应交付给外国破产管理人或者对余额享有权利的债权人处理。

2. 该项余额只有在该外国的债权人受偿顺序表得到承认之后，才予以交付。

3. 对外国的债权人受偿顺序表的承认，由承认外国破产令的瑞士法院管辖。该管辖法院特别应审查住所在瑞士的债权人的债权是否已被公平地列入该外国的债权人受偿顺序表中。应听取前述债权人的陈述。

第 174 条 ［b. 不承认外国的债权人受偿顺序表］

1. 外国债权人受偿顺序表不能予以承认时，如果第三顺序债权人的住所在瑞士，则应根据《关于债务追索及破产的联邦法》第 219 条第 4 款的规定，将余额在第三顺序债权人中间进行分配。④

2. 外国债权人受偿顺序表在法院规定的期限内未被请求承认时，亦适用前款规定。

---

① 本款规定系根据 2018 年 3 月 16 日联邦法第 I 项增补，自 2019 年 1 月 1 日起生效（AS 2018 3263；BBl 2017 4125）。

② 本项规定系根据 2018 年 3 月 16 日联邦法第 I 项修订后的文本，自 2019 年 1 月 1 日起生效（AS 2018 3263；BBl 2017 4125）。

③ 本款规定系根据 2018 年 3 月 16 日联邦法第 I 项修订后的文本，自 2019 年 1 月 1 日起生效（AS 2018 3263；BBl 2017 4125）。

④ 本款规定系根据 1994 年 12 月 16 日联邦法附件 22 修订后的文本，自 1997 年 1 月 1 日起生效（AS 1995 1227；BBl 1991 III 1）。

第 174a 条① ［**5. 放弃执行辅助破产程序**］

1. 如果无人根据本法第 172 条第 1 款申报债权，则应外国破产管理人的申请，得以放弃执行辅助破产程序。

2. 住所在瑞士的债权人已经申报了本法第 172 条第 1 款所述债权以外的其他债权的，如果该债权人的债权已在外国破产程序中得到公平处理，则法院得以放弃执行辅助破产程序。应听取前述债权人的陈述。

3. 法院得以规定放弃执行辅助破产程序的条件和要求。

4. 放弃执行辅助破产程序的，外国破产管理局可根据瑞士法律，行使启动破产程序的国家法律赋予其的所有权力；特别是它可以将资产转移到国外并提起诉讼。这些权力并不包括实施主权行为、使用胁迫手段或者裁决争端的权利。

第 174b 条　［**III a. 协调行动**］

在有实质性关联的程序中，有关当局和机构既得以相互协调行动，亦得以与外国当局和机构协调行动。

第 174c 条　［**III b. 对外国有关撤销请求所作判决或者类似判决的承认**］

与瑞士承认的破产令密切相关、就撤销请求和其他损害债权人的行为的外国判决，如果是在破产令原籍国作出的或者是在该国受到承认的，并且被告未曾在瑞士有住所时，则根据本法第 25 条至第 27 条的规定予以承认。

第 175 条　［**IV. 对外国和解及类似程序的承认**］

被外国主管机关批准的和解及类似程序，在瑞士予以承认。类推适用本法第 166 条至第 170 条和第 174a 条至 174c 条的规定。② 应听取在瑞士有住所的债权人的陈述。

第十二章　国际仲裁

第 176 条　［**I. 适用范围；仲裁庭的所在地**］

1. 本章的规定适用于所在地位于瑞士的仲裁庭，前提是至少有一方当事人在订立仲裁协议时其住所、经常居所或者所在地不在瑞士境内。

---

① 第 174a 条至第 174c 条规定系根据 2018 年 3 月 16 日联邦法第 I 项增补，自 2019 年 1 月 1 日起生效(AS 2018 3263；BBl 2017 4125)。

② 本句规定系根据 2018 年 3 月 16 日联邦法第 I 项修订后的文本，自 2019 年 1 月 1 日起生效(AS 2018 3263；BBl 2017 4125)。

2. 当事人可以通过在仲裁协议或者事后协议的声明中排除适用本章的规定，并约定适用《民事诉讼法》第三部分的规定。此种声明应符合本法第 178 条第 1 款规定的形式。①

3. 仲裁庭的所在地由当事人或者其指定的仲裁机构确定，否则由仲裁庭确定。

第 177 条　[II. 可仲裁性]

1. 一切具有财产权性质的争议，均可提交仲裁。

2. 如果一方当事人是国家、国家控制的企业或者国家所掌控的组织，则其不得援引本国法律对其作为仲裁程序当事人的资格或者对作为仲裁协议标的之争议事项的可仲裁性提出质疑。

第 178 条②　[III. 仲裁协议和仲裁条款]

1. 仲裁协议必须采用书面形式，或者通过其他能以文字证明的形式订立。

2. 此外，如果仲裁协议符合当事人所选择的法律、适用于争议事项的法律特别是主合同的法律、瑞士法律的规定，即为有效。

3. 不得以主合同无效或者仲裁协议涉及尚未发生的争议为由而对仲裁协议提出异议。

4. 对于单方法律交易或者章程中规定的仲裁条款，类推适用本章规定。

第 179 条③　[IV. 仲裁员　1. 指定和替换]

1. 仲裁员，依照当事人之间的协议选定或者替换。除当事人另有约定外，仲裁庭应由三名仲裁员组成，双方当事人各选定一名仲裁员；这两名仲裁员以一致方式选定首席仲裁员。

2. 无前述协议或者因其他原因无法选定或者替换仲裁员时，得向仲裁庭所在地的州法院起诉。双方当事人未约定所在地或者仅约定仲裁庭所在地位于瑞士的，由首先受诉的州法院管辖。

3. 州法院被请求指定或者替换仲裁员的，除非即决审查表明当事人之间不存在任何仲裁协议，否则应批准这一请求。

4. 在提出此类请求后 30 日内，如果双方当事人或者仲裁员不履行其义

① 本款规定系根据 2020 年 6 月 19 日联邦法第 1 项修订后的文本，自 2021 年 1 月 1 日起生效（AS 2020 4179；BBl 2018 7163）。

② 本条规定系根据 2020 年 6 月 19 日联邦法第 1 项修订后的文本，自 2021 年 1 月 1 日起生效（AS 2020 4179；BBl 2018 7163）。

③ 本条规定系根据 2020 年 6 月 19 日联邦法第 1 项修订后的文本，自 2021 年 1 月 1 日起生效（AS 2020 4179；BBl 2018 7163）。

务，则州法院应根据一方当事人的请求，采取必要措施组成仲裁庭。

5. 在涉及多方仲裁的案件时，州法院得以指定所有仲裁员。

6. 被指定为仲裁员的人，应立即披露可能对其独立性或者公正性产生正当怀疑的情势。该义务始终存在于整个仲裁程序。

第 180 条①　[**2. 仲裁员的回避　a. 理由**]

1. 有下述情形之一者，仲裁员应予以回避：

(a)该仲裁员不符合当事人所约定的要求；

(b)存在当事人选定的仲裁规则所规定的回避理由；或者

(c)存在对该仲裁员的独立性或者公正性产生正当怀疑的情势。

2. 一方当事人只能依据仲裁员被指定之后所知的理由申请其所指定或者参与指定的仲裁员回避。

第 180a 条②　[**b. 程序**]

1. 当事人无另外约定，且仲裁程序尚未结束，申请回避的当事人在知晓或者给予应有注意情形下才知晓存在回避理由后 30 日内，应以书面形式向被申请回避的仲裁员发出回避申请和说明理由，并通知其他仲裁员。

2. 提出回避申请的当事人得在提交回避申请后 30 日内请求州法院让被申请回避的仲裁员回避。州法院应作出最终裁定。

3. 除非当事人另有约定，否则在回避程序期间，仲裁庭得在不排除被申请回避的仲裁员的情况下继续仲裁程序，直至作出裁决为止。

第 180b 条　[**3. 撤换**]

1. 任何仲裁员均可通过各方当事人的协议予以撤换。

2. 仲裁员无法在合理期限内或者尽职尽责地履行其职责，且双方当事人无另外约定时，一方当事人得以书面形式并说明理由，请求州法院撤换该仲裁员。州法院应作出终局裁定。

第 181 条③　[**V. 未决案件**]

只要一方当事人将争议提交给仲裁协议中指定的一名或者数名仲裁员，或者在该协议未指定仲裁员时，只要一方当事人启动组成仲裁庭的程序，仲裁程

---

① 本条规定系根据 2020 年 6 月 19 日联邦法第 1 项修订后的文本，原第 3 款被废止，自 2021 年 1 月 1 日起生效(AS 2020 4179；BBl 2018 7163)。

② 第 180a 条和第 180b 条规定系根据 2020 年 6 月 19 日联邦法第 1 项增补，自 2021 年 1 月 1 日起生效(AS 2020 4179；BBl 2018 7163)。

③ 本条规定系根据 2020 年 6 月 19 日联邦法第 1 项修订后的文本，自 2021 年 1 月 1 日起生效(AS 2020 4179；BBl 2018 7163)。

序即在未决之中。

第 182 条　[VI. 程序　1. 原则]

1. 双方当事人得自行确定仲裁程序或者参照仲裁规则确定仲裁程序，亦可使仲裁程序受其所选择的程序法调整。①

2. 如果双方当事人未自行确定仲裁程序，在必要时，仲裁庭可以直接或者参照法律或者仲裁规则确定仲裁程序。

3. 不论选择何种程序，仲裁庭均必须保证在所有情况下平等对待双方当事人以及其在辩论程序中陈述意见的权利。

4. 一方当事人继续进行仲裁程序而未对任何已知晓的或者经合理注意即可辨识的违背程序规则的行为立即提出异议，则此后不得再提出异议。②

第 183 条　[2. 临时措施和保全措施]

1. 除当事人另有约定外，仲裁庭得以根据一方当事人的请求，责令采取临时措施或者保全措施。

2. 如果有关当事人不自愿服从所责令采取的措施，仲裁庭或者一方当事人得提请州法院予以协助。该法院应适用其自己的法律。③

3. 仲裁庭或者州法院在采取临时措施或者保全措施时，可责令申请人提供适当的担保。

第 184 条　[3. 取证]

1. 仲裁庭应自行取证。

2. 如果取证程序需要国家司法机关的协助，则仲裁庭或者征得仲裁庭同意的一方当事人得请求仲裁庭所在地的州法院予以协助。④

3. 州法院应适用其自己的法律。该法院得根据请求适用或者考虑其他形式的程序。⑤

---

① 本款规定系根据 2020 年 6 月 19 日联邦法第 1 项修订后的文本，自 2021 年 1 月 1 日起生效(AS 2020 4179；BBl 2018 7163)。

② 本款规定系根据 2020 年 6 月 19 日联邦法第 1 项增补，自 2021 年 1 月 1 日起生效(AS 2020 4179；BBl 2018 7163)。

③ 本款规定系根据 2020 年 6 月 19 日联邦法第 1 项修订后的文本，自 2021 年 1 月 1 日起生效(AS 2020 4179；BBl 2018 7163)

④ 本款规定系根据 2020 年 6 月 19 日联邦法第 1 项修订后的文本，自 2021 年 1 月 1 日起生效(AS 2020 4179；BBl 2018 7163)。

⑤ 本款规定系根据 2020 年 6 月 19 日联邦法第 1 项增补，自 2021 年 1 月 1 日起生效(AS 2020 4179；BBl 2018 7163)。

第 185 条　[**4. 其他需要州法院协助的情形**]

其他需要州法院协助的情形，应由仲裁庭所在地的法院管辖。

第 185a 条①　[**5. 州法院协助外国仲裁程序**]

1. 在外国设立的仲裁庭或者外国仲裁程序的一方当事人得以请求临时措施或者保全措施执行地的州法院予以协助。第 182 条第 2 款、第 3 款予以类推适用。

2. 在外国设立的仲裁庭或者外国仲裁程序的一方当事人，经仲裁庭同意后得以请求取证地的州法院予以协助。第 184 条第 2 款、第 3 款予以类推适用。

第 186 条　[**VII. 管辖权**]

1. 仲裁庭应就其管辖权自行作出决定。

1a. 不论相同当事人之间就同一事项所提起的诉讼或者申请是否已由州法院或者另一仲裁庭受理，仲裁庭应就其管辖权作出决定，但有重大理由要求中止仲裁程序的除外。②

2. 关于仲裁庭无管辖权的抗辩，应在就案件的实体事项进行辩论之前提出。

3. 仲裁庭通常以先行裁决的方式就其管辖权作出决定。

第 187 条　[**VIII. 对案件实体事项进行裁决 1. 应适用的法律**]

1. 仲裁庭应根据当事人所选择的法律规则对争议事项作出裁决，或者，在当事人未选择法律时，根据与争议事项有最密切联系的法律规则作出裁决。③

2. 双方当事人得授权仲裁庭依照公平原则作出裁决。

第 188 条　[**2. 部分裁决**]

除当事人另有约定外，仲裁庭得作出部分裁决。

第 189 条　[**3. 裁决的程序和方式**]④

1. 仲裁裁决应根据当事人所约定的程序及形式作出。

---

①　本条规定系根据 2020 年 6 月 19 日联邦法第 1 项增补，自 2021 年 1 月 1 日起生效（AS 2020 4179；BBl 2018 7163）。

②　本款规定系根据 2006 年 10 月 6 日联邦法第 I 项增补，自 2007 年 3 月 1 日起生效（AS 2007 387；BBl 2006 4677 4691）。

③　本款规定系根据 2020 年 6 月 19 日联邦法第 1 项修订后的文本，自 2021 年 1 月 1 日起生效（AS 2020 4179；BBl 2018 7163）。

④　根据 2020 年 6 月 19 日联邦法第 1 项修订后的文本，自 2021 年 1 月 1 日起生效（AS 2020 4179；BBl 2018 7163）。

2. 如果无此种约定，裁决应根据多数仲裁员意见作出，或者在无法产生多数意见时，由首席仲裁员作出。仲裁裁决应以书面形式作出，说明理由，注明日期并签字。经首席仲裁员签字即为有效。

第 189a 条① ［**4. 更正、解释和补充**］

1. 除当事人另有约定外，任何一方当事人均得自被通知裁决之日起 30 日内请求仲裁庭更正裁决中的文字、计算错误，对裁决中的某些部分进行解释，或者就在仲裁程序中提出、但裁决中未处理的请求补充裁决。在同一期限内，仲裁庭得自行进行更正、解释或者补充。

2. 此种申请并不妨碍采取法律救济措施的期限。对于裁决的更正、解释或者补充部分，法律救济期限重新计算。

第 190 条 ［**IX. 终局性、撤销、复审　1. 撤销**］②

1. 仲裁裁决自通知当事人之日起，即具有终局效力。

2. 有下述情形之一者，方能撤销仲裁裁决：

(a)独任仲裁员的指定不当或者仲裁庭的组成不当；

(b)仲裁庭错误地宣称自己有管辖权或者无管辖权；

(c)仲裁庭作出的裁决超出请求受理的范围或者未就请求的要点作出裁决；

(d)违反了平等对待当事人原则或者依法陈述的原则；

(e)仲裁裁决与公共秩序相抵触。

3. 所作的先行裁决，只能根据前述第 2 款(a)项和(b)项所规定的理由予以撤销；其期限自先行裁决被送达当事人之日起算。

4. 申请撤销仲裁裁决的期限为 30 日，自裁决被通知当事人之日起计算。③

第 190a 条④ ［**2. 复审**］

1. 在下列情形下，一方当事人得要求对仲裁裁决进行复审：

---

① 本条规定系根据 2020 年 6 月 19 日联邦法第 1 项增补，自 2021 年 1 月 1 日起生效（AS 2020 4179；BBl 2018 7163）。

② 根据 2020 年 6 月 19 日联邦法第 1 项修订后的文本，自 2021 年 1 月 1 日起生效（AS 2020 4179；BBl 2018 7163）。

③ 本款规定系根据 2020 年 6 月 19 日联邦法第 1 项增补，自 2021 年 1 月 1 日起生效（AS 2020 4179；BBl 2018 7163）。

④ 本条规定系根据 2020 年 6 月 19 日联邦法第 1 项增补，自 2021 年 1 月 1 日起生效（AS 2020 4179；BBl 2018 7163）。

（a）该当事人事后了解到重大事实或者发现了在以前仲裁程序中尽管给予应有注意也无法提供的关键证据；但仲裁裁决作出后才出现的事实和证据除外。

（b）即使无需经过刑事法院定罪，但刑事诉讼程序表明，因犯罪行为或者不利于有关当事人的违法行为对仲裁裁决产生了影响；刑事诉讼程序无法进行的，得以通过其他方式提供证据；

（c）本法第 180 条第 1 款（c）项所指的申请回避理由，尽管给予了应有的注意但直到仲裁程序结束后才被发现，并且无其他可供利用的法律救济措施。

2. 应在发现存在复审理由 90 日内提交复审请求。自裁决发生法律效力起 10 年期限届满后，除本条第 1 款（b）项所述情形外，不得再要求复审。

第 191 条①　[2. 唯一受理撤销仲裁裁决申请的法院]

瑞士联邦法院为唯一受理撤销仲裁裁决之申请的法院。其程序适用 2005 年 6 月 17 日《联邦法院组织法》第 77 条和第 119a 条的规定。

第 192 条　[X. 放弃撤销仲裁裁决的程序]

1. 如果任何一方当事人的住所、经常居所或者总部所在地均不在瑞士，则其可通过仲裁协议中的声明或者事后达成的协议完全或部分地排除撤销仲裁裁决的程序；但不得放弃第 190a 条第 1 款（b）项所指的复审。该协议需采用第 178 条第 1 款所规定的形式。②

2. 如果双方当事人已完全排除撤销仲裁裁决的程序，且此种裁决应在瑞士执行时，类推适用 1958 年 6 月 10 日《关于承认及执行外国仲裁裁决的纽约公约》。

第 193 条③　[XI. 交存和可执行性证明]

1. 各方当事人可自行承担费用向仲裁庭所在地的州法院交存一份裁决书副本。

2. 应一方当事人的请求，仲裁庭所在地的州法院应出具一份该裁决具有可执行性的证明。

3. 应一方当事人的请求，仲裁庭应证明仲裁裁决是依照本法规定作出的；

---

　　①　本条先后经 2005 年 6 月 17 日《联邦法院组织法》附件 8 和 2020 年 6 月 19 日联邦法第 1 项修订，2020 年修订文本自 2021 年 1 月 1 日起生效（AS 2020 4179；BBl 2018 7163）。

　　②　本款规定系根据 2020 年 6 月 19 日联邦法第 1 项修订后的文本，自 2021 年 1 月 1 日起生效（AS 2020 4179；BBl 2018 7163）。

　　③　本条规定系根据 2020 年 6 月 19 日联邦法第 1 项修订后的文本，自 2021 年 1 月 1 日起生效（AS 2020 4179；BBl 2018 7163）。

此种证明具有向法院交存裁决书一样的效力。

第 194 条　[XII. 外国仲裁裁决]

外国仲裁裁决的承认与执行，适用 1958 年 6 月 10 日《关于承认及执行外国仲裁裁决的纽约公约》。

第十三章　最后条款

第一节　现行联邦法律的废止和修改

第 195 条

现行联邦法律的废止和修改，见附件；该附件是本法的组成部分。

第二节　过渡条款

第 196 条　[I. 不溯及既往]

1. 在本法生效之前已经发生的事实或者完成的法律行为，其法律效力适用以前的法律。

2. 在本法生效之前已经发生、但继续产生法律效力的事实或者法律行为，就其法律效力而言，在本法生效之日以前产生的适用旧法，在本法生效之后产生的适用新法。

第 197 条　[II. 过渡性法律　1. 管辖权]

1. 在本法生效之时仍未审结的诉讼或者申请，继续由以前受理该诉讼或者申请的瑞士法院或者行政机关管辖，即使其管辖权已不再为本法所确立亦然。

2. 在本法生效之前被瑞士法院或者行政机关以没有管辖权为由而予以驳回的诉讼或者申请，在本法生效后，如果瑞士法院或者行政机关的管辖权依照本法得以确立并仍可援引争讼的请求时，得于本法生效之后重新提起。

第 198 条　[2. 应适用的法律]

在本法生效时一审尚未审结的诉讼或者申请，依照本法确定应适用的法律。

第 199 条　[3. 外国判决的承认与执行]

在本法生效时尚未审结的外国判决，其申请予以承认与执行的条件，适用本法的规定。

第三节　全民公决与生效

第 200 条

1. 本法由非强制性的全民投票予以公决。

2. 联邦委员会决定本法的生效日期。①

附件：（略）

---

① 根据瑞士联邦委员会 1988 年 10 月 27 日的决议，瑞士《关于国际私法的联邦法》自 1989 年 1 月 1 日起生效（AS 1988 1831）。——译者注

斯洛伐克共和国 1993 年
《关于国际私法与国际民事诉讼规则的法律》*
（2014 年修订文本）

斯洛伐克共和国国民议会通过下列法律：

序　　论

第 1 条　[本法宗旨]

本法的宗旨是确定适用于含有国际因素的民法、商法、家庭法、劳动法及其他类似法律关系的法律，规定外国人的法律地位并规定斯洛伐克司法当局调整和审理此类关系的诉讼程序，以促进各国之间的合作。

第 2 条　[国际条约]

本法的规定，仅在对斯洛伐克共和国有约束力的国际条约或实施国际条约的立法无另外规定时，方予以适用。

第一部分　关于法律冲突和外国人法律地位的规定

一、法律冲突

第 3 条　[权利能力和行为能力]

1. 人的权利能力和行为能力，由其国籍国法律调整，但本法另有规定的

---

* 1993 年 1 月 1 日，捷克斯洛伐克联邦共和国解体为捷克共和国、斯洛伐克共和国。斯洛伐克共和国国民议会在原捷克斯洛伐克社会主义共和国 1963 年 12 月 4 日《关于国际私法与国际民事诉讼规则的法律》的第 97/1963 号法律基础上，于 1993 年 12 月 4 日通过了《关于国际私法与国际民事诉讼规则的法律》的第 97/1993 号法律。此后，又通过第 48/1996 号、589/2003 号、第 382/2004 号、第 36/2005 号、第 336/2005 号、第 273/2007 号、第 384/2008 号、第 388/2011 号、第 102/2014 号法律对其进行了修订。本法根据英文译本（资料来源：http://www.jafbase.fr/docUE/Slovaquie/LoiDIP.pdf；Encyclopedia of Private International Law, Vol. 4, Edward Elgar Publishing 2017, pp. 3766-3783）翻译。本译文原载于《中国国际私法与比较法年刊》第十六卷（2013），法律出版社 2015 年版，第 540~555 页。此处根据资料进行了必要的修订。——译者注

除外。

2. 外国人在斯洛伐克共和国境内实施的法律行为，如果其依照斯洛伐克法律具有行为能力，则视为有行为能力，但本法另有规定的除外。

第 4 条　［法律行为］

为了合理调整法律关系，一切法律行为的有效性及其无效的后果，除非有特别规定，适用调整该法律行为效力的同一法律；但其方式，除调整该合同的法律要求采用书面形式之外，只要满足该行为的意思表示地法律即可。

物权

第 5 条　动产或者不动产的物权，由物之所在地法律调整，但本法或者特别法另有规定的除外。

第 6 条　动产物权的取得与消灭，由取得或者消灭此种权利的事实发生时该物之所在地法律调整。依照合同约定处于运输途中的动产，其权利的取得与消灭，由该标的物的发运地法律调整。

第 7 条　应在公共登记簿登记的权利，即使致使这些被登记权利成立、消灭、限制或者移转的法律原因由其他法律调整，仍适用不动产所在地法律的规定。

第 8 条　占有取得，由时效期限开始时物之所在地法律调整；但是，财产被移转至占有时效届满地国之后，如果完全具备该国取得时效的要件，则通过占有取得而获得财产者可以援用此种占有时效的届满地国法律。

合同与侵权

第 9 条　［法律选择］

1. 合同当事人可以选择调整他们之间财产关系的法律，但法律有特别规定的除外；如果情况表明，对当事人的意思表示不存在疑问时，他们亦可默示地选择法律。

2. 当事人所选择的法律中的冲突规则不予适用，但订立合同的当事人意思表示另有规定的除外。

3. 消费者合同的当事人所选择的法律给予消费者权利的保护弱于斯洛伐克法律的，他们之间的合同关系适用斯洛伐克法律。

第 10 条

1. 当事人未选择准据法时，他们之间的合同关系应由适宜合理地调整此种关系的法律调整。

2. 因此，除非法律有特别规定，一般依照下列法律适用原则：

(1)买卖合同及物品加工供应合同，由缔结合同时卖方或者加工者所在地(住所地)法律调整；

(2)涉及不动产的合同，由不动产所在地法律调整；

(3)运输合同(运送合同、发货合同及其他合同)，由缔结合同时承运人或者发货人的所在地或者住所地法律调整；

(4)保险合同，包括不动产的保险合同，由缔结保险合同时保险人的所在地(住所地)法律调整；

(5)委托合同及类似合同，由缔结合同时受委托人所在地(住所地)法律调整；

(6)代理合同及经纪合同，由缔结代理合同时本人的所在地(住所地)法律调整；

(7)多边商业交易合同，由最适宜调整整个多边关系的法律调整。

3. 其他合同，除非法律有特别规定，一般由双方当事人的所在地(或者住所地)国法律调整。由所在地(住所)不在同一国境内的双方当事人当面缔结的合同，由合同缔结地法律调整；通过通讯方式缔结的合同，由承诺人的所在地(住所地)法律调整。

4. 与消费者合同有关的合同之债，由斯洛伐克法律调整，但调整合同的法律向消费者提供范围更广的保护时除外。

第 11 条 依照本法第 9 条、第 10 条所确定的法律，亦适用于债务的变更、担保及不履行的后果，但当事人的意图或者案件的性质另有说明的除外。

第 12 条 当事人之间有关动产的下列问题，适用依照本法第 9 条至第 11 条所确定的法律：

(1)物品的处分权移转给买受人的时间；

(2)买受人取得所转让物品的所有权及孳息物的时间；

(3)所转让物品的灭失风险转移给买受人的时间；

(4)所转让物品产生的损害赔偿请求权转移给买受人的时间；

(5)对所转让物品之所有权的保留。

第 13 条

1. 债权的消灭时效，由适用于该债务本身的法律调整。

2. 债权的抵销，由适用于被抵销的债权的法律调整，但合理调整该法律关系的相关规定另有要求的除外。

第 14 条 单方法律行为引起的法律关系，由债务人的所在地(住所地)国法律调整。

第 15 条　侵权赔偿的请求权，由损害发生地或者损害事件发生地法律调整。

劳动法

第 16 条

1. 个人雇佣合同引起的法律关系，除当事人之间另有约定外，适用劳动者工作地法律。但是，如果劳动者的工作地在一国，而与其签订雇佣合同的单位组织的管理中心在另一国时，则适用该单位组织的管理中心所在地法律，但劳动者在其工作地国有住所的情形除外。

2. 有关运输工人的雇佣关系，对于铁路或者公路运输，适用用人单位的管理中心所在地法律；对于内河航运和航空运输，适用用人单位的登记地法律；对于海上运输，适用船旗国法律。

继承法

第 17 条　继承，由被继承人死亡时的国籍国法律调整。

第 18 条

1. 设立及撤销遗嘱之能力，以及意思表示及意思表示的瑕疵的效力，由被继承人作出意思表示时的国籍国法律调整。该规定亦适用于法律所允许的其他死因处分行为之方式。

2. 遗嘱的方式，由被继承人设立遗嘱时的国籍国法律调整，但符合遗嘱设立地国法律者，亦为有效。遗嘱之撤销方式，亦适用该规定。

家庭法

夫妻关系

第 19 条　缔结婚姻的能力及婚姻成立的有效要件，由当事人的国籍国法律调整。

第 20 条　举行婚姻的方式，由婚姻举行地法律调整。

第 20a 条　斯洛伐克国民在国外缔结的婚姻，即使未在经正式授权的斯洛伐克共和国当局而在其他机关办理，只要在婚姻缔结地国有效并且不存在根据斯洛伐克实体法不得结婚的任何情况，则在斯洛伐克共和国有效。如果夫妻一方不是斯洛伐克国民，则其缔结婚姻的能力由其国籍国法律调整。

第 21 条

1. 夫妻之间的人身及财产关系，由其共同国籍国法律调整；夫妻双方国籍不同的，其人身及财产关系，适用斯洛伐克法律。

2. 婚姻财产制的协议，依照缔结该协议时调整夫妻财产关系的法律确定。

第 22 条

1. 离婚，由提起离婚诉讼时夫妻双方的共同国籍国法律调整；夫妻双方国籍不同的，适用斯洛伐克法律。

2. 依照前款规定应适用的外国法律不允许离婚或者所规定的离婚条件非常苛刻时，如果夫妻双方或至少其中一方长期居住在斯洛伐克共和国境内，则适用斯洛伐克法律。

3. 上述规定亦适用于婚姻无效之宣告或者婚姻是否存续之确认。

父母子女关系

第 23 条

1. 亲子关系之成立(确认或者否认)，由子女因出生而取得的国籍国法律调整。

2. 如果子女居住在斯洛伐克共和国境内，只要对子女最为有利，亲子关系的成立(确认或者否认)可适用斯洛伐克法律。

3. 就承认亲子关系的效力而言，只要其满足承认国的法律即可。

第 24 条

1. 父母与子女之间的关系，包括亲权的归属或者消灭，由子女的经常居所地国法调整。就保护子女的人身或者财产而言，法院可例外地考虑适用与案情有实质联系的另一国法律。

2. 依照子女以前的经常居所地国法律取得的亲权，不因子女经常居所发生变化而受影响。但是，如果父母亲一方未取得依照斯洛伐克法律本应具有的亲权，则自斯洛伐克共和国成为该子女的经常居所地国时起，取得此种权利。

3. 亲权的行使，由子女的经常居所地国法律调整。

4. 为本条款之目的，对于未成年难民、因本国发生动乱而流离失所至斯洛伐克共和国境内的儿童以及无法确定其经常居所的儿童，斯洛伐克共和国视为其经常居所地。

第 24a 条 父母对其子女的抚养义务，适用子女的经常居所地国法律。其他扶养义务，适用扶养权利人的住所地国法律。

第 25 条

1. 单身母亲对子女的生父提出的请求权，适用子女出生时该母亲的国籍国法律。

2. 如果该母亲为居住在斯洛伐克共和国境内的外国国民，而子女的生父是斯洛伐克国民，则该母亲的请求权由斯洛伐克法律调整。

第 26 条

1. 收养，由收养人的国籍国法律调整。

2. 作为收养人的夫妻双方国籍不同时，必须满足夫妻双方国籍国法律所规定的收养要件。

3. 依照第 1 款、第 2 款规定应适用的外国法不允许收养或者规定的收养条件非常苛刻时，如果收养人或者至少进行收养的夫妻一方已长期居住在斯洛伐克共和国境内，则适用斯洛伐克法律。

第 26a 条　在未来收养者进行收养之前，儿童的安置应由该儿童的经常居所地国法律调整。

第 27 条　收养及其他类似关系的设立，是否应征得子女、其他人或当局之同意的问题，必须依照子女的国籍国法律确定。

监护

第 28 条　对未成年人设立或者终止监护关系的要件，由未成年人的经常居所地国法律调整。该监护关系原则上适用于未成年人的人身及其位于各地的财产。

第 29 条　对未成年人监护的接受及进行监护之义务，由监护人的国籍国法律调整。

第 30 条　监护人与未成年人之间的法律关系，由监护法院或当局之所在地国法律调整。

第 31 条　有关未成年人监护的前述规定，类推适用于诸如对无行为能力的成年人的监护等类似保护措施。

二、外国人地位

第 32 条

1. 外国国民在其人身权利和财产权利方面，享有与斯洛伐克国民同等的权利和义务，但本法或者特别法另有规定的除外。

2. 如果一国给予斯洛伐克国民不同于其本国国民的差别待遇时，斯洛伐克外交部可同主管当局协商决定，对该国国民不适用本条第 1 款规定。

3. 前述第 1 款、第 2 款的规定，在涉及财产关系时，类推适用于法人。

第 33 条　[双重国籍或者国籍不确定]

1. 具有斯洛伐克国籍的人，如果同时另一国也承认其为该国国民，应以斯洛伐克国籍为准。

2. 同时具有几个他国国籍的人，以最后取得的国籍为准。

3. 无国籍、无法确定其国籍或者不能确定最后取得的国籍的人，应视为具有其住所地国家之国籍；不能确定其住所时，应视为具有其居所地国家之国籍；如果居所亦不能确定时，则作为斯洛伐克国民对待。

三、共同规定

第 34 条　[法律体系]

应适用的法律所属国存在数个法律体系的，依照该国法律确定应适用哪个具体法律体系的规定。

第 35 条　[反致及转致]

如果依照本法应适用的外国法指引适用斯洛伐克法律或者第三国法律，只要它能公平、合理地调整所涉法律关系，则可接受此种指引。

第 36 条　[公共秩序]

外国的法律规定，如果其适用的结果与斯洛伐克共和国的社会制度、政治制度及法律制度的根本原则相抵触，则不予适用。

第二部分　国际民事诉讼法

一、管辖权

第 37 条　除下列条款另有规定外，如果被告的住所或者所在地位于斯洛伐克共和国境内，或者案件涉及财产权且被告的财产在斯洛伐克共和国境内，则斯洛伐克法院具有管辖权。

第 37a 条　斯洛伐克法院在下列情况下亦具有管辖权：

(1)对于与个人劳动合同有关的事项，提起诉讼的劳动者在斯洛伐克共和国境内有住所的；

(2)对于与保险合同有关的事项，提起诉讼的投保人、被保险人或者受益人以及被告的住所或者所在地在斯洛伐克共和国境内的；

(3)对于与消费者合同有关的事项，提起诉讼的消费者的住所或者所在地在斯洛伐克共和国境内的；

(4)对于与其他合同有关的事项，货物的交付地或理应交付地、服务的提供地或者理应提供地在斯洛伐克共和国境内；在所有其他情况下，履行地在斯洛伐克共和国境内的。

第 37b 条　在下列情况下，斯洛伐克法院亦具有管辖权：

(1)对于与侵权、违法行为或者准违法行为有关的事项，致害事件发生地在斯洛伐克共和国境内的；

(2)对于因刑事犯罪产生的民事损害赔偿请求，由斯洛伐克当局机关提起公诉的；

(3)因法人的分支机构、代理机构或者其他营业所的运营引起的纠纷，该分支机构、代理机构或者其他营业所在斯洛伐克共和国境内的。

第 37c 条　在下列情况下，斯洛伐克法院亦可因诉讼当事人一方的行为而具有管辖权：

(1)各个诉求之间具有内在联系，因而有必要一起审理，以免作出相互矛盾的判决的；

(2)反诉系由本诉所依据的相同事实而发生的，并且斯洛伐克法院对本诉具有管辖权的。

第 37d 条　[专属管辖]

在下列情况下，斯洛伐克法院具有专属管辖权：

(1)在以不动产物权或者不动产租赁为标的之诉讼程序中，不动产在斯洛伐克境内的；

(2)在涉及专利、商标、设计、要求进行注册或者交存的其他类似权利的注册或有效性的诉讼程序中，已在斯洛伐克共和国境内申请交存或者注册，或者已在斯洛伐克共和国境内交存或者注册，或者根据国际条约应视为已在斯洛伐克共和国交存或注册的。

第 37e 条　[协议管辖]

1. 法院对合同纠纷或者侵权(违法行为或者准违法行为)纠纷的管辖权可由当事人约定。除非当事人另有约定，此种管辖权具有排他性。对于第 37d 条所指事项，当事人对管辖权的约定无效。

2. 如果当事人约定由斯洛伐克法院管辖，则不得协议改变法院的主体事项管辖权。

3. 约定管辖权的协议应采用书面形式或者有书面证明。如果此种协议与国际贸易合同或者国际商务合同有关，只要其采用符合贸易或者商业惯例的形式并且通常为有关合同当事人各方遵守即可。

4. 仅对当事人一方有利的管辖权协议，不得损害该当事人在其他法院提起诉讼的权利。

5. 对于与个人劳动合同、保险合同及消费者合同有关的事项，约定管辖权的协议只有在它不排除原告的住所地国法院的管辖权或者它系在争议发生后订立时，方为有效。

6. 当事人约定将专属管辖权赋予外国法院，所选择的外国法院拒绝行使管辖权的，斯洛伐克法院可以受理。

对家庭事项的管辖权

第 38 条

1. 对于婚姻事项(离婚、宣告婚姻无效或者确认婚姻是否存续)，夫妻至少一方为斯洛伐克国民的，则斯洛伐克法院具有管辖权。

2. 夫妻双方都不是斯洛伐克国民时，斯洛伐克法院在下列情况下具有管辖权：

(1)夫妻至少有一方居住在斯洛伐克共和国境内，并且作出的判决能在夫妻双方的国籍国得到承认的；

(2)夫妻中至少有一方长期居住在斯洛伐克共和国境内的；

(3)就婚姻无效的原因而言，夫妻双方均生活在斯洛伐克共和国，即使当事人未请求，但依照斯洛伐克法律规定应宣布为无效婚姻的。

第 38a 条 对于扶养义务事项，如果扶养权利人或者扶养义务人的住所或经常居所在斯洛伐克共和国境内的，斯洛伐克法院具有管辖权。

第 39 条

1. 对于未成年人的亲权事项，只要未成年人的经常居所在斯洛伐克共和国境内或者其经常居所无法查明，则斯洛伐克法院具有管辖权。

2. 对于逃难儿童或者因其本国发生动乱而流离失所、并处于斯洛伐克境内的儿童的亲权事项，斯洛伐克法院也具有管辖权。

3. 斯洛伐克法院对亲权事项的实质问题无管辖权时，只得采取保护子女的人身或者财产的必要措施，并将该措施通知其经常居所地国的主管当局。采取此种措施时，斯洛伐克法院应适用斯洛伐克的实体法规定。

4. 在婚姻事项的诉讼程序中，斯洛伐克法院在下列情况下，对于夫妻双方共同子女的亲权问题具有管辖权：

(1)该子女的经常居所在斯洛伐克共和国境内；

(2)夫妻至少一方对该子女行使亲权，夫妻双方已同意接受法院的管辖，并且此种管辖权的行使对子女最为有利。

第 40 条 成立亲子关系(确认或者否认)的请求，如果被告所属的基层法院不在斯洛伐克共和国境内，可向原告所属的斯洛伐克共和国基层法院提出；如果原告在斯洛伐克共和国境内也没有所属的基层法院时，只要父母一方或者子女是斯洛伐克国民，即可向斯洛伐克共和国最高法院所指定的法院提出请求。

第 41 条

1. 对于收养事项，收养人是斯洛伐克国民的，斯洛伐克法院具有管辖权；已婚夫妻双方为收养人的，只要夫妻一方为斯洛伐克国民并居住在斯洛伐克共和国境内，斯洛伐克法院即可管辖。

2. 收养人或者收养的夫妻双方均不是斯洛伐克国民时，斯洛伐克法院在下列情况下具有管辖权：

(1)收养人或者至少进行收养的夫妻一方居住在斯洛克共和国境内，并且斯洛伐克法院的判决能在收养人或者进行收养的夫妻双方的国籍国得到承认的；或者

(2)收养人或者至少进行收养的夫妻一方长期居住在斯洛伐克共和国境内的。

第 41a 条

1. 收养的儿童具有斯洛伐克国籍并在斯洛伐克共和国境内有经常居所的，只能由斯洛伐克法院宣告。

2. 法院已作出了有关将未成年子女由未来养父母照管的判决，并且在作出判决时该子女在斯洛伐克共和国境内不再有经常居所的，斯洛伐克法院仍有权对收养予以宣告。

第 42 条 ［对行为能力及监护事项的管辖权］

1. 对于涉及行为能力的限制或剥夺以及监护等事项，当事人的经常居所在斯洛伐克共和国境内的，斯洛伐克法院具有管辖权。

2. 如果斯洛伐克法院根据第 1 款规定没有管辖权，则只能采取保护其人身或财产所必要的措施，并将该措施通知其经常居所地国的主管当局。采取此类措施时，斯洛伐克法院应适用斯洛伐克实体法的规定。

第 43 条 ［对死亡宣告事项的管辖权］

1. 宣告失踪的斯洛伐克国民死亡，由斯洛伐克法院专属管辖。

2. 斯洛伐克法院可根据斯洛伐克的实体法宣告失踪的外国国民死亡，但此种宣告的法律效力仅限于定居在斯洛伐克共和国的外国国民以及位于斯洛伐克共和国境内的财产。

对继承事项的管辖权

第 44 条　被继承人死亡时为斯洛伐克国民的，斯洛伐克法院对其继承事项均有管辖权。但是，对于在外国的财产，只有当外国把财产交给斯洛伐克当局，或者外国承认斯洛伐克司法当局所作判决的法律效力时，方由斯洛伐克法院对该事项进行审理。

第 45 条

1. 对于在斯洛伐克共和国境内的外国人的遗产，斯洛伐克法院在下列情况下应对继承事项进行审理：

(1)被继承人的国籍国既不将斯洛伐克国民的财产转交给斯洛伐克法院，又不承认斯洛伐克法院判决的法律效力，或者该外国拒绝解决继承问题或者不作出决定的；或者

(2)被继承人曾居住在斯洛伐克共和国境内，并且居住在斯洛伐克共和国的继承人提出这种请求的；

(3)不动产在斯洛伐克共和国境内的。

2. 在任何其他情况下，斯洛伐克法院对外国国民的遗产，只能采取必要的保护措施。

第 46 条　[宣告文书无效的管辖权]

对于外国签发的文书，斯洛伐克法院有权宣告其无效，但此种宣告的法律效力，视情况的性质而定，仅限于斯洛伐克共和国境内。

第 47 条　[免受斯洛伐克法院司法管辖]

1. 外国国家，根据国际条约、其他国际法规则或者斯洛伐克的特别立法在斯洛伐克共和国境内享有司法豁免权的人，不受斯洛伐克法院的司法管辖。

2. 第 1 款的规定亦适用于文书送达、传唤上述人员作为证人、判决的执行以及其他诉讼行为。

3. 但是，斯洛伐克法院在下列情况下具有管辖权：

(1)诉讼标的物是本条第 1 款所指国家或者人员在斯洛伐克共和国境内的不动产，或者是他们对他人所有的不动产主张的权利以及因这些不动产的租赁所产生的权利，但诉讼标的是交付租金的不在此限；

（2）诉讼标的物是本条第1款所指人员在其公务外所取得的继承财产的；

（3）诉讼标的物与本条第1款所指人员在其公务外进行的雇佣或商业交易活动有关的；

（4）本条第1款所指的国家或者人员自愿接受斯洛伐克法院管辖的。

4. 在第3款所述情况下，诉讼文书的送达，须由外交部执行。这种送达不能执行时，则法院应为了接收诉讼文书的目的，或者，视情况而定，为了捍卫权利之目的，指定文书的保管人。

二、关于诉讼程序的规定

第48条　在诉讼中，斯洛伐克法院应根据斯洛伐克的诉讼程序规则进行审理，所有当事人在维护其权利方面享有平等地位。

外国人的诉讼地位

第49条　外国国民的诉讼行为能力，由其国籍国法律调整。但是，该外国国民依照斯洛伐克法律具有诉讼行为能力的，视为有诉讼行为能力。

第50条　在有互惠的情况下，外国国民免交诉讼费用和担保费用，并有权无偿任命保护其权益的代理人。

第51条

1. 法院根据被告的申请，命令发生财产纠纷的外国原告提供诉讼费用担保，外国原告在规定期限内不提供的，法院不予继续审理，终结诉讼程序。

2. 在下列情况下，无需命令原告提供诉讼费用担保：

（1）被告虽然明知原告不是斯洛伐克国民或者原告已丧失斯洛伐克国籍而应诉，或者诉讼程序开始以后才提出诉讼担保申请的；

（2）在类似案件中，原告的国籍国不要求斯洛伐克国民提供诉讼担保的；

（3）原告在斯洛伐克共和国境内的不动产足以偿付被告在诉讼中所主张费用的；

（4）提起诉讼的请求涉及支付令的；

（5）原告免交诉讼费用和担保费用的。

第52条　外国法院或者当局签发的文书，在签发国被视为公文的，则只要经过正式认证，在斯洛伐克共和国境内即具有公文的证据效力。

外国法律与互惠的确定

第 53 条

1. 司法当局应采取一切必要措施去确定应适用的外国法的内容；如果不知晓该外国法的内容，则可请求司法部提供这方面的资料。

2. 司法当局在裁决本条第 1 款所指事项时产生疑问，可请示司法部。

第 54 条 司法部经与外交部及其他有关各部商定而发布的涉及他国的互惠声明，对法院和其他机关具有拘束力。

国际司法协助

第 55 条 除非另有规定，司法当局应通过司法部与外国当局接洽。

第 56 条 斯洛伐克司法当局在互惠条件下，应外国司法当局的请求给予司法协助。在下列情况下，拒绝予以司法协助：

(1)执行所请求的协助行为不属于被请求的斯洛伐克司法当局的管辖范围；但是，该协助行为如果属于其他司法当局或者斯洛伐克其他机关的主管范围，此种请求应发送至主管当局去执行；

(2)请求协助之行为违背斯洛伐克的公共秩序。

第 57 条

1. 进行所请求的司法协助时，应适用斯洛伐克法律；应外国当局的请求，可按照该外国的程序规则给予司法协助，但不得违背斯洛伐克的公共秩序。

2. 根据外国当局的要求，可在证人、鉴定人及当事人宣誓后对其进行审问。对于向国外索赔的主张或者保全措施至关重要的事实宣誓书，同样适用该规定。

3. 证人和当事人的誓词是："我宣誓：我对法院所询问的一切事实均予以如实的陈述，毫无虚言。"

4. 鉴定人的誓词是："我宣誓：我将按照我最好的知识和良知去提交我的鉴定意见。"

5. 在事后提交誓词的情况下，誓词可予以相应变更。

第 58 条 外国诉讼文书未附上经核对的捷克语或者斯洛伐克语译文的，如果收件人自愿受领，则送达给收件人；如果收件人拒绝接受，则应告其可能产生的法律后果。

第 59 条

1. 应斯洛伐克司法当局的请求，斯洛伐克的外交或者领事机关应该：

（1）向其驻在国国内的人送达文书，但以此种行为是国际条约或者其他国际法规则所允许或者不违背送达国的法律为限；

（2）向在送达国享有外交特权或者豁免权的斯洛伐克国民送达文书，并且在他们作为证人、鉴定人或者当事人时，对他们进行审问；

（3）根据外交部的授权，可对证人、鉴定人及当事人进行审问以及实施其他诉讼行为，但以这些人自愿出庭，而且这不违背给予司法协助的国家的法律规定为限。

2. 斯洛伐克外交或者领事机关的行为，应遵照提出请求的司法当局所适用的法律进行，他们所执行的行为与司法当局自己所为的行为具有同等效力。

第 60 条　外国当局应斯洛伐克司法当局的请求而履行的送达文书、调取证据行为，即使未遵守外国法的规定，只要其符合斯洛伐克法律的规定，即具有法律效力。

第 61 条　[斯洛伐克法律的证书]

对在外国因主张权利而请求提供斯洛伐克现行法律的证书的任何人，司法部应出具此种证书。但是，不得在证书上对法律解释或者具体适用加以说明。

第 62 条　[文书的认证]

司法当局签发、核对或在其面前所签署的文书要在外国予以使用时，应根据当事人的请求，由下列机关或部门认证：

（1）对于在地区法院辖区内的区法院、公证人、法警所出具的文书或者核对的文书、签名，以及翻译人员制作的译文或者专家提交的书面意见，由地区法院予以认证；

（2）对于不在前项所列范围之内的其他文书，由司法部认证。

第 62a 条　[法院在跨境案件中的其他职责]

1. 拟根据国际条约或者互惠原则并通过提起扶养之诉或者请求执行斯洛伐克法院判决而在国外主张扶养权的人，可请求其居住地的区法院协助其制作申请书。区法院负有义务制作该申请书。

2. 拟向外国法院提起诉讼的人或者外国诉讼中的被告，可请求其居住地的区法院协助其制作根据国际条约在国外诉讼中所享有的法律援助申请书。区法院负有义务制作该申请书。

3. 法院可基于申请人的请求为本条第 1 款或者第 2 款所指申请书及辅助文件安排翻译，费用由申请人承担。如果申请人符合免交诉讼费的规定要求，则翻译费由国家承担。

4. 在国际条约允许向国外请求执行由国内一审法院所作判决的情况下，

也适用本条第 1 款至第 3 款的规定。

三、外国判决的承认及执行

第 63 条 外国当局就本法第 1 条所指事项(假设它们在斯洛伐克共和国境内均在法院管辖之列)作出的判决,包括由其批准的解决措施,以及有关这些事项的外国公证文书(以下简称"外国判决"),只要其已得到斯洛伐克当局的承认,即在斯洛伐克共和国具有法律效力。

第 64 条 [承认外国判决的条件]

外国判决在下列情况下不予承认与执行:

(1)承认外国判决违背斯洛伐克当局的专属管辖权,或者,如果类推适用斯洛伐克有关管辖权的规定,外国当局对案件无管辖权;

(2)该判决在原审国既无既判力,又无强制执行性;

(3)该判决是在诉讼程序中舞弊取得的;

(4)对方当事人被外国当局剥夺了参加诉讼程序的机会,特别是没有被正式送达传票或者启动诉讼的其他文书;但是,如果判决已正式送达对方当事人且其没有对此上诉,或者如果其已声明不坚持要求审查这种情况,法院则无须审查;

(5)斯洛伐克已对该事项作出了具有既判力的判决,或者就同一事项作出的外国判决此前已在斯洛伐克共和国得到承认或者具有执行力;

(6)承认外国判决违背斯洛伐克公共秩序。

第 65 条 涉及婚姻事项或者亲子关系的成立(确认或者否认)事项的外国判决,如果至少当事人一方为斯洛伐克国民,以及有关收养具有斯洛伐克国籍的儿童的外国判决,应在斯洛伐克共和国予以承认,但被第 64 条第 2 项至第 6 项规定排除的情况除外。

第 66 条

1. 有关儿童的安置或者探望的外国判决,在下列情况下可不予承认与执行:

(1)属于第 64 条第 1 项至第 5 项所规定的情形之一的;

(2)在对案件进行实质审理时,该儿童没有获得陈述意见机会的,但法院因情况紧急而没有听取儿童的陈述或者该儿童因年幼和不够成熟而不能表达自己意见的情况除外;

(3)出于最有利于儿童的考虑,承认该判决明显违背斯洛伐克公共秩序的。

2. 对于有关儿童安置或者探望的外国判决，如果有人主张该判决侵犯了他的亲权并且系在其没有获得陈述意见机会的情况下作出的，除非情况紧急，否则法院可基于该人的请求不予承认。

第 67 条

1. 有关婚姻事项、亲子关系之成立(确认或者否认)、收养子女及权利能力等事项的外国判决，应由斯洛伐克法院通过专门裁决予以承认。

2. 有关儿童安置或者探望的外国判决，应由斯洛伐克法院作出专门裁决或者命令执行的方式予以承认。

3. 其他的外国判决，由斯洛伐克法院通过命令执行或者签发执行令的方式予以承认；外国判决不需要执行的，斯洛伐克当局可视同斯洛伐克法院所作判决予以承认。

4. 当权利人或者义务人证明其合法权益，即使本法或者国际条约未作要求，斯洛伐克法院有权根据其请求，以专门裁决的方式对承认外国判决作出裁定。

第 68 条 ［外国判决的效力］

1. 经斯洛伐克法院承认的外国判决，具有与斯洛伐克法院所作判决同等的法律效力。

2. 有关婚姻事项、亲子关系之成立(确认或者否认)或者收养子女等事项的外国判决，即使未经承认，只要双方当事人不是斯洛伐克国民并且不违背斯洛伐克公共秩序，也与斯洛伐克法院所作判决具有同等的法律效力。

申请以专门裁决承认外国判决的程序

第 68a 条 ［法院管辖权］

下列法院有权受理请求承认外国判决的申请：

(1)承认第 67 条第 1 项有关婚姻事项、亲子关系的成立(确认或者否认)或者收养子女等事项的外国判决的，由布拉提斯拉法的地区法院受理；

(2)承认有关儿童安置或者探望的外国判决的，由儿童经常居所地的区法院受理；或者，在无经常居所时，由儿童居所地的区法院受理；如果无此种法院，则由巴拉提斯拉法第一区法院受理。

(3)承认不在上述第 2 项规定范围内的外国判决的，由有权命令执行或者签发执行令的法院受理。

第 68b 条

1. 承认程序，自外国判决中所指的当事人提交申请时开始，对于有关婚姻事项、亲子关系成立(确认或者否认)之事项或者收养子女等事项的外国判决，自对案件有利害关系的人提交申请时开始。

2. 诉讼程序的当事人应是请求承认外国判决的申请人和全体对方当事人。如果申请人不能在申请书中载明对方当事人，则诉讼当事人应是外国判决中所指的全体当事人。

3. 为送达文书之目的，住所或者所在地在外国的申请人，应选定一个住所或者所在地在斯洛伐克共和国境内的代理人；在指定的宽限期仍不能选定代理人的，留置在法院的文书具有送达的效力；申请人应被告知其法律后果。

4. 对于住所地或者所在地不在斯洛伐克共和国境内的其他诉讼当事人，类推适用本条第3款的规定。

第68c条　[请求承认外国判决的申请材料]

1. 请求承认外国判决的申请书应载明所呈送的法院、申请人的身份、有关事项以及申请目的；申请书应签收并注明递交日期。此外，申请书应载明外国判决、原裁决机关的名称、外国判决发生法律效力的日期或者提供其具有执行力的信息，并列出附于申请书的所有佐证文件。提交申请书时，一并附上数份佐证文件的副本，一份副本由法院留存，并送达各方当事人一份副本。

2. 申请书应有下列佐证材料：

(1)完整的外国判决书原件或者经正式核对的副本；

(2)外国主管当局出具的证明外国判决具有拘束力、执行力或者对该判决的普通上诉期限已届满的证书；

(3)证明不存在第64条第4项所指不予承认的事由的文件或者对方当事人有关不再坚持审查该事由的声明；

(4)经正式核对的、所有佐证文件的斯洛伐克语译文。

3. 必要时，法院可要求申请人在15日或者更长的宽限期内补齐其申请材料。如果申请人没有根据法院的要求纠正或者补齐其申请材料，并因此使诉讼程序无法继续进行，法院应终结诉讼，并将其法律后果告知申请人。

第68d条

1. 提交请求承认外国判决的申请书后，在就承认判决的申请所作裁决具有拘束力之前，执行外国判决或签发执行令的诉讼程序应暂缓进行。

2. 外国判决在其原审国被提起上诉的，在就该上诉所作的裁决产生拘束力之前，法院应暂停有关承认或者执行(签发执行令)该外国判决的诉讼程序。

第68e条　[案件的审理]

1. 除非当事人一方自送达承认外国判决的申请书之日起15日内对承认外

国判决提出异议，否则法院无需对案件进行审理。

2. 当事人各方书面声明同意承认外国判决的，法院无需送达申请书，也无需对案件进行审理。当事人提交的这种书面声明应附有经正式核对的斯洛伐克语译文。在与外国就婚姻事项所作判决有关的承认程序中，当被告不是斯洛伐克国民时，或者在与外国就权利能力事项所作判决有关的承认程序中，当原告为监护人时，即使当事人各方未作出此种声明，法院也没有义务请求提交和审理案件。

第68f条　[对外国判决的审查范围]

1. 法院有义务去调查外国当局据以行使管辖权的案件事实。

2. 外国判决不应予以实质性的审查。

第68g条　[法院裁决]

1. 对于有关婚姻事项、亲子关系的成立(确认或者否认)或者收养子女等事项，法院应以判决方式对请求承认外国判决的申请作出裁决，在其他情况下以裁定方式作出裁决。

2. 承认外国判决的任何条件均不具备的，法院即应拒绝承认。在所有其他情况下，法院应承认该外国判决。

3. 如果外国判决含有一份以上判决书，且不可能或者不要求承认所有判决书，则法院仅承认该外国判决中能承认或要求承认的部分。申请人自己也可要求部分地承认判决。

第68h条

1. 本小节的规定，类推适用于请求在斯洛伐克共和国不予承认外国判决的申请程序。

2. 有关承认外国判决的诉讼程序的规定，类推适用于有关请求宣告外国判决在斯洛伐克共和国具有执行力或者不具有执行力的诉讼程序。

第68i条　[过渡条款]

1. 依照修订前的法律规定启动的承认与执行外国判决的诉讼程序，应根据这些规定予以终结。

2. 斯洛伐克法院依照修订前的法律规定取得管辖权的，继续享有管辖权。

3. 当事人各方依照修订前的法律规定书面约定的法院管辖权，继续有效。在本次修订文本施行前所缔结的选择法院协议的效力，适用修订前的法律规定。

最后条款

第 69 条 废除 1948 年法规汇编中《关于国际和区际私法以及外国人民事法律地位的第 41 号法律》。

第 70 条 本法自 1964 年 4 月 1 日起施行。①

_____

① 修订文本的施行日期，依照相应的修订法律的规定。

格鲁吉亚 1998 年
《关于调整国际私法的法律》*

第一章 一般规定

第 1 条 [适用范围]

与外国法律有关的案件应适用哪一法律，依照本法确定。本法同时包含适用于涉外案件的诉讼程序法规定。

第 2 条 [国际条约]

国际条约的规定，在适用上优先于本法规定。

第 3 条 [其他国家法律的查明]

1. 如果为了裁决法律争议或者其他法律事件而必须适用其他国家的法律，法院须采取必要措施，以查明此类法律规范的内容，同时须考虑此类法律规范的官方解释、适用实践以及有关学说。

2. 如果依照本条第 1 款所规定的措施仍不能查明外国法的内容或者采取该措施要支出不合理的费用，并且各方诉讼当事人均无法举证证明该法律规范的内容、目的及其适用实践，则由法院依照格鲁吉亚法律作出裁决。

第 4 条 [指引]

1. 如果指引的是其他国家(也包括第三国)的法律体系，则该国的国际私法也应予以适用，前提是这并不违背指引的本意或者该指引不限于适用实体法规定。

2. 如果其他国家的法律反致格鲁吉亚法律，则适用格鲁吉亚的实体法

---

* 格鲁吉亚《关于调整国际私法的法律》(Georgisches Gesetz zur Regelung des Internationalen Privatrechts)于 1998 年 4 月 29 日通过，公布于 1998 年 5 月 20 日第 121 号《格鲁吉亚共和国官方公报》，自 1998 年 10 月 1 日起施行。本法系根据 M. Mandshgaladze 博士和 S. Gamkrelidze 的德文译本[资料来源：Georg Brunner/ Karin Schmid / Klaus Westen (Hrsg.)，Wirtschafsrecht der osteuropäischen Staaten，II 3 X]翻译，格鲁吉亚语文本为官方文本。本译文原载于《中国国际私法与比较法年刊》第十四卷(2011)，北京大学出版社 2012 年版，第 494~513 页。此处略有修订。——译者注

规定。

3. 就当事人可以选择某国法律而言，仅限于选择实体法规定。

第5条　[公共秩序(公共政策)]

其他国家的法律规范，如果其适用的结果将与格鲁吉亚法律的基本原则相抵触，则不得在格鲁吉亚予以适用。

第6条　[强行规范]

如果案件应由强行法律规范调整，则不论应适用的是何国法律，此类强行法律规范均应得以适用。

第7条　[区域性法律]

如果应适用一国法律，而该国又具有多个区域性法律且未指明应以哪一区域性法律为准的，则由该国法律确定应适用哪一区域性法律。若无此种规定，则适用与案件有最密切联系的区域性法律。

第二章　格鲁吉亚法院的国际管辖权

第8条　[国际管辖权的原则]

如果被告的住所、所在地或者经常居所在格鲁吉亚境内，则格鲁吉亚法院具有国际管辖权。

第9条　[国际管辖权的其他情形]

在下列情形下，格鲁吉亚法院也具有国际管辖权：

(1)案件有多个被告，且被告之一的住所、所在地或者经常居所在格鲁吉亚境内；

(2)合同义务履行地在格鲁吉亚境内；

(3)案件涉及的争议系因经营所在地在格鲁吉亚境内的分支机构所致；

(4)诉讼标的是因侵权行为或者类似于侵权行为的其他行为引起的请求权，并且侵权行为地或者损害结果发生地在格鲁吉亚境内；

(5)诉讼标的涉及认定父亲身份或者支付抚养费，并且子女或者抚养权利人的住所或者经常居所在格鲁吉亚境内；

(6)诉讼标的涉及继承权的认定或者遗产的分配，并且被继承人死亡时其住所或者经常居所在格鲁吉亚境内或者被继承人的财产在格鲁吉亚境内。

第10条　[专属的国际管辖权]

对于下列诉讼，格鲁吉亚法院具有专属的国际管辖权：

(1)以不动产物权以及不动产的租赁或抵押为标的之诉，并且该不动产在格鲁吉亚境内；

（2）以公司、法人或其机构决议的有效性或者撤销为标的之诉，并且该公司或法人的所在地在格鲁吉亚境内；

（3）以法人在格鲁吉亚法院的公共注册部门或者在其他机构进行注册的有效性为标的之诉；

（4）以专利、商标或者其他权利的注册有效性为标的之诉，并且此类权利在格鲁吉亚注册或被请求注册；

（5）涉及强制执行措施之诉，并且此类措施应在格鲁吉亚予以执行或已被请求执行。

第 11 条 ［宣告失踪与宣告死亡］

对于宣告失踪、宣告死亡案件，符合下列情形之一的，格鲁吉亚法院具有国际管辖权：

（1）失踪者为格鲁吉亚国民；

（2）失踪者的最后经常居所在格鲁吉亚境内；

（3）对宣告失踪或宣告死亡存在合法利益。

第 12 条 ［婚姻事项］

1. 对于下列情形的婚姻事项，格鲁吉亚法院具有国际管辖权：

（1）配偶一方为格鲁吉亚国民或在结婚时为格鲁吉亚国民；

（2）被诉配偶一方的经常居所在格鲁吉亚境内；

（3）配偶一方为无国籍人，但在格鲁吉亚境内有经常居所。

2. 第 1 款意义上的婚姻事项，系指有关离婚、撤销婚姻或宣告婚姻无效、认定婚姻存在或不存在（或者创设婚姻生活）的一种民事程序。

3. 第 1 款规定的管辖权也扩展适用于离婚的附带后果。

第 13 条 ［父母和子女之间的人身关系、出身、父亲身份的确认及否认］

对于有关父母与子女之间的人身关系、出身、父亲身份的确认及否认之诉，如果诉讼当事人一方为格鲁吉亚国民或其经常居所在格鲁吉亚境内，则格鲁吉亚法院具有国际管辖权。

第 14 条 ［收养］

在收养事项上，如果收养人双方、进行收养的配偶一方或者被收养的子女为格鲁吉亚国民或者其经常居所在格鲁吉亚境内，则格鲁吉亚法院具有管辖权。

第 15 条 ［对行为能力的限制］

对于限制行为能力之诉，如果诉讼涉及之人为格鲁吉亚国民或者其经常居所在格鲁吉亚境内，则格鲁吉亚法院具有国际管辖权。

第 16 条　［监护、保佐］

1. 对于设立监护、保佐或者类似措施之诉，如果监护人、保佐人或者被监护人、被保佐人为格鲁吉亚国民或者其经常居所在格鲁吉亚境内，则格鲁吉亚法院具有国际管辖权。

2. 如果保佐人、监护人或者被监护人、被保佐人请求格鲁吉亚法院受理，则格鲁吉亚法院也有管辖权。

第 17 条　［在外国定居的格鲁吉亚国民］

格鲁吉亚法院对在外国定居的格鲁吉亚国民本无管辖权，但如果无法在外国提起诉讼，或者根据案件的整体情况来看，在外国进行诉讼显得不合理，则可由其在格鲁吉亚境内的最后住所地或者经常居所地法院管辖。

第 18 条　［有关国际管辖权的协议］

1. 即使格鲁吉亚法院依照本法第 8 条、第 9 条和第 10 条规定无管辖权，但当事人仍可协议由格鲁吉亚法院行使国际管辖权。此种协议必须依照如下规定订立：

(1)采用书面形式或者具有书面确认的口头形式；或者

(2)在国际商事交往中以符合国际商事惯例的形式订立，而这些国际商事惯例为双方当事人所熟悉或者对他们来说应当熟悉；

2. 如果被告不提出无管辖权的抗辩，而是出庭应诉，那么在下列情形下，受诉的格鲁吉亚法院具有国际管辖权：

(1)被告由律师代理出庭；或者

(2)法官已告知其具有提出无管辖权抗辩的机会，并且此种告知已被载入审理记录。

3. 如果一方当事人的住所地、所在地或者经常居所在外国，那么双方当事人可以协议由外国法院行使国际管辖权。第 1 款第 2 句相应适用。

4. 对于第 10 条至第 16 条所指的诉讼，协议管辖无效；此类诉讼不适用第 2 款规定。

第 19 条　［外国的未决诉讼］

1. 相同当事人之间就同一请求权提起的诉讼在外国悬而未决时，如果认为外国法院在合理期限内不会作出能在格鲁吉亚得以承认的判决，则格鲁吉亚法院可继续诉讼程序。

2. 一旦一项外国判决已被递交格鲁吉亚法院，且该判决可在格鲁吉亚得以承认，则格鲁吉亚法院应驳回起诉。

第 20 条　[临时的诉讼保全措施]

在请求临时保全的诉讼中，如果保全措施应在格鲁吉亚执行或者格鲁吉亚法院对主体事项具有国际管辖权，则格鲁吉亚法院对该诉讼具有国际管辖权。

第三章　人

第 21 条　[法律面前权利平等]

在同等条件下，外国自然人、法人以及无国籍人在格鲁吉亚与本国人一样具有权利能力和行为能力。但在无互惠的情形下允许有例外，这种例外须由法律作出明确规定。

第 22 条　[属人法]

1. 如果被指引的是一个人的国籍国法律，而该人又具有多个国籍时，则适用与该人具有最密切联系的国籍国法律，这种最密切联系尤其体现为其经常居所或者业务活动重心地。

2. 如果一个自然人为无国籍人或者其国籍不明，就其而言，应适用其经常居所地国法律。没有经常居所的，适用格鲁吉亚法律。

第 23 条　[自然人的权利能力和行为能力]

1. 自然人的权利能力和行为能力，适用其国籍国法律。该规定也适用于行为能力因结婚而得以扩展的情形。

2. 曾取得的权利能力和行为能力不因获得或丧失作为格鲁吉亚人的法律地位而受影响。

第 24 条　[法人的权利能力和行为能力]

法人的权利能力和行为能力，适用法人的实际管理总部所在地国法律。该规定也相应适用于分支机构。

第 25 条　[宣告失踪与宣告死亡]

1. 宣告失踪与宣告死亡，适用失踪者或者被宣告死亡者在有其最后生存音讯时的国籍国法律。对于无国籍人，适用其经常居所地国法律；没有经常居所的，适用格鲁吉亚法律。

2. 如果失踪者或者被宣告死亡者在案件审理时为外国国民，并且格鲁吉亚对宣告失踪与宣告死亡具有合法利益，同样可以依照格鲁吉亚法律被宣告失踪或者死亡。

第 26 条　[姓名]

1. 自然人的姓名，适用其国籍国法律。

2. 法人的名称或商号适用其实际管理总部所在地国法律。分支机构的名称，同样适用该规定。

第四章　法律行为

第 27 条　[效力]

1. 法律行为的成立和效力或者法律行为的具体规定，依照假设该法律行为或规定有效时应适用的法律确定。

2. 如果情况表明，根据本条第 1 款所指的法律来确定一个人在缔约谈判时的行为的效力显失公平，则该人可援引其经常居所地国法律来主张其对合同未表示同意。

第 28 条　[代理]

无协议时，法律行为上的代理的准据法依照代理人的营业地国法律确定；无营业地时，依照其经常居所地国法律确定。假如与代理人的行为实施地国存在更密切联系，尤其是被代理人或第三人也在该国具有营业地，或者无营业地而在该国有经常居所时，则适用代理人的行为实施地国法律。

第 29 条　[形式]

1. 法律行为的形式有效性，依照适用于法律行为标的本身的准据法所属国法律确定。如果订立合同的双方当事人位于不同国家，只要合同满足其中一国法律所规定的形式要求，则在形式上为有效。

2. 如果合同系由代理人订立，则在适用第 1 款时以代理人所在国为准。

3. 以不动产上的权利或者不动产使用权为标的之合同，如果根据不动产所在地国法律，不论合同缔结地和合同准据法为何，均应适用该国的强制性形式规定，则适用该强制性形式规定。

4. 据以在物上设立权利或据以享有此种权利的法律行为，只有在满足构成该法律行为的标的之法律关系的准据法所规定的形式要求时，方在形式上为有效。

第 30 条　[时效]

请求权的时效，依照该请求权本身的准据法所属国的法律确定。

第 31 条　[对善意人的保护]

1. 如果订立合同的双方当事人位于同一国家境内，那么根据该国的实体法规定没有权利能力和行为能力的自然人，只有在另一方当事人于订立合同时知晓或应当知晓其无权利能力和行为能力时，方能根据另一国家的实体法规定援引其无权利能力和行为能力。

2. 法人参与订立合同的，如果另一方合同当事人的营业地或者经常居所地国法律中没有关于法人机构或代表的代理权限制，并且该另一方当事人对此不知晓或应当不知晓时，该法人不得援引此类限制。

第五章　物权

第 32 条　[物权]

1. 物权的成立、变更、转让和消灭，适用该物之所在地国法律。即使依照本法的其他指引条款和冲突规范应以另一国家的法律为准，但物之所在地国的物权法规定也应予以适用。

2. 如果已在物上设立了权利，当该物进入另一国境内时，则该权利的效力适用该物之进入国法律。

第 33 条　[交通工具、运输中的物]

1. 航空器、水上和铁路交通工具上的权利，适用来源国法律。

2. 运输中的物的权利，适用目的地法律。

第 34 条　[无形财产权]

无形财产权，适用无形财产的使用地国法律。

第六章　债权

第 35 条　[法律选择]

1. 合同关系中权利和义务的确定，特别是解释、履行、消灭以及合同无效和违约的后果，包括违反缔约前或缔约后给付义务的后果，适用当事人所选择的法律。

2. 在订立合同后可以变更法律选择，但不得损害他人权利。

3. 如果法律选择导致与合同有排他性联系的国家的强行规范得不到适用，则该法律选择无效。

第 36 条　[未进行法律选择]

1. 未协议选择适用于合同的法律时，合同适用与其有最密切联系的国家的法律。实施特征性履行行为的一方当事人在订立合同时的经常居所地国或者实际管理总部所在地国，推定为与合同有最密切联系的国家。

2. 以不动产上的权利或者以使用不动产的权利为标的之合同，推定与不动产所在地国有最密切联系。

3. 货物运输合同，推定与承运人在订立合同时的实际管理总部所在地的国家有最密切联系，前提是装运地、卸载地或者发运人的主要营业所所在地也在该国境内。否则，适用本条第 1 款规定。

4. 保险合同，推定与所承保风险的重心所在地国有最密切联系。

第 37 条　[债权转让]

1. 对于债权转让，原债权人和新债权人之间的权利义务关系以调整他们之间的合同的法律为准。

2. 适用于所转让的债权的法律，决定债权的可转让性以及债务人对原债权人及新债权人的权利义务。

第 38 条　[强制性的社会保障规范]

当事人之间的法律选择，如果其致使为保护消费者与雇员不受歧视而制定的强制性规范不被适用，则归于无效。该规定尤其适用于有关提供动产的合同、融资合同、劳务或服务合同，前提是这些合同系在受保护者的经常居所地国或者保护性条款施行地国谈判或订立。

第 39 条　[共有权]

共有人对共有权利提出的请求权，适用该权利的成立地国法律。

第 40 条　[无因管理]

1. 因管理他人事务而产生的请求权，适用该行为的实施地国法律。

2. 因在公海上实施救助而产生的请求权，适用需要救助的船舶的船籍国法律。

3. 因清偿他人债务而产生的请求权，适用支配该项债务的法律。

第 41 条　[不当得利]

1. 因履行给付而产生的不当得利请求权，适用与给付行为有关的法律关系的准据法。

2. 因侵犯他人权利而产生的不当得利请求权，适用侵害发生地国法律。

3. 在其他情形下，因不当得利而产生的请求权，适用不当得利发生地国法律。

第 42 条　[侵权]

1. 损害赔偿责任适用：

(1)对受害人更有利的法律；

(2)据以产生赔偿责任的事件发生地国法律；

(3)受保护的利益被损害地国法律。

2. 取代第 1 款所指法律而应予以适用的是：

(1)赔偿责任人和受害人在损害事件发生时的经常居所地国法律；

(2)对于因不正当竞争而产生的请求权，适用受竞争措施影响的市场所在地国法律，但损害仅仅或者主要与某特定竞争参与者的商业利益有关的情况除外。

3. 如果适用于赔偿责任的法律或者保险合同的准据法有规定，受害人可直接向赔偿责任人的保险人主张请求权。

第 43 条　[法定债务关系的法律选择]

法定债务关系据以产生的事件发生后，当事人可以选择调整该债务关系的法律，但不得影响第三人的权利。

第七章　家庭法

第 44 条　[结婚]

1. 结婚的条件，适用各方的国籍国法律。

2. 不具备上述条件，并且已订婚一方在格鲁吉亚境内有经常居所的，在下列情形下，适用格鲁吉亚法律：

(1)与格鲁吉亚风俗习惯相比，适用外国法将更限制婚姻自由的；

(2)已订婚一方以前的婚姻构成了重新结婚的障碍；

(3)以前的婚姻已经被格鲁吉亚作出的或被格鲁吉亚承认的判决所解除；

(4)已订婚者的前配偶已被宣告死亡。

3. 婚姻的形式有效性，依照婚姻缔结地国法律。已订婚者一方不是格鲁吉亚国民的，也可在格鲁吉亚按照该人的国籍国法律所规定的形式结婚。

第 45 条　[婚姻的效力]

1. 婚姻的一般效力，适用：

(1)夫妻双方的国籍国法或者婚姻存续期间最后的国籍国法律，否则

(2)夫妻双方的经常居所地国法律或者婚姻存续期间最后的经常居所地国法律，并辅助性地适用

(3)与夫妻双方以其他方式共同有最密切联系的国家的法律。

2. 如果夫妻双方没有对婚姻财产关系选择应适用的法律，则第 1 款规定也适用于婚姻财产关系。这种法律选择是有效的，如果确定婚姻财产关系的法律是：

(1)夫妻一方的国籍国法律；

（2）夫妻一方的经常居所地国法律；或者

（3）不动产所在地法律。

3. 难民也可以选择其新的共同居所地国法律用以调整其婚姻财产关系。

4. 法律选择必须公证。

第 46 条　[对善意第三人的保护]

夫妻之间的财产关系应适用外国法的，则只有在第三人知晓或应当知晓适用外国法时，才能依照该外国法就法律行为的有效性问题向该第三人提出抗辩。

第 47 条　[解除婚姻]

1. 婚姻的解除，依照适用于婚姻的一般效力的法律确定。

2. 依照外国法不能离婚的，如果提出离婚请求的夫妻一方为格鲁吉亚国民或者在结婚时是格鲁吉亚国民，则离婚适用格鲁吉亚法律。

第 48 条　[扶养]

1. 扶养义务，适用扶养权利人的经常居所地国的实体法规定。如果扶养权利人依照该法律不能从扶养义务人得到扶养，则适用其共同国籍国的实体法规定。如果扶养权利人依照这两种法律仍不能从扶养义务人得到扶养，则适用格鲁吉亚法律。

2. 对于旁系亲属之间的扶养义务，扶养义务人可以根据其与扶养权利人的共同国籍国的实体法规定对扶养权利人的请求提出抗辩；或者无共同国籍国时，依照扶养义务人的经常居所地国的实体法规定提出抗辩。

3. 如果格鲁吉亚已经作出或者承认了一项离婚判决，则对于已离异的夫妻双方之间的扶养义务适用离婚的准据法。该规定也适用于解除婚姻的其他形式以及夫妻之间的分居问题。

4. 如果扶养权利人和义务人均为格鲁吉亚国民并且义务人的经常居所在格鲁吉亚境内，则适用格鲁吉亚法律。

5. 适用于扶养义务的法律尤其确定下列事项：

（1）扶养权利人能否、在什么范围内请求扶养以及请求谁扶养；

（2）谁有权提起扶养之诉及诉讼时效；

（3）扶养义务人向公共机构履行偿还义务的范围。

6. 在估算扶养金额时，即使应适用的法律另有规定，也应考虑扶养权利人的需要和扶养义务人的经济状况。

第 49 条　[父母和子女之间的关系]

父母与子女之间的人身关系和财产关系，包括父母照料问题，适用子女的经常居所地国法律。从保护子女的利益出发，子女的国籍国法律也应予以适用。

第 50 条　[出身]

1. 亲子的出身，适用子女的经常居所地国法律。在与父母任何一方的关系上，出身也可适用该父母一方的国籍国法律认定。母亲已婚的，也可适用子女出生时依照第 45 条规定调整婚姻一般效力的国家法律；如果此前已因死亡解除婚姻，则以婚姻解除时的法律为准。

2. 父母双方彼此间未结婚的，则父亲对母亲因怀孕而产生的义务，适用该母亲的经常居所地国法律。

第 51 条　[对出身的异议]

在符合法律规定的条件时，可依照该法律对子女的出身提出异议。此外，不管怎样，子女一方可依照其经常居所地国法律对子女出身的认定提出异议。

第 52 条　[收养]

收养，适用收养人在进行收养时的国籍国法律。由夫妻一方或者双方进行的收养，适用依法支配婚姻一般效力的法律。

第 53 条　[同意]

子女以及将与该子女产生或据以建立亲属关系的人对于出身声明、命名、准正、收养的同意的必要性及其作出，附加适用该子女的国籍国法律。从有利于子女的健康出发，必要时可以代之以适用格鲁吉亚法律。

第 54 条　[监护与保佐]

1. 监护、保佐以及其他形式的人身照料措施的设立、内容、变更与终止，适用被监护人或者被保佐人的国籍国法律。对于外国国民或者居留于格鲁吉亚的难民，可依照格鲁吉亚法律为其指定监护人、保佐人或其他保护人。

2. 有必要采取照顾措施但不确定谁是该事件的参与人，或者参与人位于另一国家时，则适用对被监护人或者被保佐人最有利的法律。

3. 监护、保佐或者其他的临时照顾措施，适用作出此项指定的国家的法律。

第八章　继承法

第 55 条　[继承关系]

继承关系，由被继承人死亡时的国籍国法律调整。对于无国籍人，则以其最后的经常居所地国法律为准；没有经常居所地的，适用格鲁吉亚法律。

第 56 条 [遗嘱的形式]

遗嘱符合下列任何一个国家法律所规定的形式要求的，在形式上视为有效：

(1)被继承人死亡时的国籍国；

(2)被继承人死亡时的经常居所地国；

(3)遗嘱所处分的不动产所在地国。

第九章 程序法规范

第 57 条 [原则]

在民事诉讼程序中，外国国民、法人以及无国籍人在格鲁吉亚境内享有与格鲁吉亚国民和法人同等的法律保护。

第 58 条 [诉讼担保]

1. 原告为其他国家的国民、法人或者为无国籍人，并且其住所、居所或者所在地不在格鲁吉亚境内时，法院可基于被告的申请责令原告在规定的期限内履行适当的诉讼费用担保义务。

2. 在下列情形下，不必履行担保义务：

(1)原告的国籍国不要求格鲁吉亚国民或法人提供担保的；

(2)被告不能说明他对要求提供诉讼担保具有正当利益理由的。

3. 法院在审理案件时已告知被告具有请求原告提供诉讼费用担保的权利时，被告必须最迟于口头审理前提出要原告提供诉讼费用担保的申请。

4. 对于被告的诉讼费用担保请求，由法院以命令的形式作出裁决。期限届满后，如果原告在作出判决前仍不提供担保，则可基于被告的请求以裁定的形式驳回起诉。

第 59 条 [外交使团成员]

驻格鲁吉亚的外交使团成员、其家庭成员以及使团的雇员，根据 1961 年 4 月 18 日《关于外交关系的维也纳公约》规定，在格鲁吉亚享有司法管辖豁免权。即使其派遣国不是该公约的缔约国，也适用该规定。

第 60 条 [领事代表的成员]

驻格鲁吉亚的领事代表成员，包括选任的领事官员，根据 1963 年 4 月 24 日《关于领事关系的维也纳公约》的规定，在格鲁吉亚享有司法管辖豁免权。即使其派遣国不是该公约的缔约国，也适用该规定。

第 61 条 [其他治外法权]

1. 格鲁吉亚的司法管辖权不扩及其他国家的代表及其因官方邀请而居留

于格鲁吉亚的陪同人员。

2. 此外，格鲁吉亚的司法管辖权也不扩及根据国际公法的一般规则或者其他法律规定而享有司法豁免权的其他人员。

第 62 条　[请求司法协助]

1. 如果为查明案情、认定事实、送达司法文书或者出于其他原因而有必要在格鲁吉亚境外实施司法行为，则可向其他国家的主管机关请求司法协助。

2. 如果必要的司法行为由格鲁吉亚的外交或领事代表实施，则应向该外交或领事代表提出请求。

3. 司法协助请求应载明请求司法协助的案件名称、请求对象以及为实施司法协助所必需的信息资料。

第 63 条　[提供司法协助]

1. 格鲁吉亚法院应外国法院的请求给予司法协助。

2. 其他国家法院所提出的有关实施具体诉讼行为的司法协助请求，根据格鲁吉亚法律的规定予以处理。

3. 如果司法协助请求未采用格鲁吉亚语作成或者未附具格鲁吉亚语译本，则该司法协助请求的处理，要以为其利益而实施诉讼行为的那方当事人预付制作经认证的格鲁吉亚语译本所需的费用为条件。

4. 在不违背格鲁吉亚法律原则的范围内，可根据寻求司法协助的法院的请求，适用其他国家的诉讼法规定。

第 64 条　[拒绝司法协助]

在下列情况下，拒绝予以司法协助：

(1)对司法协助请求的处理违背格鲁吉亚法律的基本原则；

(2)格鲁吉亚法院对于应实施的司法协助行为无管辖权。

第 65 条　[向其他国家送达文书]

1. 向其他国家送达文书，应根据有关司法协助的规定。

2. 送达应由接收机关的确认函予以证明。

3. 如果应在其他国家送达，但不能根据有关司法协助的规定进行，可通过附具回执的挂号信方式将应送达的文书送达给对方。根据国际邮政规定，将文书交付邮寄的时刻视为送达时间。

第 66 条　[对送达全权代表的指定]

1. 如果一方当事人的住所、居所或者所在地位于格鲁吉亚境外，而且其代理人的住所也不在格鲁吉亚境内，则由法院以命令的形式责令其在适当的期限内指定一名住所在格鲁吉亚境内的人作为送达全权代表。

2. 当事人在该期限内不指定送达全权代表的，则在将文书交付邮局后一个月内所有以挂号信方式进行的送达视为已送达，即使无送达证明亦然。

3. 在第 1 款所指命令中，应告知当事人根据第 2 款规定将发生的后果。

第 67 条 ［在格鲁吉亚境内送达外国文书］

1. 应其他国家法院的请求，文书的送达应根据有关司法协助的规定进行。

2. 如果待送达的文书不是用格鲁吉亚语作成，也未附具经认证的格鲁吉亚语译本，接收人可拒绝接受该文书。此时，应将该请求退回请求送达的法院，并说明拒绝接受。接收人应被告知其有拒绝接受文书的权利。

第 68 条 ［对外国判决的承认］

1. 其他国家法院作出的具有法律上确定效力的判决，在格鲁吉亚得以承认。

2. 在下列情形下，拒绝予以承认：

（1）案件属于格鲁吉亚法院专属管辖范围的；

（2）败诉的当事人由于未被送达传票或者其他违反诉讼法的行为而未能在法庭上行使陈述权的；

（3）格鲁吉亚法院已就相同当事人之间的同一诉求作出了具有法律上确定效力的判决或者外国法院就双方当事人之间的同一诉求作出的具有法律上确定效力的判决已被承认的；

（4）根据格鲁吉亚法律，判决作出国法院对案件没有管辖权的；

（5）不存在互惠关系的；

（6）格鲁吉亚法院正在受理相同当事人之间因同一理由提出的诉讼请求的；

（7）法院判决违背格鲁吉亚法律的基本原则的。

3. 如果外国判决不涉及财产法上的请求权，并且格鲁吉亚法院根据格鲁吉亚法律无管辖权，则本条第 2 款第 5 项规定不妨碍对该判决的承认。

4. 如果格鲁吉亚法院正在受理本条第 2 款第 6 项所指的有关相同当事人之间的法律争议，则可仅在该法律争议审结后对是否承认外国判决作出裁决。

5. 对外国判决的承认，由格鲁吉亚最高法院裁决。

第 69 条 ［对婚姻事项所作判决的承认］

1. 如果夫妻双方在作出判决时均为作出裁决的机关所属国国民，则该裁决不需要承认。

2. 格鲁吉亚最高法院作出的承认外国判决的宣告具有普遍约束力。

第 70 条 ［外国判决的执行］

1. 其他国家法院作出的民事或劳工判决如果具有执行力，则予以执行。

2. 基于有利害关系的一方当事人（债权人）的请求，作出具有可执行性的宣告。

3. 对前述请求的裁决，由格鲁吉亚最高法院管辖。

第71条 ［执行程序］

1. 执行判决的请求书应附上法院判决的副本及同样经认证的格鲁吉亚语译本。如果请求书未予以说明，法院判决还应含有判决在法律上的确定力以及执行判决的必要性之证明。

2. 在请求程序中，只能审查是否满足第68条规定的条件。

3. 如果债权人和债务人均未请求口头审理，则可不进行口头审理。在送达申请时，应告知债务人有陈述意见的权利。同时应向债务人指出，仅在其要求口头审理时才进行口头审理。

4. 对于请求执行外国法院判决的请求，由法院作出裁定。

第72条 ［法院和解和公共文书］

1. 由外国作成的并且根据该国法律具有执行力的法院和解书以及公共文书，可按照第70条和第71条规定的程序请求予以执行。

2. 如果准许该项执行将违背格鲁吉亚法律的基本原则，则可拒绝该申请。

第73条 ［上诉］

对一审法院根据本章规定作出的命令或裁决不服的，可依法提起上诉。

第十章 最后条款

第74条 ［生效］

本法自1998年10月1日起施行。

委内瑞拉共和国 1998 年
《关于国际私法的法律》*

第一章　总则

第 1 条　与外国法律体系有关的案件，由与争讼有关的国际公法规范，尤其是对委内瑞拉生效的国际条约中所制定的规范调整；否则适用委内瑞拉国际私法的规定；无此种规定时，采用类推法；无类推法的，适用普遍承认的国际私法原则。

第 2 条　所指引的外国法，应根据各该外国的主导原则予以适用，以保证委内瑞拉冲突规范所追求的目标得以实现。

第 3 条　如果所指引的外国法同时存在数个法律体系，则数个法律体系间产生的法律冲突，依照该外国法中的现行原则予以解决。

第 4 条　如果所指引的外国法声称应适用某第三国法律，且该第三国法律声称自己应予适用，则该第三国的实体法必须得以适用。

如果所指引的外国法声称适用委内瑞拉法，则须适用委内瑞拉实体法。

上述两款未作规定之情形，则适用委内瑞拉冲突规范所指引的某国实体法。

第 5 条　依照根据国际许可标准视为准据法的某外国法律所创设的法律状态，可在本共和国境内生效，但是其违背委内瑞拉冲突规范的目的，或者委内瑞拉法律直接适用于该争讼，或者其明显与委内瑞拉公共秩序的基本原则相抵

* 委内瑞拉共和国《关于国际私法的法律》公布于 1998 年 8 月 6 日第 36511 号《委内瑞拉共和国官方公报》，自 1999 年 4 月 6 日起生效。本法官方文本为西班牙文，因不谙熟西班牙语，因此本法主要根据英文译本［资料来源：*Yearbook of Private International Law* (1999)，pp. 341-352］以及 Jürgen Samtleben 的德文译本［资料来源：Jan Kropholler，Hilmar Krüger，Wolfgang Riering，Jürgen Samtleben，Kurt Siehr（Hrsg.），*Außereuropäische IPR-Gesetze*，1999，S. 958-995.］翻译，并由韩德培先生(1911—2009)校对。本译文原载于《中国国际私法与比较法年刊》第四卷(2001)，法律出版社 2001 年版，第 718～728 页。此处略有修订。——译者注

触时除外。

第 6 条　可能随主要问题出现的预先问题、先决问题或者附带问题，不必依调整主要问题的法律解决。

第 7 条　所指引的用以调整同一法律关系不同方面的多种法律应协调适用，以力求实现各法律之目标。

因同时适用多种法律可能出现的困难，应考虑个案具体情况予以合理解决。

第 8 条　依照本法本应适用的外国法规定，仅在其适用的结果将明显与委内瑞拉公共秩序的基本原则相抵触时方予以排除适用。

第 9 条　如果应适用于案件的外国法，为使自己得以充分适用而规定了为委内瑞拉法律体系所未有的必要制度或程序，只要委内瑞拉法中无类似制度或程序，则可拒绝适用该外国法。

第 10 条　不论本法有何规定，委内瑞拉法律中所制定的用于调整与多个法律体系有关的案件的强制性规定应得以适用。

第二章　住所

第 11 条　自然人的住所，位于其经常居所地国境内。

第 12 条　如果已婚妇女已依照前条规定取得住所，则其拥有独立于其丈夫的个人住所。

第 13 条　处于亲权、监护或者保佐下的未成年人和无行为能力人的住所，位于其经常居所地国境内。

第 14 条　如果某国境内的经常居所是由于国内、外国或国际公共机构所赋职能引起的排他性结果，则其不产生前述各条款所规定的效力。

第 15 条　只要本法涉及自然人住所，并且一般而言，如果该住所构成确定应适用的法律或者法院裁判权的依据，则适用本章规定。

第三章　人

第 16 条　人的存活、民事地位及行为能力，适用其住所地法律。

第 17 条　已取得的行为能力，不受住所变更的限制。

第 18 条　依照前述规定为无行为能力的人，只要调整行为内容的法律认为其有行为能力，则其行为有效。

第 19 条　住所地法中基于种族、国籍、宗教或者阶级的差异而对行为能力所作的限制，在委内瑞拉无效。

第 20 条　私法性法人的成立、行为能力、运作及解散，适用其设立地法律。

法人设立地，系指满足设立上述法人的形式和实质要件的所在地。

第四章　家庭

第 21 条　结婚能力及婚姻的实质要件，对拟结婚的各方而言，适用其各自的住所地法律。

第 22 条　婚姻的人身与财产效力，适用夫妻双方的共同住所地法律。其住所地不一致时，适用最后的共同住所地法律。

依照指定的外国法为有效而旨在对共和国境内的不动产产生对抗善意第三人效力的婚约，得以随时在委内瑞拉注册主管机关登记。

第 23 条　离婚或别居，适用提起诉讼的夫妻一方的住所地法律。

提起诉讼的夫妻一方的住所变更，仅于其旨在设立经常居所而进入一国境内满一年后，方为有效。

第 24 条　亲子关系的确立以及父母与子女之间的关系，适用子女的住所地法律。

第 25 条　收养有效性的实质要件，适用收养人与被收养人各自的住所地法律。

第 26 条　监护及其他保护无行为能力人的制度，适用无行为能力人的住所地法律。

第五章　财产

第 27 条　财产物权的设立、内容及范围，适用财产所在地法律。

第 28 条　动产的转移不影响已依照前法规定有效取得的权利。但是，此种权利仅在其满足新所在地法规定的要件时方有对抗第三人的效力。

第六章　债务

第 29 条　合同之债，适用当事人所选择的法律。

第 30 条　未进行有效法律选择时，合同之债适用与其有最直接联系的法律。为确定该法律，法院须考虑合同中的所有主、客观因素。此外，法院须考虑被国际组织认可的国际商法普遍原则。

第 31 条　除前述各条规定外，为在个案审理中实现公正、合理之目的，必要时可适用国际商法的规定、习惯、原则及普遍接受的商业惯例与实践。

第 32 条　侵权行为适用侵权结果发生地法律。但受害人得要求适用侵权原因发生地国法律。

第 33 条　无因管理、错债清偿及不当得利，适用引起债务的事件发生地法律。

第七章　继承

第 34 条　继承，适用被继承人的住所地法律。

第 35 条　被继承人的晚辈、前辈及未进行法定财产分割的幸存配偶，可对位于本共和国境内的遗产行使委内瑞拉法律所赋予的法定继承权。

第 36 条　依照准据法遗产归属国家或无继承人或者继承人不明时，本共和国境内的财产转归委内瑞拉国家所有。

第八章　行为形式与证明

第 37 条　满足下列任一法律体系所规定要件的法律行为，在形式上有效：
(1)行为实施地法律；
(2)调整行为内容的法律；或者
(3)行为发起人住所地法或多个发起人的共同住所地法律。

第 38 条　证据、证据效力及举证责任的分担，适用调整相应法律关系的法律，但不得妨碍诉讼程序中遵守受诉法院或官员所在地的法律。

第九章　裁判权与管辖权

第 39 条　除法律授予委内瑞拉法院对定居国内者提起的诉讼享有裁判管辖权外，本共和国法院在本法第 40 条、第 41 条情况下对定居外国者提起的诉讼亦享有裁判管辖权。

第 40 条　下列情形，对于因财产权益而提起的诉讼，委内瑞拉法院享有裁判管辖权：

（1）该诉讼涉及本共和国境内的动产与不动产的处分或占有的；

（2）该诉讼涉及应在本共和国境内履行的债务，或因在前述领域签订的合同或发生的事件而引起的债务的；

（3）被告本人在本共和国境内已被传讯的；

（4）各方当事人均明示或默示地服从委内瑞拉法院的裁判管辖的。

第41条　下列情形，对于因涉及财产整体而提起的诉讼，委内瑞拉法院享有裁判管辖权：

（1）依照本法规定，该争讼的实体问题应适用委内瑞拉法律的；

（2）构成某一财产整体不可分割的部分的财产位于共和国境内的。

第42条　下列情形，对于有关民事地位或家庭关系的诉讼，委内瑞拉法院享有裁判管辖权：

（1）如果依照本法规定，该争讼的实体问题应适用委内瑞拉法律的；

（2）各方当事人均明示或默示服从委内瑞拉法院的裁判管辖，并且该争讼与本共和国领域有实际联系的。

第43条　委内瑞拉法院即使对审理争讼的实体问题无裁判管辖权，但仍有权采取临时措施以保护位于本共和国境内的个人。

第44条　明示服从管辖应以书面形式作出。

第45条　默示服从管辖，对原告可因提起诉讼的事实而产生，对被告则可因他在诉讼中不提起无管辖权的抗辩或反对某预防措施，而亲自或者通过全权代表实施任何其他行为的事实产生。

第46条　对于有关不动产物权的设立、变更或消灭的诉讼，服从管辖无效，除非此种服从得到不动产所在地法律的许可。

第47条　委内瑞拉法院依照上述规定享有的裁判管辖权，就那些涉及本共和国境内的不动产物权的争讼，或涉及不得和解的事项或委内瑞拉公共秩序的基本原则问题而言，不得因有利于外国法院或在国外主持程序的仲裁员的协议而受损抑。

第48条　如果委内瑞拉法院依照本章规定享有裁判管辖权，国内各法院的属地管辖权，依照本法第49条、第50条和第51条规定确定。

第49条　对于有关财产权益的诉讼，有权作出裁判的法院为：

（1）诉讼涉及本共和国境内的动产或者不动产的处分或占有的，则为该财产所在地法院；

（2）诉讼涉及应在本共和国境内履行的债务的，或该债务因在前述领域签订的合同或者发生的事件而引起，则为债务履行地、合同缔结地或者事件发生地法院；

（3）被告人在本共和国境内已被传讯的，则为作出传讯地法院；

（4）各方当事人以通常方式明确表示服从本共和国法院裁判的，则为依照前三项规定享有管辖权的法院，否则为本共和国首都法院。

第 50 条　对于因涉及财产整体而提起的诉讼，有权作出裁判的法院为：

（1）依照本法规定，该争讼的实体问题应适用委内瑞拉法律的，则为据以适用委内瑞拉法律的当事人住所地法院；

（2）构成某一财产整体不可分割部分的财产位于本共和国境内的，则为该财产整体中位于本共和国境内的绝大部分财产所在地法院。

第 51 条　对于有关个人民事地位或者家庭关系的诉讼，有权作出裁判的法院为：

（1）依照本法规定，该争讼的实体问题应适用委内瑞拉法律的，则为据以适用委内瑞拉法律的当事人住所地法院；

（2）各方当事人明示或默示地服从委内瑞拉法院的裁判管辖的，则为该争讼据以与本共和国领域产生联系的所在地法院。

第 52 条　第 49 条、第 50 条和第 51 条的规定，不得排除其他法院依共和国其他法律所享有的管辖权。

第十章　外国判决的效力

第 53 条　满足下列要件的外国判决，在委内瑞拉有效：

（1）判决系对民商事或者具有私法关系的一般事项所作裁判的；

（2）依照判决作出地国法律，该判决具有法律效力的；

（3）该判决未涉及共和国境内的不动产物权，或者委内瑞拉法院审理案件的专属管辖权未被排除的；

（4）依照本法第九章所规定的一般裁判管辖权原则，判决作出国法院须对争讼享有裁判管辖权的；

（5）被告已被依法传唤，并有充足时间出庭，并且在程序上被保证享有合理辩护机会的；

（6）该判决不与已有法律效力的前判决相抵触；且在该外国判决作出之前，相同当事人未就同一事项向委内瑞拉法院提起诉讼的。

第 54 条　如果外国判决不能全部生效，则允许其部分有效。

第 55 条　为执行某外国判决，得根据法定程序进行事先审查，经审查满足本法第 53 条规定的要件后，方可宣布予以执行。

第十一章　诉讼程序

第 56 条　诉讼程序的管辖权及形式，依照受理诉讼官员（所属国）的法律确定。

第 57 条　当委内瑞拉法官相对于外国法官缺乏裁判管辖权时，可以依职权或者应当事人的请求，在诉讼的任何阶段或审级予以宣告。

请求审查裁判管辖权时应推迟诉讼程序，直至作出相应决定。

委内瑞拉法院的裁判管辖权得到肯定后，争讼从要求作出决定的阶段继续进行；认定委内瑞拉法院无裁判管辖权的决定，须呈报最高法院政治与行政院审查，并为此目的立即将卷宗移送该院，如果这项决定得到确认，则整理归档，终止争讼。

第 58 条　不得因外国法官受理相同争讼或与之有关联的争讼致使诉讼未决而排除委内瑞拉法院的专属裁判管辖权。

第 59 条　本共和国法院得以通过司法协助申请与司法协助委托请求外国主管机关代为送达传票、提取证据或实施其他为保证诉讼程序顺利进行所必需的司法行为。同样，本共和国法院须尽快依有关该事项的国际法原则执行外国法院的司法协助申请或司法协助委托。

第 60 条　外国法律应依职权予以适用。各方当事人得以提供与应适用的外国法有关的信息，法院与主管机关可发布旨在更好知晓该法律的命令。

第 61 条　允许行使法律规定的上诉权，该权利的行使不受作出不许上诉裁决时已适用的法律限制。

第 62 条　除本法第 47 条规定外，有关国际商事仲裁的所有事项，依照调整该事项的特别规定。

第十二章　最后条款

第 63 条　所有调整受本法调整事项的法律规定予以废止。

第 64 条　本法于《委内瑞拉共和国官方公报》公布六个月后开始生效。

斯洛文尼亚共和国 1999 年 《关于国际私法与国际程序的法律》*

（2008 年修订文本）

第一章 总则

第 1 条

1. 本法包括确定含有国际因素的人身关系、家庭关系、劳动关系、社会关系、财产关系及其他民事法律关系准据法的规则。

2. 本法亦包括关于斯洛文尼亚共和国法院与其他机关审理本条第 1 款所指关系的管辖权规则、程序规则以及承认及执行外国法院判决与仲裁裁决及其他机关决定的规则。

第 2 条

1. 如果案件所有情况均表明，上述关系与本法所指引的法律无任何重要联系而与另一国法律有实质性更密切联系，则作为例外，不适用本法所指引的法律。

2. 如果当事人选择了法律，则不适用前款规定。

第 3 条 本法对法律适用未做规定的，参照适用本法的规定与原则、斯洛文尼亚共和国法律制度原则及国际私法原则。

第 4 条 本法不适用于受其他法律或者国际条约调整的关系。

第 5 条 本法所指引的法律，如果其适用的结果与斯洛文尼亚共和国的公共秩序相抵触，则不予适用。

---

* 斯洛文尼亚共和国《关于国际私法与国际程序的法律》于 1999 年 7 月 8 日通过，公布于第 56/1999 号《斯洛文尼亚共和国官方公报》，自 1999 年 7 月 28 日起施行，2008 年《仲裁法》对有关条款进行了修订。本法根据 Claudia Rudolf 博士的德文译本（资料来源：IPRax 2003, Heft 2, S. 163-174）翻译，官方文本为斯洛文尼亚文。本译文原载于《中国国际私法与比较法年刊》第六卷（2003），法律出版社 2003 年版，第 585～612 页。此处略有修订。——译者注

第 6 条

1. 如果依照本法应适用外国法，则须考虑该外国关于确定准据法的规则。

2. 外国确定准据法的规则反致斯洛文尼亚共和国法律的，适用斯洛文尼亚共和国法律，无需考虑斯洛文尼亚共和国确定准据法的指引规则。

3. 如果当事人有权选择法律，不适用本条第 1 款与第 2 款规定。

第 7 条 法律行为，就其形式而言，只要其满足行为完成地法律、行为实施地法律或者调整该法律行为内容的法律的规定，则为有效，但法律另有规定的除外。

第 8 条 时效，依照调整法律行为内容的法律确定。

第 9 条

1. 如果应适用法律制度不统一国家的法律，而本法规定又未指向该国特定法域的，则依照该国法律的规定确定适用哪一法域的法律。

2. 如果应适用的法律制度不统一国家的准据法不能依照本条第 1 款规定的方式确定，则适用该国与(法律)关系有最密切联系的法域的法律。

第 10 条

1. 斯洛文尼亚共和国国民亦有另一国国籍的，在适用本法上，仅认为其具有斯洛文尼亚共和国国籍。

2. 非斯洛文尼亚共和国国民者，如果具有两个或者多个外国国籍，在适用本法上，视其具有他作为国民并有住所的那个国家的国籍。

3. 本条第 2 款所指的人在所有国籍国均无住所的，在适用本法上，视其具有作为国民并与之有最密切联系的国家的国籍。

第 11 条

1. 对无国籍人或者国籍不能确定者，适用其住所地法律。

2. 本条第 1 款所指的人无住所或者住所不能确定的，适用其居所地法律。

3. 如果第 1 款所指的人的居所亦不能确定，适用斯洛文尼亚共和国法律。

第 12 条

1. 法院或者其他主管机关依职权查明拟适用的外国法内容。

2. 第 1 款所指的法院或者主管机关可请求司法主管部门就准据法作出答复或者以其他方式证实其内容。

3. 当事人可在诉讼中提交外国机关或机构制作的有关外国法内容的公证书或其他证书。

4. 如果根本不能查明调整具体关系的外国法内容，则适用斯洛文尼亚共和国法律。

第二章　法律适用

第 13 条

1. 自然人的权利能力与行为能力，适用其国籍国法律。

2. 依照国籍国法律为无行为能力的自然人，依照义务产生地国法律具有行为能力的，则为有行为能力。

3. 自然人行为能力的剥夺或者限制，适用本条第 1 款所指国家的法律。

4. 家庭与继承关系不适用本条第 2 款规定。

第 14 条　个人姓名问题，适用确定或者更改其姓名时该人的国籍国法律。

第 15 条

1. 指定监护、终止监护以及监护人与被监护人的关系，适用被监护人的国籍国法律。

2. 对于斯洛文尼亚共和国境内的外国国民或者无国籍人采取的保护措施，斯洛文尼亚共和国法律在有关国家作出决定并采取必要措施之前。

3. 外国国民或者无国籍人不在斯洛文尼亚共和国境内，而其财产处于斯洛文尼亚共和国境内的，就保护该财产而言，本条第 2 款规定亦得以适用。

第 16 条　对失踪人的死亡宣告，适用该人失踪时的国籍国法律。

第 17 条

1. 法人的法律地位，适用法人的国籍国法律。

2. 法人的国籍，依照其设立地国法律确定。

3. 法人在设立地以外的另一国有实际所在地，并依照该国法律具有其国籍的，则法人以该国为其国籍。

第 18 条

1. 所有权关系与其他物权，适用物之所在地法律。

2. 本条第 1 款所指的关系，就处于运输途中之物而言，适用目的地国法律。

3. 本条第 1 款所指的关系，就运输工具而言，适用该运输工具国籍国法律，但斯洛文尼亚共和国法律另有规定的除外。

第 19 条

1. 合同适用当事人所选择的法律，但本法或者国际条约另有规定的除外。

2. 法律选择可明示做出，或者必须可从合同条款或者其他情况中推断出来。

3. 协议选择法律的效力，依照所选择的法律确定。

第 20 条　当事人未选择准据法的，适用与合同关系有最密切联系的法律。

只要案件的特定情况未指引其他法律，则认为与具体合同关系中实施特征性履行的当事人的住所地或所在地国法律有最密切联系。

第 21 条

1. 雇佣合同，适用雇员按合同规定通常完成其工作地国法律。

2. 雇员的临时活动不得认为其通常在该国工作。

3. 如果雇员依照合同规定通常不仅在一国完成其工作，则适用雇主所在地或者住所地国法律。

4. 当事人不得通过法律选择协议排除国家法律中强制性的、不需当事人选择的保护雇员权利的规定。

第 22 条

1. 本法所指的消费者合同，指有关将动产或者权利转移给消费者以及给消费者提供服务的合同。

2. 本法所指的消费者，指为个人或者自己家庭使用的目的而获取物、权利和服务的人。

3. 本法所指的消费者合同，不包括运输合同以及给消费者提供的按合同规定不得在消费者住所地国提供的服务的合同。

4. 不论本法其他规定如何，在下列情况下，消费者合同适用消费者住所地国法律：

——合同的缔结系因在该国的报价或者广告所致，并且消费者在该国为订立合同实施了必要行为的；或者

——消费者的缔约相对方或者其代理人已在该国接受消费者订单的；或者

——买卖合同已在另一国缔结或者消费者已在另一国订购，但以卖方此行之目的在于促成订立此类合同为限。

5. 在第 4 款所指情形下，当事人不得通过法律选择协议排除消费者住所地国法中的保护消费者权利的强制性规定。

第 23 条 有关不动产的合同，适用不动产所在地国法律。

第 24 条 对于合同当事人之间的关系，只要当事人无其他约定，本法第 19 条与第 20 条规定的法律亦适用于：

(1) 确定某动产的取得者或者受领者取得产品或者果实权利的时刻；

(2) 确定取得者或者运输者承担与物有关的风险的时刻。

第 25 条 如果当事人无其他约定，则交付物的方式、方法以及拒绝受领该物时应采取的必要措施，适用物之交付地法律。

第 26 条 债权转让或者债务承担的效果，对未参与债权转让或者债务承

担的债务人或者债权人而言,适用调整该债权或者债务的法律。

第 27 条 从法律行为,如果无另外规定,则适用调整主法律行为的法律。

第 28 条 单方法律行为,适用债务人的固定住所地或者管理中心所在地国法律。

第 29 条

1. 不当得利,适用据以产生、期待或者假设该项得利的法律关系的法律。

2. 无因管理,适用管理人行为实施地法律。

3. 因无委托使用物品而产生的债务以及其他非归因于损害责任的非合同债务,适用引起债务的事实发生地法律。

第 30 条

1. 非合同损害责任,适用行为实施地法律。如果对受害人更为有利,则不适用行为地法而适用结果发生地法律,但须以行为人事先本能预见结果的发生为条件。

2. 如果本条第 1 款指引的法律与(法律)关系无任何密切联系,而与另一法律显然有密切联系,则适用该另一法律。

第 31 条 如果引起损害赔偿责任的事件发生于公海上的船舶或者航空器内,则以船舶国籍国或者航空器注册地国法律作为损害赔偿责任据以产生的事实发生地法律。

第 32 条

1. 继承,适用被继承人死亡时的国籍国法律。

2. 立遗嘱能力,由立遗嘱人设立遗嘱时的国籍国法律调整。

第 33 条

1. 就遗嘱形式而言,如果依照下列法律之一有效,则为有效:

(1)遗嘱设立地法律;

(2)遗嘱人处分遗嘱时或者死亡时的国籍国法律;

(3)遗嘱人处分遗嘱时或者死亡时的住所地法律;

(4)遗嘱人处分遗嘱时或者死亡时的居所地法律;

(5)斯洛文尼亚共和国法律;

(6)对于不动产,还需要符合不动产所在地法律。

2. 遗嘱的撤销,就其形式而言,如果该形式依照本条第 1 款所指的任何法律均被视为有效,则为有效。

第 34 条 缔结婚姻的前提条件,适用缔结婚姻时当事人各方的国籍国法律。

第 35 条 婚姻的形式，适用婚姻缔结地法律。

第 36 条 婚姻的无效，依照本法第 34 条与第 35 条规定的据以缔结婚姻的任一实体法确定。

第 37 条

1. 离婚，适用起诉时夫妻双方的共同国籍国法律。

2. 如果提起离婚诉讼时夫妻双方为不同国家国民，则离婚重叠适用夫妻双方的国籍国法律。

3. 如果依照本条第 2 款规定的法律不能离婚，而起诉时夫妻一方住所在斯洛文尼亚共和国的，则离婚适用斯洛文尼亚共和国法律。

4. 夫妻一方为斯洛文尼亚共和国国民，但住所不在斯洛文尼亚共和国境内的，而且依照本条第 2 款指引的法律不能离婚，则离婚适用斯洛文尼亚共和国法律。

第 38 条

1. 夫妻双方的人身关系与法定财产关系，适用其共同国籍国法律。

2. 如果夫妻双方为不同国家国民，则适用其住所地国法律。

3. 夫妻双方既无相同国籍，住所又不在同一国的，则适用其最后共同居所地国法律。

4. 如果依照本条第 1 款、第 2 款或者第 3 款规定均不能确定准据法，则适用与关系有最密切联系的法律。

第 39 条

1. 夫妻双方的契约财产关系，适用订立契约时调整其人身关系与法定财产关系的法律。

2. 如果本条第 1 款指引的法律规定夫妻双方可以选择调整婚姻财产契约的法律，则适用其选择的法律。

第 40 条

1. 如果婚姻无效或者已被解除，则夫妻之间的人身关系与法定财产关系适用本法第 38 条所指引的法律。

2. 在本条第 1 款所指情形下，夫妻双方的契约财产关系依照本法第 39 条规定的法律确定。

第 41 条

1. 未婚同居者的财产关系，适用其共同国籍国法律。

2. 本条第 1 款所指的同居者国籍不同的，适用其共同居所地国法律。

3. 未婚同居者的契约财产关系，适用缔约时支配其财产关系的法律。

第 42 条

1. 父母与子女之间的关系，适用其共同国籍国法律。

2. 如果父母与子女国籍不同，则适用其共同住所地国法律。

3. 如果父母与子女国籍不同，住所又不在同一国的，则适用子女的国籍国法律。

第 43 条　父亲或母亲身份的承认、确认或者撤销，由子女的国籍国法律调整。

第 44 条　非父母子女的血亲之间的扶养义务或者姻亲扶养义务，由请求扶养的亲属的国籍国法律调整。

第 45 条

1. 准正，由父母的共同国籍国法律调整；如果父母国籍不同，则适用认为准正有效的父母一方国籍国法律。

2. 子女、他人或者国家机关是否同意准正，适用子女的国籍国法律。

第 46 条

1. 收养与终止收养的前提条件，适用收养人与被收养人的共同国籍国法律。

2. 收养人与被收养人国籍不同的，收养与终止收养的前提条件，重叠适用收养人与被收养人的国籍国法律。

3. 夫妻双方共同收养的，收养和终止收养的前提条件，除适用被收养人国籍国法律外，还应适用夫妻双方的国籍国法律。

4. 收养的形式，由收养设立地法律调整。

第 47 条

1. 收养的效力，适用设立收养时收养人与被收养人的共同国籍国法律。

2. 收养人与被收养人国籍不同时，适用其共同住所地国法律。

3. 收养人与被收养人既国籍不同，住所又不在同一国的，适用被收养人的国籍国法律。

第三章　管辖权与诉讼程序

第一节　斯洛文尼亚共和国法院与其他机关对涉外案件的管辖权

第 48 条

1. 如果被告住所或者所在地在斯洛文尼亚共和国，则斯洛文尼亚共和国法院有管辖权。

2. 即使被告在斯洛文尼亚共和国及其他国家均无住所，但居所在斯洛文尼亚共和国的，斯洛文尼亚共和国法院有管辖权。

3. 以非讼程序解决的争议，如果被请求人住所或者所在地在斯洛文尼亚共和国境内，则斯洛文尼亚共和国法院有权作出决定；即使只有一方当事人参加程序，只要该人住所或者所在地在斯洛文尼亚共和国，斯洛文尼亚共和国法院有管辖权，但本法另有规定的除外。

第 49 条

1. 如果处于某法律共同体下的或者基于同一法律及事实而负有义务的众人在同一诉讼中被诉，只要任一被告的住所或者所在地在斯洛文尼亚共和国境内，则斯洛文尼亚共和国法院有管辖权。

2. 如果主债务人与担保人在同一诉讼中被诉，只要斯洛文尼亚共和国法院对主债务人提起的诉讼有权管辖，则斯洛文尼亚共和国法院亦有管辖权。

3. 如果反诉请求与本诉有关，则斯洛文尼亚共和国法院对反诉亦有管辖权。

第 50 条

1. 本法或者其他法律明确规定斯洛文尼亚共和国法院有专属管辖权的，由斯洛文尼亚共和国法院专属管辖。

2. 如果案件与另一国存在的联系，使得该案件与斯洛文尼亚共和国之间的这种联系将构成斯洛文尼亚共和国法院行使专属管辖权的依据时，则斯洛文尼亚共和国法院被排除管辖权，但本法另有规定的除外。

第 51 条 如果外国法院在以斯洛文尼亚共和国国民为被告的诉讼中，依照斯洛文尼亚共和国法院管辖权规则中不存在的管辖标准行使管辖权，则在以该外国国民为被告的诉讼中，斯洛文尼亚共和国法院亦可据此行使管辖权。

第 52 条

1. 如果当事人至少一方为外国国民或者所在地在外国的法人，并且依照本法或者其他法律规定，该争议的事项不属于斯洛文尼亚共和国法院专属管辖时，当事人可以协议由外国法院管辖。

2. 无论本条第 1 款规定如何，在因消费关系及因保险关系产生的诉讼中，如果消费者或者被保险人为住所在斯洛文尼亚共和国的自然人，当事人不得协议由外国法院管辖。

3. 如果当事人至少一方为斯洛文尼亚共和国国民或者所在地在斯洛文尼亚共和国的法人，当事人可以协议由斯洛文尼亚共和国法院管辖。

4. 如果涉及本法第 68 条至第 77 条所指案件的管辖权，则不适用本条第 1 款与第 3 款的规定。

第 53 条

1. 依照本法第 52 条第 3 款与第 4 款规定允许协议由斯洛文尼亚共和国法院管辖时，斯洛文尼亚共和国法院亦可基于被告的同意行使管辖权。

2. 如果被告应诉或者对催告通知书提出权利要求或者参与预审，或者在无预审时参与主要问题的审理而不对管辖权提出异议的，则视为被告同意斯洛文尼亚共和国法院管辖。

第 54 条

1. 如果依照本法规定斯洛文尼亚共和国法院对案件的管辖以诉讼当事人一方有斯洛文尼亚共和国国籍为前提，则斯洛文尼亚共和国法院对住所在斯洛文尼亚共和国的无国籍人亦有管辖权。

2. 斯洛文尼亚共和国其他机关的管辖权，参照适用本条第 1 款规定。

第 55 条

1. 因非合同损害责任引起的诉讼，如果已在斯洛文尼亚共和国境内实施损害行为或者损害结果已发生于斯洛文尼亚共和国境内，则斯洛文尼亚共和国法院亦有管辖权。

2. 依照保险人的直接责任规则而向为第三者损害赔偿承保的保险人提起的诉讼以及以损害赔偿责任为依据向债务人行使索赔权的诉讼，亦适用本条第 1 款规定。

第 56 条　因合同关系引起的诉讼，如果诉讼标的为必须或者本应在斯洛文尼亚共和国履行的义务，则斯洛文尼亚共和国法院亦有管辖权。

第 57 条　对于具体的劳动争议，如果劳动将在、已在或者必须在斯洛文尼亚共和国境内进行，则斯洛文尼亚共和国法院亦有管辖权。

第 58 条

1. 因财产权争议引起的诉讼，如果争议标的物位于斯洛文尼亚共和国境内，则斯洛文尼亚共和国法院亦有管辖权。

2. 如果被告财产位于斯洛文尼亚共和国境内，而且原告住所或者所在地在斯洛文尼亚共和国并证明有可能要以该财产执行判决，则斯洛文尼亚共和国法院亦有管辖权。

第 59 条　对自然人或所在地在外国的法人提起的诉讼，如果该人在斯洛文尼亚共和国有分支机构或者其业务负责人在斯洛文尼亚共和国，斯洛文尼亚共和国法院对因该分支机构或者负责人在斯洛文尼亚共和国境内的业务所得引起的诉讼有管辖权。

第 60 条 与公司、其他法人或者自然人或法人联合体设立、解散与法律地位变更有关的诉讼，以及涉及法人机构所做决定的效力的诉讼，如果公司、其他法人或者联合体的所在地在斯洛文尼亚共和国，由斯洛文尼亚共和国法院专属管辖。

第 61 条 有关在斯洛文尼亚共和国公共登记机关进行注册的效力的诉讼，斯洛文尼亚共和国法院有专属管辖权。

第 62 条 对于有关发明与商标申报及效力的诉讼，如果该项申报在斯洛文尼亚共和国进行，由斯洛文尼亚共和国法院专属管辖。

第 63 条

1. 对于执行的批准与实施，如果在斯洛文尼亚共和国境内实施该项执行，由斯洛文尼亚共和国法院专属管辖。

2. 在执行程序与破产程序期间发生的诉讼，如果该程序在斯洛文尼亚共和国法院进行，亦适用本条第 1 款规定。

第 64 条

1. 因地产所有权争议以及因地产租赁或者租金而引起的涉及地产物权的诉讼，如果该地产位于斯洛文尼亚共和国境内，由斯洛文尼亚共和国法院专属管辖。

2. 对于以非讼程序解决的地产权利的决定，亦由斯洛文尼亚共和国法院专属管辖。

第 65 条 因动产所有权争议引起的诉讼，如果该争议产生于斯洛文尼亚共和国境内，斯洛文尼亚共和国法院亦有管辖权。

第 66 条

1. 有关船舶或者航空器物权的诉讼以及因船舶或者航空器租赁引起的诉讼，如果船舶或者航空器注册机关位于斯洛文尼亚共和国，则斯洛文尼亚共和国法院亦有管辖权。

2. 因本条第 1 款所指的船舶或者航空器所有权争议引起的诉讼，如果船舶或者航空器注册机关在斯洛文尼亚共和国，或者如果该所有权争议发生在斯洛文尼亚共和国，斯洛文尼亚共和国法院亦有管辖权。

第 67 条

1. 涉及斯洛文尼亚共和国境内财产的夫妻之间财产关系的诉讼，如果被告住所不在斯洛文尼亚共和国，斯洛文尼亚共和国法院亦有管辖权。

2. 如果财产绝大部分位于斯洛文尼亚共和国，而其余部分在国外的，假如被告同意由斯洛文尼亚共和国法院判决，则斯洛文尼亚共和国法院仅可在对位于斯洛文尼亚共和国的财产作出判决的诉讼中对处于国外的财产作出判决。

3. 涉及本法规定的夫妻财产制的诉讼，无论婚姻是否存续、已经终止或者已被查明不存在，斯洛文尼亚共和国法院均有管辖权。

第 68 条

1. 对于婚姻事项，有下列情形之一的，即使被告住所不在斯洛文尼亚共和国，斯洛文尼亚共和国法院亦有管辖权：

（1）夫妻双方均为斯洛文尼亚国民的，不论其住所位于何处；

（2）原告为斯洛文尼亚国民并且住所在斯洛文尼亚共和国境内的；或者

（3）夫妻双方最后住所在斯洛文尼亚共和国，而起诉时原告住所或临时居所在斯洛文尼亚共和国境内的。

2. 如果被告的夫妻一方为斯洛文尼亚国民并且其住所在斯洛文尼亚共和国，则由斯洛文尼亚共和国法院专属管辖。

第 69 条　对于本法第 68 条所指的诉讼，如果夫妻双方均为外国国民，但最后共同住所在斯洛文尼亚共和国的，则只有当被告在这些情形下同意由斯洛文尼亚共和国法院判决并且夫妻双方国籍国法律允许管辖时，斯洛文尼亚共和国法院方可管辖。

第 70 条　对于离婚之诉，如果原告为斯洛文尼亚国民且本有管辖权的法院所属国法律未规定解除婚姻制度的，斯洛文尼亚共和国法院亦可管辖。

第 71 条

1. 对于确认或否认父亲或者母亲身份的诉讼，在下列情形下，即使被告住所不在斯洛文尼亚共和国，斯洛文尼亚共和国法院亦有管辖权：

（1）原告与被告均为斯洛文尼亚国民的，不论其住所位于何处；或者

（2）原告为斯洛文尼亚国民并且其住所在斯洛文尼亚共和国境内的。

2. 对子女提起的诉讼，如果该子女为斯洛文尼亚国民并且在斯洛文尼亚共和国境内有固定住所或者临时居所，由斯洛文尼亚共和国法院专属管辖。

第 72 条　对于本法第 71 条所指之诉，当事人虽均为外国国民，如果原告或者原告之一住所在斯洛文尼亚共和国，而且被告同意由斯洛文尼亚共和国法院判决且被告国籍国法律允许管辖的，斯洛文尼亚共和国法院方有管辖权。

第 73 条

1. 有关父母对子女的照料、养育的诉讼，被告住所虽不在斯洛文尼亚共和国，只要父母双方均为斯洛文尼亚国民或者子女为斯洛文尼亚国民并且其住所在斯洛文尼亚共和国，则斯洛文尼亚共和国法院亦有管辖权。

2. 如果被告与其子女均为斯洛文尼亚国民并且双方住所均在斯洛文尼亚共和国，则由斯洛文尼亚共和国法院专属管辖。

3. 斯洛文尼亚共和国其他机关在决定父母对子女的照料、教养事项时，参照本条第 1 款与第 2 款以及本法第 48 条的规定确定其管辖权。

第 74 条

1. 对于子女法定抚养之诉，在下列情形下，即使被告住所不在斯洛文尼亚共和国，斯洛文尼亚共和国法院亦有管辖权：

(1) 提起诉讼的子女住所在斯洛文尼亚共和国；或者

(2) 原告与被告均为斯洛文尼亚国民，不论其住所位于何处；或者

(3) 原告为未成年人并且是斯洛文尼亚国民。

2. 对于本条第 1 款未提及的法定抚养之诉，即使被告住所不在斯洛文尼亚共和国，只要原告为斯洛文尼亚国民且其住所在斯洛文尼亚共和国，斯洛文尼亚共和国法院亦有管辖权。

3. 对于夫妻之间以及原夫妻间的法定扶养之诉，如果夫妻双方的最后共同住所在斯洛文尼亚共和国，且原告在诉讼时及诉讼后居住于斯洛文尼亚共和国，斯洛文尼亚共和国法院亦有管辖权。

第 75 条　对于法定扶养之诉，如果被告在斯洛文尼亚共和国有可供支付扶养费的财产，则斯洛文尼亚共和国法院亦可管辖。

第 76 条　对于子女照料、教养与抚养的决定，如果这些诉讼与婚姻诉讼或者与确定及撤销父亲或母亲身份之诉一并审理，并且依照本法规定斯洛文尼亚共和国法院有管辖权，则斯洛文尼亚共和国法院亦可管辖。

第 77 条

1. 对于亲权的丧失或者恢复、亲权的延展、指定父母一方为子女财产监护人、子女的准正以及其他有关父母与子女间个人身份与关系事项的决定，不能满足本法第 48 条第 3 款规定的条件的，只要请求人与被请求人均为斯洛文尼亚国民，或者仅有一人参与诉讼而且该人为斯洛文尼亚国民，斯洛文尼亚共和国法院亦可管辖。

2. 对于本条第 1 款所指事项，如果子女为斯洛文尼亚国民并且其住所在斯洛文尼亚共和国，则斯洛文尼亚共和国法院亦有管辖权。

第 78 条

1. 宣告失踪的斯洛文尼亚国民死亡，不论该人住所位于何处，由斯洛文尼亚共和国法院专属管辖。

2. 对于在斯洛文尼亚共和国境内死亡的外国国民，可以依照斯洛文尼亚

共和国法律由斯洛文尼亚共和国法院证明其死亡。

第 79 条

1. 对于斯洛文尼亚国民的不动产遗产的管理，如果该遗产处于斯洛文尼亚共和国，由斯洛文尼亚共和国法院专属管辖。

2. 如果斯洛文尼亚国民的不动产遗产位于外国，仅当依照不动产所在国法律规定该国任何机关均无管辖权时，斯洛文尼亚共和国法院方可管辖。

3. 对于斯洛文尼亚国民动产遗产的管理，如果该动产遗产位于斯洛文尼亚共和国境内，或者依照动产所在国法律规定该国任何机关均无管辖权或这类机关拒绝管理该遗产时，斯洛文尼亚共和国法院有管辖权。

4. 对于因继承关系引起的诉讼以及涉及债权人对遗产的请求权的诉讼管辖权，亦适用本条第 1 款、第 2 款与第 3 款的规定。

第 80 条

1. 对于外国国民不动产遗产的管理，如果不动产位于斯洛文尼亚共和国，由斯洛文尼亚共和国法院专属管辖。

2. 对位于斯洛文尼亚共和国境内的外国国民的动产遗产的管理，斯洛文尼亚共和国法院有管辖权，但遗产人的国籍国法院对于斯洛文尼亚国民动产遗产的管理无管辖权时除外。

3. 因继承关系引起的诉讼以及涉及债权人对遗产请求权的诉讼管辖权，适用本条第 1 款与第 2 款规定。

4. 如果斯洛文尼亚共和国法院对外国国民遗产的管理无管辖权，则它可决定遗产的保护措施，并对位于斯洛文尼亚共和国的遗产享有的权利进行保护。

第 81 条

1. 对无国籍人、国籍不明者或者难民的不动产遗产的管理，如果不动产位于斯洛文尼亚共和国境内，则由斯洛文尼亚共和国法院专属管辖。

2. 对无国籍人、国籍不明者或者难民的动产遗产的管理，如果动产位于斯洛文尼亚共和国或者遗产人死亡时住所在斯洛文尼亚共和国，斯洛文尼亚共和国法院有管辖权。

3. 因继承关系引起的诉讼以及债权人对遗产的请求权的诉讼管辖权，亦适用本条第 1 款与第 2 款规定。

4. 如果遗产人住所不在斯洛文尼亚共和国，则参照适用对外国国民遗产管理的规定，此时该外国指遗产人死亡时住所地国。

第 82 条

1. 对于批准结婚，如果申请人双方或一方为斯洛文尼亚国民，不论欲结婚者住所位于何处，斯洛文尼亚共和国机关有管辖权。

2. 只要请求批准结婚的未成年人为斯洛文尼亚国民，或欲在国外结婚的双方均为斯洛文尼亚国民，由斯洛文尼亚共和国机关专属管辖。

第 83 条

1. 对于决定收养或者解除收养住所在斯洛文尼亚共和国的斯洛文尼亚国民，由斯洛文尼亚共和国机关专属管辖。

2. 收养与解除收养的决定，如果收养人为斯洛文尼亚国民且其住所在斯洛文尼亚共和国，斯洛文尼亚共和国机关有管辖权。

3. 夫妻双方共同收养的，只要夫妻一方为斯洛文尼亚国民且其住所在斯洛文尼亚共和国，则斯洛文尼亚共和国机关足以据此行使管辖权。

第 84 条　对斯洛文尼亚国民的监护事项，不论其住所位于何处，由斯洛文尼亚共和国机关专属管辖，但本法另有规定的除外。

第 85 条　对于住所在外国的斯洛文尼亚国民，如果斯洛文尼亚机关已经查明，有管辖权的机关已依照外国法作出决定或者已采取措施保护斯洛文尼亚国民的人身、权利及利益，则斯洛文尼亚共和国机关对其监护事项将不作出决定，亦不得对之进行干涉。

第 86 条

1. 为保护斯洛文尼亚共和国境内的或者其财产在斯洛文尼亚共和国境内的外国国民的人身、权利及利益，斯洛文尼亚共和国机关可采取必要临时措施，并将此通知该人国籍国的主管机关。

2. 对于住所在斯洛文尼亚共和国的外国国民，如果该人国籍国的主管机关未对其人身、权利及利益进行保护，斯洛文尼亚共和国机关可作出决定并采取措施。

第二节　其他规定

第 87 条

1. 自然人的当事人能力与诉讼能力，适用其国籍国法律。

2. 如果外国国民依照本条第 1 款规定无诉讼能力，而依照斯洛文尼亚共和国法律有诉讼能力的，则其可自行参与诉讼。

3. 本条第 2 款所指的外国国民的法定代理人可进行诉讼行为，除非该外国国民宣称自己参与诉讼。

4. 外国法人的当事人能力，适用本法第 17 条所指引的法律。

第 88 条　如果相同当事人就同一事项正在外国法院进行诉讼，斯洛文尼亚共和国法院可根据一方当事人的请求中断诉讼，具体而言：

（1）在外国进行的民事诉讼向被告送达传票早于在斯洛文尼亚共和国进行的诉讼，或者外国的非讼程序早于在斯洛文尼亚共和国的程序；

（2）外国判决有可能在斯洛文尼亚共和国予以承认；

（3）存在互惠关系。

第 89 条　判断斯洛文尼亚共和国法院有无管辖权，以诉讼开始时存在的事实为根据。

第 90 条

1. 住所不在斯洛文尼亚共和国的外国国民或者无国籍人在斯洛文尼亚共和国法院提起诉讼的，应被告请求，相关原告必须提供诉讼费用担保。

2. 被告最迟必须于法院在预备开庭期间提出本条第 1 款所指的请求，如此种预审未曾进行，则应在就其抗辩进行第一次庭审时，或者其已获悉有理由提出担保请求时提出。

3. 诉讼费用必须用现金支付，但法院亦可准许用其他形式提供担保。

第 91 条

1. 在下列情况下，被告无权请求诉讼费用担保：

（1）原告国籍国不要求斯洛文尼亚共和国国民提供担保的；

（2）原告在斯洛文尼亚共和国享有避难权的；

（3）诉讼请求涉及原告基于斯洛文尼亚共和国境内的雇佣关系请求权的；

（4）婚姻诉讼、确定或者撤销父亲或者母亲身份之诉以及法定扶养之诉的；

（5）涉及汇票或者支票的诉讼、反诉或者因支付令引起的诉讼的。

2. 适用本条第 1 款第 1 项时，如果对斯洛文尼亚共和国国民在原告国籍国是否有义务提供担保存在疑问，由司法主管部门作出相关答复。

第 92 条

1. 在允许提供诉讼费用担保的裁决中，法院应决定担保的金额及提供担保的期限，并向原告指明不按时提供担保的法律后果。

2. 若证明原告未能按时提供诉讼费用担保，而被告却已在追索法律补偿的诉讼中请求担保的，则视为原告撤诉或者放弃法律补偿。

3. 如果被告已及时提出由原告提供诉讼费用担保的申请，只要法院未就此做出有法律效力的裁决，则被告无义务继续参与案件主要问题的诉讼；若请求被批准，则在原告提供担保前被告均无此义务。

4. 如果法院驳回提供诉讼费用担保的请求，只要该驳回请求的裁定尚未生效，法院仍可决定继续进行诉讼。

第 93 条

1. 在互惠前提下，外国国民有权请求免于支付诉讼费用。

2. 如果对互惠有疑问，由司法主管部门对是否免于支付诉讼费用作出答复。

3. 如果外国国民住所在斯洛文尼亚共和国，则本条第 1 款规定的互惠并非请求免于支付诉讼费用的前提条件。

4. 住所或者居所在斯洛文尼亚共和国的无国籍人，有权请求免于支付诉讼费用。

第四章　外国判决的承认与执行

第一节　外国法院判决的承认与执行

第 94 条

1. 外国法院的判决，只有经斯洛文尼亚共和国法院承认，方与斯洛文尼亚共和国法院的判决具有同等地位并在斯洛文尼亚共和国境内具有法律效力。

2. 本条第 1 款所指的外国法院判决亦包括法院调解。

3. 外国法院判决亦包括外国其他机关作出的、与法院判决或者法院调解具有同等地位的调整本法第 1 条所指关系的判决。

第 95 条

1. 在申请承认外国法院判决时，申请人须附上外国法院判决原件或者经认证的该判决副本以及外国主管法院或者其他机关依照该国法律作出有关判决的法律效力的证明。

2. 如果外国法院判决或者经认证的副本未采用法院国的官方语言，则申请人亦得附上经认证的用法院国官方语言制作的外国法院判决的译文。

第 96 条

1. 如果斯洛文尼亚共和国法院根据外国法院对其作出判决的当事人的抗辩，查明该人系程序不当而未能参与诉讼时，拒绝承认外国法院判决。

2. 尤其是如果外国法院对其作出判决的当事人由于本人未被送达传票、起诉状或者有关诉讼开始的决定，或者根本未曾予以送达而未能参与诉讼，除非其以某种方式参与案件主要问题的一审诉讼程序，否则拒绝承认该外国法院判决。

第 97 条

1. 外国法院判决的事项属于斯洛文尼亚共和国法院或其他机关专属管辖的，拒绝承认该外国法院判决。

2. 如果被告请求承认由外国法院做出的有关婚姻诉讼的判决，或者原告提出该请求而被告无异议的，则斯洛文尼亚共和国法院的专属管辖权不构成承认该判决的障碍。

第 98 条

1. 根据对其作出判决的当事人的抗辩，如果外国法院仅基于下列情况而行使管辖权的，斯洛文尼亚共和国法院拒绝承认该外国法院判决：

（1）原告国籍；

（2）原告在判决作出国的财产；

（3）向被告本人送达起诉状或其他引起诉讼开始的法律文书。

2. 根据对其作出判决的当事人的抗辩，如果作出判决的法院未考虑涉及斯洛文尼亚共和国法院管辖权的条约，法院亦可拒绝承认该外国法院判决。

第 99 条

1. 如果斯洛文尼亚共和国法院或其他机关已就同一事项作出有法律效力的判决或者另一外国法院就同一事项所作的判决已在斯洛文尼亚共和国得以承认，则拒绝承认外国法院判决。

2. 如果相同当事人之间以前就同一事项提起的诉讼已在斯洛文尼亚共和国法院中止，法院应推迟承认外国法院判决，直至该诉讼已最终有效地结束。

第 100 条　如果承认外国法院判决的结果违背斯洛文尼亚共和国的公共秩序，则不予承认该外国法院判决。

第 101 条

1. 无互惠关系的，拒绝承认外国法院的判决。

2. 对于外国法院在婚姻诉讼或者确认及撤销父（母）亲身份之诉中所作的判决，以及斯洛文尼亚国民请求承认与执行外国法院判决时，不存在互惠关系不构成承认外国法院判决的障碍。

3. 推定存在承认外国法院判决方面的互惠关系，除非有相反证明；对互惠关系有疑问时由司法主管机关做出答复。

第 102 条

1. 对外国法院就该国国民身份地位问题所作的判决，斯洛文尼亚共和国予以承认，无需依照本法第97条、第100条与第101条的规定进行审查。

2. 如果斯洛文尼亚共和国主管机关查明，外国判决涉及斯洛文尼亚国民的身份地位，则承认该判决时需依照本法第95条至第101条规定进行审查。

第103条

1. 外国法院判决的执行，适用本法第95条至第101条的规定。

2. 申请执行外国法院判决者，除提交本法第95条规定的证明外，还须提交依照判决作出国法律规定该判决具有可执行性的证明。

第二节　外国仲裁裁决的承认与执行①

第104条

1. 外国仲裁裁决，指不在斯洛文尼亚共和国领域内作出的仲裁裁决。

2. 外国仲裁裁决具有该裁决作出地国的国籍。

3. 尽管仲裁裁决在斯洛文尼亚共和国作出，但适用了外国程序法的，只要其不违背斯洛文尼亚共和国的强制性规定，亦视为外国仲裁裁决。

4. 本条第3款所指的外国仲裁裁决，具有所适用的程序法所属国的国籍。

第105条

1. 如果请求承认与执行外国仲裁裁决的当事人在向法院提出申请时附上下列文件的，承认并执行该外国仲裁裁决：

(1)仲裁裁决正本或者经认证的副本；

(2)仲裁协议正本或者经认证的副本。

2. 若外国仲裁裁决或者仲裁协议或者经认证的副本未采用被请求承认与执行该裁决的法院国官方语言，则请求承认与执行该裁决的当事人必须附上经权威人士制作的该语言译本。

第106条

1. 如果法院查明有下列情形的，拒绝承认与执行外国仲裁裁决：

(1)依照斯洛文尼亚共和国法律规定，仲裁庭无权作出裁决的；

(2)承认与执行裁决的结果违背斯洛文尼亚共和国公共秩序的；

(3)无互惠关系的；

(4)仲裁协议未采用书面形式或者未通过交换信函、电报或电传等方式缔

---

① 斯洛文尼亚共和国2008年《仲裁法》废除了本章第二节第104条至第107条规定，并对第三节有关条款进行了修订。为便于我国学者研究，特保留这些条款的译文。——译者注

结的；

（5）一方当事人依照调整其行为能力的准据法规定无缔结仲裁协议能力的；

（6）依照当事人选择的某国法律，或者当事人未选择法律时依照仲裁作出地国的法律，仲裁协议无效的；

（7）承认与执行仲裁裁决的被申请人未被通知指定仲裁员或未被告知仲裁程序，或者因其他事由未能在仲裁程序中主张权利的；

（8）仲裁庭的组成或者仲裁程序不符合仲裁协议的；

（9）仲裁庭超越仲裁协议规定权限的；

（10）仲裁裁决对当事人不是终局的或者尚无执行力，或者仲裁裁决或者其执行已被仲裁作出地国或者准据法所属国主管机关撤销的；

（11）仲裁裁决模糊不清或者自相矛盾的。

2. 如果外国仲裁裁决中有部分涉及已裁决的问题并可与仲裁庭超越权限的那部分区别开来，则仲裁庭未超越权限的那部分裁决得以承认与执行。

第 107 条　如果本法第 106 条第 1 款第 10 项所指的主管机关已开始进行撤销或者中止执行外国仲裁裁决的程序，则法院可推迟对承认与执行该裁决的申请作出裁定；应债权人及债务人的请求，法院在债务人提供相应担保的条件下推迟裁定。

第三节　承认与执行外国法院判决的程序

第 108 条

1. 承认外国法院判决的程序，始于（当事人的）申请。

2. 在个人身份问题上有合法利益者，均可请求承认外国法院就其个人身份事项所作的判决。

3. 承认外国法院判决的事宜，由各县（区法院）的法官决定。

4. 各地实际主管法院负责承认外国法院判决事宜。

5. 在其领域执行外国法院判决的各地方法院负责执行外国法院判决。

6. 如果对承认外国法院判决未作出特别裁定，则各法院均可将承认该法院判决作为先决问题加以决定，但该决定仅对相关诉讼程序有效。

第 109 条

1. 在承认外国法院判决的程序中，法院仅限于审查是否满足本法第 94 条至第 107 条规定的前提条件。

2. 法院查明不存在承认障碍的，则作出承认外国判决的裁定。

3. 法院将承认外国判决的裁定送达对方当事人及其他诉讼参与人，并告知这些人可在该裁定送达后十五日内提出上诉。

4. 作出承认外国判决裁定的法院由三名法官组成合议庭对上诉作出裁决。如果对上诉的裁决取决于有争议的事实，则法院待开庭审理后再做裁决。

5. 对于法院驳回请求承认外国判决的裁定以及对于法院对上诉作出的裁决，允许向最高法院提出申诉。

6. 无论本条第 3 款规定如何，承认外国法院有关离婚判决的裁定，如果申请人为斯洛文尼亚共和国国民且被申请人住所或者居所不在斯洛文尼亚共和国，法院不向被申请人送达。

第 110 条 如果案件由斯洛文尼亚共和国法院或者其他机关判决，诉讼费用由法院依照相关规定确定。

第 111 条 本章未特别规定的，承认外国法院判决的程序参照适用有关非讼程序的法律规定。

第五章　特别规定

第 112 条

1. 如果斯洛文尼亚共和国领事驻在国不反对或者国际条约有规定的，斯洛文尼亚共和国国民可在斯洛文尼亚共和国领事主持下在国外缔结婚姻。

2. 斯洛文尼亚共和国国民可在斯洛文尼亚共和国哪些驻外代办处缔结婚姻，由外事主管部门确定。

第 113 条 侨居外国的斯洛文尼亚共和国国民的监护事项，如果斯洛文尼亚共和国领事驻在国不反对或者国际条约有规定的，由斯洛文尼亚共和国领事办理。

第 114 条 斯洛文尼亚共和国国民可依照法定遗嘱的有关规定在斯洛文尼亚共和国驻外领事处设立遗嘱。

第 115 条

1. 斯洛文尼亚共和国领事可依照国际条约与接受国的规定核实签名、笔迹与副本。

2. 外事主管部门负责制订本条第 1 款所指事项的具体规则。

第 116 条

1. 司法主管部门可出具供外国机关使用的有关法律规则在斯洛文尼亚共和国生效或者已生效的证书。

2. 本条第 1 款所指的证书，必须载明法规的名称、生效或者失效日期以及法律条文的标准规定。

第 117 条　如果当地无领事代表，以及在接受国境内无领事馆的地区，斯洛文尼亚共和国使节亦可履行本法规定的斯洛文尼亚共和国领事的职责。

第六章　最后条款

第 118 条　自本法生效之日起，不再适用《关于解决在特定关系上与其他国家的法律冲突的法律》。①

第 119 条　本法于《斯洛文尼亚共和国官方公报》公布后第十五日生效。

---

① 《关于解决在特定关系上与其他国家的法律冲突的法律》，即 1982 年《南斯拉夫社会主义联邦共和国法律冲突法》。——译者注

保加利亚共和国 2005 年
《关于国际私法的法典》*
（2010 年修订文本）

第一编　总则

第一章　本法典的适用范围

第 1 条　[调整对象]

1. 本法典的各条款调整：

（1）保加利亚法院、其他机关的国际管辖权以及国际民事诉讼程序；

（2）适用于具有国际因素的私法关系的准据法；

（3）外国判决及其他文书在保加利亚共和国的承认与执行。

2. 本法典意义上的私法关系，是指与两个或者多个国家有联系的私法关系。

第 2 条　[最密切联系原则]

1. 具有国际因素的私法关系，由与其有最密切联系的国家的法律调整。本法典有关确定准据法的条款均为该原则的体现。

2. 如果依照本法典第三编的各条款不能确定应适用的法律，则适用依照其他标准与该私法关系有最密切联系的国家的法律。

---

* 保加利亚共和国《关于国际私法的法典》经 2005 年 5 月 4 日召开的第 39 届国民议会通过，并公布于 2005 年 5 月 17 日的第 42 号《保加利亚法律公报》（Dǎržaven Vestnik），自 2005 年 5 月 21 日生效，此后经 2007 年、2009 年和 2010 年修订。本法典系根据德文译本 [资料来源：RabelsZ Bd. 71（2007），S. 457-493] 翻译，保加利亚语文本为官方文本（http://www.lex.bg/laws/ldoc.php? IDNA＝2135503651）。本译文原刊载于《中国国际私法与比较法年刊》第十一卷（2008），北京大学出版社 2008 年版，第 581~615 页。此处进行了必要修订。——译者注

第3条　〔(本法典)与国际条约、国际法文件以及其他法律的关系〕

1. 本法典各条款不影响已对保加利亚共和国生效的国际条约、其他国际法文件或者其他法律中有关国际私法关系的规定的适用。

2. 在适用国际条约或者其他国际法文书时, 应考虑这些规定的国际性质、所进行的识别和必要性, 以实现对其解释和适用的一致性。

第二编　保加利亚法院及其他机关的管辖权, 国际民事诉讼程序

第二章　保加利亚法院及其他机关的管辖权

第4条　〔一般管辖权〕

1. 在下列情况下, 保加利亚法院和其他机关具有国际管辖权:

(1)被告的经常居所、章程所规定的所在地或者实际管理机构所在地在保加利亚共和国境内;

(2)原告或者申请人系保加利亚国民或者在保加利亚共和国登记注册的法人。

2. 如果争议产生于与法人分支机构之间的直接关系, 而且该分支机构在保加利亚共和国注册登记, 则可在保加利亚法院向该法人提起诉讼。

第5条　〔涉及人身权利事项的管辖权〕

保加利亚法院和其他机关除了可根据第4条行使管辖权外, 对下列事项也有管辖权:

(1)姓名的变更与保护, 但该人须为保加利亚国民或者其经常居所在保加利亚共和国境内;

(2)保加利亚国民的行为能力的限制或者剥夺, 以及撤销对保加利亚国民的行为能力的限制或者剥夺的诉讼;

(3)监护或者保佐的设立或者终止, 但被监护人或者被保佐人必须为保加利亚国民或者其经常居所在保加利亚共和国境内;

(4)保加利亚国民或者经常居所确实在保加利亚共和国境内者的失踪或者死亡宣告。

第6条　〔结婚〕

1. 如果拟结婚者一方为保加利亚国民或者其经常居所在保加利亚共和国

境内，则在保加利亚户籍登记处办理结婚登记。

2. 拟结婚的双方均为外国国民的，如果该外国法律允许，则可在其本国驻保加利亚共和国的使馆或者领事馆办理结婚登记。

3. 在国外的保加利亚国民，如果该外国法律允许，可在该外国主管机构处办理结婚登记。

4. 双方均在国外的保加利亚国民，如果保加利亚使馆或者领事馆驻在国法律允许，则可在保加利亚驻该国的使馆或者领事馆处办理结婚登记。

5. 拟结婚的一方为保加利亚国民，另一方为外国国民的，如果保加利亚使馆或者领事馆驻在国或者该外国国民的本国法允许，可在保加利亚驻该国的使馆或者领事馆处办理结婚登记。

第 7 条　［婚姻事项的管辖权］

婚姻事项，如果夫妻一方为保加利亚国民或者在保加利亚共和国境内有经常居所，由保加利亚法院管辖。

第 8 条　［涉及夫妻之间人身关系和财产关系事项的管辖权］

对符合第 7 条规定的、涉及夫妻之间人身关系和财产关系的事项，保加利亚法院亦可行使管辖权。

第 9 条　［出身事项的管辖权］

1. 对于有关出身的确认或者否认的诉讼，保加利亚法院除了可根据第 4 条行使管辖权外，如果作为诉讼当事人的子女或者父母一方为保加利亚国民或者其经常居所在保加利亚共和国境内，保加利亚法院亦可管辖。

2. 符合第 1 款条件的，该管辖权规定也适用于涉及父母与子女之间的人身和财产关系的事项。

第 10 条　［收养事项的管辖权］

1. 对涉及收养的许可、解除或者终止的事项，除了第 4 条规定的情形外，如果收养人、被收养人或者被收养人的父母一方为保加利亚国民或者经常居所在保加利亚共和国境内，则保加利亚法院或其他机关亦可管辖。

2. 如果收养人或者被收养人为保加利亚国民或者经常居所在保加利亚共和国境内，以及在第 4 条规定的情形下，保加利亚法院对涉及收养人和被收养人之间的财产关系的事项具有管辖权。

第 11 条　［扶养事项的管辖权］

对于扶养之诉，除了第 4 条规定的情形外，如果被扶养人（扶养权利人）的经常居所在保加利亚共和国境内，保加利亚法院亦可管辖。

第 12 条　[物权事项的管辖权]

1.《民事诉讼法典》第 83 条所指的涉及保加利亚共和国境内不动产的诉讼、有关前述不动产的执行或者保全的诉讼，以及有关不动产物权的转让或者公证的诉讼，由保加利亚法院和其他机关专属管辖。

2. 对于因不动产物权提起的诉讼，除了第 4 条规定的情况外，如果不动产位于保加利亚共和国境内，保加利亚法院也可管辖。

第 13 条　[知识产权事项的管辖权]

1. 对于有关知识产权以及与此有关权利的诉讼，如果此类权利系在保加利亚共和国境内获得保护，由保加利亚法院管辖。

2. 对于有关知识产权标的物的诉讼，如专利系在保加利亚共和国取得或者注册，则由保加利亚法院专属管辖。

第 14 条　[继承事项的管辖权]

对于《民事诉讼法典》第 84 条所指的诉讼以及其他与继承有关的诉讼，如果遗产人死亡时在保加利亚共和国境内有经常居所或者为保加利亚国民，或者遗产人财产的一部分在保加利亚共和国境内，则由保加利亚法院或者其他机关管辖。

第 15 条　[因合同关系所生权利事项的管辖权]

对于因合同关系提起的诉讼，除了第 4 条规定的情况外，如果债务履行地或者被告的主要营业所所在地在保加利亚共和国境内，保加利亚法院亦可管辖。

第 16 条　[消费者权利事项的管辖权]

1. 对于消费者提起的诉讼，除了第 4 条规定的情况外，如果消费者的经常居所在保加利亚共和国境内并且满足第 95 条规定的条件的，保加利亚法院亦可管辖。

2. 争议发生后，当事人可以缔结法院管辖协议。

第 17 条　[劳务争议的管辖权]

1. 如果劳工或者职员通常在保加利亚共和国境内从事劳动，以及在第 4 条规定的条件下，保加利亚法院对劳务争议具有管辖权。

2. 争议发生后，当事人可以缔结法院管辖协议。

第 18 条　[侵权事项的管辖权]

1. 因侵权行为提起的损害赔偿之诉，除了第 4 条规定的情况外，如果损害行为系在保加利亚共和国境内实施，或者全部或部分的损害结果发生于保加利亚共和国境内，保加利亚法院亦可管辖。

2. 被害人直接对损害行为人的保险人提起的诉讼，第 1 款所规定的管辖权亦成立。

第 19 条　[涉及在保加利亚共和国境内注册的法人的法律地位事项的排他性管辖权]

1. 对于《民事诉讼法典》第 80 条第 1 款第 4 项所指的诉讼，如果法人已在保加利亚共和国境内注册，由保加利亚法院专属管辖。

2. 如果公司或者其他法人已在保加利亚共和国境内注册，则对因该公司或其他法人的无效或者解散、有关其机构章程的废除、成员资格的保护、商事公司的改制以及改制时的金钱补偿等事件而提起的诉讼，适用第 1 款规定。

第 20 条　[多方被告之诉的管辖权]

对多方被告提起的诉讼，如果保加利亚法院对其中一个被告行使管辖权的理由成立，则由保加利亚法院管辖。

第 21 条　[关联诉讼的管辖权]

1. 如果保加利亚法院对多个原告之一提起的诉讼具有管辖权，只要这些原告提起的诉讼相互间所具有的关联性允许法院对其进行合并审理，则保加利亚法院亦有权审理其他原告提起的诉讼。

2. 如果保加利亚法院对本诉具有国际管辖权，并且满足《民事诉讼法典》第 104 条所规定的条件，则对反诉亦有权管辖。

第 22 条　[排他性管辖权]

保加利亚法院和其他机关仅在有明确规定的情况下，方可行使排他性国际管辖权。

第 23 条　[将案件移送外国法院]

1. 如果案件以财产权为诉讼标的，而且争议不在保加利亚法院的专属管辖范围内，当事人可书面协议将争议交给外国法院管辖。在有此种法院管辖协议时，如果向保加利亚法院起诉，被告最迟必须于案件一审结束作出裁决之前提出管辖权异议。第 1 句之规定不适用于扶养之诉。

2. 在符合第 1 款第 1 句规定的条件下，可以将本由外国法院管辖的案件移交给保加利亚法院审理。但该规定不适用于扶养之诉。

3. 只要该协议无其他约定，则推定当事人协议将争议的专属管辖权移交给保加利亚法院或者外国法院。

第 24 条　[保加利亚法院管辖权的默示成立]

如果根据第 23 条第 1 款协议由保加利亚法院管辖，则在无此种协议的情况下，如果被告在第一审结束前通过法律争议中的诉讼行为明示或者默示接受管辖，法院亦可据此行使管辖权。

第 25 条　[诉讼保全的管辖权]

如果保全措施的客体位于保加利亚共和国境内，而且外国法院所作的判决要在保加利亚共和国承认和执行，即使保加利亚共和国法院对诉讼的审理无国际管辖权，但保加利亚共和国法院对于该诉讼的保全措施仍可行使管辖权。

第 26 条　[强制执行的管辖权]

如果履行义务者在保加利亚共和国境内有经常居所，或者强制执行措施的客体位于保加利亚共和国境内，则保加利亚共和国的执行机构对于该强制执行措施的实施具有专属管辖权。

第 27 条　[情势变更时的管辖权]

1. 如果诉讼开始时，行使国际管辖权的理由成立，即使该理由后来在诉讼中不复存在，仍由已行使管辖权的法院管辖。

2. 即使法院在诉讼开始时无国际管辖权，但在诉讼过程中产生了管辖权根据，那么，该法院的这种管辖权即告成立。

第 28 条　[法院审查]

法院依职权对国际管辖权进行审查。要确定这种管辖权是否成立，由上诉审法院作出裁定。

第三章　诉讼程序

第 29 条　[准据法]

保加利亚法院和其他机关依照保加利亚法律对案件进行审理。

第 30 条　[证据]

1. 举证责任的承担，适用据以对待证明的案情的结果作出判决的实体法。

2. 只要案件的准据法对《保加利亚共和国民事诉讼法典》第 133 条规定的情况允许证人佐证，如果案情发生于该准据法所属国境内，则允许采取这些证据。

3. 即使保加利亚共和国法院对诉讼无管辖权，但如果对该诉讼作出判决所必需的证据处于保加利亚共和国境内，则该证据的保全措施亦由保加利亚法院实施，并在采取保全措施当日告知对方，但这种保全措施必须立即执行者除外。

第 31 条　[对外国诉讼行为的认定]

外国诉讼行为或者官方文件的有效性，由保加利亚共和国法院或者其他机关根据该行为实施地或者出具地国家的法律认定。

第 32 条　[传讯和文书的送达]

1. 在外国传讯或者送达通知或者文书，应通过保加利亚外交或者领事代表以及外国主管机关进行，并由保加利亚机关通过司法部根据司法部规定的程序向保加利亚外交或者领事代表以及外国主管机关提出该传讯或者送达请求。

2. 保加利亚外交或者领事代表只能对保加利亚公民进行传讯或者送达行为。

第 33 条　[接收法院传票的地址]

1. 当事人在国外有已知地址的，在该地址进行传讯，并在传讯中告知当事人必须在保加利亚共和国境内指定一个接收法院传票的地址。

2. 第 1 款所指义务也针对在保加利亚境内者的法定代理人、监护人以及被委托人，如果这些人正在国外，则为在保加利亚共和国境内者的被委托人。

3. 不履行第 1 款及第 2 款规定的义务时，为当事人确定的随后传讯及其他文书均归入卷宗，并视为已送达。当事人在第一次被传讯时应被告知这些后果。

第 34 条　[通过代理人传讯]

如果当事人在国外有已知的地址，而且当事人在保加利亚共和国境内的代理人已经以当事人的名义实施了与已开始的诉讼有关的行为，则可通过该代理人进行传讯。

第 35 条　[公告传讯]

1. 如果当事人在国外有已知的地址，但采用一切办法都不能在该地址对其进行传讯，则应至少在开庭审理一个月之前通过《保加利亚法律公报》的非正文部分公告传讯当事人。

2. 当事人在公告传讯后仍未出庭参与诉讼的，法院为其指定代理人。

第 36 条　[司法协助]

1. 保加利亚机关有义务应外国机关的要求实施司法协助，除非履行该项要求违背保加利亚的公共秩序。

2. 被请求的行为依照保加利亚法律执行。如果保加利亚法律允许，可根据外国机关的申请依照外国法执行该行为。

3. 如果保加利亚机关请求外国给予司法协助，可要求按照保加利亚法律执行司法协助行为。

第 37 条 ［对诉讼未决的抗辩］

如果相同当事人之间基于相同事实就同一诉讼请求已在外国法院提起诉讼，并且可预见该诉讼将在合理的期限内做出终局判决，而该判决将在保加利亚共和国境内予以承认和执行，则保加利亚法院应依职权中止已受理的诉讼。

第 38 条 ［对先决法律关系的管辖权］

1. 保加利亚法院即便对相关案件无管辖权，但可以对解决争议具有重要意义的法律关系发表意见。

2. 如果对于该具有重要意义的法律关系已在外国开始了诉讼但尚未做出判决，只要假设该外国法院判决将在保加利亚共和国境内得到承认的理由成立，则保加利亚法院可中止已受理的相关诉讼。

第三编　法律适用

第四章　一般规定

第 39 条 ［识别］

1. 如果准据法的确定取决于对案件事实或者法律关系的识别，则依照保加利亚法律进行识别。

2. 如果相关的法律制度或者法律概念在保加利亚法律中不存在，而且根据保加利亚法律进行解释后也不能确定，则在识别时应考虑规定这些法律制度或者法律概念的外国法。

3. 识别时应顾及所调整的法律关系中的国际因素以及国际私法的各种特性。

第 40 条 ［指引］

1. 在本法典意义上，某特定国家的法律系指该国的包括冲突规范在内的所有法律规范，但本法典或其他法律另有规定的除外。

2. 对保加利亚法律的反致和对第三国法律的指引(转致)，不许适用于：

(1)法人以及非法人组织的法律地位；

(2)法律行为的形式；

(3)对准据法的选择；

(4)扶养；

(5)合同关系;

(6)非合同关系。

3. 在第 1 款所指情况下，如果接受这种指引，则适用保加利亚或者第三国的实体法。

第 41 条　[对多法律体系国家法律的适用]

1. 如果本法典指引适用其法律的国家系由多个具有自身法律制度的领土单位组成，则依照该国法律确定应适用其中哪一法律。

2. 如果相关国家由多个领土单位组成，而各领土单位均有自己的调整合同之债和非合同之债的法律规定，则在依照本法典第十和第十一章确定准据法时，各领土单位均视为一个国家。

3. 如果本法典指引适用其法律的国家具有多种适用于不同种类人群的法律制度，则依照该国法律确定应适用其中哪一法律。

4. 如果第 1 款至第 3 款所指国家无任何确定准据法(应适用的法律)的标准，则适用与法律关系有密切联系的各该法律。

第 42 条　[连结因素的变更]

据以确定准据法的情势事后发生变更的，无任何追溯力。

第 43 条　[外国法内容的查明]

1. 法院或者其他法律适用机关依职权查明外国法的内容，并可借助于国际条约中规定的协助方式，请求司法部或者其他机构以及专家、专业机构提供答复。

2. 各当事人可以提供证明其据以提出请求或者抗辩的外国法条款内容的文件，或者以其他方式支持法院或者其他法律适用机关查明外国法的内容。

3. 在当事人选择准据法的情况下，法院或者其他法律适用机关可责令当事人参与查明所选择法律的内容。

第 44 条　[外国法的解释和适用]

1. 外国法的解释和适用，应按照该法律来源国的解释和适用方式进行。

2. 对外国法的不适用以及错误解释和适用，均可提出上诉。

第 45 条　[公共秩序]

1. 根据本法典本应适用的某外国法规定，仅在其适用的结果明显与保加利亚的公共秩序不相容时，方不予以适用。

2. 在判断这种不相容性时，应考虑法律关系与保加利亚法律的联系程度以及该外国法适用结果的重要性。

3. 如果确定存在第 1 款所指的不相容性，则适用该外国法中的其他合适的法律规定。无此种规定时，出于调整该法律关系的必要性，适用保加利亚的法律规定。

第 46 条　[干预规范]

1. 本法典的规定，不影响保加利亚法律中的强制性规范的适用。无论所指引的外国法规定如何，这些强制性规范在对其调整对象和立法目的上均强行适用。

2. 与法律关系有密切联系的其他国家的强制性规范，如果根据其所属国法律的规定，不论本法典的冲突规范所指引的准据法为何国法律，均应予以适用，则法院得考虑适用该强制性规范。在决定应否适用这种干预规范时，法院应考虑该规范的性质、适用对象以及其适用或者不适用的结果。

第 47 条　[互惠]

1. 外国法的适用，不受互惠关系存在与否的限制。

2. 在某法律规定要求有互惠关系存在时，除非有相反证据，否则推定存在这种互惠关系。

第五章　法律关系主体的法律地位

第一节　自然人的法律地位

第 48 条　[一般规定]

1. 在本法典意义上，自然人的本国法，系指其国籍所属国的法律。

2. 具有两个或者多个国籍的自然人，如果保加利亚是其国籍之一，则以保加利亚法律为其本国法。

3. 具有两个或者多个国籍的自然人，如果其经常居所设在其中一国，则以该经常居所地国法为其本国法。如果该人在其国籍所属国中均无经常居所，则适用与其有最密切联系的国家的法律。

4. 在本法典意义上，无国籍人以其经常居所地国法为本国法。

5. 在本法典意义上，难民或者寻求庇护者以其经常居所地国法为本国法。

6. 如果第 3 款、第 4 款和第 5 款所指之人无任何经常居所或者经常居所无法查明，则适用与其有最密切联系的国家的法律。

7. 在本法典意义上，"自然人的经常居所"系指该自然人为了生存需要而设立住所的主要场所，而不论此居所是否需要注册或者定居是否获得批准。在确定该场所时，应特别考虑体现此人与该场所的长期联系或者建立此种联系的意图等个人或者职业性质情况。

第 49 条　［权利能力］

1. 人的权利能力，适用其本国法确定。

2. 外国国民和无国籍人在保加利亚共和国享有与保加利亚国民同等的权利，但法律另有规定的除外。

第 50 条　［行为能力］

1. 人的行为能力，依照其本国法确定。如果相关法律关系的准据法在行为能力方面规定有特别条件的，则适用该法律的规定。

2. 如果合同系由处于同一国境内的当事人所订立，一方当事人根据该国法律具有行为能力，则该当事人不得援引另一国法律主张无行为能力，但缔约对方在订立合同时已知晓其无行为能力或者由于疏忽而不知晓的除外。

3. 第 2 款规定不适用于家庭关系或者继承关系中的行为以及涉及行为实施地国以外的其他国家境内的不动产物权的行为。

第 51 条　［已取得的权利能力和行为能力］

已依照本国法取得的权利能力和行为能力，不受国籍变更的影响。

第 52 条　［从事商业活动的行为能力］

不设立法人但从事商业活动者的行为能力，依照其注册为商人所在地国法律确定。如果无需注册，则适用该商人的总事务所所在地国法律。

第 53 条　［姓名］

1. 自然人的姓名及其变更，适用其本国法确定。

2. 国籍变更对姓名的影响，依照已取得的国籍所属国法律确定。对于无国籍人，其经常居所地变更对姓名的影响，依照该人新设立的经常居所所在地国法律确定。

3. 姓名的保护，由根据本法第十一章规定应适用的法律调整。

4. 姓名及其变更，可以根据在保加利亚共和国境内有经常居所者的申请，适用保加利亚法律。

第 54 条　［对行为能力的限制或者剥夺］

1. 对自然人的行为能力进行限制或者剥夺的条件及后果，依照其本国法确定。如果该人的经常居所在保加利亚共和国境内，则法院可以适用保加利亚法律。

2. 撤销对行为能力的限制或者剥夺的条件，亦依照第 1 款规定所适用的法律确定。

第 55 条　［宣告失踪和宣告死亡］

1. 宣告失踪或者宣告死亡的条件和后果，适用被宣告失踪或者死亡者有最后确切消息时的国籍所属国法律确定。如果其为无国籍人，宣告失踪或者宣告死亡的条件和后果，依照其最后的经常居所地国法律确定。

2. 为保护某自然人位于保加利亚共和国境内的财产而采取的临时措施，依照保加利亚法律。

3. 根据具有合法利益者的申请，对于在保加利亚共和国境内有经常居所者，可以依照保加利亚法律宣告其失踪或者死亡。

第二节 法人、非法人组织以及国家的法律地位

第 56 条 ［法人］

1. 法人，以其注册地国法律为准。

2. 如果对法人的设立无注册要求，或者该法人在多个国家注册，适用该法人的组织章程所规定的所在地国家的法律。

3. 如果第 2 款所指的组织章程规定的所在地与该法人的实际管理机构所在地不一致，则适用该法人实际管理机构所在地国法律。

4. 对于法人的分支机构，以该分支机构注册地国法律为准。

第 57 条 ［非法人组织］

对于非法人的社团或者组织，以该社团或者组织的注册地或设立地国法律为准。

第 58 条 ［准据法的适用范围］

根据第 56 条和第 57 条所确定的准据法，调整下列事项：

(1)设立、法律性质和法律上的组织形式；

(2)名称或者公司名称；

(3)权利主体和领导体系；

(4)机构的组成、权限和职能；

(5)代表机构；

(6)成员资格以及与此相关的权利和义务的取得和丧失；

(7)履行义务的责任；

(8)违反法律或者组织章程的后果；

(9)改组或者解散。

第 59 条 ［所在地迁移和改组］

将所在地迁往另一国或者在不同国家具有所在地的法人改组，仅在该行为的实施符合这些国家的法律时发生法律效力。

第 60 条 ［国家参与具有国际因素的私法关系］

本法典的规定，亦适用于国家作为当事人参与的具有国际因素的私法关系，但法律另有规定的除外。

第六章　法律行为、代理和时效

第 61 条 ［法律行为的形式］

法律行为的形式，依照调整该法律行为的法律确定。满足行为实施地国法的形式要求的法律行为在形式上为有效。

第 62 条 ［意定代理中的被代理人和第三人之间的关系］

1. 在被代理人和第三人之间的关系上，代理人代理权的成立和范围、代理人实际上或者名义上行使代理权的后果，由代理人实施代理行为时其总事务所所在地国法律调整。

2. 在下列情况下，不管第 1 款规定如何，仍适用代理人行为地国法律：

(1)被代理人的总部所在地或者其经常居所位于该国，而且代理人在该国以被代理人的名义实施了代理行为的；

(2)第三人的总事务所或者经常居所位于该国的；

(3)代理人在交易所实施代理行为或者参与了拍卖的；

(4)代理人未设立任何总部所在地的。

3. 被代理人或者第三人可以书面形式选择适用于第 1 款所指事项的法律。这种法律选择必须为对方当事人明确地接受，且不得影响代理人的利益。

第 63 条 ［时效］

时效，以调整相应法律关系的法律为准。

第七章　物权和知识产权

第一节　物权

第 64 条 ［一般规定］

1. 动产和不动产的占有、所有权及其他物权，适用该物之所在地国法律。

2. 某物应视为动产还是不动产以及物权的种类，依照第 1 款所指的法律确定。

第 65 条　[物权的取得和终止]

1. 物权和占有的取得和终止，由实施物权行为时或者决定物权的取得或者终止的情势发生时该物之所在地国法律调整。

2. 通过占有取得物权或者其他物权，适用占有时效届满时该物之所在地国法律。在另一国的占有时间应予以考虑。

第 66 条　[既得权]

物之所在地发生变更时，行使依照该物以前所在地国法律所取得的权利时不得违背该物之新所在地国家的法律。

第 67 条　[运输中的物品]

1. 运输中物品的物权的取得和终止，适用该物品的运输目的地国法律。

2. 旅客携带的供个人使用的物品之物权，适用该旅客的经常居所地国法律。

第 68 条　[交通工具]

交通工具的物权之取得、转让和终止，适用

(1)船舶所悬挂的国旗国法律；

(2)航空器注册地国法律；

(3)为铁路或者公路交通运输目的而经营交通工具者的事务所所在地国法律。

第 69 条　[注册]

取得、转让或者消灭物权的法律行为之注册，适用该物在实施法律行为时的所在地国法律。

第 70 条　[文物]

如果被列入一国文化遗产的物品被非法带至该国境外，则该国要求返还该物品的请求权适用该国的法律，除非该国已选择适用在提出返还请求时该物品所在地国家的法律。

第二节　知识产权

第 71 条　[一般规定]

1. 著作权以及与著作权相关的权利的产生、内容、转让和终止，适用著作权被请求保护地国家的法律。

2. 工业产权标的物上的权利的产生、内容、转让和终止，适用专利权授予地或者注册地国家的法律或者提出授予专利权或者注册专利权的申请所在地国家的法律。

第 72 条　[基于雇佣关系而创设的知识产权标的物上的权利]

在雇主与创作者的关系上，对于在雇佣关系期间创设的知识产权标的物上的权利所有人的确定，亦适用调整雇佣合同的法律。

第 73 条　[合同准据法]

涉及知识产权标的物上权利的转让或者使用权转让的合同，由根据本法典第十章所确定的准据法调整。

第三节　物权或者知识产权的准据法的适用范围

第 74 条　[准据法的适用范围]

根据本章第一节和第二节规定应适用的法律，调整下列事项：

(1)权利的产生、种类、内容和范围；

(2)权利所有人；

(3)权利的可转让性；

(4)权利的设立、变更、转让或者消灭方式；

(5)注册的必要性，以及权利能否对抗第三人。

第八章　家庭关系

第 75 条　[婚姻的形式要件]

1. 婚姻的形式要件，适用缔结婚姻所在机构的所属国法律。

2. 在经授权的外交或者领事代表处缔结婚姻的形式，适用(该外交或者领事代表的)派遣国法律。

3. 在外国缔结的婚姻，只要其符合根据第 1 款和第 2 款指引的法律所规定的形式要件，则在保加利亚共和国得以承认。

第 76 条　[结婚的实质要件]①

1. 结婚的实质要件，对于拟结婚的各方当事人而言，依照其结婚时的国籍国法律确定。对于在外国结婚的保加利亚国民，可根据《保加利亚共和国家庭法典》第 6 条第 2 款的规定由保加利亚的外交或者领事代表颁发许可证。

2. 如果当事人一方为保加利亚国民或者其经常居所在保加利亚共和国境内，且婚姻在保加利亚婚姻登记处缔结，但应适用的外国实体法中禁止结婚的规定与保加利亚法律上的结婚自由原则相抵触，则该禁止结婚的规定不予

---

①　本条规定经 100/2010 号法律修正，自 2010 年 12 月 21 日起施行。

适用。

第 77 条　[无婚姻障碍的证明]

外国国民或者无国籍人必须向保加利亚婚姻登记处证明：

(1)其本国法承认在外国主管机关处缔结的婚姻；

(2)根据其本国法不存在任何结婚障碍。

第 78 条　[婚姻的解除]

婚姻的解除，依照适用于结婚条件的法律确定。

第 79 条　[夫妻之间的人身和财产关系]

1. 夫妻之间的人身关系，适用其共同的本国法。

2. 具有不同国籍的夫妻之间的人身关系，适用其共同的经常居所地国法律；无共同的经常居所地时，适用与夫妻双方均有最密切联系的国家的法律。

3. 夫妻之间的财产关系，依照适用于其人身关系的法律确定。

4. 夫妻双方可以选择调整其财产关系的法律，前提是根据第 1 款和第 2 款所确定的法律允许此种选择。

第 80 条　[法律选择协议]

1. 根据第 79 条第 4 款选择准据法时，须采取书面形式，并注明日期，附上夫妻双方的签名。

2. 法律选择协议的订立和效力，适用所选择的法律。

3. 法律选择可在结婚前或者结婚后做出。夫妻双方可以变更或者废除法律选择。如果法律选择系在结婚后做出，则该项法律选择自结婚时发生效力，但当事人另有约定的除外。

第 81 条　[法律选择能否对抗第三人]

如果夫妻之间的财产关系应以所选择的外国法为准，则仅在第三人知晓适用该法律或者由于自身的疏忽而不知晓时，这种法律选择方可对抗第三人。对于不动产物权，仅在该物权符合物之所在地国法律所规定的注册要求时，方可对第三人提出抗辩。

第 82 条　[离婚]

1. 具有同一外国国籍的夫妻之间的离婚，适用其提出离婚申请时的国籍国法律。

2. 具有不同国籍的夫妻之间的离婚，适用其提出离婚申请时的共同经常居所地国法律。如果夫妻双方无共同的经常居所，则适用保加利亚法律。

3. 如果所适用的法律不许离婚，而在提出离婚申请时夫妻一方为保加利亚国民或者其经常居所在保加利亚共和国境内，则适用保加利亚法律。

第 83 条　[出身]

1. 出身，适用子女在出生时已取得的国籍国法律。

2. 尽管有第 1 款规定，但如果对子女更有利，可适用：

(1)子女的国籍国法律或者在查明出身时该子女的经常居所地国法律；或者

(2)调整子女出生时其父母相互间人身关系的法律；

3. 如果第三国法律允许查明子女的出身，则接受对该第三国法律的转致。

4. 认领，只要其符合已实施认领行为的认领人的本国法、认领时子女的本国法或者认领时子女的经常居所地国法律，均为有效。

5. 认领的形式要件，由认领行为实施地国法律或者根据第 4 款规定应适用的法律调整。

第 84 条　[收养]

1. 收养的条件，适用提出收养申请时收养人和被收养人的共同国籍国法律。

2. 如果收养人和被收养人国籍不同，则其每一方的本国法均应予以适用。

3. 如果被收养人的经常居所在保加利亚共和国境内，则收养应取得司法部的同意，但收养人在保加利亚共和国境内有经常居所的除外。批准同意的条件和程序，适用司法部的有关规定。①

4. 如果被收养人为保加利亚国民，经常居所在另一国家的收养人，也必须满足该另一国法律所规定的收养条件。

5. 收养的效力，适用收养人和被收养人的共同本国法。收养人和被收养人国籍不同的，适用其共同的经常居所地国法律。

6. 收养的解除，依照第 1 款、第 2 款和第 4 款规定的适用于收养条件的法律。

7. 除第 6 款规定的解除收养外，收养终止的原因，依照第 5 款规定的适用于收养效力的法律确定。

8. 终止收养时，应考虑未成年的被收养人的最大利益。

第 85 条　[父母与子女间的关系]

1. 父母与子女间的关系，适用其共同的经常居所地国法律。

2. 如果父母和子女无共同的经常居所，其相互间关系适用子女的经常居所地国法律，如果对子女更有利，也可适用子女的本国法。

---

① 本条第 3 款、第 4 款规定经 42/2009 号法律修正，自 2009 年 10 月 1 日起施行。

第 86 条　[监护与照料]

1. 监护与照料的设立及终止，适用被监护人或者被照料人的经常居所地国法律。

2. 被监护人或者被照料人与监护人或照料人之间的关系，适用依照第 1 款所确定的准据法。

3. 承担监护或者照料的义务，适用被指定的监护人或者照料人的本国法。

4.（如果被监护人或者被照料人的）人身及其动产或者不动产财产位于保加利亚共和国境内，可根据保加利亚法律采取临时或者紧急保护措施。

第 87 条　[扶养]

1. 扶养义务，适用扶养权利人的经常居所地国法律，但其本国法对其更为有利的除外。此时，适用扶养权利人的本国法。

2. 如果扶养权利人和扶养义务人具有同一国国籍，而且扶养义务人的经常居所也在该国境内，则适用其共同的本国法。

3. 如果根据第 1 款和第 2 款规定应适用的法律不允许判给扶养费，则适用保加利亚法律。

4. 如果涉及因解除婚姻或者离婚的以前的夫妻之间的扶养义务，适用第 78 条或者第 82 条所规定的准据法。

第 88 条　[扶养准据法的适用范围]

1. 扶养的准据法确定：

（1）能否请求扶养以及请求扶养的范围与对象；

（2）谁可请求扶养以及扶养的期限；

（3）能否变更扶养以及变更扶养的条件；

（4）请求扶养的权利消灭的原因；

（5）扶养义务人向代为支付扶养费的机构进行补偿的义务。

2. 尽管应适用的外国法有另外规定，但在计算扶养费时应考虑扶养义务的实际情况和扶养权利人的实际需要。

第九章　继承关系

第 89 条　[法定继承]

1. 动产的继承，适用被继承人死亡时的经常居所地国法律。

2. 不动产的继承，适用不动产所在地国法律。

3. 被继承人可以指定其所有财产的继承均适用其选择法律时的国籍国

法律。

4. 准据法的选择及其撤回的实质要件和效力，依照所选择的法律确定。准据法选择及其撤回，均必须遵守有关遗嘱的形式要求。

5. 对准据法的选择，不得有损于根据第 1 款和第 2 款应适用的法律所规定的留给继承人的特留份额。

第 90 条　［遗嘱继承］

1. 人通过遗嘱处分其财产（设立或者撤回遗嘱）的能力，依照第 89 条所规定的准据法确定。

2. 遗嘱，如果其符合下列国家法律的规定，则在形式上有效：

（1）设立地国；或者

（2）遗嘱人在设立遗嘱时或者死亡时的国籍国；或者

（3）遗嘱人在设立遗嘱时或者死亡时的经常居所地国；或者

（4）作为遗嘱标的物的不动产所在地国。

3. 第 2 款亦适用于撤回遗嘱的形式。

第 91 条　［准据法的适用范围］

继承的准据法，调整：

（1）继承开始的时间和地点；

（2）继承人的范围和继承顺位；

（3）继承份额；

（4）继承能力；

（5）对被继承人债务的承担以及该债务在继承人之间的分配；

（6）继承的接受和拒绝；

（7）接受继承的期限；

（8）可支配的部分；

（9）遗嘱的有效要件。

第 92 条　［无人继承的遗产］

如果根据应适用的法律，无任何继承人、受遗赠人受领遗产，也没有自然人依法成为继承人的，则保加利亚共和国境内的遗产应归保加利亚国家或者市政府所有。

第十章　合同关系

第 93 条　［准据法的选择］

1. 合同，适用合同当事人所选择的法律。这种选择必须是明示的，或者可从合同条款或者合同关系的各种情况中推断出来。

2. 如果无另外约定，则可认定，当事人选择适用的应是其知道或者理应知道的习惯，这种习惯在国际商务中广为人知，且在相关交易中经常受到这类合同当事人的尊重。

3. 当事人可以就整个合同或者合同的某部分进行法律选择。

4. 当事人可随时协议合同受此前所选择的法律以外的另一国法律调整。合同订立后变更准据法的，不得影响第 98 条意义上的合同形式有效性以及第三人权利。

5. 在法律选择时，如果合同的所有要素仅与同一个国家有联系，则该国的不得通过行使法律选择自由的权利予以规避的强制性规范的适用不受选择外国法的影响。

6. 对于选择准据法的合意的成立和效力，适用第 97 条和第 98 条的规定。

第 94 条　[未选择法律时的准据法]

1. 如果当事人未选择准据法，则适用与合同有最密切联系的国家的法律。如果合同的某部分可与合同的其余条款相分离，且该部分与另一个国家有更密切的联系，则可例外地对该部分适用该另一国的法律。

2. 推定实施特征性履行的一方当事人在订立合同时的经常居所地国或者主要管理机构所在地国与合同有最密切联系。

3. 如果合同系由第 2 款所指的当事人在进行商业或者职业活动时订立，则推定合同与该当事人的主要事务所所在地国有最密切联系。如果履行地与该当事人的主要事务所所在地不一致，则推定合同与订立合同时实施履行行为的事务所所在地国有最密切联系。

4. 如果特征性履行不能确定，则不适用第 2 款和第 3 款的规定。

5. 如果合同以不动产物权为标的，则推定合同与该不动产所在地有最密切联系。

6. 第 2 款和第 3 款的规定不适用于货物运输合同，并推定该货物运输合同与承运人在订立合同时的主要事务所所在地国有最密切联系，但同时下列地点也必须在该国：

　(1)装货地；

　(2)卸货地；或者

　(3)货物发运人的主要事务所。

7. 第 6 款的规定亦适用于有关单程运输的租赁合同以及服务于货物运输

这个主要事项的其他合同。

8. 如果整体情况表明合同与另一国有更密切的联系，则不适用第 2 款、第 3 款、第 5 款、第 6 款、第 7 款的规定。此时，适用该另一国法律。

第 95 条　[消费者合同的准据法]

1. 本法典意义上的消费者合同，系指一方当事人购买货物、享受服务或者获得信贷是出于本人或者其家庭成员的需要，并非为了销售、生产或者职业行为的目的而订立的合同。

2. 与消费者订立的合同，适用当事人所选择的法律。但是，准据法的选择不得剥夺消费者经常居所地国的强制性规范给予消费者的保护，如果：

（1）合同的订立系由于某项给消费者的具体报价或者在该国的广告所致，而且消费者在该国实施了所有为订立合同所必需的行为；

（2）合同对方当事人或者其代理人在该国接受了消费者的订单；

（3）合同涉及货物的销售，且卖方为了促使消费者购买货物而安排消费者去另一国提交订单。

3. 未选择准据法时，在第 2 款所指情况下订立的合同，适用消费者的经常居所地国法。

4. 第 2 款和第 3 款规定不适用于运输合同以及专门在消费者经常居所地国以外的另一国提供服务的合同。这些合同依照第 93 条和第 94 条规定。

5. 为提供包括运送和提供住宿在内的复合服务而支付总价款的合同，适用被第 2 款和第 3 款所指引的法律。

第 96 条　[个人劳务合同的准据法]

1. 劳务合同，适用双方当事人所选择的法律。但是，准据法的选择不得剥夺未选择法律时应适用的强制性规范给予劳动者或者职员所提供的保护。

2. 未选择法律时，劳务合同适用劳动者或者职员通常从事劳动所在地国法律，即使其暂时被派往另一国亦然。

3. 如果劳动者或者职员并非总在同一个国家从事劳动，则适用雇主的经常居所地国法律或者总部所在地国法律。

4. 在第 2 款和第 3 款所指情形下，如果整体情况表明，劳务合同与另一国有更密切联系，则适用该另一国法律。

第 97 条　[合同的订立和效力]

1. 合同或者合同某条款的成立及效力，依照假设该合同或者合同条款有效时根据本章规定应适用的那个国家的法律确定。

2. 如果合同情况表明，依照第 1 款所指的法律来确定其行为的后果显失公平，则合同各方当事人均可援引其经常居所地国法律以主张其不同意该合同。

第 98 条　［合同的形式］

1. 合同的效力，应遵守依照本章规定适用于合同的法律或者合同缔结地国法律的形式要求。

2. 当事人在订立合同时分别位于不同的国家境内的，如果合同满足了依照本章规定适用于合同的法律或者任何一方当事人所在地国法律的形式要求，则为有效。

3. 如果合同系通过代理人订立，则适用第 1 款和第 2 款规定时必须考虑该代理人所在地国法律。

4. 在第 95 条所指情况下与消费者订立的合同的效力，必须遵守消费者的经常居所地国法的形式要求。

5. 与现有合同或者将来合同相关的单方意思表示的效力，必须满足依照本章规定应适用或者本应适用的法律或者意思表示作出地国法律的形式要求。

6. 如果合同以不动产物权为标的，则不论合同缔结地位于何处或者合同准据法为何，必须满足该不动产所在地国法律中必须适用的强制性形式要求。

第 99 条　［代位求偿］

1. 如果第三人有义务向债权人进行清偿，或者该第三人已向债权人清偿，则该第三人能否或者能在多大范围内行使已被清偿的债权人根据其债务关系的准据法对债务人享有的全部或者部分权利，依照调整该第三人对债权人的义务的法律确定。

2. 如果数人均应履行同一义务，且债权人已从其中一人处得到清偿，则第 1 款同样适用。

第 100 条　［债权转让］

1. 债权的让与人与受让人之间的关系，由依照本章规定适用于转让合同的法律确定。

2. 债权的可转让性、受让人与债务人的关系、债权转让得以对抗债务人的条件以及债务人履行清偿的效果，依照调整被转让的债权的法律确定。

第 101 条　［举证责任］

1. 依照本章规定适用于合同的法律，如果其含有法律推定或者涉及举证责任的其他规定，则也适用于与合同有关的证据。

2. 合同或者单方意思表示，得用法院地法或者第 98 条所指的调整合同形式的法律所许可的各种证据方式加以证明。

第 102 条　［准据法的适用范围］

1. 依照本章规定适用于合同的法律，调整：

(1)合同的解释；

(2)义务的履行；

(3)完全不履行或者部分不履行义务的后果；

(4)损失范围的确定；

(5)义务消灭的原因；

(6)合同无效的后果；

(7)时效；

(8)作为期限届满后果的权利终止

2. 就履行义务的种类和方式以及债权人在债务人不履行义务时可采取的措施而言，法院应完全或者部分地考虑合同履行地国法律。

第 103 条　［本章规定的解释和适用］

在解释和适用本章规定时，应考虑：

(1)本章规定与欧洲共同体成员国之间于 1980 年 6 月 19 日在罗马签署的《关于合同之债的法律适用公约》相一致的情况；以及

(2)该公约条款在已生效的国家被解释或者适用的类型或者方式实现统一的必要性。

第 104 条　［本章规定的不适用性］

本章规定不适用于因本票、汇票及支票所产生的义务。

第十一章　非合同关系

第一节　侵权行为

第 105 条　［一般规定］

1. 因侵权行为引起的义务，由直接损害的发生地或者可能发生地国法律调整。

2. 如果造成损害者与受害者在损害发生时在同一国有经常居所或者事务所，则适用该国的法律。

3. 不管第 1 款和第 2 款的规定为何，如果整体情况表明，侵权行为与另一国有实质性更密切联系，则适用该另一国法律。当事人之间的以前关系，例如与侵权行为有密切关系的合同，亦可成为这种实质性更密切联系的依据。

第 106 条 ［产品责任］

1. 如果损害系因产品瑕疵所致，或者存在造成损害的危险，则损害赔偿义务适用受害者的经常居所地国法律，除非承担责任者证明，在该国市场取得该产品并未征得其同意。此时，适用承担责任者的经常居所地或者事务所所在地国法律。

2. 第 105 条第 2 款和第 3 款规定的适用不受第 1 款的影响。

第 107 条 ［不正当竞争与限制竞争］

1. 因不正当竞争或者限制竞争而产生的义务，适用竞争者相互间的利益或者消费者的集体利益直接地并且明显地受到损害或者可能受到损害地国法律。

2. 如果不正当竞争仅仅影响到单个竞争者的利益，则适用第 105 条第 2款、第 3 款的规定。

第 108 条 ［对人格权的侵害］

1. 由于通过大众媒体，例如印刷品、广播、电视或者其他信息手段，侵害人格权而产生的义务，依照受害者的选择适用：

(1)其经常居所地国法律；或者

(2)损害发生地国法律；

(3)承担责任者的经常居所地或者事务所所在地国法律。

2. 在第 1 款第 1 种和第 2 种情况下，要求承担责任者应能理性地估计到将在相关国家发生损害。

3. 在人格权受侵害时针对大众媒体的抗辩权，适用(信息)公布地者信号发射地国法律。

4. 第 1 款规定亦适用于因侵害与保护个人资料相关的权利而产生的义务。

第 109 条 ［环境损害］

因环境损害而产生的义务，适用损害发生地或者可能发生地国法律，但受害者选择适用致害行为实施地国法律的除外。

第 110 条 ［对知识产权的侵害］

因侵害著作权、与著作权相关的权利以及知识产权标的物上的权利而产生的义务，适用该权利被保护地国法律。

第二节 不当得利；无因管理

第 111 条 ［不当得利］

1. 因不当得利而产生的义务，适用不当得利发生地国法律。

2. 如果不当得利的发生与当事人之间的另一法律关系有关，例如与不当得利有密切联系的合同，则适用调整该另一法律关系的法律。

3. 如果各方当事人在不当得利发生时在某同一国家有经常居所或者事务所，则适用该国的法律。

4. 如果整体情况表明，不当得利与另一个国家存在实质性更密切联系，则适用该另一国法律。

第 112 条　[无因管理]

1. 由于无因管理而产生的义务，适用管理人在实施管理行为时的经常居所地或者事务所所在地国法律。

2. 如果管理行为与当事人之间的另一法律关系有关，例如与无因管理有密切联系的合同，则适用调整该另一法律关系的法律。

3. 如果由于无因管理而产生的义务与保护自然人或者某具体财产有关，适用无因管理行为发生时该人或者财产所在地国法律。

4. 如果整体情况表明，无因管理与另一个国家存在实质性更密切联系，则适用该另一国法律。

第三节　非合同关系的一般规定

第 113 条　[准据法的选择]

1. 因本章第一节和第二节所调整的非合同关系所致的义务产生后，当事人可以将这类义务由其所选择的法律调整。准据法的选择必须是明示的，或者可以清楚地从案件的各类情况中推断出来，而且不得损害第三人的权利。

2. 义务产生时，如果非合同关系的所有因素与所选择的法律所属国以外的另一国家有联系，则法律的选择不影响该另一国家的那些不得通过行使契约自由权予以规避的强制性规范的适用。

3. 第 1 款与第 2 款的规定，不适用于第 110 条所调整的义务。

4. 法律选择协议的成立和效力，相应适用第 97 条和第 98 条的规定。

第 114 条　[非合同关系的准据法的适用范围]

1. 适用于非合同关系所致义务的法律，调整：

(1)承担责任的条件和范围以及义务承担者；

(2)消除责任的原因以及责任的限制与分配；

(3)法院为了预防、终止损害的发生或者为了确保损害或者损失得到赔偿而可以采取的措施；

(4)可要求予以赔偿的损害或者损失的种类；

（5）受法律规范调整的损害或者损失范围的确定；

（6）赔偿请求权的可转让性；

（7）因人身受到伤害或者损失而请求赔偿者；

（8）因另一人致害而产生的责任；

（9）义务消灭的方式、时效以及作为期限届满结果的权利的终止；

（10）义务的证明，但以所适用的法律含有法律推定或者涉及举证责任的其他规定为条件。

2. 准据法不适用于国家、公法上的法人及其机构或者代理人对实施其职责范围内的行为所承担的责任。

第 115 条　［遵守有关安全以及行为规范的规定］

无论准据法为何，在确定责任时，应遵守致害行为发生地和致害行为发生时有关安全以及行为规范的规定。

第 116 条　［直接对保险人起诉］

受害者或者被害人向承担责任的保险人直接提起诉讼的权利，由适用于相应的非合同之债的法律调整，但受害者或者被害人自己选择以保险合同的准据法为依据提起诉讼的除外。

第四编　外国法院判决及其他公文书的承认与执行

第十二章　承认与执行外国法院判决及其他公文书的条件与程序

第 117 条　［承认与执行的条件］

有下列情形的，外国法院以及其他机关所作的判决及文书得以承认并被宣告予以执行：

（1）根据保加利亚法律的规定，外国法院或者机关具有管辖权，除非在财产争议中，起诉者的国籍或者其在法院地国的注册行为构成外国法院或者机关行使管辖权的唯一根据；

（2）向被告送达了起诉书副本，当事人被合法传唤，未违反保加利亚法律中与保护当事人有关的基本原则；

（3）保加利亚法院未就相同当事人之间因同一事实、同一诉讼请求而提起的诉讼作出已发生法律效力的判决；

（4）相同当事人无任何的因同一事实、同一诉讼请求而由保加利亚法院审理的悬而未决的诉讼，而该诉讼已在外国法院或者机关开始，并且作出了有待于承认与执行的判决；

(5)作出承认与执行宣告不违反保加利亚的公共秩序。

第118条　[对承认的管辖权]

1. 外国法院判决由被请求的机构予以承认。

2. 在有关承认外国法院判决的条件发生争议时，可在索非亚城市法院提起确认之诉。

第119条　[作出可执行宣告的管辖权]

1. 为宣告执行外国法院判决之目的，得向索非亚城市法院提起诉讼。

2. 提出请求时，应附上法院所作判决的经认证的副本以及该法院出具的证实该判决已具有法律效力的证明。这些文件须经保加利亚共和国外交部认证。

3. 第2款亦适用于第118条所指的情况。

第120条　[对承认与执行条件的审查]

1. 法院依职权对第117条规定的条件进行审查。

2. 对于承认与执行外国法院的判决，诉讼的被告不得以违反第117条第2项为理由提出本应向外国法院提出的异议。

第121条　[审查的范围和对债务人的保护]

1. 法院不得对外国法院已经判决的争议的实质问题进行审理。

2. 债务人得援引外国法院判决发生法律效力后产生的情况为根据主张义务消灭。

3. 外国法院判决已基于可执行宣告发生法律效力后，债务人不得援引第2款所指的情况主张义务消灭。

第122条　[对法院调解的承认与执行]

只要法院调解在调解作出地国与法院判决具有同等法律效力，则法院调解亦适用第117条至第121条的规定。

第123条　[外国公文书的可执行性]

某项用以证明某债权在文书签发地国具有可执行性的外国公文书，如果要在保加利亚共和国具有可执行性，亦适用第117条至第121条所规定的条件。

第124条　[对外国执行及保护措施效力的承认]

如果外国采取执行及保护措施的机构依照保加利亚法律规定具有管辖权，而且该措施不违背保加利亚的公共秩序，则该措施的民事法律效力在保加利亚共和国受到尊重。

附则（略）

本法典经 2005 年 5 月 4 日召开的第 39 届国民议会通过，有国民议会的公章为证。

土耳其共和国 2007 年 11 月 27 日《关于国际私法与国际民事诉讼程序法的第 5718 号法律》*

第一章 国际私法

第一节 总则

第 1 条 [适用范围]

1. 具有外国因素的私法行为和私法关系的法律适用、土耳其法院的国际管辖权以及外国法院判决的承认与执行,由本法调整。

2. 土耳其共和国缔结或参加的国际条约的规定,不受本法影响。

第 2 条 [外国法的适用]

1. 法官依职权适用土耳其的冲突法规则以及根据这些规则所确定的外国法律。为查明所援引的外国法内容,法官可要求当事人给予协助。

2. 经过一切努力仍不能查明适用于案件的外国法的相关规定的,适用土耳其法律。

3. 如果应适用的外国法的冲突规范指引另一法律,则仅在人法、家庭法方面的争议中遵守该指引,并适用该另一法律中的实体规范。

4. 在允许选择法律的情况下,适用所选法律的实体规范,但当事人另有其他明确约定的除外。

---

* 土耳其共和国《关于国际私法与国际民事诉讼程序法的第 5718 号法律》于 2007 年 11 月 27 日通过,公布于 2007 年 12 月 12 日土耳其第 26728 号《法律公报》第 1~10 页,并于 2007 年 12 月 12 日起施行。本法根据科隆大学 Hilmar Krüger 教授和 Füsun Nomer-Ertan 博士的德文译本翻译(资料来源:IPRax 2008, Heft 3, S. 283-290)。本译文原载于《中国国际私法与比较法年刊》第十二卷(2009),北京大学出版社 2009 年版,第 513~530 页。此处略有修订。——译者注

5. 如果应适用的法律所属国具有两个或两个以上在内容上有所差异的法律区域，则由该国法确定应适用哪一区域的法律。无此种规定时，则适用与争议有最密切联系的区域的法律。

第 3 条　[连结点的变更]

在根据国籍、住所或者经常居所决定准据法的情况下，如果无相反规定，则以起诉时的国籍、住所或者经常居所为准。

第 4 条　[依照国籍原则确定准据法]

除非本法另有规定，否则，依照本法规定根据国籍原则确定应适用的法律时：

(1)对于无国籍人和难民，适用住所地法；无住所的，适用经常居所地法律；无经常居所的，适用该人在起诉时的所在地国法律。

(2)多国籍人同时具有土耳其国籍的，适用土耳其法律。

(3)多国籍人不具有土耳其国籍的，适用与之有最密切联系的国家的法律。

第 5 条　[违反公共秩序]

如果适用于特定案件的外国法规定，显然违背土耳其的公共秩序，则不予适用；必要时，适用土耳其法律。

第 6 条　[土耳其法律中直接适用的规范]

在适用外国法的情况下，如果就土耳其法律中直接适用的规范的立法宗旨和适用范围而言，案情应以这些直接适用的规范为准，则适用土耳其法律中的此类规范。

第 7 条　[法律行为的方式]

法律行为，应该遵守行为实施地法律或者适用于法律行为的实体法律规范所规定的方式。

第 8 条　[时效]

时效，依照适用于相关法律行为或者法律关系的法律。

第二节　连结规则

第 9 条　[能力]

1. 权利能力和行为能力，依照当事人的国籍国法律。

2. 如果某人依照其国籍国法律无行为能力，但依照法律行为实施地国法律有行为能力，则该人就该法律行为而言视为有行为能力。但该规定不适用于依照家庭法、继承法所实施的法律行为以及涉及另一国境内的不动产物权的法律行为。

3. 根据当事人国籍国法律已成年者，并不因为国籍的变更而丧失其成年资格。

4. 法人、人合团体或财合团体的权利能力和行为能力，依照其章程所规定的管理中心所在地法律。如果管理中心的实际所在地位于土耳其境内，则可适用土耳其法律。

5. 无设立章程的法人、无法律人格的人合团体或财合团体的能力，依照其管理中心的实际所在地法律。

第 10 条　[监护、禁治产、照料]

1. 设立或撤销监护、禁治产的原因，依照为之请求设立或者撤销监护、禁治产者的国籍国法律。

2. 根据外国人国籍国法律无法设立监护或者不得被禁治产的，如果该外国人的经常居所在土耳其境内，则依照土耳其法律作出有关设立或者撤销监护、禁治产的决定。在当事人被迫居留于土耳其的情况下，也适用土耳其法律。

3. 涉及禁治产、监护以及照料的所有事件，除有关设立或者撤销监护、禁治产的原因之外，均适用土耳其法律。

第 11 条　[宣告失踪或者死亡]

宣告失踪或者死亡，依照被宣告失踪或者死亡者的国籍国法律。如果依照当事人的国籍国法律不能宣告失踪或者死亡，但当事人的财产在土耳其境内、其配偶或者其继承人之一为土耳其国民，则可依照土耳其法律宣告失踪或死亡。

第 12 条　[婚约]

1. 订立婚约的能力和条件，依照订立婚约时当事人各自的国籍国法律确定。

2. 婚约的效力和后果，适用双方当事人的共同国籍国法律；双方当事人国籍不同的，则适用土耳其法律。

第 13 条　[婚姻及其一般效力]

1. 结婚的能力和条件，依照结婚时当事人各自的国籍国法律确定。

2. 结婚的形式，适用婚姻举行地国法律。

3. 婚姻的一般效力，依照夫妻双方的共同国籍国法律。当事人国籍不同的，适用共同经常居所地法律；没有共同经常居所地的，适用土耳其法律。

第 14 条　[离婚和别居]

1. 离婚和别居的原因及后果，依照夫妻双方的共同国籍国法律。双方当事人国籍不同的，适用共同经常居所地法律；没有共同经常居所地的，适用土耳其法律。

2. 因夫妻离婚产生的扶养请求，适用本条第 1 款规定。别居和婚姻的无效，也适用该规定。

3. 离婚所产生的子女抚养以及子女监护事项，亦依照本条第 1 款规定。

4. 请求采取临时措施的，适用土耳其法律。

第 15 条　[夫妻财产关系]

1. 就夫妻财产关系而言，夫妻双方可在其结婚时的经常居所地法律或者结婚时夫妻一方的国籍国法律中作出明示选择；未选择法律的，适用结婚时夫妻双方的共同国籍国法律；没有共同国籍国法律的，适用结婚时夫妻双方的共同经常居所地法律；没有共同经常居所地法律的，适用土耳其法律。

2. 不动产财产的分配，适用该财产所在地国法律。

3. 夫妻双方在结婚后又取得新的共同国籍的，在不影响第三人权利的条件下，可适用该新的共同国籍国法律。

第 16 条　[出身的确认]

1. 出身的确认，依照子女出生时的国籍国法律；如果根据该法律不能确认出身的，则适用子女的经常居所地法律。如果依照这些法律均不能确认出身的，则依照子女出生时母亲或父亲的国籍国法律；如果依照这些法律仍不能确认，则适用子女出生时母亲和父亲的经常居所地法律；如果依照该经常居所地法律也不能确认，则以子女的出生地法律为准。

2. 出身的撤销，亦适用据以确认出身的法律。

第 17 条　[出身的效力]

出身的效力，依照据以确认出身的法律。但是，母亲、父亲和子女具有共同国籍国法律的，则出身的效力适用其共同的国籍国法律；无共同国籍国法律的，适用其共同的经常居所地法律。

第 18 条　[收养]

1. 收养的能力和条件，依照收养时当事人各自的国籍国法律。

2. 收养以及夫妻另一方对收养的同意，重叠适用夫妻双方的国籍国法律。

3. 收养的效力，依照收养人的国籍国法律；夫妻双方共同收养的，依照调整婚姻一般效力的法律。

第 19 条　[扶养]

扶养请求权，依照扶养权利人的经常居所地法律。

第 20 条　[继承]

1. 遗产继承，依照被继承人的国籍国法律。就土耳其境内的不动产而言，适用土耳其法律。

2. 遗产继承的开始、遗产的取得和分割，依照遗产所在地法律。

3. 位于土耳其境内的无人继承的遗产，归土耳其国库所有。

4. 设立遗嘱的方式，适用本法第 7 条的规定。立遗嘱人按照其国籍国法律规定的方式设立遗嘱的，亦为有效。

5. 设立遗嘱的能力，依照立遗嘱人设立遗嘱时的国籍国法律。

第 21 条　[物权]

1. 动产、不动产的所有权及其他物权，依照实施法律行为时该物之所在地国法律。

2. 处于运输途中之物的物权，适用送达地国法律。

3. 在物的场所发生变化时，尚未取得的物权，依照该物的最后所在地国法律。

4. 与不动产物权有关的法律行为的方式，依照物之所在地国法律。

第 22 条　[运输工具]

1. 涉及航空运输工具、海上运输工具以及有轨运输工具的物权，适用其来源国法律。

2. 涉及航空运输工具、海上运输工具以及有轨运输工具的物权，其来源国系指这些运输工具的注册登记地；海上运输工具无注册登记地的，则其来源国系指船籍港；有轨运输工具的来源国系指其发证许可地。

第 23 条　[知识产权的准据法]

1. 知识产权，依照据以提出保护请求的国家的法律。

2. 在侵权事件发生后，当事人各方可协议选择将法院地法适用于因侵害知识产权而提出的请求权。

第 24 条　[合同之债的准据法]

1. 合同之债，依照当事人明示选择的法律。基于合同条款或者根据当时各种情况所推定的法律选择，具有同等效力。

2. 当事人可协议将所选择的法律适用于整个合同或者仅适用于合同的某部分。

3. 当事人可随时进行或者变更法律选择。在合同订立后进行的法律选择，只要不影响第三人的权利，亦属有效。

4. 当事人各方未选择法律的，合同之债适用与合同有最密切联系的法律。

这种最密切联系的法律，系指承担特征性履行的债务人订立合同时的经常居所地法律；如果订立合同属于商业或职业行为，则指承担特征性履行的债务人的营业地法律；若无营业地，则适用住所地法律；如果承担特征性履行的债务人具有多个营业地，则适用与合同有最密切联系的营业地法律。但是，如果根据当时的整体情况，合同与另一法律具有更密切的联系，则合同依照该另一法律。

第 25 条 [有关不动产的合同]

有关不动产或者有关不动产使用的合同，依照不动产所在地国法律。

第 26 条 [消费者合同]

1. 非出于职业或者营业目的而订立的有关购置动产、获取服务或信贷的消费者合同，依照当事人选择的法律，但不得剥夺消费者经常居所地的强制性法律规范赋予消费者的最低保护。

2. 当事人未选择法律的，适用消费者的经常居所地法律。要适用消费者的经常居所地法律，必须满足下列条件：

(1)在消费者经常居所地国订立合同系由于给消费者的特别报价或广告所致，而且消费者为订立合同已在该国实施了必要的法律行为；或者

(2)合同另一方当事人或者其代理人已在该国接受了消费者的订单；或者

(3)如果涉及买卖合同，卖方为了促使消费者订立合同而安排了一次旅行，而消费者必须已旅行至其经常居所地以外的另一国并在该另一国提交了订单。

3. 在本条第 2 款所指情形下成立的消费者合同，其形式适用消费者的经常居所地法律。

4. 除一揽子旅游外，本条不适用于运输合同和必须在消费者经常居所地国以外的其他国家向消费者提供服务的合同。

第 27 条 [雇佣合同]

1. 雇佣合同，依照当事人选择的法律，但不得剥夺雇员通常作业地的强制性法律规范赋予雇员的最低保护。

2. 当事人未选择法律的，雇佣合同适用雇员通常从事劳动的作业地法律。雇员临时在另一国从事劳动的，则该作业地不得视为通常作业地。

3. 如果雇员持续在多个国家从事劳动，而不是在一个特定国家从事经常劳动，则雇佣合同适用雇主的主要管理机构所在地国法律。

4. 如果根据当时的整体情况，雇佣合同与另一法律具有更密切联系，则雇佣合同适用该另一法律，而不适用本条第 2 款和第 3 款规定。

第 28 条　[涉及知识产权的合同]

1. 涉及知识产权的合同，依照当事人选择的法律。

2. 当事人未选择法律的，合同关系适用转让知识产权或者其使用权的一方当事人在订立合同时的营业地法律；该当事人无营业地的，适用其经常居所地法律。但是，根据当时的整体情况，如果合同与另一法律具有更密切联系，则合同依照该另一法律。

3. 雇员与雇主之间有关无形财产权的合同，如果该无形财产权系由雇员在其工作范围内并在作业期间创设，则适用支配雇佣合同的法律。

第 29 条　[货物运输合同]

1. 货物运输合同，依照当事人选择的法律。

2. 当事人未选择法律的，适用与合同有最密切联系的国家的法律；承运人在订立合同时的主要营业地所在国推定为与合同有最密切联系的国家，但以装载地、卸载地或者发运人的主要营业地也在该国境内为条件。单程租船合同以及与货物运输的主要标的物有关的其他合同，亦依照本条规定。

3. 如果根据当时的整体情况，货物运输合同与另一法律具有更密切联系，则合同依照该另一法律。

第 30 条　[代理权]

1. 被代理人和代理人之间代为实施法律行为的权限，依照适用于他们之间的合同关系的法律。

2. 代理人为被代理人向第三人实施代理行为的条件，依照代理人的营业地法律。代理人无营业地、第三人无法知悉该营业地或者在营业地之外行使代理权的，代理权依照其实际行使地国法律。本款规定也适用于无权代理时代理人和第三人之间的法律关系。

3. 如果代理人和被代理人之间存在雇佣关系，而且代理人无任何自己的营业地，则代理权适用被代理人的营业地国法律。

第 31 条　[直接适用的规范]

在适用支配合同关系的法律时，如果第三国法律与合同具有密切联系，则应考虑该第三国法律中直接适用的规范。① 在考虑这些规范以及判断应否适用这些规范时，应考察这些规范的目的、定性、内容及后果。

---

① 与本法第 6 条规定有所不同，第 31 条指的是：不论合同由内国法还是外国法调整，均要考虑第三国法律中的强制性规范。至于如何解释第 6 条和第 31 条彼此间的关系，或许只能由司法判例来回答。——译者注

第 32 条　[合同关系的成立及其实质效力]

1. 合同关系或者合同某条款的成立以及实质效力，依照假定该合同有效时应适用的法律确定。

2. 如果当时的情况表明，一方当事人行为的效力由第 1 款所指的应适用的法律调整显失公平，则意思表示的成立，适用主张其同意为无效的该方当事人的经常居所地国法律。

第 33 条　[履行的种类、方式和措施]

对于行为、法律行为以及在履行合同时对物采取的保护措施，应考虑行为的实施地、法律行为的成立地或者措施的采取地国法律。

第 34 条　[侵权行为]

1. 侵权行为所生之债，依照侵权行为实施地国法律。

2. 侵权行为的行为地与结果发生地在不同国家的，适用结果发生地国法律。

3. 侵权行为所生之债与另一国具有更密切联系的，则适用该另一国法律。

4. 受害人可直接根据适用于侵权行为或保险合同的法律规定，向责任人的保险人提出赔偿请求。

5. 在侵权行为发生后，当事人可明示选择应适用的法律。

第 35 条　[侵害人格权的责任]

1. 因通过诸如出版物、无线电广播、电视等媒体以及通过互联网或者其他公众通信手段侵害人格权而产生的请求权，依照受害人的选择适用：

(1)受害人的经常居所地国法律，但必须以施害人能预料损害发生在该国境内为条件；

(2)施害人的营业地国法律或者经常居所地国法律；

(3)损害产生地国法律，但必须以施害人能预料损害发生在该国境内为条件。

2. 人格权被侵害时，对周期性媒体所提出的抗辩权，只能适用印刷品发行地国法律或广播信号发射地国法律。

3. 因处理个人数据以及由于损害个人数据的知情权致使人格权受到侵害而产生的请求权，亦适用本条第 1 款的规定。

第 36 条　[生产者的非合同性责任]

因产品造成损害而产生的责任，依照受害人的选择适用施害人的经常居所地、营业地或者产品获得地国法律。施害人不得为了适用产品获得地国法律，而指证该产品系在未征得其同意的情况下进入该国。

第 37 条　［不正当竞争］

1. 因不正当竞争而产生的请求权，依照直接产生不正当竞争效果的市场所在地国法律。

2. 如果不正当竞争的权利损害只针对受害人的商业利益，则适用企业的营业地国法律。

第 38 条　［妨碍竞争］

1. 因妨碍竞争而产生的请求权，依照该妨碍行为直接涉及的市场所在地国法律。

2. 在土耳其发生的妨碍竞争行为受外国法支配时，所提出的损害赔偿额不得高于假设适用土耳其法律所得的赔偿额。

第 39 条　［不当得利］

1. 因不当得利而产生的请求权，适用支配该得利行为据以发生的既有的或者推定的法律关系的法律。在其他情况下，不当得利适用不当得利发生地国法律。

2. 不当得利发生后，当事人可明示选择应适用的法律。

第二章　国际民事诉讼程序法

第一节　土耳其法院的国际管辖权

第 40 条　［国际管辖权］

土耳其法院的国际管辖权，依照国内法中有关属地管辖权的规则确定。

第 41 条　［有关土耳其国民法律地位的诉讼］

土耳其国民，如果外国法院对于有关其法律地位的诉讼不予管辖或者不能管辖的，则可在具有属地管辖权的土耳其法院提起该诉讼；如果这种法院不存在，则可向位于土耳其境内的其居所地法院起诉；在土耳其境内无居所地的，则向土耳其境内的其最后住所地法院起诉；无最后住所地的，由安卡拉、伊斯坦布尔或者伊兹密尔法院管辖。

第 42 条　［有关外国人法律地位的各种诉讼］

在土耳其境内无住所的外国人，有关其监护、照料、禁治产、宣告失踪或者死亡的诉讼，由当事人在土耳其境内的居所地法院管辖；无居所地的，由其财产所在地法院管辖。

第 43 条　［有关遗产继承的诉讼］

有关遗产继承的诉讼，由被继承人在土耳其境内的最后住所地法院管辖；

被继承人在土耳其境内无最后住所地的，由遗产所在地法院管辖。

第 44 条　[有关雇佣合同和雇佣关系的诉讼]

对于因雇佣合同以及因个人之间的雇佣关系引起的争议，由雇员通常从事劳动所在的土耳其境内的作业地法院管辖。对于雇员向雇主提起的诉讼，雇主住所地法院、雇员住所地法院或者雇员经常居所地的土耳其法院均可管辖。

第 45 条　[有关消费者合同的诉讼]

1. 对于因本法第 26 条所指的消费者合同引起的争议，依照消费者的选择由消费者的住所地、经常居所地以及对方当事人的营业地、住所地或经常居所地的土耳其法院管辖。

2. 对于因第 1 款所指消费者合同而对消费者提起的诉讼，由消费者经常居所地的土耳其法院管辖。

第 46 条　[有关保险合同的诉讼]

对于因保险合同引起的争议，由保险人的主要管理机构所在地以及保险人在土耳其的分支机构所在地或者代表保险人签订保险合同的保险人代理机构的营业地的土耳其法院管辖。向投保人、被保险人或者受益人提起的诉讼，由该投保人、被保险人或者受益人的住所地或者经常居所地的土耳其法院管辖。

第 47 条　[协议管辖及其限制]

1. 在土耳其法院无专属管辖权的属地管辖案件中，当事人可以就涉外合同争议协议选择由外国法院管辖。合同的效力应加以书面证明。对于外国法院认为无管辖权或者对土耳其法院行使管辖权不提出任何异议的诉讼，由土耳其法院管辖。

2. 第 44 条、第 45 条和第 46 条所规定的属地管辖权，不得由当事人协议予以排除。

第 48 条　[诉讼担保]

1. 外国自然人或者法人在土耳其法院提起诉讼、参加诉讼或者请求强制执行的，应按照法院规定的方式向土耳其法院提供诉讼担保，以支付诉讼费、执行费以及可能向对方当事人支付的损失赔偿费。

2. 存在互惠关系时，法院可免除原告、诉讼参加人或者请求强制执行者提供担保的义务。

第 49 条　[外国国家的司法豁免权]

1. 外国国家在参与私法关系而产生法律争议时，不得享受司法豁免权。

2. 在上述情况下，可向外国国家的外交代表送达司法文书。

第二节 外国法院判决及仲裁裁决的承认与执行

第 50 条 ［执行令］

1. 外国法院作出的、并且根据该国法律已经发生法律效力的民事判决，仅在当土耳其主管法院签发执行令时，方能在土耳其得到执行。

2. 外国法院在刑事判决中作出的附带私法关系的判决，同样可依照有关规定申请发布执行令。

第 51 条 ［对事管辖和属地管辖］

1. 发布执行令，由一审基层法院管辖。

2. 请求发布执行令的申请，应向被申请执行者在土耳其的住所地法院提出；无住所地的，向被申请执行者的居所地法院提出；在土耳其境内既无住所又无居所的，则向安卡拉、伊斯坦布尔或者伊兹密尔法院提出。

第 52 条 ［请求执行的申请书］

任何对执行判决有合法利益者均可请求执行判决。请求执行的申请书应以书面做成。申请书的份数应与对方当事人的人数相同。申请书应包括下列内容：

（1）申请人、被申请人的姓名、住址，如果有法定代表人或代理人的，应包括这些人的姓名和地址。

（2）作出判决的法院所属国国名、法院名称、作出判决的日期、判决的编号和判决概要。

（3）如果只希望执行部分判决，应指明该执行的部分。

第 53 条 ［附加于申请书的文件］

请求执行的申请书应附加下列文件：

（1）经外国主管机关认证的外国法院判决书原件，或者经作出判决的司法机关认证的判决书副本以及经过公证的译本。

（2）确认判决发生法律效力的证明或者经该国主管机关认证的文件，以及经公证的译本。

第 54 条 ［请求执行的条件］

符合下列条件的，由主管法院签发执行令：

（1）土耳其共和国与作出判决的外国之间存在互惠保证的协定，或者该外国有可能基于法律规定或司法实践承认土耳其法院的判决；

（2）判决涉及的对象不在土耳其法院专属管辖案件之列，或者判决系由与诉讼标的或者当事人无任何实际联系却自认为有管辖权的法院作出，而被告也对此未提出异议；

(3)判决未明显违反公共秩序；

(4)被申请执行人对于执行申请书未向土耳其法院提出任何下列异议：被申请人未被按照有关国家的法律规定进行合法传唤、未被通知出庭应诉、缺席判决，或者判决系在被申请人未出庭的情况下作出并违反了该外国的法律。

第 55 条　[送达与异议]

1. 请求执行的申请书应在法院审结的当天与判决书一并送达对方当事人。对非讼案件所做裁定的承认与执行亦适用本规定。对于无对方当事人而作出的非讼案件的裁定，不适用有关送达的规定。申请书将按照简易程序的有关规定进行审查，待裁决作出后该简易程序即终止。

2. 对方当事人可以以申请执行不符合本节规定的条件，或外国判决已部分执行或全部执行，以及执行裁决存在困难等理由而提出抗辩。

第 56 条　[法院裁定]

法院可裁定部分或全部执行外国判决，或驳回执行请求。该裁定应载明于外国判决之下，由法官签名并加盖公章。

第 57 条　[执行裁决和上诉]

1. 裁定予以执行的外国判决，依照执行土耳其法院所作判决一样的程序予以执行。

2. 对法院作出执行判决或驳回执行请求的裁定而提起的上诉，适用一般规定。当事人提起上诉的，执行即中止。

第 58 条　[承认]

1. 经法院查明符合执行条件的外国法院判决，可作为不可撤销的证据或者作为具有法律效力的裁判予以承认。但此种承认不适用第 54 条第 1 项规定。

2. 对非讼案件所作裁定的承认，也适用本条规定。

3. 如果基于外国法院判决的行政行为应在土耳其执行，适用上述相同程序。

第 59 条　[作为具有法律效力的判决和不可撤销的证据的效力]

外国判决一旦具有法律效力，则视为具有法律效力的判决或者不可撤销的证据。

第 60 条　[外国仲裁裁决的执行]

1. 具有法律效力、具有执行力或者对各方当事人具有约束力的外国仲裁裁决，可宣告予以执行。

2. 请求执行外国仲裁裁决的，应向当事人通过书面协议选择的地方法院提出书面申请。当事人未协议选择的，可向仲裁裁决的被执行方当事人在土耳其的住所地管辖法院提出；被执行方当事人在土耳其无住所的，可向其在土耳其的居所地法院提出；没有居所地的，则向可被执行的财产所在地法院提出。

第61条　[申请和程序]

1. 请求执行外国仲裁裁决的当事人，除了提交与对方当事人的人数相应的书面申请外，还应附上下述文件：

(1)仲裁协议或仲裁条款的原本，或经公证的副本；

(2)具有法律效力和执行力的或者对各方当事人具有约束力的仲裁裁决的原本，或经公证的副本；

(3)本条第1项和第2项所指文件的经公证的译本。

2. 法院在就仲裁裁决的可执行性问题作出裁定时，类推适用第55条、第56条和第57条的规定。

第62条　[拒绝(执行外国仲裁裁决的)理由]

1. 在下列情况下，法院应驳回执行外国仲裁裁决的申请：

(1)无仲裁协议或者在主合同中未订明仲裁条款的；

(2)仲裁裁决违反公序良俗的；

(3)根据土耳其法律，作为仲裁裁决对象的争议不得采用仲裁程序裁决的；

(4)仲裁员未通知当事人一方出庭，并且该当事人也未事后明示同意的；

(5)被申请执行一方的当事人未被通知指定仲裁员或未被给予提出辩护机会的；

(6)根据当事人协议选择的法律，或者未协议选择法律时根据仲裁裁决地法，仲裁协议或仲裁条款无效的；

(7)指定仲裁员或者仲裁员适用的程序违反当事人的协议，或者当事人无此协议时，违反仲裁裁决地法律的；

(8)仲裁裁决所涉及的事项，在仲裁协议或仲裁条款中未做规定，或者超越了仲裁协议或者仲裁条款规定范围的；

(9)根据仲裁地国的法律规定或者根据仲裁程序，仲裁裁决尚无法律效力、尚不能执行或者尚不具有约束力，或者仲裁裁决已被裁决地主管机关撤销的。

2. 对于第1款第4项至第9项规定的情况，由被申请执行一方的当事人负责举证。

第 63 条　［对外国仲裁裁决的承认］

对外国仲裁裁决的承认，同样依照有关执行仲裁裁决的规定。

第三章　最后条款

第 64 条　［被废除的法律条款］

失去法律效力的有：

(1)1982 年 5 月 20 日《关于国际私法与国际诉讼程序法的第 2675 号法律》；

(2)1956 年 6 月 29 日第 6762 号法律即《土耳其商法典》第 866 条第 2 项；

(3)1951 年 12 月 5 日第 5846 号法律即《土耳其有关精神作品和艺术品的法律》第 88 条。

第 65 条　［生效］

本法自公布之日起生效。

第 66 条　［实施］

本法的规定由部长理事会负责实施。

阿尔巴尼亚共和国 2011 年 6 月 2 日 《关于国际私法的第 10428 号法律》*

第一章 一般规定

第 1 条　[调整对象]

1. 本法调整的是：

(a)涉外民事法律关系的法律适用规则；

(b)阿尔巴尼亚法院对涉外民事法律关系的司法管辖权以及诉讼程序规则。

2. 本法所称的"涉外因素"，是指与民事法律关系的主体、内容或者客体有关联，且构成将该法律关系归入特定法律体系的理由的法律情形。

第 2 条　[国际协定的优先性]

经法定程序批准的国际协定与本法规定不一致的，该国际协定优先于本法的规定。

第 3 条　[对另一国法律的指引]

1. 本法指引另一国法律的，该国的国际私法条款应予适用。当该国法律反致阿尔巴尼亚法律时，适用阿尔巴尼亚法律，但法律另有规定的除外。当一外国法律指引第三国法律时，适用该第三国法律。

2. 另一国的国际私法条款，不适用于下列有关事项：

(a)法人地位；

＊ 本法公布于 2011 年 6 月 17 第 82 号《阿尔巴尼亚共和国官方公报》(FLETORJA ZYRTARE E REPUBLIKËS SË SHQIPËRISË)第 3319~3340 页，自 2011 年 7 月 1 日起施行。本法由邹国勇和王姝晗(武汉大学国际法研究所硕士研究生)根据德文译本(资料来源：Jahrbuch für Ostrecht, Vol. 2, Nr. 2, S. 357-381)和英文译本(资料来源：Encyclopedia of Private International Law, Vol. 4, Edward Elgar Publishing 2017, pp. 2907-2926)翻译，译文原载于《中国国际私法与比较法年刊》第二十六卷(2020)，法律出版社 2021 年版，第 380~400 页。此处略有修订。——译者注

（b）准据法的选择；

（c）法律行为的形式；

（ç）①扶养义务；

（d）合同之债；

（dh）非合同之债。

第4条　［对多法律体系国家法律的指引］

当一个国家由于地域或者人际因素而施行多个法律体系时，对该国法律的任何指引，是指依照该国现行规定确定应适用的法律体系。无此种规定时，适用与该案件有最密切联系的法律体系的规定。

第5条　［外国法的确定］

1. 法院应主动依职权查明应适用的外国法的内容。除国际公约中规定的方式和司法部提供资料外，可为此目的咨询专家或者专门机构。

2. 在诉讼程序中，双方当事人可提供经外国主管机关认证的有关该外国法律规定的文件。

3. 法院主动依职权或者在双方当事人的协助下均未能确定外国法内容的，适用阿尔巴尼亚法律。

第6条　［对外国法的解释和适用］

外国法应按照其来源国的解释和适用标准进行解释和适用。

第7条　［公共秩序］

如果适用外国法的结果明显违反公共秩序或者明显违背阿尔巴尼亚宪法和法律所规定的基本原则，则不予适用该外国法。此时，适用该外国法中其他适当的规定，若无此种规定，适用阿尔巴尼亚法律。

第二章　法律主体

第一节　自然人

第8条　［多国籍人］

1. 阿尔巴尼亚国民同时具有另一国国籍的，就适用本法而言，以阿尔巴尼亚国籍为准。

---

① 本译文在条款之下各"项""目"序号的编排，均遵从阿尔巴尼亚语官方文本。——译者注

2. 外国国民具有两个或者两个以上国籍的，适用其经常居所地所在的国籍国法律。

3. 外国国民在其所具有的国籍国中均无经常居所的，就适用本法而言，视为与其具有最密切联系的国家的国民。

第9条　[无国籍人]

1. 一个人无任何国籍或者其国籍无法确定的，适用其经常居所地国法律。

2. 该人无经常居所或者经常居所无法确定的，适用与其有最密切联系的国家的法律。

第10条　[权利能力]

自然人的权利能力，由其国籍国法律调整。

第11条　[行为能力]

1. 自然人的行为能力以及对这种能力的限制或剥夺，由其国籍国法律调整。

2. 行为能力一经取得，不因国籍的变更而丧失。

3. 订立合同的当事人在同一国家领域内的，根据该国法律具有行为能力的自然人，不得援引另一国法律主张自己无行为能力，但另一方合同当事人在订立合同时已知晓其无行为能力或者由于疏忽而不知晓的除外。

第12条　[经常居所地和最密切联系]

1. 本法所称的"自然人的经常居所地"，是指自然人决定长期居住的场所，而不论是否登记，也不论是否取得居留授权或者许可。在确定该场所时，法院应考虑能表明此人与该场所的长期联系或者有意建立这种联系的个人或者职业情况。

2. 本法所指的"最密切联系"，由法院根据事实情况确定。

第13条　[姓名权]

1. 自然人的名、中间名和姓氏以及它们的更改，由其国籍国法律调整。

2. 如果在阿尔巴尼亚有经常居所的自然人提出请求，该人的名、中间名和姓氏以及它们的更改，由阿尔巴尼亚法律调整。

第14条　[自然人的失踪和死亡宣告]

1. 宣告自然人失踪或者死亡的条件和法律后果，由其最后为人知晓时的国籍国法律调整。

2. 如果该人最后为人知晓时为另一国国民并且在阿尔巴尼亚有经常居所，则在有正当利益时，可根据阿尔巴尼亚法律宣告其失踪或者死亡。

第二节　法人、无法人资格的社团和机构

第 15 条　[法人]

1. 法人，由其注册地国法律调整。

2. 法人的准据法特别调整以下事项：

(a)其法律性质；

(b)设立、变更和终止；

(c)权利能力和行为能力；

(ç)法人的名称；

(d)法人管理机构的结构、权限和职能；

(dh)法人代表；

(e)取得或者丧失股东或者合伙人资格的方式和形式，以及股东或合伙人的权利和义务；

(ë)法人、法人的董事和股东对所欠第三方债务的责任；

(f)违反法律或者违反其设立章程的后果。

第 16 条　[无法人资格的社团和机构]

无法人资格的社团和机构，由其设立地国法律调整。相应地，第 15 条第 2 款的规定应予适用。

第 17 条　[经常居所]

1. 本法所称的法人、无法人资格的社团和机构的经常居所地，是指其"管理中心"①所在地。从事经营活动的自然人的经常居所，是指其主要经营活动所在地。

2. 如果合同是在分支机构、代理机构或者其他机构的经营过程中订立，或者根据合同规定由分支机构、代理机构或者其他机构负责履行的，则分支机构、代理机构或者其他机构所在地视同经常居所地。

3. 在确定经常居所时，以订立合同的时间为准。

第三章　法律行为

第 18 条　[法律行为的形式]

1. 一项法律行为，如果符合行为实施地国法律的形式要件，或者符合调

---

① 在本译文第 17 条第 1 款、第 50 条第 1 款(c)项的表述中，"管理中心"一词的阿尔巴尼亚语原文为"*selia qendrore*"，英文译本为"central administration"，德文译本为"Hauptverwaltung"，统一译为"管理中心"。——译者注

整该法律行为内容的法律的要求，则在形式上有效。

2. 一项法律行为由处于不同国家的当事人完成的，如果该行为满足至少其中一个国家的要求，则在形式上有效。

3. 以不动产为标的的法律行为，由不动产所在地国法律调整。

第 19 条　[委托代理]

1. 代理人与被代理人之间的关系，由他们所选择的法律调整。

2. 当事人未根据本条第 1 款规定选择法律的，则适用代理关系成立时代理人的营业地国法律；代理人无营业地的，适用其经常居所地国法律。

但是，如果代理人以实施职业活动的方式行事，则该代理关系适用代理人营业机构所在地法律，前提是第三人已知晓或者应当知晓该营业机构。

3. 在代理人和第三人之间的关系中，代理人代理权的存在和范围以及代理人实际行使或者打算行使代理权的后果，由履行相关行为时代理人的营业机构所在地国法律调整。

第 20 条　[消灭时效]

权利的消灭时效，由支配该权利的国家法律调整。

第四章　有关婚姻和家庭的规定

第 21 条　[结婚的要件]

1. 结婚的要件，由缔结婚姻时准夫妻任意一方的国籍国法律调整。

2. 外国国民或者无国籍人在阿尔巴尼亚共和国领域内结婚的，仍需要满足《家庭法典》所规定的结婚基本要件。

3. 如果根据本条第 1 款应适用的法律，不具备结婚的任何要件，则当夫妻一方是阿尔阿尼亚国民或者在阿尔巴尼亚有经常居所时，可根据阿尔巴尼亚法律缔结婚姻。

4. 根据本条第 1 款所指法律缔结的婚姻，如果其满足阿尔巴尼亚法律所规定的结婚要件，则可在阿尔巴尼亚予以承认。

第 22 条　[结婚的形式]

1. 结婚的形式，由婚姻缔结地法律调整。

2. 双方当事人均不是阿尔巴尼亚国民的，如果外国法律允许，可在该外国的外交或者领事代表处缔结婚姻。

3. 缔结婚姻的形式，被婚姻缔结地国法律视为有效的，同样可在阿尔巴尼亚共和国被承认为有效。

第 23 条　[夫妻之间的人身关系]

1. 夫妻之间的人身关系，由其共同国籍国法律调整。

2. 夫妻双方具有不同国籍的，适用其共同居所地国法律。

3. 如果不能根据本条第 1 款或者第 2 款确定应适用的法律，则适用与夫妻之间人身关系有最密切联系的国家的法律。

第 24 条　[婚姻财产制]

1. 婚姻财产制，由支配夫妻之间人身关系的法律调整。财产制的变更，不影响夫妻双方此前业已取得的权利。

2. 不论本条第 1 款有何规定，夫妻之间可通过协议，并经公证书或公共机构签发的其他具有同等效力的文书证明，决定他们的婚姻财产制由下列国家的法律调整：

(a)夫妻一方的国籍国；

(b)夫妻一方的经常居所地国；

(c)不动产所在地国。

3. 根据本条第 2 款规定，婚姻财产制由外国法律调整的，则只有当第三人曾知晓或者因为自己的过失而不知晓该情势存在时，方可对该第三人就该协议的有效性问题提出异议。

第 25 条　[婚姻的解除]

1. 婚姻的解除，由起诉时夫妻双方的共同国籍国法律调整。夫妻双方具有不同国籍的，则婚姻的解除由起诉时夫妻双方的共同经常居所地国法律或最后的共同居所地国法律调整。

2. 如果根据本条第 1 款所确定的法律不允许解除婚姻，申请人现在或者在缔结婚姻时为阿尔巴尼亚国民的，则可依照阿尔巴尼亚法律解除婚姻。

第 26 条　[扶养义务]

1. 扶养义务，由扶养权利人(债权人)在请求扶养时的经常居所地国法律调整。

2. 债权人和债务人具有相同国籍且债务人在该国有经常居所的，适用其共同国籍国法律。

3. 债权人根据本条第 1 款和第 2 款规定不能得到扶养的，适用阿尔巴尼亚法律。

4. 当婚姻已经在阿尔巴尼亚共和国解除或者被宣告无效，或者有关解除婚姻或者宣告婚姻无效的判决已在阿尔巴尼亚共和国得到承认时，扶养义务由适用于解除婚姻或者宣告婚姻无效的国家法律调整。

第 27 条　[扶养义务准据法的适用范围]

1. 适用于扶养义务的法律，特别调整下列事项：

(a)债权人请求扶养的范围和对象；

(b)有权请求扶养的人及其提出请求的时限；

(c)变更扶养义务的原因和要件；

(ç)当公共机构要求偿还为债权人提供的代位扶养费时，债务人应清偿的债务范围。

第 28 条　[父亲和母亲身份]

1. 对于子女的父亲和母亲身份的确认和否认，由该子女出生时的国籍国法律调整，或者在认同系出于自愿行为时，由作出该行为时子女的国籍国法律调整。

2. 尽管有本条第 1 款的规定，在最有利于子女时，也可以适用下列法律：

(a)提出申请时子女的经常居所地国法律；或者

(b)适用于子女出生时父母之间人身关系的法律。

第 29 条　[父母子女关系]

父母子女关系，由子女的经常居所地国法律调整，或者在对子女最有利时由子女的国籍国法律调整。

第 30 条　[收养]

1. 收养以及解除收养的要件，由收养时收养人的国籍国法律调整。

2. 收养人具有不同国籍的，则收养由收养人的共同经常居所地国法律调整。

3. 在任何情况下，收养均不得违反《家庭法典》中有关禁止收养的规定。

第 31 条　[收养的效力]

1. 收养的效力，由收养时收养人的国籍国法律调整。

2. 收养人具有不同国籍的，收养的效力，由收养人的共同经常居所地国法律调整。

第 32 条　[监护]

1. 监护、照管以及为此目的而对某人或者其财产采取的其他措施，其指定、变更或者撤销，由所涉当事人的国籍国法律调整。

2. 对于在阿尔巴尼亚共和国领域内有经常居所的外国国民或者无国籍人，在相关国家作出决定并采取必要措施之前，可根据阿尔巴尼亚法律对其采取临时监护或者照管措施。

3. 对于外国人或者无国籍人在阿尔巴尼亚共和国领域内的财产，在相关国家作出决定并采取必要措施之前，可根据阿尔巴尼亚法律对其采取临时照管措施。

第五章 继承

第 33 条 ［准据法］

1. 动产的继承，由被继承人死亡时的经常居所地国法律调整。

2. 不动产的继承，由不动产所在地国法律调整。

3. 遗嘱人可选择特定国家的法律作为适用于全部遗产的法律。这种法律选择，只有当遗嘱人在作出决定时或者死亡时是其选择的法律所属国国民或者在该国有经常居所时方才有效。对法律的选择不得剥夺继承人根据本条第 1 款和第 2 款应适用的法律所享有的法定特留份权利。

4. 对准据法的选择、撤销或者变更，应遵守撤销遗嘱处分的形式规则。

第 34 条 ［遗嘱能力］

遗嘱能力，由遗嘱人设立、变更或者撤销遗嘱时的国籍国法律调整。

第 35 条 ［遗嘱效力］

1. 遗嘱如果符合下列法律之一所规定的形式要求，则在形式上有效：

(a)遗嘱人设立遗嘱地国法律；

(b)遗嘱人设立遗嘱时或者死亡时的国籍国法律；

(c)遗嘱人设立遗嘱时或者死亡时的经常居所地国法律；

(ç)遗嘱所处分的不动产所在地国法律。

2. 本条第 1 款的规定，同样适用于遗嘱的变更或者撤销。

第六章 财产

第一节 物权

第 36 条 ［物的所有权、占有权和其他物权］

1. 动产和不动产的所有权、占有权和其他物权，由该物之所在地国法律调整。

2. 所有权、占有权和其他物权的取得或者丧失，由据以取得或者丧失上述权利的事实情况发生时该物之所在地国法律调整。

3. 某物为动产还是不动产，依照该物之所在地国法律确定。

第 37 条 ［有价证券］

1. 经登记、可转让的证券上的权利，由登记簿所在地国法律调整。

2. 上述权利的取得和丧失，由据以取得或者丧失该权利的行为实施时该证券的所在地国法律调整。

第 38 条　[已取得的权利]

物之所在地发生变更的，行使根据该物之前所在地国法律曾取得的权利时，不得违反该物之新所在地的法律。

第 39 条　[运输中的物]

处于运输中的物品的物权，由其运输目的地国法律调整。

第 40 条　[对文化遗产的保护]

1. 如果被列入一国文化遗产的物品被非法地从其领域内转移，对该物的返还请求权，由该物品在被转移时其来源国的现行法律调整。被转移的物品来源国可选择适用提出返还请求时该物之所在地国法律。

2. 但是，如果将该物品列入其文化遗产国家的法律未考虑到对善意占有人的保护，则该占有人可援引提出返还请求时该物之所在地国法律所提供的保护。

第 41 条　[运输工具]

对于在公共登记簿注册的航空器、船舶或者其他运输工具的权利，由其注册地国法律调整。

第二节　知识产权

第 42 条　[知识产权的地域性]

1. 著作权、邻接权和其他未经注册的知识产权的存在、有效性、客体、所有权、转让、有效期和侵害，由被请求保护地国法律调整。

2. 经注册的工业产权的存在、有效性、客体、所有权、转让、有效期和侵害，由该权利的授予地或者注册地国法律调整。

第 43 条　[在劳动关系存续期间产生的知识产权]

在劳动关系存续期间产生的知识产权，由支配劳动合同的法律调整。

第 44 条　[与知识产权有关的合同]

与知识产权有关的合同，适用本法第七章的规定。

第七章　债务与合同

第 45 条　[选择准据法的自由]

1. 合同由当事人选择的法律调整。在进行选择时，当事人双方可选择适用于整个合同或者仅适用于部分合同的法律。如果当事人已经指定了解决合同纠纷的管辖法院，则推定其已选择该国法律作为适用于合同的法律。

2. 法律选择应该是明示的，或者能通过合同条款或者案件其他情势清楚地体现出来。

3. 当事人双方可以随时约定合同由订立合同时所确定的法律以外的其他法律调整。合同订立后，对应适用的法律的任何变更不得损害合同的形式有效性，也不得对第三人的权利造成任何不利影响。

4. 在选择法律时，如果与当时情势有关的其他所有因素均在所选择的法律所属国以外的另一国领域内，则当事人的法律选择不得影响该另一国那些不得通过协议减损的法律条款之适用。

5. 合同或者其条款之一的成立和有效性，由适用于该合同的法律调整。

第 46 条　［未选择法律时的准据法］

1. 如果当事人未根据本法第 45 条的规定选择适用于合同的法律，则依照以下方式确定调整合同的法律：

(a) 货物销售合同，由卖方的经常居所地国法律调整；

(b) 提供服务合同，由服务提供者的经常居所地国法律调整；

(c) 与不动产物权或者不动产租赁有关的合同，由该不动产所在地国法律调整；

(ç) 尽管有本款(c)项的规定，对于供私人临时使用期限不超过连续六个月的不动产租赁，由出租人的经常居所地国法律调整，但以承租人为自然人且在该国有经常居所地为前提；

(d) 特许经营合同，由特许经营人的经常居所地国法律调整；

(dh) 分销合同，由分销商的经常居所地国法律调整；

(e) 通过拍卖方式销售货物的合同，由拍卖举行地国法律调整，但以能确定拍卖举行地国为前提；

(ë) 在多边体系内订立的合同，如果按照适当立法的规则，该多边体系将汇集或者有助于汇集多个第三人在金融工具中的买卖权益，并且该合同受单一法律支配的，则由该法律调整。

2. 不属于本条第 1 款所指的合同，或者合同要素包含本条第 1 款所指的一种以上合同属性的，该合同由合同订立时负有特征性履行义务的一方当事人的经常居所地国法律调整。

3. 如果案件的所有情势表明，该合同与第 1 款或者第 2 款所指国家以外的另一国显然有更密切联系，则适用该另一国的法律。

4. 如果不能根据本条第 1 款或者第 2 款规定确定应适用的法律，则该合同由与其有最密切联系的国家法律调整。

第 47 条　[合同准据法的适用范围]

1. 适用于合同的法律特别调整下列事项：

(a)合同的解释；

(b)合同义务的履行；

(c)在诉讼程序法赋予法院的权限内，完全不履行或者部分不履行合同义务的后果，包括损害评估在内，但以该损害由受法律规则调整且不超过阿尔巴尼亚法律的规定为限；

(ç)消灭合同义务的各种方式以及诉讼时效和期限；

(d)合同无效的后果。

2. 履行义务的方式以及当债务人不履行义务时债权人应采取的措施，由义务履行地国法律调整。

第 48 条　[个人雇佣合同]

1. 个人雇佣合同，由当事人双方所选择的法律调整。

2. 当事人双方没有选择应适用的法律的，适用《劳动法典》第 3 条的规定。

第 49 条　[债权转让和合同代位权]

1. 一个债权人向另一个债权人转让债权，或者另一个债务人代位原债务人，由适用于他们之间合同的国家的法律调整。

2. 所适用的法律将确定债权的可转让性、新债权人或者代位人与债务人的关系、对债务人援引转让权和代位权的条件以及债务人债务的免除。

3. 本条所称的"转让"，包括债权的全部转让、为设立担保而进行的债权转让以及在债权上设立抵押权或者其他担保权的债权转让。

第 50 条　[运输合同]

1. 双方当事人只能在下列国家的法律中选择旅客运输合同应适用的法律：

(a)乘客的经常居所地国；

(b)承运人的经常居所地国；

(c)承运人的管理中心所在地国；

(ç)起运地国；

(d)目的地国。

2. 双方当事人没有选择旅客运输合同应适用的法律的，适用乘客的经常居所地国法律，但以起运地与目的地均在该国为前提。如果不具备上述条件，则适用运输者的经常居所地国法律。

3．双方当事人没有选择货物运输合同应适用的法律的，适用运输者的经常居所地国法律，但以收货地、交货地或者货物的被交付者的经常居所也在该国为前提。

4．双方当事人没有选择法律时，如果案件的所有情势表明该合同与除本条第 1 款、第 2 款和第 3 款所指国家以外的另一国显然有更密切的联系，则适用该另一国的法律。

第 51 条　[保险合同]

1．承保重大风险的保险合同，由双方当事人所选择的法律调整。

2．双方当事人没有选择应适用的法律的，承保重大风险的保险合同由保险人的经常居所地国法律调整。

3．如果案件的所有情势表明，该合同与另一国显然有更密切的联系，则适用该另一国的法律。

4．对于承保重大风险合同以外的其他保险合同，双方当事人可以选择：

（a）合同订立时的风险发生地国法律；

（b）投保人的经常居所地国法律；

（c）人身保险合同投保人的国籍国法律；

（ç）如果保险合同的投保人从事商业活动，该保险合同承保的两种或者多种风险与上述活动有关并且位于不同国家，则可选择有关国家的法律或者投保人的经常居所地国的现行法律。

5．当事人没有选择法律的，第 4 款所述保险合同由合同订立时的风险发生地国法律调整。

6．本条规定不适用于再保险合同。

第 52 条　[消费者合同]

1．在不损抑本法第 50 条、第 51 条的情况下，消费者与从事商业或者职业活动的人士订立的合同，由消费者的经常居所地国法律调整，前提是：

（a）该商人或者职业人士：

i）在消费者的经常居所地国从事商业或者职业活动；

ii）以任何方式将这些活动引向该国或者包括该国在内的多个国家；

（b）该合同在这些活动范围内订立。

2．尽管有本条第 1 款的规定，双方当事人可以依照本法第 45 条规定，为符合本条第 1 款要求的合同选择应适用的法律。但是，这种法律选择不得导致消费者根据本条第 1 款规定在未选择法律时本应适用的法律中那些不得通过协议减损的条款所赋予的保护被剥夺。

3. 不符合本条第 1 款(a)项要求的，适用于消费者和职业人士之间的合同的法律，依照本法第 45 条和第 46 条确定。

4. 本条第 1 款和第 2 款不适用于：

(a)只在消费者经常居所地国之外的另一国提供服务的服务合同；

(b)除一揽子旅游合同之外的运输合同；

(c)有关不动产物权或者不动产租赁的合同，但不动产的分时使用权合同除外；

(ç)构成金融工具的权利和义务、向公众发行或者发售的条件、购买可转让证券以及收购集体企业实体的要约，前提是这些活动不构成提供金融服务；

(d)与本法第 46 条第 1 款(ë)项所指的体系类型有关的合同。

第 53 条　[法定代位权]

当债权人对债务人享有合同之债的请求权，且第三人有义务清偿债权人，或者事实上已向债权人履行了该清偿义务时，则调整第三人清偿债权人的义务的法律同样适用于该第三人是否有权以及能在多大范围内对债务人行使原债权人根据调整他们之间关系的法律对债务人所享有的权利。

第 54 条　[多方债务]

如果债权人对数个负有连带责任的债务人享有债权，且其中一债务人已全部或者部分地履行了该清偿义务，则调整债务人对债权人的义务的法律同样适用于该债务人对其他债务人的追索权。其他债务人，在调整他们对债权人的义务的法律许可的范围内，可援引他们对债权人所享有的抗辩权。

第 55 条　[抵销]

双方当事人未就抵销权达成一致的，则抵销由被设立了抵销权的债权所适用的法律调整。

第八章　非合同之债

第一节　一般规定

第 56 条　[侵权行为]

1. 适用于非合同之债的法律，是指损害发生地国法律，而不论致害事件以及间接结果发生在哪一国，但本章另有规定的除外。

2. 尽管有本条第 1 款的规定，如果被请求承担责任者与受害人在损害发生时在同一国有经常居所，则适用该国法律。

3. 如果案件的所有情势表明，该侵权行为与本条第 1 款和第 2 款所指国家以外的另一国显然有更密切联系，则适用该另一国的法律。

4. 与另一国显然存在的更密切联系，特别可以产生于双方当事人之间先前既有的法律关系，例如与该侵权行为有密切联系的合同。

第 57 条　[选择非合同之债准据法的自由]

1. 尽管有本章的规定，双方当事人可通过下列方式选择适用于非合同之债的法律：

(a)在致害事件发生后达成协议；

(b)各方当事人均从事商业活动的，也可在致害事件发生前自由协商达成协议。

2. 法律选择应该是明示的，或者通过案件的所有情势相当明确地体现出来，且不得损害第三人的权利。

3. 致害事件发生时，如果与案件相关的所有要素均在已选择的法律所属国以外的另一国，则双方当事人的法律选择不得妨碍该另一国那些不得通过当事人的协议加以减损的法律条款的适用。

第 58 条　[准据法的适用范围]

1. 适用于非合同之债的法律，特别调整下列事项：

(a)承担责任的根据和范围，包括确定对其行为负责的人；

(b)免除责任的理由，对责任的任何限制和责任划分；

(c)损害或者损害赔偿请求的存在、性质和评估；

(ç)在诉讼程序法赋予法院的权限内，法院为防止、终止或者补偿该损害可以采取的措施；

(d)请求损害赔偿或者恢复原状的权利是否可以转让的问题，包括通过继承方式；

(dh)有权要求赔偿自己所受损害的人；

(e)对于其他人的行为所负的责任；

(ë)债务的消灭方式以及消灭时效和诉讼时效规则，包括有关消灭时效或者诉讼时效的开始、中断和中止的规则。

第 59 条　[安全和行为规则]

在评估被请求承担责任者的行为时，应根据实际情况酌情考虑导致责任产生的事件发生时当地现行的安全和行为规则。

第 60 条　[直接起诉责任人的保险人]

如果适用于非合同之债或者保险合同的法律有规定，受害人可以直接向损害赔偿责任人的保险人要求赔偿损失。

第61条 [代位权]

当债权人对债务人享有非合同之债的请求权，且第三人有义务清偿债权人，或者事实上已向债权人履行了该清偿义务时，则调整第三人清偿债权人的义务的法律同样适用于该第三人是否有权以及能在多大范围内向该债务人行使原债权人根据调整他们之间关系的法律对债务人所享有的权利。

第62条 [多方债务]

如果债权人对数个负有连带责任的债务人享有债权，且其中一债务人已全部或者部分地履行了该清偿义务，则该债务人向其他债务人请求补偿的权利，由适用于该债务人对该债权人的非合同之债的法律调整。

第二节 特别规定

第63条 [产品责任]

1. 因产品致害产生的责任，依次由下列法律调整：

(a)损害发生时受损害人的经常居所地国法律，但以该产品在该国销售为条件；或者在不具备上述条件时，

(b)该产品的购买地国法律，但以该产品在该国销售为条件；或者在不具备上述条件时，

(c)损害发生地国法律，但以该产品在该国销售为条件。

2. 如果被请求承担责任者不能合理预见该产品或者同类产品在该国的市场销售情况，则适用该责任者的经常居所地国法律。

3. 如果案件的所有情势表明，该侵权行为与本条第1款和第2款所指国家以外的另一国显然有更密切联系，则适用该另一国法律。

第64条 [不正当竞争和限制正当竞争的行为]

1. 因不正当竞争行为而产生的非合同之债，所应适用的法律是指竞争关系或者消费者的集体利益受到影响或者可能受到影响的国家的法律。

2. 尽管有本条第1款的规定，如果被请求对不正当竞争承担责任者和受害人在事件发生时在同一国有经常居所，则适用该国法律。

3. 不正当竞争行为仅影响某个特定竞争者利益的，适用损害发生地国法律，而不论致害事件发生于哪一国或者该事件的间接后果发生于哪个或者哪些国家。

4. 因限制竞争而产生的非合同之债，所应适用的法律是指其市场受到影响或者可能受到影响的国家的法律。

5. 如果受到影响或者可能受到影响的市场在一个以上国家，要求赔偿损失并向被告住所地法院起诉的人，可以选择另一国法律作为索赔的根据，前提是该另一国的市场也在被据以提出非合同之债请求的限制竞争行为直接且实质性地影响的市场之列。

6. 根据可适用的管辖权规则，原告在该法院起诉一名以上被告的，如果据以对每一名被告提出赔偿请求的限制竞争行为同样直接且实质性地影响了法院所在国的市场，那么原告可以仅选择该法院地国法律作为赔偿请求的根据。

7. 根据本条规定应适用的法律，不得依照本法第 57 条达成协议予以规避。

第 65 条　[侵害知识产权]

1. 因侵害知识产权而产生的非合同之债，所应适用的法律是指被请求保护的国家的法律。

2. 应适用的法律，不得因双方当事人达成有关适用于因侵害知识产权而产生的非合同之债的法律选择协议而受到减损。

第 66 条　[环境损害]

1. 因环境损害或者人身或者财产因此遭受损害而产生的非合同之债，所应适用的法律是指损害发生地国法律，而不论致害事件发生于哪一国或者该事件的间接后果发生于哪个或者哪些国家。

2. 尽管有本条第 1 款的规定，请求损害赔偿者可以选择致害事件发生地国法律作为赔偿请求的根据。

第 67 条　[侵害人格权]

1. 根据受害人的选择，因侵害人格权而产生的非合同之债由下列法律调整：

(a)受害人的经常居所地国法律；

(b)侵害人格行为发生地国法律；

(c)损害责任人的经常居所地国法律。

2. 如果责任人能够合理预见损害将发生于该国领域内，则适用本条第 1 款(a)项和(b)项规定。

第 68 条　[不当得利和错收的支付款项]

1. 因不当得利或者错收的支付款项而产生的非合同之债，涉及双方当事人之间的现有法律关系时，例如与该不当得利有密切联系的合同或者非合同之债，则由支配这种关系的法律调整。

2. 如果根据本条第 1 款规定无法确定应适用的法律，且双方当事人在致使不当得利或者错收支付款项的事件发生时在同一国有经常居所，则适用该国法律。

3. 如果根据本条第 1 款和第 2 款规定无法确定应适用的法律，则适用不当得利或者错收的支付款项发生地国法律。

4. 如果案件的所有情势表明，因不当得利或者错收的支付款项而产生的债务与本条第 1 款、第 2 款和第 3 款所指国家以外的另一国显然有更密切联系，则适用该另一国法律。

第 69 条　[无因管理]

1. 因无因管理而产生的非合同之债，涉及双方当事人之间的现有法律关系时，例如与该无因管理有密切联系的合同或者非合同之债，则由支配这种关系的法律调整。

2. 如果根据本条第 1 款规定无法确定应适用的法律，且双方当事人在致害事件发生时在同一国有经常居所，则适用该国法律。

3. 如果根据本条第 1 款和第 2 款规定无法确定应适用的法律，则适用行为实施地国法律。

4. 如果案件的所有情势表明，无因管理与本条第 1 款、第 2 款和第 3 款所指国家以外的另一国显然有更密切联系，则适用该另一国法律。

第 70 条　[缔约过失]

1. 因合同订立前的谈判而产生的非合同之债，不论该合同是否实际订立，所适用的法律都是指假设该合同订立后应适用的或者理应适用于该合同的法律。

2. 如果根据本条第 1 款规定无法确定应适用的法律，则适用：

（a）损害发生地国法律，而不论致害事件发生于哪一国或者该事件造成的间接后果发生于哪个或者哪些国家；

（b）双方当事人在致害事件发生时在同一国有经常居所的，则适用该国法律。

3. 如果案件的所有情势表明，因合同订立前的谈判而产生的债务与本条第 2 款所指国家以外的另一国有更密切联系，则适用该另一国法律。

第九章　阿尔巴尼亚法院审理涉外案件的管辖权

第 71 条　[国际管辖权的一般规定]

除本章另有规定外，当被告在阿尔巴尼亚共和国有经常居所时，阿尔巴尼亚法院具有审理涉外民事法律纠纷的管辖权。

第 72 条　[专属管辖]

1. 不论本法有何规定，阿尔巴尼亚法院对下列诉讼具有专属管辖权：

（a）涉及不动产的所有权和其他物权以及不动产的有偿租赁的诉讼，但以该不动产位于阿尔巴尼亚共和国为前提；

（b）涉及商业公司机构的决议的诉讼，但以该公司的经常居所在阿尔巴尼亚共和国为前提；

（c）涉及法人的组成或者解散的诉讼或者涉及撤销法人机构的决议的诉讼，但以该法人的"总部"①在阿尔巴尼亚共和国为前提；

（ç）涉及阿尔巴尼亚国家机关或法院的公共登记簿上登记事项的有效性的诉讼；

（d）涉及知识产权注册的有效性的诉讼，但以在阿尔巴尼亚共和国注册或者申请注册为前提；

（dh）涉及在阿尔巴尼亚共和国实施执行令的诉讼。

第 73 条　[协议管辖]

1. 双方当事人已经达成协议赋予阿尔巴尼亚法院国际管辖权的，阿尔巴尼亚法院也因此具有国际管辖权。

2. 这类协议应该：

（a）采用书面或者口头形式，但后者应可以用书面证明；

（b）符合双方当事人认可的国际商事惯例。

3. 如果被告出庭应诉但没有提出缺乏国际管辖权的异议，尽管该被告在诉讼程序中由律师代理，或者法院已经释明了提出管辖权异议的可能性并且该释明已被载入庭审记录中，则受理诉讼的阿尔巴尼亚法院具有国际管辖权。

第 74 条　[对宣告某人失踪或者死亡的管辖权]

在下列情形下，阿尔巴尼亚法院对宣告某人失踪或者死亡的案件具有管辖权：

（a）被宣告失踪或者死亡者在失踪或者死亡时具有阿尔巴尼亚国籍；

（b）被宣告失踪或者死亡者的最后住所在阿尔巴尼亚共和国；

（c）提出请求者对于由阿尔巴尼亚法院宣告某人失踪或者死亡具有法律上

---

① 在本译文第 72 条（c）项、第 80 条（a）项和（ç）项、第 83 条第 1 款、第 85 条第 1 款的表述中，"总部"一词的阿尔巴尼亚语文原文均为"selinë"，英文译本为"seat"，德文译本为"Geschäftssitz"，统一译为"总部"。——译者注

的利益。

第 75 条　［对婚姻事项的管辖权］

1. 在下列情形下，阿尔巴尼亚法院对与婚姻有关的事项具有管辖权：

(a)夫妻一方在结婚时是或者曾经是阿尔巴尼亚国民；

(b)被诉的夫妻一方或者解除婚姻案件中的原告在阿尔巴尼亚共和国有经常居所；

(c)夫妻一方为无国籍人且在阿尔巴尼亚共和国有经常居所。

2. 本条第 1 款所指的与婚姻有关事项，是指解除婚姻或者宣告婚姻无效、证明婚姻存续以及与婚姻财产制有关的诉讼。

3. 本条第 1 款所指的管辖权，同样扩展适用于因解除婚姻或者宣告婚姻无效、婚姻财产制或者法院在这类案件中责令采取的临时措施所产生的后果。

第 76 条　［对夫妻、父母子女、父母亲身份关系的管辖权］

对于因婚姻、父母子女关系、父母亲身份的承认或者否认而产生的权利与义务有关的事项，只要当事人一方为阿尔巴尼亚国民或者在阿尔巴尼亚共和国有住所，则阿尔巴尼亚法院具有管辖权。

第 77 条　［对收养的管辖权］

如果收养人中至少有一个是阿尔巴尼亚国民，或者被收养的子女为阿尔巴尼亚国民或者在阿尔巴尼亚共和国有经常居所，则阿尔巴尼亚法院对有关该收养的事项具有管辖权。

第 78 条　［对剥夺或者限制行为能力的管辖权］

被剥夺或限制行为能力的人为阿尔巴尼亚国民或者在阿尔巴尼亚共和国有经常居所的，阿尔巴尼亚法院对有关剥夺或限制行为能力的事项具有管辖权。

第 79 条　［对监护的管辖权］

未成年人或者被监护人为阿尔巴尼亚国民或者在阿尔巴尼亚共和国有经常居所的，阿尔巴尼亚法院对有关该监护的事项具有管辖权。

第 80 条　［具有国际管辖权的其他情形］

阿尔巴尼亚法院在下列情形下同样具有国际管辖权：

(a)数人同时被诉并且其中一人在阿尔巴尼亚共和国有住所，或者作为被告的法人的总部位于阿尔巴尼亚共和国的；

(b)在有关合同或者合同请求权的诉讼中，合同之债的履行地或者应当履行地位于阿尔巴尼亚共和国的；

(c)在有关侵权或不法行为请求权的诉讼中，损害事件发生地或者损害

(结果)发生地位于阿尔巴尼亚共和国的；

(ç)在因法人的分支机构或者子公司的经营活动而产生的争议诉讼中，该法人的总部位于阿尔巴尼亚共和国的；

(d)在有关扶养义务的诉讼中，扶养权利人在阿尔巴尼亚共和国有经常居所的；

(dh)在法定继承或者遗嘱继承的诉讼中：

i)被继承人死亡时在阿尔巴尼亚共和国有住所的；

ii)全部遗产或者绝大部分遗产位于阿尔巴尼亚共和国的。

第 81 条　[对诉讼保全措施的管辖权]

诉讼保全措施将在阿尔巴尼亚共和国执行或者阿尔巴尼亚法院对诉讼标的具有国际管辖权的，阿尔巴尼亚法院对于这种诉讼保全措施具有管辖权。

第十章　程序条款

第 82 条　[一般原则]

1. 阿尔巴尼亚法院审理涉外案件的司法程序，由阿尔巴尼亚诉讼程序法调整。

2. 在阿尔巴尼亚法院进行的民事诉讼中，外国人和无国籍人享有与阿尔巴尼亚国民同等的权利和程序保障。

第 83 条　[诉讼费用]

1. 如果原告为外国自然人、法人或者无国籍人并且其住所或者总部不在阿尔巴尼亚共和国领域内，应被告的请求，法院可责令原告在法院规定的合理期限内缴纳特定数额的费用或者物品作为支付诉讼费用的担保。

2. 在下列情形下，被告无权要求原告提供担保：

(a)原告的国籍国法律不要求阿尔巴尼亚国民或者法人提供担保，或者根据与原告国籍国达成的互惠原则免于提供担保的；

(b)法院已经告知被告有申请权，但被告在庭审结束前未申请提供担保的；

(c)原告已在阿尔巴尼亚共和国获得庇护权的；

(ç)被告没有证明，根据案件情势，其对提供担保具有正当利益；

(d)根据阿尔巴尼亚所认可的国际协定，已免于提供诉讼费用担保的。

3. (原告)在规定的期限内没有提供担保的，应被告的请求，法院将中止诉讼程序。

第 84 条　[外交豁免]

根据阿尔巴尼亚批准的国际协定，或者自愿接受管辖时，享有外交豁免权的自然人、法人的财产或者资产，应受阿尔巴尼亚法院管辖。

第 85 条　[对被授权接收方的指定]

1. 如果一方当事人的住所或者总部在阿尔巴尼亚共和国领域外，且在阿尔巴尼亚共和国领域内无代表人，法院可以要求该当事人在合理期限内指定一名被授权者，作为阿尔巴尼亚共和国领域内的文书接收方。

2. 在该期限内，如果该当事人未指定被授权的接收方，则之后所有的文书将以挂号信的形式送达。在邮寄送达 30 天后，即使无送达证明，也可推定当事人已收到文书。

第 86 条　[与外国法院的司法协助]

与外国法院的司法协助，由阿尔巴尼亚共和国批准的国际协定及现行法律调整。

第十一章　最后条款和过渡条款

第 87 条　[过渡条款]

在本法生效之日前法院尚未审结的司法案件，根据起诉时的现行法律判决。

第 88 条　[废止]

自本法生效之日起，1964 年 11 月 21 日《关于外国人享有民事权利的第 3920 号法律》以及与本法不一致的任何其他规定，予以废止。

第 89 条　[生效]

本法在《官方公报》上公布 15 日后生效。

根据阿尔巴尼亚共和国总统巴米尔·托皮（Bamir Topi）2011 年 6 月 13 日第 7017 号总统令公布。

捷克共和国 2012 年 1 月 25 日
《关于国际私法的法律》*

捷克共和国议会通过下列法律:

第一编　总则

第 1 条　[调整对象]

本法在含有国际因素的关系方面调整的是:

(a) 私法关系应依照哪一国家的法律确定,包括适用所指定的准据法以外的其他规定;

(b) 外国人和外国法人在私法关系中的法律地位;

(c) 法院和其他机关在调整和裁决(a)项和(b)项所述关系时的管辖权和程序,包括当国际因素本身构成一个单独诉因时的诉讼程序;

(d) 外国判决的承认与执行;

(e) 与外国之间的司法协助;

(f) 与破产有关的某些事项;

(g) 与仲裁程序包括外国仲裁裁决的承认与执行有关的某些事项。

第 2 条　[国际条约与欧洲联盟的规定]

本法的适用,应受到已公布的、对捷克共和国有约束力的国际条约以及欧

---

　　* 捷克共和国 2012 年 1 月 25 日《关于国际私法的法律》(Zákon ze dne 25. ledna 2012 o mezinárodním právu soukromém)公布于《捷克法律公报》第 91/2012 号,自 2014 年 1 月 1 日起施行。本法根据科隆大学学术助理 Martin T. Ondrejka 和布拉格卡尔大学 Peter Dobiáš 博士的德文译本翻译(资料来源:IPRax 2014, Heft 1, S. 91-109),官方文本为捷克语。本译文原载于《中国国际私法与比较法年刊》第十七卷(2014),法律出版社 2016 年版,第 360 ~ 391 页。此处略有修订。——译者注

盟可直接适用的法律规定①的限制。

第3条　［应强制适用的法律］

本法的规定，不得排除适用捷克法律中那些载明在其适用范围内，无论法律关系依照哪一法律确定，均必须强制适用的法律规定。

第4条　［公共秩序保留］

依照本法规定本应适用的外国法律规定，如果其适用的结果显然违背公共秩序的基本原则，则不予适用。基于同样理由，外国判决、外国法院和解、外国公证书及其他文书、外国仲裁裁决、司法协助方面的诉讼行为以及对在外国或者依照外国法律产生的法律事实的认可，均不得予以承认。

第5条　［法律规避］

为了规避本法的强制性规定，或者为了使故意制造或者伪造的情势未发生时本应适用的法律以外的其他法律得以适用而故意制造或者伪造的情势，不予考虑。

第二编　国际民事诉讼法的一般规定

第一题　审判权（Gerichtsbarkeit）

第6条　［捷克法院的审判权］

1. 如果依照捷克法律规定，捷克共和国法院具有属地管辖权时，则捷克法院享有审判权，但本法或者其他法律另有规定的除外。

2. 如果捷克法院享有审判权，则其对因同一法律关系或者同一事实而引起的反诉亦有审判权。

---

① 例如：欧盟议会及理事会 2008 年 6 月 17 日《关于合同之债法律适用的第 593/2008 号条例》(罗马Ⅰ)、欧盟议会及理事会 2007 年 7 月 11 日《关于非合同之债法律适用的第 864/2007 号条例》(罗马Ⅱ)、欧盟理事会 2000 年 12 月 20 日《关于民商事管辖权及判决的承认与执行的第 44/2001 号条例》、欧盟理事会 2003 年 11 月 27 日《关于婚姻事项及父母亲责任事项的管辖权、判决的承认与执行并废除第 1347/2000 号条例的第 2201/2003 号条例》、欧盟理事会 2008 年 12 月 18 日《关于扶养事项的管辖权、法律适用、判决的承认与执行以及合作的第 4/2009 号条例》、欧盟理事会 2009 年 11 月 30 日《关于由欧洲共同体签订 2007 年 11 月 23 日〈关于扶养义务法律适用的海牙议定书〉的第 2009/941 号决定》、欧盟理事会 2000 年 5 月 29 日《关于破产程序的第 1346/2000 号条例》。

第7条　[免受捷克法院审判的例外情形]

1. 外国国家因履行其国家、政府或者其他公共权能或者职能而实施的诉讼行为及事实行为，包括其用于或者被指定用于实施上述行为的财产而涉诉时，不受捷克法院审判权的约束。

2. 捷克法院审判权的例外情形，并不包括其他行为、诉讼性的和事实性的行为或者事件以及依照一般国际法或者国际条约可在另一国法院向某外国国家主张权利的范围内的行为或者事件。

3. 根据国际条约、一般国际法或者捷克法律规范而在捷克共和国享有特定豁免权的人、国际组织和机构，不受捷克法院审判权的约束。

4. 第1款和第3款的规定也适用于送达文书、传唤证人、执行判决和其他诉讼行为。

5. 向外国国家、国际组织和机构以及在不属于免受捷克法院审判权约束的情形下享有豁免权的个人送达时，由外交部转交。如果依照这种方式无法送达，则由法院指定替代人选。

6. 捷克其他公共权力机关在对本法所调整事项作出裁判时，其程序类推适用第1款至第5款的规定。

第二题　关于诉讼程序的规定

第8条　[一般规定]

1. 捷克法院应根据捷克诉讼程序的规定进行审理。在诉讼过程中，所有当事人在主张其权利时享有平等地位。

2. 其他国家未决的诉讼程序并不妨碍相同当事人就同一事项在捷克法院提起诉讼。在其他国家提起的诉讼尚未审结，之后又向捷克法院提起诉讼的，如果外国机关所作的判决预期能在捷克共和国得以承认，则向捷克法院提起的诉讼应予中止。

外国人和外国法人的诉讼地位

第9条

1. 外国人的诉讼行为能力，依其经常居所地国法律；但其根据捷克法律具有诉讼行为能力的，即视为有此种能力。

2. 外国人不是自然人的，其诉讼行为能力依其设立地法律；但其根据捷克法律具有诉讼行为能力的，即视为有此种能力。

第 10 条

在有互惠保证时，外国人和外国法人与捷克共和国国民一样，在同等条件下有权请求免交诉讼费用、提供担保，并有权为维护其权利而申请无偿法律援助。互惠保留不适用于欧洲联盟成员国和欧洲经济区的其他国家的国民。

第 11 条

1. 法院可根据被告的申请，责令经常居所地位于外国的外国人和请求作出财产纠纷判决的外国法人提供诉讼费用担保。若其在法院指定的期限内不提供担保，法院在不违背被告意愿的情况下继续或者终止诉讼程序，并通知原告。

2. 在下列情况下，不得责令提供担保：

（a）虽然被告明知原告不是捷克共和国国民、捷克法人或者已丧失捷克国籍，不再是捷克法人，或者在捷克共和国无任何经常居所却应诉，或者在实施诉讼行为以后才申请诉讼担保的；

（b）对同一类案件，原告的本国对捷克共和国国民或捷克法人不要求提供诉讼担保的；

（c）原告在捷克共和国境内的不动产足以支付诉讼程序中给被告产生的各种费用的；

（d）以申请支付令的方式启动诉讼程序的，或者

（e）原告被免除诉讼费用和预付税金的。

3. 欧盟成员国或者组成欧洲经济区的其他国家的国民不得被课加提供担保的义务。

第 12 条　[外国公文书]

1. 由外国的法院、公证人或机关签发的文书，只要在签发地具有公文效力，或者文书是由在捷克共和国任职的外交代表或领事官员签发的，按规定认证后，在捷克共和国境内亦有公文的证据效力。

2. 在外国签发的文书，虽未经规定的认证，但只要符合国际法习惯，并且捷克共和国的主管驻外代表毫不怀疑其真实性，则该驻外代表应在该文书上注明其对该文书的真实性没有疑义。

第 13 条　[互惠的认定]

司法部应根据请求向法院提供有关外国互惠方面的信息。

第三题　外国判决的承认与执行

第 14 条

外国法院和行政机关对那些属于捷克法院管辖范围内的私法案件所作的判

决，以及有关此类事项的外国法院和解、公证文书或者其他公文书(以下简称"外国判决")，如果其经外国主管机关的确认已发生法律效力并且已得到捷克(审判)机关的承认，则在捷克共和国具有法律效力。

第 15 条

1. 如果本法无其他特别规定，在下列情况下不得承认外国判决：

(a)案件应由捷克法院专属管辖，或者诉讼程序无法由外国机关执行时，应根据有关捷克法院管辖权的规定来判断外国机关审判权的，但外国判决的相对当事人自愿服从该外国机关审判的除外；

(b)在捷克法院就同一法律关系提起的诉讼尚未审结，并且提起该诉讼的时间早于在外国提起的就其判决请求予以承认的诉讼；

(c)对同一法律关系，捷克法院已作出了生效判决，或者第三国审判机关作出的生效判决已在捷克共和国得到承认；

(d)外国审判机关在审理案件时剥夺了本应承认的判决的相对当事人依法参加诉讼的机会，尤其是未向当事人本人送达传票和起诉状；

(e)承认外国判决违反捷克公共秩序的；或者

(f)无互惠保证的；但外国判决不针对捷克共和国国民或者捷克法人的，不要求有互惠关系。

2. 第 1 款(d)项所述的法律障碍，仅在应予承认的判决所针对的诉讼当事人提出申请时方予以考虑。该规定亦适用于第 1 款(b)项和(c)项所述的障碍，除非承认外国判决的机关已知晓该障碍的存在。

第 16 条

1. 对于外国法院就财产案件所作的判决，如同捷克审判机关所作的判决一样，捷克法院予以事实承认，无需特别的宣告。反之，如果因公共秩序保留或者由于其他可被直接考虑的拒绝承认的事由而被提出异议，则中断诉讼程序，诉讼程序的恢复期限类推适用第 2 款的规定。该事由依法消失后或者在上述期限届满仍无成效，被中断的诉讼程序继续进行。

2. 如果本法未规定外国判决无需其他程序地予以承认，那么，就其他事项所作的外国判决，应基于一项特殊裁决予以承认。即使在外国判决无需其他程序而予以承认的情况下，也可基于申请而通过特殊裁决予以承认。主管受理宣告承认外国判决的属地法院，一般为请求承认的普通区法院，在其他情况下，除非本法另有规定，则为对承认该判决有影响的案件事实发生地或者可能发生地在其辖区的区法院。法院以判决书的形式就承认事宜径行作出裁决，而无须进行审理。

3. 对于外国有关财产权利的判决，只要满足本法所规定的承认条件，则由捷克法院裁决发布执行令予以执行，并附具理由。

第四题 有关承认与执行外国判决的特别规定

第 17 条

在那些根据欧盟可直接适用的法律条款或者国际条约的规定，要求有可执行宣告的承认与执行程序中，本题的规定可予以适用。

第 18 条

如果一方当事人已依照欧盟可直接适用的法律条款或者国际条约的规定，请求以特别程序就承认事宜作出裁决，则法院以判决书的形式就承认事宜径行作出裁决，而无须进行审理。

第 19 条

1. 在申请可执行性宣告的同时，亦可根据其他法律规定提出申请，要求对执行该判决作出安排。在这种情况下，法院应在一份合一判决书中对这两项申请单独作出裁决，并必须附具理由。即使只针对其中一项申请作出裁决，亦应附具理由。

2. 如果法院依照第 1 款的规定进行诉讼，并且欧洲联盟可直接适用的法律条款或国际条约所规定的对有关承认或者执行外国判决的裁决的上诉期限比其他法律针对执行一项判决所作的裁决提起上诉所规定的期限更长，则该较长的期限也适用于针对执行一项判决的可执行性宣告所作裁决提起的上诉。

3. 如果受理上诉的法院对据以不承认外国判决的理由进行审查，并且第一审法院未曾依照欧盟可直接适用的法律条款或国际条约中的规定对这些理由进行审查而将这些理由作为不予承认外国判决的理由，则上诉法院会因为一审法院拒绝该请求而推翻其判决。

4. 要求对一项判决作出可执行性宣告的裁决，其发生法律效力的时间不得早于据以宣告该判决具有可执行性的要求。

第三编 国际私法的一般规定

第 20 条 ［识别］

1. 为了找到可适用的据以确定冲突法的冲突规范而对一个特定法律关系或者法律问题进行的法律评判，通常依照捷克法律。

2. 对于特定的法律关系或者法律问题应适用一个以上法律体系的法律规定的，在依照第 1 款规定对这些法律规定进行评判时，应考虑该规定在其本国法律体系中所负有的职能。

3. 如果既已确定了基本法律关系的准据法，通常也依照该法律来评判与该基本法律关系有牵连的特定法律关系或者法律问题。

4. 在本法冲突规范中规定的用以确定准据法的连结标准，依照捷克法律进行评判。

第 21 条　[反致与转致]

1. 本法规定应适用外国法，而该外国法规定又反致捷克法律的，则适用捷克法律中的实体法条款。外国法规定指向另一外国法律的，则适用该另一外国的实体法规定，前提是依照该另一外国的冲突法规定应适用其本国的实体法；否则，适用捷克法律中的实体法规定。

2. 反致和转致不适用于债权债务关系和劳动法律关系。当事人协议选择准据法的，则仅在当事人协议有规定时方考虑其冲突法规定。

第 22 条　[先决问题]

1. 在确定先决问题的准据法时，适用本法的规定。捷克法院对于某先决问题无审判权，而又要对其作出单独裁决的，则为了确定该先决问题的准据法，应适用据以确定主要问题的法律所属国的冲突法规定，前提是该主要问题应适用外国法。

2. 如果捷克主管机关、某一外国法院或者机关曾对先决问题作出了具有法律效力的判决，而该判决又满足在捷克共和国予以承认的条件，则法院应遵从该判决。

第 23 条　[外国法的查明与适用]

1. 如果本法无其他规定，外国法的规定应如同在其来源国一样，以同样的形式、在同样的范畴内依职权适用。为了对案件作出实体判决而应予适用的外国法规定，如果其并不违反捷克的强行法规定，则在其效力范围内予以适用，无需考虑其制度属性或者其公法性质。

2. 如果无其他相反规定，依职权查明根据本法应予适用的外国法的内容。法院或对本法所调整事项作出裁决的公共权力机关，为了确定外国法的内容应采取一切必要措施。

3. 如果法院或者对本法所调整事项作出裁决的公共权力机关不熟谙外国法的内容，为查明该外国法之目的，可以要求司法部发表意见。

4. 如果应适用其法律的国家存在多个具有不同法律制度的领土单位或者

对特定的人群施行不同的法律规定时，则根据该国的法律规定来决定应适用的法律。

5. 如果在合理的时间内不能查明或者无法查明外国法，则适用捷克法律。

第 24 条　[例外地、辅助性地确定准据法]

1. 依照本法规定本应适用的法律，如果考虑案件的所有情势，尤其是根据法律关系当事人的正当期望，适用所援引的法律显得不合理，有悖于理性、合理地调整现有法律关系，则作为例外不予援用。在这种条件下，如果不涉及第三人权利，则适用适合调整该法律关系的法律。

2. 对于在本法适用范围内的特定法律关系或者法律问题，如果不能根据其他法律的规定确定其准据法，则该法律关系或者法律问题适用与其有最密切联系的国家的法律，但当事人已为其选择了法律或者已表明适用某一特定法律的除外。

第 25 条　[其他外国法中的强行适用规定]

即使本法对适用其他国家法律的条款未作出规定，但只要根据该法所属法律的规定，无论法律关系所涉的权利和义务应依照哪一法律，其均应予以适用，则可基于一方当事人的请求，适用该其他国家法律的规定。适用该法律的前提是，法律关系所涉的权利和义务与该其他国家有充分的重要联系，并且在该法律规定的特性、目标或者结果——尤其是对当事人而言，其适用或者不适用将产生的结果——方面具有正当性。援引此种法律规定的当事人，必须提供有关该法律规定的效力和内容的证据。

私法关系中的外国人和外国法人的法律地位

第 26 条

1. 外国人，系指非捷克共和国国民的自然人。外国法人，系指其注册登记地在捷克共和国领域外的法人。

2. 外国人和外国法人在人身权和财产权方面享有与捷克国民和捷克法人同等的权利和义务，但本法或者特别法另有规定的除外。

3. 如果某外国将捷克国民或者法人与其本国国民或者法人进行区别对待，外交部可同捷克主管机关以在官方公报告知的方式决定不适用第 2 款规定。但该规定不适用于所涉的外国人或者外国法人根据欧洲联盟法享有与捷克共和国国民或者捷克法人同等权利和义务的情形以及将侵犯外国人人权的情形。

第 27 条

外国人和外国法人在捷克共和国领域内实施劳动法、著作权法和职业保护法方面的经营行为时，其地位依照其他法律规定。

第 28 条　[多重国籍或者国籍不明]

1. 某人在(法院)作出裁决时为捷克共和国国民，并且其他国家也将他视为其国民的，则以捷克共和国的国民身份为准。

2. 某人在(法院)作出裁决时同时有多个外国国籍，则以最后取得的国籍为准，但该人的生活重心在具有其国籍的另一外国的情形除外；此时，以其生活重心所在国的国籍为准。

3. 在(法院)作出裁决时不具有任何国家的国籍或者其国籍无法根据第 2 款确定者，视为作出裁决时其经常居所所在国的国民；如果其经常居所无法确定，则视为作出裁决时其居所所在国的国民。如果其居所也无法确定，则为本法之目的，视其为捷克共和国国民。

4. 如果某人为请求国际法保护者、受认可的避难者或其依照避难法而享受额外的保护，或者其依照其他法律或者国际条约的规定属于无家可归者，则其身份地位依照《关于难民地位的公约》和《关于无国籍人地位的公约》的规定确定。

第四编　关于各类私法关系的规定

第一题　权利能力与行为能力

第 29 条　[自然人]

1. 人的权利能力与行为能力，依照该人的经常居所所在国的法律确定，但本法另有规定的除外。

2. 如果本法无其他规定，实施法律行为的自然人依照其实施该法律行为所在地的现行法律具有此种能力，即视为有能力。

3. 自然人姓名的更改，依照其国籍国法。该自然人可援引适用其经常居所所在国的法律。

第 30 条　[法人]

1. 法人的法律人格以及不同于自然人的权利能力，依照其据以设立的国家的法律。依照该法律确定的事项还包括：法人的商号、名称以及内部的股份关系，法人与其股东或者理事的关系，股东之间或者理事之间的相互关系，股东或理事对法人债务的责任，谁代表法人机构行事，以及法人的消灭。

2. 就法人开展日常业务的限制而言，只要该法人在开展该业务时依照该行为实施地的现行法律具有此种能力即可。

3. 注册登记地在捷克共和国的法人，只能依照捷克法律设立。依照外国法设立、所在地在外国的法人将其注册登记地迁入捷克共和国境内的可能性，只要国际公约、欧盟可直接适用的法律条款或者其他法律规定允许，则不受影响。

签发汇票或支票的能力

第 31 条

1. 一个人处理汇票债务或者支票债务的能力，依照其国籍国法确定。如果国籍国法规定以另一国法律为准，则适用该另一国法律。

2. 依照第 1 款所指的法律不具有处理汇票债务或者支票债务能力的人，只要其依照汇票或者支票签发地国法具有（签发）汇票或者支票的能力，则同样有效地承担义务。涉及捷克共和国国民或者在捷克共和国境内有经常居所的人时，该规定不适用。

第 32 条

支票的付款人，由支票兑付地国法确定。如果依照该法，支票对付款人失效，只要支票所载明的签发地国的法律未规定支票因此而失效，则因签发支票而产生的义务依然有效。

对行为能力的限制和照料事项

第 33 条

1. 对于行为能力的限制事项和照料事项，如果所涉当事人在捷克共和国具有经常居所或者为捷克国民，即使其经常居所在外国，捷克法院均具有审判权。如果外国采取的措施能充分保护捷克国民的权利与利益，则捷克法院不必启动司法程序。

2. 如果根据第 1 款规定捷克法院不具有审判权，则捷克法院仅限于实施为保护捷克国民的人身和财产所必要的行为，并告知该人经常居所地国的主管当局。外国主管当局在一定期限内未确定该人法律地位的，捷克法院可确定其法律地位。

3. 如果涉及请求予以国际保护者、避难者或者依照特别法律规定而享受额外保护者，则捷克法院无需依照第 2 款规定进行告知。此时，捷克法院可确定该人的法律地位。

第 34 条

成立及解除照料的条件，限制及丧失行为能力的条件，依照被照料人的经常居所地国法确定。照料原则上及于被照料人的人身及其财产，而无需考虑该财产位于何处，前提是该财产所在国认可该照料措施。

第 35 条

接受照料及履行照料的义务，适用照料人的经常居所地国的法律。

第 36 条

照料人和被照料人之间的法律关系，适用照料法院和照料机关所在地国的法律。

第 37 条

如果第 34 条至第 36 条无其他规定，则由捷克法院依照捷克实体法指定照料。

第 38 条

外国人的国籍国或者经常居所所在国的法院或者机关就该外国人的禁治产或剥夺自由事项以及照料事项所作的具有法律效力的判决，无需其他程序地一概予以承认。

宣告死亡或者宣告失踪

第 39 条

1. 宣告捷克国民死亡或者失踪，由捷克法院专属管辖。

2. 捷克法院可宣告外国人死亡或失踪，其法律后果及于捷克国民、在捷克共和国境内有经常居所的人以及位于捷克共和国境内的财产。

3. 对于宣告死亡事项或者宣告失踪事项，捷克法院始终适用捷克的实体法。

第 40 条

就宣告外国人的死亡或失踪所作的具有法律效力的外国判决，如果已由该外国人的国籍国或者最后的经常居所地国法院或官员确认，则无需其他程序地一概予以承认。

第二题　法律行为

第 41 条

法律行为的成立及效力以及法律行为无效的后果，依照调整该法律行为所涉的法律关系的同一法律确定，但法律另有规定以及从案件性质另有推定的除外。为查明准据法之目的，假设该法律行为有效。

第 42 条

1. 合同或者其他法律行为，只要其形式符合下列国家的法律的规定，则在形式上有效：

(1)合同或者其他法律行为以及因该行为而成立的法律关系的准据法所属国；

(2)行为人之一作出意思表示所在地国；

(3)行为人之一的经常居所或者注册登记地所在国；

(4)该法律行为所涉的不动产所在国。

2. 如果适用于或者应适用于因法律行为而成立的法律关系的法律，或者该法律行为所涉的不动产所在地国的法律规定必须符合特定的形式作为有效要件，则应遵守此种形式要求。

第 43 条　[汇票和支票的批注形式和拒兑]

1. 汇票和支票的批注形式，依照批注地的法律。支票的批注形式，只要遵守兑付地法所规定的形式即可。

2. 汇票或者支票的首次批注在形式上的瑕疵，倘若依照第 1 款规定属于无效的汇票或者支票批注符合汇票或者支票的后续批注的签注地的法律，则不影响汇票或者支票的后续批注的效力。

3. 捷克共和国的国民在外国所作的汇票批注及支票批注，如果其满足捷克法律在形式上的要求，则在捷克共和国对捷克共和国的其他国民有效。

4. 拒兑的形式和期限，以及主张及维护汇票和支票权利所必需的其他行为的形式，依照拒兑或者其他行为的实施地国的法律确定。

第三题　代理

第 44 条

1. 法定代理或者基于法院或者机关的裁决而设立的代理以及代理的效力，适用对法定代理作出规定的法律或者作出该项据以设立代理的裁决的法院或者机关所属国的法律。对于一般行为，就此项代理的有效性而言，只要其满足该行为实施地现行法律的规定即可。

2. 由代理人实施的法律行为，只要其符合下列地点的法律的规定，即对被代理人具有法律效力：

（a）代理人实施行为地；

（b）被代理人的注册登记地或者经常居所地；

（c）代理人的注册登记地或者经常居所地；

（d）法律行为所涉及的不动产所在地。

3. 代理人实施的法律行为，如果其符合因代理人的法律行为而得以成立的法律行为所依照的或者应该依照的法律的规定，则亦对被代理人发生效力。

4. 就授权形式的遵守而言，只要其形式满足第 2 款或第 3 款所述任一法律的规定或者授权作出地现行法律的规定即可。

5. 因超越代理权而产生的被代理人和第三人之间的法律关系，以及未经授权而为他人行事者与第三人之间的法律关系，依照被代理人或者未经授权而为他人行事者的注册登记地或者经常居所地的法律的规定。但是，第三人可援引适用代理人或者未经授权而为他人行事者的行为地现行法律的规定。

第 45 条　［代理权和进行商业交易时的授权书］

基于代理权而实施的行为对被代理人的效力，依照代理权授予者的注册登记地或者经常居所所在国法律的规定；进行商业交易时基于授权书而实施的行为的效力，对于被代理人而言，依照被代理人的商业机构、分支机构或者致使代理人的经营行为得以发生的营业场所所在国的法律。但是，如果依照代理人或者被授权人与第三人实施法律行为所在地现行法律的规定，并且在涉及与不动产有关的法律行为时，依照不动产所在地现行有效的法律，均能产生此种法律效力即可。

第四题　时效

第 46 条

时效，依照适用于作为时效客体（标的）的权利的同一法律确定。

第五题　家庭法

第一节　夫妻之间的关系

第 47 条　［审判权］

1. 如果国际条约或者欧盟可直接适用的法律条款无其他规定，只要夫妻一方为捷克共和国国民或者被告在捷克共和国境内有经常居所，捷克法院即可对离婚之诉、婚姻无效之诉、婚姻是否成立的确认之诉行使审判权。

2. 夫妻双方均为外国人并且被告在捷克共和国或者欧盟其他成员国均无经常居所，并且其不属于欧盟任何成员国的国民，在大不列颠及北爱尔兰联合王国或者爱尔兰也无住所的，则在下列任一情况下，捷克法院对第 1 款所述事项具有审判权：

(a)夫妻双方曾在捷克共和国拥有经常居所，并且原告的经常居所仍在捷克共和国境内的；

(b)原告在捷克共和国境内拥有经常居所，并且夫妻另一方已参加该诉讼程序的；或者

(c)原告在捷克共和国境内拥有经常居所，并且在起诉前拥有该经常居所至少满一年的。

3. 对于夫妻之间或者原夫妻之间的扶养请求之诉，捷克法院的审判权依照欧盟可直接适用的法律条款确定。①

准据法

第 48 条

1. 缔结婚姻的能力及成立婚姻的有效要件，依照当事人的国籍国法律确定。

2. 结婚的形式，依照婚姻缔结地法律。

3. 在捷克共和国的驻外使领馆(主管)机关缔结婚姻的，依照捷克法律的规定。

4. 捷克国民不可在外国驻捷克共和国的使领馆主管机关处缔结婚姻。

第 49 条

1. 夫妻之间的人身关系，依照夫妻双方的(共同)国籍国法律。夫妻双方国籍不同的，其人身关系依照双方的(共同)经常居所所在国法律，否则依照捷克法律。

2. 夫妻之间相互义务的履行，依照国际条约所规定的、并且欧盟可直接

---

① 欧盟理事会 2008 年 12 月 28 日《关于扶养义务事项的管辖权、法律适用、判决的承认与执行并进行合作的第 4/2009 号条例》；欧盟理事会 2009 年 11 月 30 日《关于由欧洲共同体签署 2007 年 11 月 23 日〈关于扶养义务法律适用的海牙议定书〉的第 2009/941 号决定》；《关于扶养义务法律适用的海牙议定书》(公布于 2009 年 12 月 16 日《欧盟官方公报》L331 号，第 19 页)。

适用的法律条款规定予以适用的法律。

3. 夫妻之间的财产关系，依照夫妻双方的(共同)经常居所所在地国法律；没有共同经常居所地的，依照夫妻双方的(共同)国籍国法律；没有共同国籍的，依照捷克法律。

4. 有关婚姻财产关系的协议，依照达成此种协议时适用于夫妻财产关系的法律。此外，就婚姻财产关系的协议而言，夫妻双方亦可约定其财产关系依照夫妻一方的国籍国法律或者经常居所地国法律，或者在涉及不动产时约定依照不动产所在地国的法律，或者依照捷克法律。如果该协议系在外国签署，则对此协议必须制作公证文书或者类似证书。

第 50 条

1. 离婚，依照启动诉讼程序时据以确定夫妻双方人身关系的法律所属国法律。

2. 依照第 1 款规定应适用的外国法律不准离婚或者离婚条件极为严格时，若夫妻至少一方为捷克共和国国民或者夫妻至少一方在捷克共和国境内有经常居所，则适用捷克法律。

3. 在宣告婚姻无效或者确认婚姻是否成立时，结婚的能力及形式，依照结婚时作准的法律确定。

4. 原夫妻之间的扶养义务，依照国际条约所规定的、并且欧盟可直接适用的法律条款规定予以适用的法律确定。

对外国判决的承认

第 51 条

1. 如果诉讼当事人中至少有一方曾为捷克国民，并且不违反第 15 条第 1 款(a)项至(e)项的规定，就离婚、依法分居、宣告婚姻无效、确认婚姻是否成立等事项作出的具有法律效力的外国判决，在捷克共和国只能基于一项独立的裁决予以承认。

2. 有关是否承认第 1 款所述判决的裁决，只能由最高法院作出。除了诉讼当事人以外，能证明有法律上利害关系的任何人均可提出(承认判决的)申请。检察总长可出席该裁判程序。最高法院不必进行审理即可通过判决书作出裁决。

3. 第 1 款所述判决，仅在其认定事实的方式和方法基本符合捷克实体法的相应规定时，方予以承认。

第 52 条

如果所有诉讼当事人在判决当时均曾为该判决作出国的国民，则对第 51

条所指事项作出的具有法律效力的判决，在捷克共和国境内无需其他程序即产生与捷克法院所作的具有法律效力的判决一样的法律后果。其他外国机关对这些事项所作的具有法律效力的裁决，如果已被双方当事人的国籍国承认的，亦同。

第二节　父母与子女之间的关系及其他（亲属）关系

第 53 条　[确认及撤销父母身份事项的审判权]

确认及撤销父母身份之诉，可向被告所在的捷克共和国境内的普通管辖法院提出；被告在捷克共和国境内没有普通管辖法院的，可向原告的普通管辖法院提出。原告在捷克共和国境内没有普通管辖法院，只要父母一方或者子女为捷克国民，捷克法院亦有审判权。

第 54 条　[确认及撤销父母身份事项的准据法]

1. 父母身份的确认或者撤销，依照子女因其出生而取得的国籍所属国的法律。如果该子女因出生而取得一个以上国籍，则依照捷克法律确定。只要对子女有利，适用其生母怀孕时的经常居所所在国的法律。

2. 如果子女在捷克共和国境内有经常居所，并且对子女有利，确认或撤销父母身份适用捷克法律。

3. 对于确认父母身份的效力而言，只要其满足有权作出承认宣告的国家的法律即可。如果在外国的司法程序或者非司法程序中根据该外国的法律规定，可撤销父母身份并确认另一人的父母身份，即足以证明该人父母身份确认的有效性。

第 55 条　[承认有关确认及撤销父母身份的外国判决]

1. 承认外国具有法律效力的有关确认及撤销父母身份的判决，如果至少有一方诉讼当事人曾为捷克共和国国民，类推适用第 51 条的规定。

2. 如果所有诉讼当事人在判决当时均曾为该具有法律效力的判决作出国的国民，或者其他外国机关已承认所有外国诉讼当事人的国籍国作出的此项判决，则承认外国具有法律效力的有关确认及撤销父母身份的判决，类推适用第 52 条的规定。

第 56 条　[未成年人的抚养、教育及监护事项的管辖权]

1. 只要欧盟未通过可直接适用的法律条款对抚养及父母责任事项的审判权进行调整，如果未成年人的经常居所在捷克共和国境内，或者其为捷克共和国国民，即使其经常居所在外国境内，那么，未成年人的抚养、教育及父母监护的其他事项，包括人身及财产保护事项，由捷克法院行使审判权。如果外国采取的措施足以保护捷克共和国国民的权利和利益，则捷克法院不必启动诉讼程序。

2. 对于经常居所在外国、但无人对其行使父母权利和履行父母义务的捷克共和国国民，如果这属于法院主管范围，并且未成年人经常居所所在国认可此项管辖权，则捷克驻外使领馆可接管监护义务。捷克驻外使领馆应毫不延迟地将监护措施告知负责儿童国际保护的捷克当局。①

3. 对于抚养之诉，诉讼中提出变更或者撤销捷克法院针对经常居所在外国的权利人所作判决的申请的，捷克法院亦有审判权。

4. 应经常居所在捷克共和国境内的义务人的申请，捷克法院有权对变更或者撤销由外国机关课加的抚养义务(事项)作出判决，前提是权利人的经常居所不在作出决定的机关所属国境内。

5. 在捷克共和国境内无经常居所但在捷克共和国境内居留的外国未成年人，其父母进行离婚诉讼时，只要该未成年人将居留于捷克共和国境内，并且外国主管机关未采取任何处置措施，则捷克法院有权决定离婚后父母对未成年子女的权利及义务。

第 57 条　[未成年人的抚养、教育和监护事项及其他关系的准据法]

1. 父母与子女之间的关系，在抚养事项上，依照国际条约所规定的、并且欧盟可直接适用的法律条款规定予以适用的法律。权利人因其他关系产生的扶养请求权事项，其准据法以同样方式确定。

2. 对于父母的权利、义务以及保护子女的人身和姓名的预防措施等其他事项，其准据法依照国际条约确定。②

第 58 条　[对外国有关未成年人事项的判决的承认]

有关未成年人的抚养、教育及监护事项以及其他事项的具有法律效力的外国判决，如果其由该外国子女所属国或者经常居所所在国作出，并且所有当事人均为外国人，则无需其他程序地予以承认。如果因该项外国判决而被课加履行财产义务，则只要不违背第 15 条第 1 款(b)项至(e)项的抗辩理由，则可承认并执行该判决。

---

① 负责儿童国际保护的捷克当局名称为"儿童国际法保护办公室"(Úřad pro mezinárodně právní ochranu dětí)。——译者注

② 1996 年 10 月 19 日制定于海牙的《关于父母责任和保护儿童措施的管辖权、法律适用、承认、执行和合作公约》。——译者注

第三节　未婚母亲的权利

第 59 条

1. 子女的生母针对未与其结婚的生父提出的请求权，依照该母亲在子女出生时的经常居所所在国法律确定。但该母亲可援引适用其在子女出生时所属国的法律。未婚孕妇的请求权，依照在提出请求时其经常居所所在国的法律确定，除非她援引适用她在提出请求时所属国的法律。

2. 如果子女的生母为外国人，在子女出生时在捷克共和国境内有经常居所，并且子女的生父为捷克共和国国民，该生母的权利依照捷克法律确定。

第四节　收养

第 60 条　[审判权]

1. 有关收养子女的事项，如果收养人为捷克共和国国民，审判权属于捷克法院。收养人双方已婚的，只要其中一方为捷克共和国国民即可。

2. 收养人或夫妻任何一方不是捷克共和国国民的，在下列情况下，由捷克法院行使审判权：

(a)收养人或者进行收养的夫妻至少有一方旅居在捷克共和国境内，并且捷克法院的判决能被收养人的国籍国或者进行收养的夫妻双方的国籍国承认，或者

(b)收养人或者进行收养的夫妻至少有一方在捷克共和国境内有经常居所。

3. 如果收养所涉及的未成年人为捷克共和国国民，并且其经常居所在捷克共和国境内，则有关其收养的审判权专属于捷克法院。

准据法

第 61 条

1. 收养子女，必须满足作为被收养人的子女所属国法律以及收养人所属国法律所规定的条件。

2. 作为收养人的夫妻双方国籍不同时，必须满足夫妻双方的国籍国法律以及被收养的子女所属国法律所规定的要件。

3. 依照第 1 款及第 2 款规定必须适用的外国法不准收养或者收养条件非常严格时，如果收养人、作为收养人的夫妻至少有一方或者被收养人在捷克共和国境内有经常居所，适用捷克法律的规定。

第 62 条

1. 收养的效力，依照收养时所有当事人（共同）的国籍国法律；没有共同国籍国的，依照收养时所有当事人的共同经常居所所在国法律；没有共同经常居所的，依照被收养的子女的国籍国法律。

2. 被收养人和收养人之间的关系，在收养人方面就父母亲的权利和义务、教育和抚养等事项而言，类推适用依照第 57 条所确定的法律。

第 63 条　[对外国判决的承认]

1. 如果在进行收养时，收养人、进行收养的夫妻一方或者被收养人为捷克共和国国民，只要有关收养的外国判决不违背公共秩序，不违反捷克法院的专属审判权，并且捷克法律的实体法规定允许收养，则在捷克共和国予以承认。对于承认的程序，适用第 16 条第 2 款规定。

2. 如果所有诉讼当事人在判决当时为外国人，只要有关收养的外国判决不违背公共秩序并且该判决在所有诉讼当事人的国籍国得到承认，则在捷克共和国无需其他程序地一概予以承认。

3. 对于在外国通过判决之外的方式实现的收养，类推适用第 1 款和第 2 款的规定。

第五节　未成年人的监护及照料

第 64 条　[审判权]

1. 捷克法院对于未成年人的监护及照料事项的审判权，类推适用第 56 条第 1 款的规定。

2. 如果依照第 1 款规定捷克法院对这些事项无审判权，则捷克法院类推适用第 33 条第 2 款、第 3 款的程序。

第 65 条　[准据法]

1. 对于未成年人的监护及照料，适用对该事项作出裁决的法院或机关所在国的法律。但是，出于保护未成年人的人身或者财产的必要性，可例外地适用或援用与案情有实质联系的另一国家的法律。

2. 未成年人的经常居所发生变更或者其经常居所将在另一国家，则自变更时起，监护及照料的要件，依照该另一国家的法律确定，即使监护及照料系在未成年人的住所所在国设立亦然。

3. 在适用第 1 款和第 2 款规定时，不予考虑反致和转致。

4. 第 35 条和第 36 条的规定，予以类推适用。

第 66 条　[对外国判决的承认]

对有关未成年人的监护及照料事项的外国判决的承认，类推适用第 38 条的规定。

<h2 style="text-align:center">第六题　注册的同性伴侣关系及类似关系</h2>

第 67 条

1. 对于注册同性伴侣关系或者类似关系的解除、无效或者不成立，如果注册同性伴侣关系在捷克共和国缔结，或者至少伴侣一方为捷克共和国国民并且在捷克共和国境内有经常居所，则捷克法院有权作出裁决。

2. 注册同性伴侣关系和类似关系及其效力，缔结此种关系的能力，此种关系的缔结及其解除、无效或者不成立，依照缔结或曾经缔结注册同性伴侣关系或者类似关系的所在国法律确定。依照同一法律确定的还有同性伴侣关系的人身关系和财产关系。

3. 有关注册同性伴侣关系或类似关系的解除、无效或者不成立的外国判决，如果系在注册同性伴侣关系或者类似关系的缔结地国作出或者此种关系已被该国承认，则无需其他程序地一概予以承认。

<h2 style="text-align:center">第七题　物权</h2>

第 68 条　[不动产物权的审判权]

捷克共和国境内不动产物权的审判权，专属于捷克法院或捷克其他主管机关。

<h3 style="text-align:center">准据法</h3>

第 69 条

1. 不动产物权和有体动产物权，依照物之所在地法律，但本法或特别法规另有规定的除外。不动产或者动产的区分，亦依照物之所在地法律确定。

2. 在公共登记簿注册的船舶或者航空器上的物权，此种物权的成立及消灭，依照该登记簿保管处所在辖区所属国的法律。

第 70 条

1. 有体动产物权的取得及消灭，依照据以取得及消灭该物权的事件发生时该物之所在地法律。

2. 有体动产所有权的取得及消灭以及基于合同所进行的转移，依照所有权据以取得或消灭的合同之准据法确定。

3. 如果作为有体动产物权的取得及消灭之根据的法律行为，在自有体动产交付开始后的交付期间业已成立，则物权的取得及消灭，依照该物之发运地法律。但是，如果该动产物权之取得与消灭取决于所持有的有价证券，而退还或者处分该动产又要求出示该有价证券的，则适用处分该动产时证券所在地的法律。

第 71 条

在不动产或者动产所在地施行的有关在公共登记簿及类似表册上注册的规定，即使经注册的权利的成立、消灭、限制或者转移的法律原因受其他法律调整，仍应予以适用。

第 72 条

取得时效，依照时效期限开始时物之所在地法律。但是，时效取得者可以援引取得时效发生地国法律，前提是从该物转移至该国开始，依照该国法律规定，已完全具备取得时效的条件。

第 73 条　[信托基金或者类似机构]

1. 信托基金或者类似机构（以下简称"基金"），只要发起人所指定的法律能调整、规范基金或者该法律的规定能对其适用，则依照发起人所指定的法律。

2. 如果法律根据第 1 款规定不能确定或者无法适用，基金依照与其有最密切联系的国家的法律。在确定该种法律时，应尤其考虑：

(a)基金的管理地；

(b)构成基金的主要财产所在地；

(c)信托管理人的注册登记地或者经常居所地；

(d)通过设立基金所要追求的目标以及实现这些目标的地点。

3. 如果基金的某特定部分能与其他部分相分离，则可为该特定部分单独确定准据法。

4. 在外国设立的基金，只要其具备捷克法律所规定的基金基本特征，则在捷克法律领域内亦予以承认。

第八题　继承法

审判权

第 74 条

1. 对于继承事项的审理，如果被继承人死亡时在捷克共和国境内有经常居所，则捷克法院具有审判权。

2. 涉及捷克共和国境内的不动产的，捷克法院对审理继承事项具有专属审判权。

3. 被继承人死亡时在捷克共和国境内无经常居所的，如果对审理捷克共和国境内的遗产的继承案件有审判权的机关所属国拒绝将在捷克共和国境内有经常居所的被继承人的遗产交给捷克法院审理，又拒绝承认（捷克法院）判决的法律效力，或者外国拒绝受理遗产继承案件或者不作出决定的，则由捷克法院审理捷克共和国境内的遗产继承案件。经常居所在境外的捷克国民遗留在捷克共和国境内的遗产，只要继承人之一在捷克共和国境内有经常居所并提出继承遗产的请求，捷克法院始终有权对此作出裁决。

4. 在不属于第 1 款至第 3 款所述的其他情况下，捷克法院对外国人遗留的财产，只能采取必要的保管措施。

5. 在第 4 款所述情况下，法院应当事人的请求出具证明，以说明遗产继承案件的审理不属于捷克法院审判权的范畴；在出具证明前，如果有正当理由，法院可进行预审。如果财产应被移交给外国，则应在法院发布公告的 15 日内通知内国继承人和债权人，以便其知晓；并向知情的当事人送达该通知。

6. 如果根据准据法的规定，财产数额小，应移交给遗产管理人或者为此指定的人员的，则第 4 款、第 5 款规定不予适用。

第 75 条

如果涉及位于外国的财产，只有在该财产被移交给捷克法院或者外国承认捷克法院就遗产继承案件所作判决的法律效力时，捷克法院才审理该案件。

准据法

第 76 条

继承关系，依照被继承人死亡时的经常居所所在国法律。如果被继承人曾为捷克共和国国民或者至少一个继承人在捷克共和国境内有经常居所，则适用捷克法律。

第 77 条

1. 设立或者撤销遗嘱的能力，以及意思表示及意思表示瑕疵的效力，依照被继承人意思表示时的国籍国法律或者经常居所所在国法律确定。进行或者撤销其他死因处分的能力，以及法律所容许的其他死因处分的认定，亦适用以这种方式确定的法律。

2. 遗嘱，只要其符合下列任一国家法律的规定，即在方式上有效：

(a)被继承人意思表示时或者死亡时的国籍国；

(b)遗嘱设立地国;

(c)被继承人意思表示时或者死亡时的经常居所地国;

(d)适用于继承关系的法律或者在设立遗嘱时本应适用于继承关系的法律;

(e)所涉的不动产之所在国。

该规定亦适用于遗嘱的撤销方式。

3. 继承合同的一方当事人被视为被继承人时,第 2 款的规定亦适用于继承合同的形式和其他死因处分行为。该规定亦适用于继承合同和其他死因处分行为的撤销方式。

4. 被继承人可在遗嘱中指定,继承关系依照被继承人设立遗嘱时其经常居所地国法律确定,以取代本应适用的法律,对于不动产遗产亦然;或者其可指定,继承关系,包括不动产遗产在内,依照其在设立遗嘱时的国籍国的法律确定。

5. 对于继承关系,继承合同的各方当事人可选择适用第 4 款所述的法律之一,但应附带说明继承合同的一方当事人视为被继承人。该规定同样类推适用于其他死因处分行为。

第 78 条

无任何继承人时,位于捷克共和国境内的、属于被继承人的遗产或者权利归捷克共和国所有;对此事项的裁决,由捷克法院行使审判权。

第 79 条　[对外国判决的承认]

一项有关遗产继承案件的具有法律效力的外国判决,如果其系在被继承人死亡时的经常居所地国或者国籍国作出,并且所涉国家将在捷克共和国境内有经常居所的被继承人的遗产继承案件交由捷克法院审理或者其承认捷克法院对此类案件所作判决的法律效力,则只要其不违背捷克法院的审判权,无需其他程序地一概予以承认。对一项外国判决的承认,不符合第 78 条规定的,则予以排除。

第九题　知识产权

第 80 条

知识产权,依照授予该权利并给予其保护的国家的法律确定。

第十题　有价证券、投资工具或者其他文件

第 81 条　[宣布文件无效]

捷克法院对于在外国签发的文件,只有在其宣布文件无效将视案件性质可

能在捷克共和国产生法律后果时，才可宣布为无效。

有价证券及投资工具的准据法

第 82 条

有价证券是否有效发行，权利是否以这种方式与其产生关联，即人们在发行有价证券后的有效期内无需有价证券就可主张这些权利，以及哪些权利和法律后果与其有关联，根据有价证券的性质依照下列法律确定：

(a)据以确定发行有价证券的法人之权利能力及内部关系的法律；

(b)据以发行有价证券并调整法律关系的法律；

(c)有价证券发行地的现行法律；

(d)有价证券发行者的注册登记地或者经常居所所在国的法律，前提是适用其他法律不违背有价证券的性质，或者

(e)有价证券上所指定的法律，前提是有价证券的性质允许这样。

第 83 条

1. 如果法律无其他规定，有价证券上的权利，依照该证券所在地的现行法律；有价证券的转让，适用该证券在处分时所在地的法律。

2. 有价证券的抵押权，依照在判决当时抵押权人的经常居所地或者注册登记地的现行法律，但当事人已选择其他法律的除外；排除反致和转致。所涉的有价证券，为了发行及处分财产之目的而必须提交时，适用该有价证券在判决当时所在地的现行法律。

3. 尽管有第 1 款和第 2 款的规定，处分那些已入账的或者不动产化的有价证券、其他在登记簿注册的有价证券或者在账册上注册并表现为有价证券的权利时，依照进行注册的登记簿保管处所在国法律；排除反致与转致。允许(当事人)选择法律，前提是所选择的法律为当时登记簿保管人注册登记地或者办事处所在国的法律，并且保管账册属于该人的日常活动。

4. 如果投资工具，包括与此相关的权利，被指定用于担保下述人员或机构的权利：

(a)具有有效账目的(本国)支付系统、外国支付系统的参与者或者运营商，具有有效账目的(本国)清算系统或者外国清算系统的参与者或者运营商，前提是其权利因参与或者运营该系统而得以产生，或者

(b)欧盟某个成员国或者欧洲经济区某个国家的中央银行或者欧洲中央银行，

那么，这些人员或者受其委托而行事的人进行担保的权利，依照该投资工具的登记簿保管国的法律，在该登记簿进行注册将产生实质性的法律效力。

5. 投资证券、集体投资证券或者货币市场工具作为货币抵押品而发行的，为此进行了所有权或者其他物权的注册登记，或者出于将投资证券、集体投资证券或货币市场工具登记为货币抵押品而发行的，使权利人能直接或间接地持有该证券或工具，即使只是暂时的合法所有人，则下列事项依照登记簿保管处所在国的法律确定：

(a) 货币抵押品的法律性质或者此种货币抵押的物权法效力；

(b) 货币抵押成立、交付货币抵押品的要件以及货币抵押对第三人产生效力的其他必要条件；

(c) 因在登记簿注册而产生的货币抵押品的所有权或者其他物权的顺位，以及非所有权人取得所有权的条件；

(d) 当决定性事件发生时，从货币抵押品获得清偿的条件和方式。

6. 如果股权凭证由捷克共和国境内的股份公司发行并且被准许在捷克共和国境内的监管市场进行交易，那么，为股权凭证所有人确定的收购招标以及与此有关的涉外法律问题，依照捷克法律。

7. 在第 4 款所述情况下，不得选择该款所指法律以外的其他法律；在第 5 款所述情况下，不得选择其他的法律，并且排除反致和转致。

8. 参与跨境改组的任意法人所发行的有价证券，则该证券和股份的存在及留置权转让，依照其他法律规定。

第十一题　债法

第一节　基本规定

第 84 条

本题的规定与欧盟可直接适用的法律条款和国际条约的规定①，一并予以适用。本题的各项规定，仅限于调整不属于欧盟可直接适用的法律条款及国际条约适用范围内的问题，除非这些可直接适用的法律条款和条约允许本法

---

① 尤其是欧盟议会及理事会 2008 年 6 月 17 日《关于合同之债法律适用的第 593/2008 号条例》（罗马Ⅰ）、欧盟议会及理事会 2007 年 7 月 11 日《关于非合同之债法律适用的第 864/2007 号条例》（罗马Ⅱ）、欧盟理事会 2000 年 12 月 22 日《关于民商事管辖权及判决的承认与执行的第 44/2001 号条例》、1971 年《关于公路交通事故法律适用的海牙公约》和 1963 年《原子能损害民事责任维也纳公约》和 1988 年《关于适用维也纳公约及帕里公约的联合议定书》。

调整。

第二节　程序规定

第 85 条　[审判权]

对于债务事项和其他财产权益事项，捷克法院亦可基于当事人的书面协议行使审判权。但此种协议不得改变捷克法院的实体管辖权。

第 86 条　[协议由外国法院管辖]

1. 对于债务事项及其他财产权益事项，各方当事人亦可以书面形式协议由外国法院管辖。对于保险合同和消费者合同，只能在争议发生后，或者该协议使只有保险人、被保险人、其他权利人、受害人或者消费者能在另一国家法院起诉时，才允许订立此种协议。

2. 曾依照第 1 款规定协议由外国法院管辖的，则排除了捷克法院的管辖权；但在下列情况下，捷克法院同样审理案件：

(a)当事人在法院宣称不再坚持该协议；

(b)在外国作出的判决在捷克共和国得不到承认；

(c)外国法院拒绝受理案件；或者

(d)有关由外国管辖的协议违反公共秩序。

第三节　合同

第 87 条

1. 合同当事人未协议选择准据法的，合同依照与其有最密切联系的国家的法律确定。法律选择必须是明示的或者能显而易见地从合同条款或者案件情势中推断出来。

2. 通过消费者合同成立的法律关系与欧盟某一成员国领域联系密切的，如果诉讼程序在捷克共和国进行，并且为合同所选择的法律或者以其他方式适用的法律是非欧盟成员国的其他国家的法律，则不得剥夺消费者由捷克法律所赋予的保护。

3. 保险合同，依照保险人的经常居所所在国的法律确定。合同当事人可以为保险合同选择所适用的法律。如果所涉的保险合同与欧盟可直接适用的法律条款有关，则合同当事人可在欧盟此种法律条款许可的范围内，任意选择准据法。

4. 对于约定在一个以上使用期限内有偿使用一处或者多处住宿的合同，并且合同约定周期为一年以上的(以下简称"分时度假产品")，如果合同的效力期限在一年以上(以下简称"长期度假产品")，住宿的有利条件，是帮助有偿转让分时度假产品、长期度假产品或者参与交换系统，即让消费者能相互行使权利，使用依照其他法律规定与分时度假产品相关的住宿或者其他服务，并且准据法为欧盟成员国以外的其他国家的法律时，如果在捷克共和国进行诉讼并且具有下列情形的，则消费者不得被剥夺法律上的保护：

（a）所涉的任何一项不动产在欧盟某一成员国境内，或者

（b）与所涉不动产相关的经营者在欧盟某一成员国境内经营业务，或者具有在欧盟某一成员国境内经营业务的目的。

第四节　劳动法

第 88 条　［审判权］

1. 对劳动法事项，捷克法院亦可基于双方当事人的书面协议行使审判权。但是，此种协议不得改变捷克法院的实体管辖权。

2. 在其他情况下，捷克法院本应有管辖权时，则只能在争议发生后或者订立由外国法院管辖的协议使只有受雇佣者能在其他国家法院起诉，方可订立此种协议。第 86 条第 2 款规定予以类推适用。

第 89 条　［某些劳动关系的准据法］

通过非合同方式成立的劳动关系，依照据以成立该劳动关系的国家的法律确定。

第五节　单方法律行为

第 90 条

因单方法律行为引起的法律关系，依照实施单方法律行为者在实施该法律行为时的经常居所或者注册登记地所在国的法律，但其已选择了另一法律的除外。

第六节　债务担保，不履行债务及变更债务的后果

第 91 条

1. 除了涉及物权、法律另有规定以及从事物的性质另有推定的情形，或者已通过单方意思表示进行担保的人选择适用其他法律的情形外，债务担保，依照与被担保的债务同一法律确定。债权或者其他权利上的抵押权，依照调整该债权或者其他权利的同一法律，但当事人选择其他法律的除外。第三人的权利不受法律选择或者变更法律选择的影响。针对债务人所主张的权利，只能源于调整其所担保的债务的法律。

2. 不履行债务的后果，依照调整该债务关系的同一法律。

3. 法定权利及义务的转移，依照可适用于调整该项转移的法律规定所属

的法律，但从案件性质另有推定的除外。个别权利与债务，仍依照该项转移发生前调整该权利与债务的法律。

第七节　抵销

第 92 条

抵销，依照适用于被抵销的债权的同一法律确定。当事人可通过协议选择适用其他法律。

第八节　汇票法和支票法关系

第 93 条

1. 汇票承兑人和本票出票人的承兑意思表示的效力，依照支付地法律确定。

2. 票据的其他意思表示的效力，依照该意思表示作出地所在国的法律确定。

第 94 条

对所有票据债务人行使追索权的期限，由出票地法律确定。

第 95 条

汇票的持有人是否取得基于其出票行为而产生的债权，由出票地法律确定。

第 96 条

汇票的承兑能否限于部分数额以及持有人是否有义务接受部分支付，依照支付地法律确定。

该原则同样适用于本票的支付。

第 97 条

票据遗失或者被盗窃时应采取的措施，依照支付地法律确定。

第 98 条

支票批注的效力，依照该批注作出地所在国的法律确定。

第 99 条

对所有支票债务人行使追索权的期限，由支票出具地法律确定。

第 100 条

支票支付地所在国的法律，确定：

(a)支票是否有必要见票即付或者能否在见票后一定期限内兑付，以及支票上批注的日期晚于实际出具日期时将产生哪些效力；

(b)出示期限；

(c)支票能否被承兑、证明、确认或者签注以及这些批注的效力有哪些；

(d)持有人能否要求部分支付以及他是否必须接受部分支付；

(e)支票能否"打叉"或者加上"仅用于结算"或者同等意义的批注，该"打叉"或结算批注或同等意义的批注有哪些效力；

(f)持票人是否享有特别清偿权以及该权利包括哪些内容；

(g)出票人能否撤回支票或者对支票的兑现提出异议；

(h)支票被遗失或被盗窃时应采取的措施；

(i)对背书人、出票人和其他支票债务人行使追索权是否以作出拒付或者类似表示为必要条件。

第九节　某些非合同之债

第 101 条

因侵犯隐私或者人格权，包括诽谤在内，而产生的非合同之债，通常依照损害发生地法律。此外，受害人可以选择下列地点所在国的法律：

(a)受害人的经常居所或者注册登记地；

(b)致害人的经常居所或者注册登记地；

(c)在致害人能预见侵权结果情况下的结果发生地。

第五编　涉外司法协助

第 102 条

除非另有规定，司法机关通过司法部与外国当局接洽。

第 103 条

应外国司法机关的请求，捷克司法机关在互惠条件下给予司法协助。但在下列情形下，拒绝予以司法协助：

(a)请求执行的行为不属于被申请的捷克法院的管辖范围；但是，如果该项请求属于其他法院或者捷克其他机关权限范围的，应转交给所委任的机关去执行；或者

(b)请求执行的行为违反捷克公共秩序。

第 104 条

1. 所请求的司法协助应根据捷克规定执行；应外国机关的要求，可按照外国的程序规定予以司法协助，但以所请求的行为不违反捷克公共秩序为限。

2. 根据外国机关的请求，证人、鉴定人及诉讼当事人亦可在宣誓后进行陈述。

3. 证人和诉讼当事人的誓词为："我宣誓：对法院所询问的一切，我全面、客观地如实陈述，不作任何隐瞒。"

4. 鉴定人的誓词为："我宣誓：按照良心和确信陈述意见。"

5. 涉及其他宣誓的，誓词可适当变更。

第 105 条

如果外国文书未附有经认证的捷克语译文，如果收件人愿意收领，则送达给收件人；如果收件人拒绝受领，则应告知其可能产生的法律后果。

第 106 条

1. 捷克驻外使领馆外交官或者领事根据捷克法院的请求，执行下列行为：

(a)向使领馆驻在国境内的人送达文书，但以此种行为是国际条约或者一般国际法所允许的，或者不违背该行为执行地国的法律规定为限；

(b)对驻在国境内享有外交特权与司法豁免的捷克共和国国民送达文书，并且在他们作为证人、鉴定人或者当事人时，对他们进行审问；

(c)对证人、鉴定人和当事人进行审问及其他诉讼行为，但以这些人同意出庭，并且不违背行为实施地国的现行法律规定或者不存在重要的法律障碍为限。

2. 捷克驻外使领馆外交官或者领事的行为，如果是遵照提出申请的法院所适用的同一规定进行的，则与申请的法院自己所为的行为具有同等效力。

3. 如果遗产继承诉讼在国外进行并且案件情况表明，继承人为捷克国民或者在捷克共和国境内有经常居所，应外交部的请求，法院应采取行为对遗产进行确认。外交部所在地辖区的地方法院具有属地管辖权。

第 107 条

基于捷克司法机关的请求并由外国当局执行的送达行为，以及由该外国当局进行的调查取证，即使其未遵守外国法的规定，但只要符合捷克法律，亦同样有效。

第 108 条 ［关于捷克法律的证明］

在国外主张权利者需要提供捷克共和国现行法律的证明时，司法部应为其出具该证明。此种证明不得对法律规定的解释或者适用加以说明。

第 109 条 ［文书的更高级认证］

由法院出具的或认证的文书，或者由公证员或者法院执行官出具或认证的文书，需要在国外使用的，应持有人的申请，由司法部会同外交部进行更高级认证。更高级的认证与文书的简单复制无关。

第 110 条 ［司法部的意见］

在审理本法所调整的事项出现疑义时，司法部应根据法院的请求发表意见。

第六编　破产程序

第一题　一般规定

第 111 条

1. 根据欧盟可直接适用的法律规定,① 捷克法院对启动破产程序具有审判权的, 只要破产程序在非欧盟成员国的其他国家境内被赋予效力, 那么在赋予效力的范围内, 该破产程序亦涉及债务人在该其他国家境内的资产。如果外国的法律允许, 破产管理人可以在该法律的范围内, 在该外国领域内行使其权利。

2. 如果债务人在捷克共和国有常设机构, 在捷克共和国境内有经常居所或注册登记地的债务人提出申请, 或者债务人的债权系在经营该常设机构时产生, 则捷克法院可启动并推进破产程序。在这种情况下, 破产程序的效力仅限于捷克共和国境内的资产。

3. 除了欧盟可直接适用的法律规定涉及的情况外, 其关于法律条款的可适用性的冲突规范应相应地予以适用。

4. 如果作出的判决是有关具有有效账目的(本国)支付系统、外国支付系统, 具有有效账目的(本国)结算系统或外国结算系统的参与人的破产问题, 或者针对这些当事人作出其他判决, 或者作出具有类似效力的机关决定, 该当事人因参与该系统而产生的权利与义务, 依照该系统的参与人在执行账目清算或者结算时的法律关系所依据的法律确定。其他的法律选择予以排除。

5. 如果作出该判决的外国是债务人的主要利益中心地, 只要债务人在捷克共和国境内的财产并非已依照第 2 款启动的破产程序的标的物, 则在互惠条件下承认该外国有关破产事项的判决。在这些情况下, 以及在涉及已成为外国破产程序标的物的财产尚未在捷克法院启动破产程序的其他情况下, 涉及给予互惠保证的外国法院的, 则应外国法院的请求, 将债务人在捷克共和国境内的动产移交给该法院。只有在从现有资产中剔除出某些财物的权利以及在破产申请提交给外国法院或其他主管机关之前债权人所主张的被担保的权利得到清偿后, 债务人的财产方可移交至外国。

---

① 欧盟理事会 2000 年 5 月 29 日《关于破产程序的第 1346/2000 号条例》。

第二题　金融机构的破产

第 112 条

1. 本法意义上的"金融机构"，是指银行、储蓄所、信用合作社、外国银行，只要其根据欧盟法取得统一执照，在第 113 条第 1 款至第 4 款以及第 114 条第 2 款至第 4 款情形下，还包括在至少两个成员国有分支机构的非欧盟或者欧洲经济区成员国(以下简称"成员国")的外国银行。

2. 本法意义上的"金融机构破产"，系指通过下列程序或者安排解决的一种情势：

(a)对金融机构提起的集体程序，由一个成员国的管理机构或者法院开启或执行，其目的在于在前述机构的监管下分配财产，包括通过免除余债或者具有同样效力的其他安排(以下简称"破产程序")而终结程序的情形；或者

(b)旨在维持或者恢复金融机构财务状况并且对第三人的现有权利可能产生影响的安排，包括含有暂停支付、暂停债权的执行、推迟与执行判决有关的安排或者缩减债权的可能性的各种安排(以下简称为"重组")。

3. 除非另有规定，根据授予金融机构营业执照或者类似资格的国家的现行法律规定和程序规则进行重组。

4. 除非另有规定，破产程序应根据给金融机构颁发营业执照或者类似资格的国家的现行法律规定和程序规则进行，特别是在涉及以下事项时：

(a)作为现有资产组成部分的财产，以及对破产程序启动前属于金融机构的财产的处置；

(b)金融机构及破产程序执行人的授权委托；

(c)主张抵销的条件；

(d)破产程序对那些金融机构作为其当事人的现有合同的影响；

(e)破产程序对单个债权人提起的司法程序及仲裁程序的影响，但第 114 条第 2 款所指的程序除外；

(f)作为金融机构的财产必须申报的债权以及对破产程序启动后所产生的债权的处置；

(g)规定债权的申报、核实和认定的规则；

(h)规定资产出售所得收益的分配、确定债权以及在破产程序启动后其债权基于物权或通过抵销而得到部分清偿的债权人权利的顺位的规则；

(i)破产程序终结的条件与后果；

(j)债权人在破产程序终结后享有的权利；

(k)支付破产程序费用的责任人；

(l)有关因债权人损害而引起的法律行为的失效、无效或可撤销性的规则。①

5. 启动破产程序和重组

(a)对劳动合同及劳动关系的影响，只能依照(欧盟)成员国调整雇佣合同的法律确定；

(b)对合同的影响，如果被授予使用或者取得不动产权利的，只能依照不动产所在的(欧盟)成员国的法律确定；此外，所涉物为动产还是不动产，由该法律决定；

(c)对需要在公共登记簿注册的不动产、船舶、航空器的物权的影响，只能依照该登记簿保管处所在辖区所属的成员国法律确定。

第 113 条

1. 主张和执行因投资工具上的权利所生的债权，这种权利的存在或者行使要求在成员国保管或者寄存的登记簿、账号或者中央存款系统上注册的，依照该成员国的法律确定。

2. 有关终局和解的协议，如果该协议系根据合同订立，则只能依照适用于合同的法律确定。

3. 在不影响第 1 款规定的前提下：

(a)有关回购的协议，只能适用调整该协议的法律；

(b)在监管市场范围内通过投资工具进行的交易，只能适用此类交易所依据的合同的准据法。

4. 如果因损害债权人而受益的人证明有下列情形之一，则第 112 条第 4 款的规定并不适用于有关因损害债权人的行为而引起的法律行为的失效、无效或可撤销的规则：

(a)损害债权人的行为，系根据已给金融机构颁发营业执照或类似资格的国家以外的其他成员国的法律确定，并且

(b)该法律在特定情况下并不容许干预此种法律行为的手段。

5. 第 112 条第 4 款的规定并不适用于有关因损害债权人而引起的法律行为的失效、无效或者可撤销的规则，此种原因来源于重组的法律规定，并且法院已对重组作出了判决，只要该行为系在被接受前所主张，并且所实施的行为的受益人能证明：

① 欧盟议会及理事会 2001 年 4 月 4 日《关于信贷机构的重组与清算的第 2001/24 号指令》。

（a）损害债权人的行为，系根据已给金融机构颁发营业执照或者类似资格的国家以外的其他成员国的法律确定，或者

（b）该法律在特定情况下并不容许干预此种法律行为的手段。

第 114 条

1. 如果金融机构在破产程序启动后或者在接受重组后，通过某种行为以履行的方式变卖：

（a）不动产；

（b）在公共登记簿注册的船舶或航空器；

（c）投资工具或者与此相关的权利，而此种权利的存在或转让需要在某成员国保管或寄存的登记簿、账户或中央存款系统注册，

那么，该行为的效力依照不动产所在的成员国或者保管登记簿、账户或者存款系统所在辖区的成员国法律确定。

2. 重组或者破产程序对正在进行的司法程序的影响，涉及从金融机构剥夺的资产或者财产权的，只能依照运行该司法程序的成员国的法律。

3. 要求抵销金融机构债权的可能性，依照适用于该金融机构债权的法律；第 112 条第 4 款（1）项的规定不受影响。

4. 在本条第 1 款至第 3 款、第 112 条第 3 款至第 5 款以及第 123 条所述情况下，不得选择其他法律。

第三题　保险破产

第 115 条

1. 本法所指的"保险破产"，是指受下列程序或者安排调整的一种状况：

（a）一种集体诉讼程序，其中包括变卖保险人的财产，并将变卖所得收益在债权人、股票持有人、股东之间分配，包括成员国的行政机关或者司法机关的干预，还包括通过和解或者类似安排终结集体诉讼程序这种情况，而无需考虑是否会引起支付不能，或者是自愿还是强制的（以下简称"保险破产情况下的破产程序"），或者

（b）包括成员国行政机关或司法机关的干预在内的安排，其目的旨在维持或者恢复某人的良好财务状况并且对第三人的现有权利产生影响，包括含有暂停支付、暂停债权执行、推迟与执行判决有关的安排或者缩减债权等可能性的各种安排（以下简称"保险破产情况下的重组"）。

2. 本法意义上的"保险企业"，也指保险企业的分支机构，前提是该保险公司的注册登记地在任一成员国境内，并且依照欧盟法被授予在任一成员国境

内营业的执照。

3. 在保险(包括其分支机构在内)破产情况下，如果无其他规定，重组安排依照授予保险机构营业执照的国家的现行法律规定和程序执行。① 重组安排并不妨碍启动清算程序。重组安排在第一句所指国家生效时起，亦在所有成员国产生效力。

4. 保险破产情况下的破产程序，如果无其他规定，依照授予保险营业执照的国家的现行法律规定和程序执行，尤其是在涉及下列事项时：

(a)作为现有资产组成部分的财产，以及对保险破产情况下在破产程序启动后受理和进行保险的财产的处置；

(b)保险机构及破产程序执行人的授权委托；

(c)主张抵销的条件；

(d)保险破产情况下破产程序对那些金融机构作为其当事人的既有合同的影响；

(e)保险破产情况下破产程序对单个债权人提起的司法程序及仲裁程序的影响，但第 116 条第 4 款所指的程序除外；

(f)作为金融机构的财产必须申报的债权以及对保险破产情况下破产程序启动后所产生的债权的处置；

(g)规定债权的申报、核实和认定的规则；

(h)规定资产出售所得收益的分配、确定债权以及在保险破产情况下破产程序启动后其债权基于物权或者通过抵销而得到部分清偿的债权人权利顺位的规则；

(i)保险破产情况下破产程序终结——尤其是以和解的方式——的条件与后果；

(j)债权人在保险破产情况下破产程序终结后享有的权利；

(k)保险破产情况下支付破产程序费用和支出的责任人；

(l)有关因损害债权人而引起的法律行为的失效、无效或可撤销性的规则。

5. 保险破产情况下的重组安排或者启动破产程序

(a)对劳动合同及劳动关系的影响，只能依照适用于劳动合同的成员国法律确定；

(b)对合同的影响，被授予使用或者取得不动产权利的，只能依照不动产所在的成员国法律确定；

----

① 欧盟议会及理事会 2009 年 11 月 5 日《关于接收和进行保险和再保险业务的第 2009/138 号指令》。

(c)对不动产和需要在公共登记簿注册的船舶、航空器的物权的影响，只能依照该登记簿保管处辖区所属的成员国法律确定。

第 116 条

1. 在不影响债权人和第三人对债务人资产的物权的前提下，保险破产情况下的重组安排或者破产程序对监管市场上的人员的权利和义务的影响，依照适用于该市场的法律确定；第 115 条第 4 款(1)项对法律行为的适用不受影响，但以为了延迟依照适用于该市场的法律所确定的支付或者交易之目的为限。

2. 如果因损害债权人而受益的人证明有下列情形之一，则第 115 条第 4 款(1)项的规定并不适用于有关因损害债权人而引起的法律行为的失效、无效或者可撤销性的规则：

(a)损害债权人的行为，系根据已给保险机构颁发营业执照的国家以外的其他成员国的法律确定，并且

(b)该法律在特定情况下并不容许任何干预此种法律行为的手段。

3. 在保险破产情况下，如果保险机构在接受重组后或者启动破产程序后，通过某种行为以履行的方式变卖：

(a)不动产；

(b)在公共登记簿注册的船舶或航空器；

(c)投资证券、其他证券或者与此相关的权利，而此种权利的存在或转让需要在某成员国保管或寄存的登记簿、账户或中央存款系统注册，

那么，该投资工具的效力依照不动产所在的成员国或者保管登记簿、账户或存款系统所在辖区的成员国法律确定。

4. 在保险破产情况下，重组安排或者启动破产程序对正在进行的司法程序的影响，涉及从保险机构剥夺的资产或财产权的，只能依照运行该司法程序的成员国的法律。

5. 要求抵销债务人债权的可能性，依照适用于该债务人的债权的法律；第 115 条第 4 款(1)项的规定不受影响。

6. 在本条第 1 款、第 3 款至第 5 款以及第 115 条第 3 款至第 5 款所述情况下，不得选择其他法律。

第七编　仲裁程序以及对外国仲裁裁决的承认与执行

第 117 条　[仲裁协议]

1. 仲裁协议的可接受性，依照捷克法律确定。仲裁协议的其他细节事项，

依照仲裁裁决作出地国的法律确定。

2. 仲裁协议的形式，依照适用于仲裁协议其他细节事项的法律确定。但是，只要满足意思表示作出地法律的要求即可。

第 118 条　［外国人作为仲裁员的资格］

外国人，只要根据其国籍国法具有法律行为能力，就可成为仲裁员；但是，其根据捷克法律具有这种能力即可。被选为解决消费者合同纠纷的仲裁员，其履行职责的附加要求，由其他法律确定。

第 119 条　［准据法的确定］

解决争议所适用的法律系当事人所选择的法律。当事人未选择该法律的，由仲裁员依照本法的规定确定。所适用的法律中的冲突法规定，只有当其系当事人的法律选择行为所致时，方可予以援用。如果当事人明确授权仲裁员，则仲裁员可根据公平原则对争议作出裁决；涉及消费纠纷的，其他适用于消费者保护的法律规定须予以适用。在仲裁程序中对争议作出裁决时，第 87 条第 2 款亦应适用。

对外国仲裁裁决的承认与执行

第 120 条

在外国作出的仲裁裁决，在有互惠保证时，视为内国仲裁裁决在捷克共和国予以承认与执行。如果外国国家对外国的仲裁裁决一般以互惠为条件宣告予以执行时，亦视为有互惠保证。

第 121 条

外国仲裁裁决有下列情形之一的，拒绝予以承认与执行：

(a)根据裁决作出地国的法律，仲裁裁决不具有拘束力或者不可执行；

(b)仲裁裁决在作成地国或者裁决所依据的法律所属国被撤销；

(c)法院撤销捷克仲裁裁决的理由欠缺；

(d)违背公共秩序。

第 122 条

1. 对外国仲裁裁决的承认，不需要通过特别判决作出裁决。外国仲裁裁决，在参照第 120 条和第 121 条规定的条件下，将如同捷克仲裁裁决一样予以承认。

2. 外国仲裁裁决的执行，由捷克法院通过判决的形式作出安排，并附具理由。

第八编　过渡及最终条款

第 123 条　[过渡条款]

1. 法律关系的成立及存续以及在本法生效之日前因该法律关系所引起的行为事实，包括法律选择，依照以前的法律规定进行裁判。但是，倘若法律关系具有长期持续性，并涉及当事人重复性或者持续性的行为，该行为在本法生效之日后仍对法律关系有决定作用，只要涉及此种行为与事实，则本法的规定亦适用于该法律关系。

2. 对于在本法生效之日前已启动的诉讼程序，仍适用以前有关捷克法院审判权的法律规定。在承认与执行的条件方面，该规定亦适用于有关承认与执行外国判决、外国仲裁裁决的案件的程序。

第 124 条　[废除条款]

废止：

(1)《关于国际私法与国际民事诉讼法的第 97/1963 号法律》；

(2)《关于修改〈关于国际私法与国际民事诉讼法的第 97/1963 号法律〉的第 361/2004 号法律》；

(3)《关于补充和修改民事诉讼法、公证法以及国际私法与国际民事诉讼法的第 158/1969 号法律》第三部分；

(4)~(19)(略)。

第九编　生效

第 125 条

本法于 2014 年 1 月 1 日生效。

黑山共和国 2013 年 12 月 23 日
《关于国际私法的法律》*

第一编　准据法

第一章　基本规定

第 1 条　[本法的调整对象]

本法包括关于确定具有国际因素的私法关系准据法的规则(简称"冲突规范")、法院及其他机关审理此类关系的管辖权规则、程序规则以及承认与执行外国的法院判决、仲裁裁决及其他机关所作裁决的规则。

第 2 条　[与国际条约及其他法律的关系]

对于本法第 1 条所指的各种关系,如果其已由国际条约或者其他法律调整,则不适用本法的规定。

第 3 条　[参照适用]

对于本法第 1 条所指的关系,本法未规定应适用的法律的,参照适用本法的规定与原则、黑山法律制度的原则和国际私法的原则。

第 4 条　[反致与转致]

如果依照本法规定应适用某一外国的法律,则该国的包括其冲突规范在内的法律规定应得以适用,但本法或者其他法律另有规定的除外。

对于下列事项,不得反致黑山法律或者转致第三国法律:

(1)法人和非法人社团的法律地位;

---

* 黑山共和国 2013 年 12 月 23 日《关于国际私法的法律》公布于 2014 年 1 月 9 日《黑山官方公报》第一号,官方本文为黑山语,本法系根据德国汉堡马克斯-普朗克外国私法与国际私法研究所 Christa Jessel-Holst 博士的德文译本(资料来源:*IPRax* 2014, Heft 6, S. 556-572)翻译,译文原载于《中国国际私法与比较法年刊》第十九卷(2016),法律出版社 2017 年版,第 409~438 页。此处略有修订。——译者注

(2)法律行为的形式；

(3)准据法的选择；

(4)扶养；

(5)合同关系；

(6)非合同关系。

外国冲突规范反致黑山法律或者指向第三国法律的，则适用黑山或第三国的实体规定。

第5条 [法律制度不统一]

如果应适用法律制度不统一国家的法律，且本法的规定又未指定该国具体的法律区域，则根据该法律制度的规定确定应适用的法律。

如果根据本条第1款规定的方法不能确定应适用法律制度不统一国家哪一区域的法律，则适用该国与案情有最密切联系的那一区域的法律。

第6条 [对应适用的外国法内容的查明]

法院或者其他裁判主管机关(以下简称"法院或者其他主管机关")依职权查明应适用的外国法的内容。

本条第1款所指机关在查明外国法内容时，应依照国际条约的规定，但它们亦可从司法主管部门获取有关外国法的信息或者请求法律专家和专业研究机构发表意见。

诉讼当事人双方亦可提交关于外国法内容的证书或者以其他方式协助法院或者其他主管机关(查明外国法)。

双方当事人业已选择应适用的外国法的，法院或其他主管机关则可要求其协助查明外国法的内容。

第7条 [外国法的解释与适用]

应如同在所涉外国法所属国那样解释和适用外国法律。

未适用外国法以及错误地解释和适用外国法，构成上诉之理由。

第8条 [例外条款]

如果案件的所有情况表明，私法关系与根据本法确定的法律只有非常松散的联系，而与另一法律存在实质性更密切联系，则例外地不适用根据本法所确定的法律。

当事人为其私法关系自行选择了准据法的，则不适用本条第1款的规定。

第9条 [公共秩序]

外国法的规定，如果其适用的结果显然违反黑山的公共秩序，则不予适用。

第 10 条 ［强制规范］

黑山的法律规范，如果遵守该种法律规范被视为对维护公共利益，尤其是对维护国家的政治、社会和经济制度具有决定性作用，则对属于其适用范围内的所有案件均应予以适用，而不论准据法为何。

例外地，法院可考虑适用与私法关系有密切联系的另一国的强制规范。

在决定是否考虑本条第 2 款所指的规范时，法院须考虑该规范的性质、目的及其适用或者不适用的后果。

第二章 人的法律地位

第一节 自然人的法律地位

第 11 条 ［国籍］

一个自然人是否具有某特定国家的国籍，依照该国法律确定。

黑山国民同时亦具有其他国家国籍的，视其只有黑山国籍。

对于非黑山国民并具有两个或者多个国籍的人，视其具有从总体上看与他有最密切联系的国家的国籍，尤其是考虑其经常居所。

对于无国籍人或者其国籍无法确定的人，依其经常居所确定应适用的法律。

对于具有难民或者避难者身份的人，以其经常居所所在国法律为准。

一个人的经常居所无法确定时，以与其有最密切联系的国家的法律为准。

第 12 条 ［经常居所］

在本法意义上，一个自然人的经常居所系指该自然人的主要居留地，而不论是否在主管机关注册和公示，是否有居留或者定居的许可，也不论该居留是否自始就有时间限制。对于经常居所的确定，应考虑能体现与该地点的长期联系或者有建立此种联系意图的个人或者职业性质等情况。

对于实施交易行为的自然人的经常居所，就本法第五章和第六章所指的各种关系而言，适用本法第 40 条和第 51 条的规定。

第 13 条 ［权利能力］

自然人的权利能力，以其国籍国法为准。

第 14 条 ［行为能力］

自然人的行为能力，以其国籍国法为准。如果适用于某特定法律关系的法律对行为能力有特别要求的，则适用该法律的规定。

如果订立合同的双方当事人在同一国家领域内，则依照该国法律具有行为能力的一方当事人，不得援引另一国法律主张自己无行为能力，但对方当事人在订立合同时已知晓其无行为能力或者因为重大过失而不知晓的除外。

本条第 2 款的规定不适用于家庭关系、继承关系中的行为以及与位于行为实施地国以外的其他国家领域内的不动产之物权有关的行为。

第 15 条　[经营者的行为能力]

从事经营活动、但不设立法人的自然人的行为能力，依照该人登记为经营者的国家的法律确定。如果无需登记，则适用该人的主要营业所所在地国法律。

第 16 条　[监护]

监护的设立、终止以及监护人和被监护人之间的关系，以被监护人的国籍国法为准。

关于外国人或者居留于黑山共和国领域内的无国籍人的临时保护措施，依照黑山法律决定，在具有管辖权的法院或者其他机关所属国未作出决定或者未采取必要措施之前，这种临时保护措施继续有效。

本条第 2 款的规定亦适用于对不在黑山领域内的外国人或者无国籍人在黑山共和国领域内的财产之保护。

第 17 条　[人名]

人名的确定及其变更，适用该人的国籍国法律。

变更国籍对人名的影响，依照该人已取得的国籍所属国法律确定。如果该人为无国籍人，则其经常居所的变更对人名的影响，依照该人的新经常居所所在国法律确定。

对人名的保护，适用依照本法第六章所规定的法律。

作为本条第 1 款规定的例外，因为在黑山结婚或者在结婚后而需要确定或者变更人名时，夫妻双方可依照其一方所属国的法律选择人名，或者当夫妻一方在黑山领域内有经常居所时，依照黑山法律选择人名。在结婚后宣告变更人名的，则此种宣告必须以公文书的形式作出。

作为本条第 1 款的例外，亲权持有人可以对民政官员宣告其子女的姓氏适用父母一方所属国的法律，或者当父母一方的经常居所在黑山领域内时，适用黑山法律。在出具出生证之后宣告变更姓氏的，则此种宣告必须以公文书的形式作出。

就根据本条第 4 款和第 5 款对人名或者子女姓氏所做选择的有效性而言，

变更年满十周岁的未成年人的姓氏时，其具有表达意思能力的，应征得其同意。

第 18 条　[对失踪者的死亡宣告]

对失踪者的死亡宣告，以该人失踪时的国籍国法律为准。失踪者无国籍时，宣告其死亡的条件和后果，适用该人最后的经常居所地国法律。

为维护和保护失踪者在黑山领域内的财产而采取的临时措施，适用黑山法律。

对于在黑山领域内有经常居所者，根据对此有正当利益者的请求，可依照黑山法律宣告其死亡。

第二节　法人、非法人社团及国家的法律地位

第 19 条　法人

法人，以其据以设立的国家的法律为准。

法人的实际主事务所不在其设立地所在国而在另一国，并且依照该另一国的法律应以该国法律为准，则适用该法人的实际主事务所所在国的法律。

第 20 条　[非法人社团]

不具有法律人格的社团，以其登记地或者设立地国家的法律为准。

第 21 条　[准据法的适用范围]

依照本法第 19 条和第 20 条应适用的法律，具体调整下列事项：

(1)成立、法律性质和法律上的组织形式；

(2)名字或者商号；

(3)法律主体及领导管理制度；

(4)法人或者社团的机构的构成、权限和职能；

(5)代表；

(6)成员资格的取得、丧失以及与此相关的权利和义务；

(7)承担义务的责任；

(8)违反法律或者组织章程的后果；

(9)法人或者社团的重组和清算。

第 22 条　[国家作为国际私法关系的主体]

本法亦适用于国家作为当事人所参与的国际私法关系，但法律另有规定的除外。

第三章 法律行为、代理和时效

第 23 条 [法律行为的形式]

如果本法无其他规定，法律行为倘若依照其实施地法或者依照调整该法律行为的内容的准据法是有效的，则视为形式上有效。

第 24 条 [委托代理]

被代理人和第三人之间的关系、代理人代理权的产生及范围、行使代理权或者表见代理的后果，适用被代理人和第三人所选择的法律，前提是代理人已知晓或应当知晓该法律选择。

未选择准据法时，对于本条第 1 款所述问题，适用代理人的行为地国的法律。如果代理人的行为系在履行其职务活动中实施，则适用代理人的营业地法律，前提是第三人已知晓或应当知晓该营业地。

作为本条第 1 款和第 2 款的例外，对于本条第 1 款所述问题，如果代理系以某项不动产上的权利为标的，则适用该不动产所在地国法律。

根据本条第 1 款和第 2 款所确定的法律，亦适用于因代理人在其代理权限范围内所实施的行为、越权代理或者无权代理而产生的代理人与第三人之间的关系。

第 25 条 [时效]

时效，适用调整法律交易或者法律行为的内容的法律。

第四章 物权、知识产权

第一节 物权

第 26 条 [不动产物权]

不动产物权的取得、消灭、内容和行使，适用该不动产所在地国法律。

第 27 条 [动产物权]

动产物权的取得和消灭，适用据以取得或者消灭物权的行为实施时或者情势发生时该动产的所在地国法律。

如果据以取得或者消灭动产物权所必需的具体行为或者情势在一个国家发生，则此种行为或者情势视为在据以取得或者消灭物权的最后行为或者情势发生地国完成。

动产物权的内容和行使，适用该物之所在地国法律。

第 28 条　〔物的种类〕

某物应视为动产还是不动产，依照该物之所在地国法律判断。

第 29 条　〔将动产带入黑山 (准据法的变更、动态冲突) 〕

某项被带入黑山的动产已在另一国合法地取得了物权的，如果黑山法律规定的物权与在该另一国取得的物权在内容和效果上具有等价性，则对已取得的物权在黑山予以认可。

本条第 1 款意义上的动产物权的内容、行使和登记，适用黑山法律。

如果依照黑山法律，本条第 1 款意义上的物权必须登记，并且在该物进入黑山领域内之日起三十日内予以登记的，该物进入黑山领域内之日期视为登记日期。

第 30 条　〔运输中的物品〕

运输中物品的物权的取得和消灭，适用其目的地国法律。

游客随身携带的私人用品的物权，适用该游客的经常居所地国法律。

第 31 条　〔交通工具〕

交通工具上的物权的取得、转让和消灭，适用下列国家的法律：

(1) 船舶所悬挂的国旗所属国；

(2) 航空器登记地国；

(3) 铁路或者公路运输经营者的营业所所在地国。

第 32 条　〔登记的法律效力〕

据以取得、转让或消灭物权的登记之法律效力，适用在进行该项交易时该物之所在地国法律。

第 33 条　〔文化财产〕

被列入特定国家文化遗产的物品，被非法带出该国国境，国家要求返还该物之请求权，适用该国的法律，但是该国已选择在其提出返还该物品之请求时该物之所在地国法律的除外。

如果将某特定物列入其文化遗产的国家的法律对文化财产的善意占有人未给予任何保护，该占有人可援引提出返还请求时该物之所在地国法律对其所给予的保护。

第 34 条　〔物权准据法的适用范围〕

适用于物权的法律，特别调整下列事项：

(1) 权利的存在、种类、内容和范围；

(2) 权利持有人；

(3)权利的可转让性;

(4)取得、转让和消灭权利的方式;

(5)登记的必要性以及对第三人权利进行抗辩的可能性。

第二节　知识产权

第 35 条　[一般规定]

著作权的成立、有效性、范围、归属、可转让性、有效期和侵害,知识产权的相邻权以及其他未登记权利,适用被请求对其进行保护的国家的法律。

工业产权上已注册权利的成立、有效性、范围、归属、可转让性、有效期和侵害,适用批准或者登记该权利的国家的法律。

第 36 条　[雇佣关系存续期间作品的知识产权]

调整雇佣合同的法律,亦适用于知识产权或工业产权的权利持有人之确定,前提是该项权利之标的物系创作于劳动关系存续期间。

第 37 条　[知识产权合同]

与知识产权或工业产权有关的合同,适用本法第五章和第七章所规定的法律。

第五章　合同关系

第 38 条　[准据法的选择]

合同,适用双方当事人所选择的法律。法律选择必须是明示的或者通过合同条款或者案件情况明确体现出来。当事人可就合同的全部或部分进行法律选择。

双方当事人可随时约定其合同适用另一法律。本法第 45 条意义上的合同形式有效性及第三人权利,不受合同订立后所进行的准据法变更的影响。

如果在法律选择时,与案件情况有关的所有其他因素均位于所选择的法律所属国以外的另一国,则法律选择不妨碍对该另一国那些不得通过协议加以减损的法律规定的适用。

当事人关于准据法之合意的成立及效力,适用本法第 14 条第 2 款、第 44 条和第 45 条的规定。

第 39 条　[未选择法律时的准据法]

双方当事人未依照本法第 38 条规定进行法律选择的,在不损抑本法第 41 条、第 42 条和第 43 条规定的前提下,合同准据法依照如下方式确定:

（1）动产买卖合同，适用卖方的经常居所地国法律；

（2）服务合同，适用服务提供者的经常居所地国法律；

（3）以不动产物权以及不动产的租借或者用益租赁为标的之合同，适用不动产所在地国法律；

（4）供私人临时使用连续不超过六个月的不动产租借或用益租赁合同，如果租借人或者承租人为自然人并且其经常居所也在所有权人（出租人）的经常居所地国领域内，则适用所有权人（出租人）的经常居所地国法律。

（5）特许销售合同，适用特许证持有人的经常居所地国法律；

（6）分销合同，适用分销商的经常居所地国法律；

（7）以拍卖方式订立的动产买卖合同，如果拍卖地能够确定，则适用拍卖举行地国家的法律。

如果合同不在本条第 1 款规定之列，或者合同的各组成部分涉及本条第 1 款规定的一种以上事项的，则合同适用提供特征性履行的一方当事人的经常居所地国法律。

如果案件的所有情况表明，合同显然与本条第 1 款或者第 2 款所指国家以外的另一国有更密切联系，则适用该另一国的法律。

依照本条第 1 款、第 2 款规定无法确定应适用的法律时，则合同适用与其有最密切联系的国家的法律。

第 40 条　[经常居所]

为本章之目的，公司或者从事经营活动的其他主体，无论其为法人或无法律人格的社团，其经常居所地系指其主要管理机构所在地。

为从事经营活动而行事的自然人，其经常居所系指其主要营业所所在地。

如果合同系在经营分支机构、代表机构或者其他营业所的过程中订立，或者根据该合同规定，合同的履行由该分支机构、代表机构或者其他营业所负责，则经常居所系指该分支机构、代表机构或者其他营业所所在地。

在确定经常居所时，以订立合同的时间为准。

第 41 条　[运输合同]

双方当事人未依照本法第 38 条就货物运输合同进行法律选择的，如果收货地、交货地或者发货人的经常居所地也在承运人的经常居所地国领域内，则适用承运人的经常居所地国法律。不具备上述条件时，则应适用双方当事人协议选择的交货地法律。

旅客运输合同的准据法，当事人只能选择下列地点所在国的法律：

（1）旅客的经常居所地；

(2)承运人的经常居所地；

(3)承运人的主要管理机构所在地；

(4)始发地；

(5)目的地。

双方当事人未依照本条第 2 款选择适用于旅客运输合同的法律时，如果始发地或者目的地也在旅客的经常居所地国领域内，则适用旅客的经常居所地国法律。不具备上述条件时，则应适用承运人的经常居所地国法律。

第 42 条 [消费者合同]

消费者合同，适用消费者的经常居所地国法律，前提是经营者：

(1)在消费者的经常居所地国领域内进行职业活动或者经营活动；或者

(2)此项活动以某种方式在该国或者包括该国在内的多个国家进行，并且合同系在该活动范围内。

双方当事人可以选择其他法律，但该法律选择不得导致依照本条第 1 款未选择法律时本应适用的、不得通过协议减损的法律规定给予消费者的保护被剥夺。

不满足本条第 1 款要求时，为确定消费者合同的准据法，适用本法第 38 条、第 39 条的规定。

本条第 1 款、第 2 款的规定不适用于：

(1)有关提供服务的合同，如果向消费者提供的服务必须专门在消费者经常居所地国以外的其他国家提供；

(2)除一揽子旅游合同之外的运输合同；

(3)以不动产物权或者不动产的租借、用益租赁为标的之合同，但有关不动产的分时使用权的合同除外。

第 43 条 [个人雇佣合同]

个人雇佣合同，适用双方当事人依照本法第 38 条所选择的法律。但是，当事人的法律选择，不得导致未选择法律时依照本条第 2 款、第 3 款规定本应适用的、不得通过协议减损的法律规定给予雇员的保护被剥夺。

应适用于雇佣合同的法律未通过法律选择予以确定的，雇佣合同适用雇员在履行合同的过程中从事经常劳动所在地国或者出发地国法律。即使雇员临时在另一国家进行劳动，其经常劳动所在地国并不因此发生变化。

如果不能依照本条第 2 款规定确定应适用的法律，则合同适用雇佣该雇员的营业所所在地国法律。

第 44 条 [成立及实质有效性]

合同或者其某项条款的成立和有效性，依据假设该合同或条款有效时应适用于合同的法律判断。

但是，如果情况表明，依本条第 1 款所指的法律确定一方当事人行为的效力有失公平，则该当事人可援引其经常居所地国法律主张其并未同意该合同。

第 45 条 ［合同的形式］

合同各方当事人或者其代理人在订立合同时在同一国家领域内的，只要合同满足依照本法应适用于合同的法律或者合同缔结地法律所规定的形式要件，则在形式上有效。

合同各方当事人或者其代理人在订立合同时在不同国家领域内的，只要合同满足依照本法应适用于合同的法律、合同当事人一方或者其代理人在订立合同时的所在国法律或者合同当事人一方在订立合同时的经常居所地国法律所规定的形式要件，则在形式上有效。

与已订立的或者将订立的合同有关的单方法律交易，如果其满足依照本法应适用于或者本应适用于合同的法律、该法律交易的实施地国法律或者法律交易实施者此时的经常居所地国法律所规定的形式要件，则在形式上有效。

消费者合同的形式，以消费者经常居所地国法律为准。

以不动产物权或者不动产的租借、用益租赁为标的之合同，适用该不动产所在地国的形式规定，只要依照该国法律此类规定：

(1)无论该合同在哪一国订立或者适用哪一法律，均应予以适用；

(2)不得通过协议加以减损。

第 46 条 ［债权的转让］

因债权转让而产生的转让人和受让人之间的关系，适用调整有关债权转让合同的法律。

调整被转让的债权的法律，决定该债权的可转让性、受让人和债务人之间的关系、债务人得以抗辩该项转让的条件以及免除债务人义务的方式。

本条所指的"转让"一词，包括债权的完全转让、为设立担保而进行的债权转让以及在债权上设立抵押权或者其他担保权的转让。

第 47 条 ［抵销］

合同中未约定抵销权的，抵销适用被抵销的债权的准据法。

第 48 条 ［准据法的适用范围］

适用于合同的法律，特别调整下列事项：

(1)合同的解释；

(2)合同义务的履行；

(3)完全不履行或者部分不履行合同义务的后果，以及在受诉法院所属国

诉讼法赋予法院的权限内依照法律规范估算损失;

(4)债务消灭的各种方式;

(5)诉讼时效;

(6)因期限届满而引起的权利丧失;

(7)合同无效的后果。

对于履行的方式、方法以及在履行有瑕疵的情况下债权人应采取的措施,应考虑合同履行地国的法律。

第49条 [对本章规定的解释和适用]

对本章规定的解释和适用,应遵守欧盟议会及理事会 2008 年 6 月 17 日《关于合同之债准据法的第 593/2008 号条例》("罗马Ⅰ")。

第六章 非合同关系

第一节 一般规定

第50条 [定义]

在本章意义上,"损害"这个概念包括侵权行为、不当得利、无因管理或者缔约过失行为所引发的所有后果。

本章的规定,亦适用于可能产生的各种非合同之债。

本章所指的造成损害之事件,亦包括可能发生的造成损害之事件。

本章所指的损害,亦包括可能发生的各种损害。

第51条 [经常居所]

为本章之目的,公司或者从事经营活动的其他主体,无论其为法人或者无法律人格的社团,其经常居所地系指其主要管理机构所在地。

但是,如果造成损害的事件或者损害系因经营分支机构、代表机构或者其他营业所而产生,则经常居所地系指该分支机构、代表机构或者其他营业所所在地。

为从事经营活动而行事的自然人,其经常居所地系指其主要营业所所在地。

第二节 因侵权行为而产生的非合同之债

第52条 [一般规则]

除非本章另有规定,因侵权行为产生的非合同之债,不论造成损害的事件或者间接损害后果发生在哪一国，均适用损害发生地国法律。

但是，被请求承担责任者与受害人于损害发生时在同一国家有经常居所的，则侵权行为适用该国的法律。

如果案件的所有情况表明，侵权行为显然与本条第1款或者第2款所指国家以外的另一国家有更密切联系，则适用该另一国家的法律。显然与另一国家的更密切联系，可能是建立在当事人之间既有的、并且与所涉侵权行为密切相关的某种法律关系之上，例如合同关系。

第53条　[不正当竞争及限制自由竞争的行为]

因不正当竞争而产生的非合同之债，适用影响或者可能影响其领域内竞争关系或者消费者集体利益所在国家的法律。

不正当竞争行为仅影响某一特定竞争者利益时，适用本法第52条规定。

因某一限制竞争行为而产生的非合同之债，应适用受影响或者可能受影响的市场所属国法律。

受影响或者可能受影响的市场在一个以上国家领域内，并且被告在黑山领域内有住所时，如果黑山的市场因该诉讼请求所依据的、据以产生非合同之债的限制竞争行为而受到直接的、实质性的影响，则受害人可援引黑山法律提出其诉讼请求。当原告起诉一个以上被告时，只有针对每一个被告的诉讼请求所依据的限制竞争行为都直接地、实质性地影响了黑山市场的运行时，原告方可援引黑山法律提出诉讼请求。

依照本条第1款、第2款、第3款和第4款规定应适用的法律，不得通过本法第63条所指的协议加以损抑。

第54条　[环境损害]

因环境损害或者由环境损害而导致的人身或者财产损害而产生的非合同之债，适用本法第52条第1款所指的法律，但受害人决定援引造成损害的事件之发生地国法律提出诉讼请求的除外。

第55条　[侵害人格权]

因通过媒体，特别是通过新闻媒体作品、广播、电视或者其他信息媒介侵害人格权而产生的义务，依受害人的选择适用下列地点所在国法律：

(1)受害人的经常居所地；

(2)损害发生地；

(3)被请求承担责任者的经常居所或者营业所所在地。

在本条第1款第1项、第2项所指情形下，被请求承担责任者必须能合理预测损害将在受害人的经常居所地国或者在该损害发生地国发生。

通过媒体侵害人格权的，其抗辩权适用侵害人格权所在地国法律。

本条第 1 款的规定，亦适用于因侵害与人格权保护相关的权利而产生的义务。

第 56 条 ［劳资纠纷措施］

在不损抑本法第 52 条一般规则的前提下，在即将采取的或者已实施的劳资纠纷措施造成损害的情况下，与雇员、雇主或者代表他们职业利益的组织的责任有关的非合同之债，适用劳工行动本拟举行地或者举行地国法律。

第 57 条 ［产品责任］

因产品损害而产生的非合同之债，其准据法依照 1973 年《关于产品责任法律适用的海牙公约》确定。

第 58 条 ［公路交通事故责任］

因公路交通事故而产生的非合同之债，其准据法依照《关于公路交通事故法律适用的海牙公约》确定。

第 59 条 ［公海上航行的船舶或者航空器上的损害］

据以产生损害赔偿义务的事件发生于在公海上航行的船舶或者航空器上的，则船籍国法律或者航空器登记地国法律视为损害赔偿义务所依据的事实发生地法律。

第三节 不当得利、无因管理和缔约过失

第 60 条 ［不当得利］

因不当得利——包括无债清偿——而产生的非合同之债，如果与当事人之间既有的另一项法律关系——例如合同或者侵权行为——有关，并且该法律关系与不当得利有密切关系，则适用调整该法律关系的法律。

如果依照本条第 1 款不能确定应适用的法律，并且当事人双方在引起不当得利的事件发生时在同一国家有经常居所，则适用该国的法律。

如果依照本条第 1 款、第 2 款不能确定应适用的法律，则适用不当得利发生地国法律。

第 61 条 ［无因管理］

因无因管理而产生的非合同之债，如与当事人之间既有的一项法律关系——例如合同或者侵权行为——有关，并且该法律关系与无因管理有密切联系，则适用调整该法律关系的法律。

如果依照本条第 1 款不能确定应适用的法律，并且当事人双方在造成损害的事件发生时在同一国家有经常居所时，则适用该国的法律。

如果依照本条第 1 款、第 2 款不能确定应适用的法律，则适用管理行为实施地国法律。

第 62 条　［缔约过失］

不论合同最终是否订立，因订立合同前的缔约过失而产生的非合同之债，适用假设该合同成立时调整该合同的法律或者应予适用的法律。

如果依照本条第 1 款不能确定应适用的法律，则应适用：

(1)损害发生地国法律，无论损害事件或者间接的损害后果发生在哪一国家；或者

(2)如果双方当事人在导致损害的事件发生时在同一国家有经常居所，则适用该国法律。

第四节　非合同关系的共同规定

第 63 条　［准据法的选择］

当事人可以通过下列方式选择非合同关系的准据法：

(1)在损害事件发生后订立协议；或者

(2)如果各方当事人在从事商业活动，亦可通过在损害事件发生前自由达成协议的方式。

法律选择必须是明示的或者通过案件情况明确地体现出来，并且不得影响第三人的权利。

在导致损害的事件发生时，如果案情的所有因素均位于被选法律所属国以外的另一国家，则当事人的法律选择不得影响该另一国那些不得通过协议加以减损的法律规定的适用。

因侵害知识产权而产生的非合同之债，排除了选择准据法的可能性。

第 64 条　［准据法的适用范围］

适用于非合同之债的法律，特别调整下列事项：

(1)承担责任的原因和范围，包括确定那些可能对其行为负责的人；

(2)责任豁免的根据以及责任的任何限制或者分摊；

(3)损害或者所要求补偿的依据的存在、种类及恢复原状；

(4)法院在其诉讼法所赋权限内可责令采取的预防、终止或者赔偿损害的措施；

(5)请求损害赔偿或者恢复原状之权利的可转让性，包括可继承性在内；

(6)有权获得精神损害赔偿的人；

(7)对其他人行为的责任；

(8) 义务消灭的条件，有关时效或者权利丧失的规定，包括有关时效期间开始、中断和中止的规定。

第 65 条　[安全规则和行为规则的适用]

在判断被请求承担责任者的行为时，应在适当范围内考虑据以产生责任的事件发生之时当地现行的安全规则和行为规则。

第 66 条　[直接起诉责任人的保险人]

如果适用于非合同之债或者保险合同的法律有相关规定，受害人可以直接对责任人的保险人提出诉讼请求。

第 67 条　[对本章规定的解释和适用]

对本章规定的解释和适用，应遵守欧盟议会及理事会 2007 年 7 月 17 日《关于非合同之债准据法的第 864/2007 号条例》("罗马 II")。

本条第 1 款，不适用于本法第 57 条、第 58 条和第 59 条的规定。

第七章　合同关系和非合同关系的共同规定

第 68 条　[法定的债权转让]

债权人基于一项非合同之债而对某债务人享有债权，并且第三人有义务清偿该债权人或者已向债权人履行了清偿义务时，则调整第三人清偿债权人义务的法律，决定该第三人是否有权以及能在多大范围内行使原债权人对债务人依照调整他们之间关系的法律所享有的债权。

第 69 条　[多方债务]

如果一个债权人对因同一债权而负有连带责任的数个债务人享有债权，并且其从其中一个债务人处得到全部或者部分清偿，则该债务人向其他债务人追偿的权利，依照调整该债务人因非合同之债而对债权人负有义务的法律确定。其他债务人，在调整债务人对债权人义务的法律的许可范围内，有权对该债务人行使他们对债权人所享有的抗辩权。

第 70 条　[举证责任]

调整非合同之债的法律，就非合同之债事项的适用而言，应当包括法律推定或者举证责任的分配规则。

法律交易或者法律行为，可以通过受诉法院国法律所认可的任何证明方法加以证明，或者以本法第 45 条所指的、据以认定法律行为在形式上有效的法律所允许的任何证据证明，但以这种证据能向受诉法院提供为条件。

第八章　继承

第 71 条　[一般规则]

因死亡而发生的全部继承，适用被继承人死亡时的经常居所地国法律。

第 72 条　[法律选择]

被继承人对其所有遗产的继承，可以选择其国籍国法律、选择法律时或者其死亡时的经常居所地国法律。

不动产的继承，被继承人可以选择该不动产所在地国法律。

法律选择必须是明示的或者通过案件情况明确地体现出来，并采用法律对死因处分行为所规定的形式（遗嘱、共同遗嘱或者继承合同）。

对应适用的法律所做选择之存在及实质有效性，依照所选择的法律判断。

本条第 1 款至第 3 款的规定，亦适用于对以前法律选择的变更及撤销。

第 73 条　[遗嘱的形式有效性]

一项遗嘱，如果其依照下列法律之一为有效，则在形式上有效：

(1)遗嘱设立地国法律；

(2)遗嘱人在设立遗嘱时或者死亡时的国籍国法律；

(3)遗嘱人在设立遗嘱时或者死亡时的住所地法律；

(4)遗嘱人在设立遗嘱时或者死亡时的经常居所地法律；

(5)黑山法律；

(6)对于不动产，还适用不动产所在国的法律；

(7)在设立遗嘱时适用于或者假设应适用于继承的法律。

遗嘱的撤销，如果此种形式根据本条第 1 款的规定能有效设立遗嘱的法律是有效的，则在形式上有效。

下列事项，亦视为形式的组成部分：

(1)是否存在对遗嘱人的年龄、国籍或者其他人身属性的限制；

(2)满足证人方面的条件；

(3)对特定死因处分行为的禁止。

第 74 条　[死因处分行为的成立、实质有效性、效果及解释]

死因处分行为的成立、实质有效性、效果及解释，适用实施该处分行为时本应调整被继承人的遗产继承的法律。

处分行为，如果其依照被继承人死亡时调整继承的法律是有效的，则亦为有效。此时，该法律亦适用于遗嘱的效力和解释。

本条第 1 款、第 2 款的规定，亦适用于设立遗嘱的能力。该能力不受准据法事后变更的影响。

共同遗嘱或者继承合同的当事人可以协议约定，他们的处分行为之成立、实质有效性、效果及解释，应由他们中的一方当事人根据本法第 72 条第 1 款、第 2 款和第 5 款所指定的法律调整。

第 75 条　［无人继承遗产］
无人继承的遗产，适用该遗产所在地国的法律。

第 76 条　［适用范围］
继承的准据法特别调整下列事项：

(1) 继承开始的事由及时间；

(2) 继承人和受遗赠人的范围、继承份额以及由继承案件所产生的其他权利；

(3) 继承能力；

(4) 无继承能力的特别事由；

(5) 剥夺继承权和继承权的丧失；

(6) 将属于遗产的资产转移给继承人和受遗赠人，以及接受或者放弃遗产或者遗赠的条件及其效力；

(7) 继承人、遗嘱执行人及其他遗产管理人的权利，尤其是有关变卖财产和清偿债权人的权利；

(8) 对遗产债务的责任；

(9) 遗产中可自由处分的部分、特留份及对遗嘱自由的其他限制，包括法院或者其他机关为了与被继承人亲近者的利益而对遗产进行的分割；

(10) 退还礼物或者计算礼物价值的义务以及将礼物算入继承份额；

(11) 遗产的分配。

第九章　家庭关系

第一节　婚姻

第 77 条　［结婚的条件］
结婚的条件，依照各方当事人结婚时的国籍国法律判断。

第 78 条　［婚姻的形式］
婚姻的形式，依照婚姻缔结地国法律。

第 79 条　[宣告婚姻无效]

宣告婚姻无效，适用原调整结婚条件的法律。

第 80 条　[夫妻之间的人身关系]

夫妻之间的人身关系，适用其共同国籍国法律。

夫妻双方国籍不同的，适用其共同的经常居所地国法律。

夫妻双方既无共同国籍，在同一国家又无共同经常居所的，则适用其最后的共同经常居所地国法律。

依照本条第 1 款、第 2 款和第 3 款规定不能确定应适用的法律的，适用黑山法律。

第 81 条　[夫妻之间的财产关系]

夫妻之间的财产关系，适用调整其人身关系的国家的法律。

因夫妻一方或者双方的国籍或者经常居所的变更而导致准据法变更的，则不论何时取得新国籍或者经常居所，夫妻之间的财产关系适用新的准据法。

第 82 条　[夫妻之间的财产契约关系]

夫妻双方可以书面形式约定，对于他们之间的财产契约关系应适用：

(1)夫妻一方的国籍国法律；

(2)夫妻一方的经常居所地国法律；

(3)夫妻双方拟在其领域内设立共同经常居所的国家的法律；

(4)对于不动产，适用不动产所在地法律。

法律选择可在结婚前或者结婚后进行。

夫妻双方可以变更或者撤销其法律选择。在结婚后进行的法律选择，如果双方当事人无其他约定，则自结婚之时起即产生效力。

第 83 条　[对第三人的保护]

夫妻双方就其财产关系选择外国法的，不得损害第三人的权利，但第三人已知晓或应当知晓适用外国法的除外。

不动产物权，已满足了不动产所在地国法律所规定的登记要求的，则视为第三人已知晓适用所选择的法律。

第 84 条　[未婚同居者的财产关系]

对于未婚同居者之间的财产关系，适用本法第 81 条至第 83 条所规定的法律。

第 85 条　[离婚]

离婚，适用提出离婚请求时夫妻双方的共同国籍国法律。

夫妻双方国籍不同的，适用提出离婚请求时夫妻双方的共同经常居所地国法律。

夫妻双方在提出离婚请求时既无共同国籍，在同一国家又无共同经常居所的，适用其最后的共同经常居所地国法律。

依照本条第 1 款、第 2 款和第 3 款不能确定应适用的法律的，适用黑山法律。

如果夫妻一方为在黑山无经常居所的黑山国民，并且依照本条第 1 款、第 2 款和第 3 款确定的法律不能解除婚姻，则离婚应适用黑山法律。

第 86 条　[法律选择]

在任何情况下，夫妻双方均可约定将本法第 85 条所述法律之一以及夫妻一方在提出离婚请求时的国籍国法律作为离婚的准据法。

法律选择的协议，需采用书面形式，并应在提出离婚请求前依法认证。

第二节　父母亲权利

第 87 条　[子女的家庭地位]

有关父亲或者母亲身份的承认、认定或者否认，适用子女在出生时已取得的国籍国法律。

如果对子女更为有利，可适用：

(1)子女的国籍国法律或者在认定其家庭地位时的经常居所地国法律；

(2)在子女出生时调整夫妻双方人身关系的法律。

对父亲或者母亲身份的承认，如果符合承认者的国籍国法律或者承认时子女的国籍国法律或者经常居所地国法律，则为有效。

承认的形式，适用承认行为实施地国法律或者依照本条第 2 款确定的法律。

第 88 条　[父母子女之间的关系]

父母与子女之间的关系，适用子女的经常居所地国法律，或者，在对子女更为有利时，适用子女的国籍国法律。

第 89 条　[收养]

收养子女的成立要件、效力及终止，适用收养人的国籍国法律。

夫妻双方共同收养子女的，则应适用本法第 80 条所规定的法律。

子女的同意，除了适用本条第 1 款规定的法律外，亦应适用子女的国籍国法律。

收养的形式，适用收养成立地法律。

第三节　扶养

第 90 条　[一般规则]

如果本法无其他规定，扶养义务适用扶养权利人的经常居所地国法律。

扶养权利人的经常居所发生变更的，则自变更之时起，适用其新经常居所地国法律。

第 91 条　[对特定扶养权利人有利的特别规则]

关于下列扶养义务，适用特别规则：

（1）父母对自己子女的抚养；

（2）除父母以外的其他人对于未满二十一周岁的人，但因本法第 92 条所述关系而产生的扶养义务除外；

（3）子女对其父母的赡养。

如果扶养权利人依照本法第 90 条所规定的法律不能得到扶养，则应适用受诉法院地的现行法律。

扶养权利人已向扶养义务人的经常居所地国主管机关起诉的，则不论本法第 90 条有何规定，均应适用该国的法律。但是，扶养权利人根据该法律不能从扶养义务人得到任何扶养的，则应适用扶养权利人的经常居所地国法律。

如果扶养权利人根据本法第 90 条及本条第 2 款、第 3 款所规定的法律不能从扶养义务人得到任何扶养，存在共同国籍时，应适用扶养权利人和义务人的共同国籍国法律。

第 92 条　[有关夫妻之间及前夫妻之间的扶养的特别规则]

关于夫妻之间、前夫妻之间或者其婚姻被宣告无效的当事人之间的扶养义务，如果当事人一方表示反对，并且另一国家尤其是其最后的共同经常居所地国法律与所涉的婚姻有更密切的联系，则不适用本法第 90 条的规定。此时，应适用该另一国的法律。

第 93 条　[对特定人的扶养权利之抗辩]

除了父母对子女的扶养义务以及本法第 92 条所述之扶养义务外，扶养义务人可以对权利人提出的扶养请求进行抗辩，即无论是根据义务人的经常居所地国法律，还是根据当事人的共同国籍国法律，均不存在该项义务。

第 94 条　[为特定程序选择准据法]

不论本法第 90 条至第 93 条有何共同规定，扶养权利人和义务人可以出于特定程序的需要，明确选择该程序进行地国法律作为某项扶养义务的准据法。

在启动程序前达成法律选择协议的，则应采用双方当事人签字的书面协议或者采用以后可查阅其内容的介质制作。

第 95 条　[准据法的选择]

不论本法第 90 条至第 93 条有何共同规定，扶养权利人和义务人可随时协议选择下列法律制度之一作为某项扶养义务的准据法：

(1) 在法律选择时当事人一方的国籍国法律；

(2) 在法律选择时当事人一方的经常居所地国法律；

(3) 双方当事人已指定作为其财产关系准据法的法律或者事实上已适用的法律；

(4) 双方当事人已指定作为其离婚或者分居准据法的法律，或者事实上已适用于该离婚或者分居的法律。

此种协议应以书面形式并且由双方当事人签字，或者用以后可查阅其内容的介质制作。

扶养义务涉及未满十八周岁的人或者因行为能力受到限制而无法保护其利益的成年人时，不适用本条第 1 款的规定。

不论当事人依照本条第 1 款所指定的法律为何，权利人能否放弃其扶养请求，适用选择法律时权利人的经常居所地国法律。

当事人所指定的法律，如果其适用的结果对当事人一方显然有失公允，则不予适用，但当事人双方在选择法律时被全面告知并且充分知晓其所做选择后果的除外。

第 96 条　[承担公共职责的机构]

对于承担公共职责的机构因代为扶养某个权利人提供服务而请求偿付的权利，适用调整该机构的法律。

第 97 条　[扶养准据法的适用范围]

扶养义务的准据法，特别确定：

(1) 扶养权利人能否、在何种范围内以及向谁请求扶养；

(2) 扶养权利人可在何种范围内要求支付过去的扶养费；

(3) 扶养费的计算依据及参照依据；

(4) 谁有权提起扶养之诉，但诉讼能力和诉讼代理问题除外；

(5) 诉讼时效或者提起诉讼的有效期限；

(6) 承担公共职责的机构因代为扶养某个权利人提供服务而请求偿付时，义务人应履行的偿付义务范围。

第 98 条　[扶养金额的计算]

在计算扶养金额时，即使应适用的法律另有规定，也应考虑扶养权利人的需求、义务人的供养能力以及代为向权利人定期支付扶养费而可能受到的损失。

第二编　管辖权和诉讼程序

第十章　黑山法院和其他机关对国际民事案件的管辖权

第一节　一般规定

第 99 条　[一般管辖权]

如果被告在黑山有住所或者主事务所，黑山法院即有管辖权。

如果被告在黑山和其他国家均无住所，只要在黑山领域内有居所地，黑山法院即有管辖权。

第 100 条　[实体共同诉讼人]

如果诉讼中存在多个具有实体共同诉讼人身份的被告，只要其中一个被告在黑山领域内有住所或者主事务所，黑山法院即有管辖权。

第 101 条　[对关联诉讼的管辖权]

如果黑山法院对一起由数人提起的诉讼具有裁判管辖权，则该法院对于与该诉讼有关联的其他诉讼亦有裁判管辖权。

关联诉讼，系指彼此之间的联系如此紧密，以至于需要一并审理和裁判，以避免在独立诉讼程序中作出相互矛盾的判决的诉讼。

第 102 条　[根据营业活动所在地取得管辖权]

对于因经营黑山领域内的分支机构、代表机构或者其他营业处而发生的各种争议，即使被告在黑山领域内没有主事务所，黑山法院仍有管辖权。

第 103 条　[关于由黑山法院管辖的协议]

对于黑山法律允许当事人自由处分其权利的案件，当事人双方可协议约定由黑山的一个或者多个法院对现有的或者将来因特定法律关系引起的法律争议进行裁判。

如果当事人无其他约定，本条第 1 款所指的黑山一个或多个法院的管辖权为排他性选择管辖权。

第 104 条　[关于由外国法院管辖的协议]

对于当事人可自由处分其权利的案件，如果不属于黑山法院专属管辖，则当事人可以协议约定由外国的一个或者多个法院对现有的或者将来因特定法律关系引起的法律争议进行管辖。

如果当事人无其他约定，本条第 1 款所指的外国一个或者多个法院的管辖权是排他性选择管辖权。

第 105 条　［管辖协议的形式］

管辖协议的订立和确认应该：

(1)采用书面形式；

(2)采用符合当事人之间既有的交易习惯的形式；

(3)在国际商事交易中，采用符合商事惯例的形式，这种惯例形式已为当事人所熟识或应当熟识、并且为所涉交易领域的合同当事人通常知晓和遵守。

能长期记录协议内容的各种电子数据交换，等同于书面形式。

第 106 条　［被告对管辖权的默示同意］

对于依照本法第 103 条允许协议由黑山一个或者多个法院管辖的案件，可基于被告的同意确立相应的管辖权。

如果被告递交答辩状或者对支付令提出异议，或者在预审日期或者——无此种日期时——在第一次开庭审理时参与诉讼并且对管辖权未提出异议，或者提出反诉的，应认为被告同意由黑山法院裁判。

第 107 条　［专属管辖权］

如果本法或者其他法律有明确规定，则黑山法院享有专属管辖权。

第 108 条　［对反诉的管辖权］

对基于本诉中的同一合同或者案情提起的反诉，黑山法院也具有管辖权。

第 109 条　［非讼程序的管辖权］

在有数人参与的非争议之诉中对法律关系作出裁判时，如果被请求人在黑山领域内有住所或者主事务所，则黑山法院具有管辖权；但是，在只有一人参加该程序时，如果该人在黑山有住所或者主事务所，除本法另有规定外，则黑山法院具有管辖权。

第 110 条　［对临时措施及保护措施的管辖权］

黑山法院即使依照本法对案件的实体事项没有裁判管辖权，但对于起诉时位于黑山领域内的人或者财产有权指令采取临时措施及保护措施。

第 111 条　［对在公共注册机构进行登记的管辖权］

对于以在黑山领域内的公共注册机构登记的效力为标的之诉讼，黑山法院享有专属的管辖权。

第 112 条　［管辖权的恒定］

黑山法院及其他机关在国际案件中的管辖权，应根据诉讼开始之时存在的事实和案情依职权予以确认。

即使黑山法院或者其他机关据以行使管辖权的事实在诉讼中发生变更，该法院或者机关仍具有管辖权。

第 113 条 ［必要管辖权］

如果本法未规定黑山法院或者其他机关具有管辖权，但在任何其他国家均无法启动诉讼程序或者无法在另一国家合理地启动此种程序，则与争议有充分联系的地点所在的黑山法院或者其他机关具有管辖权。

第 114 条 ［国际未决诉讼］

如果相同当事人之间因同一诉讼请求在外国法院提起的诉讼尚未审结，并且有下列情形的，黑山法院应根据一方当事人的请求，裁定中止诉讼：

(1)与该案有关的诉讼首先在外国法院提起；

(2)黑山法院对所涉争议的审理无专属管辖权；

(3)外国法院的判决有理由预期能在黑山得到承认与执行。

第二节　特别规定

一、人的法律地位

第 115 条 ［监护事项的管辖权］

对涉及黑山国民或者在黑山领域内有经常居所的人的监护事项，黑山机关具有管辖权。

为保护身处黑山领域内或者在黑山有财产的外国人之人身、权利和利益，黑山机关有权采取必要的临时措施。

第 116 条 ［人名］

对于黑山国民或者在黑山有经常居所者的姓名之变更及保护，黑山法院和/或者机关具有管辖权。

第 117 条 ［对失踪者的死亡宣告］

失踪者在失踪时具有黑山国籍或者在黑山有经常居所的，黑山法院对其死亡宣告具有管辖权。

第 118 条 ［法人］

对于以公司或者法人的成立、设立无效或解散或者其机关所做决定的效力为标的之诉讼，如果该公司或者法人的主事务所在黑山领域内，则黑山法院享有专属管辖权。

二、物权和知识产权(诉讼)的管辖权

第 119 条 ［不动产］

对于以不动产物权以及不动产的租借、用益租赁为标的之诉讼，如该不动产在黑山领域内，则黑山法院具有专属管辖权。

但是，对于供私人临时使用连续不超过六个月的不动产的租借或用益租赁之诉，如果所涉的租借人或者承租人为自然人并且所有权人（出租人）以及租借人或者承租人在同一国家有住所，则被告住所地国的法院亦有管辖权。

第 120 条 ［动产］

对于有关动产物权的争议，如果该项动产在黑山领域内，则黑山法院具有管辖权。

第 121 条 ［航空器和船舶］

对于有关航空器或者船舶物权的诉讼以及因航空器、船舶的留置权而产生的争议，如果该航空器或者船舶在黑山注册机构登记，则黑山法院亦有管辖权。

对于有关妨碍对本条第 1 款所指航空器或者船舶的占有的争议，如果该航空器或者船舶在黑山领域内的注册机构登记，或者妨害行为发生在黑山领域内，则黑山法院亦具有管辖权。

第 122 条 ［工业产权］

对于以专利、商标、实用新型和外观设计或者需要样品申报或者登记的其他权利的登记、效力为标的之诉讼，不论该争议是以起诉的方式还是以抗辩的方式提出，只要在黑山申请了或者进行了样品寄存或者登记，或者根据国际公约视同进行了样品寄存或者登记，则黑山法院即享有专属管辖权。

三、合同诉讼的管辖权

第 123 条 ［一般规则］

对于因合同关系引起的诉讼，如果法律争议的标的是已在或者本应在黑山履行的义务，则黑山法院亦有管辖权。

如果双方当事人无其他约定，本条第 1 款所指的义务履行地为：

(1)对于动产销售，依照合同规定交付或应当交付财产的地点；

(2)对于提供服务，依照合同规定提供或应当提供服务的地点。

第 124 条 ［消费者合同］

在不损抑一般管辖权规则的前提下，对于消费者向经营者提起的诉讼，只要消费者在黑山领域内有住所，黑山法院即具有管辖权。

对于住所在黑山的消费者，经营者只能向黑山法院提起诉讼。

仅在下列情形下，方可不依照本条第 1 款、第 2 款的规定，而以协议的方式确定管辖权：

(1)在争议发生后达成协议的；

(2)该协议赋予消费者向其他法院起诉的权利，而该法院行使管辖权的依

据不在本条规定之列；或者

（3）达成该协议的消费者和经营者在签订合同时，双方的住所或者经常居所在同一国家领域内，并且该国法院具有管辖权，但根据该国法律不许达成此类协议的除外。

本条第 1 款、第 2 款和第 3 款的规定，仅在下列情况下予以适用：

（1）涉及采用分期付款方式购买动产的；

（2）涉及分期还款的借贷或者以融资购买某财产为目的之其他信贷业务；

（3）在所有其他情况下，合同系与一个在黑山领域内从事职业、商业活动或者旨在以某种方式在黑山或者包括黑山在内的多个国家从事该活动的人签订，并且合同系在该项活动业务范围内订立。

本条第 1 款至第 4 款的规定，不适用于运输合同，但规定以一揽子价格一并提供运送及住宿服务的旅游合同除外。

第 125 条　[个人雇佣合同]

在不损抑一般管辖权规则的前提下，黑山法院对于雇员针对雇主提起的诉讼具有管辖权，如果：

（1）雇员经常在黑山劳动或者最后阶段经常在黑山劳动；或者

（2）雇员不在同一个国家从事经常性劳动，但聘用该雇员的分公司位于或曾位于黑山领域内。

对于住所在黑山的雇员，雇主只能向黑山法院提起诉讼。

仅在下列情形下，方可不依照本条的规定，而以协议的方式确定管辖权：

（1）在争议发生后达成协议的；

（2）该协议赋予雇员向本条第 1 款、第 2 款规定的具有管辖权的法院以外的其他法院起诉之权利的。

四、非合同之诉的管辖权

第 126 条　[一般规则]

因非合同损害责任引起的诉讼，如果损害发生于黑山领域内或者有发生损害的危险，则黑山法院亦具有管辖权。

本条第 1 款的规定，亦适用于依据有关保险公司直接责任的规定而向承保第三者赔偿损害责任的保险公司提起的诉讼以及因基于损害赔偿的求偿权而对赔偿债务人提起的诉讼。

五、继承案件的管辖权

第 127 条　[一般规则]

被继承人死亡时在黑山领域内有经常居所的，黑山法院对该继承案件具有管辖权。

第 128 条　[基于财产所在地的管辖权]

如果被继承人死亡时其经常居所不在黑山领域内，黑山法院亦可基于案件事实确立管辖权，即属于遗产的财产在黑山领域内，并且：

(1)根据本法第 72 条规定，黑山法律被选为准据法；或者

(2)被继承人死亡时具有黑山国籍；

(3)本条的适用仅与在黑山领域内的物有关。

第 129 条　[协议管辖]

被继承人可通过死因处分行为指定依照本法第 72 条规定其法律被选为继承准据法的国家的一个或者多个法院亦对审理遗产案件的全部或者部分事项具有管辖权。所选择的法院管辖权是一项排他性选择管辖权。

六、家庭案件的管辖权

第 130 条　[婚姻案件以及与此相关的争议]

在下列情形下，有关认定婚姻是否成立、离婚或者宣告婚姻无效之诉，黑山法院具有管辖权：

(1)夫妻一方现在或者在结婚时为黑山国民的；

(2)夫妻双方在黑山领域内有经常居所的；

(3)夫妻一方为在黑山领域内有经常居所的无国籍人的；或者

(4)夫妻一方在黑山领域内有经常居所的，但是，根据夫妻任何一方国籍国法律的规定，黑山法院作出的判决显然将得不到承认的除外。

在婚姻诉讼中，如果需要对夫妻之间的扶养或者婚后扶养、父母赡养、子女抚养或者婚姻财产关系作出判决，黑山法院亦可根据本条第 1 款确立管辖权。

未婚同居关系，亦适用本条第 1 款和第 2 款的规定。

第 131 条　[出身案件]

对于有关父亲或者母亲身份的确认、否认之诉，子女、母亲、父亲或者声称自己为子女的父亲或母亲的人有下列情形之一的，黑山法院具有管辖权：

(1)是黑山国民；或者

(2)在黑山领域内有经常居所。

第 132 条　[父母照料]

对于有关在父母照料下的子女的保护、抚育和教育之诉，该子女为黑山国民或者其经常居所在黑山领域内的，黑山法院或者其他机关具有管辖权。

如果子女需要黑山机关予以照料，则黑山法院或者其他机关亦具有管

辖权。

第 133 条 ［收养］

对于与收养有关事项的裁决，收养人、收养人一方或者子女有下列情形之一的，黑山法院或其他机关具有管辖权：

（1）是黑山国民；

（2）在黑山领域内有经常居所。

第 134 条 ［扶养］

在下列情形下，对于扶养之诉，黑山法院具有管辖权：

（1）被告在黑山领域内有经常居所的；或者

（2）扶养权利人在黑山领域内有经常居所的；或者

（3）黑山法院在其审理的有关个人身份或父母照料的诉讼中，需要就扶养事项作出裁决的。

第 135 条 ［其他家庭关系］

对于其他家庭关系，黑山法院根据属地管辖权规则具有管辖权的，黑山法院具有管辖权。

第十一章 其他规定

第 136 条 ［自然人的当事人能力和诉讼行为能力］

自然人的诉讼当事人能力和实施诉讼行为的能力，适用其国籍国法律。

外国人根据本条第 1 款规定无诉讼行为能力，但根据黑山法律具有诉讼行为能力的，则其可亲自实施诉讼行为。

在本条第 2 款所指的外国人未宣布亲自进行诉讼之前，其法定代理人可继续实施诉讼行为。

外国法人作为诉讼当事人的能力，由本法第 19 条所规定的法律决定。

第 137 条 ［诉讼费用担保义务］

住所不在黑山的外国人和无国籍人在黑山法院起诉的，根据被告的请求，其应提供诉讼费用担保。

被告须在不迟于法院预审开庭的期间内，或者——如果此种预审未曾举行——应在就其抗辩进行第一次庭审时，或者在其知道有条件提出担保请求时提出该项申请。

诉讼费用担保以现金支付，但法院亦可准许以其他适当的方式提供担保。

第 138 条 [诉讼费用担保义务的免除]

在下列情形下，被告无权请求诉讼费用担保：

(1)在原告国籍国，黑山国民没有提供诉讼费用担保的义务；

(2)原告在黑山享有庇护权；

(3)诉讼请求涉及原告基于在黑山的雇佣关系的请求权；

(4)涉及婚姻的诉讼、有关父亲、母亲身份认定或者否认的诉讼以及法定扶养的诉讼；

(5)诉讼涉及汇票或者支票、反诉或者发布支付令。

根据本条第 1 款第 1 项规定，在对黑山国民在原告国籍国是否有义务提供诉讼费用担保存有疑问时，国家司法管理机关应对此进行答复。

第 139 条 [有关诉讼费用担保的裁决]

在准许提供诉讼费用担保的裁决中，法院应确定担保费用的数额及提供担保的期限，并向原告指出如果未证明其已在指定期限内提供此种担保时应承担的法定后果。

如果证明原告未在指定期限内提供诉讼费用担保，应视为其已经撤诉，或者上诉人在上诉程序中未按请求提供诉讼费用担保的，则应视为上诉人已撤回其上诉。

如果被告已及时地提出原告应提供诉讼费用担保的请求，只要法院未就被告的请求作出最终和有约束力的裁决，且原告未提供担保的，被告即无义务参加案件实质问题的审理。

法院如果驳回提供诉讼费用担保的请求，即令此项驳回申请的裁定尚未终局与生效，它仍可决定诉讼应继续进行。

第 140 条 [免于支付诉讼费用]

在互惠条件下，外国人有权免于支付诉讼费用。

第三编 对外国判决的承认与执行

第十二章 对外国法院判决的承认与执行

第 141 条 [外国法院判决]

外国法院的判决，只有经黑山法院承认，方等同于黑山法院的判决并在黑山具有法律效力。

在法院达成的和解（以下简称"法院和解"），亦视为本条第 1 款所指的外国法院的判决。

其他机关作出的调整本法第 1 条所指关系的裁决，如果在作出国被视为等同于法院判决或法院和解，亦视为外国法院的判决。

第 142 条　［既判力的证明］

如果请求承认人在提交外国法院判决或者其经认证的副本的同时，还提交了外国主管法院或者其他机关的证明书，证明依照判决作出国的法律该判决是终局的和有约束力的，即应承认该外国法院的判决。

如果外国法院判决或者其经认证的副本未采用法院地的官方语言或者官方使用的语言做成，则请求承认的当事人须提交该外国法院判决的经认证的译本。

第 143 条　［未尊重答辩权］

如果在审理对其作出判决的当事人所提出的异议时，查明其因意外情况未能参加诉讼，则黑山法院应拒绝承认外国法院的判决。

尤其是传票、起诉状或者判决书未送达给外国法院判决所针对的当事人本人，或者根本未试图送达本人，或者因为其未被给予充分时间准备应诉，则应视为其未能参加诉讼，除非其已以某种其他方式在一审程序中就案件实质问题参加了诉讼。

第 144 条　［黑山法院的专属管辖权］

黑山法院或其他机关对案件有专属管辖权的，不应承认外国法院的判决。

第 145 条　［外国法院的过度管辖权］

如果外国法院对案件确立国际管辖权所依据的事实，在黑山法律中却未规定其可作为黑山法院裁决该同一法律争议的国际管辖权依据，则不予承认外国法院的判决。

第 146 条　［对相同当事人之间的同一案件存在终局判决］

如果黑山法院或者其他机关已对相同当事人之间的同一案件作出了最终和有约束力的判决，或者另一外国法院对同一案件所做的判决已在黑山得到承认，则不予承认外国法院的判决。

如果相同当事人之间就同一案件在黑山法院较早提起的诉讼正在进行，在该诉讼最终有效地终止前，法院应暂缓承认外国法院的判决。

第 147 条　［违反公共秩序］

外国法院的判决，如果承认该判决的结果显然违反黑山的公共秩序，则不予承认。

第 148 条　[外国法院有关黑山国民个人身份或者家庭状况的判决]

如果黑山法院认为外国法院的判决与黑山国民的个人身份有关，则为了承认之目的，应根据本法第 142 条至第 147 条规定对该判决进行审查。

第 149 条　[对外国法院判决的执行]

本法第 142 条至第 147 条的规定，亦适用于对外国法院判决的执行。

请求执行外国法院判决的人，除提交本法第 142 条所规定的证书外，还应提交依判决作出国法律能够执行该判决的证书。

第十三章　外国仲裁裁决的承认与执行

第 150 条　[外国仲裁裁决]

在黑山领域外作出的仲裁裁决，视为外国仲裁裁决。

外国仲裁裁决具有其作出国的国籍。

第 151 条　[承认与执行]

对外国仲裁裁决的承认与执行，适用 1958 年《承认及执行外国仲裁裁决公约》。

第十四章　承认与执行外国法院判决及仲裁裁决的程序

第 152 条　[程序的启动]

承认外国法院判决或者仲裁裁决的程序，应通过申请予以启动。

任何在个人身份问题上具有合法利益的人，均可请求承认外国法院就有关其个人身份的诉讼所作的判决。

对于外国法院判决或者仲裁裁决的承认，由承认程序发生地的主管法院管辖。

对于外国法院判决或者仲裁裁决的执行，由执行程序实施地的法院管辖。

第 153 条　[承认程序和上诉]

在承认外国法院判决或者仲裁裁决的程序中，法院仅限于审查是否具备本法第 142 条至第 147 条所规定的条件。

如果法院查明，不存在承认外国法院判决或者仲裁裁决的障碍，应裁定承认外国法院判决或仲裁裁决。

有关承认外国法院判决或者仲裁裁决的裁定书，应送达对方当事人或者参加外国法院判决诉讼程序的其他参与人，并依法告知其有权在自裁定书送达之日起 30 日内对该裁定提出上诉。

作出承认裁定的法院，应由三名法官组成的合议庭对上诉作出裁决。如果对上诉的裁决取决于案件的争议事实，则法院在开庭审理之后作出裁决。

对于法院驳回承认外国法院判决或者仲裁裁决请求的裁定，以及对法院就上诉所做的裁定，当事人有权自裁定书送达之日起 30 日内向二审法院提出特别上诉。

作为本条第 3 款的例外，如果申请承认人具有黑山国籍而对方当事人在黑山没有住所或居所，则法院无需将承认外国法院所做离婚判决的裁定书送达对方当事人。

第 154 条　[特别上诉]

对于承认外国法院判决或者宣告外国法院判决具有可执行性的裁定，如果该判决已在其作出国基于特别上诉而被撤销，当事人可申请再审。

第 155 条　[将承认与宣告外国法院判决具有执行力作为先决问题]

将承认与宣告一项外国法院判决具有执行力作为一个先决问题向黑山法院提出时，黑山法院在审理借以提出该先决问题的主要案件时，对该判决的承认或者可执行宣告的裁决具有管辖权。

第 156 条　[文件]

在申请承认或者执行外国法院判决时，应同时提交下列文件：

(1)判决书正本或者经认证的副本，并附上有资质的法院翻译认证的译本；

(2)证明判决依照作出国法律具有终局性和约束力的证书；

(3)在申请宣告判决具有执行力时，证明判决依照作出国法律具有执行力的证书。

第 157 条　[(承认与执行)程序的费用]

对于(承认与执行)程序的费用，由法院依照假设由黑山法院或者其他机关对该事项作出裁决时应适用的规则作出决定。

第 158 条　[参照适用其他法律]

本章对承认外国法院判决或者仲裁裁决的程序无其他特别规定的，参照适用调整非诉讼程序之法律规定。

第四编　特别规定

第 159 条　[在外交或者领事代表处结婚]

只要黑山外交或者领事代表所在国不反对或者国际条约有规定，黑山国民可在黑山外交或者领事代表主持下在其他国家缔结婚姻。

领事事务的主管部门应决定，黑山国民之间可在黑山哪些外交或领事代表处缔结婚姻。

第 160 条　[监护事务]

只要黑山外交或领事代表所在国不反对或者国际条约有规定，黑山的外交或领事代表可执行与在国外的黑山国民有关的监护事务。

第 161 条　[设立遗嘱]

黑山国民可以在黑山外交或领事代表处依照适用于成立合法遗嘱的规定在国外设立遗嘱。

第 162 条　[对签字、手稿及副本的认证]

黑山的外交或者领事代表可依照国际条约以及外交或者领事代表接受国的法律规定，对签字、手稿及副本进行认证。

负责领事事务的主管部门可制定执行本条第 1 款所指事务的详细规则。

第 163 条　[出具有关黑山法律规定的证明]

国家司法管理机关可制作供外国机关使用的有关在黑山施行的法律规定的证明。

本条第 1 款所指的证明，应载明法规的名称、制定日期、开始施行或者终止施行的日期以及该法规有关条款的文字表述。

第五编　过渡和最后条款

第 164 条至第 167 条　（略）

第 168 条　[废除]

本法开始施行之日，《关于解决在某些问题上与其他国家法律规则的法律冲突法》（《南斯拉夫社会主义联邦共和国公报》第 43/1982 号、72/1982 号和《南斯拉夫联盟共和国法律公报》第 46/1996 号）终止适用，《关于作为债权担保的抵押权法》第 15 条第 2 款第 1 项、《对外贸易法》第 10 条、《消费者保护法》第 3 条等法律规定予以废除。

第 169 条　[生效]

本法于《黑山法律公报》公布后第八日生效，并于公布之日起六个月后施行。

匈牙利 2017 年
《关于国际私法的第 28 号法律》*

第一章　总则

一、本法的适用范围

第 1 条　本法决定在具有外国因素的私法关系中：

(a)哪个国家的法律得以适用；

(b)匈牙利法院确立其国际管辖权所依据的规则，进行审判所依据的程序规则；以及

(c)外国法院的判决得以承认及执行的条件。

第 2 条　本法的规定，不适用于由欧盟可直接适用的、具有普遍效力的法律文件以及国际条约所调整的事项。

二、定义

第 3 条　在适用本法时：

(a)在无相反规定的情况下，法院亦包括受理民事案件的其他机关；

(b)一个人的经常居所，是指根据特定法律关系的所有情势而认定的该人的实际生活中心所在地；在确定经常居所时，亦应斟酌该人意图所涉的事实；

(c)住所是指一个人永久居住地或者以永久居住的意图居住的地方。

三、识别

第 4 条

1. 在判断应根据哪一冲突规则来确定适用于案件的法律时，以匈牙利法

---

*　本法由匈牙利议会在 2017 年 4 月 4 日的会议上通过，并公布于 2017 年 4 月 11 日第 547 号《匈牙利法律公报》第 6527～6552 页。本法系根据德文译本翻译(资料来源：IPRax 2018, Heft3, S. 306-321.)，译文原载于《中国国际私法与比较法年刊》第二十一卷(2017)，法律出版社 2018 年版，第 346～372 页。此处略有修订。——译者注

律的概念为准。

2. 如果匈牙利法律未规定某种法律制度，则对该法律制度的识别，应根据规定该法律制度的外国法律进行，特别是应考虑其在该外国法中的功能与目的。

3. 如果外国的法律制度在匈牙利法律中并非未做规定，但其功能或者目的与在外国法律中所体现的不同，则在识别时亦应考虑该外国法律。

4. 在确定国际管辖权或者在决定承认与执行外国判决时，比照适用第 1 款至第 3 款之规定。

四、反致与转致

第 5 条

1. 如果本法中据以确定准据法的冲突规范指引的是外国法，则适用该外国法中直接调整所涉事项的实体规范。

2. 就本法而言，如果根据国籍确定应适用外国法，但该外国法中的冲突规范：

(a) 反致匈牙利法律，则应适用匈牙利法中的实体规范；

(b) 转致另一外国的法律，则适用该另一外国法中的实体规范。

五、多法律体系国家

第 6 条

1. 就本法而言，如果应适用的法律所属国是一个由数个具有自己独特法律制度的领土单位构成的国家，则应根据该国的区际冲突规则来决定应适用哪一领土单位的法律。

2. 就本法而言，如果应适用的法律所属国是一个对不同种类的人群具有不同法律制度的国家，则由该国的人际冲突规则来确定应适用哪一法律。

3. 如果应适用的法律所属国无任何区际冲突规则或者人际冲突规则，或者此类规则的内容无法查明或者其无法指定应适用的唯一法律时，则适用该国与案件有最密切联系的法律。

六、外国法律的适用与外国法律内容的确定

第 7 条

1. 法院应依职权适用外国法律。

2. 法院应依照其本国的规则与实践对外国法律进行解释。

第 8 条

1. 法院应依职权确定外国法律的内容。

2. 为确定外国法律的内容，法院得以要求采取各种措施，尤其是要求当事人提供(关于外国法的证据)，请求专家发表意见或者请求司法部长给予相关答复。

3. 如果在一段合理的时间内无法确定外国法律的内容，则适用匈牙利法律。如果根据匈牙利法律无法对案件作出裁判，则适用与准据法最相近的外国法律。

七、法律选择

第 9 条

1. 在本法无其他规定时：

(a)法律选择必须是明示的；

(b)有关法律选择的协议之成立及效力，适用假设该协议成立并且有效时调整所涉法律关系的法律所属国的法律；此时，如果法律选择协议符合缔结地国法律，则应被视为成立并且有效。

2. (当事人)对法律的选择，不得影响第三人既已取得的权利。

八、一般性规避条款

第 10 条

1. 如果案情表明，该案件与另一法律之间的联系显然比与依照本法所确定的法律的联系更为密切，则例外地适用该另一法律。法院必须最迟在收到被告的答辩状后三十日内对此作出裁判。

2. 如果应适用的法律是根据法律选择而确定的，则不适用第 1 款规定。

九、一般性辅助条款

第 11 条　如果本法对属于其适用范围内的法律关系未作规定，则适用与该法律关系有最密切联系的国家的法律。

十、公共秩序

第 12 条

1. 在本法意义上，如果在某案件中适用外国法律的结果显然严重违背了匈牙利法律制度的基本价值和宪法原则，则该外国法的适用与匈牙利的公共秩序相抵触，不得适用该外国法。

2. 如果不能以其他方式避免违反公共秩序，则适用匈牙利的法律规定，以代替不得予以适用的外国法律规定。

十一、无条件予以适用的规定

第 13 条

1. 无论根据本法应予适用的法律有何规定，如果匈牙利法律规定的内容和目的均表明，其对属于本法适用范围内的法律关系必须无条件地适用(强制性规范)时，则应适用匈牙利法律中的此类规定。

2. 应无条件适用的另一国家的法律规定，如果其与案件有密切联系，并且对案件的裁判具有决定性作用时，则可予以考虑适用。

十二、法律的变更

第 14 条 据以确定准据法的情势之变更，仅当本法有明确规定时，方对准据法变更之前已有效成立的法律关系产生影响。

第二章 人

十三、作为法律主体的人

第 15 条

1. 一个人的权利能力、行为能力以及人格权，依照其属人法判定。

2. 一个人的属人法，系指该人的国籍国法律。

3. 一个人具有多个国籍，而其中一个是匈牙利国籍时，则其属人法为匈牙利法律，但其与另一国籍有更密切联系时除外。

4. 一个人具有多个国籍，但没有一个是匈牙利国籍时，则根据案件的主要情势，以与其有最密切联系的国籍国法律为其属人法。

5. 一个人具有多个国籍，但没有一个是匈牙利国籍，且与其国籍国均无任何密切联系的，或者其国籍无法查明以及对于无国籍人，均以其经常居所地国法律为属人法。

6. 如果根据第 2 款至第 5 款规定均无法确定一个人的属人法，则适用匈牙利法律。

7. 就第 1 款所指法律关系而言，对于在匈牙利享受庇护的人以及被接纳的人，适用匈牙利法律。

第 16 条

1. 一个人姓名的使用，适用其属人法，或者根据其请求适用匈牙利法律。

2. 具有多个国籍者，就使用其出生姓名(Geburtsname)而言，可以选择其中一个国籍国的法律。

3. 夫姓(Ehename)的使用，根据夫妻双方的共同申请，适用夫妻任意一方的国籍国法律或者匈牙利法律。夫妻双方未共同申请时，适用第 27 条的规定。

4. 在离婚或者认定婚姻无效时，姓名的使用，适用据以缔结婚姻的国家的法律。

5. 一个匈牙利国民依照另一国家法律已有效登记的出生姓名及夫姓，如果该匈牙利国民或者其配偶也是该另一国的国民，或者该匈牙利国民在该另一国有经常居所，则在内国予以承认。与匈牙利公共秩序相抵触的姓名，不予以承认。

第 17 条

1. 依照其属人法无行为能力或者是限制行为能力的人，就其为取得日常生活需要、无需予以特别考虑的、在内国订立和履行的小额合同而言，如果其依照匈牙利法律有行为能力，则应视为有行为能力。

2. 依照其属人法无行为能力或者是限制行为能力的人，如果交易的法律后果发生在内国，并且其依照匈牙利法律有行为能力，则应视为其有进行其他财产法上的交易的行为能力。

第 18 条

1. 监护以及其他不影响成年人行为能力的保护措施，其设置要件、成立、变更、终止、法律后果以及因此而产生的法律关系，适用对所依据的事实进行裁判时该当事人的经常居所地国法律。

2. 如果符合当事成年人的利益，法院可以例外地适用或者考虑与案件有更密切联系的另一国法律。

第 19 条

1. 为了将来限制一个具有行为能力的成年人的行为能力或者在其欠缺保护自己利益的能力时所做的法律声明，其成立、效力、范围、变更以及撤销，比照适用第 18 条规定，即适用法律声明作成时该人的经常居所地国法律。

2. 尽管有第 1 款的规定，具有完全行为能力的成年人得以在其书面声明中选择：

（a）其具有的国籍国法律；

（b）以前的经常居所所在国法律；或者

（c）就特定的财产而言，该财产之所在地国法律。

第 20 条　对管理其事务有障碍者的代理以及偶尔监护，适用指定监护的法院所属国法律。

第 21 条

1. 宣告死亡或者宣告失踪以及对死亡事实的认定，适用失踪者的属人法。

2. 如果失踪者的属人法非匈牙利法律，则当存在内国法律上的利益时，适用匈牙利法律。

十四、法人

第 22 条

1. 法人的属人法，系指该法人的登记地国法律。

2. 如果法人依照几个国家的法律进行登记，或者依照其设立章程所载明的主事务所所在国法无需登记，则其属人法是指其设立章程所载明的主事务所所在地国法律。

3. 如果依照设立章程，法人并无主事务所，或者有几个主事务所，并且未依照其中任何一个国家的法律进行登记，则其属人法是指其业务经营中心所在地国法律。

4. 法人的法律地位，尤其是法人的下列方面依照该法人的属人法判定：

（a）权利能力；

（b）设立与解散；

（c）法人代表或者代表机构；

（d）人格权；

（e）组织机构；

（f）其股东彼此之间的法律关系；

（g）法人与其股东之间的法律关系；以及

（h）法人、股东以及管理层对法人债务的责任。

5. 本节的规定，比照适用于无法律人格的法律主体。

十五、侵害人格权

第 23 条

1. 对人格权的侵害，适用受害人的经常居所地法律；受害人为法人时，适用法人的设立章程所载明的主事务所所在地法律。是否实施了侵权行为以及侵权行为的后果，均依照该法律判定。

2. 其人格权受到侵害的人，最迟可以在应诉阶段①于法院指定的期限内选择：

（a）其利益中心所在国的法律；

（b）侵权人的经常居所——对于法人，法人的设立章程所载明的主事务所——所在国法律；或者

（c）匈牙利法律。

3. 当存在侵害人格权的危险时，亦适用第 1 款、第 2 款规定。

---

① 在匈牙利，从案件受理到举证程序开始之前均为应诉阶段。——译者注

第三章　家庭法

十六、一般规定

第 24 条　夫妻双方的共同国籍，系指夫妻双方均具有的国籍。夫妻双方具有多个共同国籍时，就本章而言，夫妻的共同国籍，应是指从案件的总体情势考虑，与夫妻双方均有最密切联系的共同国籍。

第 25 条　涉及子女的家庭关系，在对子女更为有利时，适用匈牙利法律。

十七、有关婚姻的特别规定

第 26 条

1. 婚姻，仅当其符合订婚者双方的属人法所规定的实体要件时，方为有效。

2. 对于结婚效力的形式要件，适用结婚时的婚姻缔结地法律。

3. 对于婚姻是否存在的认定，比照适用有关结婚以及婚姻效力的规定。

4. 如果依照匈牙利法律，结婚具有不可排除的障碍时，则不得在匈牙利缔结婚姻。

第 27 条

1. 尽管第 16 条第 3 款至第 5 款有不同规定，夫妻双方的人身与财产关系，适用作出裁判时夫妻双方均具有的国籍国法律。

2. 在裁判时，如果夫妻双方的国籍不同，适用夫妻双方共同的经常居所地国法律，无共同经常居所时，适用夫妻双方最后的共同经常居所地国法律。

3. 如果夫妻双方不曾有过共同的经常居所，则适用法院所属国法律。

第 28 条

1. 夫妻双方可以协议选择适用于其财产关系的法律，前提是该法律系下列法律之一：

（a）夫妻一方在订立协议时所具有的国籍国法律；

（b）夫妻一方在订立协议时的经常居所所在国法律；或者

（c）法院所属国法律。

2. 拟结婚者，亦有法律选择的权利。

3. 法律选择最迟应在应诉阶段在法院指定的期限内做出。

4. 如果夫妻双方无其他约定，对适用于夫妻双方财产关系的法律之选择，仅对将来具有法律效力。

第 29 条　婚约，如果其符合缔结地法律的规定，则在形式上亦为有效。

第 30 条 夫妻双方最迟应在应诉阶段在法院指定的期限内，根据欧盟理事会《第 1259/2010 号条例》①第 5 条至第 7 条行使选择法律的权利。

十八、家庭法上的地位

第 31 条

1. 在确认生父或者生母身份以及对父亲身份的推定提出异议时，适用子女出生时的属人法。

2. 对子女的生父身份之承认，依照承认时子女的属人法判定；对于已怀孕、但尚未出生的子女的生父身份之承认，则依照承认时生母的属人法判定。如果无论依照匈牙利法律还是依照承认时当地的现行法律规定，此种承认在形式上均为有效，则以后不得由于形式上的原因而被视为无效。

第 32 条 如果依照第 31 条应适用的法律，生父的身份空缺，则在对子女更为有利时，应适用与案件有密切联系的另一国法律。

十九、收养

第 33 条

1. 收养，仅在其符合收养时收养人和被收养人的属人法所规定的要件时，方为有效。

2. 收养的法律后果，终止收养及其法律后果，适用收养人在收养或者终止收养时的属人法。

3. 夫妻双方共同收养的，收养的法律效力以及终止收养及其法律后果，适用：

(a)夫妻双方在收养或者终止收养时的共同国籍国法律；无共同国籍时，

(b)夫妻双方在收养或者终止收养时的共同经常居所地国法律；无共同经常居所时，

(c)法院所属国法律。

二十、父母与子女之间的法律关系、监护

第 34 条

1. 对于父母与子女之间的法律关系以及监护——但完全成年及姓名使用除外——适用法院所属国法律。

2. 如果更符合子女利益，法院可例外地适用或者考虑与案件有密切联系的另一国法律。

---

① 其全称为欧盟理事会 2010 年 12 月 20 日《关于在离婚与司法别居的法律适用方面实施强化合作的第 1259/2010 号条例》。——译者注

第四章　同居者、注册伴侣

二十一、同居者

第 35 条

1. 类似于婚姻的同居关系之成立、解除与法律后果，适用同居者的共同国籍国法律。

2. 同居者国籍不同的，适用同居者的共同经常居所地国法律，无共同经常居所时，适用其最后的共同居所地国法律。

3. 同居者的最后经常居所无法认定的，适用法院所属国的法律。

4. 对于同居者的共同国籍，比照适用第 24 条规定。

第 36 条　同居者可以选择适用于其财产关系的法律。对于同居者的法律选择，比照适用第 28 条规定。

二十二、注册伴侣

第 37 条

1. 注册伴侣关系的成立、有效性及其法律后果——不包括姓名的使用——比照适用第 26 条至第 29 条之规定，但本节另有规定的除外。

2. 如果拟注册伴侣的属人法不认可注册伴侣关系的法律制度，在下列条件下，不构成建立注册伴侣关系的障碍，其效力也不受影响：

(a)非匈牙利国民的拟注册伴侣证明，依照其属人法其没有任何结婚障碍；以及

(b)拟注册伴侣的至少一方具有匈牙利国籍或者在内国具有经常居所。

3. 对于注册伴侣关系的法律后果，在第 2 款所述情形下，适用匈牙利法律。

4. 对于注册伴侣的共同国籍，比照适用第 24 条规定。

第 38 条

1. 注册伴侣关系的终止，适用：

(a)注册伴侣在起诉时或者在提出终止注册伴侣关系的请求时其(共同)经常居所地国法律；无(共同)经常居所时，

(b)注册伴侣的最后(共同)经常居所地国法律，如果该经常居所在起诉前或者提出申请前一年内被注销，前提是注册伴侣一方在起诉时或者提出申请时仍在该国有居所；无最后的(共同)经常居所时，

(c)注册伴侣双方在起诉时或者提出申请时曾具有的(共同)国籍国法律。

2. 如果根据第 1 款无法确定应适用的法律，在第 37 条第 2 款所述情形下，法院适用其本国法律。

第五章　物权

二十三、一般规定
第 39 条
1. 所有权及其他物权，包括留置权和占有权，适用物之所在地法律，但本法另有规定的除外。

2. 物之所在地法律，系指法律效力灭失的事实发生时该物之所在地国法律。

3. 如果一物品系另一物品的组成部分或者附件，则对其适用主物之所在地法律；对于其他的物之联合（Sachverbindung）或者物之累加（Sachvermengung），适用与其有最密切联系之法律。

第 40 条　应适用的法律，特别决定：
(a) 物品的法律特性；

(b) 物权的内容；

(c) 在物上所设担保的顺位；

(d) 物权的权利人；

(e) 物权的成立、构成和终止；以及

(f) 物权对第三人的效力。

第 41 条
1. 动产经过物权法上的权利变更而进入另一国境内的，以前取得的权利应受到该物之新所在地法律承认。

2. 在物品的以前所在地取得的物权法上的权利，如果其法律后果尚未发生，且该物品永久性地转移至另一国，则对于该权利之取得，适用该物之后至国家的法律。

3. 对于动产的占有，适用占有期限届满时该物之所在地国法律。

4. 占有，并不因物之所在地的变更而中断。

二十四、特别规定
第 42 条
1. 已注册的船舶或航空器上的物权，适用该运输工具所悬挂的国旗或所使用的其他主权标识所属国的法律。

2. 轨道运输工具上的物权，适用其营运国的法律。

第 43 条

1. 与运输途中的动产有关的物权，适用其目的地国法律。与运输途中的动产的销售、仓储、抵押有关联的物权法上的法律后果——如果这些行为并非所有人或者处置权人的意愿——适用采取前述措施时该物之所在地法律。

2. 旅行者随身携带的个人用品之物权，适用旅行者的属人法。

第 44 条

1. 因注册而形成的物权担保，适用担保登记簿所在国的法律。

2. 物权担保的成立不需要注册或者根据第 1 款规定无法确定应适用的法律时，则对于物权担保适用担保债务人的属人法。

3. 就以保留所有权为条件的动产转移而言，此种保留的法律后果，适用物之所在地国法律，但双方当事人选择动产转移的目的地国法律的除外。

4. 与支付账户、银行存款以及无纸化证券有关的担保，适用该项担保的登记簿所在国法律或者中央保管系统营运的账户所在地国法律。

5. 在债权上设立的担保，适用双方当事人所选择的法律；未选择法律时，适用担保注册地国法律；未进行担保注册时，适用担保债务人的属人法。

第 45 条

1. 在转移动产所有权的合同中，双方当事人对其物权法上的后果可以选择物之所在地国法律或者合同所约定的动产转移之目的地所属国法律。

2. 企业资产(业务资产)总体转让时，双方当事人对于物权法上的后果可以选择该权利的前所有人的属人法，但不动产除外。

3. 法律选择最迟应在应诉阶段法院所指定的期限内作出。

第 46 条

1. 被视为属于一国文化财产之物，如果在出口时依照该国法律属于非法离境，则该国提出的所有权请求，依照提出权利主张的国家之选择，适用该国的法律或者适用在对该项所有权请求作出裁判时该物所在的另一国法律。

2. 如果将非法出口的物品视为其文化财产的国家之法律，对善意的占有人不给予任何保护，则该占有人可根据在对该项所有权请求作出裁判时该物之所在地国家的法律请求予以保护。

第 47 条

1. 原所有权人已非法地丧失了对某物品的占有权，则与该物有关的所有权请求，根据原所有权人的选择，适用物品遗失时或者对该项所有权请求作出裁判时该物之所在地国家法律。

2. 如果遗失时物之所在地国法律对善意的占有人不给予任何保护，则该占有人可根据在对该项所有权请求作出裁判时该物之所在地国家的法律请求予以保护。

第六章　知识产权

二十五、著作权和工业产权

第 48 条　著作权的成立、内容、终止和行使，适用请求保护地国法律。

第 49 条　工业产权之成立、内容、终止和行使，适用给予保护地国法律或者申报地国法律。

第七章　债法

二十六、合同之债

第 50 条

1. 合同，适用双方当事人所选择的法律。未明示进行法律选择的，该项选择必须能从合同条款或者案件情势中明确地推定出来。双方当事人可以选择适用于整个合同或者部分合同的法律。

2. 法律选择最迟应在应诉阶段在法院所指定的期限内做出。

3. 在不损抑本条第 2 款规定的条件下，双方当事人可以约定，合同不适用以前所选择的法律——即根据本节规定所选择的法律，或者未选择法律时根据本法的规定——而适用另一法律。合同订立后对合同中有关准据法条款的变更，不得影响合同根据调整形式有效性的法律所具有的效力。

4. 合同仅与一国法律有关时，则法律选择不得损抑该国法律中不能通过协议加以减损的条款。

5. 有关准据法的协议之成立与效力，比照适用第 53 条、第 54 条规定。

第 51 条　未进行法律选择时，合同适用与该合同法律关系的基本要素有最密切联系的国家的法律。

第 52 条

1. 双方当事人可以约定仲裁协议应适用的法律。

2. 未进行法律选择时，仲裁协议适用为基础法律关系所选择的法律；没有为基础法律关系选择应适用的法律时，适用调整基础法律关系的法律。

3. 双方当事人已经确定了仲裁地的，则仲裁协议适用仲裁地所属国的法律，但前提条件是仲裁协议与该法律的联系比其与第 2 款所述法律的联系更为密切。

4. 如果仲裁协议符合本节所指定的法律或者法院所属国法律的形式要求，则仲裁协议不得由于形式上的原因而被视为无效。

第 53 条　合同或者合同某条款的成立及效力，由假设该合同或者合同条款有效时依照本法应适用的法律确定。

第 54 条

1. 当事人或者其代理人在订立合同时居所在同一国境内的，如果合同符合依照本法应适用的法律或者合同订立地国法律的形式要求，则他们之间的合同在形式上有效。

2. 当事人或者其代理人在订立合同时居所在不同国家的，如果合同符合依照本法应适用的法律、任何一方当事人或者其代理人在订立合同时所在国的法律或者任何一方当事人此时拥有的经常居所所在国的法律所规定的形式要求，则他们之间的合同在形式上有效。

3. 与现有合同或者拟议合同有关的单方面意思表示，如果其符合依照本法适用于合同的法律或者本应调整合同的法律所规定的形式要求，或者其符合意思表示做出地国或者意思表示人在做出意思表示时的经常居所所在国的法律所规定的形式要求，则在形式上为有效。

4. 尽管有第 1 款至第 3 款的规定，对于以物权为标的之合同，如果该物权与不动产或者不动产租赁有关，在下列情形下，以不动产所在地国法律所规定的形式要求为准：

(1) 不论合同订立地为何以及合同准据法为何，这些要求均有拘束力；以及

(2) 这些要求不得通过协议加以减损。

第 55 条

1. 在本节意义上，一个法人或者无法律人格的权利主体，以其业务经营中心地为其经常居所。在其营业范围内行事的自然人，其经常居所是指其营业活动的主要场所。

2. 如果合同系在经营分支机构、商务代理机构或者其他机构的范围内订立，或者分支机构、商务代理机构或者其他机构依照合同规定负有履行义务，则各该分支机构、商务代理机构或者其他机构所在国视为其经常居所地。

3. 在确定经常居所时，以订立合同的时间为准。

第 56 条　单方意思表示，如果本法无其他规定，比照适用有关合同的

规定。

二十七、有价证券

第 57 条

1. 有价证券的形式或者类型——包括不记名可转让证券或者记名证券在内——适用调整有价证券所确认权利的法律所属国法律。

2. 处分有价证券所带来的物权法上的法律后果,比照适用本法有关物权的规定。

3. 除了有价证券所确认的处分无纸质化证券的权利之外的其他权利之法律效力,适用对证券账户的操作者进行监管的国家之法律;无国家监管时,适用该证券账户操作地国法律。因此导致适用多个法律的,适用保证具有人权利的国家之法律。

第 58 条

1. 有价证券所确认的债权,适用所选择的法律;未选择法律时,适用有价证券的发行地法律;发行地也无法确定的,适用出票人的属人法。

2. 有价证券所确认的股东权利,适用出票人的属人法。

3. 有价证券所确认的物权,适用其发行国的法律。

4. 有价证券承载多种权利的,在无法律选择时,适用调整作为该证券的核心因素的权利的法律规定。

二十八、非合同之债

第 59 条 欧盟议会及理事会《关于非合同之债法律适用的第 864/2007 号条例》第 7 条后半句所允许的对据以造成损害的事实发生地国法律的选择权,请求损害赔偿者最迟应在应诉阶段并在法院所指定的期限内行使。

第 60 条 非合同之债,适用据以产生债务的法律事实之效果发生地国家的法律。

第 61 条 如果非合同之债的权利人和义务人的经常居所——对于法人,则是其章程所载明的主事务所——在据以产生债务的法律事实之效果发生时位于同一国家境内,则适用该国家的法律。

第 62 条 如果非合同之债与另一法律关系有紧密联系,而该另一法律关系在非合同之债成立时既已存在,则调整该另一法律关系的法律亦适用于该非合同之债。

第 63 条

1. 双方当事人得以在非合同之债成立后选择(所适用的)法律。未明示选择法律的,须从案件情势中明确地推定出来。

2. 法律选择最迟应在应诉阶段并在法院指定的期限内进行。

3. 法律关系只与一个国家的法律有关的，法律选择不得减损该国法律中不可通过协议加以减损的法律规定。

第八章　继承法

二十九、口头遗嘱、国家继承

第 64 条　口头遗嘱及其撤销，如果其符合下列法律之一，则在形式上有效：

(a)匈牙利法律；

(b)设立或者撤销口头遗嘱时的行为法律；

(c)设立口头遗嘱、撤销口头遗嘱或者被继承人死亡之时曾是被继承人属人法的法律；

(d)设立口头遗嘱、撤销口头遗嘱或者被继承人死亡之时被继承人的住所地或者经常居所地法律；

(e)在口头遗嘱涉及不动产时，不动产所在地法律。

第 65 条　如果根据继承的准据法，遗产无人继承时，则对于内国遗产的继承，适用匈牙利法律中有关匈牙利国家继承的规定。

第九章　关于诉讼程序的法律规定

三十、一般规定

第 66 条　除本法另有规定外，匈牙利法院的诉讼程序，适用匈牙利法律。

第 67 条

1. 在匈牙利法院启动破产程序的法律效力，适用匈牙利法律。

2. 破产程序对于债务人在公共登记簿注册的不动产、船舶或者航空器的权利的影响，以及旨在取得、变卖上述权利的合同，适用该不动产所在地国法律或者该登记簿所在地国法律。

第 68 条

1. 当事人在诉讼中的权利能力及行为能力，适用其属人法。

2. 根据其属人法属于无行为能力或者限制行为能力的人，如果根据匈牙利法律却具有行为能力，则在向匈牙利法院提起的诉讼中应视为具有行为能力。

3. 第 2 款之规定，并不妨碍依照其属人法无行为能力或者有限制行为能力的当事人，由根据该法享有法定代理人地位的人代为诉讼行为。

4. 在外国注册的法人和无法律人格的权利主体，推定其有诉讼能力，除非有相反证明。

第 69 条

1. 在启动诉讼程序时，如果当事人之间基于同一事实和法律上的请求而事先提起的诉讼正在外国法院进行，则匈牙利法院可依职权或者根据申请而暂停诉讼，但以不排除内国承认外国法院所作裁决为条件。

2. 外国法院已终止诉讼且未对案件作出实体裁决的，匈牙利法院应继续诉讼程序。如果外国的诉讼程序被暂停，或者匈牙利法院认为外国的诉讼程序不能在合理的期限内结束，则匈牙利法院可继续诉讼程序。发生了据以继续诉讼程序的情势时，当事人双方有义务毫不延迟地告知法院。法院可随时审查暂停诉讼程序的理由，并因此要求当事人在规定期限内声明是否参加外国法院的诉讼程序。

3. 如果在匈牙利法院提起的诉讼与向外国法院提起的诉讼有牵连，亦适用第 1 款、第 2 款的规定。

4. 如果外国法院就案件的主要事项作出的裁决在内国能得以承认，则匈牙利法院应终止诉讼程序。

5. 在适用本法时，下列时刻视为诉讼程序已经启动：

（a）向法院提交启动诉讼程序的诉状之时，前提是原告随后没有制止为了向被告送达（诉状）而采取所规定的措施；或者

（b）如果诉状在递交法院之前应予以送达的，则是送达的主管机关收到诉状之时，前提是原告随后没有制止为了向法院递交诉状而采取所规定的措施。

第 70 条

1. 当案件涉及在内国有居所的人或位于内国的财产时，即使匈牙利法院对案件的主要事项没有国际管辖权，但它仍可在案件中根据匈牙利法律责令采取包括保全措施在内的临时措施。对所涉的财产采取临时措施的前提是，对主要事项具有国际管辖权的外国法院所作的裁决有可能在内国被承认。

2. 临时措施，由所涉人员居所地或者所涉财产所在地的属地管辖法院指令。

3. 如果匈牙利法律规定，为了维持临时措施指令的效力应启动主要事项的诉讼程序，为此目的，则应考虑对主要事项具有国际管辖权的外国法院的诉讼程序。

4. 如果具有国际管辖权的外国法院所作的裁决与第 1 款所述措施的对象有关，且其可在内国得以承认，则(匈牙利法院)应解除该临时措施指令。

第 71 条　司法部长应出具有关匈牙利法律以及其适用实践的证明。

三十一、国际司法协助的一般规定

第 72 条

1. 根据外国法院提出的司法协助之请求，匈牙利法院应根据国际条约、欧盟可直接适用的法律文件或者互惠提供司法协助。

2. 在没有互惠时，在征得司法部长和外交部长以及有关部长的同意后，可以满足司法协助的请求。

3. 如果满足司法协助请求与匈牙利的公共秩序相抵触，则应拒绝提供司法协助。

三十二、文书的送达

第 73 条

1. 经被请求国机关在国外送达的文书，应由司法部长转交。

2. 国际条约允许通过邮寄送达文书时，法院亦可直接向收件人寄送。

3. 在满足国际条约所规定的条件时，文书亦可由匈牙利派驻收件人居所地的使领馆送达。此时，文书应由外交部长转交。

4. 如果送达行为符合匈牙利法律或者送达目的地法律的规定，则该项外国送达视为符合程序。根据第 2 款进行的送达，不得适用推定送达。

第 74 条

1. 要求在内国送达一份在外国诉讼程序中作成的文书的司法协助请求，司法部长应相应地将其内容告知第 2 款所指的法院或者——通过匈牙利法院执行庭——独立的法院执行员(以下简称"法院执行员")。

2. 根据司法协助请求，由司法协助请求书所述的收件人地址所属的主管初级法院(在布达佩斯，指佩斯的中央区法院)或者法院执行员负责送达。

3. 法院或者法院执行员在收到司法协助请求书之后八天内采取送达措施。

第 75 条

1. 在送达一份在国外诉讼程序中形成的文书时，除本条第 2 款至第 5 款另有规定外，依照内国有关送达官方文件的法律规定进行。

2. 如果应送达的文书没有附具经认证的匈牙利语译本或者依照被请求国法律认为适合司法程序的匈牙利语译本，则只有在收件人愿意接收该文书时，方能进行送达。收件人接收此类文书并不意味着其最终接受；收件人自收到文书之日起十五日内可将该文书退回或者邮寄给执行司法协助请求的内国法院或者法院执行员，以表明其并不接受该文书。

3. 如果第 2 款所指的文书没有附具译文使收件人不愿接收（文书被退回给法院，并标注"无法查找"）而无法送达时，则不适用匈牙利 2016 年《关于民事诉讼规则的第 130 号法律》（以下简称《民事诉讼法》）第 137 条第 2 款有关推定送达的规定。

4. 如果收件人未接受第 2 款所指的文书，或者该文书因为第 3 款所指原因未能送达，则执行司法协助请求的法院或者法院执行员应这样认定送达结果，即依照匈牙利法律不得视为已送达该文书。

5. 在进行送达时，如果不违背匈牙利的公共秩序，则可根据外国法院的请求，适用该外国的诉讼程序规则。

第 76 条

1. 执行有关送达的司法协助请求的法院或者法院执行员，应在八日内将送达情况以及送达时间告知司法部长；在遇到送达障碍时，应告知其原因。

2. 如果送达时应适用通过 2005 年第 36 号法律公布的《关于送达民商事司法和司法外文书的公约》，司法部长应根据法院或者法院执行员提供的信息，出具该公约第 6 条所指的证明。

第 77 条

1. 欧盟议会及理事会《关于送达民商事司法及司法外文书并废除第 1348/2000 号条例的第 1393/2007 号条例》（以下简称《欧盟送达条例》）第 2 条第 1 款所指转送机关的职责：

（a）就法院的司法文书而言，由在其诉讼程序中提出要送达文书的法院履行；

（b）就公证文书而言，由受理公证业务并形成该文书的公证机关履行；

（c）对于其他司法外文书，由司法部长履行。

2.《欧盟送达条例》第 2 条第 2 款所指接收机关的职责：

（a）由司法协助请求书所述的收件人地址所属的主管初级法院（在布达佩斯，则指佩斯中央区法院）履行；

（b）匈牙利法院的执行庭履行。但是（b）项所指的送达，由收件人地址所属的主管法院执行员执行。

3. 在执行根据《欧盟送达条例》提交的司法协助请求时，比照适用第 74 条第 3 款的规定。

4.《欧盟送达条例》第 3 条所指中央机关的职责由司法部长履行。

5. 根据《欧盟送达条例》第 4 条第 2 款，接收机关应通过邮寄、传真和电子方式接收所送达的文书。《欧盟送达条例》所附录的表格，由转送机关或者接收机关以匈牙利语、英语、德语或者法语接收。

6. 如果送达的结果，系因适用《民事诉讼法》第 137 条第 2 款所指的推定送达而得以确定，则接收机关应告知转送机关有关根据该推定送达所确定的文书送达地和送达时间，并告知收件人有权根据《民事诉讼法》第 138 条提出异议。法院事后才允许接收人提出异议的，应同时告知外国转送机关，与该送达有关联的法律后果依照匈牙利法律无效。

7. 接收机关应在八日内将送达情况以及送达时间告知转送机关；在遇到送达障碍时，应告知其原因。

8.《欧盟送达条例》第 13 条所指的送达方式，只有当收件人具有转送成员国的国籍时，方能在内国适用。

9. 在适用《欧盟送达条例》第 13 条所指的送达方式时，应在外国送达的文书须根据第 73 条第 3 款转交。

10. 在内国适用《欧盟送达条例》第 15 条所指的送达方式时，应符合有关由法院执行员送达的法律规定。

三十三、取证

第 78 条

1. 向外国法院提起的有关取证的司法协助请求，由司法部长转交。

2. 如果根据一项国际条约，亦可采用领事或者外交代表的方式取证，法院可以通过外交部长向匈牙利驻外主管代表机关提出取证请求。

3. 在有国际条约规定时，匈牙利法院可为了其尚未审结的诉讼之目的，直接在外国进行取证。在这种情况下，适用有关取证的一般规定，即不得采用强制手段。

4. 在没有国际协定或者互惠时，法院可以应当事人的请求设定期限，要求当事人提供符合外国法的有关取证的公文书，必要时应加以认证。

5. 在外国取证的合法性，依照取证地法律判定；在外国的取证，符合匈牙利法律的，应视为合法。

第 79 条

1. 外国法院提出的关于取证的司法协助请求，除第 2 款另有规定外，由司法部长转交给第 3 款所指的法院。

2. 司法协助请求涉及可直接从公共注册机构获取的数据资料时，司法部长可请求所涉的注册机构提供所申请的数据资料。

3. 履行有关取证的司法协助请求时，由下列地点所属的初级法院（在布达佩斯，则是布达的中央区法院)进行实体和地域管辖：

(a)被讯问人员在内国的住所地或者经常居所地；

(b)进行检查的标的物所在地；或者

(c)在其他情况下，尤其是当被讯问的多个人员的住所地或者经常居所地位于内国时，或者所检查的多个标的物处于数个不同法院的管辖区域时，可根据需要采取最适当的取证方式。

4. 在执行有关取证的司法协助请求时，应按照匈牙利法律进行。只有在不违背匈牙利公共秩序时，方可根据提出请求的外国法院的申请，适用外国的诉讼程序规则。

5. 当提出请求的外国法院已表明，其工作人员、外国诉讼的当事人或者其代理人愿意在执行司法协助请求时在场的，执行司法协助请求的法院在安排进行司法协助的日期时应对此有所考虑。法院应立即将有关日期、地点以及影响参与的其他情况告知司法部长。

第 80 条

1. 司法部长可根据国际条约并依照本节规定准许外国法院指定的受托人或者该外国法院的工作人员为了外国诉讼的目的，在内国直接取证。

2. 申请第 1 款所述的准许事项时，应向司法部长提交匈牙利语、英语、法语或者德语作成的申请书。申请书中应载明下列信息：

(a)外国法院的名称、案件编号；

(b)参与诉讼的当事人或者其代理人的姓名、地址；

(c)诉讼标的；

(d)案情简介；

(e)以法院的受托人或者工作人员名义在内国取证的人员的姓名、联系信息；

(f)在内国的取证行为；

(g)有必要参与取证行为的人员之姓名、地址。

3. 申请书应附上外国法院有关指定执行取证任务、作为受托人行事的人员的决定或者类似的文件。

4. 如果拟实施的取证行为将违背匈牙利的公共秩序，司法部长不得批准该申请。

5. 司法部长批准该申请的，应告知第 79 条第 3 款所指的初级法院，但实施取证行为不需要法院任何参与的除外。

6. 如果取证行为是为了讯问某人，则该人在被讯问前：

（a）应被告知：

（aa）其参与讯问是自愿的，并且不会因为拒绝参与讯问而在内国遭受不利；

（ab）其有权在讯问过程中使用其母语；并且

（ac）其诉讼代理人在讯问期间均可在场，以及

（b）在其作为证人被讯问时，应被告知《民事诉讼法》有关证人作证的规定。

7. 第 6 款所述信息，由根据第 5 款规定参与（取证）的法院提供。没有此种法院时，司法部长应要求由提出请求的法院提供上述信息，并向司法部长证明提供了该信息，以作为批准取证的条件。

8. 进行讯问需要翻译参与时，提出请求的法院负责预付或者报销翻译的酬金。

9. 司法部长在批准本条所述的取证行为时，亦可提出其他条件。

第 81 条

1. 欧盟理事会《关于成员国法院在民商事取证方面进行合作的第 1206/2001 号条例》（以下简称《欧盟取证条例》）第 3 条第 1 款和第 3 款所指中央机关的职责，由司法部长承担。

2. 《欧盟取证条例》第 1 条第 1 款（a）项所述司法协助请求的执行，由第 79 条第 3 款所述法院进行实体和地域管辖。如果接收司法协助请求的法院认为，该项司法协助请求的执行在另一法院的实体或者地域管辖范围，则应在八日内依职权将该请求书转交该另一法院。

3. 由另一成员国法院根据《欧盟取证条例》第 17 条第 1 款提交的申请，由司法部长接收并作出决定，此时，比照适用本法第 80 条第 5 款至第 9 款的规定。

4. 《欧盟取证条例》所规定的表格，由法院通过邮寄、电传或者电子方式以匈牙利语、英语、法语或者德语接收。

5. 匈牙利法院为了其尚未审结的诉讼之目的，亦可在除丹麦以外的欧盟其他成员国境内采用《欧盟取证条例》第 17 条所指方式以外的其他方式直接进行取证。在此类情况下，应适用有关取证的一般规定，即不得采取强制措施。

三十四、有关豁免的规定

第 82 条　在适用本节规定时，所指的"国家"包括：

（a）国家；

（b）行使公共权力的国家机关，但以其以此种属性行事时为限；以及

（c）代表国家行事的人，但以其以此种属性行事时为限。

第 83 条

1. 针对匈牙利国家提起的诉讼，除本法另有规定外，只能排他性地由匈牙利法院审理。

2. 针对外国国家提起的诉讼，除本法另有规定外，匈牙利法院不得审理。

第 84 条

1. 在下列情形下，不论诉讼标的为何，国家不享有豁免权：

(a)国家已明示放弃豁免权的；

(b)国家自己提起诉讼，作为争议的干预方参与诉讼或者在诉讼中参与案件的实体审理的；或者

(c)针对国家提起的诉讼，另一方当事人基于争议的法律关系提起了反诉的。

2. 诉讼标的涉及下列事项的，国家不享有豁免权：

(a)国家在私法合同中的权利或者义务，除非另一方合同当事人为另一国家或者合同当事人另有约定；

(b)国家和一个自然人之间的雇佣合同或者以履行劳务为目的的雇佣关系所产生的权利或者义务，但以雇佣地位于或曾位于诉讼国境内为条件，除非雇主是雇员所属国的国家或者履行公共权力职能的机关；

(c)对国家因生命、健康、身体受到伤害或者财产受到损失而提出的索赔，但以损害事件或者过失行为发生在受诉国境内，并且受害人此时已居留在该国为条件。

(d)国家对位于受理诉讼的法院所属国境内的不动产的权利、利益或者占有以及国家对不动产的使用或者因其而产生的义务；

(e)国家对于在诉讼地所属国注册的法人、在该国境内有主事务所或者业务经营中心地的法人或者无法人资格的法律主体所享有的股东关系、利益分配，或者因此而产生的权利或者义务；

(f)国家对于受理诉讼的国家境内的遗产继承权；

(g)受理诉讼的国家境内的知识产权保护的提供、内容和解除；

(h)国家在管理受理诉讼的国家境内的破产财产方面所享有的权利和利益；

(i)一份由国家为解决与民事合同有关的法律争议而订立的仲裁协议的效力、解释和适用，以及根据该仲裁协议进行的仲裁程序或者该仲裁程序中所作裁决的无效性宣告，但该仲裁协议另有规定的除外。

第 85 条

1. 在适用本条规定时，限制处置权的临时措施及担保措施亦应理解为强制措施。

2. 放弃第 84 条第 1 款所指的豁免权，并不意味着放弃免除强制执行权。

3. 不得对外国位于内国的财产进行强制执行，除非：

(a)该外国国家已明确表示同意；

(b)该外国国家已将该财产指定用于清偿某债权；

(c)财产用于非商业性的政府行为以外的目的。

4. 就适用第 3 款(c)项而言，用于非商业性的政府行为以外的目的之财产，尤其是指：

(a)用于国家驻外代表机构活动的财产；

(b)用于军事目的的财产；

(c)中央银行或者其他金融机构的财产；

(d)属于文化遗产以及属于国家档案从而不得出售的财产；

(e)作为科学、文化或者历史展览之组成部分的、不得出售的财产。

第 86 条

1. 对作为驻外外交代表或者其他免受国际管辖的匈牙利国民提起的诉讼，只能排他性地由匈牙利法院审理，除非匈牙利国家或者其任职的国际组织已明示放弃豁免权。

2. 对作为驻匈牙利的外交代表或者其他免受国际管辖的外国国民提起的诉讼，匈牙利法院不得审理，除非该外国国家或者其任职的国际组织已明示放弃豁免权。

第 87 条

1. 向外国国家的送达，适用具有普遍效力的可直接适用的欧盟法律文件或者调整与该国有关的送达方面的司法协助的国际条约；无此种国际条约时，采用外交部长送达的方式。

2. 向外国国家送达的文书，不得采用直接邮寄的方式。

3. 对国际组织或者享有豁免权的自然人，应通过外交部长转交的方式送达文书。

第十章 国际管辖权

三十五、一般规定

第 88 条 尽管本法对于国际管辖有其他规定，但对于下列诉讼，只能由匈牙利法院进行专属管辖：

(a)以内国不动产上的物权或者此种不动产的租赁、抵押为标的之诉；

(b)涉及作为匈牙利国民的被继承人遗留在内国的财产的继承诉讼；

(c)取消在内国签发的文件的诉讼；

(d)涉及在内国公共登记簿注册权利、事实和数据资料之诉；

(e)涉及内国强制执行之诉。

第89条 尽管本法对于国际管辖有其他规定，下列诉讼应排除匈牙利法院的国际管辖权：

(a)以外国不动产上的物权或者此种不动产的租赁、抵押为标的的诉讼；

(b)涉及非匈牙利国民的被继承人遗留在外国的财产的继承诉讼；

(c)取消在外国签发的文件或者发行的证券的诉讼；

(d)涉及外国工业产权的授予、内容和终止的诉讼；

(e)与在外国有主事务所的法人或者无法律人格的法律主体(在适用本项规定时，以下统称为"法人")之设立、解散有关的诉讼，与作为法人注册依据的合同或者设立章程的效力有关的诉讼或者有关对法人机构所作决议进行审查的诉讼；

(f)涉及在外国公共登记簿注册权利、事实和数据资料的诉讼；

(g)涉及外国强制执行的诉讼。

第90条

1. 在对多个被告提起的共同诉讼中，如果至少一个被告的住所或者法人、无法律人格的法律主体的主事务所、业务经营中心地(在适用本章规定时，以下简称"主事务所")位于内国，则匈牙利法院得以对所有被告行使管辖权，但前提条件是这些诉讼之间联系密切，以至于应一并审理且合一判决，才能达到避免在分开审理时作出相互矛盾判决之目的。

2. 在对主债务人和次债务人提起的共同诉讼中，如果主债务人在内国有住所或者主事务所，则不论次债务人的住所、主事务所位于何处，匈牙利法院均可管辖。

3. 如果匈牙利法院对本诉的裁判具有国际管辖权，则对反诉亦得以管辖。

第91条 匈牙利法院的国际管辖权——除了本法所规定的特殊情形外——亦因被告不提出国际管辖权异议而提交答辩状(应诉)而得以确立。

三十六、财产事项

第92条 如果被告的住所或者主事务所在内国，则匈牙利法院对任何财产事项均得以行使管辖权。

第 93 条 对于与合同有关的法律争议，如果发生争议的债务履行地在内国，则匈牙利法院亦得以管辖。在适用本条规定时，发生争议的债务之履行地是指：

(a) 双方当事人在合同中约定的履行地；无此种约定时，

(b) 涉及动产出售的，合同所规定的动产运输目的地或理应运达地；

(c) 涉及提供服务的，合同所规定的服务提供地或者理应提供地；或者

(d) 对于其他合同，则指被匈牙利法律规定为所争议债权的清偿地。

第 94 条

1. 对于涉及非合同之债的法律争议，如果据以产生债务关系的法律事实曾发生或者可能发生在内国，或者其结果已发生或者可能发生在内国，则匈牙利法院亦得以管辖。对于因损害人格权而引起的索赔，比照适用本规定。

2. 对于因刑事行为造成损害而提起的民事损害赔偿请求，或者在刑事诉讼中提起的私法上索赔，如果作为诉讼依据的刑事行为适用匈牙利刑法，则匈牙利法院亦得以管辖。

3. 在认定或者提高损害赔偿额度的诉讼中，如果权利人的住所在内国，则匈牙利法院亦得以管辖。

第 95 条 起诉时动产位于内国的，以该动产上的物权为标的之诉，得由匈牙利法院管辖。

第 96 条 对主事务所在外国的企业提起的法律争议，如果该企业在内国有分支机构或者代表机构，并且法律争议与该分支机构或者代表机构的活动有关，包括合同系由主事务所在外国的企业之代表机构曾在内国订立之情形，则匈牙利法院亦得以管辖。

第 97 条 在财产事项的法律争议中，即使被告在内国无任何住所或者主事务所，但只要被告在内国有可供执行的财产，则匈牙利法院亦得以管辖。如果债权的债务人的住所在内国或者该债权由位于内国的财产担保，则被告所享有的债权亦可视为被告位于内国的财产。

第 98 条

1. 在遗产继承诉讼中，如果被继承人在死亡时为匈牙利国民，则匈牙利法院亦得以管辖。

2. 对于遗产争议，如果被继承人死亡时为匈牙利国民或者遗产位于内国，则匈牙利公证处亦可受理。

第 99 条

1. 对于财产事项，双方当事人可以协议约定其既已发生的法律争议或者

其因特定法律关系在将来可能发生的法律争议由某个国家的多个法院或者某个、某几个特定法院行使国际管辖权。

2. 在下列情形下，有关国际管辖权的协议无效：

(a)对于匈牙利法院具有专属国际管辖权的案件，当事人却约定由外国法院行使国际管辖权的；

(b)对于排除了匈牙利法院国际管辖权的案件，当事人却约定由匈牙利法院行使国际管辖权的。

3. 当事人约定国际管辖权的协议，得以采用：

(a)书面形式；

(b)经书面确认的口头形式；

(c)符合当事人之间以往惯例的形式；或者

(d)在国际商事中以符合双方当事人已知或应当知道的商事惯例的形式订立，并且这种商业惯例对于订立此类合同的当事人而言，在有关业务中是众所周知的和被定期考虑的。

4. 有关国际管辖权的协议，如果系由长期记录双方当事人意思表示的通信设备交换信息所致，亦可视为以书面形式订立。

5. 有关国际管辖权的协议，其成立及效力——在本法未进行调整的事项下——适用有关国际管辖的协议中所指定的一个或多个法院所属国的法律。

6. 如果双方当事人有关国际管辖权的协议，是作为另一合同的组成部分而订立，则有关国际管辖权的协议在其成立及效力上应视为一份独立于合同其他条款的协议。

7. 通过有关国际管辖权的协议所约定的国际管辖权，是一种排他性的管辖权，但双方当事人另有约定的除外。但是，如果双方当事人约定由外国法院行使国际管辖权，而该外国法院认定自己没有国际管辖权的，则匈牙利法院得以根据一般规定确定其国际管辖权。

第 100 条

1. 在破产程序中，如果负债的法人依据其设立章程在内国有主事务所(分支机构或者其他机构)，并且该法人在此处并非临时营业，则匈牙利法院对该破产程序的执行具有国际管辖权。

2. 匈牙利法院对执行破产程序具有国际管辖权的，亦可以对该破产程序引发的或者与之密切相关的诉讼进行管辖。

3. 破产程序，不适用第 91 条和第 99 条规定。

三十七、家庭事项与身份事项

第 101 条

1. 在欧盟理事会关于婚姻的《第 2201/2003 号条例》①第 7 条所指情形下，如果夫妻一方具有匈牙利国籍，则匈牙利法院对婚姻事项具有国际管辖权。

2. 对于因认定婚姻存在或者不存在而提起的诉讼，如果当事人一方具有匈牙利国籍或者被告一方在内国有经常居所，则匈牙利法院具有国际管辖权。

第 102 条

1. 对于涉及夫妻人身关系或者财产关系的诉讼，匈牙利法院在下列情形下具有国际管辖权：

（a）被告的夫妻一方在内国有经常居所；

（b）夫妻双方曾在内国有共同经常居所，但以夫妻一方起诉时仍在内国有经常居所为条件；或者

（c）夫妻双方均具有匈牙利国籍。

2. 对于涉及夫妻财产制的诉讼，如果作为诉讼标的之财产位于内国，则匈牙利法院亦有国际管辖权。

3. 第 1 款所指的法律关系在有关婚姻的诉讼中被解决的，如果匈牙利法院对该婚姻诉讼有国际管辖权，则其对该法律关系亦得以进行管辖。

4. 如果匈牙利法院对涉及继承关系的诉讼具有国际管辖权，则其国际管辖范围亦扩大至与继承有关的婚姻财产制法律问题。

第 103 条　对于涉及注册伴侣关系的成立、效力、终止以及法律后果的诉讼，匈牙利法院在下列情形下具有国际管辖权：

（a）曾在匈牙利注册成立伴侣关系的；

（b）注册伴侣一方具有匈牙利国籍的。

第 104 条

1. 因认定出身而提起诉讼，匈牙利法院在下列情形下具有国际管辖权：

（a）子女具有匈牙利国籍的；

（b）子女的经常居所在匈牙利的；或者

（c）被告或者在必要的共同诉讼中至少被告之一在匈牙利的有经常居所的。

2. 因认定出身而提起的诉讼，不适用第 91 条规定。

---

① 全称为欧盟理事会 2003 年 11 月 27 日《关于婚姻事项及父母亲责任事项的管辖权、判决的承认与执行并废除 1347/2000 号条例的第 2201/2003 号条例》。——译者注

第 105 条

1. 因批准或者解除收养而提起的诉讼，匈牙利法院在下列情形下具有国际管辖权：

(a)拟被收养的或者已被收养的子女具有匈牙利国籍或者在内国有经常居所；或者

(b)收养人，或者在夫妻共同收养时至少夫妻一方，具有匈牙利国籍或者在内国有经常居所。

2. 收养事项，不适用第 91 条规定。

第 106 条

1. 在欧盟理事会关于婚姻的《第 2201/2003 号条例》第 14 条所指情形下，对于涉及父母亲责任、人身探视以及监护权的诉讼，如果子女具有匈牙利国籍，则匈牙利法院具有国际管辖权。

2. 对于涉及父母亲责任、人身探视以及监护权的事项，不适用第 91 条规定。

第 107 条

1. 在涉及保佐的诉讼中，拟被保佐人或者被保佐人具有匈牙利国籍或者在内国有经常居所，则匈牙利法院具有国际管辖权。

2. 第 1 款规定，比照适用于其他与保护措施有关的诉讼。

3. 对于涉及保佐或者其他保护措施的事项，不适用第 91 条规定。

第 108 条

1. 在宣告死亡之诉或者认定死亡事实的诉讼中，如果失踪者具有下列情形之一，则匈牙利法院具有国际管辖权：

(a)其最后一个已知的经常居所在内国的；或者

(b)已具有匈牙利国籍，并且由于内国法律上的利益——尤其是涉及失踪者与具有匈牙利国籍、在内国有住所或者财产的配偶的婚姻关系或者注册伴侣关系在法律上的命运之决断时——而有必要宣告死亡或者认定死亡事实的。

2. 对于宣告死亡或者死亡事实之认定，不适用第 91 条规定。

第十一章　外国判决的承认与执行

三十八、一般规定

第 109 条

1. 在下列情形下，外国法院的判决予以承认：

（a）外国法院依照本法规定具有国际管辖权；

（b）该判决具有既判力，或者依照判决作出地国法律的规定具有同等效力；

（c）不存在第 4 款所指的拒绝承认之任何事由。

2. 只要本法未做其他规定，如果第 1 款所指的外国法院业已根据匈牙利法院依照本法所确立的国际管辖权之管辖依据行使管辖权，则应视为该外国法院具有正当国际管辖权。

3. 在承认就身份事项或者家庭事项所作判决时，如果要评估外国法院行使国际管辖权之正当性，亦应考虑匈牙利国民的其他国籍。

4. 在下列情形下，不予承认外国判决：

（a）其承认将违反匈牙利的公共秩序；

（b）判决相对的当事人本人或者其代理人，因为传票和起诉状或者其他作为启动诉讼之依据的文书没有被及时地采取适当方式送达其住所或者经常居所，以至于不能准备答辩和出庭应诉；

（c）在向外国提起诉讼之前，相同当事人之间根据同样的事实和法律已向匈牙利法院提起了诉讼；

（d）匈牙利法院事先已对相同当事人之间根据同样事实和法律提起的诉讼，作出了具有既判力的判决；

（e）作出判决的法院所属国以外的其他国家法院，对于相同当事人之间根据同样事实和法律提起的诉讼，事先已经作出了具有既判力的判决，且该判决符合在内国予以承认的前提条件。

第 110 条　在外国司法程序和行政程序中达成的和解，在符合有关判决的条件下，在内国予以承认和执行。

第 111 条　当外国判决不符合根据第 2 条应适用的、由匈牙利签署的有关承认与执行的国际协定之条件时，如果该判决符合本法所规定的条件，则亦予以承认和执行。在适用本规定时，应视为与所涉国家存在互惠关系。

第 112 条　在承认外国法院就第三十九和第四十节所调整的法律关系所涉事项作出的判决时，除第三十九节和第四十节另有规定外，应适用关于承认（外国判决）的一般规定。

三十九、对财产事项的判决

第 113 条

1. 承认对财产事项所作判决的另一个前提条件是，匈牙利和作出判决的法院所属国之间存在互惠关系。

2. 即使不存在互惠关系，在下列情形下，(外国)判决亦得以承认：

(a)匈牙利法院被排除了对案件的国际管辖权；

(b)作出判决的外国法院系根据双方当事人之间的协议取得了对案件的国际管辖权，并且该协议符合匈牙利法律的规定。

第 114 条

1. 承认对破产程序所作判决的另一个前提条件是，匈牙利和作出判决的法院所属国之间存在互惠关系。

2. 对外国主要破产程序的承认，并不排除由匈牙利法院启动从属破产程序。

3. 有关启动外国主要破产程序的裁定，当内国未启动任何从属破产程序时，在内国只具有该主要破产程序启动地所属国法律规定的法律效力。

4. 就承认与外国主要破产程序有关的个别法律效力而言，法律可规定其他的条件和特别的程序规则。

第 115 条 在有关继承的诉讼中，如果作出判决的外国法院系根据下列因素行使国际管辖权，应视为其有正当的管辖权：

(a)被继承人死亡时的经常居所；

(b)被继承人的国籍。

四十、对婚姻事项和身份事项的判决

第 116 条

1. 在有关婚姻的成立、效力及离婚的诉讼中，如果作出判决的外国法院系根据下列因素行使国际管辖权，应视为其有正当的管辖权：

(a)被告的夫妻一方在内国的经常居所；

(b)夫妻双方的最后共同经常居所；或者

(c)夫妻双方的共同国籍。

2. 外国法院就婚姻的成立、效力或离婚所作的判决，其依照法院所属国法律具有既判力或者同等效力的，即使该外国法院依照本法不具有国际管辖权，但如果具有匈牙利国籍的夫妻一方自己请求予以承认，并且不存在第 109 条第 4 款所述的拒绝事由时，则亦应予以承认。

3. 对于第 1 款所指的判决或者有关夫妻人身关系的判决——除了第 109 条第 4 款(c)至(e)项有不同规定外——在下列情形下，允许拒绝予以承认：

(a)在向外国提起诉讼之前，根据同样事实和法律已向匈牙利法院提起了诉讼；

(b)匈牙利法院事先已对根据同样事实和法律提起的诉讼作出了具有既判

力的判决；

（c）作出判决的法院所属国以外的其他国家的法院，对于根据同样事实和法律提起的诉讼，事先已作出了具有既判力的判决，且该判决符合在内国予以承认的前提条件。

第 117 条

1. 在有关注册伴侣关系的成立、效力及终止的诉讼中，如果作出判决的外国法院系根据下列因素行使国际管辖权，应视为其有正当的管辖权：

（a）被告的注册伴侣一方在内国的经常居所；

（b）注册伴侣双方的最后共同经常居所；或者

（c）注册伴侣双方的共同国籍；或者

（d）注册伴侣关系的缔结地。

2. 第 116 条第 2 款、第 3 款规定，比照适用于有关注册伴侣关系之成立、效力及终止的判决。

第 118 条

1. 在有关父母亲责任、人身探视以及监护权的诉讼中，如果作出判决的外国法院系根据下列因素行使国际管辖权，应视为其有正当的管辖权：

（a）子女的经常居所地；或者

（b）判决系由审理该子女的父母婚姻事项的法院作出，但以该法院依照第 101 条规定对于婚姻诉讼具有国际管辖权为条件。

第 119 条　在有关家庭扶养以及因注册伴侣关系而产生的扶养诉讼中，如果作出判决的外国法院系根据下列因素行使国际管辖权，应视为其有正当的管辖权：

（a）被告的经常居所；

（b）扶养权利人的经常居所；或者

（c）判决系由审理身份事项、父母亲责任或者监护事项的法院作出，条件是该法院依照第 101 条或者第 103 条对有关身份关系的诉讼或者依照第 106 条对有关父母亲责任或者监护的诉讼具有国际管辖权，且扶养请求属于附带诉求。

第 120 条

1. 对于在有关收养具有匈牙利国籍的儿童的诉讼中作出的判决，除了满足第 109 条规定的条件外，只有当该收养获得匈牙利收养机关的批准时，方能予以承认。子女具有多个国家的国籍，而其中一个为匈牙利国籍，并且在作出判决时其经常居所位于另一国籍国的，则不必获得匈牙利监护主管机关的批准，但以该收养行为已获得其另一国籍国法院的批准为条件。

2. 与第 1 款规定不同的是，对于外国法院所作的判决，其根据该法院所属国法律具有既判力或者同等效力的，即使匈牙利监护主管机关不准许收养或者外国法院依照本法规定不具有国际管辖权，但如果根据匈牙利法律已成年并具有匈牙利国籍的人自己请求予以承认，并且不存在第 109 条第 4 款所述的拒绝事由时，则亦应予以承认。

第 121 条 对于有关下列事项的判决，在第 116 条第 3 款(a)项至(c)项所指情形下，取代第 109 条第 4 款(c)项至(e)项规定，允许拒绝予以承认：

(a)出身；

(b)收养；

(c)父母亲责任、人身探视、监护；

(d)照管或其他保护措施；

(e)宣告死亡或者对死亡事实之认定；

(f)姓名之使用。

四十一、程序规则

第 122 条

1. 对外国判决的承认，不需要任何特别程序。在法律无其他规定时，(判决的)可承认性问题，由其诉讼程序中提出该问题的法院评估。

2. 诉讼参与人亦可在特别程序中，请求法院确认外国判决能否在内国予以承认。对于此类申请，法院依照非讼程序作出裁决。

3. 对于诉讼程序，由：

(a)根据对方当事人的内国住所(主事务所)，无住所时，对方当事人的经常居所确定的州法院所在地的初级法院(在布达佩斯，则指布达的中央区法院)行使实体和地域上的专属管辖权；对于外国仲裁庭的裁决，由州法院(在布达佩斯，是指首都布达佩斯的州法院)行使实体和地域上的专属管辖权；

(b)在对方当事人无经常居所时，则由申请人在内国的住所(主事务所)，无住所时，由申请人的经常居所确定的州法院所在地的初级法院(在布达佩斯，则指布达的中央区法院)行使实体和地域上的专属管辖权；对于外国仲裁庭的裁决，由州法院(在布达佩斯，则指首都布达佩斯的州法院)行使实体和地域上的专属管辖权；或者

(c)如果申请人在内国也无住所(主事务所)、经常居所，则由布达中央区法院行使实体和地域上的专属管辖权；对于外国仲裁庭的裁决，由首部布达佩斯所在的州法院行使实体和地域上的专属管辖权。

4. 诉讼程序——包括所允许的救济程序——比照适用《司法强制执行法》中有关签发执行证明的规定。

5. 不得对外国判决进行实体审查。是否符合第 109 条第 1 款(a)项和(b)项、第 113 条第 1 款、第 114 条第 1 款和第 120 条第 1 款所规定的在内国承认判决的条件，以及是否欠缺第 109 条第 4 款(a)项所指的拒绝承认的事由，应由法院依职权查明；除非有相反证据，否则推定欠缺第 109 条第 4 款(b)项至(e)项所指的拒绝承认的事由。

6. 符合有关承认(外国)判决的条件时，法院应诉讼参与人的申请，依照《司法强制执行法》之规定，责令采取保全措施。责令采取保全措施，不构成出具执行证明的障碍。

第 123 条　依照《司法强制执行法》被宣告为具有可执行性的外国判决，在内国得依照相应法律规定予以执行。

第十二章　最后条款

四十二、授权条款

第 124 条　司法部长有权以条例的形式宣布是否存在有关国际司法协助以及外国判决的承认与执行方面的互惠。

四十三、生效条款

第 125 条　本法于 2018 年 1 月 1 日生效。

四十四、过渡条款

第 126 条

1. 第三十一节至第第三十三节的规定，适用于尚未审结的诉讼。

2. 第三十八节至第四十节的规定，适用于本法生效后所作的判决。

3. 不同于第 2 款的是，对涉及匈牙利国民的身份关系和家庭关系的外国判决，如果符合第 109 条至第 111 条以及第 116 条至第 121 条的规定，即使其在本法生效之前作出，亦应予以承认。

四十五、应欧盟要求而制定的条款

第 127 条

1. 本法第 44 条用于实施欧盟议会及理事会 2002 年 6 月 6 日《关于金融安全的第 2002/47 号指令》第 9 条规定。

2. 在本法意义上，

(a)第 81 条规定了欧盟理事会 2001 年 5 月 28 日《关于成员国法院在民商

事取证方面进行合作的第 1206/2001 号条例》所要求的执行条款；

（b）第 101 条第 1 款和第 106 条规定了欧盟理事会 2003 年 11 月 27 日《关于婚姻事项及父母亲责任事项的管辖权、判决的承认与执行并废除 1347/2000 号条例的第 2201/2003 号条例》所要求的执行条款；

（c）第 59 条规定了欧盟议会及理事会 2007 年 7 月 11 日《关于非合同之债法律适用的第 864/2007 号条例》所要求的执行条款；

（d）第 77 条规定了欧盟议会及理事会 2007 年 11 月 13 日《关于送达民商事司法及司法外文书并废除第 1348/2000 号条例的第 1393/2007 号条例》所要求的执行条款；

（e）第 30 条规定了欧盟理事会 2010 年 12 月 20 日《关于在离婚与司法别居的法律适用方面实施强化合作的第 1259/2010 号条例》所要求的执行条款；

（f）第 3 条（c）项规定了欧盟议会及理事会 2012 年 12 月 12 日《关于民商事管辖权及判决的承认与执行的第 1215/2012 号条例（重订本）》所要求的执行条款。

四十六、修正条款

第 128 条

1. 1991 年第 41 号法律《公证员法》第 136 条第 2 款增补（j）项如下：

"（j）为外国诉讼程序之目的而进行法庭外宣誓或这誓言。"

2.《公证员法》增补第 146/A 条如下：

"第 146/A 条　1. 为了用于外国诉讼程序之目的，可在公证员处进行法庭外宣誓或誓言（下文在本节意义上统称为'宣誓'）。通过宣誓的方式，当事人确认包含宣誓措辞的文件（下文统称'宣誓文件'）之内容真实，符合其本意。

2. 公证员在宣誓人宣读完包含誓言内容的宣誓文件之后，或者在宣誓人口头宣誓之后，通过在宣誓文件上制作或者附具标注的方式证明进行了宣誓。对于标注的制作，参照适用第 139 条的规定。

3. 宣誓也可由公证员以这种方式证明，即他逐字地将誓言的内容记录于议定书中。宣誓人必须签署该议定书。宣誓文件构成该议定书的附件。

4. 在证明宣誓的公文书中，应指明该宣誓系用于外国诉讼程序之目的。"

第 129 条　1994 年第 53 号法律《司法强制执行法》第 186 条增补第 5 款如下：

"5. 如果根据第 208 条允许签发执行证明，则对执行证明作出裁定的法院，可责令采取保全措施。"

第 130 条　1996 年《关于劳动监察的第 125 号法律》第 10 条（f）项中的"劳

动法典、职业安全法和关于国际私法的法令"替换为"劳动法典和职业安全法"。

第 131 条 2004 年《关于公布 1970 年 3 月 17 日〈关于在外国调取民商事证据的海牙公约〉的第 116 号法律》第 3 条增补下列规定：

"第 3 条 匈牙利对公约作出下列保留或者声明：

(a)根据公约第 33 条的保留

- 对第 4 条第 2 款：匈牙利排除适用公约第 4 条第 2 款。
- 对第 16 条：匈牙利排除适用公约第 16 条。
- 对第 18 条：对于依照公约第 15 条通过外交或者领事代表或者依照公约第 17 条通过特派员进行的取证，匈牙利当局不支持采用任何强制措施。

(b)对公约的声明

- 对第 2 条：公约第 2 条所规定的中央机关的职责，由司法部长所领导的司法部承担。
- 对第 8 条：经匈牙利中央机关事先批准，提出请求的法院的工作人员可以参加被请求法院的取证。
- 对第 15 条：根据公约第 15 条，缔约国的外交或者领事代表可以在未征得匈牙利中央机关事先同意的情况下，为了其所代表的缔约国法院尚未审结的诉讼目的进行取证，但以所涉此类人员系该外交或领事代表所代表的国家的国民为条件。取证不得采取强制措施或者带有不利法律后果的其他措施。
- 对第 17 条：在匈牙利，中央机关有权根据公约第 17 条第 2 款予以批准。
- 对第 23 条：匈牙利当局不执行任何涉及"审前文件开示"程序的司法协助请求，除非司法协助请求书明确规定了具有人提供的文件，并且该文件与诉讼程序的目的直接相关。"

第 132 条 2005 年《关于公布 1965 年 11 月 15 日〈关于向外国送达民商事司法及司法外文书的海牙公约〉并修改有关调整国际送达的个别法律的第 36 号法律》第 3 条增补下列规定：

"第 3 条匈牙利对公约作出下列保留或者声明：

- 对第 2 条：公约第 2 条所规定的中央机关的职责，由司法部长所领导的司法部承担。
- 对第 5 条第 3 款：只有当被送达的文书附有经认证的匈牙利语译本或者依照请求国的法律视为适合于司法程序的匈牙利语译本时，方能在匈牙利适用公约第 5 条第 1 款所指的送达格式。

- 对第 6 条：公约第 6 条所指的证书，由匈牙利中央机关签发。

- 对第 8 条：匈牙利反对外国的外交或者领事代表在匈牙利境内直接送达文书，除非收件人为该外交或者领事代表所代表的国家的国民。

- 对第 9 条：在公约第 9 条意义上，通过领事途径转交送达的文书由中央机关接收。

- 对第 10 条：匈牙利反对采用公约第 10 条所规定的送达方式。

- 对第 15 条：匈牙利声明：当公约第 15 条第 2 款所规定的条件全部符合时，匈牙利法院得以对法律争议作出裁判。

- 对第 16 条：匈牙利声明：如果在作出判决之日后超过一年的时间方提交根据公约第 16 条所指的声明，则不予受理。"

第 133 条 2010 年《关于为确立 2011 年国家预算而修改个别法律的第 153 号法律》附件 5(2)(a) 中的 "1979 年《关于国际私法的第 13 号法令》或者该法令第 2 条所指的国际条约" 文本将由 "国际私法条款" 之措辞取代。

四十七、废除条款

第 134 条 废除：

(a) 1979 年《关于国际私法的第 13 号法令》以及

(b) 2004 年《关于公布 1970 年 3 月 17 日〈关于在国外调取民商事证据的海牙公约〉的第 116 号法律》第 4 条。

克罗地亚共和国 2017 年
《关于国际私法的法律》*

第一编　总则

[适用范围]

第 1 条　本法调整的是：

(1)具有国际因素的私法关系的法律适用；

(2)克罗地亚共和国法院及其他机关对本条第 1 项所述私法关系的诉讼案件的管辖权以及诉讼程序规则；

(3)对于外国法院就本条第 1 项所述私法关系的诉讼案件所作判决的承认与执行。

[与其他法律渊源的关系]

第 2 条　对于本法第 1 条所述调整范围内的具体事项，只要其不受欧盟具有法律约束力的文件、对克罗地亚共和国生效的国际协定以及克罗地亚共和国现行的其他法律调整，则适用本法的规定。

[国籍]

第 3 条

1. 一个自然人是否具有某个国家的国籍，依照所涉国家的法律确定。

2. 克罗地亚共和国国民同时具有其他国家国籍的，就适用本法而言，视其只具有克罗地亚共和国国籍。非克罗地亚共和国国民具有两个或两个以上外国国籍的，就适用本法而言，视其只具有这些国籍中与其有最密切联系的国家的国籍。

＊ 本法公布于克罗地亚共和国 2017 年 10 月 12 日第 101 号《国家公报》，自 2019 年 1 月 29 日起施行。本法系根据 Christa Jessel-Holst 博士的德文译本翻译(资料来源：IPRax 2019，Heft 4，S. 353-362.)，译文原载于《中国国际私法与比较法年刊》第二十四卷(2019)，法律出版社 2020 年版，第 357~374 页。此处略有修订。——译者注

3. 无国籍人或者其国籍无法确定者，在适用本法时，视其为住所地所在国国民；如果无住所地或者住所地无法确定，视为与其具有最密切联系的国家的国民。

4. 本条第 3 款的规定，亦适用于对克罗地亚共和国生效的国际协定所指的难民。

[住所地]

第 4 条　在本法意义上，"住所地"是指一个自然人设立的、并有在此长期居住意图的场所。

[经常居所]

第 5 条　在本法意义上，经常居所是指一个自然人主要的生活场所，而不论其在此地的居所是否注册或者定居是否得到批准。在确定经常居所时，应特别考虑体现其与该场所的长久联系或者建立这种联系的意图等个人或者职业性质等情况。

[所在地]

第 6 条　法人的"所在地"，系指其章程或者其他类似文件所载明的场所。如果所在地不能通过这种方式确定，则视为位于该法人管理机构所在地。

第二编　法律适用

第一章　一般规定

[法律漏洞的填补]

第 7 条　本法对于本法第 1 条所述法律关系准据法的确定未做规定的，比照适用本法的规定与原则、克罗地亚共和国法律制度的原则和国际私法的原则。

[外国法内容的查明与外国法的适用]

第 8 条

1. 克罗地亚共和国的法院或者其他机关依职权查明外国法的内容。

2. 外国法，应以其在该外国所阐释的方式予以适用。

3. 克罗地亚共和国的法院或者其他机关得以从司法部、其他部门以及专家或者专门机构获得有关外国法内容的资料。

4. 双方当事人得以提供有关外国法内容的公文书或者私人文件。

5. 如果外国法的内容不能以本条前述各款所述方式确定，则适用克罗地亚法律。

[对外国法律的指引和对克罗地亚法律的反致]

第 9 条

1. 根据本法规定的指引而适用某一国家法律时，系指适用该国除确定准据法的条款以外的现行法律规定。

2. 如果本法第 14 条第 1 款、第 17 条、第 18 条、第 31 条第 1 款和第 45 条的规定指引某一外国的法律，则作为例外，该外国有关确定准据法的条款亦予以适用。若该外国的此类条款反致克罗地亚法律，则适用克罗地亚法律中除确定准据法的条款以外的规定。

[**法律制度不统一**]

第 10 条

1. 如果应适用法律制度不统一国家的法律，且本法的规定又未指定该国特定法律区域，则依照该国的规定确定应适用的法律。

2. 如果根据本条第 1 款所规定的方式不能确定应适用法律制度不统一国家哪一区域的法律，则适用该国与案件有最密切联系的区域的法律制度。

[例外条款]

第 11 条

1. 如果案件的整体情况表明，私法关系与根据本法规定应适用的法律仅有松散的联系，而与另一法律显然有更密切联系，则例外地不适用根据本法应适用的法律。此时，适用该另一法律。

2. 如果双方当事人业已根据本法的规定选择了准据法，或者通过指引某一特定法律而意在产生特定实质性法律效力时，则不适用本条第 1 款的规定。

[**公共秩序**]

第 12 条 依照本法规定应予适用的某一外国的法律条款，如果其适用的结果显然与克罗地亚共和国的公共秩序不相容，则不予适用。

[**干预规范**]

第 13 条

1. 不论本法有何其他规定，克罗地亚的法律法规，如果其遵守被视为对维护克罗地亚的公共利益——诸如政治、社会和经济组织的利益——具有决定性作用，则法院对属于其适用范围内的所有案件均应予以适用，而无需考虑准据法的规定。

2. 如果特定义务的履行，全部或者部分地违反了该义务履行地所在的外国法律的规定，则法院得以适用该外国规定。在决定是否适用该外国规定时，应考虑该规定的性质、目的及其适用或者不适用的后果。

第二章　人的法律地位

第一节　自然人

[权利能力和行为能力]

第 14 条

1. 自然人的权利能力和行为能力，以其国籍国法为准。

2. 已经取得的行为能力，不因国籍的变更而丧失。

3. 实施法律行为的各方当事人在同一国家境内时，依照本条第 1 款所指的法律确定为无行为能力的人，如果其依照法律行为实施地国法律具有行为能力，并且其他当事人不知晓或无需知晓其无行为能力的，则视为有行为能力。

4. 本条第 3 款的规定，不适用于家事法和继承法领域的法律行为。

[子女监护的准据法]

第 15 条　子女监护的准据法，依照 1996 年 10 月 19 日《关于父母责任和保护儿童措施的管辖权、法律适用、承认、执行和合作公约》确定。

[行为能力的剥夺与恢复以及对成人的监护]

第 16 条

1. 剥夺与恢复行为能力的要件，对成年人监护的指定和终止，以就其行为能力作出裁判的人或者被监护人的经常居所地国法为准。

2. 对成年人监护的执行，以执行监护的机构所在国法为准。

3. 当被监护人位于克罗地亚共和国境内，但其经常居所在另一国家时，为保护其人身或者财产权益所采取的临时措施，以克罗地亚法律为准。在相关国家的机构未作出决定并且未采取必要措施之前，此种临时措施持续有效。

[失踪者的死亡宣告]

第 17 条　失踪者的死亡宣告和死亡证明，以其最后为人所知晓的国籍国法为准。

[人名]

第 18 条

1. 自然人的人名，以其国籍国法为准。

2. 如果在克罗地亚共和国缔结婚姻，新娘和新郎可根据其中一人的国籍所属国法律确定姓氏，或者在至少其中一人在克罗地亚共和国有经常居所时，依照克罗地亚法律确定姓氏。

3. 法定代理人得以在民政官员处依照父母一方国籍所属国的法律确定子女的人名，或者在父母至少一方在克罗地亚共和国境内有经常居所时，依照克罗地亚法律确定子女的人名。

第二节　法人和非法人组织

第 19 条　法人以及非法人组织的设立、活动和终止，以其据以设立的国家法律为准。

第三章　物权法

[一般规定]

第 20 条　对物的权利，以物之所在地法为准。

[准据法的变更]

第 21 条

1. 一物体在进入另一国之前已经被取得物权的，对于该物权的取得与丧失，适用该权利据以取得的法律。

2. 对本条第 1 款所指的物权的种类和内容，以该物之所在地国法为准。

3. 如果已从一国进入另一国境内之物尚未被取得物权，则对于此种权利的取得或者终止，亦应考虑在该另一国发生的情况。

[运输中的物品]

第 22 条　因为某一法律行为而对运输中物品所产生的物权，其取得和终止，以其运输目的地法律为准。

[交通工具上的物权]

第 23 条

1. 水上交通工具和空中交通工具上的物权，已在公共登记簿上注册的，以该登记簿保管地所在国法律为准。

2. 轨道交通工具上的物权，以经营此种交通者的管理机构所在地国法律为准。

第四章 知识产权

[一般规定]

第 24 条

1. 知识产权的原始取得、成立、有效性、内容和内容上的限制、范围、有效期、放弃权利的可能性以及可转让性,向第三人转让的效力,知识产权的留置权以及在知识产权上设立的其他担保权,与知识产权本身有关的所有其他事项,以被请求对其进行保护的国家的法律为准。

2. 对于知识产权的取得,如果该项权利的标的物产生于受雇佣者和雇主之间的雇佣关系存续期间,适用调整该雇佣合同或者据以成立该雇佣关系的其他文件的法律。

第五章 债法

第一节 合同之债

[准据法]

第 25 条

1. 在欧盟议会及理事会 2008 年 6 月 17 日《关于合同之债法律适用的第 593/2008 号条例("罗马Ⅰ")》(载于 2008 年 7 月 4 日 L177 号《欧盟官方公报》)适用范围内的合同之债,依照该条例确定其准据法。

2. 被排除在本条第 1 款所指条例适用范围之外的合同之债,以及那些不能依照克罗地亚共和国其他法律或者对克罗地亚共和国生效的国际协定确定准据法的合同之债,依照本条第 1 款所指条例中有关合同之债的条款确定其准据法。

第二节 非合同之债

[非合同之债]

第 26 条

1. 在欧盟议会及理事会 2007 年 7 月 11 日《关于非合同之债法律适用的第 864/2007 号条例("罗马Ⅱ")》(载于 2007 年 7 月 31 日 L199 号《欧盟官方公

报》)适用范围内的非合同之债,依照该条例确定其准据法。

2. 被排除在本条第 1 款所指条例适用范围之外的非合同之债,以及那些不能依照克罗地亚共和国其他法律或者对克罗地亚共和国生效的国际协定确定准据法的非合同之债,依照本条第 1 款所指条例中有关非合同之债的条款确定其准据法。

[公路交通事故责任]

第 27 条　因公路交通事故而产生的非合同之债,其准据法依照 1971 年 5 月 4 日《关于公路交通事故法律适用的海牙公约》确定。

[生产者因产品瑕疵所承担责任的准据法]

第 28 条　生产者因产品瑕疵所承担的责任,其准据法依照 1973 年 10 月 2 日《关于产品责任法律适用的海牙公约》确定。

第六章　继承法

[一般规定]

第 29 条　继承事项的准据法,依照欧盟议会及理事会 2012 年 7 月 4 日《关于继承事项的管辖权、法律适用、判决的承认与执行、公文书的接受与执行以及创设欧洲遗产证书的第 650/2012 号条例》(载于 2012 年 7 月 27 日 L201 号《欧盟官方公报》)确定。

[遗嘱方式]

第 30 条　遗嘱方式的准据法,依照 1961 年 10 月 5 日《关于遗嘱处分方式法律冲突的海牙公约》确定。

第七章　家庭法

第一节　婚姻

[在克罗地亚共和国缔结的婚姻]

第 31 条

1. 结婚的要件,对于拟在克罗地亚共和国缔结的婚姻而言,适用结婚时各方当事人的国籍国法律。如果结婚显然违背克罗地亚共和国的公共秩序,则不得结婚。

2. 在克罗地亚共和国缔结婚姻的形式,适用克罗地亚法律。

[对于在外国缔结婚姻的承认]

第 32 条

1. 在外国缔结的婚姻，如果其符合婚姻缔结地国法律，则予以承认。

2. 相同性别者在外国缔结婚姻的，如果其符合婚姻缔结地国法律，则承认其为生活伴侣关系。

[婚姻的有效性]

第 33 条　婚姻的有效性，以缔结婚姻时所依据的法律为准。

第二节　夫妻之间的人身关系

[一般规定]

第 34 条　夫妻之间的人身关系，适用：

(1)夫妻双方的共同经常居所地国法律；或者

(2)夫妻双方最后的共同经常居所地国法律；或者

(3)夫妻双方共同的国籍国法律；或者

(4)克罗地亚法律。

第三节　夫妻之间的财产关系

[《第 2016/1103 号条例》的适用]

第 35 条　夫妻之间财产关系的准据法，依照欧盟理事会 2016 年 6 月 24 日《关于在婚姻财产制事项的管辖权、法律适用以及判决的承认与执行方面加强合作的第 2016/1103 号条例》(载于 2016 年 7 月 8 日 L183 号《欧盟官方公报》)确定。

第四节　离婚

[双方当事人的法律选择]

第 36 条

1. 离婚，以夫妻双方所选择的法律为准。夫妻双方得以选择下列法律之一：

(1)夫妻双方在选择法律时的共同经常居所地国法律；或者

(2)夫妻双方最后的共同经常居所地国法律，前提是夫妻一方仍在该国保留有经常居所；或者

(3)夫妻至少一方在选择法律时的国籍国法律；或者

(4)克罗地亚法律。

2. 本条第 1 款所指的法律选择协议，需采用书面形式。该协议可在离婚

程序启动之前订立或者修改。

[未选择法律时应适用的法律]

第 37 条 夫妻双方未依照本法第 36 条的规定选择法律的,离婚适用:

(1)夫妻双方在启动离婚程序时的共同经常居所地国法律;或者

(2)夫妻双方最后的共同经常居所地国法律,前提是夫妻一方仍在该国保留有经常居所;或者

(3)夫妻双方在启动离婚程序时的共同国籍国法律;或者

(4)克罗地亚法律。

第五节 未婚同居关系和生活伴侣关系

[未婚同居关系的成立与终止]

第 38 条 未婚同居关系的成立与终止,适用与其有最密切联系的国家的法律;此种关系已终止的,适用曾与其有最密切联系的国家的法律。

[生活伴侣关系的确立与终止]

第 39 条

1. 生活伴侣关系通过在生活伴侣簿上注册而确立的,在克罗地亚共和国建立和终止此种伴侣关系的条件与程序,适用克罗地亚法律。

2. 相同性别者已在其他国家建立的注册生活伴侣关系,如果其已依照该其他国家法律缔结,则在克罗地亚共和国认可为生活伴侣关系。

3. 非正式的生活伴侣关系的成立与终止,适用与其有最密切联系的国家的法律;此种关系已终止的,适用曾与其有最密切联系的国家的法律。

[未婚同居者和生活伴侣之间的人身关系、财产关系和扶养]

第 40 条

1. 未婚同居者之间和生活伴侣之间的人身关系,比照适用本法第 34 条的规定。

2. 未婚同居者之间的财产关系,比照适用本法第 35 条的规定。

3. 生活伴侣之间财产关系的准据法,依照欧盟理事会 2016 年 6 月 24 日《关于在注册伴侣财产效力事项的管辖权、法律适用以及判决的承认和执行方面加强合作的第 2016/1104 号条例》(载于 2016 年 7 月 8 日 L183 号《欧盟官方公报》)确定。

4. 未婚同居者之间和生活伴侣之间的扶养,其准据法依照本法第 45 条确定。

第六节　母亲和父亲身份

[确认和否认]

第 41 条　有关母亲或者父亲身份的确认或者否认，适用启动该程序时：

(1)子女的经常居所地国法律；或者

(2)子女的国籍国法律或者其母亲、父亲身份被确认或者否认者的国籍国法律，但以最有利于子女为条件。

[认可]

第 42 条　对母亲或者父亲身份予以认可的有效性，适用：

(1)进行认可时子女的国籍国法或者经常居所地国法律；或者

(2)进行认可时认可母亲或者父亲身份者的国籍国法律或者经常居所地国法律。

第七节　其他规定

[收养]

第 43 条

1. 设立和终止收养的要件，适用收养人和被收养人的共同国籍国法律。

2. 收养人和被收养人国籍不同的，设立和终止收养的要件，重叠适用收养人和被收养人的国籍国法律。

3. 收养人共同收养的，设立和终止收养的要件，除了适用被收养人的国籍国法律外，亦应以收养人的共同国籍国法律为准。如果共同收养人当时没有共同国籍，以其共同经常居所地国法律为准。如果他们当时亦无共同经常居所，则重叠适用共同收养人各自的国籍国法律。

4. 收养的效力，适用设立收养时收养人和被收养人的共同国籍国法律。如果他们当时没有共同国籍，则以其共同经常居所地国法律为准。如果他们此时亦无共同经常居所，而其中一方有克罗地亚共和国国籍的，则以克罗地亚共和国法律为准。如果无论收养人还是被收养人均无克罗地亚共和国国籍，则以被收养人的国籍国法律为准。

5. 收养在被收养子女的来源国不具有终止既有的法律上父母子女关系的效力的，如果有权同意收养或者追认收养的个人、机构或者主管机关同意或者追认收养，并且收养对儿童最有利，则作为例外，此类收养具有与普通收养相同的效力。

6. 如果依照本条第 1 款、第 2 款和第 3 款适用外国法违背了最有利于被收养人的原则，而且被收养人、收养人或者共同收养人各方显然与克罗地亚共和国有密切联系，则以克罗地亚法律为准。

[父母与子女之间的关系]

第 44 条

1. 父母与子女之间关系的准据法，在 1996 年《关于父母责任和保护儿童措施的管辖权、法律适用、承认、执行和合作公约》适用范围内的，依照该公约确定。

2. 被排除在本条第 1 款所指公约适用范围之外的父母与子女之间的关系，以及那些不能依照克罗地亚共和国其他法律或者对克罗地亚共和国生效的国际协定确定准据法的父母与子女之间的关系，依照本条第 1 款所指公约中调整此类关系的条款确定其准据法。

[扶养]

第 45 条 扶养义务的准据法，依照 2007 年 11 月 23 日《关于扶养义务法律适用的海牙议定书》（载于 2009 年 12 月 16 日 L331 号《欧盟官方公报》）确定。

第三编 管辖权和诉讼程序

第一章 一般规定

[《布鲁塞尔条例 I（重订本）》的适用]

第 46 条

1. 克罗地亚共和国法院的民商事管辖权，依照欧盟议会及理事会 2012 年 12 月 12 日《关于民商事管辖权及判决的承认与执行的第 1215/2012 号条例（重订本）》（载于 2012 年 12 月 20 日 L351 号《欧盟官方公报》）确定。

2. 如果被告在非欧盟成员国的某一国境内具有本条第 1 款所述条例意义上的住所地，则克罗地亚共和国法院的管辖权，亦依照该条例第二章第二节、第三节的规定确定。

3. 双方当事人得以协议由非欧盟成员国的某一国法院管辖，但克罗地亚共和国法院或者欧盟其他成员国法院对争议标的具有专属管辖权的除外。对于此种协议，比照适用本条第 1 款所述条例第二章第七节的规定。

第二章 人法、家庭法事项

[婚姻状况]

第 47 条

1. 除非本法另有规定，涉及自然人婚姻状况的诉讼，除本法第 57 条所指事项外，如果该人在克罗地亚共和国有经常居所或者具有克罗地亚共和国国籍，则由克罗地亚共和国法院或者其他机关管辖。

2. 本条第 1 款的规定，适用于涉及诸如下列事项的诉讼：

(1)准予结婚的许可；

(2)剥夺或者恢复行为能力；

(3)监护的指定或者终止；

(4)母亲或父亲身份的确认或否认；

(5)收养的设立；

(6)对失踪者的死亡宣告；

[婚姻、未婚同居关系和生活伴侣关系]

第 48 条

1. 克罗地亚共和国法院对于涉及离婚、解除婚姻或者宣告婚姻无效的事项的管辖权，依照欧盟理事会 2003 年 11 月 27 日《关于婚姻事项及父母责任事项的管辖权、判决的承认与执行并废除第 1347/2000 号条例的第 2201/2003 号条例》(载于 2003 年 12 月 23 日 L338 号《欧盟官方公报》)第二章的规定确定。

2. 对于婚姻事项，如果夫妻一方具有克罗地亚共和国的国籍，则克罗地亚共和国法院具有本条第 1 款所述条例第 7 条意义上的其他管辖权。

3. 对于因未婚同居关系和生活伴侣关系而产生的诉讼，比照适用本条第 1 款、第 2 款的规定。

[夫妻之间、未婚同居者之间和生活伴侣之间的财产关系]

第 49 条

1. 克罗地亚共和国法院对于夫妻财产关系事项的管辖权，依照欧盟理事会 2016 年 6 月 24 日《关于在婚姻财产制事项的管辖权、法律适用以及判决的承认与执行方面加强合作的第 2016/1103 号条例》确定。

2. 克罗地亚共和国法院对于有关未婚同居者财产关系事项的管辖权，比照适用本条第 1 款的规定。

3. 克罗地亚共和国法院对于有关生活伴侣之间财产关系事项的管辖权，依照欧盟理事会 2016 年 6 月 24 日《关于在注册伴侣财产效力事项的管辖权、法律适用以及判决的承认与执行方面加强合作的第 2016/1104 号条例》确定。

4. 克罗地亚共和国法院对于有关非正式的生活伴侣之间财产关系事项的管辖权，比照适用本条第 3 款的规定。

[父母与子女之间的关系]

第 50 条

1. 克罗地亚共和国法院对于父母照顾事项的管辖权，依照欧盟理事会 2003 年 11 月 27 日《关于婚姻事项及父母亲责任事项的管辖权、判决的承认与执行并废除第 1347/2000 号条例的第 2201/2003 号条例》第二章和 1996 年《关于父母责任和保护儿童措施的管辖权、法律适用、承认、执行和合作公约》的规定确定。

2. 如果子女在某个非欧盟成员的国家拥有本条第 1 款所述条例意义上的经常居所，则该条例的规定亦适用于父母照顾事项，但需以本条第 1 款所述公约不适用于此类事项为前提。

3. 如果子女具有克罗地亚共和国的国籍，则克罗地亚共和国法院对于父母照顾事项亦具有本条第 1 款所述条例第 14 条意义上的其他管辖权。

[母亲或者父亲身份]

第 51 条

1. 对于确认或者否认母亲或父亲身份的事项，如果当事人至少一方在克罗地亚共和国有经常居所，或者当子女以及其母亲或者父亲身份被确认或者否认者具有克罗地亚共和国国籍，则克罗地亚共和国法院具有管辖权。

2. 在下列情形下，得以向克罗地亚共和国的实质争议主管机关宣告承认父亲或母亲身份：

(1) 子女或者作出宣告者在克罗地亚共和国有经常居所；

(2) 子女或者作出宣告者具有克罗地亚共和国国籍；

(3) 该子女出生于克罗地亚共和国。

[收养]

第 52 条 对于设立或者终止收养的事项，如果被收养人或者收养人在克罗地亚共和国有经常居所，或者具有克罗地亚共和国国籍，则克罗地亚共和国法院或者其他机关具有管辖权。

[扶养]

第 53 条 克罗地亚共和国法院对于扶养事项的管辖权，依照欧盟理事会 2008 年 12 月 18 日《关于扶养义务事项的管辖权、法律适用、判决的承认与执行并进行合作的第 4/2009 号条例》（载于 2009 年 1 月 10 日 L7 号和 2013 年 10 月 23 日 L281 号《欧盟官方公报》）第二章规定确定。

第三章 继承事项

第 54 条 克罗地亚共和国法院或者其他机关对于遗产继承事项、因继承关系引起的争议或者债权人对遗产的债权之诉，依照欧盟议会及理事会 2012 年 7 月 4 日《关于继承事项的管辖权、法律适用、判决的承认与执行、公文书的接受与执行以及创设欧洲遗产证书的第 650/2012 号条例》确定。

第四章 其他规定

[一般规定]

第 55 条 克罗地亚共和国法院的管辖权，依照本法第 46 条第 1 款所述条例第 4 条第 1 款的规定确定，在本法第 1 条第 2 项所述范围内予以适用。

[非讼程序]

第 56 条 对于非讼事项，如果所提申请的相对人在克罗地亚共和国有住所地或者经常居所，则克罗地亚共和国法院具有管辖权，但本法另有规定的除外。但是，当只有一人参与非讼程序时，如果该人在克罗地亚共和国有住所地或者经常居所，则克罗地亚共和国法院具有管辖权。

[临时措施、保全措施和执行措施]

第 57 条

1. 对涉及位于克罗地亚共和国境内的人或财产的临时措施或者保护措施、保全措施的指定，由克罗地亚共和国法院或者其他主管机关管辖。

2. 对涉及位于克罗地亚共和国境内的人或者财产的执行措施的指定或者实施，由克罗地亚共和国法院专属管辖。

[必要管辖]

第 58 条 如果适用本法规定、克罗地亚共和国的其他法律或者对克罗地亚共和国生效的国际协定，对于住所地在非欧盟成员国境内的被告无法确定管辖权，并且诉讼程序无法在外国进行或者预期无法正当地进行，如果诉讼标的与克罗地亚共和国有充分的联系，从而在克罗地亚共和国进行诉讼显得符合目的，则克罗地亚共和国法院具有管辖权。

［实体管辖和属地管辖］

第 59 条

1. 如果克罗地亚共和国法院根据本法具有管辖权，则其实体管辖权和属地管辖权依照特别法律确定。

2. 若适用特别法律不能确立克罗地亚共和国法院的属地管辖权，则可比照适用本法有关国际管辖权的规定确定该管辖权。根据该规定仍不能确立属地管辖权的，由萨格勒布的法院进行属地管辖。

［外国法院尚未审结的诉讼］

第 60 条

1. 非欧盟成员国的一国法院对相同当事人之间的同一事项先前已启动诉讼程序的，在该外国法院作出裁判之前，克罗地亚共和国法院中止诉讼程序，但该外国法院不能预期在合理期限内作出适宜在克罗地亚共和国予以承认的判决的情形除外。

2. 在本条第 1 款所述情形下，如果克罗地亚共和国法院在诉讼程序中止期间被送达一份适宜在克罗地亚共和国予以承认的外国判决，则克罗地亚共和国法院应宣告无管辖权。

［诉讼费用担保］

第 61 条

1. 如果原告既无克罗地亚共和国国籍，又无欧盟其他成员国、《欧洲经济区协定》缔约国或者调整免于诉讼费用担保的其他国际协定缔约国的国籍，并且其住所地或者所在地不在欧盟成员国、《欧洲经济区协定》缔约国、调整免于诉讼费用担保的其他国际协定缔约国的某一国境内，则其有义务基于被告的请求提供诉讼费用担保，但克罗地亚共和国法院有关诉讼费用的裁判能被原告住所地或者所在地国承认的情形除外。

2. 外国法的查明，比照适用本法第 8 条的规定。

3. 被告必须最迟在预审开庭之前提出本条第 1 款所述申请，在无预审开庭日期时，则在主审程序第一次开庭对案件进行实体审理之前提出。

4. 诉讼费用担保以金钱交付，但法院亦可同意以其他适当形式提供担保。

第 62 条 有下列情形之一的，被告无权请求诉讼费用担保：

(1)诉讼请求涉及原告在克罗地亚共和国境内因雇佣关系而产生的债权；

(2)涉及婚姻争议或者有关确认或者否认母亲或者父亲身份的争议以及涉

及法定扶养的争议；

(3)涉及反诉的；

(4)原告在克罗地亚共和国境内享有庇护权。

第 63 条

1. 在批准诉讼费用担保申请的决定中，法院应确定担保的数额和提供担保的期限，并向原告指出如果未能证明在指定期限内提供担保时应承担的法律后果。

2. 如果原告不能证明其已在指定期限内提供了诉讼费用担保，则视为撤诉。

3. 如果被告已及时地提出原告应提供诉讼费用担保的申请，只要未就其申请作出具有法律效力的决定，以及若其申请获得批准，只要原告尚未提供担保，被告即无义务继续参加案件实质问题的诉讼程序。

4. 法院如果驳回了提供诉讼费用担保的申请，即使此项驳回申请的决定尚未产生法律效力，仍可决定继续诉讼程序。

[法律规定的证明]

第 64 条

1. 司法部长提供有关克罗地亚共和国现行或者有效法律规定的证明，以供外国机构使用。

2. 本条第 1 款所述的证明，应载明法规的名称、制定日期、失效日期以及相应条款的文字表述。

第四编　外国法院判决的承认与执行

[外国法院判决的承认与执行]

第 65 条　本法本编的规定，在其范围内不适用于外国法院判决的承认与执行，前提是这些判决由下列规定调整：

(1)欧盟议会及理事会 2012 年 12 月 12 日《关于民商事管辖权及判决的承认与执行的第 1215/2012 号条例(重订本)》；

(2)欧盟理事会 2008 年 12 月 18 日《关于扶养义务事项的管辖权、法律适用、判决的承认与执行并进行合作的第 4/2009 号条例》；

(3)欧盟理事会 2003 年 11 月 27 日《关于婚姻事项及父母亲责任事项的管辖权、判决的承认与执行并废除第 1347/2000 号条例的第 2201/2003 号条例》；

(4)欧盟议会及理事会 2012 年 7 月 4 日《关于继承事项的管辖权、法律适用、判决的承认与执行、公文书的接受与执行以及创设欧洲遗产证书的第650/2012 号条例》；

(5)欧盟理事会 2016 年 6 月 24 日《关于在婚姻财产制事项的管辖权、法律适用以及判决的承认与执行方面加强合作的第 2016/1103 号条例》；

(6)欧盟理事会 2016 年 6 月 24 日《关于在注册伴侣财产效力事项的管辖权、法律适用以及判决的承认和执行方面加强合作的第 2016/1104 号条例》；

(7)1996 年 10 月 19 日《关于父母责任和保护儿童措施的管辖权、法律适用、承认、执行和合作公约》；

(8)2007 年 11 月 23 日《关于国际追索子女抚养费及其他形式家庭扶养的海牙公约》(载于 2011 年 7 月 22 日 L192 号和 2014 年 4 月 16 日 L113 号《欧盟官方公报》)。

第 66 条

1. 外国法院的判决，只有经克罗地亚共和国法院承认，方等同于克罗地亚共和国法院所作判决并在克罗地亚共和国境内具有法律效力。

2. 在法院达成的和解(法院和解)，亦视为本条第 1 款所述的外国法院判决。

3. 其他机关就本法第 1 条所述各类关系所做的裁决，如果在作出国被视为等同于法院判决或法院和解，亦视为外国法院判决。

第 67 条

1. 如果申请承认人在提交外国法院判决的同时，还提交了依照判决作出国法律该判决具有法律效力的证明，该外国法院判决应予以承认。

2. 申请执行外国法院判决者，除了必须提供本条第 1 款所述证明外，还须提供有关该判决依照其作出国法律具有可执行性的证明。

第 68 条　如果克罗地亚共和国法院根据申请承认判决的相对人提出的异议，经查实，在作出该项判决的诉讼程序中，该方当事人参加诉讼的权利受到侵害，则拒绝承认该外国法院判决。

第 69 条

1. 如果克罗地亚共和国法院或者其他机关对案件享有专属管辖权，则拒绝承认外国法院判决。

2. 如果作出判决的外国法院仅仅基于被告或其财产出现在法院国境内即确立其管辖权，而此种出现与诉讼标的无任何直接关联，则应拒绝承认外国法院判决。

3. 如果法院确立管辖权的依据违反了本法第 46 条第 1 款所述条例第二章

第三节、第四节和第五节的规定，则拒绝承认外国法院判决。

第 70 条

1. 克罗地亚共和国法院对相同当事人之间的同一案件已作出了具有法律效力的判决，或者另一外国法院先前已作出具有法律效力的判决并且已在或者适宜在克罗地亚共和国予以承认的，拒绝承认外国法院判决。

2. 克罗地亚共和国法院对相同当事人之间就同一争讼事件先前提起的诉讼尚未审结的，在该诉讼程序有效终结之前，法院应中止承认外国法院判决的程序。

第 71 条　如果承认外国法院判决的结果显然与克罗地亚共和国的公共秩序不相容，则拒绝予以承认。

第 72 条

1. 对于外国法院判决的承认和执行，由申请承认和执行的相对当事方的住所地法院或者执行地法院进行属地管辖。如果申请承认和执行的相对当事方在克罗地亚共和国境内无任何住所地，并且执行行为也不在克罗地亚共和国境内实施，则可向对实质争议有管辖权的克罗地亚共和国法院提出申请。

2. 对有关承认与执行外国法院判决的裁定，当事人各方可在该裁定书送达之日起十五日内提出上诉。

3. 对承认外国法院判决尚未作出任何具有法律效力的裁定时，各法院均可如同对先决问题一样在诉讼程序中就承认该判决作出裁定，但仅对该诉讼程序有效。

第 73 条　本法本编的规定，必要时比照适用于外国法院判决的可执行性宣告，但欧盟有法律约束力的文件、对克罗地亚共和国生效的国际协定或者其他法律另有规定的除外。

第五编　特别规定

第 74 条

1. 只要克罗地亚共和国外交使团或者领事机构驻在国不反对或者国际协定有规定，克罗地亚共和国国民得以在国外从事领事业务的克罗地亚共和国外交使团或者领事机构的授权人员处缔结婚姻。

2. 外交部长应指定可在国外受理克罗地亚共和国国民之间结婚事宜的外交使团或者领事机构。

第 75 条　只要克罗地亚共和国的外交使团或者领事机构所在国不反对或

者国际协定有规定，从事领事业务的克罗地亚共和国外交使团或者领事机构可执行与在国外的克罗地亚共和国国民有关的监护事务。

第 76 条 克罗地亚共和国国民得以在从事领事业务的克罗地亚共和国外交使团或者领事机构处依照设立公证遗嘱的规定在国外设立遗嘱。

第 77 条 克罗地亚共和国在外国从事领事业务的外交使团或者领事机构，得以依照国际协定或者接收国的法律规定，对签字、手稿及副本进行认证。

第六编 过渡条款和最后规定

第 78 条

1. 本法适用于自本法生效之日起所产生的法律关系，并适用于自本法生效之日起所启动的诉讼程序。

2. 调整本法第 1 条所述各类关系并对克罗地亚共和国有效的国际协定以及欧盟有法律约束力的文件，其适用在时间上不受本条第 1 款规定的限制。

第 79 条 自本法生效之日起，外交部长应在六个月期限内作出本法第 74 条第 2 款所述的决定。

第 80 条 自本法生效之日起，《关于解决在特定关系上与其他国家的法律冲突的法律》（载于 1991 年第 53 号和 2001 年第 88 号《国家公报》）废止。

第 81 条 本法于《国家公报》上公布并于 2019 年 1 月 29 日生效。

摩纳哥公国 2017 年 6 月 28 日
《关于国际私法的第 1448 号法律》*

摩纳哥亲王阿尔贝二世，遵奉上帝的旨意，同意并批准了国民议会在 2017 年 6 月 22 日会议上通过的下列法律。

第一条

与国际私法有关的条款编纂如下：

第一编 总则

第一章 先行条款

第 1 条 自然人的国籍，应根据有疑义的国籍所属国法律确定。

如果一个人具有包括摩纳哥国籍在内的两个或者两个以上国籍，则仅根据摩纳哥国籍确定摩纳哥法院的管辖权或者摩纳哥法律的可适用性。

如果一个人具有两个或者两个以上外国国籍，为了确定应适用的法律，以与该人有最密切联系的国家特别是其经常居所地所在国作为其国籍国。

对于无国籍人或者其国籍无法确定的人，凡提及该人的国籍国时，均指其经常居所地所在国。

第 2 条 一个人的住所，在本法典意义上是指其主要定居地。

　＊ 摩纳哥公国《关于国际私法的第 1448 号法律》由国民议会 2017 年 6 月 22 日通过，并公布于 2017 年 7 月 7 日第 8337 号《摩纳哥公报》(Journal de Monaco) 第 1803～1815 页。本法系由邹国勇、王岩(武汉大学国际法研究所博士生)、莫德(摩洛哥留学生)根据其官方法语文本翻译(资料来源 https://journaldemonaco.gouv.mc/en/Journaux/2017/Journal-8337/Loi-n-1.448-du-28-juin-2017-relative-au-droit-international-prive)，译文原载于《中国国际私法与比较法年刊》第二十五卷(2019)，法律出版社 2020 年版，第 356～373 页。此后，第一译者根据法语文本和英文译本再次进行了校对和必要修订。——译者注

根据《民法典》第79条的规定，所有摩纳哥国民均应视为在公国居住，但其已在另一国定居的除外。

除非另有证明，否则持有居留证的外国人应被推定居住在公国。

在公国注册的公司和法人，应视为在公国设有住所。

第二章　司法管辖权

第3条　除法律另有规定外，公国法院的国际管辖权依照本章规定确定。

第4条　在起诉时，被告在公国有住所的，公国法院即具有管辖权。

没有已知住所地的，应以公国境内的居住地为准。

第5条　在有多个被告时，如果其中一个被告在公国有住所，除非提起诉讼的目的仅是将被告移送给其住所或经常居所地之外的外国法院管辖，否则摩纳哥法院具有管辖权。

第6条　对于下列情形，不论被告的住所位于何处，公国法院应具有管辖权：

(1)涉及不动产物权、不动产租赁以及持有不动产的公司的权利时，不动产位于公国境内的；

(2)涉及合同事项时，已在或应在公国交付货物或者曾在公国提供服务的。

对于第70条所指的消费者合同，原告是消费者并且在公国有住所的；

对于个人雇佣合同，当原告是雇员且在公国有住所时，当雇员通常在公国完成其工作时，当其在《远程工作法》规定的条件下进行远程工作时，或者当其在公国订立雇佣合同时；

(3)涉及侵权事项时，侵权行为或者损害结果发生在公国的；

(4)涉及继承事项时，如果继承已在公国开始，或者属于遗产的不动产位于公国，第三人对继承人或者遗嘱执行人提起诉讼或者共同继承人在财产最终分割前提起诉讼的；

(5)涉及公司事项时，公司在最终清算前总部仍设在公国的；

(6)涉及因适用《商法典》第408条至第609条而引起的资产及债务的集体清算程序时，在公国从事商业活动的；

(7)即使摩纳哥法院无权就诉讼的实质性问题进行审理，但该诉讼涉及在公国发布的扣押令的执行、效力或解除以及请求采取一般的临时性保全措施的；

(8)涉及外国判决和外国文件的执行的。

第 7 条 有权审理某一诉讼请求的公国法院，同样有权审理：

(1)有关担保或保证的诉讼请求，但提出该请求仅仅是将被告移送给其住所或经常居所地之外的外国法院管辖的除外；

(2)反诉；

(3)关联诉讼。

第 8 条 如果双方当事人在根据摩纳哥法律可以自由处分其权利的事项上，已一致同意由公国法院审理他们特定法律关系中已经产生或者将要产生的各种争议，则只要该争议与公国有充分联系，这些法院即具有排他性管辖权。

选择法院应采用书面形式或者其他任何可以通过文字证明的通信方式。

只有当事人在订立合同时知晓并接受该法院选择协议，方可对其援引该协议。

第 9 条 如果双方当事人根据前一条规定的条件一致约定由外国法院管辖，则在被指定的外国法院尚未受理诉讼或者在受理诉讼之后没有拒绝行使管辖权时，违反该条款规定而受理诉讼的摩纳哥法院应中止诉讼。但是，如果外国诉讼经证明不可能进行，或者可以预见该外国判决不能在合理期限内作出或者无法在公国得到承认，则受理诉讼的摩纳哥法院可以审理该争议。

对外国法院的选择不能剥夺居住在公国的消费者或者雇员根据第 6 条第 2 款向公国法院提起诉讼的权利。

第 10 条 摩纳哥法院，在其受理诉讼不符合本章规定时，自动宣告其无管辖权。

第 11 条 在公国法院没有可供适用的管辖权规则时，如果当事人一方是摩纳哥国民，除非争议涉及的是在国外的不动产或者在外国执行的程序，否则公国法院具有管辖权。

第 12 条 如果外国法院对相同当事人之间因同一事由提起的诉讼尚未审结，则在外国判决作出之前，受理诉讼在后的摩纳哥法院应中止诉讼。如果根据本法典规定，外国判决能在摩纳哥得以承认，则摩纳哥法院应拒绝管辖。

第三章 外国判决书和外国公文书的承认和执行

第 13 条 如果没有第 15 条所指的拒绝理由，外国法院作出的具有法律效力的判决，应在公国自动得到承认。

任何利害关系人均可向公国法院提起承认或者不承认外国法院所作判决的诉讼。

第 14 条　当外国法院判决在其作出国可予以执行时，则这些判决具有法律效力。外国法院判决以及外国公职人员出具的文书，只有经初审法院宣告具有可执行性后，才能在公国予以执行，但国际条约另有规定的除外。

第 15 条　在下列情形下，外国法院所作的判决在摩纳哥不应予以承认或者宣告具有可执行性：

（1）该判决是由第 17 条所指的没有管辖权的法院作出的；

（2）被告的辩护权未得到尊重，特别是当事人未经正式传唤且没有机会为自己辩护的；

（3）承认或者执行该判决显然违背摩纳哥公共秩序的；

（4）该判决与公国就相同当事人之间的同一争议作出的判决或者由另一国在先作出并得到公国承认的判决相抵触的；

（5）相同当事人之间就同一事由先前在公国法院提起的诉讼尚未审结的。

第 16 条　在任何情况下，都不得对外国法院所作的判决进行实质性审查。

第 17 条　如果公国法院对提起的诉讼具有专属管辖权，或者案件与受诉法院所属国没有充分的联系，特别是受诉法院的管辖权仅仅基于被告临时出现在该法院所属国，或者仅仅基于被告与诉讼无关的财产在该国境内，或者仅仅基于被告在该国从事与诉讼无关的商业或者职业活动时，作出判决的外国法院应视为不具有管辖权。

如果反对承认或者执行外国法院判决的一方当事人已接受外国法院的管辖，则不适用上述规定。

第 18 条　申请人在申请执行或者承认时必须提交：

（1）经认证的判决书副本；

（2）送达文书原件或者在判决作出国起到送达作用的其他文书原件；

（3）一份由作出判决的外国法院或者该法院的书记员签发的证书，证明该项判决既不存在异议，也未被上诉，并且在判决作出国境内具有可执行性。

这些文件必须由公国派驻外国的外交或者领事代表认证，或者在没有这种代表的情况下，由该外国主管当局予以认证。

此外，当这些文件不是用法语写成时，还必须附上经宣誓的或官方的翻译人员翻译并经认证的法文译本。

第 19 条　第 14 条至第 17 条的规定如果适用于外国公职人员出具的文书，则此类文书应遵守这些规定。

第 20 条　请求执行或者承认外国判决和文书的，应以普通程序起诉和审理。

第四章 法律冲突

第 21 条 为了确定应适用的法律冲突规则，根据摩纳哥法律的分类规则对法律关系进行识别。

出于识别的目的，在分析摩纳哥法律中不存在的法律制度的要素时，应考虑该法律制度所属的外国法律。

第 22 条 除非各方当事人在有权选择法律时约定适用摩纳哥法律，否则公国法院依职权适用本法典中的法律冲突规则。

第 23 条 公国法院应在各方当事人的协助下确定依照本法典应适用的外国法律的内容。为此目的，这些法院应责令采取一切适当的调查措施。

无法确定外国法律的内容时，适用摩纳哥法律。

第 24 条 本法典所指的一国法律是指该国法律的实体规则，而不包括其国际私法规则。

第 25 条 如果本法典所指定的法律所属国由两种或者两种以上的法律制度组成，则依照该国法律规定确定应适用的法律制度；或者在没有这种规定时，适用与案件情势有最密切联系的法律制度。

第 26 条 如果所有情势均清楚地表明，案件与依照本法典所确定的法律没有充分的联系，而与摩纳哥法律或者另一国法律有更密切的联系，则作为例外，不适用依照本法典所确定的法律。此时，适用摩纳哥法律或者该另一国的法律。

此种规定不适用于选择法律的情形。

第 27 条 如果适用外国法律的结果将显然违背摩纳哥的公共秩序，则不予适用。在审查这种违背程度时，应特别考虑案件情势与摩纳哥法律制度的联系程度。此时，适用摩纳哥法律的规定。

第 28 条 本法典的规定，概不影响警察法和治安法的适用，因为不论冲突规则所指定的法律为何，此类法律均具有强制性，在某些情势中必须予以适用。

第二编 自然人

第一章 身份和能力

第 29 条 本章适用于自然人的身份和能力，特别是姓名、失踪、成年年龄和解除监护。

它不适用于下列事项：

（1）由 1996 年 10 月 19 日《关于父母责任和保护儿童措施的管辖权、法律适用、承认、执行和合作公约》调整的父母责任与儿童保护措施；

（2）由 2000 年 1 月 13 日《关于成年人国际保护的海牙公约》调整的保护成年人及其财产的措施。

第 30 条　摩纳哥法院有权审理有关个人身份和能力的诉讼请求，但前提是该人在起诉时具有摩纳哥国籍或者在公国有住所。

第 31 条　个人的身份和能力由其国籍国法律调整。

但是，在紧急情况下，司法和行政机关均可根据摩纳哥法律采取临时性人身保护措施。

第二章　婚姻

第一节　缔结婚姻

第 32 条　在摩纳哥当局缔结婚姻的形式，由摩纳哥法律调整。

第 33 条　在不违反第 27 条规定的前提下，在摩纳哥缔结婚姻的实质要件，由结婚时各方当事人的国籍国法律调整。

第 34 条　已根据婚姻缔结地国法律在国外有效缔结的婚姻，在公国应视为有效，但该婚姻违背摩纳哥的公共秩序，或者在国外缔结婚姻显然是为了规避摩纳哥法律规定的除外。

第二节　夫妻双方各自的权利和义务

第 35 条　夫妻双方各自的权利和义务：

（1）由夫妻双方共同住所地（包括共同居住或分别居住）国法律调整；

（2）夫妻双方在同一国境内没有住所的，由夫妻双方最后的共同住所地国法律调整；

（3）否则，由摩纳哥法律调整。

尽管有前款规定，出于善意与居住在摩纳哥公国的夫妻一方进行交易的第三人，可以援引摩纳哥法律中有关夫妻双方权利和义务的规定。

当家庭住宅位于公国境内时，摩纳哥法律中有关保护该住宅及其内部装饰的规定，在任何情况下均应予以适用。

第三节　婚姻财产制

第 36 条　婚姻财产制由夫妻双方选择的法律调整。夫妻双方可以选择结婚后的定居国法律、在法律选择时夫妻任何一方的国籍国法律或者住所地国法律、婚姻缔结地国法律。

根据这种方式指定的法律，适用于其所有财产。

本条规定不应减损《民法典》第 141 条和第 1235 条的规定。

第 37 条 对法律适用的指定必须以书面作出，由夫妻双方签名并注明日期。这可以采用婚约中所指定的法律或者文书签发地国法律所规定的形式。

此种指定必须是明示的，或者从采用前述形式之一的婚约的条款体现出来。

对法律适用的指定可以随时作出或者修改。在缔结婚姻后指定的，则只对未来有效。夫妻双方可以另作处分，但不得损害第三人的权利。

对此种指定的合意之成立和效力，由被指定的法律调整。

本条规定不应减损《民法典》第 1243 条和《民法典》第 141 条的规定。

第 38 条 在未选择法律时，婚姻财产制：

(1)由夫妻双方结婚后的共同住所地国法律调整；

(2)住所不在同一国境内的，由缔结婚姻时夫妻双方的共同国籍国法律调整；

(3)不仅在同一国境内没有住所而且也没有共同国籍时，或者有多个共同国籍时，由摩纳哥法律调整。

第 39 条 婚姻财产制对夫妻一方与第三人之间法律关系的影响，由适用于该婚姻财产制的法律调整。

但是，如果一国的法律规定了婚姻财产制的公示或者登记手续，而这些手续没有得到遵守，则当夫妻一方或者第三人在该国有经常居所时，夫妻一方不得对该第三人援引适用于婚姻财产制的法律。

同样，如果不动产所在地国的法律规定了婚姻财产制的公示或者登记手续，而这些手续没有得到遵守，夫妻一方不得就夫妻另一方与第三人之间有关该不动产的法律关系向该第三人援引适用于婚姻财产制的法律。

如果第三人知晓或者应当知晓适用于婚姻财产制的法律，则不适用本条第 2 款和第 3 款的规定。

第四节 离婚和依法分居

第 40 条 在下列情形下，摩纳哥法院对离婚和依法分居案件具有管辖权：

(1)夫妻双方的住所位于公国境内的；

(2)夫妻双方的最后住所位于公国境内，且夫妻一方仍在此地居住的；

（3）作为被告的夫妻一方住所位于公国境内的；

（4）夫妻一方是摩纳哥国民的。

在摩纳哥作出依法分居宣告的，摩纳哥法院也有权宣告将依法分居转变为离婚。

第 41 条　向摩纳哥法院提出离婚或者依法分居请求的，除非夫妻双方要求适用其共同国籍国法律，否则所适用的法律为摩纳哥法律。

即使在缔结婚姻之前，夫妻双方亦可约定适用其中一方的国籍国法律或者其共同住所地国法律。

第三章　亲子关系和收养

第一节　亲子关系

第 42 条　除本法典总则部分规定的情况外，当子女或者对其父亲或母亲身份欲进行确认或者否认的父母一方在公国境内有住所或者具有摩纳哥国籍时，摩纳哥法院对于该亲子关系的确认或者否认具有管辖权。

第 43 条　亲子关系的确认和否认，由子女的国籍国法律调整。子女的国籍应按照其出生日期认定；或者，在司法裁判或者提出异议的情况下，按照提起诉讼的日期认定。

第 44 条　自愿承认父亲身份或者母亲身份的，只要其合法性在子女或者认领该子女者在认领时的国籍国或者住所地国受到认可，则视为有效。

第 45 条　在亲子关系由法律确定时，调整子女的亲子关系的法律亦决定认领行为对该亲子关系的影响。

调整对子女进行首次认领的法律亦决定随后认领对首次认领的影响。

第二节　收养

第 46 条　收养人或者被收养人具有摩纳哥国籍或者在公国境内有住所的，摩纳哥法院有权宣告收养。

第 47 条　被收养人的同意条件和法定代理，由其国籍国法律调整。

第 48 条　收养的条件和效力，由收养人的国籍国法调整；夫妻双方共同收养的，则由适用于有关婚姻的人身效力的法律调整。但是，夫妻任何一方的国籍国法律禁止收养的，则不得宣告收养。

外国人的国籍国法律禁止收养的，则不得宣告收养该外国人。

第 49 条　收养的程序，由法院地法律调整。

第 50 条　有关撤销在国外宣告的简单收养之请求，只有在收养宣告地法律允许撤销收养时，方可由摩纳哥法院受理。

第 51 条　在外国依法宣告的收养，只要其结果不违背公共秩序，则在摩纳哥自动具有法律效力。

第四章　扶养义务

第 52 条　除本法典总则部分规定的情况外，如果扶养权利人和扶养义务人的住所在公国境内或者具有摩纳哥国籍，则公国法院有权审理与扶养义务有关的任何请求。

有权审理涉及个人身份诉讼的摩纳哥法院，也有权审理与该诉讼所附带的扶养义务有关的诉讼请求。

第 53 条　被继承人与继承人之间的扶养义务，由扶养权利人住所地国法律调整。但是，扶养权利人无法根据前款所述的法律从扶养义务人那里获得扶养的，适用摩纳哥法律。

第 54 条　夫妻之间的扶养义务，依照调整夫妻双方各自权利和义务的法律确定。

因婚姻破裂而造成损害的金钱补偿，由据以宣告离婚的法律调整。

第 55 条　公共机构因代替扶养义务人向扶养权利人提供扶养而提出的偿还请求，依照调整该公共机构的法律确定。

第五章　继承

第 56 条　继承，由被继承人死亡时的住所地国法律调整。

第 57 条　一个人在解决自己的继承问题时，可以选择指定其作出选择时的国籍国法律。

适用于继承的法律必须以明示方式指定，并载入财产的死因处分声明中。

对这种指定的同意之成立和效力，由被指定的法律调整。

指定人要修改或者撤销对适用于继承的法律所做指定的，必须符合所指定的法律对修改或者撤销财产的死因处分所规定的形式要件。

第 58 条　遗嘱处分行为如果符合下列法律规定之一，则在形式上有效：

(1)遗嘱人设立遗嘱地国法律；

(2)遗嘱人设立遗嘱时或者死亡时的国籍国法律；

(3)遗嘱人设立遗嘱时或者死亡时的住所地国法律；

(4)遗嘱人设立遗嘱时或者死亡时的经常居所地国法律；

(5)涉及不动产的，不动产所在地国法律。

遗嘱人是否在一国境内有住所的认定问题，由该国法律调整。

第 59 条 有关由一人继承的继承协议，由假设该人在订立协议之日死亡时将适用于该人遗产继承的法律调整。

第 60 条 有关由多人继承的继承协议，只有在该协议的效力被假设这些人全部在订立协议之日死亡时将适用于这些人的遗产继承的法律所认可时，方为有效。

第 61 条 各方当事人可以选择任何一位当事人根据第 57 条所能选择的法律作为调整继承协议的法律。

第 62 条 根据第 59 条至第 61 条规定调整继承协议的法律之适用，不得损害非继承协议当事人的任何人根据第 56 条和第 57 条规定适用于继承的法律享有特留份的权利以及不得由被继承人剥夺的其他权利。

第 63 条 根据本章规定适用于继承的法律，调整继承的所有事项，即从继承开始直到财产最终转移给受益人。

但是，该规定不得致使继承人根据被继承人死亡时的国籍国法律享有特留份的权利被剥夺；在被继承人死亡时的国籍国法律没有特留份制度时，不得对该被继承人的继承适用特留份制度。

该法律特别调整下列事项：

(1)继承开始的理由和时间；

(2)继承人和受遗赠人的继承权，包括尚存配偶的继承权，这些人各自继承份额的确定，被继承人对其施加的负担以及因死亡产生的其他继承权利；

(3)(被继承人)不得处分(其遗产)或者(继承人)不得继承的特定事由；

(4)剥夺继承权和丧失继承权；

(5)将构成遗产的财产、权利和义务转移给继承人和受遗赠人，包括接受或放弃继承、遗赠的条件和效力；

(6)遗产的继承人、遗嘱执行人和遗产的其他管理人的权力，特别是有关变卖财产和清偿债权人的权力；

(7)所继承债务的清算条件；

(8)自留份、特留份和对财产的死因处分自由的其他限制；

(9)捐赠的返还和减少，以及在计算继承份额时应考虑的因素；

(10)死因处分的实质有效性；

(11)遗产分配。

第 64 条 在下列情形下，适用于继承的法律，不得排除对遗产所在地国法律的适用，前提是该遗产所在地国法律：

(1)涉及财产所有权转移或者在公共登记簿对该转移进行登记的某些手续；

(2)要求由该国境内的管理机关任命遗产管理人或者遗嘱执行人；

(3)规定将遗产转移给继承人和受遗赠人之前首先清偿被继承人在该国的债务。

第 65 条 当信托由一人设立或者一人将财产进行信托时，对调整该信托的法律的适用，并不妨碍依照本法典对调整继承事项的法律的适用。

第 66 条 两人或者两人以上在同一事故中死亡且无法确定死亡顺序的，如果这些人的继承由不同的法律调整且这些法律处理该情形的规定不一致，或者根本没有处理这一情形的条款，则这些人均无权相互继承对方的遗产。

第 67 条 如果根据本法典应适用的法律，既无遗嘱所确定的继承人或者受遗赠人，又没有可继承遗产的自然人，则依此确定的法律之适用不得排除摩纳哥将位于公国的遗产收归国有的权利。

第三编 债

第一章 合同之债

第 68 条 合同由各方当事人选择的法律调整。这种选择应该是明示的，或者应通过合同条款或者案件情势清楚地体现出来。通过这种选择，各方当事人可以指定适用于合同整体或者某部分的法律。

各方当事人可以随时约定合同由以前选择的法律以外的其他法律调整。订立合同后，对确定应适用的法律所作的任何变更，既不得损害第 73 条所指的合同形式有效性，也不得对第三人的权利造成任何不利影响。

在选择法律时，如果与当时情势有关的所有其他因素均位于所选择的法律所属国以外的另一国家境内，则各方当事人的选择不得影响该另一国家不得通过协议减损的法律条款之适用。

各方当事人选择应适用的法律的合意，其成立和效力由第 72 条和第 73 条的规定调整。

第 69 条 未选择法律时，合同应由负有特征性履行义务的一方当事人的住所地国法律调整。

负有特征性履行义务的一方当事人是指：

（1）销售合同中的卖方；

（2）服务合同中的服务提供者；

（3）特许经营协议中的特许经营人；

（4）经销合同中的经销人；

（5）运输合同中的承运人；

（6）保险合同中的保险人。

尽管有本条第 1 款的规定，

（1）通过拍卖方式销售货物的合同，如果拍卖地能够确定，则由拍卖地国法律调整；

（2）有关不动产物权或者不动产租赁的合同，由不动产所在地国法律调整。

在无法确定特征性履行时，合同由与其有最密切联系的国家法律调整。

第 70 条　本条适用于从事职业活动者将动产、不动产或者服务提供给自然人（"消费者"）且其用途被视为与后者的职业活动无关的合同。

当职业经营者在消费者住所地国开展业务，或者以其他方式特别是通过信息技术在该国开展业务，且在该业务范围内订立合同的，则根据第 68 条和第 69 条应适用的法律不得剥夺消费者在订立合同时其住所地国法律中的强制性条款所赋予的保护，但供应商能证明其由于消费者的原因而不知晓消费者的住所地国的除外。

前款规定，不适用于下列情形：

（1）消费者已前往供应商所在国并在该国订立了合同的；或者，

（2）商品或服务已在或本应在负责该项供应的营业所所在国提供的，但消费者被诱导前往该国并在该国订立合同的除外；

（3）除旅游合同、环游合同、一揽子度假合同以外的（旅客）运输合同。

第 71 条　个人雇佣合同，由各方当事人依照第 68 条所选择的法律调整。但是，这种选择不得剥夺在未选择法律时根据本条第 2 款规定应适用的法律中那些不得通过协议减损的条款赋予雇员的保护。

在各方当事人未作出选择时，个人雇佣合同由履行合同的雇员通常完成其工作的所在国或者派遣国法律调整。如果雇员临时在另一个国家境内完成其工作，则不得认为其通常完成工作所在国发生了变化。

如果不能根据前款确定应适用的法律，则合同由雇佣该雇员的营业所所在国法律调整。

第 72 条　合同或者合同条款的成立和效力，由假设该合同或者合同条款有效时依照本法典规定本应适用的法律调整。

第 73 条 合同各方当事人或者其代理人在订立合同时在同一国家的，只要合同满足本法典规定的调整该合同实体内容的法律或者合同订立地国法律所规定的形式要件，则该合同在形式上有效。

合同各方当事人或者其代理人在订立合同时在不同国家的，只要合同满足本法典规定的调整该合同实体内容的法律、一方当事人或者其代理人在订立合同时的所在地国法律或者一方当事人在订立合同时的住所地国法律所规定的形式要件，则该合同在形式上有效。

与已订立的或者拟订立的合同有关的单方行为，只要满足本法典规定的调整该合同实体内容的法律、该行为实施地国法律或者行为人实施行为时的住所地国法律所规定的形式要件，则在形式上有效。

本条第 1 款、第 2 款的规定，不适用于第 70 条所指的消费合同，此类合同的形式由第 70 条第 2 款规定的应予适用的法律调整。

尽管有前四款的规定，与不动产物权或者不动产租赁有关的任何合同，均应遵守不动产所在地国法律有关形式的规定，前提是根据该法律无论合同订立地和调整该合同实体内容的法律为何，这些规定均应予以适用且不得被减损。

第 74 条 （依照本法典）适用于合同的法律特别调整下列事项：

(1) 合同的解释；

(2) 合同义务的履行；

(3) 完全不履行或者部分不履行合同义务的后果，包括在合同应适用的法律允许的范围内对损失的估算；

(4) 消灭合同义务的各种方式以及因期限届满而产生的消灭时效和诉讼时效问题；

(5) 合同无效的后果。

适用于合同的法律并不调整债权人在（债务人）履行违约时所采取的措施，这些措施应由履行地国法律调整。

第 75 条 订立合同的双方当事人在同一国家的，根据该国法律应属有行为能力的一方当事人，不得根据另一国法律主张其无行为能力，但合同的对方当事人在订立合同时知晓其无行为能力或者因疏忽而不知晓其无行为能力的除外。

第 76 条 就适用本章规定而言：

(1) 在订立合同时即应确定住所地；

(2) 如果合同是在分支机构、代理机构或者其他营业所营运过程中订立，

或者，根据合同，履行合同是前述机构之一的职责时，则该机构所在地应视为
住所地。

第二章　非合同之债

第 77 条　因不当得利而产生的非合同之债，包括不当付款在内，与各方
当事人之间的现有关系有关时，例如此种关系产生于与该不当得利有密切联系
的合同或者侵权，则应适用调整该现有关系的法律。

如果根据前款规定不能确定应适用的法律，并且在不当得利事件发生时各
方当事人的住所在同一国家境内，则应适用该国法律。

如果根据前两款规定不能确定应适用的法律，则应适用不当得利发生地国
法律。

如果案件的所有情势均表明，因不当得利而产生的非合同之债显然与前三
款所指国家以外的另一国有更密切的联系，则适用该另一国的法律。

第 78 条　因管理事务而产生的非合同之债与各方当事人之间的现有关系
有关时，例如此种关系产生于与该非合同之债有密切联系的合同或者侵权，则
应适用调整该现有关系的法律。

如果根据前款规定不能确定应适用的法律，并且在损害事件发生时各方当
事人的住所在同一国家境内，则应适用该国法律。

如果根据前两款不能确定应适用的法律，则应适用管理事务行为发生地国
法律。

如果案件的所有情势均表明，因管理事务而产生的非合同之债显然与前三
款所指国家以外的另一国有更密切的联系，则适用该另一国的法律。

第 79 条　除本章另有规定外，适用于因侵权行为引起的非合同之债的法
律为损害结果发生地国法律，而不论致害事件发生于哪一国，也不论该事件的
间接损害发生于哪一国。

但是，在损害发生时，致害责任人和受害人在同一国家境内有住所的，则
适用该国的法律。

第 80 条　产品责任，由下列法律调整：

（1）损害发生地国法律，前提是产品在该国境内销售且直接受害人的住所
在该国境内；否则，

（2）被请求承担责任者的住所地国法律。

第 81 条　适用于因不正当竞争所产生的责任的法律，为市场受到影响或
可能受到影响所在国法律。

第82条 适用于因不动产造成损害所产生的赔偿责任的法律，为不动产所在地国法律。

第83条 因侵害人格权或者侵害私人和家庭生活所产生的责任，如果侵害行为是通过书面或者视听媒体以及通过任何出版物或者电子通信的方式进行的，则根据受害人的选择，适用：

(1)侵害事件发生或者可能发生地国法律；

(2)损害发生或者可能发生地国法律；

(3)被请求承担责任者的住所地国法律；

(4)受害人的住所地国法律。

但是，本条第1款第2项和第3项所指国家的法律，在被请求承担责任者证明其不能预见损害将发生在该国境内时，应不予适用。

第84条 各方当事人可以在致害事件发生后协议选择适用于非合同之债的法律，或者在各方当事人均从事职业活动时，也可在该事件发生之前通过自由谈判达成协议选择适用于非合同之债的法律。

这种选择应该是明示的，且不得损害第三人权利。

第85条 依照本章规定适用于非合同之债的法律，特别调整下列事项：

(1)承担责任的条件和范围，包括确定对其实施的行为负有责任的人；

(2)免除责任的理由、责任限制和责任分担；

(3)损害的存在、性质和评估以及修复；

(4)在摩纳哥程序法赋予公国法院的权力范围内，这些法院为防止、停止损害或者进行修复所能采取的措施；

(5)请求赔偿权的可转让性，包括通过继承方式；

(6)有权请求赔偿自己所受损害的人；

(7)对他人行为所负的责任；

(8)免除债务的方式以及因期限届满而产生的消灭时效和诉讼时效规定，包括有关消灭时效或者诉讼时效的开始、中断和中止的规定。

第三章 共同规定

第86条 如果依照本编规定适用于非合同之债或者保险合同的法律有规定，则受害人可以直接向责任人的保险人请求赔偿。

第87条 不论适用于债务的法律为何，公国法院应将导致责任产生的事件发生之地和发生之日有效的安全规则和行为规则作为事实因素予以考虑。

第88条 根据本法典适用于让与人和受让人之间的合同或者代位人和

被代位人之间的合同的法律，亦调整他们与对第三方债务人的债权有关的债务。

债权转让或者与第三人达成代位清偿协议的可能性，由调整债权的法律确定；该法亦调整受让人或者被代位人与债务人之间的关系、得以向债务人主张让与权或者代位权的条件以及债务人承担的此类债务的可免除性。

本条所指的转让，是指债权以及债权上的质押权或者其他担保权的完全转让或者设有担保的转让。

第 89 条 在第三人有义务向债权人清偿或者(事实上)已向债权人清偿合同之债或者非合同之债时，适用于该第三人此项义务的法律确定该第三人是否有权以及能在多大范围内行使原债权人对债务人的权利；这些权利的行使，应遵守适用于债权人与债务人之间关系的法律。

第 90 条 在一个债权人对因同一债务负有连带责任的多个债务人享有债权，且其中一个债务人已经全部或者部分清偿该债务时，适用于该债务人对债权人的义务的法律亦调整该债务人对其他债务人的追索权。

其他债务人，可以在调整他们对债权人的义务的法律所许可的范围内，主张其对债权人所享有的(抗辩)权利。

第 91 条 在各方当事人未就抵销权达成一致时，该抵销权应由适用于被设立了抵销权的债权的法律调整。

第四编　财产

第 92 条 不动产物权，由该不动产所在地国法律调整。

第 93 条 动产物权的取得和消灭，由据以取得或者消灭的事件发生时该动产所在地国法律调整。

在动产从外国运至公国，且在外国尚未发生物权的取得或者消灭时，则发生在外国的事件应视为发生在公国。

动产物权的内容和行使，由该动产被主张权利时的所在地国法律调整。

第 94 条 对动产占有人根据该动产当时所在地国法律不当取得的动产提出的返还请求，根据动产所有权人的选择，在动产丢失或者被盗的情况下由取得或者丢失该动产时该动产的所在地国法律调整，或者由提出返还请求时该动产的所在地国法律调整。

第 95 条 一国为追索或者请求返还属于其文化遗产、但根据出口时所适用的法律被非法出口的财产而提出的诉讼请求，应根据该国的选择，由起诉时该国现行有效的法律或者该财产的所在地国法律调整。

但是，如果该财产构成其文化遗产一部分的国家的法律对该财产的善意占有人未予以任何保护，该占有人可以援引提起返还之诉时该财产所在地国法律所赋予的保护。

第 96 条 运输中动产的物权，应由各方当事人所确定的目的地国法律调整。

第 97 条 经公共登记簿登记的航空器、船舶或者任何其他运输工具上的权利，由该登记簿保管地国法律调整。

第五编　信托

第 98 条 适用于信托的法律，只能通过适用 1985 年 7 月 1 日《关于信托的法律适用及其承认的海牙公约》第 6 条和第 7 条来确定。

第 99 条 在不违反第 65 条规定的情况下，根据前一条规定适用于信托的法律应调整 1985 年 7 月 1 日《关于信托的法律适用及其承认的海牙公约》第 8 条所列的全部事项。

第 100 条 依照第 98 条所确定的法律而设立的信托，在摩纳哥予以承认，并产生 1985 年 7 月 1 日《关于信托的法律适用及承认的海牙公约》第 11 条规定的效力。

第二条

在《民法典》第 139 条"至少是"之后插入"摩纳哥或者是"一词。

第三条

在《民法典》第 141 条第 1 款"以及"之后插入"，视情况，"一词。

第四条

《民法典》第 141 条第 2 款修正如下：

"当未来的夫妻双方或者其中一方是外国人，并声明他们未订立婚约，则

(可对其)适用(摩纳哥的)法律制度,除非他们经公民身份登记员质询后,声明遵从夫妻双方或者一方的国籍国或者夫妻双方或者至少一方的住所地国法律制度。"

第五条

废除《民事诉讼法典》第 1 条至第 5 条之二以及第 472 条至第 477 条。

第六条

废除《民法典》第 143 条。

第七条

《民法典》第 1243 条第 5 款修正如下:
"在婚姻财产制或者婚约由摩纳哥法律调整时,婚姻财产制或者婚约的变更应符合前述规定。"

第八条

与本法相抵触的任何规定均应废除。
本法应作为国家法律予以颁布和执行。
2017 年 6 月 28 日订于摩纳哥王宫。

阿尔贝亲王
国务卿:J. 波瓦松

北马其顿共和国 2020 年 2 月 4 日《关于国际私法的法律》*

第一编　总则

第 1 条　[适用范围]

本法包含用以确定适用于具有国际因素的私法关系的法律的规则、法院及其他机关审理此类关系的管辖权规则、程序规则以及承认与执行外国法院判决及其他机关所作裁决的规则。

第 2 条　[国际条约优先]

本法第 1 条所指的各种关系，如果其已经由经批准的国际条约调整，则不适用本法规定。

第 3 条　[法律漏洞的填补]

如果本法对第 1 条所指关系的法律适用未作规定，则参照适用本法规定和国际私法原则。

第 4 条　[多国籍人]

1. 自然人国籍的确定，适用所涉国籍所属国法律。

2. 具有北马其顿共和国国籍的自然人同时具有另一国家国籍的，就适用本法而言，应视为其只具有北马其顿共和国国籍。

3. 不具有北马其顿共和国国籍的自然人具有两个或者两个以上外国国籍的，就适用本法而言，应视为该人具有作为其国民并在其境内有经常居所的国家的国籍。

4. 如果本条第 3 款所指的人在其国籍所属国中均无经常居所，就适用本

* 北马其顿共和国《关于国际私法的法律》(Закон за Меѓународно приватно право) 2020 年 2 月 4 日经国民议会通过，其马其顿语文本公布于 2020 年 2 月 10 日《北马其顿共和国官方公报》第 32 号，第 2~24 页。本法根据德国汉堡的马克斯-普朗克国际私法与外国私法研究所 Christa Jessel-Holst 博士的德文译本翻译，译文原载于《中国国际私法与比较法年刊》第二十七卷(2020)，法律出版社 2021 年版，第 369~408 页。此处略有修订。——译者注

法而言，应视为该人具有作为其国民并与之有最密切联系的国家的国籍。

第 5 条　[无国籍人和难民]

1. 无任何国籍或者其国籍无法确定的人，根据其经常居所确定应适用的法律。

2. 该人具有难民身份的，根据其经常居所确定应适用的法律。

3. 如果本条第 1 款和第 2 款所指的人无任何经常居所或者无法确定其经常居所，则根据其居所地确定应适用的法律。

第 6 条　[经常居所]

1. 就适用本法而言，自然人的"经常居所"应理解为其已建立永久生活活动中心的场所，而不取决于是否完成了与登记或者从国家主管当局获得居留许可相关的任何手续。在确定该场所时，应特别考虑体现其与该场所的长久联系或者建立这种联系的意图等个人或者职业性质等情况。

2. 从事商业活动的自然人的经常居所，就第二编第一章第六节、第七节所指的各种关系而言，适用本法第 75 条和第 87 条的规定。

第二编　法律适用

第一章　一般规定

第 7 条　[反致和转致]

1. 根据本法规定应适用某一外国法律的，应考虑其有关确定应适用的法律的规则。

2. 本条第 1 款的规定不适用于：

(1)法人的法律地位；

(2)离婚；

(3)婚姻财产制；

(4)法律行为的形式；

(5)应适用法律的选择；

(6)扶养；

(7)合同关系；

(8)非合同关系。

3. 外国有关确定应适用的法律的规则反向指引北马其顿共和国法律或者

指引第三国法律的，则适用北马其顿共和国的法律或者第三国法律，而不必再考虑其有关确定应适用的法律的规则。

第 8 条　［法律制度不统一国家］

1. 应适用法律制度不统一国家的法律，且本法规定又未指定该国具体法律区域时，则根据该国法律的规定确定应适用的法律。

2. 根据本条第 1 款规定的方式无法确定应适用法律制度不统一国家哪一法律区域的法律时，适用该国与案件有最密切联系的法律区域的法律。

第 9 条　［外国法律内容的查明］

1. 法院或者其他法定机关依职权查明应适用的外国法律的内容。

2. 本条第 1 款所指机关应根据国际条约规定查明应适用的外国法律的内容，但它亦可要求负责司法事务的国家行政管理机关告知有关外国法律内容的信息。

3. 诉讼当事人双方亦可就外国法律的内容提交公文书或者专家意见，但这对法院没有约束力。

4. 在特定案件中，如果根据本条第 1 款、第 2 款所指方式均无法查明外国法律的内容，则适用北马其顿共和国的法律。

第 10 条　［外国法律的解释和适用］

1. 外国法律，应根据其所属法律体系的含义进行解释和适用。

2. 未适用或者错误地适用外国法律，构成提出上诉的理由。

第 11 条　［一般避让条款］

1. 如果所有情况表明，私法关系与本法所指引的法律没有重大联系，却与另一法律有实质性更密切联系，则本法所指引的法律例外地不予适用。

2. 如果符合本条第 1 款所述条件，则适用与该私法关系有实质性更密切联系的国家的法律。

3. 当事人已选择法律的，则不适用本条第 1 款和第 2 款的规定。

第 12 条　［公共秩序］

外国法律，如果其适用的结果明显违背北马其顿共和国的公共秩序，则不予适用。

第 13 条　［干预规范］

1. 北马其顿共和国法律规范，如果其实施被认为对于维护公共利益，例如国家的政治、社会或者经济制度特别重要，则适用于这些规范所涉及的所有事项，而不论应适用的法律为何。

2. 作为例外，法院可考虑直接适用与该私法关系有密切联系的另一国的干预规范。

在决定是否适用这类规范时，法院必须权衡其性质、目的以及适用或不适用的后果。

第 14 条 ［识别］

1. 如果应适用的法律的确定取决于对基本要素或者私法关系的识别，则根据北马其顿共和国法律进行此种识别。

2. 特定法律制度在北马其顿共和国法律中未作规定，且无法通过解释北马其顿共和国法律来确定的，在对其进行识别时应考虑规定该法律制度的外国法律。

第二章　有关确定准据法的特别规定

第一节　身份关系

一、自然人

第 15 条 ［权利能力］

自然人的权利能力，适用其国籍国法律。

第 16 条 ［行为能力］

1. 自然人的行为能力，适用其国籍国法律。

2. 如果订立合同的双方当事人在同一国家境内，则根据该国法律具有行为能力的一方当事人，不得援引另一国法律主张自己无行为能力，但对方当事人在订立合同时已知晓或因为重大过失而不知晓其无行为能力的除外。

3. 本条第 2 款规定不适用于家庭关系、继承关系中的行为，也不适用于与位于法律行为实施地国以外的其他国家境内的不动产物权有关的法律行为。

第 17 条 ［自然人从事商业活动的行为能力］

自然人在不设立法人的情况下从事商业活动的行为能力，依照该人注册为商人的国家的法律确定；不需要注册的，适用该自然人主要营业地所在国法律。

第 18 条 ［监护和临时措施］

1. 监护的设立和终止以及监护人与被监护人之间的关系，适用被监护人的国籍国法律。

2. 对居住于北马其顿共和国境内的外国国民或者无国籍人采取的临时保护措施，根据北马其顿共和国法律确定，在主管国家未作出决定且未采取必要措施之前，该临时保护措施继续有效。

3. 本条第 2 款的规定，亦适用于对那些在北马其顿共和国境外的外国国民和无国籍人位于北马其顿共和国境内的财产的保护。

第 19 条　[失踪者的死亡宣告]

失踪者的死亡宣告，适用其失踪时的国籍国法律。

第 20 条　[人名]

1. 自然人姓名的确定或者变更，适用其国籍国法律。

2. 国籍变更对人名的影响，根据其已取得的国籍国法律确定。如果其为无国籍人，则其经常居所的变更对人名的影响，根据其新经常居所地国法律确定。

3. 对人名的保护，适用根据本法本章第七节和第八节规定所确定的法律。

4. 作为本条第 1 款规定的例外，根据在北马其顿共和国境内有经常居所的自然人的要求，对其姓名的确定和变更适用北马其顿共和国法律。

二、法人

第 21 条　[法人的法律地位]

1. 法人的法律地位，适用在其公共登记簿上进行注册的国家的法律。

2. 成立法人不需要在公共登记簿上注册，或者该法人已在多个国家的公共登记簿上注册的，适用该法人的章程或者设立文件所载明的总部所在地国法律。

第 22 条　[无法律人格的组织]

对于不具有法人属性的协会或者组织的法律地位，适用在其公共登记簿上进行注册的国家的法律或者设立地国的法律。

第 23 条　[准据法的适用范围]

根据本法第 21 条和第 22 条应予适用的法律特别调整：

(1)成立、法律性质和法律上的组织形式；

(2)法人或者其他组织的名称和商号；

(3)法人或者其他组织的法律主体性和管理制度；

(4)法人或者其他组织的机构的组成、权限和职能；

(5)法人或者其他组织的代表；

(6) 法人或者其他组织成员资格的取得、终止以及与此相关的权利和义务；

(7)对法人或者其他组织的义务和责任；

(8)违反法律或者违反法人或者其他组织的设立章程的后果；

(9)法人或者其他组织的重组和终止。

第二节　家庭关系

一、婚姻

第 24 条　[结婚条件]

结婚条件，根据结婚时当事人各自的国籍国法律判断。

第 25 条　[婚姻形式]

婚姻形式，适用婚姻缔结地国法律。

第 26 条　[宣告婚姻无效]

宣告婚姻无效，适用调整缔结该婚姻的条件的法律所属国法律。

第 27 条　[离婚]

1. 离婚，适用起诉时夫妻双方的共同经常居所地国法律。

2. 夫妻双方在起诉时其经常居所不在同一国家的，适用其最后的共同经常居所地国法律，前提是到提起诉讼前不超过一年，且在起诉时夫妻至少一方仍在该国有经常居所。

3. 不符合本条第 1 款和第 2 款所述条件的，适用起诉时夫妻双方的共同国籍国法律。

4. 不符合本条第 1 款、第 2 款和第 3 款所述条件的，适用北马其顿共和国法律。

第 28 条　[离婚准据法的选择]

1. 作为本法第 27 条的例外，夫妻双方可以就离婚选择下列法律之一：

(1)选择法律时夫妻双方均在其境内有经常居所的国家的法律；

(2)夫妻双方最后的共同经常居所地国法律，前提是夫妻一方在订立有关选择应适用法律的协议时仍在该国有经常居所；

(3)夫妻一方在订立有关选择应适用法律的协议时的国籍国法律；或者

(4)北马其顿共和国法律。

2. 有关选择适用于离婚的法律的协议，最迟可在向法院提起离婚诉讼时订立或者变更。

3. 作为本条第 2 款的例外，夫妻双方亦可在离婚诉讼中进行法律选择。此时，夫妻双方应提交法律选择声明，以备法庭记录。

第 29 条　[选择离婚准据法协议的形式有效性]

1. 有关选择适用于离婚的法律的协议，须采用书面形式，注明日期并由夫妻双方签名。

2. 通过电子通信方式订立的、能提供永久记录有关选择适用于离婚的法律的协议，应视为根据本条第 1 款以书面形式订立。

第 30 条　[北马其顿共和国法律的适用]

根据本法第 27 条、第 28 条确定为应予适用的法律规定不能离婚或者没有根据夫妻双方的性别赋予平等离婚权的，适用北马其顿共和国法律。

二、婚姻效力

(一)婚姻的人身效力

第 31 条　[夫妻双方的人身关系]

1. 夫妻之间的人身关系，适用夫妻双方均为其国民的国家法律。

2. 夫妻双方是不同国家国民的，适用其共同的经常居所地国法律。

3. 夫妻双方既无共同国籍，又在同一国家无共同经常居所的，适用夫妻双方最后的共同经常居所地国法律。

4. 如果通过适用本条第 1 款、第 2 款、第 3 款无法确定应适用的法律，则适用北马其顿共和国法律。

(二)婚姻财产制

第 32 条　[准据法的选择]

对于婚姻财产制，夫妻双方或者准夫妻双方可以选择下列法律之一：

(1)夫妻双方或者准夫妻双方的共同经常居所地国法律；或者

(2)选择法律时其中一方的经常居所地国法律；或者

(3)选择法律时夫妻一方或者准夫妻一方的国籍国法律。

第 33 条　[选择法律协议的形式]

1. 有关选择适用于婚姻财产制的法律的协议，如果其根据所选择的法律所属国法律或者根据其订立地国法律为有效，则在形式上有效。

2. 对应适用法律的选择必须是明示的，不论根据本条第 1 款适用于这种选择的形式的法律有何规定，有关选择适用于婚姻财产制的法律的协议必须在文件上载明，由夫妻双方签名并注明其制作日期。

第 34 条　[夫妻双方未选择法律时应适用的法律]

1. 如果夫妻双方未进行法律选择，则其婚姻财产制适用：

(1)夫妻双方结婚后的第一个共同经常居所地国法律；或者

(2)结婚时夫妻双方均有其国籍的国家法律；或者

(3)考虑到所有情况，特别是婚姻缔结地，与夫妻双方有最密切联系的国家的法律。

2. 如果夫妻双方具有不止一个共同国籍，则不适用本条第 1 款第 2 项规定。

第35条　[婚姻财产制协议的形式]

1. 婚姻财产制协议，须采用书面形式，由夫妻双方签名并注明日期。

2. 不论本条第1款有何规定，如果夫妻双方在选择法律时在同一国境内有经常居所，且该国法律在形式上规定有附加条件的，则必须符合这些条件。

第36条　[准据法的变更]

1. 在婚姻存续期间，夫妻双方可随时就其婚姻财产制选择不同于先前所适用法律的另一法律。夫妻双方只能选择下列法律之一：

（1）作出选择时夫妻一方的经常居所地国法律；

（2）作出选择时夫妻一方的国籍国法律。

2. 除夫妻双方另有明确约定外，其在婚姻存续期间对适用于婚姻财产制的法律所作的变更只对将来有效。

3. 如果夫妻双方约定，根据本条第1款对应适用法律所作的变更具有追溯效力，则该追溯效力对于此前根据先前所适用的法律所实施的法律行为的法律效力或者第三人根据先前所适用的法律所取得的权利不具有任何影响。

第37条　[未婚同居者的财产关系]

未婚同居者之间的财产关系，根据本法第32条至第36条确定应适用的法律。

三、父母子女之间的关系

第38条　[父亲或者母亲身份的承认、确认或者否认]

1. 父亲身份或者母亲身份的承认、确认或者否认，适用子女在其出生时已取得的国籍国法律。

2. 不论本条第1款有何规定，如果对子女更为有利，可适用下列法律之一：

（1）子女的国籍国法律，或者在提起父亲、母亲身份的承认、确认或者否认之诉时该子女的经常居所地国法律；

（2）子女出生时调整夫妻关系的国家的法律。

3. 对父亲或者母亲身份的承认，如果其依照下列法律进行，则为有效：

（1）予以承认者的国籍国法律；或者

（2）予以承认时子女的国籍国法律；

（3）予以承认时子女的经常居所地国法律。

4. 承认父亲或者母亲身份的形式，适用承认行为实施地国法律或者根据本条第 3 款所确定的法律。

第 39 条　［父母子女之间的关系］

1. 父母与子女之间的关系，适用其共同的经常居所地国法律。

2. 父母与子女的经常居所位于不同国家的，适用子女的经常居所地国法律。

四、扶养

第 40 条　［一般规则］

1. 除本法另有规定外，扶养义务适用扶养权利人的经常居所地国法律。

2. 扶养权利人的经常居所发生变更的，则自该居所变更时起适用其新经常居所地国法律。

第 41 条　［有利于特定扶养权利人的特殊规则］

1. 本条款有关扶养的特殊规则，适用于下列扶养义务：

(1) 父母对其子女的抚养；

(2) 除父母以外的其他人对未满二十一周岁者的扶养义务，但本法第 42 条所述的扶养义务除外；以及

(3) 子女对其父母的赡养。

2. 扶养权利人根据本法第 40 条所规定的法律无法获得扶养的，适用受理诉讼的法院所在国法律。

3. 不论本法第 40 条有何规定，扶养权利人已向扶养义务人经常居所地国主管机关起诉的，均适用该国的法律。但是，如果扶养权利人根据该法律无法获得扶养义务人的扶养，则应适用扶养权利人的经常居所地国法律。

4. 如果扶养权利人根据本法第 40 条以及本条第 2 款、第 3 款所规定的法律无法获得扶养义务人的扶养，则在他们有共同国籍时，适用其共同国籍国法律。

第 42 条　［有关夫妻之间和前夫前妻之间扶养的特殊规则］

关于夫妻之间、前夫与前妻之间或者其婚姻被宣告无效者之间的扶养义务，如果当事人一方表示反对，且另一国尤其是双方最后的共同经常居所地国法律与所涉婚姻有更密切的联系，则不适用本法第 40 条规定。此时，适用与其有更密切联系的国家的法律。

第 43 条　［对特定人扶养权的抗辩］

除了父母对子女的抚养义务和本法第 42 条规定的扶养义务外，对于其他人的扶养义务，扶养义务人可以对权利人的请求进行抗辩，即无论是根据扶养义务人的经常居所地国法律还是根据当事人双方的共同国籍国法律，于其均不

存在这种扶养义务。

第 44 条　[为特定程序选择准据法]

1. 不论本法第 40 条至第 43 条有何规定，扶养权利人和义务人可出于特定程序的需要，明确选择该程序进行地国法律作为适用于扶养义务的法律。

2. 在启动程序之前达成的法律选择协议，必须采用书面形式并由双方当事人签名，或者记录在其内容可供以后查验的数据载体上。

第 45 条　[准据法的选择]

1. 不论本法第 40 条至第 43 条有何规定，扶养权利人和义务人可随时协议选择下列法律之一作为适用于扶养义务的法律：

(1)选择法律时当事人一方的国籍国法律；

(2)选择法律时当事人一方的经常居所地国法律；

(3)当事人双方已选择的适用于其财产关系的法律，或者实际上已适用于其财产关系的实体法；

(4)当事人双方已选择的适用于其离婚或者依法分居的法律，或者实际上已适用于其离婚或者依法分居的实体法。

2. 有关选择应适用法律的协议，应以书面形式作成并由双方当事人签名，或者记录在其内容可供以后查验的数据载体上。

3. 本条第 1 款规定，不适用于有关未满十八周岁的人或者因个人能力有限、低下而无法保护自己利益的成年人的扶养义务。

4. 不论根据本条第 1 款所选择的法律有何规定，权利人能否放弃其扶养请求，适用选择法律时权利人的经常居所地国法律。

5. 双方当事人根据本条第 1 款所选择的法律，如果其适用的后果对当事人一方明显有失公允，则不予适用，但双方当事人在选择法律时已被充分告知且完全知晓其所作选择后果的除外。

第 46 条　[公共机构]

对国家机关和其他执行公务的机构(以下简称公共机构)因代为向权利人提供扶养服务而请求偿付的权利，适用该公共机构所属国法律。

第 47 条　[扶养准据法的适用范围]

根据本法第 40 条至第 46 条适用于扶养义务的法律，特别确定：

(1)扶养权利人能否、能在何种范围内以及向谁请求扶养；

(2)权利人能在何种范围内要求支付以前的扶养费；

(3)扶养费的计算依据及参照依据；

(4)有权提起扶养之诉的主体，但诉讼能力和诉讼代理问题除外；

（5）时效期限和提起诉讼的有效期限；

（6）公共机构要求偿付其代位向权利人提供的扶养服务时，义务人应履行偿付义务的范围。

第 48 条　［扶养金额的计算］

在计算扶养费时，即使应适用的法律另有规定，也应考虑扶养权利人的需求、义务人的经济情况以及代位向权利人定期支付扶养费而可能受到的损失。

第 49 条　［对本小节规定的解释和适用］

就扶养义务而言，本法本小节的规定，应根据欧盟理事会 2008 年 12 月 18 日《关于扶养义务事项的管辖权、法律适用、判决的承认与执行并进行合作的第 4/2009 号条例》进行解释和适用。

五、收养

第 50 条　［收养的成立条件、效力和终止］

1. 收养的成立条件、效力及终止，适用收养人的国籍国法律。

2. 夫妻双方共同收养的，适用夫妻双方提出收养申请时的共同国籍国法律。

3. 夫妻双方共同收养但没有共同国籍的，适用夫妻双方在提出收养申请时的共同经常居所地国法律。

4. 收养的形式，适用收养成立地法律。

第三节　继承关系

第 51 条　［一般规则］

因死亡而引起的所有遗产继承事项，适用被继承人死亡时的经常居所地国法律。

第 52 条　［法律选择］

1. 对于因死亡而引起的所有遗产继承事项，被继承人可选择其在选择法律时或者死亡时的国籍国法律。被继承人有多个国籍的，可选择其在选择法律时或者死亡时的国籍国之一的法律。

2. 法律选择必须以遗嘱形式作出，或者从遗嘱中体现出来。

3. 法律选择的存在和实质有效性，适用所选择的法律。

4. 本条第 2 款的规定，亦适用于对先前所选择法律的变更及撤回。

第 53 条　［继承准据法的适用范围］

根据本法第 51 条和第 52 条确定为应予适用的法律，适用于因被继承人死亡而引起的所有遗产继承事项。该法特别调整：

（1）遗产继承发生的依据、遗产继承开始的时间和地点；

（2）继承人和受遗赠人的范围、继承份额、被继承人对继承人和受遗赠人可能施加的义务以及其他继承权的确定，包括被继承人的尚存配偶或婚外同居者的继承权；

（3）继承能力；

（4）剥夺继承权或者无继承资格；

（5）向继承人或者受遗赠人移交遗产，继承人和受遗赠人因继承而产生的义务，以及接受、放弃继承或者遗赠的条件及效力；

（6）继承人、遗嘱执行人及其他遗产管理人的权利，特别是有关变卖财产和清偿债权人方面的权利；

（7）特留份和对遗嘱自由的其他限制，包括法院或者其他机关为保护被继承人亲属的利益而事先从遗产中分割的部分；

（8）退还赠与物或者将赠与物算入继承份额的义务；

（9）遗产的分配；

（10）对被继承人所负债务的责任。

第 54 条　[适用于死因处分的可接受性和实质有效性的法律]

1. 死因处分的可接受性和实质有效性，由被继承人作出死因处分时本应适用于继承的法律调整。

2. 不论本条第 1 款有何规定，对于死因处分的存在、实质有效性、效力和解释，被继承人仍可根据本法第 52 条选择应适用的法律。

3. 本条第 1 款的规定，亦适用于对先前所作死因处分的变更及撤回。根据本条第 2 款选择了应适用的法律的，对该法律选择的变更或者撤回，适用所选择的法律。

第 55 条　[适用于被继承人死因处分的法律行为的法律] ①

1. 据以处分个人死亡后遗产的法律行为，它的可接受性、实质有效性、效力和终止，适用处分财产者在实施该法律行为时的经常居所地国法律。

2. 多个被继承人对其死亡后的财产进行死因处分的法律行为，只有在其根据所有这些被继承人实施该法律行为时的个人居所地国法律均为有效时，方属有效。根据以这种方式确定的法律属于有效的法律行为，其可接受性、实质有效性、效力和终止，适用与该法律行为有最密切联系的法律。

---

①　第 55 条规定对应的是 2012 年《欧盟继承条例》第 25 条有关继承协议的条款。——译者注

3. 不论本条第 1 款、第 2 款有何规定，对于处分被继承人死亡后遗产的法律行为的可接受性、实质有效性、效力和终止，当事人可以选择被继承人或者被继承人之一根据本法第 52 条本可选择的法律。

第 56 条　[死因处分的形式]

1. 一项死因处分，根据下列法律之一为有效者，则在形式上有效：

(1)死因处分地法律；

(2)遗嘱人在进行处分时或者死亡时的国籍国法律；

(3)遗嘱人在进行处分时或者死亡时的住所地法律；

(4)遗嘱人在进行处分时或者死亡时的经常居所地法律；

(5)北马其顿共和国法律；

(6)涉及不动产的，不动产所在地法律；

(7)进行处分时适用于或者本应适用于继承的法律。

2. 死因处分的撤回，如果其形式根据本条第 1 款规定的能有效作出处分的法律之一为有效者，则在形式上有效。

第 57 条　[接受或者放弃受领的声明的形式有效性]

一项接受或者放弃遗产、遗赠或者特留份的声明，或者限制声明人责任的声明，如果其符合下列法律所规定的形式要求，则在形式上有效：

(1)根据本法第 51 条、第 52 条规定适用于继承的法律；或者

(2)声明人的经常居所地国法律。

第 58 条　[推定同时死亡]

两个或者两个以上的自然人死亡且无法确定死亡顺序的，如果其各自的继承事项由不同的法律调整，且这些法律对该情况有不同规定或者根本未作规定，则视为这些人同时死亡。

第 59 条　[对本节规定的解释和适用]

本法本节的规定，应根据欧盟议会及理事会 2012 年 7 月 4 日《关于继承事项的管辖权、法律适用、判决的承认与执行、公文书的接受与执行并创设欧洲遗产证书的第 650/2012 号条例》进行解释和适用。

第四节　物权

第 60 条　[物的种类]

在确定某物为动产还是不动产时，适用该物之所在地国法律。

第 61 条　[不动产物权]

不动产物权，适用该物之所在地国法律。

第 62 条　[动产物权]

1. 动产物权的取得和消灭，适用据以取得或者消灭物权的行为实施时或者情势发生时该动产的所在地国法律。

2. 如果在一国发生了取得或者消灭某动产物权所需的个别行为或者情势，则该行为或者情况也应被视为是在据以取得或者消灭该物权的最后一个行为或者情势发生的另一国所发生的。

3. 动产物权的内容和效力，适用该物之所在地国法律。

第 63 条　[将动产带入北马其顿共和国(法律的动态冲突)]

1. 已在另一国被有效地取得物权的动产被带入北马其顿共和国境内的，如果北马其顿共和国法律所规定的物权，在内容和效力上与在该另一国取得的物权相对应，则已取得的物权应在北马其顿共和国予以承认。

2. 本条第 1 款所指动产物权的内容、行使和在登记簿上注册，适用北马其顿共和国法律。

3. 如果根据北马其顿共和国法律，本条第 1 款所指物权必须在标的物进入北马其顿共和国之日起 60 日内在该国登记簿上进行权利注册，则该物品在登记簿注册的日期应视为进入北马其顿共和国的日期。

第 64 条　[运输中的物品]

1. 运输中物品的物权的取得与消灭，适用运输目的地国法律。

2. 旅客随身携带的私人用品的物权，适用该旅客的经常居所地国法律。

第 65 条　[运输工具]

船舶、航空器或者其他经公共登记簿注册的运输工具，其物权的取得和消灭，适用该运输工具进行注册的登记簿所属国法律。

第 66 条　[注册的效力]

据以取得、转让或者消灭物权的注册行为，其效力适用完成法律行为时该物的所在地国法律。

第 67 条　[文化财产]

1. 如果已被宣布为某国文化财产的特定物被非法带出该国领土，则该国要求返还该物的请求权应适用该国的法律，但该国已选择提出返还请求时该物之所在地国法律的除外。

2. 如果已宣布特定物为其文化财产的国家的法律对该文化财产的善意占有人未给予任何保护，则该占有人得以援引提出返还文化财产的请求时该物之所在地国法律对其所给予的保护。

第 68 条　[物权准据法的适用范围]

适用于物权的法律特别调整：

(1)物权的存在、种类、内容和范围；

(2)权利人；

(3)取得、转让和消灭物权的方式；

(4)物权的可转让性；

(5)物权对第三人的效力；

(6)物权在公共登记簿上注册的必要性。

第五节　知识产权

第 69 条　[基本规则]

1. 著作权、邻接权和其他未注册的知识产权的存在、有效性、效力、期限、消灭及可转让性，适用被请求保护这些权利的国家的法律。

2. 工业产权的存在、有效性、效力、期限、消灭及可转让性，适用该权利的注册地国或者注册申报地国法律。

第 70 条　[因从事劳动而产生的知识产权]

知识产权的权利人，如果该项权利的标的物是在雇佣关系存续期间因从事劳动而创设，则由调整雇佣合同的法律确定。

第 71 条　[知识产权合同]

与知识产权有关的合同，适用根据本法第六节和第八节所确定的法律。

第 72 条　[侵害知识产权]

1. 因侵害知识产权而产生的非合同责任，适用被请求保护的国家的法律。

2. 根据本条第 1 款确定为应予适用的法律，不得通过根据本法第 99 条所订立的合同排除适用。

第六节　合同之债

第 73 条　[法律选择]

1. 合同，适用双方当事人所选择的法律。法律选择必须明示做出，或者通过合同条款或者案件情势明确体现出来。当事人双方可以就合同的全部或者部分进行法律选择。

2. 双方当事人可随时约定其合同依照另一法律判断。本法第 81 条所指合同的形式有效性及第三人权利，不受合同订立后对法律适用所作变更的影响。

3. 在选择法律时，如果案件的所有其他因素均位于双方当事人所选择的法律所属国以外的另一国家，则该法律选择不妨碍该另一国家法律中不得通过协议减损的规定的适用。

4. 双方当事人关于法律适用的合意的成立及效力，适用本法第16条第2款、第80条和第81条的规定。

第74条　[未选择法律时应适用的法律]

1. 双方当事人未根据本法第73条规定进行选择法律的，在不损抑本法第76条、第77条、第78条和第79条规定的前提下，合同所适用的法律依照如下方式确定：

(1)货物销售合同，适用卖方的经常居所地国法律；

(2)服务合同，适用服务提供者的经常居所地国法律；

(3)有关不动产物权以及不动产租赁的合同，适用不动产所在地国法律；

(4)有关供私人临时使用连续不超过六个月的不动产租赁合同，如果承租人为自然人，且其经常居所也位于出租人的经常居所地国境内，则适用出租人的经常居所地国法律；

(5)特许销售合同，适用特许证持有人的经常居所地国法律；

(6)分销合同，适用分销商的经常居所地国法律；

(7)以拍卖方式订立的动产买卖合同，如果能够确定拍卖地，则适用拍卖举行地国法律。

2. 如果合同不在本条第1款规定之列，或者合同的各组成部分涉及本条第1款规定的一种以上事项的，则合同适用提供特征性履行的一方当事人的经常居所地国法律。

3. 根据本条第1款或者第2款规定无法确定合同应适用的法律时，则适用其有最密切联系的国家的法律。

第75条　[经常居所]

1. 就本节规定而言，商业公司、基金会和协会，无论其为法人还是非法人组织，其经常居所是指其主要管理机构所在地。

2. 从事职业或者商业活动的自然人，其经常居所是指其主要营业地。

3. 如果合同系在特定法人的子公司、代表处或者其他营业所的经营过程中订立，或者根据该合同规定，合同的履行由该法人的子公司、代表处或者其他营业所负责，则该法人的经常居所是指该子公司、代表处或者其他营业所所在地。

4. 在确定经常居所时，以订立合同的时间为准。

第 76 条　[运输合同]

1. 双方当事人未根据本法第 73 条就货物运输合同进行法律选择的，适用承运人的经常居所地国法律，但以收货地、交货地或者发货人的经常居所也在该国为前提。

2. 不符合本条第 1 款所述条件的，适用双方当事人约定的交货地国法律。

第 77 条　[旅客运输合同]

1. 双方当事人只能选择下列地点所在国的法律作为适用于旅客运输合同的法律：

(1)被运送的旅客的经常居所地；

(2)承运人的经常居所地；

(3)承运人的主要管理机构所在地；

(4)始发地；

(5)目的地。

2. 双方当事人未根据本条第 1 款就旅客运输合同进行法律选择的，应适用的法律为被运送旅客的经常居所地国法律，但以始发地或者目的地也在该国为前提。不符合这些条件的，适用承运人的经常居所地国法律。

第 78 条　[消费者合同]

1. 消费者合同，适用消费者的经常居所地国法律，前提是经营者：

(1)在消费者的经常居所地国从事职业或者商业活动；或者

(2)以某种方式在该国或者包括该国在内的多个国家开展此项活动，且合同系在该活动范围内。

2. 不论本条第 1 款有何规定，双方当事人可以就符合本条第 1 款要求的消费者合同根据本法第 73 条规定选择所适用的法律。但是，该法律选择不得剥夺消费者经常居所地国法律中不得通过协议减损的规定赋予消费者的保护。

3. 不满足本条第 1 款要求的，为确定消费者合同所适用的法律，适用本法第 73 条、第 74 条规定。

4. 本条第 1 款和第 2 款的规定不适用于：

(1)有关提供服务的合同，如果向消费者提供的服务必须专门在消费者经常居所地国以外的另一国家提供；

(2)运输合同，但约定一并提供旅行及住宿服务的一揽子旅游合同除外；

(3)有关不动产物权或者不动产租赁的合同，但有关不动产分时使用权的合同除外。

第 79 条　［个人雇佣合同］

1. 个人雇佣合同，适用双方当事人根据本法第 73 条所选择的法律。但是，双方当事人的法律选择不得剥夺未选择法律时根据本条第 2 款、第 3 款本应适用的、不得通过协议减损的法律规定给予雇员的保护。

2. 未通过法律选择确定雇佣合同所适用的法律时，雇佣合同适用雇员在履行合同时通常从事劳动所在地国法律，即使雇员临时在另一国从事劳动亦然。

3. 根据本条第 2 款规定不能确定应适用的法律时，雇佣合同适用雇佣该雇员的营业所所在地国法律。

第 80 条　［合意及合同的实质有效性］

1. 合同或者其某条款的成立和实质有效性，依照假设该合同或者该条款有效时根据本法应予适用的法律判断。

2. 如果案件情势表明，根据本条第 1 款所指的法律确定一方当事人行为的效力有失公平，则该当事人可援引其经常居所地国法律主张其并未同意该合同。

第 81 条　［合同的形式］

1. 合同当事人或者其代理人在订立合同时位于同一国家境内的，其订立的合同只要满足下列国家法律所规定的形式要求，即在形式上有效：

(1) 根据本法规定调整合同内容的法律所属国；或者

(2) 合同缔结地国。

2. 合同当事人或者其代理人在订立合同时位于不同国家境内的，其订立的合同只要满足下列国家法律所规定的形式要求，即在形式上有效：

(1) 根据本法规定调整合同内容的法律所属国；或者

(2) 合同当事人一方或者其代理人在订立合同时的所在国；或者

(3) 合同当事人一方在订立合同时的经常居所地国。

3. 与已订立的或者将订立的合同有关的单方法律行为，如果满足下列国家法律所规定的形式要求，则在形式上有效：

(1) 根据本法规定调整或者本应调整合同内容的法律所属国；或者

(2) 该单方法律行为的实施地国；或者

(3) 单方法律行为实施者在实施该单方法律行为时的经常居所地国。

4. 不论本条第 1 款、第 2 款和第 3 款有何规定，消费者合同的形式适用消费者的经常居所地国法律。

5. 不论本条第 1 款、第 2 款、第 3 款和第 4 款有何规定，与不动产物权或者不动产租赁有关的合同，如果其符合该不动产所在地国法律的形式规定，则在形式上有效，前提是该国法律的此类规定：

(1)无论该合同在哪一国订立或者适用哪一国法律，均应予以适用；

(2)不得通过协议加以减损。

第82条　[债权的转让]

1. 将针对另一人(债务人)的债权进行转让而产生的让与人与受让人之间的关系，由根据本法适用于有关债权转让合同的法律调整。

2. 调整债权转让的法律，决定该债权的可转让性、受让人与债务人之间的关系、债务人得以抗辩该项转让的条件以及债务人义务免除的方式。

3. 本条所指的"债权转让"，是指债权以及债权上的质押权或者其他担保权的完全转让或者设有担保的转让。

第83条　[抵销]

如果合同中未约定抵销权，则抵销由适用于被抵销的债权的法律调整。

第84条　[适用范围]

适用于合同的法律，特别调整：

(1)合同的解释；

(2)合同义务的履行；

(3)完全不履行或者部分不履行合同义务的后果，以及在受诉法院所属国诉讼法赋予的权限内根据法律规范估算损失；

(4)义务消灭的各种方式；

(5)诉讼时效；

(6)因期限届满而引起的权利丧失；

(7)合同无效的后果。

2. 对于履行的方式、方法以及在履行有瑕疵的情况下债权人应采取的措施，应考虑合同履行地国的法律。

第85条　[本节规定的解释和适用]

本法本节的规定，应根据欧盟议会及理事会2008年6月17日《关于合同之债法律适用的第593/2008号条例》("罗马I")进行解释和适用。

第七节　非合同之债

一、一般规定

第86条　[非合同之债]

1. 在本节意义上，"损害"这个概念包括侵权行为、不当得利、无因管理或者缔约过失（*culpa in contrahendo*）引起的所有后果。

2. 本节的规定，亦适用于可能产生的非合同之债。

3. 本节所指的"致害事件"，亦包括可能造成损害的事件。

4. 本节所指的"损害"，亦包括可能发生的损害。

第 87 条　［经常居所］

1. 就本节而言，商业公司、基金会和协会，无论其为法人还是非法人组织，其经常居所是指其主要管理机构所在地。但是，如果致害事件或者损害系因其子公司、代表处或者其他营业所的经营活动而产生，则该子公司、代表处或者营业所所在地视为经常居所。

2. 从事商业活动的自然人，其经常居所是指其主要营业地。

二、因有害行为引起的非合同责任

第 88 条　［基本规则］

1. 除本法另有规定外，因损害赔偿引起的非合同责任，适用损害发生地国法律，而不论致害事件发生在哪一国家，也不论该事件引起的间接损害后果发生在哪一个或者哪几个国家。

2. 不论本条第 1 款有何规定，被请求承担责任者与受害人于损害发生时在同一国有经常居所的，适用该国法律。

3. 如果案件的所有情况表明，私法关系与本条第 1 款、第 2 款所指国家以外的另一国显然有更密切联系，则适用该另一国法律。与另一国显然更密切的联系，可以特别产生于当事人之间与所涉侵权行为密切相关的某种现有关系，例如合同。

第 89 条　［产品责任］

不论本法第 88 条第 2 款有何规定，因使用产品造成损害而产生的非合同责任，根据 1973 年《关于产品责任法律适用的海牙公约》确定。

第 90 条　［不正当竞争及限制自由竞争的行为］

1. 因不正当竞争而产生的非合同之债，适用其境内的竞争关系或者消费者集体利益已受到或者可能受到影响的国家的法律。

2. 不正当竞争行为仅影响某一特定竞争者利益时，适用本法第 88 条规定。

3. 因限制竞争而产生的非合同之债，适用受到或者可能受到影响的市场所属国法律。

4. 根据本条第 1 款、第 2 款和第 3 款应予适用的法律，不得通过本法第 99 条所指的协议排除适用。

第 91 条　[环境损害]

因环境损害或者因环境损害造成人身或者财产损失而产生的非合同之债，适用根据本法第 88 条第 1 款所确定的法律，但受害人决定援引致害事件的发生地国法律提出索赔请求的除外。

第 92 条　[对雇员或雇主的抗议行动的责任]

不论本法第 88 条第 2 款有何规定，某人以雇员、雇主或者代表其职业利益的组织的身份，对于雇员或雇主已经举行或将要举行的抗议行动，如雇员罢工或者雇主临时停工，造成损失承担责任而产生的非合同之债，适用抗议活动实际举行地或将要举行地所在国法律。

第 93 条　[交通事故损害责任]

不论本法第 88 条第 2 款有何规定，因交通事故造成损害而产生的非合同责任，根据 1971 年《关于道路交通事故法律适用的海牙公约》确定。

第 94 条　[侵害人格权]

1. 因通过媒体，特别是通过印刷媒体、广播、电视或者其他信息媒介侵害人格权而产生的责任，根据受害人的选择适用下列法律之一：

(1)受害人的经常居所地国法律；或者

(2)损害发生地国法律；或者

(3)被请求承担责任者的经常居所地或者营业所所在地国法律。

2. 在本条第 1 款第 1 项、第 2 项所指情形下，被请求承担责任者应当能够合理预测该损害将发生于受害人的经常居所地国或者该损害的发生地国。

3. 对通过媒体侵害人格权的行为进行纠正的权利，适用该侵害行为实施地国法律。

4. 本条第 1 款的规定，亦适用于因侵害与个人数据保护相关的权利而产生的责任。

第 95 条　[因公海上航行的船舶内或者航空器内的事件引起的损害赔偿]

据以产生损害赔偿责任的事件发生于公海上航行的船舶内或者航空器内的，船舶或者航空器在其登记簿上进行注册的国家的法律视为产生损害赔偿责任的事实发生地法律。

三、不当得利、无因管理和缔约过失

第 96 条　[不当得利]

1. 因不当得利，包括错收款项在内，而产生的非合同之债，如果与当事人之间的另一现有关系——如合同或者侵权行为——有关，且不当得利与该另一关系有密切联系，则适用调整该另一关系的法律。

2. 如果根据本条第 1 款不能确定应适用的法律，且双方当事人在引起不当得利的事件发生时在同一国境内有经常居所，则适用该国的法律。

3. 如果根据本条第 1 款、第 2 款不能确定应适用的法律，则不当得利适用该得利行为发生地国法律。

第 97 条　[无因管理]

1. 因无因管理而产生的非合同之债，如果与当事人之间的另一现有关系——如合同或者侵权行为——有关，且无因管理与该另一关系有密切联系，则适用调整该另一关系的法律。

2. 如果根据本条第 1 款不能确定无因管理所适用的法律，且双方当事人在致害事件发生时在同一国家境内有经常居所，则适用该国的法律。

3. 如果根据本条第 1 款、第 2 款无法确定应适用的法律，则适用无因管理行为实施地国法律。

第 98 条　[缔约过失]

1. 因订立合同前的行为而产生的非合同之债(缔约过失)，不论合同是否实际订立，由假设该合同已订立时根据本法规定应适用或者本应适用的国家的法律调整。

2. 如果根据本法第 1 款不能确定应适用的法律，则应适用的法律是：

(1)损害发生地国法律，而不论致害事件发生在哪一国，也不论间接的损害后果发生在哪一个或者哪几个国家；或者

(2)如果双方当事人在致害事件发生时在同一国境内有经常居所，则适用该国法律。

四、非合同之债的共同规定

第 99 条　[法律选择]

1. 双方当事人可以通过下列方式选择适用于其非合同之债的法律：

(1)在致害事件发生后订立协议；或者

(2)如果双方当事人均从事商业活动，则亦可在致害事件发生前自由达成协议；

2. 本条第 1 款所指的法律选择必须明示作出，或者通过案件情势明确地体现出来，且不得影响第三人的权利。

3. 在致害事件发生时，如果案件的所有相关因素均位于被选择法律所属国以外的另一国家，则当事人的法律选择不得妨碍该另一国那些不得通过协议加以减损的法律规定的适用。

第 100 条 [准据法的适用范围]

适用于非合同之债的法律特别调整:

(1)承担责任的依据和范围,包括确定可能对其行为负责的人;

(2)免除责任的理由以及责任的限制或者分摊;

(3)损害的存在、性质和估算,或者赔偿金额;

(4)法院在其所属国诉讼法所赋权限内可责令采取的预防、终止或者赔偿损害的措施;

(5)损害赔偿请求权的可转让性,包括可继承性;

(6)有权请求人身损害赔偿的人;

(7)对其他人行为的责任;

(8)义务消灭的方式,有关权利丧失和时效的规定,包括关于在这项权利即将丧失时提起诉讼或者采取某些行动的期限的开始以及时效期间的开始、中断和中止的规定。

第 101 条 [安全规则和行为规则]

在判断责任人的行为时,应在适当范围内考虑据以产生责任的事件发生时当地现行的安全规则和行为规则。

第 102 条 [起诉责任人的保险人]

如果适用于非合同之债或者保险合同的法律有规定,受害人可以直接向损害赔偿责任人的保险人提出损害赔偿请求。

第 103 条 [本节规定的解释和适用]

1. 本法本节的规定,应根据欧盟议会及理事会 2007 年 7 月 17 日《关于非合同之债法律适用的第 864/2007 号条例》("罗马Ⅱ")进行解释和适用。

2. 本条第 1 款不适用于本法第 93 条、第 94 条和第 95 条的规定。

第八节 合同之债和非合同之债的共同规定

第 104 条 [法定的债权转让]

如果债权人对某债务人享有债权,且第三人有义务清偿该债权人或者已经向债权人履行了清偿义务,则调整该第三人对债权人义务的法律,决定该第三人是否有权以及能在多大范围内对该债务人主张原债权人对债务人根据调整他们之间关系的法律所享有的权利。

第 105 条 [多方债务]

如果债权人对因同一债务而负有连带责任的数个债务人享有债权,且已经从其中一个债务人处获得全部或者部分清偿,则该债务人向其他债务人追偿的请求权，根据适用于该债务人对债权人义务的法律确定。其他债务人，在适用于其对债权人义务的法律允许的范围内，有权对该债务人行使他们对债权人所享有的抗辩权。

第 106 条　[举证责任]

1. 调整合同之债和非合同之债的法律，只要其包含这些关系的法律推定或者举证责任规则，即可予以适用。

2. 合同或者其他法律行为的法律效力，可以通过受诉法院所属国法律或者本法第 81 条所指的、据以认定合同或者其他法律行为在形式上有效的法律所允许的任何证据证明，但以能够向受诉法院提供这种证据为前提。

第九节　法律交易和法律行为的形式，代理和时效

第 107 条　[法律交易和法律行为的形式]

除本法另有规定外，如果法律交易与法律行为根据交易达成地法或者行为实施地法，或者根据调整该法律交易或者法律行为内容的法律是有效的，则视为形式上有效。

第 108 条　[委托代理]

1. 对于代理人代理权的存在和范围以及由于行使或可能行使该代理权而产生的后果，适用委托人和代理人所选择的法律，但前提是代理人行为所针对的第三人已经知晓或者应当知晓该法律选择。

2. 未选择法律时，对于本条第 1 款所述事项，适用代理人在实施代理行为时的经常居所地国法律。

3. 作为本条第 2 款的例外，如果第三人既不知晓也无义务知晓代理人的经常居所位于何处，或者代理合同是与代理人签订的，而代理人的代理活动不是其职业工作，或者代理人在证券交易所或者公开拍卖中从事代理活动，则对于本条第 1 款所述事项，适用代理人从事代理活动所在地国法律。

4. 根据本条第 1 款、第 2 款和第 3 款确定为应予适用的法律，亦适用于因代理人依照其权限行事、越权代理或者无权代理情形下所产生的代理人与第三人之间的关系。

5. 不论本条第 1 款、第 2 款和第 3 款有何规定，如果代理系以某不动产为标的，则对于本条第 1 款所述事项，适用该不动产所在地国法律。

第 109 条　[时效]

时效，适用调整法律交易或者法律行为内容的法律。

第三编　国际管辖权和诉讼程序

第一章　北马其顿法院和其他机关对国际民事案件的管辖权

第一节　一般规定

第 110 条　[诉讼程序的一般管辖权]

1. 北马其顿共和国法院具有管辖权，如果被告是：

(1) 在北马其顿共和国境内有住所或者经常居所的自然人；或者

(2) 总部位于北马其顿共和国境内的法人。

2. 本条第 1 款不适用于北马其顿共和国法院对继承事项的管辖权。

第 111 条　[实质性共同诉讼人]

如果争议中的多个被告构成实质性共同诉讼人，只要能根据本法所规定的一般管辖标准确立对其中一个被告的管辖权，北马其顿共和国法院即有管辖权。

第 112 条　[对关联诉讼的管辖权]

1. 如果北马其顿共和国法院对一起由数人提起的诉讼具有裁判管辖权，则该法院对于与该诉讼有关联的其他诉讼亦有裁判管辖权。

2. 关联诉讼，系指彼此之间联系非常紧密，以至于需要一并审理和裁判，以避免在单独程序中作出相互矛盾的裁判的诉讼。

第 113 条　[对反诉的管辖权]

如果反诉的请求与本诉有关，则北马其顿共和国法院对反诉亦具有管辖权。

第 114 条　[非讼程序的一般管辖权]

1. 以非讼程序对法律关系作出裁判时，如果被请求人具有下列情形之一，则北马其顿共和国法院具有管辖权：

(1) 在北马其顿共和国境内有住所或者经常居所的外国人；或者

(2) 总部在北马其顿共和国境内的法人。

2. 在只有一位当事人参与非讼程序时，如果该当事人符合本条第 1 款所述条件，则北马其顿共和国法院具有管辖权。

3. 本条第 1 款和第 2 款的规定，不适用于继承案件的审理。

第 115 条　［对临时措施和初步措施的管辖权］

即使北马其顿共和国法院根据本法规定对于案件的主要事项没有管辖权，但对于起诉时位于北马其顿共和国境内的人或者财产有权责令采取临时措施或者初步措施。

第 116 条　［管辖权的恒定］

1. 北马其顿共和国法院或者其他机关在具有国际因素的事项上的管辖权，应根据启动程序时所存在的事实和情势依职权确认。

2. 即使北马其顿共和国法院或者其他机关据以确立管辖权的事实在诉讼程序中发生变化，该法院或者其他机关仍具有管辖权。

第 117 条　［必要管辖］

如果本法未规定北马其顿法院或者其他机关的管辖权，且无法在另一国家启动或者无法合理预期在另一国家启动程序，当案件与北马其顿共和国有实质性联系时，则作为例外，北马其顿共和国法院或者其他机关具有管辖权。

第 118 条　［专属国际管辖权——一般规则］

本法或者其他法律有明确规定的，北马其顿共和国法院具有专属管辖权。

第 119 条　［国际未决诉讼］

如果相同当事人之间因同一法律争议向外国法院提起的诉讼尚未审结，且具有下列情形的，北马其顿共和国法院应根据一方当事人的请求中止程序：

（1）就所涉争议首先向外国法院提起了相关诉讼；

（2）北马其顿共和国法院对所涉争议的审理无专属管辖权；

（3）可以合理预期外国法院作出的判决将在北马其顿共和国得到承认。

第 120 条　［批准和实施执行事务的专属国际管辖权］

如果在北马其顿共和国境内执行，则法院或者依法行使公共职权的人员对该项执行的批准和实施具有专属管辖权。

第 121 条　［对于在外国服务的北马其顿共和国国民所提诉讼的国际管辖权］

在针对居住在国外的北马其顿共和国国民提起的诉讼中，如果其已经被国家机关派出提供服务或者从事工作，则只要其在派出时居住在北马其顿共和国，则北马其顿共和国法院即具有管辖权。

第二节　法院管辖协议

第 122 条　［关于由北马其顿共和国法院管辖的协议］

1. 对于具有国际因素的事项，北马其顿共和国法律允许当事人自由处分其权利的，当事人双方可以就北马其顿共和国法院的管辖权达成协议，以解决现有争议或者因特定法律关系产生的争议。

2. 除当事人另有约定外，本条第 1 款所述的北马其顿共和国法院的管辖权为排他性管辖权。

第 123 条　[关于由外国法院管辖的协议]

1. 对于具有国际因素的事项，北马其顿共和国法律允许当事人自由处分其权利的，当事人双方可以就外国的一个或者多个法院的管辖权达成协议，以解决现有争议或者因特定法律关系产生的争议。

2. 除本法另有规定外，对于北马其顿共和国法院具有专属管辖权的争议，不得协议由外国法院管辖。

3. 某一事项已协议由外国法院管辖，就该事项向其提起诉讼的北马其顿共和国法院，应基于当事人一方的异议宣告对该案无管辖权并驳回诉讼，但法院认定该法院管辖协议无效的除外。

4. 本条第 3 款所述的异议，最迟应在对案件的主要事项进行开庭审理之前提出。

第 124 条　[法院管辖协议的形式]

1. 法院管辖协议的订立：

(1)采用书面形式或者经书面确认的口头形式；或者

(2)采用符合合同当事人之间现有交易习惯的形式；

(3)在国际贸易中采用符合商业惯例的形式，双方当事人熟悉或者应当熟悉这种商业惯例，并且所涉交易领域的合同当事人一般知晓且通常遵守。

2. 法院管辖协议系采用能够长期记录协议内容的电子通信方式订立的，视为以书面形式订立。

3. 作为某合同组成部分的法院管辖协议，应视为独立于合同其他条款的协议。

4. 法院管辖权协议的有效性，不能仅仅因为该协议属于其组成部分的合同无效而受到质疑。

第 125 条　[被告对北马其顿共和国法院管辖权的默示同意]

1. 有下列情形之一的，应视为被告已经同意由北马其顿共和国法院管辖：

(1)被告提交答辩状者或对支付令提出异议，但对法院的管辖权未提出抗辩的；

(2)被告参与案件主要事项的审理，在预审开庭或者在无此种预审时于第一次开庭审理案件主要事项时对法院的管辖权未提出抗辩的；

（3）被告提出反诉的。

2. 不论本条第 1 款有何规定，在有关保险关系、消费者合同、雇佣合同发生的纠纷中，被告为投保人、被保险人、保险合同受益人、受害人、消费者、雇员的，法院在宣告其具有管辖权之前，应告知被告有权对法院管辖权提出异议以及参与或者不参与主审程序的后果。

第三节 特别规定

一、人的法律地位

第 126 条 ［监护事项］

1. 对涉及北马其顿共和国国民的监护事项，北马其顿共和国法院或者其他机关均具有管辖权。

2. 北马其顿共和国法院或者其他机关应采取必要的临时措施，以保护位于北马其顿共和国境内或者在该国境内拥有财产的外国人的人身、权利和利益。

第 127 条 ［人名］

对于北马其顿共和国国民的人名的确定、更改或者保护，北马其顿共和国法院或者其他机关均具有管辖权。

第 128 条 ［宣告失踪者死亡］

宣告失踪的北马其顿共和国国民死亡的，北马其顿共和国法院亦具有管辖权。

第 129 条 ［对有关法人的设立、终止和地位变更纠纷的专属国际管辖权］

对于涉及商业公司、其他法人或者由自然人或者法人所组成的协会的设立、终止和地位变更的纠纷，以及涉及其机构所作决定有效性的纠纷，如果该公司、其他法人或者协会的总部位于北马其顿共和国境内，则北马其顿共和国法院具有专属管辖权。

第 130 条 ［对有关公共登记簿上注册有效性纠纷的专属国际管辖权］

对于有关在北马其顿共和国保存的公共登记簿上注册有效性的纠纷，北马其顿共和国法院具有专属管辖权。

二、家庭关系

第 131 条 ［婚姻事项和婚姻财产制纠纷］

1. 在有关确定婚姻是否存在、宣告婚姻无效或者离婚的纠纷（婚姻事项）中，有下列情形之一的，北马其顿共和国法院即具有管辖权：

（1）夫妻一方在诉讼开始时为北马其顿共和国国民或者在结婚时曾为北马其顿共和国国民的；

（2）夫妻双方在诉讼开始时在北马其顿共和国境内有经常居所的；

（3）夫妻一方在诉讼开始时为在北马其顿共和国境内有经常居所的无国籍人的；

（4）夫妻双方的最后共同经常居所曾经位于北马其顿共和国境内，且夫妻一方在诉讼开始时仍在北马其顿共和国境内有经常居所的；或者

（5）原告在诉讼开始前已在北马其顿共和国经常居住至少一年的。

2. 本条第 1 款的规定，亦适用于北马其顿共和国法院对婚姻财产制纠纷的管辖权。

第 132 条　［父亲或者母亲身份的确认］

对于有关父亲或者母亲身份的确认或者否认的纠纷，有下列情形之一的，北马其顿共和国法院即具有管辖权：

（1）子女或者就其父亲或者母亲身份进行确认或者被否认的人是北马其顿共和国国民；或者

（2）子女或者就其父亲或者母亲身份进行确认或者被否认的人在北马其顿共和国境内有经常居所。

第 133 条　［有关在父母照料下的子女的监护、抚养和教育的纠纷］

对于有关在父母照料下的子女的监护、抚养和教育的纠纷，有下列情形之一的，北马其顿共和国法院或者其他机关即具有管辖权：

（1）该子女具有北马其顿共和国国籍的；或者

（2）该子女在北马其顿共和国境内有经常居所的；或者

（3）该子女由于在其经常居所地国发生的事件而无法确定其经常居所，或者属于北马其顿共和国境内的难民或者国际流离失所者。

第 134 条　［对于授予未成年人结婚许可证的国际管辖权］、

只要申请人具有北马其顿共和国国籍，或者申请人之一具有北马其顿共和国国籍，北马其顿共和国法院即对授予未成年人结婚许可证具有管辖权，而无须考虑拟结婚者住所位于何处。

第 135 条　［扶养］

对于扶养纠纷，有下列情形之一的，北马其顿共和国法院即具有管辖权：

（1）扶养权利人在北马其顿共和国境内有经常居所；或者

（2）在北马其顿共和国法院审理的婚姻纠纷、有关认定父亲或者母亲身份的纠纷或者有关父母子女关系的纠纷中，需要对扶养事项作出裁决的。

第 136 条 ［收养］

1. 如果至少收养人一方或者被收养人在收养程序开始时具有北马其顿共和国国籍或者在北马其顿共和国境内有经常居所，则北马其顿共和国机关对于决定收养或者终止收养的事项具有管辖权。

2. 在收养程序开始时，如果被收养人具有北马其顿共和国国籍且在北马其顿共和国境内有经常居所，则北马其顿共和国机关对第 1 款所述事项的管辖权是排他性的。

三、继承事项

第 137 条 ［一般规则］

被继承人死亡时在北马其顿共和国境内有住所或者经常居所的，北马其顿共和国法院对全部遗产事项的审理具有管辖权。

第 138 条 ［根据遗产所在地确立的管辖权］

如果被继承人死亡时在北马其顿共和国境内无住所或者经常居所，当遗产的一部分或者全部位于北马其顿共和国境内，且有下列情形之一的，北马其顿共和国法院即对遗产事项的审理具有管辖权：

（1）被继承人根据本法第 52 条规定选择北马其顿共和国法律作为审理其遗产事项所适用的法律；或者

（2）被继承人死亡时具有北马其顿共和国国籍；或者

（3）本条的适用仅与该遗产有关。

第 139 条 ［对于因继承关系引起的纠纷以及与处分生前财产有关的继承纠纷的管辖权］

本法第 137 条和第 138 条的规定，亦适用于因继承关系引起的纠纷以及与处分生前财产有关的继承纠纷的管辖权。

第 140 条 ［对管辖法院的选择］

如果被继承人在遗嘱中已经选择北马其顿共和国法律作为审理其遗产事项所适用的法律，则北马其顿共和国法院对北马其顿共和国境外的该项遗产事项的审理同样具有管辖权。

四、物权

第 141 条 ［不动产物权］

1. 对于有关不动产物权的诉讼，包括因不动产租赁引起的纠纷，如果该不动产位于北马其顿共和国境内，则北马其顿共和国法院具有专属管辖权。

2. 作为本条第 1 款的例外，对于有关位于北马其顿共和国境内的供私人临时使用连续不超过六个月的不动产的短期租赁纠纷，如果承租人为自然人，且不动产的所有人及承租人在同一国境内拥有住所的，则北马其顿共和国法院不具有专属管辖权。

第 142 条　[动产物权]

对于有关动产物权的纠纷，如果该项动产在程序启动时位于北马其顿共和国境内，则北马其顿共和国法院亦具有管辖权。

第 143 条　[有关航空器或者船舶的纠纷]

1. 对于有关航空器或船舶物权的纠纷，以及有关航空器或者船舶租赁的纠纷，如果该航空器或者船舶所注册的登记簿保存在北马其顿共和国境内，则北马其顿共和国法院亦具有管辖权。

2. 对于因妨碍对本条第 1 款所指航空器或者船舶的占有而产生的纠纷，如果该航空器或者船舶所注册的登记簿保存在北马其顿共和国境内，或者妨碍行为发生在北马其顿共和国境内，则北马其顿共和国法院亦具有管辖权。

五、知识产权

第 144 条　[对有关工业产权的注册和有效性纠纷的专属国际管辖权]

北马其顿共和国法院对涉及专利、商标、服务标记和模型或者其他需要交存或者注册的工业产权的注册、有效性的纠纷具有专属管辖权，无论该问题是以起诉还是以抗辩的方式提出，只要在北马其顿共和国境内：

(1)相关当事人已申请对该权利进行交存或者注册；或者

(2)相关当事人已对该权利进行了交存或者注册；或者

(3)该权利的交存或者注册被视为是根据经批准的国际条约进行的。

六、合同关系和非合同关系

第 145 条　[根据义务履行地确立管辖权]

1. 对于因合同关系引起的纠纷，如果争议标的是已经或者应当在北马其顿共和国境内履行的义务，则北马其顿共和国法院具有管辖权。

2. 除双方当事人另有约定外，在下列情形下，本条第 1 款所指的义务履行地视为位于北马其顿共和国境内：

(1)对于货物销售合同，根据合同规定已经或者应当在北马其顿共和国境交付货物；

(2)对于服务提供合同，根据合同规定已经或者应当在北马其顿共和国境内提供服务。

第 146 条　[消费者合同]

1. 对于消费者向经营者提起的诉讼，只要消费者在北马其顿共和国境内有住所，北马其顿共和国法院即具有管辖权。

2. 对于经营者为原告、消费者为被告的消费合同纠纷，如果消费者在北马其顿共和国境内有住所，则北马其顿共和国法院具有专属管辖权。

3. 仅在下列情形下，方可根据法院管辖协议确定管辖权而不适用本条第 2 款规定：

(1)在纠纷发生后达成协议的；

(2)该协议赋予在北马其顿共和国境内无住所的消费者向北马其顿共和国法院提起诉讼权利的；或者

(3)在订立合同时，达成该协议的经营者和消费者在同一国境内有住所或者经常居所，且约定了由该国法院管辖的，但前提是该协议不得违反该国法律。

4. 本条第 1 款、第 2 款和第 3 款的规定，仅适用于因下列情形引起的纠纷：

(1)有关分期付款的货物销售合同；

(2)有关分期还款的信贷合同或者为商品销售融资的其他信贷合同；

(3)与在北马其顿共和国境内从事职业或者商业活动或者将这种活动指向北马其顿共和国或者包括北马其顿共和国在内的多个国家的人订立的合同，且合同在该活动范围内的任何其他情形。

5. 本条第 1 款、第 2 款、第 3 款和第 4 款的规定，不适用于运输合同，但约定一并提供旅行及住宿服务的一揽子旅游合同除外。

第 147 条　[个人雇佣合同]

1. 对于雇员对雇主提起的、因个人雇佣合同引起的纠纷，在下列情形下，北马其顿共和国法院亦具有管辖权：

(1)雇员通常或者已经在北马其顿共和国从事其劳动；或者

(2)雇员通常或者已经从北马其顿共和国出发去从事其劳动；或者

(3)雇员通常不在或者已经不在同一国境内从事其劳动，但聘用该雇员的雇主的营业所在诉讼时或者始终位于北马其顿共和国境内。

2. 对于因个人雇佣合同引起的纠纷，当雇主是原告、雇员是被告时，如果雇员在北马其顿共和国境内有住所，则北马其顿共和国法院具有专属管辖权。

3. 仅在下列情形下，方可根据法院管辖协议确定管辖权而不适用本条第 2 款的规定：

(1)在纠纷发生后达成协议的；

(2)该协议赋予在北马其顿共和国境内无住所的雇员向北马其顿共和国法

院提起诉讼的权利。

第 148 条 ［非合同之债］

1. 对于因非合同之债引起的纠纷，如果致害事件在北马其顿共和国境内已经发生或者有发生的危险，则北马其顿共和国法院亦具有管辖权；

2. 本条第 1 款的规定，亦适用于第三人根据有关保险人直接责任的规定而向保险公司提起的损害赔偿纠纷，以及基于损害赔偿而向追索债务人提起的追索权纠纷。

第 149 条 ［根据分支机构、代理处或者其他营业所的营业地确立管辖权］

即使被告总部在北马其顿共和国境外，对于因其位于北马其顿共和国境内的分支机构、代理处或者其他营业所的营运而引起的纠纷，北马其顿共和国法院亦具有管辖权。

第 150 条 ［根据被告财产确立国际管辖权］

被告财产位于北马其顿共和国境内的，如果原告的住所或者总部位于北马其顿共和国境内，且原告证明有可能以该财产执行判决，则北马其顿共和国法院亦具有管辖权。

第二章　有关国际诉讼程序的其他规定

第 151 条 ［诉讼程序的准据法］

在北马其顿共和国法院或者其他机关进行的有关国际事项的诉讼程序，适用北马其顿共和国法律。

第 152 条 ［当事人能力和诉讼能力］

1. 自然人的当事人能力和诉讼能力，适用其国籍国法律。

2. 如果外国人根据本条第 1 款规定无诉讼能力，但根据北马其顿共和国法律具有诉讼能力，则其可亲自实施诉讼行为。

3. 在本条第 2 款所指的外国人未宣告其亲自参与诉讼程序之前，其法定代理人可继续实施诉讼行为。

4. 外国法人的当事人能力，适用本法第 21 条和第 22 条所规定的法律。

第 153 条 ［诉讼费用担保义务］

1. 在北马其顿共和国境内无住所的无国籍人，外国国民或者未在北马其顿共和国登记簿注册的法人，向北马其顿共和国法院提起诉讼的，其有义务根据被告的请求提供诉讼费用担保。

2. 被告最迟应该在预审开庭之前，或者——如果未举行预审——应在就主要事项首次进行开庭审理时，或者在其知道有条件提出担保请求时提出该项申请。

3. 诉讼费用保证金以现金支付，但法院亦可准许以其他方式提供担保。

第 154 条 ［诉讼费用担保义务的免除］

1. 在下列情形下，被告无权请求诉讼费用担保：

(1)北马其顿共和国国民在原告国籍国没有提供诉讼费用担保义务的；

(2)原告在北马其顿共和国享有庇护权的；

(3)诉讼请求涉及原告在北马其顿共和国的雇佣关系而产生的请求权的；

(4)涉及婚姻纠纷、有关父亲或者母亲身份确认或者否认的纠纷以及法定扶养纠纷的；

(5)诉讼涉及汇票或者支票、反诉或者发布支付令的。

2. 对本条第 1 款第 1 项规定的北马其顿共和国国民在原告国籍国是否有义务提供担保存有疑问时，负责司法事务的国家主管机关应对此进行答复。

第 155 条 ［有关诉讼费用担保的决定］

1. 法院在批复诉讼费用担保申请的决定中，应确定担保费用的数额以及提供担保的期限，并提醒原告在无法证明其已于指定期限内提供担保时应承担的法定后果。

2. 如果原告无法在指定期限内证明其已提供诉讼费用担保，应视为其已撤诉；在法律救济程序中被申请提供担保的，视为其已经放弃法律救济。

3. 如果被告已及时地提出原告应提供诉讼费用担保的申请，只要法院未就其请求作出最终批复，并且如果该申请被批复但原告未提供担保的，被告即无义务继续参加案件主要事项的审理。

4. 法院如果驳回提供诉讼费用担保的申请，在驳回此项申请的决定发生法律效力之前，它仍可裁定诉讼程序继续进行。

第 156 条 ［免交诉讼费用］

外国国民与北马其顿共和国国民在同等条件下，有权免交诉讼费用。

第四编　外国法院判决的承认与执行

第一章　定义

第 157 条 ［外国法院判决］

1. 外国法院判决，系指由外国法院作出的判决。

2. 在法院达成的和解（法院和解），应视为本条第 1 款所指的外国法院判决。

3. 其他机关就本法第 1 条所指关系作出的裁决，如果在作出国与法院判决或者法院和解具有同等效力，则应视为外国法院判决。

第 158 条　［承认］

外国法院判决，只有经北马其顿共和国法院承认，方与北马其顿共和国法院的判决具有同等效力，并在北马其顿共和国具有法律效力。

第二章　承认与执行的条件

第一节　法院依职权遵守的条件

第 159 条　［有关法律效力和可执行性的证明］

1. 申请承认外国法院判决的当事人，在申请承认外国法院判决时，必须附上外国法院判决原件或者经认证的副本，以及外国主管法院或其他机关出具的、有关根据作出国法律该判决具有法律效力的证明。

2. 如果在申请承认外国法院判决时又请求承认其可执行性，则申请承认该外国法院判决的当事人除了提交本条第 1 款所述证明外，还必须附上根据作出国法律该判决具有可执行性的证明。

3. 如果外国法院判决原件或者经认证的副本，未采用启动承认该判决程序的法院所使用的官方语言作成，则申请承认该判决的当事人还必须提交以该法院所使用的官方语言作成并经认证的外国法院判决书译本。

第 160 条　［北马其顿共和国法院的专属管辖权］

如果北马其顿共和国法院或者其他机关对所涉案件具有专属管辖权，则不予承认外国法院判决，但本法规定的对于由北马其顿共和国法院专属管辖的特定争议准许当事人双方向外国法院起诉的除外。

第 161 条　［外国法院的过度管辖权］

如果外国法院确立其管辖权所依据的事实，在本法或者其他法律中却未被规定为北马其顿共和国法院或者其他机关裁决同类国际案件的管辖根据，则不予承认该外国法院的判决。

第 162 条　［就相同当事人之间的同一事项作出的具有法律效力的判决］

1. 如果北马其顿共和国法院或者其他机关已就相同当事人之间的同一事项作出了具有法律效力的判决，或者另一外国法院就相同当事人之间的同一事项所作的判决已在北马其顿共和国得到承认，则不予承认外国法院的判决。

2. 如果相同当事人之间就同一事项先前向北马其顿共和国法院提起的诉讼尚未审结，在该诉讼有效地终结之前，法院应暂缓承认外国法院的判决。

第163条　［违背公共秩序］

外国法院的判决，如果承认该判决的结果显然与北马其顿共和国的公共秩序相抵触，则不予承认。

第二节　法院尊重当事人抗辩的条件

第164条　［不尊重辩护权］

当事人一方证明存在下列情形之一的，北马其顿共和国法院应拒绝承认外国法院的判决：

(1) 其由于程序不符合规定而无法采取辩护措施的；

(2) 未向其本人送达有关启动程序的传票、起诉状或者决定，或者完全没有向其本人送达的意图的，但该方当事人已以某种方式参与了一审程序中对案件主要事项审理的除外；或者

(3) 自送达诉状之日起至开庭之日止，其没有被给予充分时间准备辩护的。

第三章　承认外国法院判决的程序

第165条　［程序的启动］

1. 承认外国法院判决的程序，应通过申请予以启动。

2. 被请求承认外国法院判决的法院，仅限于审查是否符合本法第159条至第163条所述的条件。

3. 任何在个人法律地位问题上具有合法利益的人，均可申请承认外国法院就有关个人法律地位事项所作的判决。

第166条　［主管法院］

1. 对于外国法院判决的承认，由初级法院的独任法官裁定。

2. 对于外国法院判决的承认，由每个实际具有属地管辖权的法院管辖。

第167条　［将承认外国判决作为程序中的先决问题］

如果对于承认外国法院的判决未作出特别裁定，则每个法院均可作为先决问题在程序中就承认该判决作出裁定，但其效力仅及于各该程序。

第 168 条　[提出承认申请的程序]

1. 如果被申请承认外国法院判决的法院查明不存在任何承认障碍，则应作出承认该外国法院判决的裁定。

2. 法院应将承认外国法院判决的裁定书送达对方当事人或者外国法院作出该判决的程序的其他参与人，并告知其有权在自收到裁定书之日起 30 日内对该裁定提出申诉。

3. 不论本条第 2 款有何规定，如果申请承认人为北马其顿共和国国民，且对方当事人既没有北马其顿共和国国籍，在北马其顿共和国境内又无住所或者经常居所，则法院无需将承认外国法院仅就离婚所作判决的裁定书送达对方当事人。

第 169 条　[对有关承认外国法院判决的裁定提出申诉的程序]

在根据本法第 168 条对有关承认外国法院判决的裁定提出申诉后，作出该项承认裁定的法院应由三名法官组成合议庭进行裁决。该法院在开庭审理后对申诉作出裁决。

第 170 条　[上诉]

对于法院驳回承认外国法院判决申请的裁定，以及对于根据本法第 169 条就申诉所作的裁定，申请人或者申诉人可以自收到裁决书之日起 15 日内向有管辖权的上诉法院提出上诉。

第 171 条　[程序费用]

承认外国法院判决的程序费用，由法院根据假设由北马其顿共和国法院或者其他机关对同一事项进行裁决时应适用的规则作出决定。

第 172 条　[非讼程序规则的适用]

除本章另有规定外，有关非讼程序的规定参照适用于承认外国法院判决的程序。

第 173 条　[外国法院判决的执行]

经北马其顿共和国法院在本法第 165 条至第 171 条所规定的程序中承认的外国法院判决，根据北马其顿共和国有关执行问题的法律予以执行。

第 174 条　[程序规则的适用与外国仲裁裁决的承认]

本法第 165 条至第 171 条的规定，同样适用于承认外国仲裁裁决的程序。

第五编　特别规定

第 175 条　[在经授权的北马其顿共和国驻外领事或者外交代表处结婚]

1. 只要北马其顿共和国外交代表驻在国不反对，或者经批准的国际条约有规定，则在国外的北马其顿共和国国民得以在经授权的北马其顿共和国领事代表处或者办理领事业务的外交代表处缔结婚姻。

2. 在国外的北马其顿共和国国民之间得以在其处缔结婚姻的北马其顿共和国驻外代表机构，由负责外交事务的国家行政主管部门的部长指定。

第 176 条　[为在国外的北马其顿共和国国民办理监护事务]

只要北马其顿共和国驻外代表驻在国不反对，或者经批准的国际条约有规定，则北马其顿共和国领事代表或者办理领事业务的外交代表可办理与在该外国的北马其顿共和国国民有关的监护事务。

第 177 条　[为在国外的北马其顿共和国国民草拟遗嘱]

北马其顿共和国领事代表或者办理领事业务的外交代表，得以根据成立合法遗嘱的规定为在该外国的北马其顿共和国国民草拟遗嘱。

第 178 条　[北马其顿共和国驻外领事或者外交代表对签名、手稿和副本进行认证]

1. 北马其顿共和国驻外领事代表或者办理领事业务的外交代表，有权根据经批准的国际条约和接受国的规定，对签字、手稿及副本进行认证。

2. 本条第 1 款所指事务的执行，由负责外交事务的国家行政主管部门的部长决定。

第 179 条　[有关北马其顿共和国现行或者先前施行的法律规定的证明]

1. 供外国机关使用的有关北马其顿共和国现行或者先前施行的法律规定的证明，由负责司法事务的国家行政机关制作。

2. 本条第 1 款所指的证明，应载明法规的名称、制定日期或者废止日期，以及该法规相关规定的文字表述。

第六编　过渡条款与最后条款

第 180 条　[本法的适用]

1. 本法有关确定应适用的法律的规定，不适用于在本法生效之日前产生的各类关系。

2. 在本法生效之日前已经作出一审判决或者裁定，一审法院因此终结诉讼程序的，后续程序应根据先前有关国际事项管辖权和诉讼程序的规定以及有关承认外国法院判决的规定进行。

3. 如果在本法生效之日后撤销了本条第 2 款所指的一审裁判，后续程序应根据本法有关国际事项的管辖权和诉讼程序的规定以及有关承认外国法院判决的规定进行。

第 181 条

在北马其顿共和国加入欧盟之前，本法第 27 条、第 28 条、第 29 条、第 30 条、第 40 条、第 41 条、第 42 条、第 43 条、第 44 条、第 45 条、第 46 条、第 47 条、第 48 条、第 51 条、第 52 条、第 53 条、第 54 条、第 55 条、第 56 条、第 57 条、第 58 条、第 71 条、第 72 条、第 74 条、第 75 条、第 76 条、第 77 条、第 78 条、第 80 条、第 81 条、第 82 条、第 83 条、第 84 条、第 86 条、第 87 条、第 88 条、第 89 条、第 90 条、第 91 条、第 92 条、第 93 条、第 95 条、第 96 条、第 97 条、第 98 条、第 99 条、第 100 条、第 101 条、第 102 条、第 104 条、第 105 条和第 106 条的规定继续有效。

第 182 条　[法律的废止]

自本法施行之日起，公布于《马其顿共和国官方公报》第 87/2007 号和第 156/2010 号的原《关于国际私法的法律》予以废止。

第 183 条　[本法的生效]

本法自在《北马其顿共和国官方公报》公布之日起第八日生效，并自本法生效之日起一年后施行。

第三篇

欧盟统一国际私法立法

欧盟议会及理事会 2008 年 6 月 17 日 《关于合同之债法律适用的第 593/2008 号条例》 （"罗马 I"）*

序　言

欧盟议会及理事会：

考虑到《建立欧洲共同体的条约》，尤其是其第 61 条(c)项与第 67 条第 5 款第 2 项，

考虑到委员会的建议，

考虑到欧洲经济与社会委员会的意见，②

根据《建立欧洲共同体的条约》第 251 条规定之程序，③

鉴于：

(1)共同体已制定了保持并发展一个自由、安全与正义的区域的目标。为逐步创设该区域，共同体必须在跨境民事司法合作领域采取措施，以保证内部市场的顺畅运转。

(2)依照《建立欧洲共同体的条约》第 65 条(b)项，这些措施包括增强各成员国现行法律冲突规则以及有关避免管辖权冲突的规则的可协调性。

(3)1999 年 10 月 15 日和 16 日在坦佩雷召开的会议上，欧盟首脑理事会将相互承认司法机关的判决及其他决定之原则确定为民事司法合作的基石，并

---

* Regulation (EC) No. 593/2008 of the European Parliament and of the Council of 17 June 2008 on the law applicable to contractual obligations (Rome I), OJ L 177, 4. 7. 2008, pp. 6-16. 本条例系根据《欧盟官方公报》公布的英语文本和德语文本翻译，译文原载于《中国国际私法与比较法年刊》第十二卷(2009)，北京大学出版社 2009 年版，第 491~512 页。此处略有修订。——译者注

② OJC 318, 23. 12. 2006, p. 56.

③ 2007 年 11 月 29 日欧盟议会意见(尚未正式在《欧盟官方公报》上公布)和 2008 年 6 月 5 日理事会的决定。

敦促理事会与委员会制订实施该原则的措施方案。

(4)2000 年 11 月 30 日，理事会通过了由委员会和理事会共同制订的关于实施相互承认民商事判决之原则的措施方案。① 该方案指出，协调法律选择规则的措施有利于判决的相互承认。

(5)欧盟首脑理事会 2004 年 11 月 5 日通过的《海牙纲领》②要求积极推进制定关于合同之债的法律选择规则（"罗马 I"）。

(6)内部市场的顺畅运转要求不论在哪一成员国的法院提起诉讼，其法律选择规则均能指向同一国家的法律，这样才能提高诉讼结果的可预见性、法律适用的确定性与判决的自由转移。

(7)本条例的实体适用范围及规定应与理事会于 2000 年 12 月 22 日通过的《关于民商事管辖权及判决的承认与执行的第 44/2001 号条例》③（《布鲁塞尔条例 I》）以及欧盟议会及理事会 2007 年 7 月 11 日通过的《关于非合同之债法律适用的第 864/2007 号条例》（"罗马 II"）④保持一致。

(8)家庭关系包括直系亲属关系、婚姻关系、姻亲关系以及旁系亲属关系。本条例第 1 条第 2 款所指的与婚姻及其他家庭关系具有类似效力之关系，应依照受诉法院所在的成员国法律予以解释。

(9)如果债务产生于提单的可流通性，则因汇票、支票和本票以及其他可流通证券所产生的债务也包括提单在内。

(10)因订立合同之前的谈判行为所产生的债务，也在《第 864/2007 号条例》第 12 条之列，故被排除在本条例的适用范围之外。

(11)当事人选择准据法的自由应成为构建合同之债的法律选择规则体系的基石。

(12)当事人之间的有关将合同争议交由某成员国的一个或者多个法院专

---

① OJ C 12, 15. 1. 2001, p. 1.

② OJ C 53, 3. 3. 2005, p. 1.

③ 该条例已被欧盟议会及理事会 2012 年 12 月 12 日《关于民商事管辖权及判决的承认与执行的第 1215/2012 号条例(重订本)》[(Regulation (EU) No 1215/2012 of the European Parliament and of the Council of 12 December 2012 on jurisdiction and the recognition and enforcement of judgments in civil and commercial matters, OJ L 351, 20. 12. 2012, pp. 1-32]取代。——译者注

④ Regulation (EC) No 864/2007 of the European Parliament and of the Council of 11 July 2007 on the law applicable to non-contractual obligations (Rome II), OJ L 199, 31. 7. 2007, pp. 40-49.

属管辖的协议，应作为确定当事人是否进行了明示法律选择的考虑因素之一。

（13）本条例不得妨碍当事人在其合同中援引一个非国家实体的法律或者某国际公约。

（14）如果共同体在特定的法律文件中制定了实体的合同法规则，包括标准合同条款，则该法律文件可规定当事人有权选择适用此类规则。

（15）如果已进行了法律选择，而与案件有关的所有其他要素均位于所选择的法律所属国以外的另一国家，则该法律选择并不妨碍该另一国法律中那些不得通过协议加以减损的条款的适用。不论法律选择是否与法院选择协议一并做出，该规定均应予以适用。虽然较之于 1980 年《关于合同之债的法律适用公约》①(《罗马公约》)第 3 条第 3 款，本条例在内容上不想作任何实质性的修订，但措辞应尽可能与《第 864/2007 号条例》第 14 条保持协调。

（16）为实现本条例的普遍性宗旨，即提高欧洲司法区域内的法律确定性，法律冲突规则应具有高度的可预见性。但法院应保留一定的自由裁量权，以便确定与案件有最密切联系的法律。

（17）就未选择法律时的准据法而言，对"提供服务"和"货物销售"这些概念的解释，应如同适用《第 44/2001 号条例》第 5 条一样，将货物销售和提供服务均视为由《第 44/2001 号条例》调整。特许销售合同和分销合同虽然都属于服务合同，但应受特别规则调整。

（18）就未选择法律时的准据法而言，多边体系是指那些开展贸易的体系，如欧盟议会及理事会 2004 年 4 月 21 日《关于融资市场的第 2004/29 号指令》②第 4 条所指的受管制的市场、多边贸易设施，而不论这些体系是否以中央结算相对方为依托。

（19）未选择法律时，应根据为各种特殊合同所制定的规则确定准据法。如果合同不能归入特殊的合同种类或者合同的各部分涵盖了一种以上的特殊合同，则合同由实施特征性履行的一方当事人的经常居所地国法调整。如果组成合同的一组权利和义务可归入一种以上的特殊合同，则合同的特征性履行应根据其重心来确定。

（20）如果合同与本条例第 4 条第 1 款、第 2 款所指国家以外的其他国家显然具有更密切联系，则"避让条款"应规定适用该另一国家的法律。为确定该国家，还应考虑该合同是否与其他一个或者多个合同具有非常密切的关系。

---

① OJ C 334, 30. 12. 2005, p. 1.

② 该指令最近经《第 2008/10 号指令》(OJ L 76, 19. 3. 2008, p. 33)修订。

（21）未选择法律时，如果准据法既不能根据将合同归入特定的合同种类的方法确定，又不能确指实施特征性履行的当事人的经常居所地国法，则合同由与其有最密切联系的国家的法律调整。在确定该国家时，还应考虑该合同是否与其他一个或者多个合同具有非常密切的关系。

（22）对于"货物运输合同"的解释，与《罗马公约》第 4 条第 4 款第 3 句的规定相比，本条例并不想有任何实质性变化。因此，单程租船合同以及其他主要用于货物运输的合同也应视为货物运输合同。为本条例之目的，"发运方"是指与运输方订立合同之人，"运输方"是指承担运输货物义务的合同当事人，而不论其是否亲自从事运输。

（23）对于在合同中处于弱势地位的一方当事人，应通过适用比一般规则更有利于保护其利益的法律冲突规则。

（24）尤其在消费者合同中，法律冲突规则应尽可能降低标的额通常较低的争议的解决成本，并应顾及远程销售技术的发展。为确保与《第 44/2001 号条例》一致，一方面，作为适用消费者保护规则的前提，应援引所针对的活动的概念，另一方面，在《第 44/2001 号条例》和本条例中，对该概念的解释应保持协调，同时应注意的是，理事会和委员会在有关《第 44/2001 号条例》第15 条的联合声明中指出，"企业在消费者的住所地所在的成员国或者在包括该成员国在内的多个成员国境内开展活动并不足以满足适用第 15 条第 1 款（c）项的条件，而且合同还必须系在该活动范围内订立"。该声明还指出，"尽管网址能提供订立远程合同的可能性，并且事实上也订立了远程合同，不论采用何种方式，但仅仅基于网址的可访问性并不足以成为适用第 15 条的依据。这时，网址使用何种语言或者货币并不重要。"

（25）假如消费者合同的订立系专业营销人员在消费者的经常居所地国开展商业或者职业活动所致，那么消费者应受到该特定国家法律中那些不可通过协议加以减损的强制性规定的保护。即使该专业营销人员未在消费者的经常居所地国开展商业或者职业活动，但其活动——无论采用什么方式——针对该国或者包括该国在内的多个国家，而且合同的订立由此活动所致，则也应确保消费者受到同样的保护。

（26）为本条例之目的，《第 2004/39 号指令》附录 I 第 A 和 B 部分所指的专业营销人员为消费者提供的诸如证券服务、投资服务和从属服务等各种金融服务，以及有关出让共同投资企业股份的合同，即使其不在欧洲经济共同体理事会 1985 年 12 月 20 日《关于协调有关以可转让证券形式共同投资企业的法律、法规和行政规章的第 85/611 号指令》①的适用范围内，仍由本条例第 6 条调整。因此，如果援引了发行或者向公众发售可转让证券、认购或者赎回共同投资企业股份的各种条件，则该援引应包括发行者、发售者对消费者负有义务的各个方面，但与提供融资服务相关的那些方面不在此列。

（27）对于消费者合同，在一般法律冲突规则之外还应规定若干例外情形。有关不动产物权或者不动产租赁的合同就是一种不适用一般规则的例外情形，但欧盟议会及理事会 1994 年 10 月 26 日《关于对不动产分时段使用权转让合同中的买受人加以保护的第 94/47 号指令》②所指的不动产分时段使用权合同除外。

（28）重要的是，应确保构成融资手段的各种权利与义务不受适用于消费者合同的一般规则调整，因为这会导致对所发行的每种融资手段适用不同法律，这样将改变融资手段的特性，妨碍其交易和发行。相应地，无论何时发行或者发售这种融资手段，为确保发行或者发售条件的统一性，发行者或者发售者与消费者之间业已建立的合同关系并不必然强行适用消费者的经常居所地国法。该规定同样适用于第 4 条第 1 款（h）项所指的多边体系，应确保在这种多边体系下或者与这种体系的经营者订立的合同所适用的法律规则不受消费者的经常居所地国法影响。

（29）为本条例之目的，如果发行、向公众发售或者公开收购可转让证券均要满足特定的条件，则对构成这些条件的权利与义务的指引，以及对共同投资企业股份的认购和赎回的指引，均应包括决定证券或者份额的分配、超额认购权、撤回权和与发行相关的类似事项以及第 10 条、第 11 条、第 12 条和第 13 条所指事项的条件，这样便可确保与发行——发行者或者发售者据此对消费者负有义务——相关的所有合同方面均由唯一的法律调整。

（30）为本条例之目的，"融资手段"和"可转让的证券"均指《第 2004/39 号指令》第 4 条所指的手段。

（31）在协议的表现形式上，只要该协议表现为欧盟议会及理事会 1998 年 5 月 19 日《关于用支付和证券结算体系进行清算终结的第 98/26 号指令》③第 2 条（a）项所指的体系，则不受本条例的影响。

---

① OJ L 375, 31. 12. 1985, p. 3. 本指令最近经欧盟议会及理事会《第 2008/18 号指令》（OJ L 76, 19. 3. 2008, p. 42）修订。
② OJ L 280, 29. 10. 1994, p. 83.
③ OJ L 166, 11. 6. 1998, p. 45.

(32)由于运输合同和保险合同的特殊性,应制定特别条款,以确保对旅客或者投保人的保护达到适当水准。因此,第6条不适用于这些特殊合同。

(33)如果某保险合同不承保大型风险,但在所承保的一个以上风险中,至少有一个风险位于某成员国境内并且至少有一个风险位于第三国境内,则本条例中有关保险合同的特别规定仅适用于在这一个或者几个成员国境内的风险。

(34)在依照欧盟议会及理事会1996年12月16日《关于在提供服务的范围内派遣劳工的第96/71号指令》①进行劳工派遣时,派遣目的地国的强制性条款的适用,不受有关个人雇佣合同的冲突规则的影响。

(35)不得剥夺那些不可通过协议加以减损或者仅在对雇员有利时方可减损的规定赋予雇员的保护。

(36)就个人雇佣合同而言,如果雇员在完成其在国外的任务后被期望继续在原来的国家工作,则其在另一国从事的工作应被视为暂时性的。与原雇主或者与从属于原雇主的同一集团公司的另一雇主订立新的雇佣合同,不应被视为该雇员在另一国暂时性地从事工作。

(37)出于对公共利益的考虑,成员国法院有权在特殊情形下适用公共政策与强制性条款。"强制性条款"的概念应区别于"不得通过协议加以减损的条款"这种表述,并应做更严格的解释。

(38)对于自愿转让,如果法律制度具有债法和物权法方面的区分,则应阐明"关系"这个概念,第14条第1款规定也适用于让与人与受让人之间的物权转让。但是,"关系"这个概念不应理解为让与人与受让人之间可能存在的任何关系,尤其是不应扩及与自愿转让或者合同代位有关的先决问题。该概念只能严格限制在直接与自愿转让或者合同代位相关的那些方面。

(39)出于法律稳定性的考虑,尤其是涉及公司和其他法人或者非法人团体时,应明确界定"经常居所"的概念。不同于《第44/2001号条例》第60条第1款设立了三种标准,(本条例的)法律冲突规则应限于唯一标准,否则当事人将无法预见他们的情况应适用何种法律。

(40)应避免出现法律冲突规则分散于各种法律文件以及这些规则之间存在歧异的情况。不过,本条例并不排除共同体法律就特定事项制定有关合同之债的法律冲突规则的可能性。

当其他旨在推进内部市场顺畅运转的法律文件的条款无法与本条例规则所

---

① OJ L 18, 21. 1. 1997, p. 1.

指定的法律联合适用时，本条例不应排除前者的适用。适用本条例所指定的准据法条款不应被共同体法律文件限制，如欧盟议会及理事会 2000 年 6 月 8 日发布的《关于内部市场的信息社会服务尤其是电子商务的特定法律方面的第 2000/31 号指令》(电子商务指令)①，所调整的货物与服务的自由流通。

(41)尊重成员国所承担的国际义务，意即本条例不应影响一个或者多个成员国在通过本条例时已参加或者缔结的国际公约。为使这些法律文件更易于知晓，委员会应根据各成员国所提供的资料在《欧盟官方公报》上公布相关公约的清单。

(42)成员国有权以自己的名义与第三国在个别与例外事项上就某些问题进行谈判，并订立含有关于合同之债的法律适用条款的协议，委员会将向欧盟议会及理事会就有关程序和条件提出建议。

(43)鉴于本条例的级别和影响，其目标在成员国层面上难以完全实现，而在共同体层面上却能更好地实现，共同体可根据《建立欧洲共同体的条约》第 5 条规定的从属原则采取措施。根据该条规定的相称原则，本条例不得超出为达到目标所必需的限度。

(44)依照作为《欧盟条约》和《建立欧洲共同体的条约》附件的《关于联合王国与爱尔兰地位的议定书》第 3 条，爱尔兰已表达了其参加接受并适用本条例的愿望。

(45)依照作为《欧盟条约》和《建立欧洲共同体的条约》附件的《关于联合王国与爱尔兰地位的议定书》第 1 条和第 2 条，在不损抑该议定书第 4 条的情况下，联合王国不参与接受本条例，本条例不能约束、也不适用于联合王国。

(46)依照作为《欧盟条约》和《建立欧洲共同体的条约》附件的《关于丹麦地位的议定书》第 1 条和第 2 条，丹麦不参与接受本条例，本条例不能约束、也不适用于丹麦。

特制定本条例：

第一章 适用范围

第 1 条 ［适用范围］

1. 本条例适用于任何涉及法律冲突情形的民商事合同之债。

本条例尤其不适用于税收、海关或者行政事务。

---

① OJ L 178, 17. 7. 2000, p. 1.

2. 本条例不适用于下列事项：

（a）涉及自然人的身份或者法律能力的问题，但不影响本条例第 13 条的规定；

（b）因家庭关系产生的债务，以及根据所适用的法律规定，与其有类似效果的关系包括扶养义务关系所产生的债务；

（c）因婚姻财产制产生的债务，以及根据所适用的法律规定，与婚姻、遗嘱和继承有类似效果的其他关系所形成的财产制而产生的债务；

（d）因汇票、支票、本票和其他流通票据而引起的债务，以及由于这些票据的流通性而引起的债务；

（e）仲裁协议及选择法院的协议；

（f）由公司法、其他关于法人或者非法人团体的法律所调整的问题，例如以注册或者其他方式设立公司和其他法人或者非法人团体，其法律能力、内部组织或停业清理，以及因公司或者其他团体所负债务而产生的高级管理人员与股东的个人责任；

（g）代理人能否代表本人对第三人承担责任的问题，或者公司、其他法人或者非法人团体的管理机构能否使该公司或者其他团体对第三人承担责任的问题；

（h）信托的设立，委托人、受托人和受益人之间的关系；

（i）在订立合同前进行谈判而产生的债务；

（j）因欧盟议会及理事会 2002 年 11 月 5 日《关于人寿保险的第 2002/83 号指令》①第 2 条所指企业之外的其他组织进行交易而产生的保险合同，且该交易的目的是为企业或者企业集团的雇员和个体经营者、某职业或职业团体的职员在发生死亡或者生存事件、失业或者丧失劳动能力、患有职业病或者发生工伤事故时提供福利。

3. 本条例不适用于证据和诉讼程序，但不影响本条例第 18 条的规定。

4. 在本条例中，“成员国”系指适用本条例的各成员国，但在第 3 条第 4 款和第 7 条中，却指所有成员国。

第 2 条　[普遍适用性]

凡本条例所指定的任何法律，不论其是否为成员国的法律，均应予以适用。

---

① 该指令最近经《第 2008/19 号指令》(OJ L 76, 19. 3. 2008, p. 44)修订。

第二章 统一规则

第3条 ［选择自由］

1. 合同由当事人选择的法律调整。法律选择必须是明示的，或者通过合同条款、案件情况予以阐明。当事人可自行选择将法律适用于合同的全部或者部分。

2. 当事人可随时协议变更原先调整合同的法律，无论这种调整是根据本条款规定的结果，还是依照本条例其他条款规定的结果。合同订立后，所做出的任何关于法律适用的变更，不得损害第11条所规定的合同形式效力，也不得对第三人的权利造成任何不利影响。

3. 选择法律时，如果与当时情况有关的所有其他因素均位于所选择的法律所属国以外的其他国家，则当事人的法律选择不得影响该其他国家那些不得通过协议减损的法律条款的适用。

4. 如果选择法律时与当时情况有关的所有其他因素均位于一个或者多个成员国境内，则当事人选择适用非成员国的法律，不应影响那些不得通过协议加以减损的共同体法律规定的适用，即使该共同体法已在法院所在成员国得到适当的实施。

5. 当事人选择准据法的合意是否成立和效力问题，应依照第10条、第11条和第13条的规定确定。

第4条 ［未选择法律时应适用的法律］

1. 如果当事人未依照第3条规定选择适用于合同的法律，在不影响第5条至第8条规定的条件下，合同准据法依照如下方式确定：

(a)货物销售合同，依照卖方的经常居所地国法律；

(b)服务合同，依照服务提供者的经常居所地国法律；

(c)有关不动产物权或者不动产租赁的合同，依照不动产所在地国法律；

(d)尽管有(c)项的规定，供私人暂时使用连续不超过六个月的不动产租赁合同，如果租赁人为自然人而且与出租人在同一国家有经常居所，则依照出租人的经常居所地国法律；

(e)特许销售合同，依照特许证持有人的经常居所地国法律；

(f)分销合同，依照分销人的经常居所地国法律；

(g)通过拍卖方式订立的货物销售合同，拍卖地能够确定的，依照拍卖地国法律；

(h)在多边体系下订立的合同，如果依照非自由裁量规则和唯一的法律，该多边体系能集结或者有助于集结在《第 2004/39 号指令》第 4 条第 1 款第 17 项所指的融资手段下的众多第三人买入和卖出利益，则依照该唯一的法律。

2. 如果合同不在第 1 款规定之列，或者合同的各组成部分涉及第 1 款(a)项至(h)项规定的一种以上的合同，则该合同适用提供特征性履行的一方当事人的经常居所地国法律。

3. 如果案件的所有情况表明，合同显然与第 1 款或者第 2 款所指国家以外的另一国家有更密切联系，则适用该另一国家的法律。

4. 如果根据第 1 款和第 2 款均不能确定应适用的法律，则合同适用与其有最密切联系的国家的法律。

第 5 条　[运输合同]

1. 当事人未根据第 3 条规定选择适用于货物运输合同的法律时，如果收货地、交货地或者发运人的经常居所地也在承运人的经常居所地国境内，则适用承运人的经常居所地国法律。不满足这些要求的，则应适用当事人协议选择的货物交付地国法律。

2. 当事人未按照本款第 2 段规定选择适用于旅客运输合同的法律时，如果始发地或者目的地也在旅客的经常居所地国境内，则适用旅客的经常居所地国法律。不满足这些要求的，则应适用承运人的经常居所地国法律。

当事人按照第 3 条规定选择适用于旅客运输合同的法律时，只能选择下述地点所在国的法律：

(a)旅客的经常居所地；

(b)承运人的经常居所地；

(c)承运人的主要管理机构所在地；

(d)始发地；

(e)目的地。

3. 未进行法律选择时，如果案件的所有情况表明，合同显然与第 1 款或者第 2 款所指国家以外的其他国家有更密切联系，则适用该另一国家的法律。

第 6 条　[消费者合同]

1. 在不影响第 5 条及第 7 条规定的情况下，自然人非出于商业或者职业活动目的(消费者)而与从事商业或者职业活动的另一方(专业营销人员)订立的合同，适用消费者的经常居所地国法律，如果该专业营销人员：

(a)在消费者的经常居所地国从事其商业或者职业活动；

(b)通过某种手段，将此种活动指向了该国或者包括该国在内的多个国家，并且合同处于该活动范围之列。

2. 尽管有第 1 款的规定，对于满足第 1 款要求的合同，当事人可根据第 3 条规定选择应适用的法律。但此种选择的结果，不得剥夺未选择法律时依照第 1 款本应适用的法律中不能通过协议加以减损的强制性条款给予消费者的保护。

3. 不满足第 1 款(a)项或者(b)项要求的，则适用于消费者和专业人员之间的合同的法律，依照第 3 条和第 4 条规定确定。

4. 本条第 1 款和第 2 款不适用于：

(a)专门在消费者的经常居所地国之外的其他国家向消费者提供服务的合同；

(b)除(欧洲经济共同体)理事会 1990 年 6 月 13 日《关于一揽子旅游的第 90/314 号指令》①所规定的一揽子旅游合同之外的其他运输合同；

(c)除《第 94/47 号指令》所规定的不动产分时使用权合同之外的其他与不动产物权或者不动产租赁有关的合同。

(d)与融资手段相关的权利和义务，以及作为决定发行、向公众发售或者公开收购可转让证券的条件以及认购或者赎回共同投资企业股份条件的权利和义务，但以这些活动不涉及提供融资服务为限。

(e)在第 4 条第 1 款(h)项所指体系下订立的合同。

第 7 条　[保险合同]

1. 本条适用于第 2 款所指的合同——无论其所承保的风险是否在成员国境内——以及承保位于成员国境内的风险的所有其他保险合同，但不适用于再保险合同。

2. 承保 1973 年 7 月 24 日《关于协调有关从事除人寿保险以外的直接保险业务的法律、法规和行政规章的第 73/239 号第一指令》②所规定的大型风险的保险合同，适用当事人根据本条例第 3 条规定所选择的法律。

当事人未选择准据法时，保险合同适用保险人的经常居所地国法。如果案件的所有情况表明，合同显然与另一国有更密切联系，则适用该另一国法律。

3. 对于不在第 2 款范围内的保险合同，当事人只能根据第 3 条规定在下列法律中做出选择：

---

①　OJ L 158, 23. 6. 1990, p. 59.

②　该指令最近经欧盟议会及理事会《第 2005/68 号指令》(OJ L 323, 9. 12. 2005, p. 1.)修订。

(a)订立合同时风险所在的成员国法；

(b)投保人的经常居所地国法；

(c)人寿保险中的投保人国籍国法；

(d)对于所承保的风险仅限于财产损害的保险合同，如果该财产损害发生于风险所在成员国之外的其他成员国，则为该其他成员国法；

(e)如果本款所指保险合同的投保人从事商业、工业活动或者是自由职业者，并且保险合同承保的是与这些活动有关的、位于不同成员国的两个或者两个以上的风险，则为各相关成员国的法律或者投保人的经常居所地国法。

在(a)、(b)和(e)项所指情况下，如果相关成员国在选择适用于保险合同的法律方面赋予当事人更大的自由，则当事人可以利用该项自由。

如果当事人未依照本款规定选择准据法，则该合同应由订立合同时风险所在的成员国法律调整。

4. 如果某成员国对某些风险规定了强制保险义务，则对于承保这类风险的保险合同，适用下列另行规定：

(a)只有在保险合同符合那些课加强制保险义务的成员国所规定的有关该保险的特别规定时，该保险合同才具有承担保险义务的效力。如果风险所在的成员国法律与课加强制保险义务的成员国法律彼此冲突，则后者优先；

(b)各成员国可背离本条第2款和第3款，规定保险合同适用那些课加强制保险义务的成员国的法律。

5. 如果保险合同所承保的风险在一个以上的成员国境内，则为了第3款第3段和第4款之目的，应认为该合同由多个合同组成，且各该合同均只涉及一个成员国。

6. 为本条之目的，风险所在国应根据1988年6月22日《关于协调有关除人寿保险以外的直接保险业务的法律、法规和行政规章以便有效实现服务流动自由的第88/357号第二指令》①第2条(d)项之规定确定，对于人寿保险合同，风险所在国是指承担《第2002/83号指令》第1条第1款(g)项所指义务的国家。

第8条　[个人雇佣合同]

1. 个人雇佣合同，适用当事人根据第3条规定所选择的法律。但是，这种法律选择的结果，不得剥夺未进行法律选择时依照本条第2款、第3款和第

————————

① 该指令最近经欧盟议会及理事会《第2005/14号指令》(OJ L 149, 11.6.2005, p.14)修订。

4 款规定应适用的法律中那些不得通过协议加以减损的强制性条款为雇员提供的保护。

2. 当事人未选择适用于个人雇佣合同的法律时，该合同由雇员在履行合同的过程中从事经常工作地国家的法律调整，若无此种国家，则由雇员为履行合同从事经常工作的出发地国法律调整。即使雇员只是暂时性地受雇于另一国，也不得认为其经常工作所在地国发生了变化。

3. 如果依照第 2 款不能确定应适用的法律，则合同由雇佣该雇员的营业所所在地国法调整。

4. 如果整体情况表明，合同与本条第 2 款或者第 3 款所指国家之外的另一国有更密切联系，则适用该另一国的法律。

第 9 条　[优先适用的强制性条款]

1. 优先适用的强制性条款是指，被一国认为对维护该国的公共利益，尤其是对维护其政治、社会和经济组织的利益至关重要而必须遵守的强制性条款，以至于对属于其适用范围的所有情况，不论根据本条例适用于合同的是何种法律，它们都必须予以适用。

2. 本条例的任何规定均不得限制法院地法中强制性条款的适用。

3. 应在其境内或者已在其境内履行合同债务的国家，如果该国的强制性法律规定使得合同的履行变得非法，则这些强制性规定也可被赋予效力。在决定是否赋予这些规定以强制性效力时，应考虑这些法律规定的性质、目的以及适用或者不适用该规定将产生的后果。

第 10 条　[同意和实质有效性]

1. 合同或者合同任何条款的成立及效力，应根据假设该合同或者条款有效时依照本条例应适用的法律确定。

2. 但是，如果情况表明，按第 1 款规定的法律来确定一方当事人行为的效力有失公平，则该当事人可援用其经常居所地国法律以主张其并未同意该合同。

第 11 条　[形式有效性]

1. 合同各方当事人或者其代理人订立合同时在同一国家的，只要合同满足了依照本条例在实体上调整合同的法律或者合同缔结地国法律所规定的形式要件，则在形式上有效。

2. 合同各方当事人或者其代理人在订立合同时在不同国家的，只要合同满足了依照本条例在实体上调整合同的法律、一方当事人或者其代理人在订立合同时的所在地国法律、一方当事人在订立合同时的经常居所地国法律所规定的形式要件，则在形式上为有效。

3. 旨在对既存的或者拟订立的合同产生法律效力的单方行为，如果满足了依照本条例应适用或者本应在实体上调整合同的法律、行为实施地国法律或者已实施行为的当事人此时的经常居所地国法律所规定的形式要件，则在形式上为有效。

4. 本条例第 6 条范围内的合同，不适用本条第 1 款、第 2 款和第 3 款的规定。此类合同的形式，应由消费者的经常居所地国法律调整。

5. 不管第 1 款至第 4 款有何规定，以不动产物权或者不动产租赁为标的的合同，适用该不动产所在地国法律有关形式的规定，只要依照该国法律，

(a)无论合同在哪一国订立或者由哪一国法律调整，这些要求均应强行适用，以及

(b)这些要求不得通过协议加以减损。

第 12 条　[准据法的适用范围]

1. 依照本条例规定适用于合同的法律，特别调整下列事项：

(a)合同的解释；

(b)合同的履行；

(c)在受诉法院国诉讼法授予法院的权限内，完全不履行或部分不履行合同债务的后果，包括依照法律进行的损失估算；

(d)债务消灭的各种方式，诉讼时效；

(e)合同无效的后果。

2. 对于履行的方式以及在履行有瑕疵的情况下债权人应采取的措施，应考虑履行地国的法律。

第 13 条　[无行为能力]

在同一国家的双方当事人订立的合同，依照该国法律应属有行为能力的自然人，不得依照另一国法律主张其无行为能力，除非合同的对方当事人在订立合同时明知或者因疏忽而不知道其无行为能力。

第 14 条　[自愿转让和合同代位]

1. 基于自愿转让而产生的让与人与受让人之间的关系，以及对另一人(债务人)的债权基于合同而发生的代位，应由根据本条例的规定适用于让与人和受让人之间的合同的法律调整。

2. 债权的可转让性、受让人和债务人之间的关系、向债务人主张受让权或者代位权的条件以及债务人的债务是否已被免除等问题，由调整该被转让或者代位的债权的法律决定。

3. 本条所指的"转让"之概念包括债权的完全转让、为设立担保而进行的债权转让以及在债权上设立抵押权或者其他担保权的转让。

第 15 条 ［法定代位］

当一人（"债权人"）对另一人（"债务人"）具有合同上的请求权，而第三人有义务清偿债权人时，或者事实上已向债权人履行了清偿义务，那么，应由调整第三人清偿债权人的义务的法律决定，该第三人是否有权以及能在多大范围内行使原债权人对债务人基于调整他们之间关系的法律所享有的权利。

第 16 条 ［多方债务］

如一个债权人对负有连带责任的数个债务人享有债权，而且已从其中一个债务人得到全部或者部分清偿，则调整该债务人对债权人的义务的法律亦适用于该债务人要求其他债务人予以补偿的权利。其他债务人，在调整他们对债权人义务的法律的许可范围内，可以对该债务人行使他们对债权人所享有的抗辩权。

第 17 条 ［抵销］

如果当事人就抵销权没有达成一致，则抵销权适用调整被设立抵销权的债权的法律。

第 18 条 ［举证责任］

1. 依照本条例调整合同之债的法律，如果其关于合同之债的规定中有涉及法律推定以及举证责任的条款，各该条款亦一并予以适用。

2. 对于旨在产生法律效力的合同或者行为，可以通过法院地法所认可的任何证明方法加以证明，或者以依照第 11 条所指的据以认定该合同或者行为在形式上有效的法律所认可的证明方法证明，但以此种证明方法能为法院执行为限。

第三章 其他规定

第 19 条 ［经常居所］

1. 为本条例之目的，公司、社团和法人的经常居所系指其主要管理中心所在地。

在经营活动中实施法律行为的自然人，其经常居所系指其主要营业机构所在地。

2. 如果合同系在分支机构、代表机构或者其他营业机构的经营过程中订立，或者合同规定由该分支机构、代表机构或者其他营业机构负责履行，则该分支机构、代表机构或者其他营业机构所在地视同经常居所地。

3. 在确定经常居所时，以合同订立时为准。

第 20 条　［排除反致］

依照本条例确定的任何国家的法律，系指该国现行的法律规范而非其国际私法规范，但本条例另有规定者除外。

第 21 条　［法院地国的公共秩序］

凡依照本条例确定的任何国家的法律规范，仅在其适用明显违背法院地国的公共秩序时，方可拒绝适用。

第 22 条　［多法制国家］

1. 如一国由几个领土单位组成，而各领土单位在合同之债方面均有各自的法律规则，则为实现依照本条例确定准据法之目的，每个领土单位应被视为一个国家。

2. 各成员国内的不同领土单位在合同之债方面有各自的法律规则时，对于纯属此种领土单位之间的法律冲突，不受适用本条例的约束。

第 23 条　［与其他共同体法律条款的关系］

除第 7 条外，在特定领域就合同之债的法律选择规则所制定的共同体法律条款，其适用不受本条例影响。

第 24 条　［与《罗马公约》的关系］

1. 在成员国之间，《罗马公约》由本条例所取代，但属于该公约的地域适用范围并且根据《建立欧洲共同体的条约》第 299 条不适用本条例的成员国领土除外。

2. 就本条例取代《罗马公约》的规定而言，对该公约的指引视同对本条例的指引。

第 25 条　［与现存国际公约的关系］

1. 在通过本条例时，如果一个或者多个成员国已成为某些规定合同之债法律选择规则的国际公约的缔约国，则这些公约的适用不受本条例影响。

2. 但是，就仅仅在两个或者多个成员国之间签署的公约而言，如果这些公约涉及由本条例调整的事项，则本条例在这些成员国之间优先适用。

第 26 条　［公约名单］

1. 各成员国应在 2009 年 6 月 17 日之前将本条例第 25 条第 1 款所指公约通知委员会。该日期之后，如果成员国废除其中某项公约，应告知委员会。

2. 委员会在收到第 1 款所指通知后 6 个月之内，应在《欧盟官方公报》上公布：

（a）第 1 款所指公约名单；

（b）第 1 款所指的废除事项。

第 27 条　［审查条款］

1. 委员会应在 2013 年 6 月 17 日之前向欧盟议会、理事会和欧洲经济与社会委员会提交有关本条例适用情况的报告。适当时，在报告中可附上对本条例的修改建议。该报告应包括：

（a）有关保险合同法律适用情况的调查研究和对将施行的条款所产生的影响的评估；以及

（b）对第 6 条适用情况，尤其是共同体法在消费者保护方面的连贯性的评价。

2. 委员会应在 2010 年 6 月 17 日之前向欧盟议会、理事会和欧洲经济与社会委员会提交有关债权转让或者债权代位对第三人的效力以及被转让的债权对其他人权利的优先性等问题的报告。适当时，在报告中可附上对本条例的修改建议和对将施行的条款所产生的影响的评估。

第 28 条　［时间上的适用范围］

本条例适用于 2009 年 12 月 17 日之后订立的合同。

第四章　最后条款

第 29 条　［生效和适用］

本条例于《欧盟官方公报》上公布之后第 20 日生效。

本条例自 2009 年 12 月 17 日起施行，但第 26 条除外，该条款自 2009 年 6 月 17 日起施行。

根据《建立欧洲共同体的条约》，本条例在整体上具有拘束力，并且直接适用于各成员国。

2008 年 6 月 17 日于斯特拉斯堡。

欧盟议会主席　　　　　　　　　　　　　　　　理事会主席

H. -G. 珀特廷　　　　　　　　　　　　　　　　J. LENARČIČ

欧盟理事会 2008 年 12 月 28 日 《关于扶养义务事项的管辖权、法律适用、判决的承认与执行并进行合作的第 4/2009 号条例》*

第一章 适用范围和定义

第 1 条 [适用范围]

1. 本条例适用于因亲属关系、亲子关系、婚姻关系或者姻亲关系而产生的扶养义务。

2. 本条例所指的"成员国"是指适用本条例的各成员国。

第 2 条 [定义]

1. 在本条例意义上，

(1)"判决"是指某一成员国法院就扶养义务事项所做的判决，无论这个判决的名称为何，包括判决、命令、裁定、执行令以及法院职员就诉讼费用所做的决定。就适用本条例第七章和第八章而言，"判决"也包括第三国就扶养义务事项所做的判决；

(2)"法院和解"是指经法院批准的就扶养义务事项所达成的和解，或者是在法院审理过程中达成的和解；

(3)"公文书"是指：

(a)由原成员国正式制作的或者已在原成员国作为公文书予以登记的、与扶养义务事项有关的文件，并且其证明力

---

* Council Regulation (EC) No 4/2009 of 18 December 2008 on jurisdiction, applicable law, recognition and enforcement of decisions and cooperation in matters relating to maintenance obligations, Official Journal of the European Union L7. 10. Januray 2009, pp. 1-21. 本条例系根据其官方公布的德语和英语文本翻译，译文原载于《中国国际私法与比较法年刊》第十六卷 (2013)，法律出版社 2015 年版，第 556~575 页。此处略有修订。——译者注

(i)与该文件的签名、内容有关；并且

(ii)已被公共机构或经授权的其他机关证实；或者

(b)与原成员国行政机关达成的有关扶养义务的协议或者经其认可的扶养协议；

(4)"原成员国"是指作出判决的成员国、批准或者达成法院和解的成员国或者制作公文书的成员国，视情况而定；

(5)"执行成员国"是指被请求执行判决、法院和解协议或公文书的成员国；

(6)"请求成员国"是指其中央机关根据第七章传递申请书的成员国；

(7)"被请求成员国"是指其中央机关根据第七章接收申请的成员国；

(8)"2007年海牙公约缔约国"是指2007年11月23日《国际追索儿童抚养费和其他形式家庭扶养公约》(下文简称《2007年海牙公约》)的缔约国，且以该公约同时适用于欧洲共同体和该国为前提；

(9)"原审法院"是指作出待执行的判决的法院；

(10)"权利人"是指任何应当得到扶养或声称应当得到扶养的个人；

(11)"义务人"是指任何负有扶养义务或被声称负有扶养义务的个人；

2. 在本条例意义上，"法院"一词包括成员国有权处理扶养义务事项的行政机关，前提是这些行政机关能够确保公正并保证各方当事人具有陈述的权利，而且依照其所在的成员国的法律，其作出的裁决：

(i)可以由司法机关撤销或审查；并且

(ii)具有与司法机关对同一事项所作判决同等的既判力和效力。

这些行政机关名称列于附件X。应所涉行政机关所在成员国的请求，该附件依照本条例第73条第2款规定的管理程序予以制作和修改。

3. 就适用第3条、第4条和第6条而言，在那些以"住所"为家庭事项连结因素的成员国，"住所"的概念应当取代"国籍"的概念。

就适用第6条而言，各方当事人在同一个成员国不同领土单位有住所的，应被认为在该成员国拥有共同"住所"。

第二章　管辖权

第3条　[一般规定]

各成员国对扶养义务事项具有管辖权的是：

(a)被告的经常居所地法院，或

(b)权利人的经常居所地法院，或

(c)根据其本国法对附带有扶养事项、涉及个人身份关系的诉讼具有管辖权的法院，但法院仅仅基于一方当事人的国籍而具有管辖权的情形除外，或

(d)根据其本国法对附带有扶养事项、涉及父母亲责任的诉讼具有管辖权的法院，但法院仅仅基于一方当事人的国籍而具有管辖权的情形除外。

第 4 条　[协议管辖]

1. 当事人可以约定由下列某一成员国的一个或数个法院就他们之间业已产生或将来可能产生的扶养义务事项行使管辖权：

(a)一方当事人经常居住的成员国的一个或多个法院；

(b)一方当事人的国籍所属成员国的一个或多个法院；

(c)涉及夫妻之间或原夫妻之间的扶养义务的：

(i)对解决他们之间的婚姻关系争议有管辖权的法院；或

(ii)夫妻双方在其境内拥有最后共同经常居所一年以上的成员国的一个或多个法院；

在达成选择法院协议时或法院受理案件时必须具备(a)、(b)或(c)项所述条件。

协议选择的法院管辖权应是专属的，但当事人另有约定的除外。

2. 选择法院的协议应采用书面形式。任何能持续性记载协议内容的电子通信方式，与书面形式有同等效力。

3. 本条规定不适用于与抚养未满十八周岁的子女有关的争议事项。

4. 如果当事人约定由 2007 年 10 月 30 日在卢加诺签署的《关于民商事管辖权及判决的承认与执行公约》(下文简称《卢加诺公约》)的缔约国的一个或数个法院专属管辖，如果该缔约国不是欧洲共同体成员国，则除第 3 款规定的争议事项外，应适用《卢加诺公约》。

第 5 条　[应诉管辖]

除了本条例其他条款规定的管辖权之外，一成员国法院对出庭应诉的被告具有管辖权。但该规定不适用于被告为提出管辖权异议而出庭应诉的情形。

第 6 条　[补充管辖]

如果根据第 3 条、第 4 条和第 5 条规定，成员国法院均无管辖权，并且非欧洲共同体成员国的《卢加诺公约》缔约国的法院根据该公约规定也无管辖权时，由双方当事人共同国籍所属的成员国法院管辖。

第 7 条　[必要管辖]

如果根据第 3 条、第 4 条、第 5 条和第 6 条规定，各成员国法院均无管辖

权，而且与争议有密切联系的第三国法院有正当理由不能受理或审理诉讼案件的，成员国法院可在特殊情况下对案件进行审理。

争议案件必须与受理案件的法院所在的成员国有充分的关联性。

第 8 条　[限制诉讼]

1. 当权利人经常居住的成员国或者《2007 年海牙公约》缔约国已作出了一项判决，则只要该权利人仍经常居住于判决作出国境内，则义务人不得在任何其他成员国提起旨在变更该判决或者作出新判决的诉讼。

2. 第 1 款不适用于下列情形：

(a)双方当事人已依照第 4 条规定约定由该其他成员国法院管辖的；

(b)权利人根据第 5 条规定服从该其他成员国法院管辖的；

(c)作出原判决的《2007 年海牙公约》缔约国的主管机关无法或者拒绝对变更判决或作出新判决的诉讼行使管辖权；

(d)《2007 年海牙公约》缔约国所作的原判决，无法在提起变更该判决或者作出新判决的诉讼的成员国得到承认或者被宣告具有可执行性。

第 9 条　[法院受理]

就适用本章而言，法院受理案件的时间为：

(a)提起诉讼的文书或同等文书被递交法院之时，前提是原告随后采取了向被告有效送达文书的应有措施；或者

(b)若文书必须在递交法院之前被送达，则在负责送达的机构接收文书之时，前提是原告随后采取了将文书递交法院的应有措施。

第 10 条　[对管辖权的审查]

如果一成员国法院根据本条例规定对所受理的案件没有管辖权，应当依职权宣告其无管辖权。

第 11 条　[关于受理的审查]

1. 如果在某一成员国有经常居所的被告在另一成员国法院被诉而未出庭应诉，如果不能证明被告已经能够及时收到起诉状或同等文书以使其有充分时间安排答辩，或者为此目的已经采取一切必要的步骤时，法院应中止诉讼。

2. 如果根据《第 1393/2007 号条例》规定，起诉状或同等文书须由一成员国转递至另一成员国时，则该条例第 19 条应代替本条第 1 款规定而得以适用。

3. 如果不能适用《第 1393/2007 号条例》，而有关起诉状或同等文书必须根据 1965 年 11 月 15 日《关于向国外送达民事或商事司法和司法外文书的海牙公约》向国外递送时，则适用该公约第 15 条的规定。

第 12 条　[未决诉讼]

1. 相同当事人就同一诉因在不同成员国法院提起诉讼的，首先受理案件的法院以外的其他法院应当依职权中止诉讼，直至首先受理案件的法院已确立管辖权。

2. 如果首先受理案件的法院业已确立管辖权，则首先受理案件的法院以外的其他法院应拒绝管辖，而让该首先受理案件的法院管辖。

第 13 条　[牵连诉讼]

1. 如果互有牵连的诉讼案件在不同成员国的法院审理，则首先受理案件的法院以外的其他法院得中止其诉讼。

2. 若这些诉讼案件尚在一审阶段，如果首先受理案件的法院对这些诉讼案件都有管辖权，并且该法院所属国法律允许对有牵连的诉讼案件合并审理，则首先受理案件的法院以外的其他法院，也可基于一方当事人的申请而拒绝行使管辖权。

3. 就适用本条而言，如果几个诉讼案件联系如此紧密，以至为避免因分开审理而作出相互抵触的判决而适宜合并审理的，应被视为牵连诉讼。

第 14 条　[包括保全措施在内的临时措施]

即使根据本条例规定，另一成员国的法院对案件的实质性问题具有管辖权，亦得向某一成员国法院申请该国法律所允许的包括保全措施在内的临时措施。

第三章　法律适用

第 15 条　[准据法的确定]

对于受 2007 年 11 月 23 日《关于扶养义务法律适用的海牙议定书》(以下简称《2007 年海牙议定书》)约束的成员国，扶养义务的准据法，依照该议定书确定。

第四章　判决的承认、可执行性宣告及执行

第 16 条　[本章的适用范围]

1. 在本条例适用范围内的判决之承认、可执行性宣告及执行，依本章规定。

2. 第一节适用于在受《2007 年海牙议定书》约束的成员国作出的判决。

3. 第二节适用于在不受《2007 年海牙议定书》约束的成员国作出的判决。

4. 第三节适用于所有判决。

第一节 受《2007 年海牙议定书》约束的成员国作出的判决

第 17 条 ［取消执行许可程序］

1. 在受《2007 年海牙议定书》约束的成员国作出的判决，在其他成员国应当得到承认，而无需任何特别程序，且不存在任何不予承认的可能。

2. 在受《2007 年海牙议定书》约束的一成员国作出的、并可在该国执行的判决，在另一成员国境内亦应具有可执行性，而无需进行可执行性宣告。

第 18 条 ［保全措施］

在法律实施中，一项可执行的判决应包括执行成员国法律所规定的采取任何保全措施的授权。

第 19 条 ［申请复议的权利］

1. 在下列情况下，在原成员国未出庭应诉的被告，有权向该成员国的主管法院申请对该判决进行复议：

（a）他没有被及时送达起诉状或同等文书，并且送达的方式使他未能就答辩作出安排；或者

（b）他因为不可抗力或者由于特殊情况且自身无过错而未能对扶养请求提起抗辩，除非他在有机会对判决提出异议的时候没有采取救济措施。

2. 申请复议的期限从被告被有效地告知判决的内容并且能采取相应行动之日起计算，最迟从第一次采取剥夺被告的全部或部分财产的措施之日起计算。被告应在 45 日内及时申请复议，该期限不得因路程遥远而延长。

3. 如果法院认为不存在第 1 款规定的复议理由而拒绝复议申请，则判决仍继续有效。

如果法院认为复议具有第 1 款规定的正当理由，则应宣告判决无效。但是，权利人并不丧失因诉讼时效中断而获得的权益，也不丧失在原诉讼程序中被认可的、具有溯及力的扶养请求权。

第 20 条 ［执行程序所需的文件］

1. 为在另一成员国执行一项判决的目的，原告应向执行主管机关提供以下文件：

（a）证明符合认证条件的判决书副本一份；

（b）原审法院依照附件 I 规定的格式所制作的判决的摘录；

（c）在合适的情况下，证明欠款数额以及计算这些欠款数额的日期的

文件；

(d)必要时，一份对(b)项所规定格式文件内容的音译或者翻译一份，译文应当使用执行成员国的官方语言，或者，如果执行成员国有多种官方语言，则根据执行成员国法律，译文应当使用申请地的法院程序所使用的官方语言或者官方语言之一，或者执行成员国已表明能接受的其他语言。各成员国均可说明其为了满足格式要求所能接受的官方语言或除其本国语言之外的欧洲联盟机构的其他工作语言。

2. 执行成员国的主管机关不得要求原告提供判决的译文。但是，就判决的执行问题提起异议的，则可要求提供判决的译文。

3. 本条所指的译文，必须由其中一个成员国有翻译资质的人制作。

第 21 条 ［拒绝或暂停执行］

1. 执行成员国法律中有关拒绝或暂停执行的理由，只要其不违背第 2 款和第 3 款，则应予适用。

2. 在原成员国法律或执行成员国法律中，无论何者规定了更长的诉讼期限，只要执行原审法院所作判决的权力因诉讼时效或诉讼期限而免除，则执行成员国的主管机关可根据义务人的申请，全部或部分地拒绝执行原审法院所做的判决。

如果原审法院所作的判决与执行成员国所作的判决相抵触，或者与另一成员国或第三国所作的判决相抵触，而该另一成员国或第三国的判决又具备执行成员国有关承认判决的必要条件的，则执行成员国的主管机关可根据义务人的申请，全部或部分地拒绝执行原审法院所作的判决。

如果一项基于情势变更所作出的判决改变一项有关扶养义务的在先判决，则不得被认为是本款第 2 段意义上的相抵触的判决。

3. 如果原成员国主管机关根据第 19 条规定已受理了对原审法院所作判决进行复议的申请，则执行成员国的主管机关可基于义务人的申请，全部或部分地暂停执行原审法院所作的判决。

此外，如果原审法院所作的判决在原成员国被暂缓执行，则执行成员国的主管机关可基于义务人的申请，暂停执行该判决。

第 22 条 ［不影响既存的各种亲属关系］

对本条例下的扶养判决的承认和执行，并不意味着对据以作出扶养义务判决的家庭关系、亲子关系、婚姻关系或姻亲关系予以承认。

第二节　不受《2007 年海牙议定书》约束的成员国作出的判决

第 23 条　[承认]

1. 在不受《2007 年海牙议定书》约束的成员国作出的判决，在其他成员国应当得到承认，而无需特别程序。

2. 在争议中，将承认一项判决作为主要事项的任何一方利害关系人，可根据本节规定的程序请求承认该判决。

3. 如果某成员国法院诉讼的结果取决于对一项所附带的承认问题的裁决，则该法院对该附带问题具有管辖权。

第 24 条　[拒绝承认的理由]

在下列情况下，判决不予承认：

(a)如果承认该判决明显地违背被请求承认的成员国的公共政策。对公共政策的考量不适用于有关管辖权的规定；

(b)如果未向被告及时送达起诉状或同等文书，致使其没有充分的时间安排答辩，除非被告有机会提起诉讼对判决提出异议而未提出者；

(c)如果该判决与被请求承认的成员国就同一当事人之间的争议所作判决相抵触；

(d)如果该判决与另一成员国或者某第三国就相同当事人之间涉及相同诉因的争议所作的在先判决相抵触，前提是该在先判决满足被请求承认的成员国有关承认的必要条件。

如果一项基于情势变更所而的判决改变了一项有关扶养义务的在先判决，不得被认为是(c)和(d)项所指的相抵触判决。

第 25 条　[承认程序的中止]

如果一项在不受《2007 年海牙议定书》约束的成员国作出的判决，在作出该判决的原成员国因上诉而被暂缓执行，则被请求承认该判决的某成员国法院应中止诉讼。

第 26 条　[可执行性]

在不受《2007 年海牙议定书》约束的成员国作出的、并在该国可执行的一项判决，在另一成员国已被宣告可执行的，经利害关系人申请，应在该另一成员国予以执行。

第 27 条　[属地法院的管辖权]

1. 可执行性宣告的申请应当递交给执行成员国的法院或者主管机关，有关该法院或者主管机关的信息由该成员国依照第 71 条规定呈报(欧盟)委员会。

2. 属地的管辖法院，应根据被执行人经常居所地或者根据执行地确定。

第 28 条 [程序]

1. 可执行性宣告的申请书应附有以下文件：

(a)证明符合认证条件的判决书副本一份；

(b)在不损抑第 29 条规定的情况下，原审法院依照附件 II 规定的格式所制作的判决的摘录；

(c)必要时，一份对(b)项所规定格式内容的音译或者翻译，译文应当使用执行成员国的官方语言，或者，如果执行成员国有多种官方语言，则根据执行成员国法律，译文应当使用申请提起地的法院程序所使用的官方语言或者官方语言的一种，或者执行成员国已表明能接受的其他语言。各成员国均可说明其为了满足格式要求所能接受的官方语言或除其本国语言之外的欧洲联盟机构的其他工作语言。

2. 受理申请的法院或主管机关不得要求原告提供判决的译文。但是，与第 32 条或者第 33 条所指上诉有关的，可要求提供译文。

3. 本条所指的译文，必须由其中一个成员国有翻译资质的人员制作。

第 29 条 [未提交摘录]

1. 如果未提交第 28 条第 1 款(b)项所指的摘录，法院或主管机关可以指定提交该摘录的期限或者接受同等文书，或者，在认为已经掌握充分信息的情况下免除提交摘录的义务。

2. 在第 1 款所指情况下，依法院或主管机关要求，申请人应提交文件的译文。译文必须由其中一个成员国有翻译资质的人员制作。

第 30 条 [可执行性宣告]

一旦当事人履行了第 28 条所规定的各种手续，法院最迟应在履行这些手续后 30 日之内宣告判决具有可执行性，而无需根据第 24 条进行审查，但有使之无法实现的例外情况除外。在此阶段，被执行人无权就申请发表任何意见。

第 31 条 [就可执行性宣告的申请所作判决的通知]

1. 就可执行性宣告的申请所作的判决，应立即依照执行成员国法律规定的程序告知申请人。

2. 可执行性的宣告若尚未送达被执行人，则应与判决书一并送达被执行人。

第 32 条 [对可执行性宣告的申请所作判决的上诉]

1. 任何一方当事人均可对有关可执行性宣告的申请所作判决提起上诉。

2. 上诉应当向有关成员国依照第 71 条规定呈报给(欧盟)委员会的法院提起。

3. 上诉应当依照适用于司法听证程序的规定予以处理。

4. 在由申请人提出起的上诉程序中，如果被执行人未出庭应诉，即使被执行人在任何成员国内均无经常居所，亦应适用第 11 条规定。

5. 对于就可执行性宣告申请所作判决的上诉，应当在被送达该判决之日起 30 日内提出。如果被执行人在作出可执行性宣告判决的成员国之外的其他成员国有经常居所，则无论是送达他本人还是送达其住所，上诉期限为 45 日，自送达之日起算。该期限不得因路程遥远而延长。

第 33 条　[对上诉所作判决的抗辩程序]

对上诉所作的判决，当事人只能根据有关成员国依照第 71 条规定呈报给(欧盟)委员会的程序提出抗辩。

第 34 条　[拒绝或撤回可执行性宣告]

1. 依照第 32 条或第 33 条规定受理上诉的法院，仅当存在第 24 条规定的理由之一时，方可拒绝或者撤回可执行性宣告。

2. 除第 32 条第 4 款另有规定外，依照第 32 条规定受理上诉的法院，应当在自受理之日起 90 日内作出判决，但有使之无法实现的例外情况除外。

3. 依照第 33 条规定受理上诉的法院，应当毫不延迟地作出判决。

第 35 条　[程序的中止]

若判决在原成员国因上诉而被暂缓执行，经被执行人申请，依照第 32 条或者第 33 条规定受理上诉的法院应当中止程序。

第 36 条　[包括保全措施在内的临时措施]

1. 当一项判决依照本节规定必须予以承认时，申请人可根据执行成员国法律请求采取包括保全措施在内的临时措施，且无需依照第 30 条规定进行可执行性宣告。

2. 在法律实施中，可执行性宣告应包括采取任何保全措施的授权。

3. 在第 32 条第 5 款所规定的对可执行性宣告提起上诉的期间，以及在对该上诉作出判决之前，除了保全措施外，不得对被执行人的财产采取任何其他措施。

第 37 条　[部分可执行性]

1. 如果已对多个事项作出判决，但不能对所有事项作出可执行性宣告的，则法院或者主管机关应对其中一项或几个事项作出可执行性宣告。

2. 申请人可以请求仅对部分判决作出可执行性宣告。

第 38 条 [不得收取任何税费]

在可执行性宣告程序中,执行成员国不得根据争议标的之价值收取任何印花税或费用。

第三节 共同规定

第 39 条 [临时可执行性]

不论有无上诉,原审法院仍可宣告判决具有临时可执行性,即使内国法在法律实施中并未规定可执行性问题也是如此。

第 40 条 [援引已被认可的判决]

1. 欲援引第 17 条第 1 款或第二节意义上已被承认的判决的一方当事人,应提交证明符合认证条件的判决书副本一份。

2. 必要时,被当庭援引被承认的判决的法院,可要求援引被承认判决的当事人提供原审法院视情况而采用附件 I 或附件 II 所规定的格式制作的判决摘要。

原审法院亦应根据任何一方利害关系人的请求制作此种摘录。

3. 必要时,援引被承认判决的当事人,应当提供第 2 款所规定格式内容的音译或者翻译一份,译文应当使用相关成员国的官方语言,或者,如果该成员国有多种官方语言,则根据该成员国法律,译文应当使用被承认的判决援引地的法院程序所使用的官方语言或官方语言的一种,或者相关成员国已表明能接受的其他语言。各成员国均可说明其为了满足格式要求所能接受的官方语言或者除其本国语言之外的欧洲联盟机构的其他工作语言。

4. 本条所指的译文,须由在其中一个成员国有翻译资质的人员制作。

第 41 条 [执行的程序及条件]

1. 除非本条例另有规定,在另一成员国所作判决的执行程序适用执行成员国的法律。在一个成员国作出的、在执行成员国可执行的判决,应在与该执行成员国所作判决一样的条件下予以执行。

2. 请求执行在另一成员国所作判决的当事人,在不损害执行主管人员权利的前提下,不得被要求在执行成员国有邮寄地址或者经授权的代理人。

第 42 条 [禁止实质性审查]

在任何情况下,一成员国所作的判决,不得在被请求承认、宣告可执行性或执行该判决的成员国受到实质性审查。

第 43 条 [不得优先报销费用]

在适用本条例过程中所发生的任何费用的报销,不得优先于扶养费的追索。

第五章　诉诸司法途径

第 44 条　［获得司法救助的权利］

1. 本条例范围内的纠纷所涉的各方当事人，享有依照本章规定的条件在其他成员国有效地诉诸法律的权利，包括执行程序、上诉或者复议程序。

在第七章所指情形下，被请求的成员国应向居住于请求成员国的任何申请人提供有效地诉诸法律的途径。

2. 为了确保能有效诉诸法律，各成员国均应依照本章规定提供司法救助，但适用第 3 款的情形除外。

3. 在第七章所指情形下，如果成员国的各种诉讼程序能使当事人在不需要司法救助的情况下实现诉求，或者中央机关免费提供了必要的此种服务，则该成员国不负有提供司法救助的义务。

4. 所获得的司法救助，不得低于在类似国内案件中当事人所获得的司法救助。

5. 在扶养义务的诉讼中，不得为了保证支付诉讼费用而要求提供担保或者交付其他名目的保证金。

第 45 条　［司法救助的内容］

依照本章规定给予的司法救助，是指为使各方当事人知晓和主张其权利，并确保其通过中央机关转交或者直接递交给主管机关的申请得到充分、有效地解决而提供的必要帮助。它应当包括以下几个必要的部分：

（a）为了能在诉诸司法程序前解决争议而进行的诉讼前法律咨询；

（b）向机关或者法院起诉以及代为在法院陈述方面提供法律援助；

（c）免除或帮助支付诉讼费用以及诉讼代理人的费用；

（d）在那些规定败诉方必须承担对方费用的成员国，如果受司法救助者败诉，则包括对方当事人支出的费用，前提是此种费用包括在司法救助范围内，并且受救助者经常居住于受诉法院的成员国境内；

（e）口头翻译；

（f）法院或者主管机关要求由受救助者提供的为解决争议所必需的文件的书面翻译；

（g）当有关成员国的法律或法院要求与受救助者的案件有关的人员必须亲自出庭，并且法院认为这些人员无法以其他令法院满意的方式参加案件审理时，应由受救助者承担的差旅费。

第 46 条　[对于通过中央机关提出的有关子女抚养的申请给予免费司法救助]

1. 被请求成员国应当向权利人根据第 56 条规定提出的、与因亲子关系而对未满二十一周岁的自然人负有抚养义务有关的所有申请提供免费的司法救助。

2. 不论第 1 款有何规定，对于第 56 条第 1 款 (a) 和 (b) 项规定之外的其他申请，如果被请求的成员国主管机关认为该申请、上诉或复议显然没有根据，则可拒绝给予免费司法救助。

第 47 条　[第 46 条未予规定的情况]

1. 除第 44 条和第 45 条另有规定外，对于第 46 条未予规定的情况，可根据内国法，尤其是关于事实审查和程序审查的条件的规定，给予司法救助。

2. 不论第 1 款有何规定，已在原成员国全部或部分地在司法救助或者免缴费用方面受益的一方当事人，在任何承认程序、可执行性宣告程序或执行程序中，应均有权享有执行成员国法律规定的最大限度的司法救助或者尽可能免缴费用。

3. 不论第 1 款有何规定，在原成员国的附件 X 所列的行政机关受益于免费程序的一方当事人，在任何承认程序、可执行性宣告程序或者执行程序中，应均有权依照第 2 款规定享有司法救助。为此，他应提交原成员国主管机关签发的声明，以证明他已符合财务要求，有资格获得全部或部分司法救助或者免缴费用。

本款所涉及的主管机关，应被列入附件 XI。该附件应依照第 73 条第 2 款所规定的管理程序予以设立和修订。

第六章　法院和解书及公文书

第 48 条　[本条例对法院和解书及公文书的适用]

1. 在原成员国可予执行的法院和解书及公文书，应以根据第四章的规定承认与执行判决一样的方式，在另一成员国得以承认和执行。

2. 本条例的规定，必要时亦适用于法院和解书及公文书。

3. 原成员国的主管机关，经利害关系人的请求，应当采用附件 I 和附件 II，或者附件 III 和附件 IV 规定的标准格式，并视情况出具法院和解书及公文书的摘录。

第七章 中央机关之间的合作

第 49 条 [中央机关的指定]

1. 每个成员国应当指定一个中央机关来承担本条例所规定的职责。

2. 联邦成员国、具有一个以上法律体系的成员国以及具有自治领土单位的成员国可自由指定一个以上的中央机关，并应明确其职责的属地和属人范围。如果某一成员国指定了一个以上的中央机关，则该成员国应当确定将所收到的通知信息转达给该成员国境内主管中央机关的中央机关。如果一项联络信息被送至非主管中央机关，该中央机关应当负责将此信息转发至主管中央机关，并相应地告知发信人。

3. 每个成员国应依照第 71 条的规定，将有关中央机关或多个中央机关的指定、它们的详细联系方式以及本条第 2 款所指的职责范围，通知(欧盟)委员会。

第 50 条 [中央机关的一般职责]

1. 中央机关应当：

(a)彼此间进行包括交换信息在内的合作，并促进其所属成员国主管机关之间的合作，以实现本条例之宗旨；

(b)尽可能寻求在适用本条例过程中所产生的各种困难的解决方式。

2. 各中央机关应当采取便利适用本条例和加强它们之间合作的措施。为此，应使用根据《第 2001/470 号决议》建立的欧盟民商事司法网络。

第 51 条 [中央机关的具体职责]

1. 各中央机关应当为第 56 条所指的各项申请提供帮助，尤其是：

(a)转送和接收此类申请；

(b)启动有关此类申请的程序，或者为启动此类申请程序提供便利。

2. 各中央机关应当在此类申请方面采取一切适当的措施，以便：

(a)在情况需要时，提供司法救助或为司法救助提供便利；

(b)尤其是根据第 61 条、第 62 条和第 63 条的规定，帮助查找义务人或者权利人的居所地；

(c)尤其是根据第 61 条、第 62 条和第 63 条的规定，帮助获取关于义务人或者权利人的收入、包括财产所在地在内的其他财务状况信息；

(d)适当时，采用调解、和解或者类似方式鼓励友好地解决纠纷，以达到自愿支付扶养费之目的；

(e)为持续性地执行扶养判决(包括欠款)提供便利;

(f)为收取和快速转交扶养费提供便利;

(g)在不损抑《第1206/2001号条例》的情况下,在调取文件或者其他证据方面提供便利;

(h)如为追索抚养费所必须,帮助确定父母身份;

(i)启动或帮助启动旨在保全未决扶养申请的结果、具有属地性的必要临时措施的程序;

(j)在不损抑《第1393/2007号条例》的情况下,帮助送达文书。

3.本条所规定的中央机关的职责,在有关成员国法律允许的范围内,可以由公共机构或者该成员国主管机关监管的其他机构承担。任何此类公共机构或其他机构的指定、详细联系及其职责范围,应由各成员国依照第71条的规定通知(欧盟)委员会。

4.本条和第53条的规定,并非让中央机关负有义务行使被请求成员国法律规定的只能由司法机关行使的权利。

第52条 [授权书]

只有当被请求的成员国的中央机关在司法程序或者在其他机关程序中以申请人的名义行事或为此目的而指定代理人时,该中央机关方能要求申请人签发授权书。

第53条 [请求采取特殊措施]

1.当不存在第56条所指的未决申请时,一中央机关可以附具理由地请求另一中央机关采取第51条第2款(b)、(c)、(g)、(h)、(i)和(j)项规定的适当特殊措施。被请求的中央机关在认为有必要时,应采取适当措施,以帮助潜在的申请人提交第56条所指的申请或者帮助其确定是否应提出该申请。

2.如果提出了采取第51条第2款(b)项和(c)项所指措施的请求,被请求的中央机关在必要时应依照第61条的规定查询被请求的信息。但是,只有当权利人提供了一份有待于执行的判决书、法院和解书或公文书的副本,如有必要,并附有第20条、第28条或第48条所规定的摘录时,方可查询第61条第2款(b)、(c)、(d)项所指的信息。

被请求的中央机关应当将获得的信息转发给提出请求的中央机关。如果该信息系依照第61条规定而获得,在转送时仅应告知潜在被告在被请求成员国的地址。如果涉及承认、可执行性宣告或者执行方面的请求,在转送信息时仅应载明义务人在其国内是否有收入或者财产。

如果被请求的中央机关无法提供所请求的信息,应当毫不延迟地通知提出请求的中央机关，并且说明无法提供信息的原因。

3. 一中央机关可以应另一中央机关请求，对于具有国际因素的、与提出请求的成员国正在处理的追索抚养费有关的案件采取特殊措施。

4. 提出本条所指的请求时，中央机关应当采用附件 V 所规定的格式。

第 54 条　[中央机关的费用]

1. 各中央机关应自行承担因适用本条例而产生的各项费用。

2. 各中央机关不得因提供本条例规定的服务而向申请人收取任何费用，但因请求采取第 53 条所指特殊措施而产生的额外费用除外。

就适用本款规定而言，与查明义务人的居所地有关的费用不得视为额外费用。

3. 被请求的中央机关未事先征得申请人同意就提供第 2 款所指服务而产生费用时，不得因提供此类服务而收取任何费用。

第 55 条　[通过中央机关转交申请]

本章所指的申请，应由申请人居所地成员国的中央机关向被请求的成员国中央机关提交。

第 56 条　[可提出的各类申请]

1. 欲根据本条例追索扶养费的权利人，可提出如下申请：

(a)承认一项判决或承认并宣告一项判决具有可执行性；

(b)执行一项在被请求的成员国作出的或已予承认的判决；

(c)在没有现成的判决时，在被请求的成员国设立一项判决，必要时，还包括设立亲子关系；

(d) 如果无法承认一项在被请求的成员国以外的国家作出的判决或者无法宣告其具有可执行性，则在被请求的成员国设立一项判决；

(e)变更一项在被请求的成员国作出的判决；

(f)变更一项在被请求成员国以外的国家作出的判决。

2. 现有扶养判决所指向的义务人，可提出如下申请：

(a)承认可使被请求的成员国的一项在先判决被中止执行或者被限制执行的判决；

(b)变更一项在被请求的成员国作出的判决；

(c)变更一项在被请求成员国以外的国家作出的判决。

3. 对于本条所指的各项申请，由被请求的成员国中央机关直接地或者由公共机构、其他机构或者人员间接地提供第 45 条(b)项所指的帮助或者代理服务。

4. 除本条例另有规定外，对第 1 款和第 2 款所指的申请，应根据被请求的成员国的法律作出裁决，并遵守该成员国现行的管辖权规则。

第 57 条 [申请书的内容]

1. 第 56 条所指的申请，应采用附件 VI 或者附件 VII 所规定的格式。

2. 第 56 条所指的申请，应至少包括：

（a）一份有关该申请或此类申请的性质的声明；

（b）申请人的姓名、包括地址在内的联系方式以及出生日期；

（c）被告的姓名、所知晓的地址以及出生日期；

（d）每个要求扶养者的姓名及出生日期；

（e）据以提出申请的理由；

（f）权利人提出申请的，有关扶养费的接收地或者电子转账的接收账户的信息；

（g）提出请求的成员国中央机关负责处理申请的人员或者单位的名称及联系方式。

3. 就适用第 2 款（b）项而言，在发生家庭暴力的情况下，如果被请求国的内国法没有规定申请人为提起诉讼而必须提供个人地址的，则申请人的个人地址可用其他地址代替。

4. 在适当情况下，在所知的范围内，申请书应另外包括下列信息：

（a）权利人的财务情况；

（b）义务人的财务情况，包括义务人所在的用人单位的名称、地址以及义务人财产的性质和所在地；

（c）能帮助查找被告居所地的任何其他信息。

5. 申请书应附有必要的佐证资料或者书面文件，如适当，包括有关证明申请人具有司法救助资格的资料。第 56 条第 1 款（a）项和（b）项以及第 56 条第 2 款（a）项所指的申请，在适当时，只能附有第 20 条、第 28 条和第 48 条或者《2007 年海牙公约》第 25 条所指的文件。

第 58 条 [通过中央机关转递、接收和处理的申请及案件]

1. 提出请求的成员国的中央机关应当协助申请人，以确保申请附有其所知的审查申请时所必需的全部信息和文件资料。

2. 提出请求的成员国中央机关在确信申请材料符合本条例的要求之后，应当将申请转递至被请求的成员国的中央机关。

3. 被请求的中央机关应在自收到申请之日起 30 日内，采用附件 VIII 规定的格式签收，并将已经或即将采取的处理申请的初步措施通知提出请求的成员国中央机关，并可要求提供其他必要的文件资料和信息。在此 30 日期间内，被请求的中央机关应向提出请求的中央机关提供负责答复申请进度查询的人员或机构的名称、联系方式等信息。

4. 被请求的中央机关在自签收之日起 60 日内，应将申请的处理状况告知提出请求的中央机关。

5. 提出请求的和被请求的中央机关应互相告知：

（a）负责处理特定案件的人员或单位；

（b）案件的处理进度；

并应对询问及时作出答复。

6. 各中央机关应在正常审查所允许的范围内尽快地处理案件。

7. 各中央主管机关应采用能为其所用的最快捷、有效的通讯方式。

8. 被请求的中央机关只有在所提交的申请明显不符合本条例的要求时，方能拒绝予以处理。在这种情况下，该中央机关应使用附件 IX 所规定的格式，及时将拒绝的原因告知提出请求的中央机关。

9. 被请求的中央机关不得仅仅以需要另外的文件资料或者信息为由拒绝申请。但是，被请求的中央机关可以要求提出请求的中央机关提供这些另外的文件资料或信息。如果提出请求的中央机关在 90 日的期限内或者在被请求中央机关指定的更长期限内没有提供上述文件资料或信息，被请求的中央机关可决定不再处理此申请。在这种情况下，应使用附件 IX 所规定的格式及时通知提出请求的中央机关。

第 59 条　[语言]

1. 请求书和申请书应使用被请求的成员国的官方语言填写，或者，如果该成员国有多种官方语言，则以所涉中央机关所在地的官方语言或官方语言之一填写，或者用该成员国已表示接受的欧洲联盟机构的其他官方语言填写，但该成员国中央机关无需翻译的除外。

2. 在不影响第 20 条、第 28 条、第 40 条和第 66 条规定的情况下，只有在提供所请求的帮助必须翻译时，请求书或者申请书所附的文件才需翻译成第 1 款所规定的语言。

3. 中央机关之间的任何其他通讯联系应使用第 1 款所规定的语言，但中央机关之间另有约定的除外。

第 60 条　[会议]

1. 为方便适用本条例，中央机关应定期举行会议。

2. 这些会议的举行，应符合《第 2001/470 号决议》。

第 61 条 ［中央机关获取信息］

1. 在本章规定的条件下，与第 51 条第 4 款不同的是，被请求的中央机关应采用一切适当的、合理的手段来获取第 2 款所指的必要信息，在特定情况下便于作出、变更、承认、可执行性宣告或者执行一项判决。

在被请求成员国的日常业务中掌握了第 2 款所指信息、并负责《第 95/46 号指令》意义上的信息处理的公共机构和行政机关，除非出于国家安全或者公共安全的正当理由，在被请求的中央机关无法直接获取信息时，应根据被请求的中央机关的请求向其提供信息。

各成员国可以指定能向被请求的中央机关提供第 2 款所指信息的公共机构或者行政机关。如果一成员国作出了这种指定，应当确保其选择的机构和行政机关管理部门允许其中央机关依照本条规定获取所要的信息。

在被请求的成员国掌握了第 2 款所指信息、并负责《第 95/46 号指令》意义上的信息处理的任何其他法人，在被请求的成员国法律允许的情况下，应根据被请求的中央机关的请求向其提供信息。

必要时，被请求的中央机关应将依上述方式获得的信息传递给提出请求的中央机关。

2. 本条所指的信息是指已由第 1 款所指的机构、行政机关或者（法）人已经掌握的信息。这些信息应是充分的、相关的、没有超出必要限度的，并涉及：

（a）义务人或者权利人的地址；

（b）义务人的收入；

（c）义务人的雇主和/或义务人的银行账户的名称；

（d）义务人的财产。

为获取或者变更一项判决之目的，被请求的中央机关只能请求提供（a）项所列的信息。

为使一项判决得以承认、宣告可执行性或执行之目的，被请求的中央机关可以要求提供本款第 1 段所列的全部信息。但是，只有在（b）项和（c）项所列的信息不足以让判决得到执行时，方能请求提供（d）项所列信息。

第 62 条 ［信息的传递和使用］

1. 各中央机关应在其所属的成员国内，视情况向主管法院、负责送达文书的主管机关以及负责执行判决的主管机关传递第 61 条第 2 款所指的信息。

2. 根据第 61 条规定，被传递信息的任何机关或法院只能出于便利追索扶养费的目的使用信息。除了仅涉及在被请求的成员国有地址、收入或者财产情况的信息外，不得对已向其提出请求的中央机关提出申请者公开第 61 条第 2

款所指的信息，但适用法院程序规则的除外。

3. 任何处理根据第 61 条规定所传递的信息的机关，保存信息的时间不得超出为传递信息所必需的期限。

4. 任何处理根据第 61 条规定所传递的信息的机关，应根据其内国法的规定确保此类信息的保密性。

第 63 条　［通知与获取信息有关的人员］

1. 将所收集的信息全部或者部分地通知与获取信息有关的人员时，应根据被请求的成员国的内国法进行。

2. 如果上述通知存在不利于有效地追索扶养费的风险时，可延迟该项通知，但延迟的期限自该信息被提交给被请求的中央机关之日起不得超过 90 日。

第八章　公共机构

第 64 条　［公共机构作为申请人］

1. 为申请承认判决和宣告判决的可执行性之目的，或者为了执行判决的目的，"权利人"一词包括为扶养权利人行事的公共机构或者代为履行扶养义务而应当得到清偿的机构。

2. 为扶养权利人行事或者因代为向扶养权利人履行义务而请求清偿的公共机构，其权利由该机构所属国的法律调整。

3. 对于下列判决，公共机构可以申请予以承认、宣告具有可执行性或者申请予以执行：

（a）根据因代为履行扶养义务而请求清偿的公共机构的申请，对义务人所作的判决；

（b）以权利人代为扶养而应得到清偿为限，在权利人与义务人之间作出的判决。

4. 公共机构在申请承认一项判决、宣告一项判决具有可执行性或者申请执行一项判决时，应根据请求，提供据以确立第 2 款所指的权利或者据以说明已向权利人清偿的所有必要文件。

第九章　一般规定及最后条款

第 65 条　［认证或其他类似的手续］

在本条例情况下，无需办理认证或者其他类似的手续。

第 66 条 [证明资料的翻译]

在不损抑第 20 条、第 28 条和第 40 条规定的情况下，对于以诉讼程序语言之外的其他语言作成的证明资料，受诉法院只有在为了作出判决或者为了尊重辩护权而需要翻译的情况下，方可要求当事人提供证明资料的翻译。

第 67 条 [报销费用]

在不损抑第 54 条规定的情况下，被请求的成员国主管机关，对于根据第 46 条获得免费司法救助的败诉方当事人，在特殊的、并且其财务状况允许的情况下，要求其报销费用。

第 68 条 [与其他共同体法律文件的关系]

1. 除第 75 条第 2 款另有规定外，本条例以代替《第 44/2001 号条例》适用于扶养义务事项的条款的方式对该条例进行了修改。

2. 在扶养义务事项上，本条例取代《第 805/2004 号条例》，但不受《2007 年海牙议定书》约束的成员国发布的有关扶养义务的欧洲执行令除外。

3. 在扶养义务事项上，根据第五章规定，本条例不影响《第 2003/8 号指令》的适用。

4. 本条例不影响《第 95/46 号指令》的适用。

第 69 条 [与现有国际公约及协定的关系]

1. 本条例不影响一个或者数个成员国在通过本条例时作为其缔约方的并涉及本条例所调整事项的双边协定或多边公约的适用，但不得损抑这些成员国根据《建立欧洲共同体的条约》第 307 条所承担的义务。

2. 尽管有第 1 款的规定，在不损抑第 3 款的情况下，该条例在成员国相互关系上优先于涉及本条例所调整事项的、且成员国已成为其缔约方的公约或协定。

3. 在判决的承认、可执行性宣告和执行方面，本条例不排除已成为 1962 年 3 月 23 日瑞典、丹麦、芬兰、冰岛和挪威之间《关于追索扶养费的公约》缔约国的各成员国适用该公约，只要该公约规定了：

(a) 简化的、更快捷的执行有关扶养义务的判决的程序，且

(b) 比本条例第五章规定更为有利的司法救助。

然而，适用上述公约的结果不得剥夺本条例第 19 条和第 21 条给予被告的保护。

第 70 条 [向公众提供信息]

各成员国应该在根据《第 2001/470 号决议》所设立的欧洲民商事司法网络的框架内，向公众提供下列信息：

（a）对有关扶养义务的内国法和诉讼程序所作的说明；

（b）对为履行第 51 条所规定的义务而采取的措施所作的说明；

（c）对如何根据第 44 条规定保证有效地诉诸法律所作的说明；

（d）对各国执行规则和程序所作的说明，包括对执行的各种限制的信息，特别是有关保护扶养义务人的规则和时效期限的信息。

各成员国应保持此信息的持续更新。

第 71 条　[有关联系方式和语言的信息(以《第 861/2007 号条例》第 25 条规定为模板)]

1. 在 2010 年 9 月 18 日之前，各成员国应当向(欧盟)委员会通报：

（a）有权根据第 27 条第 1 款处理有关可执行性宣告的申请或者有权根据第 32 条第 2 款处理就前述申请所作判决而提起的上诉的法院、机关的名称及联系方式；

（b）第 33 条所指的救济程序；

（c）为适用第 19 条之目的而设立的复议程序和有管辖权的法院的名称及联系方式；

（d）根据第 49 条第 3 款所确定的中央机关的名称、联系方式以及适当情况下的职责范围；

（e）第 51 条第 3 款所指公共机构或其他机构的名称、联系方式以及适当情况下的职责范围；

（f）有权处理第 21 条所指执行事项的机关的名称和联系方式；

（g）对于第 20 条、第 28 条和第 40 条所指文件的翻译可予接受的语言；

（h）其中央机关所接受的、根据第 59 条与其他机关进行联系时的语言。

各成员国应将有关上述信息的任何事后更改通报(欧盟)委员会。

2. 除了第 1 款(a)、(c)和(f)项所提的法院和机关的地址和其他联系方式外，(欧盟)委员会应在《欧盟官方公报》上公布根据第 1 款所通报的信息。

3. (欧盟)委员会应通过其他适当的方式，尤其是通过根据《第 2001/470 号决议》所设立的欧洲民商事司法网络向公众开放根据第 1 款所通报的所有信息。

第 72 条　[对格式的修订]

对本条例所规定的格式的任何修订，应依照第 73 条第 3 款所指的咨询程序予以通过。

第 73 条　[委员会]

1. (欧盟)委员会应得到依照《第 2201/2003 号条例》第 70 条所设委员会的

协助。

2. 凡述及本款的，应适用《第 1999/468 号决议》第 4 条和第 7 条规定。《第 1999/468 号决议》第 4 条第 3 款所规定的期限设定为 3 个月。

3. 凡述及本款的，应适用《第 1999/468 号决议》第 3 条和第 7 条规定。

第 74 条 ［审查条款］

在第 76 条第 3 段所确定的施行之日后五年内，（欧盟）委员会应向欧盟议会、理事会、欧盟经济与社会委员会提交有关本条例的适用报告，其中应包括有关中央机关之间合作的实践经验，特别是这些中央机关获取由公共机关或行政部门掌握的信息状况的评估和对适用于不受《2007 年海牙议定书》约束的某成员国所作判决的承认、可执行性宣告以及执行程序运行情况的评估。必要时，报告应附有修改建议。

第 75 条 ［过渡性条款］

1. 本条例仅适用于在其施行后所提起的诉讼程序、批准或者达成的法院和解以及出具的公文书，但第 2 款和第 3 款另有规定的除外。

2. 第四章第二节和第三节适用于：

（a）各成员国在本条例施行之日前作出的、但在该日期之后申请予以承认或者宣告具有可执行性的判决；

（b）针对在本条例施行之日前提起的诉讼且在该日期之后所作的判决，但为了承认与执行的目的，以该类判决在《第 44/2001 号条例》适用范围内为限。

对于在本条例施行之日尚在进行的承认与执行程序，仍适用《第 44/2001 号条例》。

第 1 段和第 2 段规定类推适用于在各成员国批准或者所达成的法院和解书以及所制作的公文书。

3. 自本条例施行之日起，中央机关收到的请求和申请书适用有关中央机关合作的第七章规定。

第 76 条 ［生效］

本条例于《欧盟官方公报》上公布之后第二十日生效。

第 2 条第 2 款、第 47 条第 3 款、第 71 条、第 72 条和第 73 条自 2010 年 9 月 18 日起施行。

除第 2 段所述条款外，本条例自 2011 年 6 月 18 日起施行，前提是《2007 年海牙议定书》自该日起适用于欧洲共同体。否则，本条例自该议定书在欧洲共同体适用之日起施行。

　　根据《建立欧洲共同体的条约》，本条例在整体上具有约束力，并直接适用于各成员国。

　　2008 年 12 月 18 日制定于布鲁塞尔。

理事会主席

M. 巴尼尔

附件 I ~ 附件 X（略）

欧盟理事会 2016 年 6 月 24 日《关于在婚姻财产制事项的管辖权、法律适用以及判决的承认与执行方面加强合作的第 2016/1103 号条例》*

欧洲联盟理事会：

根据《欧盟运行条约》，尤其是根据该条约第 81 条第 3 款，

根据欧盟理事会 2016 年 6 月 9 日《关于在国际伴侣财产制——包括婚姻财产制和注册伴侣关系的财产效力——事项上的管辖权、准据法以及判决的承认和执行方面加强合作的第 2016/954 号决议》①，

应欧盟委员会的建议，

并将立法草案转呈各国议会后，

根据欧盟议会的意见,②

按照特殊立法程序，

鉴于下列原因：

(1)本联盟的目标是维持和发展一个自由、安全和公正的区域，以保障人员的自由流动。为逐步建成这样一个区域，本联盟应在含有跨境因素的民事司法合作方面采取措施，尤其是内部市场顺畅运作所必需的措施。

(2)根据《欧盟运行条约》第 81 条第 2 款(c)项之规定，此类措施应包括旨

---

* Council Regulation (EU) 2016/1103 of 24 June 2016 implementing enhanced cooperation in the area of jurisdiction, applicable law and the recognition and enforcement of decision in matters of matrimonial property regimes. Official Journal of the European Union L183 of 8. 7. 2016, pp. 1-29. 本条例系根据其英语和德语官方文本翻译，译文原载于《民商法论丛》第六十六卷，法律出版社 2018 年版，第 619~651 页。部分条款参考了汪金兰教授有关本条例的译文(刊载于《中国国际私法与比较法年刊》第十九卷(2016)，法律出版社 2017 年版，第 381~395 页)。此处略有修订。——译者注

① 《欧盟官方公报》2016 年 6 月 16 日 L159，第 16 页。

② 2016 年 6 月 23 日建议(尚未在《欧盟官方公报》上公布)。

在确保各成员国现行的冲突规范和管辖权规则一致性的措施。

（3）在1999年10月15-16日举行的坦佩雷峰会上，欧盟首脑理事会同意将相互承认司法机关之判决或者其他裁决的原则作为民事司法合作的基石，并敦促理事会和委员会制订践行此项原则的措施计划。

（4）2000年11月30日，欧盟理事会和委员会共同制订了践行相互承认民商事司法判决原则的措施计划。① 该措施计划确认将协调冲突规范的措施作为实现互相承认判决便利化的举措，并且还规定了关于婚姻财产制事项法律文件的起草工作。

（5）2004年11月4日和5日，在布鲁塞尔会议上，欧盟首脑理事会通过了一项题为"加强欧洲联盟自由、安全和公正的海牙计划"②的新计划。在该计划中，欧盟首脑理事会请求委员会提交一份有关婚姻财产制事项的冲突法——包括管辖权和互相承认问题——的《绿皮书》。根据该计划，亦应在此方面制定一部法律文件。

（6）2006年7月17日，委员会通过了关于婚姻财产制事项冲突法——包括管辖权和相互承认判决——的《绿皮书》。该《绿皮书》对于清算夫妻共同财产时在欧洲出现的各方面问题以及可采取的法律救济措施广泛地征求意见。

（7）在2009年12月10日和11日举行的布鲁塞尔会议上，欧盟首脑理事会通过了一项新的多年计划，名称为"斯德哥尔摩计划——一个服务于并保护公民的开放而安全的欧洲"。③ 在该计划中，欧盟首脑理事会认为，互相承认原则应当被扩展适用于目前未被涵盖、但对于日常生活实属必要的方面，比如婚姻财产权，同时应顾及各成员国的法律制度，包括公共政策（公共秩序）以及这方面的国家传统。

（8）2010年10月27日，欧盟委员会在《2010年欧盟公民权报告：消除行使欧盟公民权之障碍》中宣布：其将提交一份立法提案以消除个人自由流动的障碍，尤其是要解决夫妻在处分或者分割其财产时面临的难题。

（9）2011年3月16日，欧盟委员会通过了《欧盟理事会关于婚姻财产制事项的管辖权、准据法以及判决的承认和执行的条例（建议稿）》和《欧盟理事会关于注册伴侣关系财产效力事项的管辖权、准据法以及判决的承认和执行的条例（建议稿）》。

---

① 《欧盟官方公报》2001年1月15日C12号，第1页。
② 《欧盟官方公报》2005年3月3日C53号，第1页。
③ 《欧盟官方公报》2010年5月4日C115号，第1页。

(10)在 2015 年 12 月 3 日的会议上，欧盟理事会宣布未能在有关婚姻财产制和注册伴侣关系财产效力事项的两个条例上达成一致，因此在一段合理期限内，联盟作为一个整体在该方面进行合作的目标无法实现。

(11)自 2015 年 12 月至 2016 年 2 月，比利时、保加利亚、捷克共和国、德国、希腊、西班牙、法国、克罗地亚、意大利、卢森堡、马耳他、荷兰、奥地利、葡萄牙、斯洛文尼亚、芬兰和瑞典等国向欧盟委员会提出请求，表示它们希望强化彼此间在国际夫妻财产制方面的合作，尤其强化在婚姻财产制和注册伴侣关系财产效力事项上的管辖权、准据法以及判决的承认和执行方面的合作，并且请求欧盟委员会向欧盟理事会提交相应的议案。2016 年 3 月，塞浦路斯致函欧盟委员会，表示愿意参与该强化合作；此后，塞浦路斯在欧盟理事会会议期间重申了该意愿。

(12)2016 年 6 月 9 日，欧盟理事会通过了《第 2016/954 号决议》，批准强化该合作。

(13)根据《欧盟运行条约》第 328 条第 1 款之规定，此种强化合作关系在建立期间向所有成员国开放，只要其符合此项授权决议所规定的参与条件即可。除了这些条件外，只要其遵守在该框架下所通过的法律文件，那么该合作关系亦在任何时间对其开放。欧盟委员会和参与该强化合作关系的各成员国应当确保促进尽可能多的成员国参与其中。本条例仅对那些根据《第 2016/954 号决议》或者依照《欧盟运行条约》第 331 条第 1 款第 2、3 段而通过的决议，在关于国际伴侣财产制——包括婚姻财产制事项和注册伴侣关系财产效力事项——的管辖权、准据法以及判决的承认和执行这一方面参与强化合作的成员国具有整体约束力，并有直接适用的效力。

(14)根据《欧盟运行条约》第 81 条之规定，本条例适用于具有跨境因素的婚姻财产制事项。

(15)为了给予已婚夫妇在财产方面的法律确定性，并为其提供一定程度的可预见性，所有适用于婚姻财产制事项的规则应被纳入单一的法律文件中。

(16)为了实现上述目标，本条例应一并规定将有关管辖权、法律适用、承认，以及——视情况而定——判决、公文书、法院和解书的接受、可执行性与执行的条款。

(17)本条例对于"婚姻"不作界定，该概念由各成员国的国内法界定。

(18)本条例的适用范围应当包括有关婚姻财产制的所有民事事项，既涉及婚姻财产的日常管理，也涉及因解除婚姻或者因配偶一方死亡而引起的财产清算。为本条例之目的，"婚姻财产制"应由(各成员国)自治解释，它不仅包括夫妻双方不得减损的各项规定，也包括夫妻双方根据准据法可以协议选择的那些选择性规定以及准据法的一揽子规定。该概念不仅涵盖特定国家法律制度为婚姻所作的专门的、排他性的财产法上的规定，也包括因婚姻或解除婚姻关系而引起的夫妻之间的财产关系以及夫妻双方与第三人之间的财产关系。

（19）出于清晰化考量，许多可能被视为与婚姻财产制事项有关联性的问题，应当被明确排除在本条例的适用范围之外。

（20）相应地，本条例不适用于夫妻双方的一般权利能力、交易能力与行为能力问题。但是，不论是在夫妻之间的关系上还是在与第三人的关系上，此项排除并不扩展适用于夫妻一方或者双方在财产方面的特定权力或权利，因为这些权力或权利属于本条例的适用范围。

（21）本条例不适用于其他先决问题，如婚姻的存续、有效性或承认，这些问题仍由各成员国包括其国际私法在内的国内法调整。

（22）由于夫妻之间的扶养义务属于欧盟理事会《第4/2009号条例》①的调整对象，因此应被排除在本条例的适用范围之外。同样，因配偶一方死亡而引起的遗产继承问题，由于其已由欧盟议会及理事会《第650/2012号条例》②调整，所以也被排除在本条例的适用范围之外。

（23）考虑到各成员国现存的特别制度，对于在婚姻存续期间获得的、并且不属于婚姻期间的养老金收入的退休金或无谋生能力者的退休金，不论其性质何如，夫妻双方在此方面权利的转移或调整问题应被排除在本条例的适用范围之外。但是，此项排除应予严格解释。因此，本条例尤其应当适用于退休金财产的分类、在婚姻存续期间已经支付给配偶一方的数额以及在退休金与共同财产混同时应当给予何种可能的补偿等问题。

（24）本条例允许按照婚姻财产制事项的准据法之规定，设立或者转移因婚姻财产制事项而产生的动产或者不动产权利。但是，此项设立或转移不得影响某些成员国国内法对物权的数量限制（"数量条款"）。如果一成员国的国内

---

①　即欧盟理事会2008年12月28日《关于扶养义务事项的管辖权、法律适用、判决的承认与执行并进行合作的第4/2009号条例》。——译者注

②　即欧盟议会及理事会2012年7月4日《关于继承事项的管辖权、法律适用、判决的承认与执行、公证书的接受与执行以及关于创设欧洲继承证书的第650/2012号条例》〔Regulation (EU) No 650/2012 of the European Parliament and of the council of 4 July 2012 on jurisdiction, applicable law, recognition and enforcement of decisions and acceptance and enforcement of authentic instruments in matters of succession and on the creation of a European Certificate of Succession. OJ L201, 27.7.2012, p.107.〕。——译者注

法并未规定某项物权，则该成员国没有义务去承认对其境内之物所设立的该项物权。

（25）但是，为了能使夫妻双方在其他成员国行使因婚姻财产制而设立或者移转财产的权利，本条例应规定调适制度，以将一项未名物权与该其他成员国法律体系中最相类似的权利匹配。在进行此种调适时，应当考虑所述物权所追求的目标、利益及其效果。在判断何为最相类似的国内权利时，可以向婚姻财产制事项准据法所属国的机关或者主管人员咨询，就该项权利的性质和效力请求答复。为此，可以利用民商事司法合作方面的现有网络以及可获取的、便于知晓外国法的其他方式。

（26）本条例明确规定的对未名物权的调适，不得排除与适用本条例有关的其他调适形式。

（27）在注册机关进行不动产或者动产权利登记的条件，应当被排除在本条例的适用范围之外。为此，应以注册地的成员国法律（对于不动产而言，则以不动产所在地法）来决定注册应当满足的法定条件、注册应如何进行以及应由哪一机关——比如土地登记机关或者公证处——负责审查是否满足了所有的注册要求以及所出具或制作的文件是否完整或者是否包含了必要信息。特别是主管机关应该审查，夫妻一方对于注册时所提交的文件中提及的财产的权利，是否涉及已注册为该项权利的权利或者根据注册地的成员国法律已以其他方式证明的权利。为了防止复制文件，注册机关应当接受由另一成员国主管机关制作的文件，该文件的流通由本条例规定。但这并不妨碍参与注册的机关按照注册地的成员国法律，要求注册申请人提供所需的额外信息或者提交所需的额外文件，比如与支付收益有关的信息或者文件。主管机关可以向注册申请人指出应如何提供所遗漏的信息或者文件。

（28）在注册机关登记权利的法律效力也应被排除在本条例的适用范围之外。对此，应以注册地成员国的法律来判断该登记行为具有宣告性效力还是构成性效力。因此，假如按照注册地成员国的法律，为保证登记行为的公示效力或保护合法交易，获取不动产权利需要在注册机关进行登记，则此项权利的获取时间应由该成员国的法律决定。

（29）本条例应尊重各成员国所适用的处理婚姻财产制事项的不同制度。为本条例之目的，应当将"法院"作广义解释，其不仅包括严格意义上的履行司法职能的法院，还包括某些成员国在婚姻财产制事项的特定问题上履行类似于法院的司法职能的公证处，以及包括某些成员国内经法院授权在处理婚姻财产制事项方面履行司法职能的公证处和法律专业人士。本条例意义上的所有法院应当受本条例所规定的管辖权规则约束。相反地，"法院"一词并不包括成员国内依国内法授权而处理婚姻财产制事项的非司法机关，比如通常情况下大多数成员国国内并不履行司法职能的公证机构。

（30）本条例应准允各成员国中有权处理婚姻财产制事项的所有公证机构履行这项职能。一成员国的公证机构是否受本条例所规定的管辖权规则约束，取决于该机构是否属于本条例中"法院"这一概念范畴。

（31）各成员国内由公证机构就婚姻财产制事项所制作的文书应当依照本条例之规定予以流通。公证机构履行司法职能的，应受本条例规定的管辖权规则约束，并且其作出的裁判文书应当按照本条例有关判决的承认、可执行性和执行之规定予以流通。公证机构不履行司法职能的，则不受此种管辖权规则的约束，其制作的公文书应按照本条例有关公文书之规定予以流通。

（32）为了适应夫妻在其婚后生活期间流动性不断加强的趋势并促进司法的有序运作，本条例所规定的管辖权条款应使公民能够将彼此相关联的诉讼交由同一成员国的法院审理。为此，本条例应当寻求将婚姻财产制事项的管辖权集中到某成员国，使该成员国的法院有权依照《第 650/2012 号条例》来解决配偶一方死亡后的继承问题，或者根据欧盟理事会《第 2201/2003 号条例》处理离婚、依法别居或宣告婚姻无效等事项。

（33）本条例应当规定，当成员国的法院根据《第 650/2012 号条例》由成员国的法院受理的与配偶继承有关的诉讼尚未审结时，该成员国的法院对于与该继承案件有关联的婚姻财产制事项也具有裁判管辖权。

（34）同样地，与一成员国法院根据《第 2201/2003 号条例》受理的有关离婚、依法别居或宣告婚姻无效的未决诉讼有关联而产生的婚姻财产制事项，应由该成员国法院管辖，但是仅可基于特殊管辖权规则对离婚、依法别居或者宣告婚姻无效行使裁判管辖权的情形除外。此时，（对案件）集中管辖须征得夫妻双方的同意。

（35）如果婚姻财产制事项与一成员国法院所审理的、涉及配偶一方的继承之未决诉讼或者涉及离婚、依法别居、宣告婚姻无效之未决诉讼没有关联，则本条例应当规定据以确定管辖权的连接点顺位，而首要连接点应是夫妻双方向法院起诉时的共同经常居所。这些连接因素应反映公民流动性不断增强的状况，并确保在夫妻双方与行使管辖权的成员国之间存在真实的联系。

（36）为了增强法律的确定性、准据法的可预见性和当事人的意思自治性，在特定情形下，本条例应允许当事人达成倾向于选择准据法所属的成员国法院或者婚姻缔结地的成员国法院的法院选择协议。

（37）为本条例之目的，并且为了涵盖所有可能出现的情形，婚姻缔结地成员国应指受理缔结婚姻事项的机关所属成员国。

（38）一成员国法院可认为，根据其本国国际私法，以婚姻财产诉讼为目的之婚姻不被承认。在此情形下，例外地，它可根据本条例规定拒绝行使管辖权。法院应立即作出决定，所涉当事人应有机会将案件提交给有连接因素的任何其他成员国法院并赋予其管辖权，而不必考虑管辖根据的先后顺序，但同时应尊重当事人的意思自治。除婚姻缔结地成员国法院以外的任何其他法院，在拒绝管辖后受诉的，也可在相同条件下例外地拒绝管辖。然而，不同管辖权规则的组合，应确保当事人双方有一切机会诉诸一成员国的法院，让该法院接受对案件的管辖，从而赋予当事人的婚姻财产制以法律效力。

（39）本条例不应妨碍当事人在其所选择的成员国法律允许的情况下，在法院之外——例如公证处——友好地解决婚姻财产制争议，即使在婚姻财产制的准据法并非该成员国的法律的情况下也应如此。

（40）为了保证所有成员国的法院得以基于相同事由，就夫妻双方的婚姻财产制事项行使管辖权，本条例应当以穷尽的方式规定行使补充性管辖权的事由。

（41）尤其地，为了对拒绝司法的情形进行救济，本条例也应当规定必要管辖权，以允许成员国法院在特定例外情况下对与第三国紧密相关的婚姻财产制事项作出裁决。当不可能在所涉及的第三国进行诉讼时，比如由于内战或者不能合理期待夫妻一方在该国提起或者进行诉讼，即属于上述情况。但是，只有在案件与受诉法院所在的成员国有充分联系的情况下，才能以必要管辖权为基础行使管辖权。

（42）为了司法的有序运作，应当避免在不同成员国作出相互冲突的判决。为此，本条例应当效仿联盟在民事司法合作方面的其他法律文件，规定一般程序性条款。此类程序性条款之一就是未决诉讼规则，当与婚姻财产制事项有关的同一案件在不同成员国的法院审理时，就会出现这种情形。该规则将决定哪一法院应当继续审理该案。

（43）为了使公民在法律具有确定性的情况下从内部市场受益，本条例应当使配偶们提前知晓他们之间的婚姻财产制事项应适用哪一法律。因此，应当引入和谐一致的冲突规范以避免出现彼此歧异的结果。一般的冲突规范应当确保婚姻财产制事项适用的是可预见的、与其有密切联系的法律。基于对法律确定性和避免婚姻财产制碎片化的考量，婚姻财产制的准据法应当适用于婚姻财产制事项的整体，即适用于婚姻财产制所涵盖的所有财产，而不论财产的性质如何，也不论该财产位于另一成员国或者第三国。

（44）即使依照本条例所确定的法律并非成员国的法律，仍应予以适用。

（45）为了方便夫妻双方处理其财产，本条例应当允许他们在与其有密切联系——比如经常居所或者国籍——的国家的法律中，选择其婚姻财产制事项的准据法，而不论该财产的性质或者所在地。该法律选择可以在结婚之前、结婚之时或者在婚姻存续期间随时作出。

（46）为了保证交易的法律确定性，同时，为了防止在未通知配偶的情况下而对婚姻财产制事项的准据法作出任何变更，除非双方当事人提出明示请求，否则不应对婚姻财产制事项的准据法作出任何变更。除非夫妻双方有明确约定，否则上述变更不具有溯及力。无论如何，其不得影响第三人的权利。

（47）应对法律选择协议的实质及形式有效性规则作出规定，这有利于夫妻双方在完全知情的情况下进行法律选择，保证夫妻双方的法律选择之合意受到尊重，也有利于法律确定性和更好地实现权利保护。就形式有效性而言，应纳入特定的保障措施以确保夫妻双方能知晓其法律选择的重要性。法律选择协议至少需要采用书面形式，必须由双方当事人签名并注明日期。但是，如果夫妻双方在进行法律选择时其经常居所所在的成员国法律有额外的形式规定，那么此类规定应予以遵守。在进行法律选择时，如果夫妻双方的经常居所在不同的成员国，而这些成员国有不同的形式规定，则只要符合其中一国的形式规定即可。在进行法律选择时，如果夫妻中只有一方的经常居所所在的成员国有额外的形式规定，则应遵守此种形式规定。

（48）婚姻财产协议是对婚姻财产作出的一种安排，这种安排的可接受性和认可度在成员国之间有所不同。为了使得基于婚姻财产协议而取得的财产权利更容易在各成员国获得承认，应当明确婚姻财产协议的形式有效性规则。此种协议至少需要采用书面形式，由双方当事人签名并注明日期。但是，该协议也应当满足依照本条例所指定的适用于婚姻财产制事项的准据法以及夫妻双方经常居所地成员国法律所规定的额外形式有效性要求。本条例也应进一步规定此种协议的实质有效性所适用的法律。

（49）未进行法律选择时，考虑到法律的确定性、准据法的可预见性与夫妻双方实际生活的协调一致性，本条例应引入和谐一致的冲突规范，以根据连接点的顺位确定适用于夫妻双方所有财产的法律。夫妻双方婚后随即设立的第一个共同经常居所应构成首要标准，优先于他们结婚时的共同国籍国法。如果这些标准不能适用，或者由于夫妻双方在结婚时具有两个共同国籍而无法确定第一个共同经常居所时，第三个考虑标准应是与夫妻双方有最密切联系的国家的法律。在采用后一标准时，应考虑所有情势，并且应该阐明，在确定此种联系时应以结婚时的联系程度为准。

（50）如果本条例将国籍作为连接因素，那么如何处理多重国籍者这一先决问题便不在本条例适用范围之内，而留给国内法——包括国际公约——解决，同时，应充分遵循本联盟的一般原则。该规定不影响依照本条例所作法律选择的有效性。

（51）对于在未选择法律以及未达成婚姻财产协议的情况下如何确定婚姻财产制事项所适用的法律，成员国法院可以应夫妻一方的请求，在例外情况下——夫妻双方已经移居至其经常居所所在国持续较长时间——确定应适用该国的法律，前提是夫妻双方援引该法律。但是无论如何，不得因此侵害第三人的权利。

（52）所确定的婚姻财产制事项的准据法，适用于从婚姻存续期间夫妻一方或双方的财产归入不同类别直到婚姻解除后的财产清算等一系列事项，其中应当包括婚姻财产制对于夫妻一方同第三人之间法律关系的影响。但是，只有在夫妻一方同第三人间的法律关系产生于该第三人知晓或者应当知晓适用于婚姻财产制的法律之时，该夫妻一方才能援引该法律对抗该第三人。

（53）出于维护成员国的政治、社会或者经济秩序等公共利益的考虑，该成员的法院和其他主管机关在例外情形下有权根据优先的强制性条款适用例外规定。相应地，"优先的强制性条款"这一概念应包括具有强制特性的规范，例如保护家庭住房的规范。但是这一适用婚姻财产制事项准据法的例外情形，应进行严格解释，以同本条例所追求的总目标保持一致。

（54）出于公共利益的考虑，如果在特定案件中适用外国的法律规定将明显违反相关成员国的公共政策（公共秩序），允许该成员国的法院和其他处理婚姻财产制事项的主管机关在例外情况下不予考虑该外国的法律规定。然而，一成员国的法院或者其他主管机关不得出于公共政策（公共秩序）例外的原因而排除适用另一成员国的法律，或者拒绝承认——或者在某些情况下拒绝接受——或者拒绝执行来自另一成员国的判决、公文书或者法院和解书，这种做法将违背《欧洲联盟基本权利宪章》（以下简称"《宪章》"）尤其是《宪章》第21条所规定的非歧视原则。

（55）因为对于本条例所调整的问题，有些国家同时存在两种或两种以上的法律制度或者系列规则，所以，应规定本条例在这些国家的不同领土单位的适用范围。

(56)出于其所追求的总体目标的考量，即相互承认各成员国就婚姻财产制问题所作出的判决，本条例应效仿本联盟在民事司法合作方面所制定的其他法律文件，就判决的承认、可执行性和执行问题作出规定。

(57)为了将成员国中处理婚姻财产制问题的不同制度纳入考虑范围，本条例应确保涉及婚姻财产制事项的公文书在所有的成员国都得以接受并具有可执行性。

(58)公文书在另一成员国应当具有与其在原始成员国国内相同的证据效力或者是最类似的效力。在判断一份公文书在另一成员国是否具有证据效力或最类似的效力时，应参照该公文书在原始成员国所具有的证据效力的特性和范围。公文书在另一成员国所具有的证据效力，应依照原始成员国的法律确定。

(59)公文书的"权威性"应是一个自主性概念，它包含了文书的真实性、形式要求、制作文书的机关之权能以及制作文书的程序等要素。该概念还包括所涉机关记录在该公文书之中的细节过程，比如所述当事人在所述日期向该机关提出诉求并提交所述声明的事实要素。拟对该公文书的权威性提出异议的一方当事人，应当在该公文书的原始成员国有管辖权的法院按照该成员国的法律提出异议。

(60)"公文书中所记载的法律行为和法律关系"这一措辞应当被理解为公文书所载的实体内容。拟对公文书所记载的法律行为和法律关系提出异议的一方当事人，应当向依据本条例具有管辖权的法院提出该异议，由该法院依据适用于婚姻财产制的法律对该异议作出裁判。

(61)与公文书所记载的法律行为和法律关系有关的问题，如果是在成员国法院受理的案件中作为一个先决问题而被提出，则该法院对于该先决问题具有裁判管辖权。

(62)一份被提出异议的公文书，只要该项异议悬而未决，则该公文书在原始成员国之外的其他成员国内不具有任何证据效力。如果异议仅仅涉及公文书所载法律行为和法律关系的某个特定情况，只要该项异议悬而未决，则对于异议所涉的特定事项，该公文书在原始成员国之外的其他成员国内不具有任何证据效力。一份公文书，若基于某项异议而被宣布为无效，则不再具有任何证据效力。

(63)如果某机关在适用本条例时被提交了两份内容冲突的公文书，若有可能，该机关应考虑特定案件的情况评判哪一份公文书具有优先效力。如果根据这些情况，并不能明确评判哪一份公文书具有优先效力，则该问题应当交由依本条例具有管辖权的法院解决，或者，如果该问题是作为诉讼过程中的先决问题而出现，则由受理该诉讼的法院解决。若公文书和判决在内容上发生冲突，则应考虑本条例所规定的拒绝承认判决的事由。

（64）依照本条例规定承认和执行一项有关婚姻财产制的判决，绝不等同于默示地承认在该判决作出前既已存在该婚姻关系。

（65）对于本条例与成员国作为其缔约方的、有关婚姻财产制的双边条约或多边公约之间的关系，应当作出规定。

（66）只要丹麦、芬兰、冰岛、挪威和瑞典之间1931年2月6日《关于婚姻、收养和监护的国际私法条款公约》（2006年修订），丹麦、芬兰、冰岛、挪威和瑞典之间1934年11月19日《关于继承、遗嘱和遗产管理的国际私法条款公约》（2012年6月修订），丹麦、芬兰、冰岛、挪威和瑞典之间1977年10月11日《关于民事判决的承认与执行公约》在婚姻财产制事项判决上规定了更为简化、便捷的承认与执行程序，本条例不妨碍作为其缔约方的成员国继续适用这些公约的某些规定。

（67）为了便利本条例的适用，各成员国有义务通过根据欧盟理事会《第2001/470号决议》①所建立的欧洲民商事司法网络，就婚姻财产制所涉及的立法和程序交流信息。为了将那些对实践中适用本条例有用的所有信息及时地公布在《欧洲联盟官方公报》上，各成员国也应当在本条例开始施行之前告知委员会此类信息。

（68）同样地，为便利本条例的适用，并能使用现代通信技术，对于那些与申请宣告一项判决、公文书或者法院和解书具有可执行性有关而提交的证明，亦应规定标准格式。

（69）在计算本条例所规定的期间和日期时，应当遵循（欧洲经济共同体、欧洲原子能共同体）理事会《第1182/71号条例》②的规定。

（70）为保证本条例适用条件的一致性，在判决、公文书或者法院和解书

---

① 即欧盟理事会2001年5月28日《关于建立欧洲民商事司法网的第2001/470号决议》，公布于《欧洲联盟官方公报》2001年6月27日第L174号，第25页。——译者注

② 即（欧洲经济共同体、欧洲原子能共同体）理事会1971年6月3日《关于确定期间、日期和期限的规则的第1182/71号条例》[Regulation（EEC, Euratom）No 1182/71 of the Council of 3 June 1971 determining the rules applicable to periods, dates and time limits, OJ L 124 8. 6. 1971, p. 1.]——译者注

的可执行性宣告的内容和格式的制作和后续修正方面，应当授予欧盟委员会执行权。该权力应依照欧盟议会及理事会《第182/2011号条例》①行使。

（71）对于为制作和后续修正本条例所规定的证明和格式而发布的执行性法律文件，应当根据咨询程序进行。

（72）本条例的目标，即实现联盟内人员的自由流动，并能对配偶们在其关系存续期间以及在财产清算之时双方之间的财产关系以及与第三人的财产关系方面进行调整，并提高准据法的可预见性和法律确定性，在成员国层面难以得到充分实现，但是基于本条例的调整范围和效力，在联盟层面——适当情形下可采用加强成员国之间合作的方式——能更好地实现。按照《欧盟条约》第5条所规定的从属原则，联盟能够采取行动。按照该条同时所规定的相称性原则，本条例不得超出实现上述目标所必须之限度。

（73）本条例尊重《欧盟基本权利宪章》所确立的各项基本权利和各项原则，尤其是第7条、第9条、第17条、第21条和第47条所分别规定的关于尊重私人和家庭生活的权利、依照国内法建立家庭的权利、财产权、非歧视原则以及获得有效救济和程序公正的权利。各成员国的法院和其他主管机关在适用本条例时应当尊重此类权利和原则。

第一章　范围和定义

第1条　[范围]

1. 该条例适用于婚姻财产制。它不适用于财税、关税或行政事项。

2. 下列事项应被排除于本条例适用范围之外：

（a）夫妻双方的权利能力、交易能力及行为能力；

（b）婚姻的存续、效力及承认；

（c）扶养义务；

（d）夫妻一方死亡后遗产的继承；

（e）社会保障；

---

① 即欧盟议会及理事会2011年2月16日《关于各成员国对欧盟委员会行使执行权的监督机制的一般规则与原则的第182/2011号条例》[Regulation (EU) No 182/2011 of the European Parliament and of the Council of 16 February 2011 laying down the rules and general principles concerning mechanisms for control by Member States of the Commission´s exercise of implementing powers, OJ L 55, 28. 2. 2011, p. 13.]——译者注

(f)在离婚、依法别居或婚姻无效的情况下，夫妻之间享有的转移或调整婚姻关系存续期间获得的、且在该期间不属于退休金收入的养老金或无谋生能力者的退休金的权利；

(g)有关财产的物权性质；以及

(h)在登记机关对于动产和不动产权利进行的任何注册，包括注册的法定条件、在登记机关注册或不注册此种权利的效果。

第2条　[成员国内部对婚姻财产制事项的管辖权]

该条例不得影响成员国有关机构处理婚姻财产制事项的管辖权。

第3条　[定义]

1. 为本条例之目的：

(a)"婚姻财产制"系指基于婚姻或婚姻的解除，有关夫妻之间以及夫妻与第三人之间的财产关系的一系列规则；

(b)"婚姻财产协议"系指夫妻或准夫妻之间达成的处分其婚姻财产的任何协议；

(c)"公文书"系指一种关于婚姻财产制事项、并且在一成员国内被作为公文书而制作或注册的文件，且该文件的证据力：

(1)与公文书的签注及内容有关；

(2)得到公共机构或原审成员国所授权的其他机构确认；

(d)"判决"系指一成员国法院作出的关于婚姻财产制事项的任何决定，不论其称谓为何，以及法院书记员作出的有关费用或花费的决定。

(e)"法院和解"系指法院所批准的或者诉讼过程中在法院所达成的有关婚姻财产制事项的和解。

(f)"原审成员国"系指作出判决、制作公文书、批准或者达成法院和解的成员国。

(g)"执行成员国"系指被请求承认或/并执行法院判决、公文书、法院和解的成员国。

2. 为本条例之目的，"法院"一词系指有权主管婚姻财产制事项的任何司法机关以及履行司法职能或者由司法机关授权或在其监控下行事的所有其他机构和法律专业人士，前提是这类其他机构和法律专业人士能保证其中立性，保障各方当事人在诉讼中的权利，并且根据其从业地的成员国法律，其裁决：

(a)可以向司法机关提起上诉或由司法机关进行审查；

(b)与司法机关就同一事项所作的裁决一样，具有类似的既判力和法律效力；

各成员国应将根据第 64 条第 1 款提及的其他机构和法律专业人士通报欧盟委员会。

第二章 司法管辖权

第 4 条 ［配偶一方死亡情形下的管辖权］

当一成员国的法院根据《第 650/2012 号条例》受理了配偶一方的继承案件时，该国法院对于与该继承案件有关联的婚姻财产制事项具有裁判管辖权。

第 5 条 ［离婚、依法别居和婚姻无效情形下的管辖权］

1. 在不违反本条第 2 款的前提下，当一成员国的法院根据《第 2201/2003 号条例》①对所受理的申请离婚、依法别居或宣告婚姻无效案件具有裁判管辖权时，该国法院对产生于与该请求相关的婚姻财产制事项具有裁判管辖权。

2. 受理申请离婚、依法别居或宣告婚姻无效的下列法院，根据第 1 款对婚姻财产制事项行使管辖权时应征得夫妻双方的协商同意：

（a）根据《第 2201/2003 号条例》第 3 条第 1 款（a）项第 5 种情形，申请人经常居住并且其在提出该申请之前在此地居住至少 1 年的成员国法院；或

（b）根据《第 2201/2003 号条例》第 3 条第 1 款（a）项第 6 种情形，申请人作为其国民，经常居住于此并且其在提出该申请之前在该地居住至少六个月的成员国法院；或

（c）根据《第 2201/2003 号条例》第 5 条规定受理从依法别居转为离婚的法院；

（d）根据《第 2201/2003 号条例》第 7 条对案件行使其他管辖权的法院。

3. 如果在法院受理婚姻财产事项案件之前达成了本条第 2 款所指的协议，则该协议应符合第 7 条第 2 款的规定。

第 6 条 ［其他情形下的管辖权］

任何成员国的法院根据第 4 条、第 5 条的规定均无管辖权时，或者在这些

---

① 即欧盟理事会 2003 年 11 月 27 日《关于婚姻事项及父母亲责任事项的管辖权及判决的承认与执行并废止第 2000/1347 号条例的第 2201/2003 号条例》［Council Regulation (EC) No. 2201/2003 of 27 November 2003 concerning jurisdiction and the recognition and enforcement of judgments in matrimonial matters and the matters of parental responsibility, repealing Regulation (EC) No. 1347/2000, Official Jounal of the European Union L 338 of 23 December 2003, pp. 1-29］。——译者注

条款规定之外的其他情形下，夫妻的婚姻财产制事项应由下列成员国的法院管辖：

(a)起诉时夫妻双方的共同经常居所地国法院；如果无共同经常居所地，则

(b)由夫妻双方最后的共同经常居所地国法院管辖，只要夫妻一方在起诉时仍经常居住于此地；如果无最后共同经常居所地，则

(c)由起诉时被告的经常居所地国法院管辖；如果无此情形，则

(d)由起诉时夫妻双方的共同国籍国法院管辖。

第 7 条　[选择法院]

1. 在第 6 条所述情形下，当事人双方可以协议选择由根据第 22 条和 26 条第 1 款(a)或(b)项应适用的法律所属的成员国法院或者婚姻缔结地成员国法院管辖，这些法院对当事人的婚姻财产制事项具有专属的裁判管辖权。

2. 第 1 款所指协议应采用书面形式，注明日期并由双方当事人签名。任何能够长期记录协议内容的电子通信手段，视同书面形式。

第 8 条　[应诉管辖权]

1. 除了本条例其他条款所规定的管辖权外，如果一成员国的法律根据第 22 条或第 26 条第 1 款(a)或(b)项是案件的准据法，并且被告在该国法院出庭应诉，则该成员国的法院具有管辖权。但是，如果被告出庭是为了提出管辖异议，或者属于第 4 条或第 5 条第 1 款所述情形时，则不适用本规定。

2. 法院在根据第 1 款行使管辖权之前，应当确保被告已被告知其拥有提出管辖异议的权利以及出庭或不出庭应诉的后果。

第 9 条　[选择性管辖权]

1. 作为例外，如果一成员国法院根据本条例第 4 条、第 6 条、第 7 条或第 8 条有管辖权，但其认为根据本国国际私法，该以婚姻财产诉讼为目的之婚姻不被承认，则可拒绝行使管辖权。如果法院决定拒绝管辖，则应毫不延迟地作出决定。

2. 当根据第 4 条或第 6 条具有管辖权的法院拒绝管辖，并且当事人双方根据第 7 条规定协议将案件管辖权授予其他成员国的法院时，该其他成员国的法院对该婚姻财产制事项具有裁判管辖权。

在其他情形下，第 6 条或第 8 条规定的其他成员国法院，或者婚姻缔结地成员国法院，对婚姻财产制事项具有裁判管辖权。

3. 如果当事人双方已经离婚、依法别居或其婚姻被宣告无效，且能被受诉法院所在成员国承认，则不适用本条规定。

第 10 条　[补充性管辖权]

如果根据第 4 条、第 5 条、第 6 条、第 7 条或第 8 条规定，任何成员国的法院均无管辖权，或者所有法院均根据第 9 条规定拒绝管辖，并且根据第 9 条第 2 款没有法院可以行使管辖权，那么只要夫妻一方或双方的不动产位于某成员国境内，则由该财产所在地的成员国法院管辖，但在此情形下，受诉法院仅对所争议的不动产具有裁判管辖权。

第 11 条　[必要管辖]

如果根据第 4 条、第 5 条、第 6 条、第 7 条、第 8 条或第 10 条的规定，任何成员国法院均无管辖权，或者所有法院根据第 9 条规定均拒绝管辖，并且根据第 9 条第 2 款或第 10 条的规定也没有任何成员国法院可以行使管辖权时，如果诉讼程序不能合理地或者无法在与案件有密切联系的第三国启动或者进行，则作为一种例外，成员国的法院可以对婚姻财产制事项行使管辖权。

案件必须与受诉法院所属的成员国具有充分的联系。

第 12 条　[反诉]

根据本条例第 4 条、第 5 条、第 6 条、第 7 条、第 8 条、第 9 条第 2 款、第 10 条或第 11 条正在审理案件的受诉法院，对属于本条例适用范围内的反诉亦具有管辖权。

第 13 条　[对诉讼范围的限制]

1. 当死者的遗产继承由《第 650/2012 号条例》调整时，如果其遗产包括位于第三国境内的财产，在受理婚姻财产制事项的法院认为其对该部分财产所作的判决在该第三国可能得不到适当的承认或被拒绝执行时，可以应当事人一方的请求，决定不对这些财产中的一部分或几部分进行处理。

2. 第 1 款的规定，不应影响受诉法院所在的成员国法律赋予当事人双方对诉讼范围进行限定的权利。

第 14 条　[受理法院]

为本章之目的，下列时刻视为法院受理：

（a）起诉状或类似诉讼文书提交法院之时，前提是应当采取措施的原告随后采取措施将诉讼文书送达被告；或者

（b）在向法院提交起诉状之前必须送达有关法律文书的情况下，送达主管机关收到文书之时视为受理，前提是应当采取措施的原告随后采取措施将有关文书提交法院；或者

（c）在法院依职权启动诉讼程序的情况下，则法院作出启动诉讼的决定之时视为受理；或者，如果不需要作出这种决定，则案件在法院登记之时视为

受理。

第 15 条　[对管辖权的审查]

当受理婚姻财产制案件的成员国法院发现其根据本条例没有管辖权时，则应当主动作出其没有管辖权的声明。

第 16 条　[对管辖权可接受性的审查]

1. 当被告经常居所在一个非起诉地成员国的其他国家境内时，如果被告不出庭应诉，则根据本条例有管辖权的法院应当中止诉讼，直到确定被告能及时收到起诉书或其他类似文书以便其能抗辩或者已采取所有必要措施时，法院才恢复行使管辖权。

2. 诉讼中一成员国根据欧盟议会及理事会 2007 年 11 月 13 日《第 1393/2007 号条例》①将起诉状或其他类似文书转交至另一成员国时，应适用前述条例第 19 条的规定，而不是适用本条第 1 款。

3. 在不能适用《第 1393/2007 号条例》的情形下，如果是根据 1965 年 11 月 15 日《关于向国外送达民商事司法和司法外文书的海牙公约》向外国送达起诉状或其他类似文书，则适用该公约第 15 条的规定。

第 17 条　[待决诉讼]

1. 对于在不同成员国法院进行的诉因相同和当事人相同的诉讼，在最先受理的法院确定管辖权之前，其他后受理的各法院应主动中止诉讼。

2. 在第 1 款所指情形下，受理案件的法院应根据其他受诉法院的请求，毫不延迟地告知其受理案件的日期。

3. 一旦最先受理案件的法院确立了管辖权，后受理案件的其他法院应拒绝管辖，以便最先受理的法院行使其管辖权。

第 18 条　[关联诉讼]

1. 如果在不同的成员国法院进行的诉讼互有关联，则除了最先受理的法院外，其他法院均可中止诉讼程序。

2. 第 1 款所指诉讼为一审未决诉讼时，如果最先受理的法院对所涉诉讼具有管辖权并且其法律允许对关联诉讼案件合并审理，则根据一方当事人的申

---

① 即欧盟议会及理事会 2007 年 11 月 13 日《关于在成员国之间送达民商事司法和司法外文书并废止第 1348/2000 号条例的第 1393/2007 号条例》[Regulation (EC) No. 1393/2007 of the European Parliament and of the Council of 13 November 2007 on the Service in the Member States of judicial and extrajudicial documents in civil or commercial matters (service of documents), and repealing Council Regulation (EC) No. 1348/2000, OJ L 324, 10. 12. 2007, p. 79.]。

请，除最先受诉的法院以外的其他法院均可拒绝管辖。

3. 为本条之目的，如果几个诉讼之间联系紧密，以至于将其合并审理合一裁判能够有效避免分别审理所导致的矛盾判决的风险，则这些诉讼可视为关联诉讼。

第 19 条　[临时措施(包括保全措施)]

当事人可以根据一成员国的国内法向该国法院申请包括保全措施在内的临时措施，即使依据本条例另一成员国法院对案件的实质问题具有管辖权亦然。

第三章　法律适用

第 20 条　[普遍适用]

本条例指定应予适用的法律，不论其是否为成员国法律，均应予以适用。

第 21 条　[准据法的统一性]

根据第 22 条、第 26 条所确定的婚姻财产制的准据法，适用于该财产制项下的全部财产，而无论该财产位于何处。

第 22 条　[准据法的选择]

1. 夫妻或准夫妻双方可以协议选择或变更适用于其夫妻财产制的准据法，但所选择或变更的法律须为下列法律之一：

(a)在协议达成时，夫妻或准夫妻双方的共同经常居所地或他们其中任何一方的经常居所地国法律；或者

(b)在协议达成时，夫妻或准夫妻的任何一方的国籍国法律。

2. 除夫妻双方另有约定外，在婚姻关系存续期间对夫妻财产制准据法的变更仅对将来有效。

3. 根据第 2 款规定对准据法所作的具有溯及力的任何变更，均不得影响第三人依据该法律所取得的权利。

第 23 条　[准据法选择协议的形式有效性]

1. 第 22 条所指协议应采用书面形式，注明日期并由夫妻双方签名。任何能持续记录协议内容的电子通信手段，视同书面形式。

2. 如果在选择法律时夫妻双方的经常居所地在同一成员国境内，且该国的法律对婚姻财产协议有额外形式规定的，应遵守该形式规定。

3. 如果在选择法律时夫妻双方的经常居所地在不同成员国境内，且这些国家的法律对婚姻财产协议有不同的形式要求的，则只要该协议满足其中任何一国法律的要求即在形式上有效。

4. 如果在法律选择时仅夫妻一方在一成员国境内有经常居所, 且该国法律对婚姻财产协议有额外形式规定的, 应遵守该形式规定。

第 24 条　[合意与实质有效性]

1. 有关选择法律的协议或其任何条款的成立及效力, 由假设该协议或条款有效时根据第 22 条所指定的准据法来确定。

2. 但是, 如果情势表明, 依据第 1 款指定的法律来认定其行为的效力是不合理的, 则夫妻一方可以援引法院受理案件时其经常居所地国的法律, 以确认其并未对该协议表示同意。

第 25 条　[婚姻财产协议的形式有效性]

1. 婚姻财产协议应当采用书面形式, 注明日期, 并由夫妻双方签名。任何能持续记录协议内容的电子通信手段, 视同书面形式。

2. 如果在达成协议时, 夫妻双方的经常居所在同一成员国境内, 且该国法律对于婚姻财产协议有额外的形式规定, 则应适用该额外规定。

如果在达成协议时, 夫妻双方的经常居所位于不同成员国境内, 且这些国家的法律对于婚姻财产协议有不同的形式规定, 则只要该协议符合其中任何一国法律规定的形式要求, 即在形式上有效。

如果在达成协议时, 仅夫妻一方在一成员国境内有经常居所, 且该国的法律对婚姻财产协议有额外形式规定, 则应适用该额外规定。

3. 如果婚姻财产制的准据法对婚姻财产协议有额外形式规定的, 应适用该额外规定。

第 26 条　[当事人未选择法律时的准据法]

1. 在当事人未根据第 22 条达成法律选择协议时, 婚姻财产制应适用下列国家的法律:

(a)夫妻双方婚后的第一个共同经常居所所在国; 或者, 无共同经常居所时,

(b)夫妻双方结婚时的共同国籍国; 或者, 无共同国籍国时,

(c)综合考虑各种情况, 结婚时与夫妻双方有共同最密切联系的国家。

2. 如果夫妻双方在结婚时具有一个以上的共同国籍, 仅适用上述第 1 款(a)和(c)项的规定。

3. 作为例外, 对婚姻财产制事项具有裁判管辖权的司法机关, 可基于夫妻一方的申请, 决定对夫妻财产制适用第 1 款(a)项所指法律所属国以外的另一国家的法律, 前提是申请人能证明具有下列情形:

(a)夫妻双方最后共同经常居住在该另一国的时间比在第 1 款(a)项所指

国家的时间明显更长；并且

(b)夫妻双方均依据该另一国的法律来安排或计划他们之间的财产关系。

除非夫妻一方不同意，否则自结婚时起，即适用该另一国的法律。此时，自在该另一国设立最后的共同经常居所时起，即适用该另一国的法律。

适用该另一国法律时，不得对第三人根据第 1 款(a)项应予适用的法律所取得的权利产生不利影响。

如果夫妻双方在该另一国设立最后的共同经常居所之前，业已达成了婚姻财产协议，则不适用本款规定。

第 27 条　[准据法的适用范围]

根据该条例所确定的婚姻财产制的准据法，特别调整下列事项：

(a)婚姻存续期间或婚后夫妻一方或双方的财产的类别归属；

(b)将财产从一个类别转为另一个类别；

(c)夫妻一方对另一方的责任和债务的承担；

(d)夫妻一方或双方在财产方面的权力、权利及义务；

(e)婚姻财产制的解除以及财产的分割、分配或清偿；

(f)婚姻财产制对夫妻一方与第三人之间法律关系的效力；以及

(g)婚姻财产协议的实质有效性。

第 28 条　[对第三人的效力]

1. 尽管有第 27 条(f)项的规定，在第三人与夫妻一方或双方发生争议时，夫妻一方不得以适用于夫妻之间的婚姻财产制的法律对抗第三人，但该第三人知晓或在履行适当注意义务之后理应知晓该法律的除外。

2. 在下列情形下，第三人是被认为知晓该夫妻财产制的准据法的，如果：

(a)该法律是

(1)夫妻一方与第三人进行交易的准据法所属国法律；

(2)缔约的夫妻一方与第三人的共同经常居所地所在国的法律；或者

(3)在涉及不动产的案件中，不动产所在地国家的法律；或者

(b)夫妻一方已遵守了法律所规定的进行婚姻财产制公示或登记的现行要求，该法律是：

(1)夫妻一方与第三人进行交易的准据法所属国法律；

(2)缔约的夫妻一方与第三人的共同经常居所地所在国的法律；或者

(3)在涉及不动产的案件中，不动产所在地国家的法律。

3. 夫妻一方根据第 1 款不得援引夫妻财产制的准据法对抗第三人时，夫妻财产制对第三人的效力应由下列法律支配：

(a)夫妻一方与第三人进行交易的准据法所属国法律；

(b)在涉及不动产或注册资产、权利的情况下，适用不动产所在地国家的法律或者资产、权利注册地国的法律。

第 29 条 ［物权的调适］

当夫妻一方根据婚姻财产制的准据法主张其有权获得某项对物权利，并且主张权利地所在的成员国法律中没有该项权利时，如果有必要且在可能的范围内，则该项对物权利应按照该成员国法律体系中最相近的权利予以调适，同时应顾及前述对物权利所追求的目标、利益以及相关效果。

第 30 条 ［具有优先效力的强制性规范］

1. 本条例的规定，不应限制法院地国法中具有优先效力的强制性规范的适用。

2. 具有优先效力的强制性规范是指被成员国视为应予以遵守的，对维护其公共利益，尤其是对政治、社会或经济秩序至关重要的规范，即不论根据本条例适用于婚姻财产制的准据法为何，对属于本条例适用范围内的任何情势都必须适用的强制性规范。

第 31 条 ［公共政策(公共秩序)］

根据本条例所确定的任何国家的法律条款，仅在其适用的结果明显违反法院地的公共政策时，方可予以拒绝适用。

第 32 条 ［排除反致］

根据本条例规定应予适用的任何国家的法律，是指该国除国际私法之外的现行的(实体)法律规范。

第 33 条 ［多法域国家——区际法律冲突］

1. 当本条例指引的法律所属国是一个由数个对婚姻财产制有不同法律规定的领土单位所构成的国家时，则应根据该国的国内冲突法规范来确定应适用哪一领土单位的法律规定。

2. 在没有此类国内冲突法规范时：

(a)为了根据与夫妻双方的经常居所有关的条款确定准据法之的目的，对第 1 款所述国家法律的任何指引，均应被解释为对夫妻双方经常居所所在的领土单位法律的指引；

(b)为了根据与夫妻双方的国籍有关的条款确定准据法之目的，对第 1 款所述国家法律的任何指引，均应被解释为对与夫妻双方有最密切联系的领土单位法律的指引；

(c)为了根据与其他连结因素有关的条款确定准据法之目的，对第 1 款所述国家法律的任何指引，均应被解释为对相关因素所在的领土单位法律的指引。

第 34 条　[多法域国家——人际法律冲突]

当一个国家在婚姻财产制方面对不同种类的人群施行两种或两种以上法律体系或规则系列时，则对该国法律的任何指引，均应被解释为对根据该国现行法律规定予以适用的那一法律体系或系列规则的指引。没有此种法律规定时，应适用与夫妻双方具有最密切联系的法律体系或规则系列。

第 35 条　[本条例不适用于国内法律冲突]

一成员国系由多个在婚姻财产制方面有自己法律规定的领土单位组成时，则不应要求该国将本条例适用于仅在这些领土单位之间发生的法律冲突。

第四章　判决的承认、可执行性与执行

第 36 条　[承认]

1. 一成员国所作的判决，应在其他成员国予以承认，无需特别程序。

2. 任何将判决的承认作为争议的主要问题提出的利害关系人，均可以在第 44 条至第 57 条所规定的程序中申请承认该判决。

3. 当在一成员国法院进行诉讼的结果取决于对承认这个先决问题的裁判时，则该法院对该项承认问题具有管辖权。

第 37 条　[不予承认(判决)的理由]

在下列情形下，不予承认判决：

(a)承认该判决将明显违反被请求承认国的公共政策；

(b)在缺席判决的情形下，法院没有及时向被告送达起诉状或其他类似文书，致使其未能抗辩，除非被告本可行使此抗辩权以对判决提出异议却没有提出此项抗辩；

(c)如果该判决与被请求承认的成员国就相同当事人之间同一争议所作判决相抵触；

(d)如果该判决与另一成员国或第三国先前就相同当事人之间的相同诉因所作判决相抵触，前提是该先前判决满足在被请求承认的成员国予以承认所必须的条件。

第 38 条　[基本权利]

各成员国的法院及其他主管机关在适用本条例第 37 条时，应遵守《欧洲联盟基本权利宪章》所确立的基本权利和基本原则，特别是该宪章第 21 条所规定的非歧视原则。

第 39 条　[禁止审查原审法院的管辖权]

1. 原审成员国法院的管辖权，不得予以审查。

2. 第 37 条所规定的公共政策标准，不应适用于第 4 条至第 11 条有关管辖权的规定。

第 40 条　[禁止实体性审查]

在任何情况下，不得对成员国所作判决的实体内容进行审查。

第 41 条　[中止承认程序]

当一成员国法院被请求承认在另一成员国所作的判决时，如果当事人已在原审成员国对该判决提出了普通上诉，则该法院可中止承认程序。

第 42 条　[可执行性]

一成员国作出的在该国具有可执行性的判决，如果经任何一方利害关系人的申请，根据第 44 条至第 57 条规定的程序已在另一成员国获得具有可执行性的宣告，则应在另一成员国得到执行。

第 43 条　[住所的确定]

为了第 44 条至第 57 条所规定的程序之目的，要确定一方当事人的住所是否位于执行判决的成员国境内时，受诉法院应适用该成员国的国内法。

第 44 条　[当地法院的管辖权]

1. 判决的可执行性宣告的申请，应向执行地成员国的法院或主管机关提出，（此类法院或者主管机关名录）应由该成员国根据第 64 条规定向欧盟委员会报备。

2. 属地管辖权，应根据被请求执行人的住所地或者执行地来确定。

第 45 条　[程序]

1. 申请程序，应适用执行地成员国的法律。

2. 不得要求申请人在执行地成员国拥有邮寄地址或委托代理人。

3. 申请书应当附有下列文件：

（a）满足能证明其真实性要求的判决书副本；

（b）由原审成员国的法院或其他主管机关所出具的证明，该证明应采用根据第 67 条第 2 款提及的咨询程序所确定的格式，但不得损抑第 46 条的规定。

第 46 条　[未提交证明]

1. 如果申请人未提交第 45 条第 3 款（b）项所规定的证明，则法院或者其他主管机关可以指定提交该证明的期限，或者接受其他与该证明具有同等效力的文书，或者，如果法院或者其他主管机关认为已有足够的信息支持其证明力，亦可不要求提交该证明。

2. 如果法院或其他主管机关要求，则(申请人)应提交文书的翻译或音译。翻译应由在成员国有翻译资质的人进行。

第 47 条 ［判决的可执行性宣告］

一旦履行了第 45 条规定的各项程序，应立即宣告判决具有可执行性，而无需根据第 37 条进行任何审查。在此诉讼阶段，被申请执行人无权对该申请提出任何异议。

第 48 条 ［对申请可执行性宣告所作裁定的通知］

1. 对于可执行性宣告的申请，应依据执行成员国法律规定的程序立即作出裁定，并通知申请人。

2. 判决的可执行性宣告以及随后的裁定，如果尚未送达被申请执行人，则应予以送达。

第 49 条 ［对申请可执行性宣告所作裁定的上诉］

1. 任何一方当事人，均可对申请可执行性宣告所作裁定提起上诉。

2. 上诉应向有关成员国根据第 64 条向欧盟委员会报备的法院提出。

3. 对于上诉，应根据支配解决双方争议的程序的法律来处理。

4. 如果被申请执行人未在申请人提起有关上诉的上诉法院出庭应诉，则应适用第 16 条规定，即使被申请执行人的住所不在任何成员国也不例外。

5. 对于判决可执行性宣告所作裁定的上诉，应在送达之日起 30 日内提出。如果被申请执行人的住所在作出可执行性宣告的成员国之外的其他成员国境内，则上诉期间应为 60 日，自可执行性宣告的裁定书送达本人或其住所之日起算。该期限不得因为距离问题而延长。

第 50 条 ［对于上诉所作裁定提出异议的程序］

对于上诉所作的裁定，只能根据由有关成员国依照第 64 条向欧盟委员会报备的程序提出异议。

第 51 条 ［拒绝或撤销可执行性宣告］

可执行性宣告，只能由根据第 49 条或第 50 条受理上诉的法院基于第 37 条所规定的理由之一予以拒绝或者撤销。法院应毫不延迟地作出决定。

第 52 条 ［中止程序］

如果判决因被提起上诉而在原审成员国中止执行，则根据第 49 条或第 50 条受理上诉的法院，应根据被申请执行人的申请而中止程序。

第 53 条 ［临时措施(包括保全措施)］

1. 当根据本章规定应承认一项判决时，不应妨碍申请人依照执行成员国的法律请求采取包括保全措施在内的临时措施，无需进行第 46 条所规定的可执行性宣告。

2. 可执行性宣告，应与依法采取的保全措施同时进行。

3. 只要第 49 条第 5 款规定的针对可执行性宣告提出上诉的期间尚未届满，在尚未对上诉作出裁定之前，不得对被申请执行人的财产采取除保全措施之外的其他执行措施。

第 54 条　[部分执行]

1. 如果一项判决涉及若干事项，并且不能就所有事项作出可执行性宣告，则法院或其他主管机关应就其中一个或数个事项作出可执行性宣告。

2. 申请人可以就判决的部分内容请求作出可执行性宣告。

第 55 条　[司法救助]

如果申请人在原审成员国已完全或部分地从司法救助中受益，或者被减免诉讼费或其他费用，则其在可执行性宣告程序中有权根据执行成员国的法律规定，在司法救助、减免诉讼费或其他费用方面获得最优惠的待遇。

第 56 条　[无需抵押、担保或保证金]

当事人在一个成员国请求承认、可执行性宣告或执行来自另一成员国的判决时，不得因为其为外国人或者其住所、居所不在执行成员国，而被要求提供任何名义的抵押、担保或保证金。

第 57 条　[无需缴费或税款]

在发布可执行宣告的程序中，执行成员国不得依据涉案标的价值收取规费、税款和费用。

第五章　公文书与法院和解书

第 58 条　[对公文书的认可]

1. 只要不明显违反有关成员国的公共政策（公共秩序），一成员国出具的公文书，在另一成员国内应具有与来源地成员国相同或尽可能同等的证明效力。

希望在另一成员国内使用公文书的人员，可以请求出具该文书的来源地成员国的机关依据第 67 条第 2 款提及的咨询程序所确立的格式填写，以说明该公文书在来源地成员国内的证明效力。

2. 对任何与公文书真实性有关的异议，必须向来源地成员国法院提出；对于这些异议，依据来源地成员国法律裁判。在主管法院未就该公文书的真实性作出裁判之前，被提出异议的公文书在另一成员国境内不具有证明效力。

3. 对记录于公文书上的法律行为或法律关系所提出的任何异议，应向根据本条例具有管辖权的法院提出；对于这些异议，应根据依照第三章规定应予适用的法律作出裁判。在主管法院对被提出异议的事项未作出裁判之前，受到异议的该公文书在除来源地成员国之外的其他成员国不具有证明效力。

4. 如果一成员国法院的诉讼结果取决于对公文书记载的与婚姻财产制事项有关的法律行为或法律关系这一先决问题的决定，则该法院对此先决问题具有管辖权。

第 59 条　[公文书的可执行性]

1. 在来源地成员国具有可执行性的公文书，经任何有利害关系的当事人依据第 44 条至第 57 条规定的程序申请，在另一成员国得以被宣告具有可执行性。

2. 为第 45 条第 3 款(b)项之目的，制作公文书的机关，根据任何有利害关系的当事人的申请，应采取根据第 67 条第 2 款提及的咨询程序所确立的格式出具相关证明。

3. 根据第 49 条或第 50 条规定受理上诉的法院，只有在公文书的执行将明显地违反执行成员国的公共政策(公共秩序)时，方能拒绝或撤销可执行性宣告。

第 60 条　[法院和解的可执行性]

1. 在原审成员国具有可执行性的法院和解，经任何有利害关系的当事人依据第 44 条至第 57 条规定的程序申请，在另一成员国得以被宣告具有可执行性。

2. 为第 45 条第 3 款(b)项之目的，批准和解或在其面前达成和解的法院，根据任何有利害关系的当事人的申请，应采取根据第 67 条第 2 款提及的咨询程序所确立的格式出具相关证明。

3. 依据第 49 条或第 50 条规定受理上诉的法院，只有在法院和解的执行将明显地违反执行成员国的公共政策(公共秩序)时，方能拒绝或撤销可执行性宣告。

第六章　一般规定和最终条款

第 61 条　[认证或其他类似手续]

在本条例框架内，一成员国出具的文书，既不需要认证，也不需要履行其他类似手续。

第 62 条 ［与现有国际公约的关系］

1. 在不损抑各成员国在《欧盟运行条约》第 351 条项下义务的前提下，本条例不影响在通过本条例时或在依照《欧盟运行条约》第 351 条第 1 款第 2 项或者第 3 项作出决定时，一个或者多个成员国所参加的、与本条例调整事项有关的双边条约或者多边公约的适用。

2. 尽管有第 1 款的规定，只要成员国之间缔结的公约涉及本条例调整的事项，则本条例在这些成员国之间的关系上优先适用。

3. 只要丹麦、芬兰、冰岛、挪威和瑞典之间 1931 年 2 月 6 日《关于婚姻、收养和监护的国际私法条款公约》(2006 年修订)，丹麦、芬兰、冰岛、挪威和瑞典之间 1934 年 11 月 19 日《关于继承、遗嘱和遗产管理的国际私法条款公约》(2012 年 6 月修订)，丹麦、芬兰、冰岛、挪威和瑞典之间 1977 年 10 月 11 日《关于民事判决的承认与执行公约》在婚姻财产制事项的判决上规定了更为简化、便捷的承认和执行程序，本条例不妨碍作为其缔约方的成员国适用这些公约。

第 63 条 ［向公众公开的信息］

为将所涉信息在欧洲民商事司法网框架内向公众公开，各成员国应向欧盟委员会提交一份有关婚姻财产制的国内立法和程序方面的简短概要，包括主管婚姻财产制事项的机关的类型、第 28 条所指的对第三人的效力等信息。

各成员国应保持信息的永久更新。

第 64 条 ［关于联系方式和程序的信息］

1. 在 2018 年 4 月 29 日之前，各成员国应向欧盟委员会通报以下信息：

(a) 根据第 44 条第 1 款有权对提出的可执行性宣告申请进行处理以及根据第 49 条第 2 款有权对该申请所作裁定提起的上诉进行受理的法院或者机构名单；

(b) 对第 50 条所指的对上诉所作裁定提出异议的程序。

各成员国应将上述信息的后续变化告知欧盟委员会。

2. 欧盟委员会应将根据第 1 款所通报的信息公布于《欧盟官方公报》，但第 1 款(a) 项所述的法院和机关的地址及其他联系方式除外。

3. 欧盟委员会应将根据第 1 款所通报的所有信息以任何适当的方式，尤其是通过欧洲民商事司法网向公众公开。

第 65 条 ［第 3 条第 2 款所指的信息清单之制作及后续修正］

1. 欧盟委员会应根据各成员国的通报，制作第 3 条第 2 款所指的其他机关或法律专业人士的清单。

2. 各成员国应向欧盟委员会通报上述清单所含的各项信息的后续变化。欧盟委员会应当据此修正清单。

3. 欧盟委员会应当将清单及其后续的修正情况在《欧盟官方公报》上公布。

4. 欧盟委员会应将根据第 1 款和第 2 款通报的所有信息以任何适当的方式，尤其是通过欧洲民商事司法网向公众公开。

第 66 条　[第 45 条第 3 款(b)项以及第 58 条、第 59 条和第 60 条所指证明及格式的制作与后续修正]

欧盟委员会应制定执行性法律文件，制作并后续修正第 45 条第 3 款(b)项以及第 58 条、第 59 条和第 60 条所指证明及格式。这些执行性法律文件应根据第 67 条第 2 款所规定的咨询程序予以制定。

第 67 条　[执行委员会程序]

1. 欧盟委员会应当由一个执行委员会予以协助。该执行委员会系指《第 182/2011 号条例》意义上的执行委员会。

2. 凡涉及本款规定的事项时，均适用上述《第 182/2011 号条例》第 4 条规定。

第 68 条　[审查条款]

1. 在 2027 年 1 月 29 日之前，欧盟委员会应向欧盟议会、理事会及经济和社会委员会提交一份有关本条例适用情况的报告。必要时，报告应附上本条例的修正建议。

2. 在 2024 年 1 月 29 日之前，欧盟委员会应向欧盟议会、理事会及经济和社会委员会提交一份有关本条例第 9 条和第 38 条适用情况的报告。该报告应当特别评估这些条款能在多大程度上确保公正。

3. 为第 1 款、第 2 款所指报告之目的，各成员国应将其法院适用本条例的相关信息通报欧盟委员会。

第 69 条　[过渡期条款]

1. 除了本条第 2 款、第 3 款另有规定外，本条例仅适用于 2019 年 1 月 29 日或之后启动的诉讼、正式制作或登记的公文书、经批准或达成的法院和解。

2. 如果在原审成员国进行的诉讼程序启动于 2019 年 1 月 29 日之前，只要(法院)所适用的管辖权符合第二章的规定，则对于在该日期之后作出的判决，依照第四章的规定予以承认和执行。

3. 第三章仅适用于 2019 年 1 月 29 日之后结婚或者指定其婚姻财产制准据法的夫妻。

第 70 条　[生效]

1. 本条例在其于《欧盟官方公报》公布之日后的第二十日生效。

2. 本条例适用于参加由《第 2016/954 号决议》所确立的在与加强国际伴侣的财产——包括婚姻财产制事项和注册伴侣关系的财产效力事项——的管辖权、准据法、判决的承认与执行方面加强合作(计划)的成员国。

除了第 63 条、第 64 条自 2018 年 4 月 29 日起施行，第 65 条、第 66 条和第 67 条从 2016 年 7 月 29 日起施行之外，本条例其余条款自 2019 年 1 月 29 日起施行。对于那些根据《欧盟运行条约》第 331 条第 1 款第 2、3 段所通过的决议而参与加强合作的成员国，本条例自有关决议指定的日期起施行。

根据有关条约的规定，本条例整体上具有约束力，并在参与合作的各成员国境内直接适用。

2016 年 6 月 24 日于卢森堡。

欧盟理事会主席
A. G. 肯德思

欧盟理事会 2016 年 6 月 24 日
《关于在注册伴侣财产效力事项的
管辖权、法律适用以及判决的承认与
执行方面加强合作的第 2016/1104 号条例》[*]

欧盟理事会，

根据《欧盟运行条约》，尤其是根据该条约第 81 条第 3 款，

根据欧盟理事会 2016 年 6 月 9 日《关于在国际伴侣财产制——包括婚姻财产制和注册伴侣财产效力——事项上的管辖权、法律适用以及判决的承认与执行方面加强合作的第 2016/954 号决议》①，

应欧盟委员会的建议，

并将立法草案转呈各国议会后，

根据欧盟议会的意见②，

按照特殊立法程序，

鉴于下列原因：

(1)本联盟的目标是维持和发展一个自由、安全和公正的区域，以保障人员的自由流动。为逐步建立这样一个区域，本联盟应在含有跨境因素的民事司法合作方面采取措施，尤其是内部市场顺畅运作所必需的措施。

(2)根据《欧盟运行条约》第 81 条第 2 款(c)项的规定，此类措施应包括旨

---

* Council Regulation (EU) 2016/1104 of 24 June 2016 implementing enhanced cooperation in the area of jurisdiction, applicable law and the recognition and enforcement of decisions in matters of the property consequences of registered partnerships, Official Journal of the European Union L183 of 8. 7. 2016, pp. 30-56. 本条例由林萌(武汉大学国际法研究所博士生)、陈迪宇(武汉大学国际法硕士)和邹国勇根据英文官方文本翻译，由邹国勇根据德语、英语文本校对，译文原载于《中国国际私法与比较法年刊》第二十卷(2017)，法律出版社 2018 年版，第 357~380 页。此处略有修订。——译者注

① 《欧盟官方公报》2016 年 6 月 16 日 L159，第 16 页。

② 2016 年 6 月 23 日建议(尚未在《欧盟官方公报》上公布)。

在确保各成员国现行的冲突规范和管辖权规则一致性的措施。

(3)在 1999 年 10 月 15—16 日举行的坦佩雷峰会上，欧盟首脑理事会同意将相互承认司法机关之判决或者其他裁决的原则作为民事司法合作的基石，并敦促理事会和委员会制订践行此项原则的措施计划。

(4)2000 年 11 月 30 日，欧盟理事会和委员会共同制订了践行相互承认民商事司法判决原则的措施计划。① 该措施计划确认将协调冲突规范的措施作为实现互相承认判决便利化的举措，并且还规定了关于婚姻财产制和未婚伴侣离异时的财产效力的法律文件的起草工作。

(5)2004 年 11 月 4 日和 5 日，在布鲁塞尔会议上，欧盟首脑理事会通过了一项题为"加强欧洲联盟自由、安全和公正的海牙计划"的新计划。② 在该计划中，欧盟理事会请求委员会提交一份有关婚姻财产制冲突法——包括管辖权和互相承认问题——的《绿皮书》。根据该计划，亦应在这方面制定一部法律文件。

(6)2006 年 7 月 17 日，委员会通过了关于婚姻财产制的冲突规范以及管辖权和相互承认判决的《绿皮书》。该《绿皮书》对于清算伴侣共同财产时在欧洲出现的各种问题以及可获得的法律救济广泛地征求意见。该《绿皮书》也涉及那些以婚姻之外的生活共同体形式，具体而言，以注册伴侣身份共同生活的伴侣所面临的所有国际私法问题，尤其是对这些伴侣较为重要的特定问题。

(7)在 2009 年 12 月 10 日和 11 日举行的布鲁塞尔会议上，欧盟首脑理事会通过了一项新的多年计划，名称为"斯德哥尔摩计划——一个服务于并保护公民的开放而安全的欧洲"。③ 在该计划中，欧盟首脑理事会认为，互相承认原则应当被扩展适用于目前未被涵盖、但对于日常生活实属必要的方面，比如夫妻离婚后的财产法效果，同时应顾及各成员国的法律制度，包括公共政策（公共秩序）以及这方面的国家传统。

(8)2010 年 10 月 27 日，欧盟委员会在《2010 年欧盟公民权报告：消除行使欧盟公民权之障碍》中宣布：其将提交一份立法提案以消除个人自由流动的障碍，尤其是要解决夫妻在处分或者分割其财产时面临的难题。

(9)2011 年 3 月 16 日，欧盟委员会通过了《欧盟理事会关于婚姻财产制事项的管辖权、法律适用以及判决的承认与执行的条例（建议稿）》和《欧盟理事会关于注册伴侣财产效力事项的管辖权、法律适用以及判决的承认与执行的条

---

① 《欧盟官方公报》2001 年 1 月 15 日 C12 号，第 1 页。
② 《欧盟官方公报》2005 年 3 月 3 日 C53 号，第 1 页。
③ 《欧盟官方公报》2010 年 5 月 4 日 C115 号，第 1 页。

例(建议稿)》。

(10)在 2015 年 12 月 3 日的会议上,欧盟理事会宣布未能在有关婚姻财产制和注册伴侣财产效力事项的两个条例上达成一致,因此在一段合理期限内,联盟作为一个整体在这方面进行合作的目标无法实现。

(11)自 2015 年 12 月至 2016 年 2 月,比利时、保加利亚、捷克共和国、德国、希腊、西班牙、法国、克罗地亚、意大利、卢森堡、马耳他、荷兰、奥地利、葡萄牙、斯洛文尼亚、芬兰和瑞典等国向欧盟委员会提出请求,表示它们希望强化彼此间在国际夫妻财产制方面的合作,尤其强化在婚姻财产制和注册伴侣财产效力事项上的管辖权、法律适用以及判决的承认与执行方面的合作,并且请求欧盟委员会向欧盟理事会提交相应的议案。2016 年 3 月,塞浦路斯致函欧盟委员会,表示愿意参与该强化合作;此后,塞浦路斯在欧盟理事会会议期间重申了该意愿。

(12)2016 年 6 月 9 日,欧盟理事会通过了《第 2016/954 号决议》,批准强化该合作。

(13)根据《欧盟运行条约》第 328 条第 1 款之规定,此种强化合作关系在建立期间向所有成员国开放,只要其符合此项授权决议所规定的参与条件即可。除了这些条件外,只要其遵守在该框架下所通过的法律文件,那么该合作关系亦在任何时间对其开放。欧盟委员会和参与该强化合作的各成员国应当确保促进尽可能多的成员国参与其中。本条例仅对那些根据《第 2016/954 号决议》或者依照《欧盟运行条约》第 331 条第 1 款第 2、3 段而通过的决议,在关于国际伴侣财产制——包括婚姻财产制和注册伴侣财产效力事项——的管辖权、法律适用以及判决的承认与执行这一方面参与强化合作的成员国具有整体约束力,并有直接适用的效力。

(14)根据《欧盟运行条约》第 81 条之规定,本条例适用于具有跨境因素的注册伴侣财产效力事项。

(15)为了给予未婚夫妇在财产方面的法律确定性,并在法律适用方面为其提供一定程度的可预见性,所有适用于注册伴侣财产效力事项的规则应被纳入单一的法律文件中。

(16)婚姻之外的同居关系,在各成员国的国内法中形式各异,但应当将在某机关注册为生活伴侣的伴侣和那些未注册的同居伴侣(事实同居)区分开来。即使某些成员国对未注册的同居伴侣在法律上有所规定,也应区别于经注册的伴侣。注册伴侣具有官方性,从而有可能考虑到该种关系的特殊性并在联盟法律文件中作出相关规定。为了保证内部市场的顺畅运行,应当消除以注册伴侣身份生活的那群人在自由流动方面所面临的障碍，尤其是这些伴侣在处分和分割其财产时所面临的难题。为了实现这些目标，本条例应当对该事项上的管辖权、法律适用以及判决、公文书和法院调解书的承认、可执行性和执行问题一并作出规定。

（17）本条例应适用于与注册伴侣的财产效力有关联的事项。此处的"注册伴侣"应当根据本条例之目的进行单独定义。这一概念的实际内涵应根据各成员国的国内法确定。本条例不应向其国内法未规定注册伴侣制度的成员国施加义务——要求其在国内法中作出相应规定。

（18）本条例的适用范围应当包括有关注册伴侣财产效力的所有民事事项，既涉及伴侣财产的日常管理，也涉及因解除伴侣关系或者因伴侣一方死亡而引起的财产分割。

（19）本条例不适用于与注册伴侣财产效力事项无关的民法领域。出于清晰化考量，许多可能被视为与注册伴侣财产效力事项有关联性的问题，应当被明确排除在本条例的适用范围之外。

（20）相应地，本条例不适用于伴侣的一般权利能力、交易能力与行为能力问题。但是，不论是在伴侣之间的关系上还是在其与第三人的关系上，此项排除并不扩展适用于伴侣一方或者双方在财产方面的特定权力或权利，因为这些权力或权利属于本条例的适用范围。

（21）本条例不适用于其他先决问题，如注册伴侣的存续、有效性或承认，这些问题由各成员国包括其国际私法在内的国内法调整。

（22）由于伴侣之间的扶养义务属于欧盟理事会《第 4/2009 号条例》①的调整对象，因此应被排除在本条例的适用范围之外。同样，因伴侣一方死亡引起的遗产继承问题，由于其已由欧盟议会及理事会《第 650/2012 号条例》②调整，

---

① 即欧盟理事会 2008 年 12 月 28 日《关于扶养义务事项的管辖权、法律适用、判决的承认与执行并进行合作的第 4/2009 号条例》[Council Regulation (EC) No 4/2009 of 18 December 2008 on jurisdiction, applicable law, recognition and enforcement of decisions and cooperation in matters relating to maintenance obligations, OJ L7 of 10. 1. 2009, p. 1]。

② 即欧盟议会及理事会 2012 年 7 月 4 日《关于继承事项的管辖权、法律适用、判决的承认与执行、公证书的接受与执行以及关于创设欧洲继承证书的第 650/2012 号条例》[Regulation (EU) No 650/2012 of the European Parliament and of the council of 4 July 2012 on jurisdiction, applicable law, recognition and enforcement of decisions and acceptance and enforcement of authentic instruments in matters of succession and on the creation of a European Certificate of Succession. OJ No L201/107, 27. 7. 2012.]。

所以也被排除在本条例的适用范围之外。

(23)考虑到各成员国现存的特别制度，对于在注册伴侣关系存续期间获得的、并且不属于注册伴侣关系期间的养老金收入的退休金或无谋生能力者的退休金，不论其性质何如，伴侣双方在此方面权利的转移或调整问题应被排除在本条例的适用范围之外。但是，此项排除应予严格解释。因此，本条例尤其应当适用于退休金财产的分类、在注册伴侣关系存续期间已经支付给伴侣一方的数额以及在退休金与共同财产混同时应当给予何种可能的补偿等问题。

(24)本条例允许按照注册伴侣财产效力事项的准据法之规定，设立或者转移因为注册伴侣财产效力事项而产生的动产或者不动产权利。但是，此项设立或转移不得影响某些成员国国内法对物权的数量限制（"数量条款"）。如果一成员国的国内法并未规定某项物权，则该成员国没有义务去承认对其境内之物所设立的该项物权。

(25)但是，为了能使伴侣在其他成员国行使因注册伴侣财产效力事项而设立或者移转的权利，本条例应规定调适制度，以将一项未名物权与其他成员国法律体系中最相类似的权利匹配。在进行此种调适时，应当考虑所述物权所追求的目标、利益及其效果。在判断何为最相类似的国内权利时，可以向注册伴侣财产效力事项准据法所属国的机关或者主管人员咨询，就该项权利的性质和效力请求答复。为此，可以利用民商事司法合作方面的现存网络以及可获取的、便于知晓外国法的其他方式。

(26)本条例明确规定的对未名物权的调适，不得排除与适用本条例有关的其他调适形式。

(27)在注册机关进行不动产或者动产权利登记的条件，应当被排除在本条例的适用范围之外。应以注册地的成员国法律（对于不动产而言，则以不动产所在地法）来决定注册应当满足的法定条件、注册应如何进行以及应由哪一机关——比如土地登记机关或者公证处——负责审查是否满足了所有的注册要求以及所出具或制作的文件是否完整或者是否包含了必要信息。特别是主管机关应该审查，伴侣一方对于注册时所提交的文件中提及的财产的权利，是否涉及已注册为该项权利的权利或者根据注册地的成员国法律已以其他方式证明的权利。为了防止复制文件，注册机关应当接受由另一成员国主管机关制作的文件，该文件的流通由本条例规定。但这并不妨碍参与注册的机关按照注册地的成员国法律，要求注册申请人提供所需的额外信息或者提交所需的额外文件，比如与支付收益有关的信息或者文件。主管机关可以向注册申请人指出应如何提供所遗漏的信息或者文件。

(28)在注册机关登记权利的法律效力也被排除在本条例的适用范围之外。对此，应以注册地成员国的法律来判断该登记行为具有宣告性效力还是构成性效力。因此，假如依照注册地成员国的法律，为保证登记行为的公示效力或保护合法交易，获取不动产权利需要在注册机关进行登记，则此项权利的获取时间应由该成员国的法律决定。

(29)本条例应尊重各成员国所适用的处理注册伴侣财产效力事项的不同制度。为本条例之目的，应当将"法院"作广义解释，其不仅包括严格意义上的履行司法职能的法院，还包括某些成员国在注册伴侣财产效力事项的特定问题上履行类似于法院的司法职能的公证处，以及包括某些成员国内经法院授权在处理注册伴侣财产效力事项方面履行司法职能的公证处和法律专业人士。本条例意义上的所有法院应当受本条例所规定的管辖权规则约束。相反地，"法院"一词并不包括成员国内依国内法授权而处理注册伴侣财产效力事项的非司法机关，比如通常情况下并不履行司法职能的大多数成员国国内的公证机构。

(30)本条例应当准允各成员国中有权处理注册伴侣财产效力事项的所有公证机构履行这项职能。一成员国的公证机构是否受本条例所规定的管辖权规则约束，取决于该机构是否属于本条例中"法院"这一概念范畴。

(31)各成员国内由公证机构就注册伴侣财产效力事项所制作的文书应依照本条例之规定予以流通。公证机构履行司法职能的，应受本条例规定的管辖权规则约束，并且其作出的裁判文书应按照本条例有关判决的承认、可执行性和执行之规定予以流通。

(32)为了适应伴侣流动性不断加强的趋势并促进司法的有序运作，本条例所规定的管辖权条款应使公民能够将彼此相关联的诉讼交由同一成员国的法院审理。为此，本条例应当寻求将注册伴侣财产效力事项的管辖权集中到某成员国，使该成员国的法院有权依照《第 650/2012 号条例》来解决伴侣一方死亡后的继承问题或者处理注册伴侣关系的解除或宣告无效事项。

(33)本条例应当规定，当成员国的法院根据《第 650/2012 号条例》受理的与伴侣继承有关的诉讼尚未审结时，该成员国的法院对于与该继承案件有关联的注册伴侣财产效力事项也具有裁判管辖权。

(34)同样地，如果伴侣双方有约定，且与一成员国法院受理的、请求解除注册伴侣关系或者宣布注册伴侣关系无效的未决诉讼关联，由此而产生的注册伴侣财产效力事项，应当由该成员国的法院管辖。

(35)如果注册伴侣财产效力事项与一成员国法院所审理的、与伴侣一方的继承有关或者与解除注册伴侣关系、宣布注册伴侣关系无效的未决诉讼没有关联，则本条例应规定据以确定管辖权的连接点顺位，而首要连接点应是伴侣双方向法院起诉时的共同经常居所。在确定管辖权的一系列连接点中，最后一个应当指向依照其法律应进行强制性注册方能建立注册伴侣关系的成员国。这些连结因素应反映公民流动性不断增强的状况，并确保在伴侣双方与行使管辖权的成员国之间存在真实的联系。

（36）因为并非所有的成员国均对注册伴侣制度作出规定，因此，在可能的情况下，其法律对这种制度未作出规定的成员国法院，应在本条例框架内例外地宣告其不具有管辖权。在此类情形下，法院应迅速采取行动。不论确立管辖权的连接点顺位如何，相关当事人均可将其案件提交给根据某一连接点具有管辖权的另一成员国法院审理，同时应尊重当事人的意思自治。除了注册伴侣关系建立地的成员国法院外，在宣告无管辖权后基于法院选择协议或应诉管辖而受理案件的法院，在相同条件下也可以例外地宣告无管辖权。最后，如果根据本条例的其他规定，所有法院都不具有处理该案的管辖权，则应在本条例中纳入补充性管辖规则以避免出现拒绝司法的情形。

（37）为了增强法律的确定性、准据法的可预见性和当事人的意思自治性，在特定情形下，本条例应允许当事人达成法院选择协议——选择准据法所属的成员国法院或者伴侣关系注册地的成员国法院。

（38）本条例不应妨碍当事人在其所选择的成员国法律允许的情况下，在法院之外——例如公证处——友好地解决案件争议，即使在注册伴侣财产效力事项的准据法并非该成员国的法律的情况下也应如此。

（39）为了保证所有成员国的法院得以基于相同事由，就注册伴侣财产效力事项行使管辖权，本条例应当以穷尽的方式规定行使补充性管辖权的事由。

（40）尤其地，为了对拒绝司法的情形进行救济，本条例也应当规定必要管辖权，以允许成员国法院在特定例外情况下对与第三国紧密相关的注册伴侣财产效力事项作出裁决。当不可能在所涉及的第三国进行诉讼时，比如由于内战或者不能合理期待伴侣一方在该国提起或者进行诉讼，即属于上述情况。但是，只有在案件与受理法院所在的成员国有充分联系的情况下，才能以必要管辖权为基础行使管辖权。

（41）为了司法的有序运作，应当避免在不同成员国作出相互冲突的判决。为此，本条例应当效仿联盟在民事司法合作方面的其他法律文件，规定一般程序性条款。此类程序性条款之一就是未决诉讼规则，当与注册伴侣财产效力事项有关的同一案件在不同成员国的法院审理时，就会出现这种情形。该规则将决定哪一法院应当继续审理该案。

(42) 为了使公民在法律具有确定性的情况下从内部市场受益，本条例应当使伴侣们提前知晓他们之间的注册伴侣财产效力事项应适用哪一法律。因此，应当引入和谐一致的冲突规范以避免出现彼此歧异的结果。一般的冲突规范应当确保注册伴侣财产效力事项适用的是可预见的、与其有密切联系的法律。基于对法律确定性和避免碎片化的考量，相应的准据法应当适用于注册伴侣财产效力事项的整体，即适用于注册伴侣所涵盖的所有财产效力事项，而不论财产的性质如何，也不论该财产位于另一成员国或者第三国。

(43) 即使依照本条例所确定的法律并非成员国的法律，仍应予以适用。

(44) 为了方便注册伴侣处理其财产，本条例应当允许他们在与其有密切联系——比如经常居所或者国籍——的国家的法律中，选择其注册伴侣财产效力事项的准据法，而不论该财产的性质或者所在地。但是，为避免法律选择无效从而使伴侣处于法律真空之中，此种法律选择应被限定在同注册伴侣财产效力事项有关联的法律。该法律选择可以在伴侣关系注册之前、伴侣关系注册之时或者在注册伴侣关系存续期间随时作出。

(45) 为了保证交易的法律确定性，同时，为了防止在未通知伴侣的情况下对注册伴侣财产效力事项的准据法作出任何变更，除非双方当事人提出明示请求，否则不应对注册伴侣财产效力事项所适用的法律作出变更。除非伴侣双方有明确约定，否则上述变更不具有溯及力。无论如何，不得影响第三人的权利。

(46) 应对法律选择协议的实质及形式有效性规则作出规定，这有利于伴侣双方在完全知情的情况下进行法律选择，保证伴侣双方的法律选择之合意受到尊重，这也有利于法律确定性和更好地实现权利保护。就形式有效性而言，应纳入特定的保障措施以确保伴侣双方能知晓其法律选择的重要性。法律选择协议至少需要采用书面形式，必须由双方当事人签名并注明日期。但是，如果伴侣双方在进行法律选择时其经常居所所在的成员国法律有额外的形式规定，那么此类规定应予以遵守。例如，此种额外的形式规定在某成员国可能是作为注册伴侣的财产协议的组成部分而存在。在进行法律选择时，如果伴侣双方的经常居所在不同的成员国，而这些成员国有不同的形式规定，则只要符合其中一国的形式规定即可。在进行法律选择时，如果伴侣中只有一方的经常居所所在的成员国有额外的形式规定，则应遵守此种形式规定。

(47) 注册伴侣的财产效力协议是对伴侣财产作出的一种安排，这种安排的可接受性和认可度在成员国之间有所不同。为了使基于注册伴侣财产协议而取得的财产权利更容易在各成员国获得承认，应当明确注册伴侣财产协议的形式有效性规则。此种协议至少需要采用书面形式，由双方当事人签名并注明日期。但是，该协议也应当满足依照本条例所指定的适用于注册伴侣财产效力事项的准据法以及伴侣双方经常居所所在的成员国法律所规定的额外形式有效性要求。本条例也应进一步规定此种协议的实质有效性所适用的法律。

（48）未进行法律选择时，考虑到法律的确定性和准据法的可预见性，本条例应当根据伴侣的实际生活情况而规定：对于注册伴侣财产效力事项，适用依其法律为建立伴侣关系须进行强制性注册的国家的法律。

（49）如果本条例将国籍作为连结因素，那么如何处理多重国籍者这一先决问题便不在本条例适用范围之内，而留给国内法——包括国际公约——解决，同时，本联盟的一般原则应无限制地予以遵循。该规定不影响依照本条例所作法律选择的有效性。

（50）对于在未选择法律以及未达成注册伴侣财产协议的情况下如何确定注册伴侣财产效力事项所适用的法律，成员国法律可以在例外情况下——伴侣移居至其经常居所所在国已经持续较长时间，若该伴侣援引该国法律——以及应伴侣一方的请求而确定适用该国的法律。但是无论如何不得因此侵害第三人的权利。

（51）注册伴侣财产效力事项的准据法，适用于从注册伴侣关系存续期间伴侣一方或双方的财产类别归属到该伴侣关系解除后的财产清算等一系列事项，其中应当包括注册伴侣财产效力事项对于伴侣一方同第三人之间法律关系的影响。但是，只有在伴侣一方同第三人间的法律关系产生于该第三人知晓或者应当知晓注册伴侣财产效力事项的准据法之时，该伴侣一方才能援引该法律对抗该第三人。

（52）出于维护成员国的政治、社会或者经济秩序等公共利益的考虑，该成员国的法院和其他主管机关在例外情形下有权根据优先的强制性条款适用例外规定。相应地，"优先的强制性条款"这一概念应包括具有强制特性的规范，例如保护家庭住房的规范。但是作为适用注册伴侣财产效力事项准据法的例外情形，应进行严格解释，以同本条例所追求的总目标保持一致。

（53）出于公共利益的考虑，如果在特定案件中适用外国的法律规定将明显违反相关成员国的公共政策（公共秩序），允许该成员国的法院和其他处理注册伴侣财产效力事项的主管机关在例外情况下不予考虑该外国的法律规定。然而，一成员国的法院或者其他主管机关不得出于公共政策（公共秩序）的原因而排除适用另一成员国的法律，或者拒绝承认——或者在某些情况下拒绝接受——或者拒绝执行来自另一成员国的判决、公文书或者法院和解书，除非这种做法违背《欧盟基本权利宪章》(以下简称"《宪章》")尤其是《宪章》第 21 条所规定的非歧视原则。

(54)因为对于本条例所调整的问题,有些国家同时存在两种或两种以上的法律制度或者系列规则,所以,应规定本条例在这些国家的不同领土单位的适用范围。

(55)出于所追求的总体目标之考量,即相互承认各成员国就注册伴侣财产效力等问题所作出的判决,本条例应效仿联盟在民事司法合作方面所制定的其他法律文件,就判决的承认、可执行性和执行问题作出规定。

(56)为了将成员国中处理注册伴侣财产效力问题的不同制度纳入考虑范围,本条例应确保涉及注册伴侣财产效力事项的公文书在所有的成员国都得以接受并具有可执行性。

(57)公文书在另一成员国应当具有与其在原始成员国国内相同的证据效力或者是最类似的效力。在判断一份公文书在另一成员国是否具有证据效力或最类似的效力时,应参照该认证文件在原始成员国所具有的证据效力的特性和范围。公文书在另一成员国所具有的证据效力,应依照原始成员国的法律确定。

(58)公文书的"权威性"应是一个自主性概念,它包含了文书的真实性、形式要求、制作文书的机关之权能以及制作文书的程序等要素。该概念还包括所涉机关记录在该公文书之中的细节过程,比如所述当事人在所述日期向该机关提出诉求并提交所述声明的事实要素。对该公文书的权威性提出异议的一方当事人,应当向该公文书的原始成员国具有管辖权的法院按照该成员国的法律提出异议。

(59)"公文书中所记载的法律行为和法律关系"这一措辞应当被理解为公文书所载的实体内容。对公文书所记载的法律行为和法律关系提出异议的一方当事人,应当向依据本条例具有管辖权的法院提出该异议,由该法院依据该注册伴侣财产效力事项的准据法对该异议作出裁判。

(60)与公文书所记载的法律行为和法律关系有关的问题,如果是在成员国法院受理的案件中作为一个先决问题而被提出,则该法院对于该先决问题具有裁判管辖权。

(61)一份被提出异议的公文书,只要该项异议悬而未决,则该公文书在原始成员国之外的其他成员国内不具有任何证据效力。如果异议仅仅涉及公文书所载法律行为和法律关系的某个特定情况,只要该项异议悬而未决,则对于异议所涉的特定事项,该公文书在原始成员国之外的其他成员国内不具有任何证据效力。一份公文书,若基于某项异议而被宣布为无效,则不再具有任何证据效力。

（62）如果某机关在适用本条例时被提交了两份内容冲突的公文书，若有可能，该机关应考虑特定案件的情况评判哪一份公文书具有优先效力。如果根据这些情况，并不能明确评判哪一份公文书具有优先效力，则该问题应交由依本条例具有管辖权的法院解决，或者，如果该问题是作为诉讼过程中的先决问题而出现，则由受理该诉讼的法院解决。若公文书和判决在内容上发生冲突，则应考虑本条例所规定的拒绝承认判决的事由。

（63）依照本条例规定承认与执行一项有关注册伴侣财产效力事项的判决，绝不等同于默示地承认在作出该判决前既已存在该注册伴侣关系。

（64）对于本条例与成员国作为其缔约方的、有关注册伴侣财产效力事项的双边条约或者多边公约之间的关系，应当作出规定。

（65）为了便利本条例的适用，各成员国有义务通过根据欧盟理事会《第2001/470 号决议》①所建立的欧洲民商事司法网络，就注册伴侣财产效力事项所涉及的立法和程序交流信息。为了将那些对实践中适用本条例有用的所有信息及时地公布在《欧盟官方公报》上，各成员国也应在本条例开始施行之前告知欧盟委员会此类信息。

（66）同样地，为便利本条例的适用，并使用现代通信技术，对于那些与申请宣告一项判决、公文书或者法院和解书具有可执行性有关而提交的证明，亦应规定标准格式。

（67）在计算本条例所规定的期间和日期时，应当遵循（欧洲经济共同体、欧洲原子能共同体）理事会《第 1182/71 号条例》②的规定。

（68）为保证本条例适用条件的一致性，在判决、公文书或者法院和解书的可执行性宣告的内容和格式的制作和后续修正方面，应当授予欧盟委员会执行权。该权力应依照欧盟议会及理事会《第 182/2011 号条例》③行使。

---

① 即欧盟理事会 2001 年 5 月 28 日《关于建立欧洲民商事司法网的第 2001/470 号决议》，刊载于《欧盟官方公报》2001 年 6 月 27 日第 L174 号，第 25 页。

② 即（欧洲经济共同体、欧洲原子能共同体）理事会 1971 年 6 月 3 日《关于确定期间、日期和期限的规则的第 1182/71 号条例》[Regulation（EEC, Euratom）No 1182/71 of the Council of 3 June 1971 determining the rules applicable to periods, dates and time limits, OJ L 124 8.6.1971, p.1.]。

③ 即欧盟议会及理事会 2011 年 2 月 16 日《关于各成员国对欧盟委员会行使执行权的监督机制的一般规则与原则的第 182/2011 号条例》[Regulation（EU）No 182/2011 of the European Parliament and of the Council of 16 February 2011 laying down the rules and general principles concerning mechanisms for control by Member States of the Commission´s exercise of implementing powers, OJ L 55, 28.2.2011, p.13.]。

（69）对于为制作和后续修正本条例所规定的证明和格式而发布的执行性法律文件，应当根据咨询程序进行。

（70）本条例的目标，即实现联盟内人员的自由流动，对伴侣们在其关系存续期间以及在财产清算之时双方之间的财产关系以及其与第三人的财产关系方面进行调整，并提高准据法的可预见性和法律确定性，在成员国层面难以得到充分实现，但是基于本条例的调整范围和效力，在联盟层面——适当情形下可采用加强成员国之间合作的方式——能更好地实现。按照《欧盟条约》第5条所规定的从属原则，联盟能够采取行动。按照该条同时所规定的相称性原则，本条例不得超出实现上述目标所必须之限度。

（71）本条例尊重《宪章》所确立的各项基本权利和各项原则，尤其是第7条、第9条、第17条、第21条和第47条所分别规定的关于尊重私人和家庭生活的权利、依照国内法建立家庭的权利、财产权、非歧视原则以及获得有效救济和程序公正的权利。各成员国的法院和其他主管机关在适用本条例时应当尊重此类权利和原则。

第一章　适用范围和定义

第1条　[适用范围]

1. 本条例适用于注册伴侣财产效力事项。它不适用于财税、关税或行政事项。

2. 下列事项应被排除于本条例适用范围之外：

（a）伴侣的权利能力和行为能力；

（b）注册伴侣关系的存续、效力及承认；

（c）扶养义务；

（d）伴侣一方死亡后的遗产继承；

（e）社会保障；

（f）在注册伴侣关系解除或无效的情形下，伴侣之间享有的转移或调整注册伴侣关系存续期间获得并且在该期间不属于退休金收入的养老金或无谋生能力者的退休金的权利；

（g）有关财产的物权性质；以及

（h）在登记机关对于动产和不动产权利进行的任何注册，包括此种注册的法定条件、在登记机关注册或不注册此种权利的效果。

第2条 〔成员国内部对于注册伴侣财产效力事项的管辖权〕

本条例不应影响成员国机关处理注册伴侣财产效力事项的管辖权。

第3条 〔定义〕

1. 为本条例之目的：

（a）"注册伴侣关系"是指两个人共同生活的一种法定制度，其注册应受相关法律规定的强制性约束，其成立应满足相关条款所规定的法定形式；

（b）"注册伴侣财产效力"，是指适用于因注册或者解除注册伴侣关系而产生各类法律关系时，伴侣彼此之间以及伴侣双方与第三人之间财产关系的一系列规则。

（c）"注册伴侣的财产协议"是指伴侣及准伴侣之间达成的调整其注册伴侣财产效力的协议。

（d）"公文书"是指一种关于注册伴侣财产效力、并且在一成员国内被作为公文书而制作或者注册的文件，且该文件的真实性：

（1）与公文书的签注及其内容有关；且

（2）得到公共机构或者原审成员国所授权的其他机构确认；

（e）"判决"是指一成员国法院作出的关于注册伴侣财产效力事项的任何决定，不论其称谓为何，以及法院书记员作出的有关费用或花费的决定。

（f）"法院和解"是指法院所批准的或者诉讼过程中在法院所达成的有关注册伴侣财产效力事项的和解。

（g）"原审成员国"是指作出裁决、制作公文书、批准或达成法院和解的成员国。

（h）"执行成员国"是指被请求承认或/并执行裁决、公文书或法院和解的成员国。

2. 为本条例之目的，"法院"一词是指有权管辖财产效力事项的任何司法机构以及履行司法职能或者由司法机构授权或在其监控下行事的所有其他机构和法律专业人士，前提是这类其他机构和法律专业人士能保证其中立性，保障当事人在诉讼中的权利，并且根据其从业地的成员国法律，其裁决：

（a）可以向司法机构提起上诉或者由司法机构进行审查；以及

（b）与司法机构就同一事项所作的裁决一样，具有类似的既判力和法律效力。

各成员国应将第64条第1款所指的其他机构和法律专业人士通报欧盟委员会。

第二章　司法管辖权

第 4 条　［伴侣一方死亡时的管辖权］

当一个成员国的法院依据《第 650/2012 号条例》受理了遗产继承案件时，该国法院对于与该继承案件有关联的注册伴侣财产效力事项具有裁判管辖权。

第 5 条　［在解除注册伴侣关系或宣告注册伴侣关系无效情形下的管辖权］

1. 当一成员国的法院对解除注册伴侣关系或者宣告注册伴侣关系无效的事务具有裁判管辖权时，如果伴侣双方协商同意，则该国的法院对于与解除注册伴侣关系或者宣告注册伴侣关系无效有关的注册伴侣财产效力事项亦有裁判管辖权。

2. 在法院对注册伴侣财产效力事项行使管辖权之前，如果达成了本条第 1 款所指的协议，该协议应符合第 7 条的要求。

第 6 条　［其他情形下的管辖权］

任何成员国的法院根据第 4 条和第 5 条规定均无管辖权时，或者在这些条款规定之外的其他情形下，注册伴侣财产效力事项应由下列成员国的法院管辖：

（a）起诉时伴侣双方的共同经常居所地国法院；如果无共同的经常居所地，则

（b）由伴侣双方最后的共同经常居所地国法院管辖，只要伴侣中的一方在起诉时仍经常居住于该地；如果无最后经常居所地，则

（c）由起诉时被告的经常居所地国法院管辖；如果无此情形，则

（d）由起诉时伴侣双方的共同国籍所属国法院管辖；如果无此情形，则

（e）由据以建立注册伴侣关系的法律所属国法院管辖。

第 7 条　［协议选择法院］

1. 在第 6 条所述情形下，当事人双方可以协议选择由根据第 22 条和第 26 条第 1 款应适用的法律所属的成员国法院或者注册伴侣关系建立地的成员国法院管辖，这些法院对于注册伴侣财产效力事项具有专属的裁判管辖权。

2. 第 1 款所指协议应采用书面形式，注明日期并由双方当事人签名。任何能够持久记录协议内容的电子通信手段，视同书面形式。

第 8 条　［应诉管辖权］

1. 除了本条例其他条款所规定的管辖权外，如果一成员国的法律根据第

22 条和第 26 条第 1 款是案件的准据法，并且被告在该国法院出庭应诉，则该成员国法院具有管辖权。但是，如果被告出庭是为了提出管辖异议，或者属于第 4 条所述情形时，则不适用本规定。

2. 法院在根据第 1 款行使管辖权之前，应当确保被告已被告知其拥有提出管辖异议的权利以及出庭或不出庭应诉的后果。

第 9 条　[选择性管辖权]

1. 如果一成员国法院根据第 4 条、第 5 条或第 6 条(a)、(b)、(c)、(d)项具有管辖权，但认为其法律没有规定注册伴侣制度，则可拒绝行使管辖权。如果法院决定拒绝管辖，则应毫不延迟地作出决定。

2. 当本条第 1 款所指法院拒绝行使管辖权，并且当事人双方根据第 7 条规定协议将案件管辖权转移至其他成员国的法院时，该其他成员国的法院对该注册伴侣财产效力事项具有裁判管辖权。

在其他情形下，其他成员国的法院根据第 6 条或第 8 条规定对该注册伴侣财产效力事项具有裁判管辖权。

3. 如果当事人双方已有效地解除注册伴侣关系或者其注册伴侣关系被宣告无效，且能被受诉法院所在成员国承认，则不适用本条规定。

第 10 条　[补充性管辖权]

如果根据第 4 条、第 5 条、第 6 条、第 7 条或第 8 条规定，任何成员国的法院均无管辖权，或者所有法院均根据第 9 条规定拒绝管辖，并且根据第 6 条(e)项、第 7 条或第 8 条规定也没有任何成员国的法院可以行使管辖权，则由伴侣一方或双方的不动产所在的成员国法院管辖；在这种情形下，受诉法院仅对所争议的不动产事项具有裁判管辖权。

第 11 条　[必要管辖权]

如果根据第 4 条、第 5 条、第 6 条、第 7 条、第 8 条或第 10 条规定，任何成员国的法院均无管辖权，或者所有法院根据第 9 条规定均拒绝管辖，并且依照第 6 条(e)项、第 7 条、第 8 条或第 10 条的规定也没有任何成员国的法院可以行使管辖权时，如果诉讼程序不能合理地或者无法在与案件有密切联系的第三国启动或进行，则成员国的法院可以例外地对注册伴侣财产效力事项行使管辖权。

案件必须与受诉法院所属的成员国有充分联系。

第 12 条　[反诉]

根据第 4 条至第 8 条、第 10 条和第 11 条正在审理案件的受诉法院，对属于本条例适用范围内的反诉亦具有管辖权。

第 13 条　[对诉讼范围的限制]

1. 当被继承人的遗产继承由《第 650/2012 号条例》调整时，如果其遗产包括位于第三国境内的财产，在受理注册伴侣财产效力事项的法院认为其对该部分财产所作的判决在该第三国可能得不到承认或被拒绝执行时，可以应当事人一方的请求，决定不对这些财产的一部分或者几部分进行处理。

2. 第 1 款的规定，不应影响双方当事人根据受诉法院所在的成员国法律对诉讼范围进行限制的权利。

第 14 条　[受理法院]

为了本章之目的，下列时刻视为法院受理：

(a)起诉状或类似诉讼文书提交法院之时，前提是应当采取措施的原告随后采取措施将有关文书送达被告；

(b)在向法院提交起诉状之前必须送达有关法律文书的情形下，送达主管机关收到文书之时视为受理，前提是应当采取措施的原告随后采取措施将有关文书提交法院；

(c)在法院依职权启动诉讼程序的情形下，则在法院作出启动诉讼程序的决定之时受理；或者，不需要作出这种决定时，则案件在法院登记之时视为受理。

第 15 条　[对管辖权的审查]

受理注册伴侣财产效力事项的成员国的法院，根据本条例无管辖权时，应当主动作出没有管辖权的声明。

第 16 条　[对于可接受性的审查]

1. 当被告的经常居所位于非起诉地成员国的其他国家境内时，如果被告不出庭应诉，则依据本条例有管辖权的法院应当中止诉讼，直到确定被告能及时收到起诉状或类似文书以便其能抗辩或者已采取所有必要措施时，法院才恢复行使管辖权。

2. 诉讼中一成员国根据欧洲议会及理事会《第 1393/2007 号条例》①将起诉状或类似文书转交给另一成员国时，适用前述条例第 19 条规定，而不是适

---

① 即欧盟议会及理事会 2007 年 11 月 13 日《关于在成员国之间送达民商事司法和司法外文书并废除第 1348/2000 号条例的第 1393/2007 号条例》[Regulation (EC) No 1393/2007 of the European Parliament and of the Council of 13 November 2007 on the service in the Member States of judicial and extrajudicial documents in civil or commercial matters (service of documents), and repealing Council Regulation (EC) No 1348/2000, OJ L 324, 10. 12. 2007, p. 79.]

用本条第 1 款。

3. 在不能适用《第 1393/2007 号条例》的情形下，如果是根据 1965 年 11 月 15 日《关于向国外送达民商事司法和司法外文书的海牙公约》向国外送达起诉状或类似文书，则适用该公约第 15 条的规定。

第 17 条 ［未决诉讼］

1. 对于在不同成员国法院进行的诉因相同和当事人相同的诉讼，在最先受理的法院确定管辖权之前，其他后受理的各法院应主动中止诉讼。

2. 在第 1 款所指情形下，受理案件的法院应根据其他受诉法院的请求，毫不延迟地告知其受理案件的日期。

3. 一旦最先受理案件的法院确立了管辖权，后受理案件的其他法院应当拒绝管辖，以便最先受理的法院行使管辖权。

第 18 条 ［关联诉讼］

1. 如果在不同成员国法院进行的诉讼案件互有关联，则除了最先受理的法院外，其他法院均可中止诉讼。

2. 第 1 款所指的诉讼为一审未决诉讼时，如果最先受理的法院对所涉诉讼具有管辖权并且其法律允许对关联诉讼案件合并审理，则根据一方当事人的申请，除最先受诉的法院以外的其他法院可以拒绝管辖。

3. 为本条之目的，如果几个诉讼之间联系紧密，以至于将其合并审理合一裁判能够有效避免分别审理所导致的矛盾判决的风险，则这些诉讼可视为关联诉讼。

第 19 条 ［临时措施(包括保全措施)］

当事人可以根据一成员国的法律向该国法院申请包括保全措施在内的临时措施，即便另一成员国的法院根据本条例对案件的实体问题具有管辖权亦然。

第三章 法律适用

第 20 条 ［普遍适用］

本条例指定应予适用的法律，不论其是否为成员国法，均应予以适用。

第 21 条 ［准据法的统一性］

注册伴侣财产效力事项的准据法，应当适用于该财产效力事项之下的全部财产，无论该财产位于何处。

第 22 条 ［准据法的选择］

1. 伴侣或准伴侣可以协议选择或变更其注册伴侣财产效力事项的准据法，

只要该法将财产效力附加于注册伴侣制度并且其属于下列法律之一：

(a)在达成协议时伴侣或者准伴侣双方或者一方的经常居所地国法律；

(b)在达成协议时伴侣或者准伴侣一方的国籍所属国法律；

(c)建立注册伴侣关系所依据的法律所属国法律。

2. 除伴侣双方另有约定外，在伴侣关系存续期间对有关注册伴侣财产效力事项准据法的变更只对将来有效。

3. 根据第 2 款规定对准据法所作的具有溯及力的任何变更，不得影响第三人依据该法律所取得的权利。

第 23 条　[准据法选择协议的形式有效性]

1. 第 22 条所指协议应采用书面形式，注明日期并由伴侣双方签名。任何能持续记录协议内容的电子通信手段视同书面形式。

2. 如果在选择法律时伴侣双方的经常居所地位于同一成员国境内，且该国的法律对注册伴侣财产协议有额外形式规定的，则适用该形式规定。

3. 如果在选择法律时伴侣双方的经常居所地位于不同成员国境内，且这些国家的法律对注册伴侣财产协议有不同的形式规定，则只要该协议满足其中任何一国法律的要求即在形式上有效。

4. 如果在选择法律时仅伴侣一方在一成员国境内有经常居所，且该国法律对注册伴侣的财产协议有额外形式规定的，则应适用该形式规定。

第 24 条　[合意及实质有效性]

1. 有关法律选择协议或其任何条款的成立和效力，由假设该协议或条款有效时根据第 22 条所指定的准据法来确定。

2. 但是，如果情势表明依据第 1 款指定的法律来确定其行为的效力是不合理的，则伴侣一方可以援引法院受理案件时其经常居所地国的法律，以确认其并未对协议表示同意。

第 25 条　[注册伴侣财产协议的形式有效性]

1. 注册伴侣有关财产效力事项的协议，应采用书面形式，注明日期并由伴侣双方签名。任何能持续记录协议内容的电子通信手段视同书面形式。

2. 如果在达成协议时伴侣双方的经常居所在同一成员国境内，且该国法律对于注册伴侣财产协议有额外的形式规定，则应适用该形式规定。

如果在达成协议时伴侣双方的经常居所地位于不同的成员国境内，且这些国家的法律对于注册伴侣财产协议有不同的形式规定，则只要该协议满足其中任何一国法律规定的形式要求，即在形式上有效。

如果在达成协议时只有伴侣一方的经常居所地位于一成员国境内，且该国对于注册伴侣财产协议有额外形式规定，则应适用该额外规定。

3. 如果适用于注册伴侣财产效力事项的法律有额外形式规定的，应适用该形式规定。

第 26 条　[当事人未选择法律时的准据法]

1. 在当事人未根据第 22 条达成法律选择协议时，注册伴侣财产效力事项，适用建立该注册伴侣关系所依据的法律所属国法。

2. 例外地，对注册伴侣财产效力事项具有管辖权的司法机构，可基于伴侣一方的申请，决定对注册伴侣财产效力事项适用第 1 款所指法律所属国以外的另一国家的法律，前提是该另一国家的法律将财产效力事项附加于注册伴侣制度，并且申请人能证明：

(a) 伴侣双方在相当长的一段时间内在该国拥有其最后的共同经常居所；以及

(b) 伴侣双方依据该另一国的法律来安排或计划他们之间的财产关系。

除非伴侣一方不同意，否则自注册伴侣关系建立之时起，即适用该另一国的法律。此时，自在该另一国设立最后的经常居所时起，即适用该另一国的法律。

适用该另一国的法律时，不得对第三人根据第 1 款应予适用的法律所取得的权利产生不利影响。

如果伴侣双方在该另一国设立最后的共同经常居所之前业已达成了有关注册伴侣的财产协议，则不适用本款规定。

第 27 条　[准据法的适用范围]

根据本条例规定适用于注册伴侣财产效力事项的法律，特别调整下列事项：

(a) 在注册伴侣关系存续期间及终止后伴侣一方或双方的财产的类别归属；

(b) 将财产从一个类别转为另一个类别；

(c) 伴侣一方对另一方的责任和债务的承担；

(d) 伴侣一方或双方在财产方面的权力、权利和义务；

(e) 注册伴侣关系解除时财产的分割、分配或清算；

(f) 注册伴侣关产效力事项对伴侣一方与第三人之间的法律关系的效力；以及

(g) 注册伴侣财产协议的实质有效性。

第 28 条　[对第三人的效力]

1. 尽管有第 27 条(f)项的规定，在第三人与伴侣一方或双方发生的争议中，伴侣一方不得以适用于其注册伴侣财产效力事项的法律对抗第三人，除非该第三人知晓或在履行适当注意义务之后理应知晓该法律。

2. 在下列情形下，第三人被认为是知晓适用于注册伴侣财产效力事项的法律的，如果：

（a）该法律是：

（1）伴侣一方与第三人进行交易的准据法所属国法律；

（2）缔约的伴侣一方与第三人经常居所地所在国法律；或

（3）在涉及不动产的案件中，不动产所在地国家的法律。

（b）伴侣一方已遵守了法律所规定的进行注册伴侣财产效力事项公示或登记的现行条件，该法律是：

（1）伴侣一方与第三人进行交易的准据法所属国法律；

（2）缔约的伴侣一方与第三人经常居所地所在国法律；或

（3）在涉及不动产的案件中，不动产所在地国家的法律。

3. 伴侣一方根据第 1 款不得援引注册伴侣财产效力事项的准据法对抗第三人时，注册伴侣的财产关系对第三人的效力应由下列法律调整：

（a）伴侣一方与第三人进行交易的准据法所属国法律；

（b）在涉及不动产或注册资产、权利的情况下，适用不动产所在地国家的法律或者资产、权利注册地国的法律。

第 29 条　［物权的调适］

当一个人根据注册伴侣财产效力事项的准据法主张其有权获得某项对物权利，并且主张权利地所在的成员国法律中没有该项权利时，如果有必要且在可能的范围内，则该项权利应按照该成员国法律体系中最相近的权利予以调适，同时应顾及前述对物权利所追求的目标和利益以及相关效果。

第 30 条　［具有优先效力的强制性规范］

1. 本条例的规定，不影响法院地国法中具有优先效力的强制性规范的适用。

2. 具有优先效力的强制性规范是指被成员国视为应予以遵守的、对维护公共利益，尤其是对政治、社会或经济秩序至关重要的规范，即不论根据本条例适用于注册伴侣财产效力事项的法律为何，对属于本条例适用范围内的所有情势都必须适用的强制性规范。

第 31 条　［公共秩序］

根据本条例所确定的某一国的法律条款，只有在其适用的结果显然违反受诉法院所属国的公共秩序时，方可予以拒绝适用。

第 32 条　[排除反致]

根据本条例应予适用的某一国的法律，是指该国除国际私法之外的现行的法律规范。

第 33 条　[多法律体系国家——区际法律冲突]

1. 当本条例所指引的法律所属国是一个由数个在注册伴侣财产效力事项方面有不同法律规定的领土单位所构成的国家时，则应根据该国的国内冲突法规范来决定应适用哪一领土单位的法律规定。

2. 在没有此类国内冲突法规范时：

(a) 为了根据与伴侣双方的经常居所有关的条款来确定准据法之目的，对第 1 款所述国家法律的任何指引，均应被视为对伴侣双方经常居所所在的领土单位法律的指引；

(b) 为了根据与伴侣双方的国籍有关的条款来确定准据法之目的，对第 1 款所述国家法律的任何指引，均应被视为对与伴侣双方有最密切联系的领土单位法律的指引；

(c) 为了根据与其他连结因素有关的条款来确定准据法之目的，对第 1 款所述国家法律的任何指引，均应被视为指引相关连结因素所属领土单位的法律。

第 34 条　[多法律体系国家——人际法律冲突]

当一个国家在注册伴侣财产效力事项方面对不同种类的人群施行两种或两种以上法律体系或规则系列时，则对该国法律的任何指引，均应被视为对根据该国现行法律规定予以适用的那一法律体系或系列规则的指引。没有此种法律规定时，应适用与伴侣双方有最密切联系的法律体系或规则系列。

第 35 条　[本条例不适用于国内法律冲突]

一成员国系由多个有自己的注册伴侣财产效力事项法律规定的领土单位组成时，则不应要求该国将本条例适用于仅在这些领土单位之间发生的法律冲突。

第四章　判决的承认、可执行性及执行

第 36 条　[承认]

1. 一成员国所作出的判决，应在其他成员国予以承认，无需特别程序。

2. 任何将判决的承认作为争议的主要问题提出的利害关系人，均可以在第 44 条至第 57 条所指的程序中申请承认该判决。

3. 当在一成员国法院进行诉讼的结果取决于对承认这个先决问题的裁判时，则该法院对该承认问题具有裁判管辖权。

第37条 ［不予承认的理由］

在下列情形下，不予承认判决：

（a）承认该判决将明显违反被请求成员国的公共秩序；

（b）在缺席判决的情形下，法院没有及时向被告送达起诉状或其他类似文书，致使其未能抗辩，除非被告本可行使抗辩权以对判决提出异议却没有提出此项抗辩；

（c）如果该判决与被请求承认的成员国就相同当事人之间的同一争议所作判决相抵触；

（d）如果该判决与另一成员国或者第三国先前就相同当事人之间的相同诉因所作判决相抵触，前提是该先前判决满足在被请求成员国予以承认所必须的条件。

第38条 ［基本权利］

各成员国的法院及其他主管机关在适用本条例第37条时，应遵守《欧盟基本权利宪章》所确立的基本权利和基本原则，特别是该宪章第21条所规定的非歧视原则。

第39条 ［禁止审查原审法院的管辖权］

1. 原审成员国法院的管辖权，不得予以审查。

2. 第37条所规定的公共秩序标准，不应适用于第4条至第12条有关管辖权的规定。

第40条 ［禁止实体性审查］

在任何情况下，不得对成员国所作判决的实体内容进行审查。

第41条 ［中止承认程序］

当一成员国法院被请求承认在另一成员国所作的判决时，如果当事人已在原审成员国对该判决提出了普通上诉，则该法院可中止承认程序。

第42条 ［可执行性］

一成员国作出的、在该国具有可执行性的判决，如果经任何一方利害关系人的申请，根据第44条至第57条规定的程序已在另一成员国获得具有可执行性的宣告，则应在该另一成员国予以执行。

第43条 ［住所的确定］

在为了第44条至第57条所规定的程序之目的，要确定一方当事人的住所是否位于执行判决的成员国境内时，受诉法院应适用其国内法。

第 44 条　［属地管辖法院］

1. 判决的可执行性宣告的申请，应向执行地成员国的法院或者主管机关提出，此类法院或主管机关名录应由该成员国根据第 64 条规定向欧盟委员会报备。

2. 属地管辖权，应根据被请求执行人的住所地或者执行地来确定。

第 45 条　［程序］

1. 申请程序，应由执行地成员国的法律调整。

2. 不得要求申请人在执行地成员国拥有邮寄地址或委托代理人。

3. 申请书应当附有下列文件：

（a）满足能证明其真实性要求的判决书副本；

（b）由原审成员国的法院或其他主管机关所出具的证明，该证明应采用依照第 67 条第 2 款提及的咨询程序所确定的格式，但不得损抑第 46 条的规定。

第 46 条　［未提交证明］

1. 如果申请人未提交第 45 条第 3 款（b）项所规定的证明，法院或其他主管机关可以指定提交该证明的期限，或者接受其他与该证明具有同等效力的文书，或者，如果法院或者其他主管机关认为已有足够的信息支持其证明力，也可以不要求提交该证明。

2. 如果法院或主管机关要求，则应提交一份文书的翻译或者音译。译本应由其中一个成员国有翻译资质的人制作。

第 47 条　［可执行性宣告］

一旦履行了第 45 条所规定的各项程序，应立即宣告判决具有可执行性，而无需根据第 37 条进行任何审查。在此诉讼阶段，被申请执行人无权对申请提出任何异议。

第 48 条　［对申请可执行性宣告所作裁定的通知］

1. 对于可执行性宣告的申请，应根据执行成员国法律规定的程序立即作出裁定，并通知申请人。

2. 判决的可执行性宣告以及随后的裁定，如果尚未送达被申请执行人，则应予以送达。

第 49 条　［对申请可执行性宣告所作裁定的上诉］

1. 任何一方当事人，均可对申请可执行性宣告所作裁定提起上诉。

2. 上诉应当向有关成员国根据第 64 条向欧盟委员会报备的法院提出。

3. 对于上诉，应根据调整解决双方争议的程序的法律来处理。

4. 如果被申请执行人未在申请人提起上诉的上诉法院出庭应诉，则应适用第 16 条规定，即使被申请执行人的住所不在任何成员国也不例外。

5. 对于可执行性宣告所作裁定的上诉，应在送达之日起的 30 日内提出。如果被申请执行人的住所在作出可执行性宣告的成员国之外的其他成员国境内，则上诉期间为 60 日，自可执行宣告的裁定书送达本人或其住所之日起算。该期限不得因为距离问题而延长。

第 50 条　［对于上诉所作裁定提出异议的程序］

对于上诉所作的裁定，只能根据由有关成员国依照第 64 条向欧盟委员会报备的程序提出异议。

第 51 条　［拒绝或撤销可执行性宣告］

可执行性宣告，只能由根据第 49 条或第 50 条受理上诉的法院基于第 37 条所规定的理由之一予以拒绝或撤销。法院应毫不迟延地作出决定。

第 52 条　［中止程序］

如果判决因被提起上诉而在原审成员国中止执行，则根据第 49 条或第 50 条受理上诉的法院应根据被申请执行人的申请中止程序。

第 53 条　［临时措施(包括保全措施)］

1. 当根据本章规定应承认一项判决时，不应阻碍申请人依照执行成员国法律请求采取包括保全措施在内的临时措施，无需进行第 47 条所规定的可执行性宣告。

2. 可执行性宣告，应与依法采取的保全措施同时进行。

3. 只要第 49 条第 5 款规定的针对可执行性宣告提出上诉的期间尚未届满，在尚未对上诉作出裁定之前，不得对被申请执行人的财产采取除保全措施之外的其他执行措施。

第 54 条　［部分执行］

1. 如果一项判决涉及若干事项，并且不能就所有事项作出可执行性宣告，则法院或其他主管机关应当就其中一个或数个事项作出可执行性宣告。

2. 申请人可以就判决的部分内容请求作出可执行性宣告。

第 55 条　［司法救助］

如果申请人在原审成员国已经完全或部分地从司法救助中受益，或者被减免诉讼费或其他费用，则其在可执行性宣告程序中有权根据执行成员国的法律规定，在司法救助或者减免诉讼费或其他费用方面获得最优惠的待遇。

第 56 条　［无需抵押、担保或保证金］

当事人在一个成员国请求承认、可执行性宣告或执行来自另一成员国的判决时，不得因为其是外国人或者因为其住所、居所不在执行成员国而被要求提供任何名义的抵押、担保或保证金。

第 57 条　[无需缴费或税款]

在发布可执行性宣告的程序中，执行成员国不得依据涉案标的价值收取规费、税款或费用。

第五章　公文书与法院和解

第 58 条　[对公文书的认可]

1. 只要不明显违反有关成员国的公共秩序，一成员国出具的公文书，在另一成员国内应具有与来源地成员国相同或尽可能同等的证明效力。

希望在另一成员国内使用公文书的人员，可以请求出具该公文书的来源地成员国的机关依据第 67 条第 2 款提及的咨询程序所确立的格式填写，以说明该公文书在来源地成员国内的证明效力。

2. 对任何与公文书真实性有关的异议，应当向来源地成员国法院提出；对于这些异议，依照该来源地成员国法律裁判。在主管法院未就该公文书的真实性作出裁判之前，被提出异议的公文书在另一成员国不具有证明效力。

3. 对记录于公文书上的法律行为或法律关系的任何异议，应向依照本条例具有管辖权的法院提出；对于这些异议，应根据依照第三章应予适用的法律作出裁判。在主管法院对提出异议的事项未作出裁判之前，受到异议的该公文书在除来源地成员国之外的其他成员国对于所争议的事项不具有证明效力。

4. 如果一成员国法院的诉讼结果取决于对公文书所载的与注册伴侣财产效力事项有关的法律行为和法律关系这一先决问题的决定，则该法院对此先决问题具有管辖权。

第 59 条　[公文书的可执行性]

1. 在来源地成员国具有可执行性的公文书，经任何利害关系人根据第 44 条至第 57 条规定的程序申请，在另一成员国得以被宣告具有可执行性。

2. 为第 45 条第 3 款(b)项之目的，制作公文书的机关，经利害关系人的申请，应采用根据第 67 条第 2 款提及的咨询程序所确立的格式出具相关证明。

3. 根据第 49 条或第 50 条规定受理上诉的法院，只有在公文书的执行会明显地违反执行成员国的公共秩序时，方能拒绝或撤销可执行性宣告。

第 60 条　[法院和解的可执行性]

1. 在原审成员国具有可执行性的法院和解，经利害关系人根据第 44 条至第 57 条规定的程序申请，在另一成员国应被宣告具有可执行性。

2. 为第 45 条第 3 款(b)项之目的，批准和解或在其面前达成和解的法院，经利害关系人的申请，应采用根据第 67 条第 2 款提及的咨询程序所确立的格式出具相关证明。

3. 依据第 49 条或第 50 条规定受理上诉的法院，只有在法院和解的执行会明显地违背执行成员国的公共秩序时，方能拒绝或撤销可执行性宣告。

第六章 一般规定和最终条款

第 61 条 [认证或其他类似手续]

在本条例框架内，一成员国出具的文书，既不需要认证，也不需要履行其他类似手续。

第 62 条 [与现有国际公约的关系]

1. 在不损抑各成员国在《欧盟运行条约》第 351 条项下义务的前提下，本条例不应影响在通过条例时或依照《欧盟运行条约》第 351 条第 1 款第 2 段或第 3 段作出决定时，一个或多个成员国加入的、与本条例调整事项有关的双边条约或多边公约的适用。

2. 尽管有第 1 款的规定，只要成员国之间缔结的条约涉及本条例调整的事项，则本条例在这些成员国之间的关系上优先适用。

第 63 条 [信息公开]

为将所涉信息在欧洲民商事司法网框架内向公众公开，各成员国应当向欧盟委员会提交一份有关注册伴侣财产效力事项的国内立法和程序的简短概述，包括主管注册伴侣财产效力事务的机关的类型、第 28 条所指的对第三人的效力等信息。

各成员国应保持信息的永久更新。

第 64 条 [关于联系方式和程序的信息]

1. 在 2018 年 4 月 29 日之前，各成员国应向欧盟委员会通报以下信息：

(a)根据第 44 条第 1 款有权对提出可执行性宣告的申请进行处理以及根据第 49 条第 2 款有权对该申请所作裁定提起的上诉进行受理的法院或机构名单；

(b)对第 50 条所指的对上诉所作裁定提出异议的程序。

各成员国应将上述信息的后续变化告知(欧盟)委员会。

2. 欧盟委员会应将根据第 1 款所通报的信息公布于《欧盟官方公报》，但第 1 款(a)项所述的法院和机关的地址和其他联系方式除外。

3. 欧盟委员会应将根据第 1 款通报的所有信息以任何适当的方式，尤其是通过欧洲民商事司法网向公众公开。

第 65 条 ［第 3 条第 2 款所指的信息清单之制作及后续修正］

1. 欧盟委员会应根据各成员国的通报，制作第 3 条第 2 款所指的其他机关和法律专业人士的清单。

2. 各成员国应向欧盟委员会通报上述清单所含的各项信息的后续变动。欧盟委员会应当据此修正清单。

3. 欧盟委员会应将清单及其后续的修正情况在《欧盟官方公报》上公布。

4. 欧盟委员会应将根据第 1 款和第 2 款通报的所有信息以任何适当的方式，尤其是通过欧洲民商事司法网向公众公开。

第 66 条 ［第 45 条第 3 款(b) 项以及第 58 条、第 59 条和第 60 条所指证明及格式的制作与后续修正］

欧盟委员会应制定执行性法律文件，制作并后续修正第 45 条第 3 款(b)项以及第 58 条、第 59 条和第 60 条所指证明及格式。这些执行性法律文件应根据第 67 条第 2 款所规定的咨询程序予以制定。

第 67 条 ［执行委员会程序］

1. 欧盟委员会应由一个执行委员会予以协助。该执行委员会系指《第 182/2011 号条例》意义上的执行委员会。

2. 凡涉及本款规定的事项时，均适用《第 182/2011 号条例》第 4 条规定。

第 68 条 ［审查条款］

1. 在 2027 年 1 月 29 日之前以及此后每 5 年，欧盟委员会应向欧盟议会、理事会及经济和社会委员会提交一份有关本条例适用情况的报告。必要时，报告应附上本条例的修正建议。

2. 在 2024 年 1 月 29 日之前，欧盟委员会应向欧盟议会、理事会及经济和社会委员会提交一份有关本条例第 9 条和第 38 条适用情况的报告。该报告应当特别评估这些条款能在多大程度上确保公正。

3. 为第 1 款和第 2 款所指报告之目的，各成员国应将本国法院适用本条例的相关信息通报(欧盟)委员会。

第 69 条 ［过渡期条款］

1. 除了第 2 款、第 3 款另有规定外，本条例仅适用于 2019 年 1 月 29 日或之后启动的诉讼程序、正式制作或登记的公文书、经批准或达成的法院和解。

2. 如果在原审成员国进行的诉讼程序启动于 2019 年 1 月 29 日之前，只要(法院)所适用的管辖权条款符合第二章的规定，则对于在该日期之后作出的判决，依照第四章的规定予以承认与执行。

3. 第三章仅适用于在 2019 年 1 月 29 日之后登记其伴侣关系或者就适用于其注册伴侣财产权利的法律作出选择的伴侣。

第 70 条　[生效]

1. 本条例在其于《欧盟官方公报》公布之日后的第二十日生效。

2. 本条例应适用于参加由《第 2016/954 号决议》所确立的在国际伴侣的财产制事项——包括婚姻财产制事项和注册伴侣财产效力事项——的管辖权、法律适用、判决的承认与执行方面加强合作(计划)的成员国。

除了第 63 条和第 64 条自 2018 年 4 月 29 日起施行，第 65 条、第 66 条、第 67 条自 2016 年 7 月 29 日起施行之外，本条例自 2019 年 1 月 29 日起施行。对于根据《欧盟运行条约》第 331 条第 1 款第 2 段或第 3 段所通过的决议而参与加强合作的各成员国，本条例自有关决议指定的日期起施行。

根据有关条约的规定，本条例整体上具有约束力，并在参与合作的各成员国境内直接适用。

2016 年 6 月 24 日制定于卢森堡。

欧盟理事会主席

A. G. 肯德思

欧盟理事会 2019 年 6 月 25 日《关于婚姻事项及父母亲责任事项的管辖权、判决的承认与执行以及关于国际儿童诱拐的第 2019/1111 号条例》(重订本)[*]

欧盟理事会,

根据《欧盟运行条约》, 尤其是其第 81 条第 3 款,

根据欧盟委员会的建议,

在将立法草案转发各国议会后,

根据欧盟议会的意见①,

根据欧盟经济与社会委员会的意见②,

依照特别立法程序,

鉴于:

(1)2014 年 4 月 15 日, 欧盟委员会通过了一份关于适用欧盟理事会《第 2201/2003 号条例》③的报告。该报告认为, 虽然《第 2201/2003 号条例》作为立法文件运作良好, 给公民带来了诸多裨益, 但现有规则仍可进一步改进。对于该条例, 必须进行诸多修正。为明确起见, 应对该条例予以重订。

---

* COUNCIL REGULATION (EU) 2019/1111 of 25 June 2019 on jurisdiction, the recognition and enforcement of decisions in matrimonial matters and the matters of parental responsibility, and on international child abduction (recast), Official Journal of the European Union L 178 of 2. 7. 2019, pp. 1-115. 本条例由邹国勇、汪文璟(武汉大学国际法研究所硕士生)、李昱辰(武汉大学国际法研究所硕士生)根据其英语和德语官方文本翻译, 译文原载于《中国国际私法与比较法年刊》第二十八卷(2021), 法律出版社 2022 年版, 第 299~353 页。——译者注

① 2018 年 1 月 18 日意见(《欧盟官方公报》2018 年 12 月 19 日 C458 号第 499 页)和 2019 年 3 月 14 日意见(尚未在官方公报上公布)。

② 2017 年 1 月 26 日意见(《欧盟官方公报》2007 年 4 月 21 日 C125 号, 第 46 页)。

③ 欧盟理事会 2003 年 11 月 27 日《关于婚姻事项及父母亲责任事项的管辖权以及判决的承认与执行并废除第 1347/2000 号条例的第 2201/2003 号条例》(载于《欧洲诸共同体官方公报》2003 年 12 月 23 日 L338 号, 第 1 页)。——译者注

(2)本条例确立了关于离婚、依法别居、宣告婚姻无效以及具有国际因素的父母亲责任争议的统一管辖权规则。通过制定有关判决、公文书以及一些协议在其他成员国的承认与执行条款，促进了它们在联盟内的自由流通。此外，本条例明确了儿童在与其有关的诉讼程序中享有表达其意见的权利，也包含有在其成员国相互关系上实施 1980 年 10 月 25 日《关于国际儿童诱拐民事方面的海牙公约》(《1980 年海牙公约》)的补充条款。因此，本条例有助于增强法律确定性并提高灵活性，以改进诉诸法院的程序，确保诉讼程序更加高效。

(3)在尊重成员国不同法律制度和法律传统的前提下，联盟司法区域的顺畅和有序运作对联盟至关重要。在这方面，应进一步加强司法系统间的相互信任。联盟本身已确立了创设、维持和发展一个自由、安全和公正的区域的目标，以保障该区域内人员的自由流动和诉诸法律的权利。为实现该目标，应加强人们——尤其是儿童——在法律程序中的权利，以促进司法和行政机关的合作以及具有跨境因素的家庭法事项判决的执行。民事判决的相互承认应予加强，诉诸司法的程序应予简化，成员国机关之间的信息交流应予改进。

(4)为此，在跨境民事司法合作领域，欧盟应进一步采取为内部市场顺畅运作所必需的措施。"民事事项"一词，应根据欧洲联盟法院(以下简称"欧盟法院")的既定司法判例自主解释。它应被视为一个独立的概念，在对其进行解释时，应首先参照本条例的目标和体系，其次参照从各国法律体系整体所引申的一般法律原则。因此，"民事事项"一词应被解释为也包括成员国法律体系中有可能属于公法范畴的措施。根据本条例的目标，它应特别包括本条例意义上的所有关于"父母亲责任"事项的申请、措施或判决。

(5)本条例涵盖的"民事事项"，包括有关婚姻事项和父母亲责任事项的民事司法程序和由此产生的判决、公文书和某些司法外协议。此外，"民事事项"一词应包括有关根据《1980 年海牙公约》送还儿童的申请、措施或判决以及有关公文书和某些司法外协议。根据欧盟法院的司法判例和《1980 年海牙公约》第 19 条，这些均不涉及父母亲责任的实体问题，但与之密切相关，并由本条例的某些条款处理。

(6)为促进有关婚姻事项和父母亲责任事项的判决、公文书和某些协议的流通，在联盟层面上通过具有约束力并可直接适用的法律文件来制定有关管辖权和判决的承认与执行的规则，是必要的而且是适当的。

(7)为了保证对所有儿童平等，本条例适用于所有关于父母亲责任事项的判决，包括保护儿童的措施在内，而不需要考虑其是否与婚姻诉讼或者其他诉讼有关。

（8）但是，由于在婚姻诉讼中经常适用有关父母亲责任的规则，因此，宜在一份单独的法律文件中对离婚事项及父母亲责任事项作出规定。

（9）至于离婚、依法别居或宣告婚姻无效的判决，本条例仅适用于解除婚姻关系，而不适用于诸如离婚原因、婚姻财产制或者任何其他可能发生的附带事项。有关驳回解除婚姻关系的判决不在本条例关于承认的条款的适用范围内。

（10）至于儿童的财产，本条例应仅适用于儿童保护措施，具体而言，即受托管理儿童财产、代理或者协助儿童的个人或者机构的指定及其职责范围，以及管理、保存或者处置儿童财产的措施。在这种情况下，本条例应适用于诸如诉讼标的为指定管理儿童财产的个人或机构的情形。与儿童财产相关、但不涉及儿童保护的措施，应继续适用欧盟议会及理事会《第 1215/2012 号条例》①。然而，本条例中关于附带问题管辖权的规定仍有可能适用于此类案件。

（11）任何形式的儿童安置，即根据国内法律规定和程序将儿童安置在另一成员国的一个或多个私人处，或者安置在照料机构处，例如孤儿院或儿童之家，都应属于本条例的适用范围，但被明确排除的情形除外，例如为收养目的进行的安置、在父母一方的安置，或在接收成员国所宣布的任何其他近亲处安置。因此，法院责令的"教育性安置"，或者由主管机关在征得父母或儿童同意后，或者在儿童出现异常行为后应他们要求所安排的"教育性安置"，也应包括在内。只有在儿童的行为，如果是由成年人实施的，可能构成国内刑法所规定的犯罪行为时责令或安排的安置——无论是教育性的还是惩罚性的——才应被排除在外，而不论这在具体案件中是否会导致定罪。

（12）本条例不应适用于父母身份的确立，因为这与父母亲责任的归属是不同的问题，也不应适用于与个人身份有关的其他问题。

（13）扶养义务已由欧盟理事会《第 4/2009 号条例》②所调整，故不在本条例的适用范围之列。除了被告或权利人经常居所地的法院外，根据本条例对婚姻事项有管辖权的法院一般应有权适用《第 4/2009 号条例》第 3 条（c）项的规定，就配偶间的或婚后的扶养义务的附带事项作出判决。根据本条例对父母亲

① 欧盟议会及理事会 2012 年 12 月 12 日《关于民商事管辖权及判决承认与执行的第 1215/2012 号条例》（载于《欧盟官方公报》2012 年 12 月 20 日 L351 号，第 1 页）。——译者注

② 欧盟理事会 2008 年 12 月 18 日《关于扶养义务事项的管辖权、法律适用、判决的承认与执行并进行合作的第 4/2009 号条例》（载于《欧盟官方公报》2009 年 1 月 10 日 L7 号，第 1 页）。——译者注

责任事项具有管辖权的法院，一般有权通过适用《第 4/2009 号条例》第 3 条 (d) 项对儿童抚养义务的附带事项作出判决。

（14）根据欧盟法院的判例，"法院"一词应作广义解释，以涵盖对某些婚姻事项或父母亲责任事项行使管辖权的行政机关或其他机关，如公证处。法院根据国内法律和程序进行实质审查后批准的任何协议都应作为"判决"予以承认和执行。经公共机构或者一成员国为此目的而通报给欧盟委员会的其他机构正式处理后，在原审成员国取得约束性法律效力的其他协议，应根据本条例中关于公文书和协议的特别规定在其他成员国产生效力。纯粹的私人协议，不允许根据本条例自由流通。然而，既非判决也非公文书，但已由主管公共机构登记的协议，应予流通。登记协议的公证员，即使他们从事的是自由职业，也属于这类公共机构。

（15）关于"公文书"，本条例中的"授权"一词应根据联盟其他法律文件中一贯使用的"公文书"的定义并参照本条例的宗旨自主解释。

（16）虽然根据《1980 年海牙公约》进行的送还诉讼不是有关父母亲责任的实体问题的诉讼，但是根据《1980 年海牙公约》责令将儿童送还至另一国的判决，如果在责令送还后儿童又被诱拐从而需要在另一成员国执行，则依照本条例第四章予以承认与执行。因事后的诱拐行为而根据《1980 年海牙公约》启动新的儿童送还诉讼的可能性，并不受此影响。此外，非法带离或滞留儿童情况下的其他方面也应继续适用本条例，诸如有关经常居所所在的成员国法院的管辖权的规定以及对该法院作出的任何裁判予以承认与执行的规定。

（17）本条例应与 1996 年 10 月 19 日《关于父母责任和保护儿童措施的管辖权、法律适用、承认、执行和合作公约》（《1996 年海牙公约》）一样，适用于所有十八周岁以下的儿童，即使他们在十八周岁之前根据其属人法取得行为能力——例如通过婚姻宣告成年——亦然。这样，本条例的规定应避免与适用于十八周岁以上的人群的 2000 年 1 月 13 日《关于成年人国际保护的海牙公约》发生重叠，同时应防止这两个法律文件之间出现空白。《1980 年海牙公约》以及本条例第三章，其作为成员国之间在适用《1980 年海牙公约》关系上的补充，应继续适用于十六周岁以下的儿童。

（18）为本条例之目的，如果根据一项判决、法律的实施或根据儿童经常居住的成员国法律具有法律效力的协议，父母亲责任的承担者未经某人同意不能决定儿童的居住地，无论法律使用何种术语，该人都应被视为拥有"监护权"。在一些保留"监护"和"探视"措辞的法律制度中，非监护人的父母一方实际上可能对有关儿童的各项决定保留重要责任，而不仅仅是探视权。

（19）父母亲责任事项上的管辖权依据是为实现儿童的最大利益而设计的，并应据此予以适用。对儿童最大利益的任何提及，都应根据通过国内法律和程序予以实施的《欧洲联盟基本权利宪章》（以下简称"《宪章》"）第24条和1989年11月20日《联合国儿童权利公约》进行解释。

（20）为保障儿童的最大利益，首先应根据空间上的邻近标准确定管辖权。因此，管辖权应属于儿童经常居所所在的成员国，但本条例另有规定的某些情况除外，例如，儿童居所地发生变更或父母亲责任的承担者之间达成其他协议。

（21）如果没有任何尚未审结的有关父母亲责任事项的诉讼，且儿童在合法搬迁后其经常居所地发生了变化，管辖权应紧随儿童而变，以保持空间上的邻近关系。对于未决诉讼，出于法律确定性和司法效率的考虑，在该诉讼程序作出终局判决或者以其他方式终结之前，有理由维持这种管辖权。然而，在某些情况下，尚未审结该诉讼的法院得以将管辖权移送给儿童合法搬迁后所居住的成员国。

（22）儿童被非法带离或滞留时，在不损抑根据本条例可能进行的法院选择的前提下，在该儿童在另一成员国设立新的经常居所并满足一些特定条件之前，该儿童经常居所所在的成员国的法院应维持其管辖权。具有集中管辖权的成员国，应考虑允许受理依照《1980年海牙公约》所提出的送还申请的法院在双方当事人于送还诉讼中达成协议的情况下，行使双方当事人根据本条例就父母亲责任事项所商定或接受的管辖权。这种协议应包括关于送还和不送还儿童的协议。如果对于不送还儿童已达成一致，则该儿童应留在新经常居所所在的成员国，今后该国任何有关监护权的诉讼，其管辖权应根据该儿童的新经常居所来确定。

（23）在本条例所指的特定条件下，父母之间正在其境内进行有关离婚、依法别居或宣告婚姻无效诉讼的成员国，或者父母双方事先或者最迟在起诉时商定的或在诉讼中明确接受的与儿童有实质性联系的另一成员国，即使该儿童在该成员国没有经常居所，也可以确立对父母亲责任事项的管辖权，但前提是行使这种管辖权符合儿童的最大利益。根据欧盟法院的判例，除父母之外的任何人，根据内国法具有父母所启动的诉讼程序当事人资格的，均应被视为本条例意义上的诉讼当事人。因此，在向法院起诉后，如果该当事人反对所涉儿童的父母对管辖法院的选择，则应排除所有诉讼当事人在当天接受协议管辖的可能性。在根据法院选择协议或接受管辖而行使其管辖权之前，法院应审查该协议或此项接受是否为有关当事人各方在知情基础上作出的自由选择，而不是一方当事人利用另一方当事人的困境或弱势地位的结果。在诉讼程序中接受司法管辖的情况，应由法院根据本国法律规定和程序进行记录。

（24）除非各方当事人另有约定，一旦对诉讼中有关父母亲责任事项的判决不得再提起普通上诉，或者诉讼程序因其他原因而终结，任何商定或接受的管辖权都应终止，以便遵守今后任何新诉讼程序在空间上的邻近性要求。

（25）如果儿童的经常居所不能确定，也不能根据选择法院协议确定管辖权，则应由儿童所在成员国法院管辖。这种以所在地作为管辖根据的规则也应适用于难民儿童和因其经常居所所在的成员国国内骚乱而被迫流离失所的儿童。然而，根据本条例并结合《1996年海牙公约》第52条第2款，这一管辖规则只适用于流离失所前其经常居所在某一成员国的儿童。如果该儿童在流离失所之前其经常居所位于第三国，则应适用《1996年海牙公约》有关难民儿童和因其国内骚乱而被迫流离失所的儿童的管辖权规则。

（26）在特殊情况下，儿童经常居所所在的成员国的法院有可能不是最适合审理案件的法院。作为例外，在某些条件下，虽然没有义务这样做，但如果另一成员国的法院更适合评估特定案件中儿童的最大利益，具有管辖权的法院应可以将其对特定案件的管辖权移送给该法院。根据欧盟法院的判例，一成员国法院在父母亲责任事项上的管辖权只能移送给与所涉儿童有"特殊联系"的另一成员国法院。本条例应详尽列出这种"特殊联系"的决定性要素。具有管辖权的法院，只有在其先前作出的中止诉讼和请求移送管辖权的裁定已产生法律效力，并可根据国内法对该裁定提起上诉时，才可以向另一成员国的法院提出请求。

（27）在特殊情况下，并考虑到具体案件中的儿童最大利益，根据本条例没有管辖权但与本条例所指的儿童有特殊联系的一成员国法院，应得以请求儿童经常居所所在的成员国的主管法院移送管辖权。但是，这种做法在儿童被非法带离或滞留时不予允许，而应由被请求的成员国的国内法律来确定具体的管辖法院。

（28）移送管辖权的请求，无论是由希望移送其管辖权的法院提出，还是由希望获得管辖权的法院提出，都只对特定案件有效。一旦请求并获准移送管辖权的诉讼程序终结，则这种移送对于今后的诉讼程序无任何效力。

（29）如果依照本条例规定，每一成员国的法院均无管辖权，则在每个成员国，管辖权依照该成员国的法律确定。"该成员国的法律"一词应包括在该成员国生效的国际公约。

（30）本条例不应妨碍对该实体问题无管辖权的成员国法院在紧急情况下

对于在该成员国境内的儿童的人身或财产采取包括保护性措施在内的临时措施。根据本条例，这些措施不应在任何其他成员国得到承认与执行，但为保护儿童免受《1980 年海牙公约》第 13 条第 1 款(b)项所指严重危险的威胁而采取的措施除外。在儿童经常居所所在的成员国法院采取其认为适当的措施之前，为保护儿童免受这种危险而采取的措施应继续有效。只要有利于保护儿童的最大利益，法院应直接或通过中央机关将所采取的措施通知依照本条例规定对实体问题具有裁判管辖权的成员国法院。然而，未能提供此类信息本身不应构成不承认该措施的理由。

(31)仅对包括保护性措施在内的临时措施具有管辖权的法院，如果收到关于案件实体问题的申请，且另一成员国的法院根据本条例对案件的实体问题具有管辖权，则前法院应依职权主动宣告自己没有管辖权。

(32)根据本条例不具有管辖权的成员国法院，如果其在诉讼中的裁判结果取决于对属于本条例适用范围内的附带问题所作的判决，则本条例不应妨碍该成员国法院对该问题作出判决。因此，如果诉讼标的是涉及儿童的继承纠纷，且需要指定一名诉讼监护人在诉讼中代表儿童，则对继承纠纷有管辖权的成员国，无论其依照本条例是否对父母亲责任事项具有管辖权，均应被允许在未审结的诉讼中指定监护人。任何此类判决只应在作出判决的程序中产生效力。

(33)在继承诉讼中，如果在某一成员国法院以儿童名义实施或将要实施的法律行为的有效性需要取得法院的许可或批准，则该成员国的法院即使依照本条例不具有管辖权，亦应能决定是否允许或批准这种法律行为。"法律行为"一词，应包括诸如接受或拒绝继承，或者双方就分享或分配遗产达成协议。

(34)本条例应不损抑国际公法上有关外交豁免规定的适用。由于国际公法上的外交豁免而致使依照本条例具有管辖权的法院不能行使其管辖权时，那么相关人员在其境内不享有此种豁免的成员国应根据其本国法来行使管辖权。

(35)本条例界定了法院在本条例意义上的受理案件的时间。鉴于各成员国存在两种不同制度，即要么要求先将诉讼文书送达被申请人，要么先提交给法院，因此，如果申请人后来为实施第二步而采取了国内法所要求采取的任何措施，则采取了国内法所规定的第一步措施亦足矣。考虑到调解和其他替代性争议解决方式在司法程序中的重要性日益凸显，根据欧盟法院的判例，在提起诉讼的一方当事人之后按照要求采取了将文书有效送达被申请人的措施，但诉讼文书尚未送达被申请人且被申请人也不知晓或未以任何方式参与诉讼时，根据提起诉讼的一方当事人的申请，为找到友好的解决方法而暂时中止诉讼程序的情形下，在向法院提交诉讼文书或类似文件的时刻，法院也应被视为已经受理。根据欧盟法院的判例，在未决案件中，向国家调解机构提出强制性调解程序的日期应被视为"法院"受理的日期。

（36）根据本条例所启动的诉讼程序中的文书送达，适用欧盟议会及理事会《第 1393/2007 号条例》①。

（37）一成员国法院受理案件后如果根据本条例对案件所涉事项的实体问题没有管辖权，而另一成员国法院根据本条例却对其有管辖权，则前者应主动宣布其没有管辖权。但是，与本条例所指的儿童有特殊联系的成员国法院，应有权自由裁量是否根据本条例请求移送管辖权，但没有义务这样做。

（38）为实现和谐司法之目的，有必要尽量减少平行诉讼的可能性，以避免在不同成员国作出相互矛盾的判决。应建立一个透明、有效的机制来解决未决案件和相关诉讼问题，并消除各个国家在确定受理案件的时间方面存在差异而产生的问题。为本条例之目的，该时间应由各国自主界定。然而，为了提高排他性法院选择协议的效力，本条例有关未决案件的规定不应妨碍父母将排他性管辖权授予某成员国法院。

（39）作为一项基本原则，本条例所指的有关父母亲责任事项的诉讼以及《1980 年海牙公约》规定的儿童送还诉讼，应根据欧盟法院的判例，为诉讼中有能力形成自己意见的儿童提供真正有效地表达自己意见的机会，并在评估儿童的最大利益时适当考虑这些意见。儿童有机会根据《宪章》第 24 条第 1 款和《联合国儿童权利公约》第 12 条自由地表达自己的意见，在本条例的适用中应发挥重要作用。然而，该条例本应将由谁听取儿童意见和如何听取儿童意见的问题留给各成员国的国内法和程序来决定。因此，本条例的目的，不应是规定应由法官亲自听取儿童的意见，还是由经过专门培训的专家听审后向法院报告，还是在法庭上、其他地方或者通过其他方式听取儿童的意见。此外，虽然听取儿童的意见仍是儿童的一项权利，但不能构成一项绝对的义务，而必须在考虑到儿童的最大利益的情况下——例如在涉及双方协议的情况下——进行评估。

虽然根据欧盟法院的判例，《宪章》第 24 条和《第 2201/2003 号条例》并不

① 欧盟议会及理事会 2007 年 11 月 13 日《关于在成员国送达民商事司法及司法外文书并废除欧盟理事会第 1348/2000 号条例的第 1393/2007 号条例》（载于《欧盟官方公报》2007 年 12 月 10 日 L324 号，第 79 页）。——译者注

要求原审成员国法院在每个案件中都通过听审来征求儿童的意见，该法院也因此保留一定程度的自由裁量权，但判例还规定，如果该法院决定给儿童提供陈述意见的机会，为确保这些规定的有效性以及为儿童提供真正有效的表达其意见的机会，法院必须在考虑到儿童的最大利益和个案具体情况下，采取一切便于听审的措施。原审成员国法院应尽可能始终考虑到儿童的最大利益，根据国内法以及国际司法合作的具体法律文件，包括在适当情况下根据欧盟理事会《第 1206/2001 号条例》①的规定，利用一切可供利用的手段。

（40）非法带离或滞留儿童的，应立即送还儿童；为此，被本条例尤其是本条例第三章补充的《1980 年海牙公约》继续适用。

（41）为了尽快结束依照《1980 年海牙公约》进行的送还诉讼，各成员国应根据其本国的法院结构体系，考虑将这些诉讼程序的管辖权集中在尽可能少的法院。儿童诱拐案件的管辖权可以集中在一个全国性的法院，也可以集中在有限的几个法院，例如，以上诉法院的数量为出发点，将国际儿童诱拐案件的管辖权集中在每个上诉法院辖区的一个初审法院。

（42）对于根据《1980 年海牙公约》提起的送还诉讼，除非有特殊情况无法做到，否则每一审法院均应在六个星期内作出判决。使用替代性争议解决方式这一事实本身不应视为允许超出期限的特殊情况。但是，在使用这些方式时可能会出现或由于这些方式的使用可能会引发特殊情况。对于一审法院，期限应从法院受理案件时起算。对于更高审级的法院，该期限应从已采取所有必要的程序性步骤之时起算。根据有关的法律制度，这些措施可以包括：在法院所在的成员国或者另一成员国向被申请人送达上诉状；在必须向作出原审判决的法院所在成员国员提起上诉时，将案卷和上诉状转交给上诉法院；或者在国内法律规定必须提出申请的情况下，由一方当事人申请进行听审。成员国还应考虑针对根据《1980 年海牙公约》作出的准予或拒绝送还儿童的判决可以提出的上诉次数限制为一次。

（43）在所有涉及儿童的案件中，尤其是在国际儿童诱拐案件中，法院应考虑通过调解和其他适当手段解决问题的可能性，并在适当情况下得到现有的跨境父母亲责任纠纷调解网络和支持机构的协助。但是，这种努力不应不适当地延长《1980 年海牙公约》规定的送还诉讼。此外，调解可能并不总是合适的，

---

①　欧盟理事会 2001 年 5 月 28 日《关于成员国法院之间在民商事取证方面进行合作的第 1206/2001 号条例》（载于《欧洲诸共同体官方公报》2001 年 6 月 27 日 L174 号，第 1 页）。——译者注

尤其对于家庭暴力案件而言更是如此。例如，在根据《1980 年海牙公约》进行的送还诉讼中，父母就送还或不送还儿童以及就父母亲责任事项达成协议，在某些情况下，本条例应允许他们同意根据《1980 年海牙公约》受理案件的法院具有管辖权，能通过将其纳入判决、批准或适用国内法律和程序规定的任何其他形式，使其协议具有法律约束力。因此，已经将管辖权集中化的成员国，应考虑使根据《1980 年海牙公约》受理送还诉讼的法院也能在双方当事人在送还诉讼中达成协议的情况下，根据本条例对父母亲责任事项行使双方商定或接受的管辖权。

（44）正如《1980 年海牙公约》的规定，儿童被非法带离或滞留的成员国法院应在有特定的、正当的理由的情况下拒绝送还。在此之前，法院应考虑是否已采取或可能采取适当的保护措施，以保护儿童免受《1980 年海牙公约》第 13 条第 1 款（b）项所指的严重危险。

（45）法院仅根据《1980 年海牙公约》第 13 条第 1 款（b）项而考虑拒绝送还儿童的，如果寻求送还儿童的一方当事人满足法院要求，或者使法院确信已作出适当安排以确保儿童在送还后得到保护，则法院不应拒绝送还儿童。这类安排的例子包括：该成员国的法院禁止申请人接近儿童；该成员国的包括保护性措施在内的临时措施允许儿童与作为主要照料者的诱拐父母在一起，直到该成员国在送还儿童后就监护权的实体问题作出判决为止；或者证明有可供需要治疗的儿童使用的医疗设施。在特定情况下适于采取哪种安排，取决于在没有这种安排下因儿童被送还可能面临的具体严重风险。寻求确定是否已作出适当安排的法院应主要依靠各方当事人，并在必要和适当的情况下，向中央机关或网络法官尤其是在根据欧盟理事会《第 2001/470 号决议》①所建立的欧洲民商事司法网和海牙国际法官网内部寻求协助。

（46）在适当情况下，法院在责令送还儿童时，应根据本条例责令采取它认为必要的任何包括保护性措施在内的临时措施，以保护儿童不致因送还而受到严重的身心伤害，否则会导致拒绝送还。这种临时措施及其实施不应拖延《1980 年海牙公约》所规定的送还诉讼，也不应破坏根据《1980 年海牙公约》受理送还诉讼的法院与根据本条例对父母亲责任的实体问题拥有管辖权的法院之间的管辖权划分。必要时，根据《1980 年海牙公约》受理送还诉讼的法院应在中央机关或网络法官的协助下，尤其是在欧洲民商事司法网和国际海牙法官网

---

① 欧盟理事会 2001 年 5 月 28 日《关于建立欧洲民商事司法网络的第 2001/470 号决议》（载于《欧洲诸共同体官方公报》2001 年 6 月 27 日 L174 号，第 25 页）。——译者注

内部的协助下，与儿童经常居所所在的成员国的法院或主管机关磋商。这些措施应在所有其他成员国——包括根据本条例具有管辖权的成员国——得到承认与执行，直到这些成员国的法院采取其认为适当的措施为止。这种包括保护性措施在内的临时措施，可以包括诸如儿童应继续与主要照料者一起居住，或在儿童经常居住地法院采取其认为适当的措施之前应如何与送还后的儿童接触。这不应影响儿童在被送还后其经常居所地法院采取的任何措施或作出的任何判决。

（47）如果为了儿童的最大利益在对上诉作出判决前必须送还儿童，则尽管会被上诉，也应可以宣布责令送还儿童的判决具有暂时可执行性。哪个法院得以宣布该判决具有暂时可执行性，由各国国内法确定。

（48）如果儿童被非法带离或滞留所在的成员国法院根据《1980年海牙公约》判决拒绝送还儿童，则其应在判决中明确指出拒绝所依据的《1980年海牙公约》的相关条款。然而，无论这种拒绝性判决是终局的还是仍可上诉的，都可以由儿童在被非法带离或滞留前其经常居所所在的成员国法院在监护诉讼中所作的后续判决所取代。在这些诉讼中，考虑到儿童的最大化利益，应彻底审查包括但不限于父母行为在内的所有情况。如果由此产生的有关监护权实体问题的判决责令送还儿童，则送还时无需在其他成员国履行任何有关承认与执行该判决的特别程序。

（49）如果法院仅仅以《1980年海牙公约》第13条第1款（b）项或第13条第2款或者同时以这两者为由拒绝送还儿童，则其应主动使用本条例规定的适当格式出具证明。本证明之目的在于：让各方当事人知晓在接到有关拒绝送还儿童的判决通知后三个月内可以就监护权的实体问题向儿童在紧接着被非法带离或滞留前经常居所所在的成员国法院提出申请，如果该法院已经受理，则可以向该法院提交与送还诉讼有关的文件。

（50）在根据《1980年海牙公约》受理送还申请的某法院仅仅以该公约第13条第1款（b）项或第13条第2款或者同时以这两者为由而拒绝送还儿童时，儿童在紧接着被非法带离或滞留前的经常居所所在的成员国正在进行就监护权的实体问题的诉讼，则拒绝送还儿童的法院在对有关监护权实体问题的诉讼知情的情况下，应当在其作出判决之日起一个月内向正在进行有关监护权实体问题的诉讼的法院提交判决书副本、相应的证明和（可行时的）听审纪要、摘要或记录，以及它认为相关的任何其他文件。"它认为相关的任何其他文件"这一表述应指任何含有可能会影响监护权诉讼结果的信息的资料，前提是这些信息尚未载入有关拒绝送还的判决中。

(51)如果儿童在紧接着被非法带离或滞留前的经常居所所在的成员国尚未进行有关监护权实体问题的诉讼，而一方当事人在被通知有关拒绝送还儿童的判决后三个月内向该成员国的法院提起诉讼的，则该方当事人应向受理监护权实体问题诉讼的法院提交根据《1980年海牙公约》作出的不送还儿童的判决书的副本、相应证明和(可行时的)听审纪要、摘要或记录。这并不影响法院要求提供它认为相关的并且含有可能会影响监护权诉讼结果的信息的任何补充文件，前提是这些信息尚未载入有关拒绝送还的判决中。

(52)如果对监护权的实体问题有管辖权的法院在收到根据《1980年海牙公约》作出的拒绝送还儿童的判决通知后，三个月内受理一方当事人的诉讼，或者如果该法院在收到拒绝送还儿童的法院的判决时，监护诉讼已经在该法院进行；根据本条例第四章第二节的规定，这些诉讼所产生的关于监护权实体问题的任何判决，例如将儿童送回该成员国，应可在任何其他成员国予以执行，而不需要任何特别程序，也不得对其承认表示异议。除非发现该判决与后来有关同一儿童的父母亲责任的判决相抵触，否则，如果已经为要求送还儿童的有关监护权实体问题的判决出具了"特权判决"证明，则这条规定应予适用。如果对监护权实体问题有管辖权的法院在三个月期满后才受理，或不符合出具此类特权判决证明的条件，则有关监护权实体问题所作的判决应根据本条例第四章第一节规定在其他成员国予以承认与执行。

(53)如果不能亲自听取一方当事人或儿童的意见，并且有可供利用的技术手段，在不损抑联盟其他法律文件的前提下，法院可以考虑通过视频会议或任何其他通信技术手段进行听审，但由于案件的特殊情况使用这种技术将不利于诉讼的公正进行的除外。

(54)联盟内司法行政部门间的相互信任证明此项原则的合理性，即一成员国就婚姻事项和父母亲责任事项所作的判决不需要任何承认程序即可在所有成员国得到承认。尤其是，当收到另一成员国作出的准予离婚、依法别居或宣告婚姻无效的判决，而在原审成员国又不能再对该判决提出异议时，被请求成员国的主管机关不需要任何特别程序即可通过实施该法律承认该判决，并相应地更新其公民身份记录。对于拒绝的理由必须由当事人提出还是应依照国内法规定(由法院)依职权提出，留给各国国内法决定。这并不损抑任何利害关系人根据本条例申请作出关于不存在任何本条例所指的拒绝承认的理由的判决。谁可以被视为有权提出这种申请的利害关系人，应由提出这种申请所在的成员国的国内法来确定。

(55)承认与执行在一成员国作出的判决、制作的公文书和协议应秉承互信原则。鉴于本条例的基本目标是促进承认与执行并有效地保护儿童的最大利益，因此，应将不予承认的事由进行最小化限制。

（56）只有当存在本条例规定的一个或多个拒绝承认的理由时，才应拒绝承认一项判决。本条例中列出的拒绝承认的理由是穷尽式的。本条例中未列出的理由，例如违反未决诉讼规则，不得作为拒绝的理由加以援引。就父母亲责任事项而言，在前后判决相互矛盾时，后作的判决总是取代先前判决并对未来有效。

（57）关于给予儿童表达意见的机会，应由原审法院决定听取儿童意见的适当方法。因此，不能仅以原审法院采用与承认的成员国法院不同的方法听取儿童意见为由拒绝承认一项判决。如果本条例所允许的这一特定拒绝理由的例外情况之一得以适用，则被请求承认的成员国不应拒绝承认。这些例外情况的效果是：如果诉讼只涉及儿童的财产，而且根据诉讼标的不需要给予儿童表达意见的机会，或者如果存在重大理由，尤其是考虑到案件紧迫性，执行成员国的法院不得仅仅以儿童没有这种机会为由拒绝执行一项判决。例如，如果儿童的身心健康或生命面临紧迫的危险，而任何进一步的拖延都可能带来使这种危险发生的风险，就可以认为存在此种重大理由。

（58）此外，为减少有关儿童的跨境诉讼所耗费的时间和费用，废除在执行成员国执行有关父母亲责任的所有判决之前酌情宣布可执行性或登记执行程序，是正当合理的。虽然《第 2201/2003 号条例》只是废除了对于某些有关探视权的判决和某些有关送还儿童的判决的这一要求，但本条例应废除在跨境执行所有有关父母亲责任的判决方面的这一要求，同时仍然保留对于某些有关探视权的判决和某些有关送还儿童的判决的更优惠待遇。因此，在遵守本条例的前提下，任何其他成员国的法院作出的判决应视同执行成员国作出的判决。

（59）如果对事项的实体问题有管辖权的法院责令采取包括保护性措施在内的临时措施，则应根据本条例确保这些措施的实施。然而，根据本条例，除非在执行前将载有该措施的判决送达被告，否则该法院在未传唤被告出庭的情况下责令采取的包括保护性措施在内的临时措施不应得到承认与执行。这不应损抑根据国内法律承认与执行这些措施。如对事项的实体问题无管辖权的成员国法院责令采取包括保护性措施在内的临时措施，根据本条例，这些措施应仅限于在国际儿童诱拐案件中并旨在保护儿童免受《1980 年海牙公约》第 13 条第 1 款（b）项所指严重危险时采取。这些措施应在根据本条例对实体问题具有管辖权的成员国法院采取其认为适当的措施之前适用。

（60）根据国内法的不同规定，执行程序可能是司法程序或者司法外程序，因此"主管执行的机关"可以包括法院、法警和国内法所确定的任何其他机关。如果本条例中除主管执行的机关外，还提到法院，则应包括以下情况：即根据国内法，法院以外的机构是主管执行的机关，但某些判决从一开始就保留给法院，或以审查主管执行机关行为的形式保留给法院。应由主管执行机关或执行成员国的法院责令采取、采取或安排在执行阶段采取的具体措施，诸如根据该成员国国内法可以采取的任何非强制性措施，或根据该法律可以采取的任何强制性措施，包括罚款、监禁或由法警接回儿童。

(61)为便利执行另一成员国关于行使探视权的判决，执行成员国的主管执行机关或法院应有权详细说明执行成员国法律所要求的实际情况或法律条件方面的细节。本条例规定的安排应有利于执行成员国执行一项因其含糊不清而可能无法执行的判决，以便主管执行机关或执行法院能使该判决更加具体和准确。此外，为遵守执行成员国有关执行的法律规定的要求而作出的任何其他安排，例如，儿童保护机构或心理学家参与执行阶段，也应以同样方式作出。然而，任何此类安排都不应干涉或超越有关探视权的判决的实质内容。此外，本条例所规定的调适措施的权力，不应允许执行法院以不同的措施取代执行成员国法律中未知的措施。

(62)一成员国在没有宣告可执行性的情况下执行另一成员国所作的判决，不应危及尊重辩护的权利。因此，被申请执行人如果认为存在本条例所规定的拒绝承认或执行的理由之一，应能申请拒绝承认或执行该判决。本条例所规定的拒绝承认的理由是法院依职权还是依申请进行审查，由国内法确定。因此，对于有关拒绝执行的情况，应进行同样的审查。适用任何国家的拒绝理由，不应具有扩大本条例规定的理由的条件和方式的效力。

(63)一方当事人对执行另一成员国所作判决提出异议的，应当尽可能并根据执行成员国的法律制度在执行程序中提出异议，并且在同一个程序中除了本条例规定的拒绝理由外，还应能够提出根据寻求执行的成员国的法律可以提出的拒绝理由，这些理由因为其与本条例所规定的理由并无抵触而将继续适用。这些理由可以包括，例如，因为执行行为存在国内法上的形式错误，或根据判决所要求的行动已经执行或已经不可能的主张(譬如：不可抗力的情形；在儿童将被移交的人患有严重疾病、被监禁或死亡的情形；在作出判决后，儿童将被送回的成员国已变成战区的事实；或者拒绝执行根据申请执行的成员国的法律不具有任何可执行内容且不能为此作出相应调适的判决)而提出的异议。

(64)为了将另一成员国所作判决的执行情况通知被申请执行人，应在采取第一次执行措施前的合理时间内向该人送达根据本条例所出具的证明，必要时与该判决一起送达。在这种情况下，第一次执行措施系指证明送达后的第一次强制执行措施。根据欧盟法院的判例，被申请执行人有权获得有效的救济，包括在实际开始执行前启动对判决的可执行性异议之诉。

（65）在父母亲责任事项上，执行始终涉及儿童，并且在许多情况下涉及将儿童交给当时与其共同居住的人以外的人和/或将儿童重新安置在另一成员国。因此，该执行的主要目标应该是在以下两方面取得适当的平衡：一方面，申请人原则上在联盟内的跨境案件中也有尽快获得判决的执行、并在必要时采取强制措施的权利；另一方面，在无法避免的情况下，尽量减轻可能会对儿童造成伤害的强制执行措施的影响。这种评估应由各成员国主管执行的机关和法院根据个案具体情况进行。

（66）该条例旨在为所有成员国之间跨境执行有关父母亲责任的判决创设一个公平的竞争环境。在一些成员国，这些判决即使可以被上诉或已经被上诉，但它们仍可予以执行。在其他成员国，只有那些不再可以提起普通上诉的终局判决方能予以执行。因此，为顾及紧急情况，该条例规定，对于有关父母亲责任事项的某些判决，即根据《1980年海牙公约》责令送还儿童的判决和授予探视权的判决，即使仍可被上诉，也可由原审成员国法院宣布予以暂时执行。

（67）然而，在涉及儿童的执行程序中，重要的是主管执行的机关或法院能够对相关情况的变化作出迅速反应，包括对原审成员国的判决提出异议、判决失去可执行性以及在执行阶段遇到的障碍或紧急情况。因此，如果判决的可执行性在原审成员国被中止，则机关或法院应依申请或依职权主动中止执行诉讼。然而，如果没有迹象表明情况如此，主管执行的机关或法院没有义务调查该判决是否由于上诉或其他情况而在原审成员国已被同时中止执行。此外，在执行成员国中止或拒绝执行应依申请进行，即使发现存在本条例所规定的或允许的一种或多种理由，在执行成员国中止或拒绝执行也应由主管执行的机关或法院酌情处理。

（68）如果对该判决仍可在原审成员国提起上诉，且普通上诉的期限尚未届满，则执行成员国的主管执行机关或法院应有权依申请中止执行程序。在这些情况下，它可以规定向原审成员国提出上诉的期限，以便获得或维持执行程序的中止状态。期限的规定只对中止执行程序有效，不应影响根据原审成员国的程序规则提出上诉的最后期限。

（69）在例外情况下，如果由于作出判决后出现的暂时性障碍，或由于情况的任何其他重大变化，执行程序会使儿童面临严重的身心伤害风险，则主管执行机关或法院应有可能中止执行程序。一旦严重的身心伤害风险不复存在，应尽快恢复执行程序。然而，如果这种情况继续存在，在拒绝执行之前，应根据国内法律和程序采取任何适当措施，包括酌情在其他相关专业人员（如社会工作者或儿童心理学家）的协助下努力确保判决的执行。尤其是主管执行机关或法院应根据国内法律和程序，努力克服因情况变化而造成的任何障碍，例如，儿童在判决作出后才明确表示反对，若无视这种强烈的反对将对儿童造成严重的身心伤害。

（70）为适用有关承认的规则，在一个成员国具有法律约束力的有关依法别居和离婚的公文书和当事人之间的协议，应被视同为"判决"。为适用有关承认与执行的规则，在一个成员国可予以执行的有关父母亲责任事项的公文书和当事人之间协议，应被视同为"判决"。

（71）虽然本条例规定的为儿童提供表达意见机会的义务不应适用于公文书和协议，但根据《宪章》第24条以及已被转化为国内法律和程序的《联合国儿童权利公约》第12条，儿童表达意见的权利应继续适用。未给儿童提供表达意见机会的事实，不应自动构成拒绝承认与执行有关父母亲责任事项的公文书和协议的理由。

（72）在父母亲责任事项上，所有成员国都应指定中央机关。各成员国应考虑为本条例指定与《1980年海牙公约》和《1996年海牙公约》相同的中央机关。各成员国应确保中央机关有足够的财力和人力资源以履行本条例赋予的职责。

（73）本条例有关在父母亲责任事项上合作的规定不应适用于处理根据《1980年海牙公约》提出的送还申请。根据该公约第19条和欧盟法院的既定判例，这些申请不属于关于父母亲责任的实质程序。然而，《1980年海牙公约》的适用应得到本条例关于国际儿童诱拐问题的规定、本条例关于承认与执行的章节和关于一般规定的章节的补充。

（74）在跨境程序中，中央机关应协助法院和主管机关，在某些情况下还应协助父母亲责任的承担者，并在一般事项和具体案件中进行合作，包括促进家庭纠纷的友好解决。

（75）除紧急情况外，在不损抑本条例所允许的法院之间的直接合作和联系的前提下，法院和主管机关可根据本条例提出有关父母亲责任事项的合作请求，并提交给提出请求的法院或主管机关所属的成员国中央机关。某些请求也可由父母亲责任的承担者提出，并应提交给申请人经常居所地的中央机关。这类请求应包括：请求向父母亲责任的承担者提供信息和协助，以实现在被请求的中央机关所在国境内承认与执行各项判决，尤其是关于探视权和送还儿童的判决，包括在必要时提供关于如何获得诉讼费用救助的信息；请求通过调解或其他替代性争议解决方式促进父母亲责任承担者之间达成协议，以及请求法院或主管机关考虑是否需要采取措施保护儿童的人身或财产。

（76）在紧急情况下，允许与被请求成员国法院或主管机关直接进行初步联系。例如，直接请求另一成员国的主管机关考虑是否需要采取措施保护被推定处于紧迫危险中的儿童。通过中央机关渠道进行处理的义务，只应是初次请求的强制性规定；与法院、主管机关或申请人的任何后续联系也可直接进行。

（77）不应阻止中央机关或主管机关与一个或多个其他成员国的中央机关或主管机关订立或维持现有的允许在其相互关系中进行直接联系的协议或安排。主管机关应将此类协议或安排通知其中央机关。

（78）在本条例调整的有关父母亲责任事项的特定案件中，中央机关在向法院和主管机关以及父母亲责任承担者提供协助方面应相互合作。被请求的中央机关提供的协助应特别包括：必要时，为了执行本条例所规定的请求，直接或通过法院、主管机关或其他机构找到儿童下落；以及提供与父母亲责任事项的程序有关的任何其他信息。

（79）被请求中央机关应采取一切适当举措，在必要时促进法院之间的沟通，尤其是为了适用有关移送管辖权的规则、关于包括紧急情况下的保护措施在内的临时措施的规则——尤其是当这些措施与国际儿童诱拐有关并旨在保护儿童免受《1980年海牙公约》第13条第1款（b）项所指严重危险时——以及与未决诉讼案件和从属诉讼有关的规则。为此目的，在某些情形下，提供用于进一步直接联系的信息可能就足矣，例如提供关于儿童福利机构、网络法官以及主管法院的联系方式。

（80）为实现本条例的目标，在不损抑本国程序法所规定的要求的前提下，提出请求的法院或主管机关应当有权自由选择获取必要信息的不同渠道。

（81）如果请求国附具理由地要求提供报告或与父母亲责任程序有关的任何其他信息资料，被请求的成员国中央机关——直接或通过被请求国的法院——和主管机关或其他机构应执行这一请求。请求中应特别说明需要这些信息的程序和引起这些程序的实际情况。

（82）如果一成员国的法院已经或将要就父母亲责任事项作出判决，而该判决将在另一成员国执行，则该法院应能请求该另一成员国的法院或主管机关协助执行该判决。例如，这应适用于准许在监督下行使探视权的判决，这种探视权将在准予行使探视权的法院所在成员国以外的成员国行使，或适用于涉及执行该判决的成员国的法院或主管机关的任何其他附带措施的判决。

(83)如果一成员国的法院或主管机关考虑将儿童安置在另一成员国，则应在安置前进行磋商以征得同意。考虑安置的法院或主管机关应在责令或安排安置前征得安置儿童的成员国主管机关的同意。此外，根据欧盟法院的判例，为了依照本条例征得同意，各成员国应制定明确的规则和程序以确保法律的确定性和快捷性。此外，这些程序应使主管机关能够迅速准予或拒绝其同意。三个月内未作答复的，不应被理解为同意，未经同意不得进行安置。征得同意的请求应至少包括一份关于儿童的报告，并说明拟议的安置或提供照料的理由、预期安置期限、关于任何打算提供的资金的信息，并辅以被请求成员国可能认为相关的任何其他信息，例如设想的对措施的监督，与儿童的父母、其他亲属或其他关系密切人士的联系安排，或根据《保护人权与基本自由的欧洲公约》第8条不打算进行这种联系的理由。考虑到欧盟法院的判例，如果同意安置的期限已确定，则该项同意不应适用于延长安置期限的判决或安排。在这种情况下，应重新提出征得同意的请求。

(84)如果考虑在儿童经常居所所在的成员国作出将儿童安置在机构或寄养的判决，法院应根据《联合国儿童权利公约》第8条、第9条和第20条在诉讼的最初阶段考虑采取适当措施，以确保尊重儿童的权利，尤其是维护其身份的权利和与父母或在适当时与其他亲属保持联系的权利。如果法院知晓该儿童与另一成员国联系密切，适当的措施可包括：在适用《维也纳领事关系公约》第37条(b)项的情况下通知该成员国的领事机构。法院也可能通过该另一成员国的中央机关提供的信息而知晓该儿童与该另一成员国联系密切的事实。适当的措施还可包括根据本条例向该成员国提出请求，要求提供关于父母一方、亲属或其他可能适合照顾该儿童的人的信息。此外，根据具体情况，法院还可以要求提供有关儿童的父母或兄弟姐妹的程序和判决的信息。儿童的最大利益仍应是最重要的考虑因素。尤其是，这些规定都不应影响考虑安置的成员国法院或主管机关据以作出任何安置判决的国内法律或程序。尤其是，具有司法管辖权的成员国机关不得因为这些规定而负有任何义务将儿童安置在另一成员国，也不应让该成员国进一步参与安置判决或诉讼。

(85)由于在父母亲责任事项上时间是至关重要的，因此，被请求成员国的中央机关应在收到请求后三个月内，将根据本条例关于合作的规定而提供的信息资料——包括收集和交换与父母亲责任事项程序有关的信息资料在内——以及同意或拒绝将儿童安置在另一成员国的判决，转交给提出请求的成员国，但由于特殊情况无法转交的除外。这应包括国家主管机关有义务及时向被请求的中央机关提供信息，或解释为什么不能提供信息，使其能够遵守该时间期限。尽管如此，所有有关主管部门应争取在这一最长期限内以更快的速度作出答复。

（86）中央机关举行会议，尤其是欧盟委员会根据《第2001/470号决议》在欧洲民商事司法网的框架内召集会议的情势，不应妨碍中央机关组织其他会议。

（87）除非本条例另有规定，否则欧盟议会及理事会《第2016/679号条例》①应适用于成员国在适用本条例时进行的个人数据处理。尤其是，为了不危及根据本条例提出的请求的实施，例如根据《1980年海牙公约》送还儿童或法院考虑是否需要采取措施保护儿童的人身或财产，根据《第2016/679号条例》第14条第1款至第4款的要求通知数据主体——例如关于为寻找儿童而要求提供的数据——可以推迟到要求提供这些信息的请求已得到实施时再进行。这一例外符合《第2016/679号条例》第14条第5款以及第23条第1款(f)、(g)、(i)和(j)项规定。这不应妨碍接受信息的中间人、法院或主管机关在儿童面临伤害风险或有迹象表明存在这种风险的情况下，采取保护儿童的措施或促使采取这种措施。

（88）在披露或确认相关信息可能会危及儿童或他人的健康、安全或自由的情况下，例如在发生家庭暴力的情形下，法院责令不得向申请人披露儿童的新地址，本条例力求达到一种微妙的平衡。虽然本条例应规定，中央机关、法院或主管机关如确定向申请人或第三方披露或确认为本条例目的而收集或传递的任何信息可能会危及儿童或其他人的健康、安全或自由，则不应向申请人或第三方披露或确认，但仍应强调，只要是履行本条例规定的义务所必须的，则这不应妨碍中央机关、法院和主管机关收集和传递信息。这意味着，在可能和适当时，应当可以在不向申请人提供处理申请所需的所有信息的情况下，根据本条例处理申请。例如，在国内法律有规定时，中央机关可以在不向申请人提供有关儿童下落的信息的情况下以申请人名义提起诉讼。然而，如果仅仅提出请求就可能危及儿童或他人的健康、安全或自由，则不应有根据本条例提出这种请求的义务。

---

①　欧盟议会及理事会2016年4月27日《关于在处理个人数据时保护自然人、促进个人数据自由流动并废除第95/46号指令的第2016/679号条例》（《欧盟数据保护基础条例》），载于《欧盟官方公报》2016年5月4日L 119号，第1页。——译者注

(89)为确保与适用本条例第三章和第四章有关的证明不断更新，应授予欧盟委员会根据《欧盟运行条约》第 290 条采取有关修订本条例附件 I-IX 的法律行为的权力。尤为重要的是，欧盟委员会应在其筹备工作期间进行适当的磋商，包括在专家一级进行磋商，并按照 2016 年 4 月 13 日《关于更好地制定法律的机构间协定》①规定的原则进行磋商。尤其是，为了确保平等参与处理经授权的法律行为，理事会与成员国的专家同时收到所有文件，成员国的专家有系统地参加欧盟委员会处理经授权的法律行为的专家组会议。

(90)根据《欧盟条约》第 K. 3 条起草的 1998 年《关于婚姻事项的管辖权及判决的承认与执行公约》(以下简称《布鲁塞尔公约 II》)②、《第 1347/2000 号条例》《第 2201/2003 号条例》和本条例之间的连续性，应在条款保持不变的情况下得到保证，为此应制定过渡性条款。这种连续性同样适用于——包括欧盟法院在内——对《布鲁塞尔公约 II》《第 1347/2000 号条例》《第 2201/2003 号条例》的解释。

(91)应说明的是：成员国在加入欧盟之前与一个或多个第三国缔结的协议，适用《欧盟运行条约》第 351 条。

(92)适用于父母亲责任事项的法律应根据《1996 年海牙公约》第三章的规定确定。在适用本条例的成员国法院进行的诉讼中适用该公约时，该公约第 15 条第 1 款所指"该公约第二章的规定"应理解为对"本条例的规定"的指引。

(93)为确保准确地适用本条例，欧盟委员会应审查其施行状况，并提出必要的修改建议。

(94)欧盟委员会应公布并更新各成员国所通报的信息。

(95)根据《欧盟条约》和《欧盟运行条约》所附的《关于联合王国和爱尔兰在自由、安全和司法领域的立场的第 21 号议定书》第 3 条和第 4a 条第 1 款，联合王国与爱尔兰均已表示愿意接受并适用本条例。

(96)根据《欧盟条约》和《欧盟运行条约》所附的《关于丹麦立场的第 22 号议定书》第 1 条和第 2 条的规定，丹麦不接受本条例，因而本条例既不约束也不适用于丹麦。

---

① 载于《欧盟官方公报》2016 年 5 月 12 日 C123 号，第 1 页。
② 载于《欧洲诸共同体官方公报》1998 年 7 月 16 日 C221 号，第 1 页。

(97)根据欧盟议会及理事会《第 45/2001 号条例》①第 41 条第 2 款第 2 段和第 46 条(d)项向欧洲数据保护监管局进行了咨询,欧洲数据保护监管局于 2018 年 2 月 15 日发表了意见②。

(98)鉴于各国关于管辖权以及承认与执行判决的规则不同,本条例的目标在成员国层面难以充分实现,但由于本条例的直接适用性和约束力,在联盟层面却能更好地实现,则联盟可根据《欧盟条约》第 5 条规定的从属原则采取措施。根据该第 5 条规定的比例原则,本条例不得超越为实现此类目标而采取必要措施的限度。

已通过以下条例:

第一章　适用范围与定义

第 1 条　[适用范围]

1. 本条例适用于下列民事事项:

(a)离婚、依法别居或宣告婚姻无效;

(b)父母亲责任的归属、履行、转移、限制或终止。

2. 第 1 款(b)项所指事项,特别包括:

(a)监护权和探视权;

(b)监护、照管以及类似制度;

(c)负责儿童的人身或财产、代理或协助儿童的个人或者机构的指定及职责;

(d)将儿童安置在领养家庭或者福利机构中;

(e)与管理、保存或者处置儿童的财产有关的儿童保护措施。

3. 当非法带离(removal)或滞留(retention)儿童涉及一个以上成员国时,适用本条例第三章和第六章,以补充《1980 年海牙公约》的规定。本条例第四章适用于根据《1980 年海牙公约》作出的责令将儿童送还至另一成员国且只能在其作出国以外的其他成员国予以执行的判决。

4. 本条例不适用于以下事项:

---

① 欧盟议会及理事会 2000 年 12 月 18 日《关于共同体各机构和实体处理个人数据时的个体保护及促进该类数据自由流动的(欧共体)第 45/2001 号条例》(载于《欧洲诸共同体官方公报》2001 年 1 月 12 日 L8 号,第 1 页)。

② 载于《欧盟官方公报》2018 年 4 月 6 日 C120 号,第 18 页。

(a)亲子关系的设立或异议；

(b)收养的决定、收养前的准备措施以及宣告收养无效或撤销收养；

(c)儿童的姓名；

(d)宣告成年(解除监护)；

(e)扶养义务；

(f)信托或继承；

(g)因儿童犯罪而采取的措施。

第2条　[定义]

1. 就本条例而言，"判决"系指一成员国法院作出的关于离婚、依法别居或宣告婚姻无效以及关于父母亲责任的各种决定，而不论其称谓为何，包括裁定、命令或者判决；

就第四章而言，"判决"包括：

(a)一成员国作出的、责令根据《1980年海牙公约》将儿童送还至另一成员国的判决，而该判决必须在作出判决的成员国以外的其他成员国执行；

(b)根据本条例对有关事项的实体问题具有管辖权的法院责令采取的包括保护性措施在内的临时措施，或根据第27条第5款并结合第15条责令采取的措施；

就第四章而言，"判决"不包括法院在未传唤被申请人出庭的情况下责令采取的包括保护性措施在内的临时措施，但含有该措施的判决在执行前已送达被申请人的除外。

2. 就本条例而言，下列定义同样适用：

(1)"法院"系指对属于本条例适用范围内的法律事项具有管辖权的成员国所有机关；

(2)"公文书"系指在任何成员国对本条例范围内的各类事项正式制作的或登记为公文书的书面文件，其证据力：

(a)与文件的签署和内容有关；和

(b)由公共机关和其他被授权的机关确立。各成员国应根据第103条的规定，将这些机关告知欧盟委员会。

(3)就第四章而言，"协议"系指当事人各方就本条例范围内的事项订立的、并已由成员国根据第103条告知欧盟委员会的公共机关登记的不属于公文书的文件。

(4)"原审成员国"系指作出判决、正式制作或登记公文书或者登记协议的成员国；

（5）"执行成员国"系指应在其境内申请执行判决、公文书或协议的成员国；

（6）"儿童"系指未满十八周岁的人；

（7）"父母亲责任"系指由判决、法律规定或者有法律效力的协议赋予自然人或法人与儿童人身或者财产相关的所有权利及义务，包括监护权和探视权；

（8）"父母亲责任的承担者"系指对儿童负有父母亲责任的任何个人、机构或其他团体；

（9）"监护权"包括与照管儿童人身相关的权利和义务，尤其是决定儿童居住地的权利；

（10）"探视权"系指探视儿童的权利，包括在特定时间内将儿童带到其经常居所地以外的其他场所的权利；

（11）"非法带离或滞留"系指带离或者滞留儿童时：

（a）侵犯了由判决、法律规定或儿童在紧接着被带离或滞留之前的经常居所所在的成员国法上具有法律效力的协议所赋予的监护权；以及

（b）在带离或滞留儿童时，事实上已共同或单独地行使监护权，或者未带离或滞留时本应共同或单独地行使监护权。

3. 就第 3 条、第 6 条、第 10 条、第 12 条、第 13 条、第 51 条、第 59 条、第 75 条、第 94 条和第 102 条而言，对于爱尔兰和联合王国，"住所"的概念取代了"国籍"的概念，其含义与这些成员国各自的法律制度下的含义相同。

第二章　对婚姻事项和父母亲责任事项的管辖权

第一节　离婚、依法别居和宣告婚姻无效

第 3 条　［一般管辖］

与离婚、依法别居、宣告婚姻无效有关的事项，由下列成员国法院管辖：

（a）下列地点在其境内的成员国：

（i）配偶双方的经常居所；

（ii）配偶双方最后的经常居所，前提是配偶一方仍经常居住于此；

（iii）被申请人的经常居所；

（iv）共同申请时配偶任何一方的经常居所；

（v）申请人在紧接着申请前至少居住一年以上的经常居所；或者

（vi）申请人的经常居所，前提是申请人在紧接着申请前至少居住六个月以

上并且是所涉成员国的国民；或者

(b)配偶双方的国籍国。

第4条 ［反诉］

只要反诉在本条例的适用范围之列，依据第3条受理诉讼的法院对该反诉也有管辖权。

第5条 ［依法别居转为离婚］

在不损抑第3条的前提下，如果一成员国法律有相关规定，作出依法别居判决的该成员国法院，对于将依法别居转为离婚之诉也有权管辖。

第6条 ［其他管辖］

1. 在不违反本条第2款规定的前提下，一成员国的法院依照第3条、第4条或第5条规定无管辖权时，各成员国法院的管辖权概依其国内法确定。

2. 夫妻一方经常居住在某一成员国或者是某一成员国的国民的，只能依照第3条、第4条和第5条规定在另一成员国被提起诉讼。

3. 对于在某一成员国境内无经常居所也不属于该成员国国民的被申请人，凡属于某一成员国国民、但经常居住于另一成员国境内的人，可以像经常居所所在国的国民一样，援引该国现行的管辖权规则。

第二节 父母亲责任

第7条 ［一般管辖］

1. 涉及父母亲责任的事项，由起诉时儿童的经常居所所在的成员国法院管辖。

2. 本条第1款的适用，不得违反第8条至第10条的规定。

第8条 ［与探视权有关的恒定管辖］

1. 如果儿童从一个成员国合法地迁徙到另一成员国，并在那里取得了新的经常居所，则作为第7条的例外，儿童的前经常居所所在的成员国法院在儿童迁徙后三个月内，仍然保留对于该成员国在儿童迁徙前作出的关于探视权的判决进行修改的管辖权，前提是依照该判决享有探视权的人继续在儿童的原经常居所所在的成员国拥有经常居所。

2. 根据第1款所指的具有探视权的人，如果以参与诉讼的方式接受儿童的新经常居所地成员国法院的管辖，而不提出管辖权异议，则第1款不适用。

第9条 ［对非法带离或滞留儿童案件的管辖权］

在不损抑第10条的前提下，在非法带离或滞留儿童时，该儿童在紧接着被非法带离或滞留前经常居所所在的成员国法院应保留其管辖权，直至该儿童已在另一成员国获得经常居所，并且：

（a）每一个有监护权的个人、机构或其他团体已默许该带离或滞留行为；或者

（b）在有监护权的个人、机构或其他团体知道或理应知道儿童的居所地之后，儿童已在该另一成员国居住至少满一年，且其已适应新环境，但必须满足下列任一条件：

（i）在监护权人知道或理应知道儿童的居所地一年内，无人向儿童被带离地或滞留地的成员国的主管机关要求送还儿童；

（ii）监护权人已撤回送还儿童的请求，且未在（i）目规定的期限内提出新的请求；

（iii）监护权人提出的送还儿童的请求，已被成员国法院根据《1980年海牙公约》第13条第1款（b）项或者第13条第2款规定以外的理由予以拒绝，且不得再对该判决提出普通上诉；

（iv）儿童紧接着被非法带离或滞留之前的经常居所所在的成员国法院，均如第29条第3款和第5款所规定的那样，没有受理诉讼；

（v）儿童在被非法带离或滞留之前的经常居所地成员国法院作出的关于监护权的判决并未要求送还儿童。

第10条　[法院选择]

1. 如果满足下列条件，一成员国法院对有关父母亲责任的事项具有管辖权：

（a）儿童与该成员国有实质性联系，尤其是由于：

（i）父母亲责任承担者至少有一方的经常居所位于该成员国；

（ii）儿童以前曾在该成员国有经常居所；或者

（iii）儿童是该成员国的国民。

（b）当事人双方以及任何其他父母亲责任承担者：

（i）最迟在法院受理案件之前已自由地就管辖法院达成一致；或者

（ii）在诉讼过程中明示地接受管辖，并且法院已确保所有当事人均被告知他们有对法院的管辖权提出异议的权利；以及

（c）行使管辖权符合儿童的最大利益。

2. 依照第1款（b）项选择法院的协议应以书面形式，并由相关当事人注明日期和签字，或者依照国内法律规定和程序载入庭审记录。任何能够持久记录协议内容的电了通信，与"书面形式"有同等效力。

在法院受理后成为诉讼当事方的人,可在法院受理后表示同意。如果他们不表示反对,则应被视为默示同意。

3. 除非各方当事人另有约定,否则一旦有下列情形,第1款所指的管辖权即告终止:

(a)对于在这些诉讼程序中作出的判决不得提起普通上诉;或

(b)该诉讼由于其他原因而终止。

4. 第1款(b)项(ii)目所指的管辖权是排他性的。

第11条 [根据儿童居留取得管辖权]

1. 如果儿童的经常居所不能确定,也不能根据第10条确定管辖权,则由儿童所在的成员国法院管辖。

2. 第1款所指的管辖权也适用于难民儿童和因其经常居所所在成员国国内骚乱而被迫流离失所的儿童。

第12条 [向另一成员国法院移送管辖]

1. 对实体事项具有管辖权的一成员国法院,如认为与该儿童有特别联系的另一成员国法院评估该儿童在特定案件中的最大利益更为合适,则在特殊情况下可根据当事人一方的申请或者依职权裁定全部或部分地中止诉讼程序,并可:

(a)为一个或多个当事人设定其向另一成员国法院通报未决诉讼和移送管辖可能性以及向该法院提交申请的期限;或

(b)请求另一成员国的法院根据第2款规定行使管辖权。

2. 由于案件的情形特殊并且最符合儿童的最大利益时,该另一成员国的法院可在下列情形发生后的六个星期内接受管辖:

(a)依照第1款(a)项规定受理案件;或

(b)已经收到第1款(b)项所述的请求;

后受理的法院或被请求行使管辖权的法院,应立即通知先受理的法院。如其接受管辖,则先受理的法院应拒绝管辖。

3. 如果先受理的法院在下列情形发生后的七个星期内没有收到该另一成员国法院有关接受管辖的宣告,则应继续行使其管辖权:

(a)第1款(a)项所规定的各方当事人向另一成员国法院提交申请的期限已届满;或者

(b)该法院已经收到第1款(b)项所述的请求。

4. 就第1款而言,该儿童应被认为与某一成员国有特别联系,如果该成员国:

（a）在第 1 款所述法院受理案件后成为该儿童的经常居所地；

（b）曾是该儿童的经常居所地；

（c）是儿童的国籍国；

（d）是父母亲责任承担者的经常居所；或者

（e）是儿童财产所在地，且案件涉及与该财产的管理、保存或处置有关的儿童保护措施。

5. 如果依照第 10 条规定确立了法院的专属管辖权，则该法院不得将案件移送给另一成员国的法院管辖。

第 13 条　[没有管辖权的成员国法院请求移送管辖]

1. 在不损抑第 9 条的前提下，与该儿童存在第 12 条第 4 款所指的特殊联系但根据本条例规定没有管辖权的成员国法院，认为其更适合评估儿童在该特定案件中的最大利益时，在特殊情况下，该成员国法院可以请求儿童经常居所所在的成员国法院移送管辖。

2. 被请求法院在收到根据第 1 款所述请求后六周内，如果认为根据案件的具体情况，移送管辖符合儿童的最大利益，可以同意移送管辖权。如果被请求法院同意移送管辖，应立即通知提出请求的法院。如果在该期限内没有接受请求，则提出请求的法院不具有管辖权。

第 14 条　[其他管辖]

一成员国法院依照第 7 条至第 10 条的规定无管辖权时，各成员国法院的管辖权概依根据其本国法确定。

第 15 条　[紧急情况下采取包括保护性措施在内的临时措施]

1. 在紧急情况下，即使另一成员国的法院对案件的实体事项具有裁判管辖权，但一成员国法院仍有权对下列事项采取其本国法所规定的包括保护性措施在内的临时措施：

（a）居留在该成员国境内的儿童；或

（b）属于该儿童并位于该成员国境内的财产。

2. 在保护儿童最大利益所要求的范围内，采取本条第 1 款所述措施的法院应立即通知根据第 7 条具有管辖权的成员国的法院或主管机关，或者酌情通知任何依照本条例对实体事项行使管辖权的成员国的法院，这种通知可直接根据第 86 条的规定或通过第 76 条所指定的中央机关进行。

3. 一旦根据本条例对该诉讼的实体事项具有裁判管辖权的成员国法院已采取了其认为适当的措施，则应终止依照第 1 款所采取的措施。

在适当情况下，该法院可直接根据第 86 条的规定或通过第 76 条所指定的中央机关，将其决定通知已采取包括保护性措施在内的临时措施的法院。

第 16 条 ［先决问题］

1. 如果在一成员国法院进行的不属于本条例适用范围的事项的诉讼结果取决于与父母亲责任有关的附带问题的裁判，则该成员国的法院即使依照本条例没有管辖权，但亦可为这些诉讼之目的就该先决问题作出裁判。

2. 依照第 1 款对先决问题所作的判决，只对作出该判决的诉讼程序有效。

3. 在某一成员国法院进行的继承诉讼中，如果代表儿童实施的或将要实施的法律行为的有效性需要法院的允许或批准，则即使该成员国法院根据本条例没有管辖权，其仍可判决是否允许或批准这种法律行为。

4. 第 15 条第 2 款应参照适用。

第三节　共同规定

第 17 条 ［法院受理］

在下列情况下，视为法院已受理案件：

(a)诉讼文书或类似文件已提交法院，除非申请人之后未按照要求采取措施向被申请人进行有效送达；

(b)如果该文件在提交法院之前必须先送达被申请人，则在负责送达的机关收到该文件时视为受理，除非申请人之后未按照要求采取措施向法院提交文件；

(c)如果诉讼是由法院主动提起的，则在法院作出启动诉讼程序的裁定之时视为受理，如不需要作出这种裁定，则在法院登记案件之时视为受理。

第 18 条 ［对管辖权的审查］

对于所受理的案件，如果一成员国法院根据本条例规定对实体事项无管辖权，而另一成员国法院根据本条例对实体事项具有管辖权，则该前一成员国法院应主动宣布自己无管辖权。

第 19 条 ［关于可接受性的审查］

1. 如果被申请人的经常居所位于提起诉讼的成员国之外且未出庭，则具有管辖权的法院须中止诉讼，除非查明被申请人已经收到诉讼文书或类似文件，并有充分的时间进行答辩，或者为此目的已采取所有必要措施。

2. 如果诉讼文书或类似文书必须根据《第 1393/2007 号条例》规定从一个成员国送达另一成员国，则应适用该条例第 19 条而非本条第 1 款。

3. 如果不可适用《第 1393/2007 号条例》的规定，且诉讼文书或者类似文书必须根据 1965 年 11 月 15 日《关于向国外送达民事或商事司法文书和司法外文书公约》进行域外送达，则适用该公约第 15 条。

第 20 条　[未决诉讼和附带诉讼]

1. 相同当事人在不同成员国的法院就离婚、依法别居或宣告婚姻无效起诉的，后受理的法院应主动中止诉讼，直至先受理的法院确立管辖权为止。

2. 如果其中一法院不仅根据第 15 条规定具有管辖权，而且在不同成员国法院就同一儿童的父母亲责任以相同诉因提起的诉讼尚未审结，则后受理的法院应主动中止诉讼，直至先受理的法院确立管辖权为止。

3. 一旦先受理的法院确立了管辖权，后受理的法院为支持前者，应拒绝行使管辖权。

此时，向后受理的法院提起相关诉讼的当事人，可向先受理的法院起诉。

4. 如某一成员国法院因接受第 10 条所述移送管辖而确立了专属管辖权并受理诉讼，则另一成员国的任何法院应中止诉讼，直至根据管辖协议或接受移送而确立管辖权的法院宣布其根据协议或接受移送而宣布其没有管辖权为止。

5. 如果法院根据第 10 条所指接受移送管辖而确立了专属管辖权，就此而言，另一成员国的任何法院为支持前者，应拒绝行使管辖权。

第 21 条　[儿童表达自己意见的权利]

1. 成员国法院在行使本章第二节所指管辖权时，应根据本国法律和程序，为有能力形成自己意见的儿童提供真正和有效的机会，使其能够直接或通过代理人或合适机构表达自己的意见。

2. 当法院根据本国法律和程序为儿童提供了本条所指的表达其意见的机会，法院应根据儿童的年龄和成熟程度适当考虑其意见。

第三章　国际儿童诱拐

第 22 条　[依照《1980 年海牙公约》送还儿童]

如果声称监护权受到侵犯的个人、机构或其他团体直接或在中央机关的协助下，根据《1980 年海牙公约》向某一成员国法院提出申请，要求作出判决，责令送还被非法带离或滞留前在某一成员国（而不是该儿童在被非法带离或滞留之前经常居住的成员国）的十六周岁以下儿童，则本条例第 23 条至第 29 条和第六章规定作为《1980 年海牙公约》的补充予以适用。

第 23 条　[中央机关对申请的接收和处理]

1. 被请求的中央机关应根据《1980 年海牙公约》的规定迅速处理第 22 条

所指的申请。

2. 被请求的成员国中央机关收到第 22 条所指申请时，应在收到申请之日起五个工作日内确认收到。它应在不作无故拖延的情况下，向提出请求的成员国中央机关或者酌情向申请者通报为处理该项申请已经或将要采取的初步措施，并可要求提供任何其他必要文件和资料。

第 24 条　[快捷的司法程序]

1. 法院收到第 22 条所述儿童送还的申请时，应采用本国法律规定的最快捷程序迅速处理有关申请。

2. 在不损抑第 1 款的前提下，初审法院应在受理案件后最迟在六个星期内作出判决，但由于特殊情况而无法作出判决的除外。

3. 除非由于特殊情况而无法作出判决，否则上级法院在采取了所有必要的程序性措施，并且法院能够通过审讯或其他方式对上诉进行审查之后，应最迟在六周内作出判决。

第 25 条　[替代性争议解决程序]

在诉讼的任何阶段，法院均应尽早直接或者在中央机关的协助下提议各方考虑是否愿意进行调解或以其他替代性争议解决程序，除非这样做有悖于儿童的最大利益、不适合具体案件或会因此不适当地拖延诉讼程序。

第 26 条　[儿童在送还诉讼中表达意见的权利]

本条例第 21 条也应适用于《1980 年海牙公约》所规定的送还诉讼。

第 27 条　[送还儿童的诉讼]

1. 如果请求送还儿童者没有被给予陈述意见的机会，则法院不得拒绝送还儿童。

2. 根据对儿童最大利益的考虑，法院可根据第 15 条的规定，在诉讼程序的任何阶段审查儿童与请求送还该儿童者之间的联系是否应得到保障。

3. 如果法院仅根据《1980 年海牙公约》第 13 条第 1 款(b)项考虑拒绝送还儿童，如请求送还儿童的一方当事人通过提供足够的证据而满足法院要求，或者法院以其他方式确信已作出充分的安排以确保儿童在被送还后得到保护，则法院不得拒绝送还儿童。

4. 为本条第 3 款之目的，法院可直接根据第 86 条或在中央机关的协助下，与儿童在紧接着被非法带离或滞留前的经常居所所在的成员国主管机关联系。

5. 在法院责令送还儿童的情况下，法院可根据本条例第 15 条酌情采取包括保护性措施在内的临时措施，以保护儿童免受《1980 年海牙公约》第 13 条第

1 款(b)项所指严重危险的威胁，但前提是审查和采取这些措施不得不适当地拖延送还诉讼。

6. 为了儿童的最大利益，不论是否会被提起上诉，如果在对上诉作出判决前必须送还儿童，则有关责令送还儿童的判决可被宣告予以暂时执行。

第 28 条　[执行有关责令送还儿童的判决]

1. 主管执行的机关在收到责令将儿童送还至另一成员国的判决的执行申请时，应迅速处理该申请。

2. 如第 1 款所述判决在执行程序启动后六个星期内未得到执行，则请求执行的一方当事人或执行成员国的中央机关应有权要求主管执行的机关说明拖延的原因。

第 29 条　[根据《1980 年海牙公约》第 13 条第 1 款(b)项和第 13 条第 2 款拒绝送还儿童后的程序]

1. 如果仅仅依照《1980 年海牙公约》第 13 条第 1 款(b)项或第 13 条第 2 款规定而作出拒绝将儿童送还给另一成员国的判决，则适用本条的规定。

2. 作出第 1 款所述判决的法院，应主动采用附件 I 规定的标准格式签发证明。证明的填写和出具，应使用该判决书所采用的语言。该证明也可根据一方当事人的要求，以欧盟的另一种官方语言签发。但是，这并不使签发证明的法院负有任何为自由文本字段的可译内容提供翻译或者音译的义务。

3. 法院在作出第 1 款所述判决时，该儿童在紧接着被非法带离或滞留前经常居所地的成员国某一法院已经受理审查监护权实体问题的诉讼，如果法院已经知晓该诉讼程序，应在第 1 款所述判决作出之日起 1 个月内，直接或通过中央机关向该成员国法院转交下列文件：

(a)第 1 款所述判决的副本；

(b)依照第 2 款规定出具的证明；和

(c)如有可能，法院审理的笔录、摘要或听审记录以及法院认为相关的任何其他文件。

4. 儿童在紧接着被非法带离或滞留前经常居所所在的成员国法院，在必要时可以要求一方当事人依照第 91 条提供第 1 款所述判决以及根据本条第 3 款(c)项证明所附的任何其他文件的翻译或音译。

5. 在第 3 款所述以外的情况下，如在接到第 1 款所述判决的通知后 3 个月内，其中一方当事人向该儿童在紧接着被非法带离或滞留前经常居所所在的成员国法院就监护权审查的实体问题提起诉讼，则该当事人应向法院提交下列文件：

(a)第 1 款所述判决的副本；

(b)根据第 2 款规定出具的证明；和

(c)如有可能，作出拒绝送还儿童判决的法院的审理笔录、摘要或听审记录。

6. 尽管有第 1 款所指的不送还儿童的判决，但第 3 款和第 5 款所指诉讼程序中产生的关于监护权实体问题而需送还儿童的任何判决，应根据第四章规定在另一成员国予以执行。

第四章 承认与执行

第一节 关于承认与执行的一般规定

第一小节 承认

第 30 条 [对判决的承认]

1. 一成员国作出的判决，应在其他成员国得到承认，而无需任何特别程序。

2. 在不损抑第 3 款规定的前提下，根据另一成员国作出的有关离婚、依法别居或宣告婚姻无效的判决，并且根据该成员国法律不得对该判决提出任何其他上诉时，则据此而更新某一成员国的民事身份记录时不需要特别程序。

3. 任何利害关系方均可根据第 59 条至第 62 条规定的程序，并在必要时根据本章第五节和第六章规定的程序请求作出一项裁定，以确认不存在第 38 条和第 39 条所指的拒绝承认判决的任何理由。

4. 各成员国根据第 103 条规定向欧盟委员会所通报的法院的属地管辖权，应由启动本条第 3 款所指诉讼程序所在的成员国国内法确定。

5. 如果将一项判决的承认作为先决问题向成员国法院提出，则该法院可就该问题一并作出裁定。

第 31 条 [为获得承认而需提交的文件]

1. 当事人如果欲在一成员国援引另一成员国所作的判决，应提交下列文件：

(a)一份符合其证明力要求的判决书副本；和

(b)根据第 36 条所签发的相应证明。

2. 向其援引另一成员国所作判决的法院或主管机关，必要时可要求援引该判决的一方当事人根据第 91 条提供本条第 1 款(b)项所述证明中的自由文本字段可译内容的翻译或音译。

3. 向其援引另一成员国所作判决的法院或主管机关，如果没有这种翻译或音译就无法继续进行诉讼程序，可根据第 91 条规定要求当事人除提供证明中的自由文本字段的可译内容的翻译或音译之外，还提供该判决的翻译或音译。

第 32 条　[文件缺失]

1. 如果未提交第 31 条第 1 款所规定的文件，法院或主管机关可指定提交文件或类似文件的期限，或者法院如果认为已获取了充足的资料，亦可不要求提交。

2. 应法院或主管机关要求，当事人应根据第 91 条提交类似文件的译本。

第 33 条　[中止诉讼程序]

在下列情形下，向其援引另一成员国所作判决的法院可全部或部分地中止诉讼程序：

(a)已向原审成员国对该判决提起了普通上诉；或

(b)对于申请予以承认的判决，不存在第 38 条和第 39 条所述的拒绝承认的任何理由，或者根据这些理由之一应拒绝予以承认。

第二小节　可执行性和执行

第 34 条　[可予以执行的判决]

1. 一成员国作出的有关父母亲责任事项的判决，如果在该成员国具有可执行性，则在其他成员国也具有可执行性，无需任何可执行性宣告。

2. 为了在另一成员国执行有关探视权的判决，无论是否会被提起上诉，原审成员国法院可宣告该判决具有临时可执行性。

第 35 条　[申请执行应提交的文件]

1. 为在一成员国执行另一成员国所作的判决，申请执行的一方当事人应向主管执行机关提供下列资料：

(a)一份符合其证明力要求的判决书副本；和

(b)根据第 36 条所签发的相应证明；

2. 为在一成员国执行另一成员国作出的、有关责令采取包括保护性措施在内的临时措施的判决，申请执行的一方当事人应向主管执行机关提供：

(a)一份符合其证明力要求的判决书副本；

(b)根据第 36 条所签发的相应证明，以证明该判决在原审成员国具有可执行性，并且该原审法院：

(ⅰ)对该事项的实体问题具有管辖权；或

(ⅱ)已根据第 27 条第 5 款和第 15 条责令采取该措施；以及

(c)在没有传唤被申请人出庭的情况下责令采取措施时，有关送达该项判决的证据。

3. 必要时，主管执行机关可要求强制执行的申请人根据第 91 条的规定，提供证明中规定执行义务的自由文本字段的可译内容的翻译或者音译。

4. 如果没有判决书的翻译或者音译，主管执行机关就无法继续进行诉讼程序，则可要求执行的申请人根据第 91 条提供判决书的翻译或者音译。

第三小节　证明

第 36 条　[出具证明]

1. 根据第 103 条通报给欧盟委员会的原审成员国的法院应根据一方当事人的申请，为下列事项出具证明：

(a)有关婚姻事项的判决(采用附件 Ⅱ 规定的标准格式)；

(b)有关父母亲责任事项的判决(采用附件 Ⅲ 规定的标准格式)；

(c)第 2 条第 1 款(a)项所指的责令送还儿童的判决，以及必要时随同该判决以及根据第 27 条第 5 款责令采取的包括保护性措施在内的任何临时措施(采用附件 Ⅳ 规定的标准格式)。

2. 证明应以判决所采用的语言填写和签发。经一方当事人请求，该证明也可以用欧盟各机构的另一种官方语言签发。但这并不使签发证明的法院负有任何义务为自由文本字段的可译内容提供翻译或者音译。

3. 不得对出具的证明提起任何异议。

第 37 条　[证明的更正]

1. 根据第 103 条向欧盟委员会通报的原审成员国法院，如果由于重大错误或遗漏导致要执行的判决与证明之间存在差异，应依申请或者可自行对证明予以更正。

2. 证明的更正程序，适用原审成员国的法律。

第四小节　拒绝承认与执行

第 38 条　[拒绝承认有关婚姻事项的判决的理由]

有下列情形之一的，有关离婚、依法别居或宣告婚姻无效的判决拒绝予以承认：

（a）承认该判决明显违背了被请求承认的成员国的公共政策；

（b）所作的缺席判决，是因为未及时向被申请人送达诉讼文书或类似文件，使得被申请人无法安排答辩所致，但能够证明被申请人已明确接受了该判决的除外；

（c）该判决与被请求承认的成员国就相同当事人之间的诉讼所作的判决相抵触；或者

（d）该判决与另一成员国或第三国就相同当事人之间的诉讼所作的先前判决相抵触，但前提是该先前判决满足请求承认的成员国予以承认的必要条件。

第39条　[拒绝承认有关父母亲责任事项的判决的理由]

1. 有下列情形之一的，有关父母亲责任事项的判决应拒绝予以承认：

（a）承认该判决明显违背了被请求承认的成员国的公共政策，同时应考虑儿童的最大利益；

（b）所作的缺席判决，是因为未及时向被申请人送达诉讼文书或类似文件，使得被申请人无法安排答辩所致，但能够证明被申请人已明确接受该判决的除外；

（c）某人声称该判决侵犯了其父母亲责任，且该判决是在未给予其辩论机会的情况下作出的；

（d）该判决与被请求承认的成员国后来作出的有关父母亲责任的判决相抵触；

（e）该判决与另一成员国或儿童经常居所所在的第三国之后作出的关于父母亲责任的判决相抵触，但前提是该之后作出的判决满足被请求承认的成员国予以承认的必要条件；或者

（f）未遵守第82条所规定的程序；

2. 如果在作出有关父母亲责任的判决时，有能力形成自己意见的儿童没有根据第21条获得表达意见的机会，则可拒绝承认该判决，除非：

（a）诉讼程序只涉及儿童的财产，而且就诉讼标的而言不需要给予这种机会；或者

（b）出于重大理由尤其是紧急情况的考虑。

第40条　[拒绝承认的程序]

1. 拒绝予以承认的申请，相应地适用第59条至第62条所规定的程序，以及在适当情况下适用本章第五节和第六章所规定的程序。

2. 各成员国根据第103条向欧盟委员会通报的法院的属地管辖权，应根据提起拒绝予以承认的诉讼所在的成员国的国内法确定。

第 41 条　[拒绝执行有关父母亲责任事项的判决的理由]

在不损抑第 56 条第 6 款的前提下，如果经查明存在第 39 条所指的拒绝予以承认的理由之一，应拒绝执行有关父母亲责任的判决。

第二节　某些特许判决的承认与执行

第 42 条　[适用范围]

1. 下列类型的判决，如果其已在原审成员国根据第 47 条予以证明，则适用本节规定：

(a)授予探视权的判决；以及

(b)根据第 29 条第 6 款作出的责令送还儿童的判决。

2. 本节的规定，不影响一方当事人根据本章第一节有关承认与执行的条款寻求承认与执行第 1 款所指的判决。

第一小节　承认

第 43 条　[承认]

1. 一个成员国作出的第 42 条第 1 款所指的判决，应在其他成员国得以承认，而无需任何特别程序，也不得对其承认提出任何异议，除非经认定该判决与第 50 条所指的后来判决相抵触。

2. 当事人如果在一成员国援引另一成员国所作的第 42 条第 1 款所述判决，应提交下列文件：

(a)一份符合其证明力要求的判决书副本；和

(b)根据第 47 条所签发的相应证明；

3. 第 31 条第 2 款和第 3 款应参照适用。

第 44 条　[中止诉讼程序]

在下列情形下，被请求承认另一成员国所作的第 42 条第 1 款所述判决的法院可全部或部分地中止诉讼程序：

(a)在已提交的申请中，声称该判决与第 50 条所指的后来的判决相抵触；或

(b)被申请执行人已根据第 48 条申请撤销根据第 47 条所签发的证明。

第二小节　可执行性与强制执行

第 45 条　[可执行的判决]

1. 在某一成员国作出的第 42 条第 1 款所指判决，如果在该成员国可予

以执行，则可根据本节规定在其他成员国予以执行，而无需任何可执行性宣告。

2. 为在另一成员国执行第 42 条第 1 款(a)项所述判决之目的，尽管有可能会被提起上诉，原审成员国法院仍可宣布该判决可暂时予以执行。

第 46 条　[为强制执行而应提交的文件]

1. 为在一成员国执行另一成员国所作的第 42 条第 1 款所述判决，请求执行的一方当事人应向主管执行机关提供下列文件：

(a)一份符合其证明力要求的判决书副本；和

(b)根据第 47 条所签发的相应证明。

2. 为在一成员国执行另一成员国所作的第 42 条第 1 款(a)项所述判决，主管执行机关可在必要时要求申请人根据第 91 条提供证明中规定应执行的义务的自由文本字段的可译内容的翻译或音译。

3. 为在一成员国执行另一成员国所作的第 42 条第 1 款所述判决，主管执行机关如果没有判决书的翻译或者音译就无法继续该执行程序，则可要求申请人根据第 91 条提供该判决的翻译或者音译。

第三小节　有关特权判决的证明

第 47 条　[出具证明]

1. 作出第 42 条第 1 款所述判决的法院，应根据一方当事人的申请，出具有关下列事项的证明：

(a)有关授予探视权的判决(采用附件Ⅴ规定的标准格式)；

(b)依照第 29 条第 6 款作出的有关监护权的实体问题并责令送还儿童的判决(采用附件Ⅵ规定的标准格式)。

2. 证明应采用判决书所使用的语言予以填写和出具。经一方当事人请求，该证明也可以采用欧盟各机构的另一种官方语言出具。但这并不使出具证明的法院负有任何义务为自由文本字段的可译内容提供翻译和音译。

3. 只有在满足下列条件的情形下，法院方可出具证明：

(a)所有相关当事人均曾有听审机会；

(b)曾根据第 21 条给予儿童表达意见的机会；

(c)在作出缺席判决的情形下，要么：

(i)已及时或以其他方式向未参加诉讼程序的一方当事人送达了诉讼文书或类似文书，以便其安排答辩；或者

(ii)已证明未参加诉讼程序的当事人明确接受该判决。

4. 在不损抑本条第 3 款的前提下,只有当法院在作出判决时已考虑另一成员国根据《1980 年海牙公约》第 13 条第 1 款(b)项或第 13 条第 2 款作出的先前判决所依据的理由和情势的情况下,方可出具第 42 条第 1 款(b)项所述判决的证明。

5. 该证明仅在判决的可执行范围内生效。

6. 除了第 48 条所指理由之外,对于出具的证明不得提出任何异议。

第 48 条　[证明的更正和撤销]

1. 根据第 103 条通报给欧盟委员会的原审成员国法院,如果由于重大错误或遗漏导致待执行的判决与证明之间存在差异,则应依申请或者可依职权自行更正证明。

2. 考虑到第 47 条所规定的要求,本条第 1 款所指的法院应依申请或依职权主动撤销错误出具的证明。第 49 条应参照适用。

3. 更正或撤销证明的程序,包括可能提出的任何上诉,适用原审成员国的法律。

第 49 条　[关于缺乏可执行性或可执行性受限的证明]

1. 如果根据第 47 条核证的判决已不再具有可执行性,或其可执行性已被中止或限制,应可随时向根据第 103 条通报给欧盟委员会的原审成员国法院提出申请,采用附件 VII 规定的标准格式,出具一份有关缺乏可执行性或者可执行性受限的证明。

2. 证明应采用判决书所使用的语言予以填写和出具。经一方当事人请求,该证明也可用欧盟各机构的另一种官方语言出具。但这并不使出具该证明的法院负有任何义务为自由文本字段的可译内容提供翻译和音译。

第四小节　拒绝承认与执行

第 50 条　[相抵触的判决]

如果第 42 条第 1 款所指判决与后来在下列国家就同一儿童的父母亲责任所作的判决相抵触,则应拒绝承认与执行该判决:

(a)在被请求承认的成员国;或者

(b)在另一成员国或者儿童经常居所所在的第三国,但前提是该之后作出的判决满足被请求承认的成员国予以承认的必要条件。

第三节　关于执行的共同规定

第一小节　执行

第51条　[执行程序]

1. 在不违反本节规定的前提下，执行在另一成员国所作判决的程序，应适用执行成员国的法律。在不损抑第41条、第50条、第56条和第57条的情况下，在某一成员国作出的判决，如果在原审成员国可予以执行，则执行成员国应如同执行本国判决一样在相同条件予以执行。

2. 申请执行另一成员国所作判决的当事人，不得被要求在执行成员国拥有邮寄地址。只有在执行成员国的法律规定不论当事人国籍为何，均须有授权代表时，方可要求该当事人在执行成员国有授权代表。

第52条　[主管执行的机关]

执行申请，应提交给执行成员国根据第103条通报给欧盟委员会、并根据该成员国法律主管执行的机关。

第53条　[部分执行]

1. 申请执行判决的当事人，可以申请部分地执行该判决。

2. 如果已就若干事项作出判决，但有关其中一个或多个事项的执行申请被拒绝，则仍可对该判决中不受此项拒绝影响的部分予以执行。

3. 如果不执行一项判决中为保护儿童免受《1980年海牙公约》第13条第1款(b)项所述危险的威胁而责令采取的包括保护性措施在内的任何临时措施，则本条第1款和第2款不得用于仅执行责令送还儿童的判决。

第54条　[行使探视权的各项安排]

1. 如果对实体事项有裁判管辖权的成员国法院作出的判决未能或者未充分地规定必要的先行措施，只要该判决的基本内容得到遵守，主管执行机关或执行成员国的法院可以确定行使探视权的各项安排。

2. 对实体事项有裁判管辖权的成员国法院作出判决后，应终止实施根据第1款所作的各项安排。

第55条　[证明和判决的送达]

1. 在申请执行另一成员国所作判决时，根据第36条或第47条出具的相应证明应在第一次执行措施之前送达被执行人。如果尚未向该人送达判决，则证明应随同该判决一并送达，在可行时将第54条第1款所述安排的细节一并送达。

2. 如果必须在原审成员国以外的其他成员国进行送达，被申请执行人可以要求提供以下文件的翻译或音译：

(a)用于撤销执行的裁定；

(b)在可行时，根据第47条出具的证明中自由文本字段的可翻译内容。

如果不是以被申请执行人理解的语言作成，或不是采用其经常居所所在的成员国的官方语言，或在该成员国有几种官方语言的情况下，则应采用其经常居所地的官方语言或官方语言之一作成或者提供翻译或音译。

3. 根据第2款要求提供翻译或者音译时，在向被申请执行人提供翻译或者音译之前，除保护措施外，不得采取其他强制执行措施。

4. 如果已经根据第1款向被申请执行人送达了判决书和——可行的——证明，并且满足了第2款所述的翻译或者音译要求，则不适用第2款和第3款规定。

第二小节　中止执行程序和拒绝执行

第56条　[中止和拒绝]

1. 如果判决在原审成员国被中止执行，主管执行的机关或执行成员国的法院应依职权或应被申请执行人的申请，或者当国内法有规定时，应有关儿童的申请，中止执行诉讼。

2. 主管执行的机关或执行成员国的法院可应被申请执行人的申请，或者当国内法有规定时，应有关儿童的申请，出于下列原因之一，全部或部分地中止执行诉讼：

(a)已在原审成员国就该判决提起普通上诉；

(b)(a)项所指的普通上诉期间尚未届满；

(c)已根据第41条、第50条或第57条提出拒绝执行的申请；

(d)被申请执行人已根据第48条申请撤销根据第47条出具的证明。

3. 如果主管执行的机关或法院因第2款(b)项所述原因而中止执行诉讼，则其可指定提起上诉的期限。

4. 在特殊情况下，如果执行程序会使儿童因作出判决后出现的临时障碍或其他的重大情势变更而面临身心伤害的严重危险，主管执行机关或法院可根据被执行人的申请，或者当国内法有规定时，应有关儿童或为儿童最大利益行事的任何利害关系人的申请，中止执行程序。

一旦对身心造成伤害的严重危险不复存在，应立即恢复执行。

5. 在第4款所指情况下，主管执行的机关或法院在根据第6款规定拒绝执行之前，应采取适当措施，以使执行行为符合国内法律规定和程序以及儿童的最大利益。

6. 如果第 4 款所指的严重危险具有持久性，主管执行的机关或法院可根据申请拒绝执行该判决。

第 57 条　［根据国内法中止或拒绝执行的理由］

执行成员国的国内法所规定的中止或拒绝执行的理由，只要其与第 41 条、第 50 条和第 56 条的适用不相抵触，则应予以适用。

第 58 条　［主管机关或法院对拒绝执行的管辖权］

1. 根据第 39 条提出的拒绝执行的申请，应向各成员国根据第 103 条通报给欧盟委员会的法院提交。根据本条例规定或允许的其他理由而提出的拒绝执行的申请，应提交给各成员国根据第 103 条向欧盟委员会通报的主管机关或法院。

2. 各成员国根据第 103 条通报给欧盟委员会的主管机关或法院的属地管辖权，应由启动本条第 1 款所指程序所在的成员国的法律确定。

第 59 条　［申请拒绝执行］

1. 申请拒绝执行的程序，如果本条例对此未作规定，则适用执行成员国的法律。

2. 申请人应向主管执行的机关或法院提供判决的副本，并且在可行时，尽可能提供根据第 36 条或第 47 条出具的相应证明。

3. 在必要时，主管执行的机关或法院可要求申请人依照第 91 条提供根据第 36 条或第 47 条出具的相应证明中规定应予执行的义务的自由文本字段的可译内容的翻译或者音译。

4. 如果主管执行的机关或法院在没有判决书的翻译或者音译时无法继续诉讼程序，则可要求申请人根据第 91 条提供此种翻译或者音译。

5. 在下列情形下，主管执行的机关或法院可让当事人免于提交第 2 款所指文件：

（a）主管执行的机关或法院已拥有该文件；或者

（b）主管执行的机关或法院认为要求申请人提供该文件并不合理。

在本款第 1 段（b）项所指情形下，主管执行的机关或法院可要求另一方当事人提供这些文件。

6. 寻求拒绝执行另一成员国所作判决的当事人，不得被要求在执行成员国拥有邮寄地址。只有在执行成员国的法律规定不论当事人国籍为何，均须有授权代表时，方可要求该当事人在执行成员国有授权代表。

第 60 条　[快捷程序]

主管执行的机关或法院应毫不延迟地处理拒绝执行的申请程序。

第 61 条　[异议或上诉]

1. 任何一方当事人均可对有关拒绝执行的申请所作的裁定提出异议或上诉。

2. 异议或上诉应向执行成员国根据第 103 条通报给欧盟委员会的受理这种异议或上诉的机关或法院提出。

第 62 条　[进一步异议或上诉]

只有在有关成员国已根据第 103 条将受理任何进一步异议或上诉的法院通报给欧盟委员会的情况下，方可对就异议或上诉所作出的裁定提出异议或上诉。

第 63 条　[程序的中止]

1. 主管执行的机关或法院，在收到拒绝执行的申请或者审理第 61 条或第 62 条所指的上诉后，可因下列理由之一中止程序：

(a)已在原审成员国对该判决提起普通上诉；

(b)(a)项所指的普通上诉期间尚未届满；或者

(c)被申请执行人已根据第 48 条申请撤回根据第 47 条所出具的证明。

2. 主管执行的机关或法院，如果因第 1 款(b)项所述理由而中止程序，则可指定提出上诉的期限。

第四节　公文书和协议

第 64 条　[适用范围]

根据第二章具有司法管辖权的成员国就离婚、依法别居和父母亲责任事项正式制作或登记的公文书以及在此种成员国已登记的协议，适用本节规定。

第 65 条　[公文书和协议的承认与执行]

1. 有关依法别居和离婚的公文书和协议，如果在原审成员国具有法律约束力，则应在其他成员国得以承认，无需任何特别程序。除非本节另有规定，否则本章第一节予以参照适用。

2. 有关父母亲责任事项的公文书和协议，如果在原审成员国具有法律约束力并可予以执行，则应在其他成员国得以承认与执行，无需进行任何可执行性宣告。除非本节另有规定，否则本章第一节和第三节予以参照适用。

第 66 条　[证明]

1. 根据第 103 条通报给欧盟委员会的原审成员国法院或主管机关，应一方当事人的申请，应以下列方式出具有关公文书或协议的证明：

（a）在婚姻事项上采用附件 VIII 规定的标准格式；

（b）在父母亲责任事项上采用附件 IX 规定的标准格式。

（b）项所指证明应包含有公文书或协议中所载的可履行义务的摘要。

2. 只有在满足下列条件的情况下，方可出具证明：

（a）已经授权公共机关或其他机关正式制作、登记公文书或者登记协议的成员国，根据第二章规定具有管辖权；以及

（b）该公文书或协议在该成员国具有法律约束力。

3. 在不损抑第 2 款规定的前提下，如果有迹象表明公文书或协议的内容有悖于儿童的最大利益，则不得出具有关父母亲责任事项的证明。

4. 出具证明时，应采用公文书或协议所使用的语言。应一方当事人的要求，亦可采用欧盟各机构的另一种官方语言出具证明。但这不使出具该证明的法院或主管机关负有任何义务为自由文本字段的可译内容提供翻译或者音译。

5. 如果不提交证明，该公文书或协议在另一成员国不得予以承认或执行。

第 67 条　［证明的更正和撤销］

1. 根据第 103 条通报给欧盟委员会的原审成员国法院或主管机关，如果由于重大错误或遗漏致使公文书或协议与证明之间存在差异，应根据申请或者依职权更正该证明。

2. 本条第 1 款所指的法院或主管机关，如果根据第 66 条所规定的要求，错误地出具了证明，应根据申请或者依职权撤销该证明。

3. 关于更正或撤销证明的程序，包括可能提起的任何上诉，适用原审成员国的法律。

第 68 条　［拒绝承认或执行的理由］

1. 在下列情形下，应拒绝承认有关依法别居或离婚的公文书或协议：

（a）这种承认明显违背了被请求承认的成员国的公共政策；

（b）其与被请求承认的成员国有关相同当事人之间的判决、公文书或协议相抵触；或者

（c）其与另一成员国或第三国有关相同当事人之间的先前判决、公文书或协议相抵触，前提是先前的判决、公文书或协议满足被请求承认的成员国有关承认的必要条件。

2. 在下列情形下，应拒绝承认或执行有关父母亲责任事项的公文书或协议：

（a）考虑到儿童的最大利益，这种承认明显违背被请求承认的成员国的公

共政策；

（b）某人在申请中声称该公文书或协议侵犯了其父母亲责任，假如该公文书是在此人没有参与的情况下制作或登记的，或者该协议是在此人没有参与的情况下订立和登记的；

（c）其与被请求承认或执行的成员国之后有关父母亲责任事项的判决、公文书或协议相抵触；

（d）其与另一成员国或儿童经常居所所在的第三国后来有关父母亲责任事项的判决、公文书或协议相抵触，前提是该后来的判决、公文书或协议满足被请求承认或执行的成员国有关承认的必要条件。

3. 如果在正式制作或登记有关父母亲责任事项的公文书时，或者在登记有关父母亲责任事项的协议时，没有给予有能力形成自己意见的儿童表达其意见的机会，则可拒绝予以承认或执行。

第五节　其他规定

第 69 条　［禁止审查原审成员国法院的管辖权］

不得审查原审成员国法院的管辖权。对于是否符合第 38 条（a）项和第 39 条第 1 款（a）项所指公共政策的审查，不得适用于第 3 条至第 14 条所规定的管辖权规则。

第 70 条　［准据法的差异］

被请求承认的成员国，不得以其本国法律不允许基于相同事实而判决离婚、依法别居或者宣告婚姻无效为由，拒绝承认有关婚姻事项的判决。

第 71 条　［不进行实质审查］

在任何情况下，不得对另一成员国所作判决进行实质审查。

第 72 条　［在某些成员国的上诉］

如果判决是在爱尔兰、塞浦路斯或联合王国作出的，则在原审成员国可提起的任何形式的上诉，应被视为本章意义上的普通上诉。

第 73 条　［费用］

根据本条例进行的诉讼程序的费用的确定，以及确定诉讼费用命令的执行，亦适用本章规定。

第 74 条　［诉讼费用救助］

1. 申请人如果已在原审成员国获得全部或部分诉讼费用救助或者被免除诉讼费，则就诉讼费用救助或者免除诉讼费而言，有权在第 30 条第 3 款、第 40 条和第 59 条所指的程序中享有执行成员国法律所规定的最优惠待遇。

2. 申请人如果已在原审成员国向根据第 103 条规定通报给欧盟委员会的行政机关主张免除程序费用，则其在第 30 条第 3 款、第 40 条和第 59 条所指的任何程序中均有权主张本条第 1 款所述的诉讼费用救助。为此，该当事人必须提交原审成员国主管机关出具的文件，以证明其已具备获得全部或者部分诉讼费用救助或者免除诉讼费的经济条件。

第 75 条 ［担保、保证金］

一方当事人在一成员国请求执行另一成员国所作判决时，不得因为其是外国国民或其经常居所不在执行成员国境内，而被要求提供任何名义的担保或保证金。

第五章 在父母亲责任事项上的合作

第 76 条 ［中央机关的指定］

各成员国应指定一个或多个中央机关以协助本条例在父母亲责任事项上的实施，并确定其地域或职能权限。如果一成员国指定了多个中央机关，通常应直接通知具有管辖权的相关中央机关。如果所通知的中央机关无管辖权，则该机关应将该通知转达给有管辖权的中央机关，并告知发出通知者。

第 77 条 ［中央机关的一般职责］

1. 各中央机关应互通有关父母亲责任事项方面的国内法律规定、程序和服务的信息，并采取它们认为适当的措施以改进本条例的适用。

2. 为本条例之目的，中央机关应合作并促进其成员国主管机关之间的合作。

3. 为第 1 款和第 2 款之目的，可使用欧洲民商事司法网。

第 78 条 ［通过中央机关提出的请求］

1. 各中央机关应根据另一成员国中央机关的请求，在个案中为实现本条例之目的而进行合作。

2. 本章所指的请求可由法院或主管机关提出。第 79 条 (c) 项和 (g) 项以及第 80 条第 1 款所指的请求也可由父母亲责任的承担者提出。

3. 除紧急情况外，在不损抑第 86 条的前提下，本章所指的请求应提交给提出请求的法院或主管机关所属的成员国或者申请人经常居所所在的成员国的中央机关。

4. 本条的规定，不妨碍中央机关或主管机关与一个或多个其他成员国的中央机关或主管机关达成或维持现有的协议或安排，据此允许在其相互关系中直接交流。

5. 本章的规定，不妨碍父母亲责任的承担者直接向另一成员国法院提出申请。

6. 第 79 条和第 80 条的任何规定，都不应使中央机关负有义务去行使只能由被请求成员国法律规定的司法机关行使的权力。

第 79 条　[被请求中央机关的特殊职责]

被请求中央机关应直接或通过法院、主管机关或其他机构采取一切适当措施，以便：

(a) 如果有迹象表明儿童可能在被请求的成员国境内，并且相关信息对于处理依据本条例所提出的申请或请求很有必要，则根据其国内法律和程序，协助查找该儿童的下落；

(b) 根据第 80 条收集并交换有关父母亲责任事项的信息资料；

(c) 向寻求在被请求的中央机关所属成员国境内承认与执行判决——尤其是有关探视权和送还儿童的判决——的父母亲责任承担者提供信息和协助，包括在必要时提供关于如何获得诉讼费用救助的信息；

(d) 便利法院、主管机关和其他有关机构之间，尤其是在适用第 81 条方面的联系；

(e) 必要时促进法院之间，尤其是在适用第 12 条、第 13 条、第 15 条和第 20 条方面的联系；

(f) 提供法院和主管机关在适用第 82 条规定时所需的信息资料和协助；以及

(g) 通过调解或其他替代性争议解决方式为父母亲责任的承担者之间达成协议提供便利，并为此促进跨境合作；

第 80 条　[在收集和交流有关父母亲责任事项的程序信息方面进行合作]

1. 儿童现在或者以前经常居住的，或者现在或以前所在的成员国中央机关在收到附具理由的请求后，应直接或通过法院、主管机关或其他机构：

(a) 在可能的情况下，提供或制作并提交一份有关以下事项的报告：

(i) 有关儿童的情况；

(ii) 在父母对子女的责任事项上的任何现行程序；或

(iii) 就父母对子女的责任事项所作的判决；

(b) 应提供与该请求成员国父母亲责任事项程序有关的任何其他信息，如果儿童的情况有此需要，应尤其提供关于父母一方、亲属或可能适合照顾儿童的其他人员的情况；或

（c）可以请求其成员国的法院或主管机关考虑是否需要采取措施保护儿童的人身或财产。

2. 在儿童面临严重危险的情况下，正在考虑或已经采取措施保护儿童的法院或主管机关，如果知道儿童的居住地已迁移至另一成员国，或儿童在该另一成员国，应将所涉危险和已采取或正在考虑的措施一并通知该另一成员国的法院或主管机关。此种信息可直接地或者通过中央机关转达。

3. 第 1 款和第 2 款所述请求以及任何补充文件应附上被请求成员国官方语言的译文，如果该成员国有几种官方语言，则应附上请求执行地的官方语言或官方语言之一的译文，或者被请求成员国明确接受的任何其他语言的译文。各成员国应根据第 103 条的规定，将所接受的语言信息通报欧盟委员会。

4. 除有特殊情况外，否则第 1 款所述资料应在收到请求后 3 个月内送交提出请求的中央机关。

第 81 条　［另一成员国执行有关父母亲责任事项的判决］

1. 一成员国的法院可请求另一成员国的法院或主管机关协助执行根据本条例所作的有关父母亲责任事项的判决，尤其是确保探视权的有效行使。

2. 第 1 款所指请求以及任何附随文件应附上被请求成员国官方语言的译文，如果该成员国有几种官方语言，则应附上请求执行地的官方语言或官方语言之一的译文，或者被请求成员国明确接受的任何其他语言的译本。各成员国应根据第 103 条的规定，将所接受的语言信息通报欧盟委员会。

第 82 条　［在另一成员国安置儿童］

1. 如果法院或主管机关考虑把儿童安置在另一成员国，应事先征得该另一成员国主管机关的同意。为此，请求成员国的中央机关应向儿童拟被安置地的被请求成员国的中央机关转交一份同意请求书，其中包括一份关于该儿童的报告，并说明拟议的安置或提供照料的理由、计划的资金来源信息以及它认为相关的任何其他信息，如预期的安置期限。

2. 如果子女被安置于父母一方，则不适用第 1 款规定。

各成员国可以决定，在它本国境内将儿童安置于除其父母以外的特定类别的近亲属时不需要根据第 1 款征得其父母同意。各成员国应根据第 103 条的规定，将这些类别的近亲属通报欧盟委员会。

3. 另一成员国的中央机关可将儿童与该成员国的密切联系告知考虑安置儿童的法院或主管机关。考虑安置的成员国的国内法和程序，并不因此受影响。

4. 请求书和第 1 款所指的任何补充文件，应附上有被请求成员国的官方语言的译文，如果该成员国有几种官方语言，则应附上请求执行地的官方语言或官方语言之一的译文，或者被请求成员国明确接受的任何其他语言的译文。各成员国应根据第 103 条的规定，将所接受的语言信息通报欧盟委员会。

5. 第 1 款所指的安置只有在被请求成员国主管机关同意后，方可由请求成员国作出命令或安排。

6. 除非有特殊情况，否则应在收到请求后 3 个月内将同意或拒绝同意的决定转达给提出请求的中央机关。

7. 取得同意的程序，适用被请求成员国的国内法；

8. 本条规定，并不妨碍中央机关或主管机关与一个或多个其他成员国的中央机关或主管机关在简化相互间征得同意的磋商程序时达成或维持现有的条约或安排。

第 83 条 ［中央机关的费用］

1. 中央机关依照本条例提供协助时，不得收取任何费用。

2. 各中央机关自行承担因适用本条例所产生的各种费用。

第 84 条 ［中央机关的会议］

1. 为便于实施本条例，中央机关之间应定期举行会议。

2. 欧盟委员会应特别遵照《第 2001/470 号决议》，在欧洲民商事司法网的框架内召开中央机关会议。

第六章　一般规定

第 85 条 ［适用范围］

第三章至第五章所指请求和申请的处理，适用本章规定。

第 86 条 ［法院之间的合作与联系］

1. 为本条例之目的，各法院彼此间可以相互合作和直接联系，或直接请求对方提供信息和协助，前提是必须尊重诉讼各方当事人的程序性权利和信息的保密性。

2. 第 1 款所指的合作可以通过法院认为适当的任何方式进行。这种合作尤其会涉及：

(a)为第 12 条和第 13 条之目的而进行的联系；

(b)根据第 15 条提供信息资料；

(c)为第 20 条之目的，关于未决诉讼的信息；

(d)为第三章至第五章之目的而进行的联系。

第 87 条　[信息的收集与传递]

1. 被请求的中央机关应根据本条例酌情将有关父母亲责任或国际儿童诱拐事项的任何申请、请求或其中所载的信息资料转交给其成员国的法院、主管机关或者根据国内法律和程序适当的任何中间人。

2. 任何中间人、法院或主管机关,对于根据本条例向其传递的第 1 款所述信息,只能为本条例之目的予以使用。

3. 在被请求国境内持有或有权收集根据本条例处理请求或申请所需的信息资料的中间人、法院或主管机关,在被请求的中央机关无法直接获取信息资料时,应根据被请求的中央机关的请求向其提供该信息资料。

4. 必要时,被请求的中央机关应根据国内法律规定和程序,将根据本条规定所获得的信息资料转交给提出请求的中央机关。

第 88 条　[通知数据主体]

如果根据本条例传送信息的请求或申请的有效进行有可能受到不利影响,则根据《第 2016/679 号条例》第 14 条第 1 款至第 4 款通知数据主体的义务,可以推迟至请求或申请已被处理之后予以履行。

第 89 条　[不得披露信息]

1. 如果中央机关、法院或主管机关认定,为第三章至第六章之目的所收集或传递的信息经披露或确认后,可能危及儿童或他人的健康、安全或自由,则不得披露或确认这些信息。

2. 对于一成员国对此所作的认定,尤其是有关家庭暴力情况的认定,其他成员国的中央机关、法院和主管机关应予以考虑。

3. 本条的任何规定,不妨碍中央机关、法院和主管机关为履行第三章至第六章规定的义务而收集和彼此间传递信息。

第 90 条　[认证或其他类似手续]

在本条例中,无需认证或其他类似手续。

第 91 条　[语言]

1. 如果根据本条例需要翻译或者音译,则在不损抑第 55 条第 2 款(a)项规定的前提下,这种翻译或者音译应采用有关成员国的官方语言进行;如该成员国有几种官方语言,则应根据该成员国的法律规定,采用援引另一成员国所作判决或提出申请所在地的司法程序中所使用的官方语言或官方语言之一进行翻译或者音译。

2. 第 29 条、第 36 条、第 47 条、第 49 条和第 66 条所述证明的自由文本字段的可译内容,可采用有关成员国根据第 103 条通报其可以接受的欧盟各机构的一种或者几种其他官方语言进行翻译或者音译。

3. 各成员国应向欧盟委员会通报向其中央机关发送通知时可接受的、除其本国语言之外的为欧盟各机构所使用的一种或多种官方语言。

4. 为第三章和第四章之目的所进行的翻译,应经由各成员国有翻译资格者完成。

第七章 经授权的行为

第 92 条 [对附件的修正]

欧盟委员会有权根据第 93 条的规定,通过修正附件 I 至附件 IX 的法律文件,以更新这些附件或对其进行技术性修正。

第 93 条 [授权的行使]

1. 欧盟委员会实施经授权的行为的权力,应符合本条所规定的条件。

2. 根据第 92 条实施经授权的行为的权力,自 2019 年 7 月 22 日起无期限地转移给欧盟委员会。

3. 欧盟理事会可以随时撤销第 92 条所指的权力转移。有关撤销的决定应终止该决定中规定的权力的转移。该决定应在其于《欧盟官方公报》上公布的次日或其指定的稍后日期生效。该撤销决定不影响任何已生效的经授权的法律文件的有效性。

4. 在实施经授权的行为之前,欧盟委员会应根据 2016 年 4 月 13 日《关于改进立法工作的机构间协定》所规定的原则,征求各成员国指定的专家的意见。

5. 欧盟委员会一旦实施经授权的行为,应立即通知欧盟理事会。

6. 根据第 92 条实施的经授权的行为,只有在将该行为通知欧盟理事会后该理事会两个月内未表示反对,或者在该期限届满前,该理事会向欧盟委员会表示它不反对时,方才生效。经欧盟理事会提议,这一期限将延长两个月。

7. 欧盟委员会实施经授权的行为、对此类行为提出的任何反对意见,或者欧盟理事会撤销授权的情况,均应通知欧盟议会。

第八章 与其他法律文件的关系

第 94 条 [与其他法律文件的关系]

1. 在不损抑本条第 2 款和第 95 条至第 100 条的规定情况下,本条例应取代在《第2201/2003号条例》生效之前两个或多个成员国之间就本条例所调整事项已达成的既有协定。

2. 芬兰和瑞典得以根据《第2201/2003号条例》第59条第2款以及该条款(b)项和(c)项所规定的条件声明，在其相互关系上选择全部或部分地适用1931年2月6日《丹麦、芬兰、冰岛、挪威与瑞典之间关于婚姻、收养及监护的国际私法规定的公约》及其《最后议定书》的规定，以取代该条例的规则。它们各自的声明作为《第2201/2003号条例》的附件，已在《欧洲联盟官方公报》上公布。前述成员国可以随时全部或部分地撤回其声明。

3. 第2款所指成员国之间将来缔结的任何协定，如果涉及本条例所调整的事项，其管辖权规则应与本条例的规定保持一致。

4. 对联盟公民不得因国籍而受到歧视的原则应予以遵守。

5. 已作了第2款所指声明的北欧国家，根据与本条例第二章所规定的管辖权规则相符的管辖权规则而作出的判决，应按照本条例第四章第一节的规定在其他成员国得以承认与执行。

6. 各成员国应向欧盟委员会提交：

(a)第3款所指协定以及实施此类协定的统一立法的副本；

(b)对第2款和第3款所指协定和统一立法的任何废止或修改。

这些信息应在《欧盟官方公报》上公布。

第95条　[与其他多边公约的关系]

就各成员国之间的关系而言，对于本条例调整的事项，本条例应优先于下列公约：

(a)1961年10月5日《关于未成年人保护的管辖权及法律适用的海牙公约》；

(b)1967年9月8日《关于承认有关婚姻效力判决的卢森堡公约》；

(c)1970年6月1日《关于承认有关离婚及依法别居判决的海牙公约》；

(d)1980年5月20日《关于承认与执行有关儿童监护权及恢复儿童监护关系的判决的欧洲公约》。

第96条　[与《1980年海牙公约》的关系]

如儿童被非法带离或滞留某一成员国，而该国并非该儿童在紧接着被非法带离或滞留前经常居所所在的成员国，《1980年海牙公约》的规定应由本条例第三章和第六章的规定加以补充并继续适用。如果根据《1980年海牙公约》在某一成员国作出的责令送还儿童的判决，在该儿童再次被非法带离或滞留后，必须在另一成员国得到承认与执行，则应适用第四章规定。

第 97 条　[与《1996 年海牙公约》的关系]

1. 就与《1996 年海牙公约》的关系而言，本条例应在下列情况下予以适用：

(a)在不违反本条第 2 款的情况下，所涉儿童的经常居所在一成员国境内；

(b)涉及在一成员国法院所作判决在另一成员国境内予以承认与执行的，即使所涉儿童的经常居所在上述公约的缔约国境内，且本条例在该国本身也不适用。

2. 尽管有第 1 款的规定：

(a)当事人各方就不适用本条例的《1996 年海牙公约》缔约国法院的管辖权达成协议的，适用该公约第 10 条规定；

(b)就某成员国的法院与不适用本条例的《1996 年海牙公约》缔约国的法院之间的管辖权移送而言，适用该公约第 8 条及第 9 条规定；

(c)如果不适用本条例的《1996 年海牙公约》缔约国法院正在审理有关父母亲责任的诉讼，一成员国法院受理有关同一儿童因同一诉因提起的诉讼，则适用该公约第 13 条规定。

第 98 条　[效力的连续性]

1. 对于不受本条例调整的事项，第 94 条至第 97 条所指协定和公约继续有效。

2. 本条例第 95 条至第 97 条所述公约，尤其是《1980 年海牙公约》和《1996 年海牙公约》，根据本条例第 95 条至第 97 条的规定，在作为其缔约方的各成员国之间继续有效。

第 99 条　[与罗马教廷的各条约]

1. 本条例的适用，并不损抑 2004 年 5 月 18 日罗马教廷与葡萄牙在梵蒂冈所订立的国际条约(宗教事务协定)。

2. 对于根据第 1 款所指条约作出的任何关于婚姻无效的判决，各成员国应依照第四章第一节第一小节规定的条件予以承认。

3. 第 1 款及第 2 款的规定，也适用于与罗马教廷订立的下列国际条约：

(a)意大利与罗马教廷于 1929 年 2 月 11 日签订的、后经 1984 年 2 月 18 日《罗马附加议定书》修改的《拉特兰条约》；

(b)罗马教廷与西班牙于 1979 年 1 月 3 日签订的《关于法律事务的协定》；

(c)1993 年 2 月 3 日《罗马教廷和马耳他关于承认教规婚姻以及教会机关

和教会法庭对这些婚姻判决的民事效力的协定》，包括同日的《适用议定书》，以及 2014 年 1 月 27 日的《第三附加议定书》。

4. 对于第 2 款所指判决的承认，西班牙、意大利或马耳他均可规定，与教会法庭根据第 3 款所指的与罗马教廷缔结的国际条约所作的判决一样，适用相同的程序并进行审查。

5. 各成员国应向欧盟委员会提交：

(a)第 1 款及第 3 款所指条约的副本；

(b)此类条约的任何废止或者修订文本。

第九章 最后规定

第 100 条 ［过渡性规定］

1. 本条例仅适用于 2022 年 8 月 1 日或之后提起的司法程序、正式制作或登记的公文书和登记的协议。

2. 《第 2201/2003 号条例》应继续适用于在 2022 年 8 月 1 日之前启动的司法程序中所作的判决、2022 年 8 月 1 日之前正式制作或登记的公文书以及 2022 年 8 月 1 日之前在成员国订立并且在该成员国可予以执行的、属于该条例适用范围内的协议。

第 101 条 ［监测和评估］

1. 在各成员国所提供的信息基础上，欧盟委员会应最迟于 2032 年 8 月 2 日向欧盟议会、理事会和欧盟经济与社会委员会提交一份有关本条例的事后评估报告。必要时，该报告应附有立法建议。

2. 在 2025 年 8 月 2 日之前，各成员国应根据要求向欧盟委员会提供与评估本条例的实施和适用情况有关的下列资料：

(a)根据本条例的管辖权条款对婚姻事项或父母亲责任事项所作判决的数量；

(b)对于第 28 条第 2 款所指判决的执行申请，在启动执行程序后六个星期内未予以执行的案件数量；

(c)根据第 40 条申请拒绝承认判决的案件数量以及实际拒绝予以承认的案件数量；

(d)根据第 58 条申请拒绝执行判决的案件数量以及实际拒绝予以执行的案件数量；

(e)分别根据第 61 条和 62 条提起的上诉的数量。

第 102 条　[有两种或多种法律制度的成员国]

就本条例所调整事项而言，如某成员国境内的不同领土单位施行两种或多种法律制度，则适用下列规定：

(a)所指的该成员国境内的经常居所系指某领土单位的经常居所；

(b)所指的国籍系指该成员国法律规定的领土单位；

(c)所指的成员国机关系指该成员国境内相关领土单位的主管机关；

(d)所指的被请求成员国的规则，系指在其领域内主张管辖权或请求承认与执行判决的领土单位的规则。

第 103 条　[向欧盟委员会通报的信息]

1. 各成员国向欧盟委员会通报以下信息：

(a)第 2 条第 2 款第 2 项(b)目、第 2 条第 2 款第 3 项以及第 74 条第 2 款所指机关；

(b)有权出具第 36 条第 1 款和第 66 条所述证明的法院和机关，以及有权更正第 37 条第 1 款、第 48 条第 1 款、第 49 条、第 66 条第 3 款结合第 37 条第 1 款所述证明的法院；

(c)第 30 条第 3 款、第 52 条、第 40 条第 1 款、第 58 条第 1 款和第 62 条所指的法院，以及第 61 条第 2 款所指的机关和法院；

(d)第 52 条所指的主管执行机关；

(e)第 61 条和第 62 条所指的救济程序；

(f)根据第 76 条指定的中央机关的名称、地址和通讯方式；

(g)可行时，第 82 条第 2 款所指的近亲属类别；

(h)根据第 91 条第 3 款规定，向中央机关通报信息所使用的语言；

(i)根据第 80 条第 3 款、第 81 条第 2 款、第 82 条第 4 款和第 91 条第 2 款的规定所采用的翻译语言。

2. 各成员国应在 2021 年 4 月 23 日前向欧盟委员会通报第 1 款所述信息。

3. 各成员国应向欧盟委员会通报第 1 款所述信息的任何变更。

4. 欧盟委员会应通过适当手段，包括通过欧洲司法电子门户网站，向公众提供第 1 款所述信息。

第 104 条　[废止]

1. 除本条例第 100 条第 2 款另有规定外，《第 2201/2003 号条例》自 2022 年 8 月 1 日起予以废止。

2. 根据附件 X 的对应表，对被废止条例的任何指引均为对本条例的指引。

第 105 条　[生效]

1. 本条例在《欧盟官方公报》上公布后第 20 日生效。

2. 本条例自 2022 年 8 月 1 日起施行，但第 92 条、第 93 条、第 103 条自 2019 年 7 月 22 日起施行。

本条例在整体上具有约束力，并根据相关条约在各成员国直接适用。

2019 年 6 月 25 日于卢森堡。

欧盟理事会主席

A.・安东

附件 I-X（略）

附录：我国其他学者近年来翻译的
外国国际私法立法

1. 杜涛译，韩德培校：《罗马尼亚关于调整国际私法法律关系的第一百零五号法》，载《中国国际私法与比较法年刊》第一卷(1998)，第509~541页。

2. 杜涛译，韩德培校：《意大利国际私法制度改革法》，载《中国国际私法与比较法年刊》第二卷(1999)，第537~557页。

3. 粟烟涛、杜涛译，韩德培校：《加拿大魁北克国际私法》，载《中国国际私法与比较法年刊》第二卷(1999)，第558~576页。

4. 杜涛译，韩德培校：《列支敦士登1996年9月19日关于国际私法的立法》，载《中国国际私法与比较法年刊》第二卷(1999)，第577~587页。

5. 粟烟涛、杜涛译：《突尼斯国际私法典》，载《中国国际私法与比较法年刊》第三卷(2000)，第723~734页。

6. 谭岳奇译，肖永平校：《美国法学会：第二次冲突法重述(1986年修订本)》，载《中国国际私法与比较法年刊》第三卷(2000)，第710~718页。

7. 刘仁山译，韩德培校：《朝鲜人民民主主义共和国涉外民事关系法》，载《中国国际私法与比较法年刊》第五卷(2002)，第578~587页。

8. 杜志华译，黄进校：《欧盟理事会民商事案件管辖权及判决的承认与执行规则》，载《中国国际私法与比较法年刊》第五卷(2002)，第588~613页。

9. 沈涓译：《韩国2001年修正国际私法》，载《中国国际私法与比较法年刊》第六卷(2003)，第636~652页。

10. 王葆莳译，邹国勇校：《蒙古国新国际私法》，载《中国国际私法与比较法年刊》第七卷(2004)，第641~651页。

11. 梁敏、单海玲译：《比利时国际私法典》，载《中国国际私法与比较法年刊》第八卷(2005)，第559~606页。

12. 曾加译：《〈西班牙民法典〉中的国际私法》，载《中国国际私法与比较法年刊》第八卷(2005)，第612~623页。

13. 李晶译，宋连斌校：《俄勒冈州合同冲突法》，载《中国国际私法与比较法年刊》第八卷(2005)，第635~640页。

14. 崔绍明译：《法律适用通则法》，载《中国国际私法与比较法年刊》第十卷(2007)，第449~464页。

15. 匡增军译：《乌克兰国际私法》，载《中国国际私法与比较法年刊》第十卷(2007)，第465~487页。

16. 王定贤译：《非合同之债法律适用条例》，载《中国国际私法与比较法年刊》第十一卷(2008)，第563~580页。

17. 黄伟译注，宋连斌校：《美国俄勒冈州侵权及其他非合同诉讼请求的法律选择法》，载《中国国际私法与比较法年刊》第十三卷(2010)，第575~590页。

18. 马泰斯·田沃德、龙威狄、赵宁译：《〈荷兰民法典〉第10卷(国际私法)》，载《中国国际私法与比较法年刊》第十四卷(2011)，第427~470页。

19. 刘元元译：《欧盟理事会2010年12月20日关于在离婚与司法别居的法律适用领域实施强化合作的第1259/2010号(欧盟)条例(罗马Ⅲ)》，载《中国国际私法与比较法年刊》第十四卷(2011)，第471~482页。

20. 杜涛译：《罗马尼亚民法典》，载《中国国际私法与比较法年刊》第十五卷(2012)，第705~730页。

21. 陈慧译，杜涛校：《多米尼加共和国国际私法》，载《中国国际私法与比较法年刊》第十八卷(2015)，第364~379页。

22. 陈美伊、戴昀译，杜涛、潘灯校：《阿根廷共和国〈国家民商法典〉(节录)》，载《中国国际私法与比较法年刊》第十八卷(2015)，第380~392页。

23. 杜涛、陈慧、洪倩汝译：《2012年12月12日欧洲议会和欧洲理事会关于民商事案件管辖权和判决执行的地1215/2012号(欧盟)条例(重订)》，载《华政国际法评论》第二卷，法律出版社2014年版，第94~124页。

24. 李依苇译，潘灯校：《西班牙国际民事司法合作法》，载《华政国际法评论》第三卷，法律出版社2016年版，第163~180页。

25. 杜涛译：《波兰国际私法》，载《华政国际法评论》第三卷，法律出版社2016年版，第181~193页。

26. 张天仪、冯宏霞译，潘灯校：《巴拿马共和国国际私法法典》，载《华政国际法评论》第三卷，法律出版社2016年版，第194~222页。

27. 欧福永、吴小平译：《欧洲议会和(欧盟)理事会2012年7月4日关于继承问题的管辖权、法律适用、判决的承认与执行和公文书的接受与执行以及创建欧洲继承证书的2012年第650号(欧盟)条例》，载于《国际法与比较法论丛》第23辑。

28. 汪金兰译:《欧盟理事会 2016 年 6 月 24 日〈关于婚姻财产制事项的管辖权、法律适用以及判决的承认与执行的第 2016/1103 号条例〉》,载《中国国际私法与比较法年刊》第十九卷(2016),第 381~395 页。

29. 杜涛等译:《欧洲议会和理事会 2015 年 5 月 20 日〈关于破产程序的第 2015/848 号条例〉(重订版)》,载《中国国际私法与比较法年刊》第二十卷(2017),第 318~356 页。

30. 宗昊、叶子雯译,邹国勇校:《乌拉圭东岸共和国 2020 年 11 月 27 日〈国际私法通则法〉》,将刊发于《中国国际私法与比较法年刊》第三十一卷(2022)。

后　记

本书是我主持的 2021 年国家社科基金项目"《民法典》时代我国国际私法典编纂国际民事程序研究"（批准号：21BFX157）的阶段性成果。自 1999 年 9 月进入武汉大学法学院攻读硕士学位以来，我先后翻译了委内瑞拉、白俄罗斯、斯洛文尼亚、立陶宛、阿塞拜疆、德国、奥地利、瑞士、荷兰、俄罗斯、保加利亚、土耳其、阿尔及利亚、阿曼、哈萨克斯坦、乌兹别克斯坦、格鲁吉亚、波兰、卡塔尔、捷克、斯洛伐克、吉尔吉斯斯坦、亚美尼亚、摩尔多瓦、黑山、匈牙利、巴拉圭、新西兰、克罗地亚、爱沙尼亚、阿尔巴尼亚、摩纳哥、北马其顿、韩国等 30 多个国家的国际私法、仲裁法立法文件，共计 80 余万字，其中大部分已汇集成《外国国际私法立法精选》《外国国际私法立法选译》两书出版。

国内立法是国际私法的主要渊源之一。本人所收集的 111 个国家和地区的成文国际私法规范，根据其立法模式大体可分为四类：

（1）分散立法式，即在《民法典》或者其他法律中零星地规定一些冲突规范。采用该模式的有法国、爱尔兰、卢森堡、马耳他、印度、菲律宾、以色列、黎巴嫩、刚果（金）、刚果（布）、卢旺达、加纳、尼日利亚、苏丹、南非、智利、墨西哥、厄瓜多尔、尼加拉瓜、哥伦比亚、洪都拉斯、萨尔瓦多等 22 个国家。

（2）专编专章式，即在《民法典》或者其他法律中专编或专章地规定各类民事关系的法律适用条款。采用该模式的有德国、罗马尼亚、荷兰、希腊、西班牙、葡萄牙、俄罗斯、白俄罗斯、立陶宛、拉脱维亚、芬兰、摩尔多瓦、吉尔吉斯斯坦、亚美尼亚、乌兹别克斯坦、中国澳门特别行政区、越南、蒙古、哈萨克斯坦、阿富汗、卡塔尔、约旦、也门、阿联酋、阿曼、伊拉克、科威特、伊朗、叙利亚、东帝汶、埃及、利比亚、阿尔及利亚、安哥拉、马达加斯加、中非、塞内加尔、加蓬、多哥、索马里、莫桑比克、布基纳法索、美国路易斯安那州、巴西、秘鲁、古巴、哥斯达黎加、阿根廷等 48 个国家和地区。

（3）单行法规式，即以单行法规系统地专门规定各类涉外民事关系的法律适用条款。采用该模式的有日本（1898，2006）、中国大陆（1918，2010）、波兰（1928，1965，2011）、瑞典（1937）、泰国（1938）、奥地利（1978）、布隆迪（1980）、英国（1995）、列支敦士登（1996）、阿塞拜疆（2000）、美国俄勒冈州（2001，2009）、爱沙尼亚（2002）、中国台湾地区（2010）、巴拉圭（2015）、新西兰（2017）等15个国家和地区。

（4）法典式，即以法典的形式较为全面地制定国际私法条款，包括总则、管辖权、法律适用、外国法院判决的承认与执行等内容。采用该模式的有匈牙利（1979，2017）、土耳其（1982，2007）、塞尔维亚（1982）、瑞士（1987）、加拿大魁北克省（1991）、斯洛伐克（1993）、意大利（1995）、朝鲜（1995）、格鲁吉亚（1998）、委内瑞拉（1998）、突尼斯（1998）、斯洛文尼亚（1999）、比利时（2004）、乌克兰（2005）、保加利亚（2005）、北马其顿（2007，2020）、阿尔巴尼亚（2011）、黑山（2013）、捷克（2012）、多米尼加（2014）、巴拿马（2015）、克罗地亚（2017）、摩纳哥（2017）、乌拉圭（2020）、韩国（2022）、科索沃（2022）等26个国家和地区。

"一粥一饭，当思来之不易；半丝半缕，恒念物力维艰。"翻译外国国际私法立法文件是一件费时耗神伤眼的差事，在年终考核中也不折算为科研工分，更不能为晋升职称添砖加瓦，但我出于对国际私法的热爱，再次将自己翻译或与他人合译的新近国际私法立法文件结集成书，将其奉献给学界同仁。本书将所收录的外国国际私法立法分为三篇：第一篇为"单行法规式国际私法立法"，涉及奥地利、阿塞拜疆、爱沙尼亚、波兰、巴拉圭、新西兰等6个国家；第二篇为"法典式国际私法立法"，包括瑞士、斯洛伐克、格鲁吉亚、委内瑞拉、斯洛文尼亚、保加利亚、土耳其、阿尔巴尼亚、捷克、黑山、匈牙利、克罗地亚、摩纳哥、北马其顿等14个国家；第三篇为"欧盟统一国际私法立法"，即欧盟理事会2008年、2016年和2019年在合同之债、扶养义务、婚姻财产制、注册伴侣财产效力事项、婚姻事项及父母责任事项等领域通过的5项国际私法条例。为提升翻译质量，我酷暑中挑灯夜战，根据最新资料逐一核对译文，进行必要的修订和文字润色。"吟安一个字，拈断数茎须。"虽努力再三，但囿于学识和功底，加之法条翻译诚非易事，因此疏漏和误译之处在所难免，恳请广大读者不吝赐教（电子邮箱：zougy@ whu.edu.cn）。

在本书即将付梓之际，纵有千言万语，也难以表达我的感恩之情。

天涯海角有尽处，唯有师恩无穷期。感谢恩师黄进教授多年来对我的关心、支持与鼓励，其谆谆教诲常在耳畔，殷殷期许铭记心间。

人世间，父母之爱无私至上。几十年来，他们用对我的养育、理解和牵挂，为"爱"做出了最生动的阐释。他们虽已届耄耋之年，但仍从江西老家来武汉，帮忙照料我的女儿。他们的勤劳、淳朴与善良，永远是我砥砺前行的动力。

感谢贤妻甘雯女士的理解与支持，她承担大部分家务，使我有更多的时间和精力来完成本书稿的修改工作。女儿邹莱嘉（彤彤）、邹莱懿（甜甜）让我体会到为人之父的喜悦与艰辛，她们健康、快乐地成长是我最大的欣慰。

感谢武汉大学出版社学术分社副社长陈帆女士为本书出版所做的周密安排和倾力协助。感谢我指导的研究生林萌、单晓慧、王姝晗、汪文璟、徐袁格菲、李昱辰、孙梦帆、刘彤彤、鲍双蕾等协助校对书稿。本书同时作为武汉大学人文社会科学自主科研项目"《民法典》时代我国国际私法典编纂路径研究"（项目编号：2021PT061）的阶段性成果，得到"中央高校基本科研业务费专项资金"资助，在此一并致谢。

我想感谢的人还有很多，虽无法一一列出他们的姓名，但在我的心里永远保留着他们的位置。

推窗面绿树，侧耳闻鸟音。过往皆序章，未来尤可期。

邹国勇

2022 年深秋于珞珈山别墅群 2 号楼